國家古籍整理出版專項經費資助項目

《古今圖書集成》
廟學資料彙編

成一農　編

中國社會科學出版社

圖書在版編目（CIP）數據

《古今圖書集成》廟學資料彙編 / 成一農編 . —北京：中國社會科學出版社，2016.10

（中國古代城池基礎資料彙編 . 第一輯；第三冊）

ISBN 978 – 7 – 5161 – 8999 – 3

Ⅰ.①古… Ⅱ.①成… Ⅲ.①孔廟—史料—彙編—中國 Ⅳ.①K928.75

中國版本圖書館 CIP 數據核字（2016）第 238390 號

出 版 人	趙劍英
選題策劃	郭沂紋
責任編輯	劉　芳
責任校對	石春梅
責任印製	李寡寡

出　　版	中國社會科學出版社
社　　址	北京鼓樓西大街甲 158 號
郵　　編	100720
網　　址	http://www.csspw.cn
發 行 部	010 – 84083685
門 市 部	010 – 84029450
經　　銷	新華書店及其他書店
印刷裝訂	北京君昇印刷有限公司
版　　次	2016 年 10 月第 1 版
印　　次	2016 年 10 月第 1 次印刷
開　　本	710×1000　1/16
印　　張	31
字　　數	524 千字
定　　價	115.00 圓

凡購買中國社會科學出版社圖書，如有質量問題請與本社營銷中心聯繫調換
電話：010 – 84083683
版權所有　侵權必究

前　言

一

　　本資料集原是中國社會科學院重點項目和社科基金青年項目"中國古代城市地理信息系統"的基礎資料。作爲個人項目，"中國古代城市地理信息系統"的構架顯然過於宏大了，在實際執行中，受到技術能力和條件的限制，這兩個項目所建立的地理信息系統最終祇能用於解決本人感興趣的一些問題，缺乏拓展性，因此未對外公佈。

　　本人最初並未有將用於構建"中國古代城市地理信息系統"的基礎資料進行出版的構想，但在中國社會科學出版社郭沂紋老師的鼓勵下，思量再三，感覺出版紙本資料在目前依然有其一定的學術意義，因此才有了目前這一套資料集。那麼在現在歷史文獻大量數字化的情況下，這種紙本專題資料集的意義何在呢？其實這一問題可以更爲尖鋭地表達爲，在數字化的時代，紙本專題資料集還有出版價值嗎？

　　要回答這一問題，還需要回到學術研究本身。誠然，當前歷史文獻的數字化極大地便利了學術研究，以往學者可能花費數年、數十年進行的資料搜集、整理的工作，現在可能數小時或者短短幾天就可完成。就這一角度而言，紙本專題資料集確實已經失去意義。但問題在於，使用數字化資源進行檢索的前提是需要研究者有着明確的"問題"，即祇有形成了"問題"，才能利用數字化的文獻資料進行檢索。那麼"問題"是如何形成的呢？其中一個途徑就是對原始資料的大量閲讀，這就是紙本專題資料集學術價值所在，而這也是數字化文獻所無法替代的。誠然，目前通過數字化文獻以及其提供的便利的檢索方式推進了對一些史學問題的認識，但這些被解決的問題中又有多少是通過對數字化文獻的檢索提出來的呢？基本是没有的，甚至很多通過檢索數字化文獻進行的研究，其基本思路也是傳統的。

　　本人最初關於中國古代城市的研究就來源於對文本文獻的閱讀。攻讀博士期間，我在導師李孝聰教授的指導下開始系統翻閱《天一閣藏明代方志選刊》及《續刊》，並整理其中與城牆有關的資料。在閱讀中發現，這些方志中關於宋元時期和明代前期城牆修築的記載非常少，這似乎不符合城牆是中國古代城市的標志的傳統觀點；此外，傳統認爲的唐宋之際城市革命的重要體現之一坊牆的倒塌，在這些地方志中也沒有任何痕迹可循，而上述這兩點來自史料閱讀的疑問構成了我後來博士論文和第一本著作的主體内容，這些問題不是簡單的史料檢索可以發現的。

　　不僅如此，在整理中國古代城市資料的過程中我還曾注意到了一些問題，祇是隨着興趣點的轉移這些問題已經没有時間去深入研究了。如從地方志的記載來看，各地文廟的初建雖然存在地域差異，但幾乎很少有早於宋代的，這不同於目前通常認爲的文廟普遍興建於唐代的觀點①。又如，宋代的廟學，無論是建築布局還是建築的名稱並不統一，明清時期，兩者都逐漸規範化，尤其是明嘉靖和清雍正時期廟學建築的名稱以及建築布局都發生了一些重要的變化，而這兩個時期也都發生了一些重要的歷史事件，如嘉靖時期的大禮議、雍正時期的文字獄，這些與廟學建築的變化是否存在聯繫？此外，如果大量閲讀廟學的修建碑刻（碑刻資料會在本資料集的後續各輯中出版），就會發現在某些時期和地區，碑刻的撰寫有着相似的内容結構：一般通常會先描述廟學的破敗，然後再叙述現任地方長官到任之初傷感於廟學的破敗，不過其並未立刻着手廟學的修建，祇是等到經過一段時間的治理，地方民風淳樸、經濟發展之後，才向地方官吏和士紳提出修理廟學的建議，而這一建議立刻得到了積極的回應。不過，廟學的修建並未驚動一般百姓，資金大都來源於地方長官、官吏和士紳的集資，甚至直到廟學修建完成之後，地方百姓才得以知曉，也就是説此舉並未勞民傷財。最後，感慨於地方長官的善政和地方官吏、士紳的義舉，地方上公推碑文的作者來撰寫碑文以示紀念。但碑文的作者以自己才疏學淺一再謙讓，祇是最終在認識到如果自己不寫碑文，這些善政和義舉將會被

---

　　①　對此，本人曾經簡單地撰寫過一篇小文，參見《宋、遼、金、元時期廟學制度的形成及普及》，《十至十三世紀中國文化的碰撞與融合》，上海人民出版社 2006 年版。

後人忘記之後才不得不下筆。如果將廟學認爲是中國地方城市中一類非常特殊的建築，在這些碑刻之中，我們是否可以看到各種利益的彙集、國家與社會的互動？

總體來說，在如今數字化的時代，"查詢"祇是解答史學問題的方式之一，而不是提出"問題"的方法。

二

本資料集原來的名稱爲"中國古代城市基礎資料"，但後來改爲"中國古代城池基礎資料彙編"，主要有着以下考慮。

中國古代即有"城市"一詞，而且產生的時間較早，在電子版《四庫全書》中以"城市"一詞進行檢索，總共命中 3423 條[1]。關於這些"城市邑""城市"，有些學者認爲表達的即是現代"城市"的含義，當然這也與"城市"概念的界定有關，如馬正林在《中國城市歷史地理》一書中提出的"城市"概念是"也就是說，中國古代的城是以防守爲基本功能。城市則不然，它必須有集中的居民和固定的市場，二者缺一都不能稱爲城市。根據中國歷史的特殊情況，當在城中或城的附近設市，把城和市連爲一體的時候，就產生了城市"[2]，並由此推斷中國古代城市出現的時代應該是西周，即"夏商的都城是否設市，既無文獻上的依據，也沒有考古上的證明，祇有西周的都城豐鎬設市，有《周禮·考工記》爲證"[3]，並由此認爲文獻中出現的"城市邑"和"城市"即是現代意義的"城市"概念。他提出的這一對城市概念的界定，即"城（城墻）"＋"市"＝"城市"，在中國古代城市研究中具有一定的代表性[4]，雖然不能說馬正林提出的認識是錯誤的，畢竟關於"城市"的概念至今也沒有達成一致的意見，但這並不能說明古代文獻中出現的"城市"一詞具有

---

[1] 其中有很多並不是作爲"城市"這個詞彙出現，或是城和市兩個概念的合稱或是偏重于"市"，因此實際上出現的次數要遠遠少於 3423 條。
[2] 馬正林：《中國城市歷史地理》，山東教育出版社 1998 年版，第 18 頁。
[3] 同上書，第 19 頁。
[4] 董鑒泓：《中國城市建設史》，中國建築工業出版社 1989 年版，第 5 頁。

了現代"城市"的含義①。當然,我們可以用現代的"城市"概念來界定古代的聚落,但無論近現代"城市"的概念如何界定,實際上都是從本質上(主要是經濟、社會結構)將一組特殊的聚落與鄉村區分開來,那麽我們首先需要考慮的是中國古代是否曾將某些聚落認爲是一種特殊的實體,如果存在這種認識,那麽這些特殊的聚落是否與近現代"城市"概念存在關聯。下面先對這一問題進行分析:

除了遼、金、元三個少數民族政權之外,在中國古代的行政體系中,並不存在單獨的現代意義的建制城市。韓光輝在《元代中國的建制城市》②《中國元代不同等級規模的建制城市研究》③《宋遼金元建制城市的出現與城市體系的形成》④ 等論著中對遼、金、元時期,尤其是元代建制城市的出現和發展過程進行了叙述。根據韓光輝的分析,設置建制城市(也就是錄事司)的標準,並不是現在通常用來界定"城市"的經濟、人口等數據,而主要依據的是城市的行政等級,即"錄事司,秩正八品。凡路府所治,置一司,以掌城中户民之事。中統二年,詔驗民户,定爲員數。二千户以上,設錄事、司候、判官各一員;二千户以下,省判官不置。至元二十年,置達魯花赤一員,省司候,以判官兼捕盗之事,典史一員。若城市民少,則不置司,歸之倚郭縣。在兩京,則爲警巡院"⑤,從這一文獻來看,界定"建制城市"的標準首先是行政等級,然後才是人

---

① 總體來看,馬正林所提概念涵蓋的範圍過於寬泛了,有"市"和一定的居民即可以爲城市,且不説其中的市是否是固定市還是集市,人口要到多少才算是達標,如果按照這一概念,不僅中國古代大多數行政城市,以及衆多的鄉鎮聚落都可以作爲城市,而且世界古代的大多數聚落似乎也可以界定爲城市了。對於這種定義,李孝聰在《歷史城市地理》一書中批評道"而且,城市作爲人類社會物質文明與精神文化最重要的載體,僅僅用城墻和市場這兩個具體而狹隘的標準來衡量也是缺乏説服力的",山東教育出版社2007年版,第4頁。此外,由於"城市"一詞具有的誤導性,讓人容易理解爲"城"+"市",因此有學者認爲應當放棄對這一詞彙的使用,參見王妙發、鬱越祖《關于"都市(城市)"概念的地理學定義考察》,《歷史地理》第10輯,上海人民出版社1992年版,第133頁。而且"城市"一詞在古代可能僅僅表示"城"的含義,這點參見後文分析。
② 韓光輝:《元代中國的建制城市》,《地理學報》1995年第4期,第324頁。
③ 韓光輝、劉旭、劉業成:《中國元代不同等級規模的建制城市研究》,《地理學報》2010年第12期,第1476頁。
④ 韓光輝、林玉軍、王長鬆:《宋遼金元建制城市的出現與城市體系的形成》,《歷史研究》2007年第4期,第42頁。
⑤ 《元史》卷九十一《百官志》,中華書局1976年版,第2317頁。

口，如果行政等級不高，人口再多也不能設置錄事司；同時，文獻中對於"若城市民少，則不置司"中的"民少"並沒有具體的規定，另外不設判官的標準爲兩千户以下，並且没有規定下限，則更説明"民少"的標準是模糊的。不僅如此，雖然我們不能確定元代"城市"發展的水平，但明清時期"城市"的發展應當不會低於元代，但這種建制城市却在元代滅亡後即被取消。從這點來看，"建制城市"的出現並不能代表中國"城市"的發展水平，而且也没有確定一種傳統，可能只是中國歷史發展中的偶然現象。總體來看，就行政建制方面而言，中國古代缺乏現代意義的"城市"的劃分標準，"城"通常由管轄周邊郊區的附郭縣（府州及其以上行政層級）或者縣管轄，"城"與其周邊地區的區分在行政層面上並不重要。

不僅如此，在漫長的歷史中，除了元代之外，清末之前幾乎没有用來確定某類特殊聚落地位的標準。在各種文獻中提到的"城"，通常是那些地方行政治所和一些修築有城墻的聚落，因此如果要尋找劃分標準，那就是"地方行政治所"和"城墻"，但這兩者又不完全統一。一方面，至少從魏晉至明代中期，很多地方行政治所並没有修築城墻①；另一方面大量修築有城墻的聚落又不是地方行政治所。因此，中國古代文獻中的"城"，其實包含兩方面的含義，一方面是地方行政治所（不一定修築有城墻）；另一方面是有墻聚落。兩者之中，都涵蓋了各色各等差異極大的聚落，有墻聚落中既有規模居於全國首位的都城，也有周長不超過3里圍繞一個小村落修建的小城堡。即使行政治所，規模差異也很大②。因此文獻中"城"和"城池"這類的概念實際上表示的是一種地理空間，而並不具有太多的其他意義。

中國古代編纂的各種志書中，在涉及地方的部分基本上很少將與城有關的内容單獨列出。如現存最早的地理總志《元和郡縣圖志》，其中所記政區沿革、古迹、山川河流都没有區分城内城外，而且也極少記録城郭的情况。《元和郡縣圖志》之後的地理總志，雖然記述的内容更爲豐富，但

---

① 參見成一農《中國古代地方城市築城簡史》，《古代城市形態研究方法新探》，社會科學文獻出版社2009年版，第160頁。
② 參見成一農《清代的城市規模與城市行政等級》，《古代城市形態研究方法新探》，社會科學文獻出版社2009年版，第126頁。

也大致遵循這一方式,即沒有強調"城"的特殊性。地理總志以外的其他志書也基本如此,如《十通》,在記述各種經濟數據(如人口、稅收等)、山川、衙署等內容時,並不將城的部分單獨列出。宋代之後保存至今的地方志中雖然通常有"城池"一節,但主要記錄的是城牆和城濠的修築情況;"坊市"中雖然主要記載的是城內的坊(或牌坊)和市的分佈,並與城外的鄉村(或者廂、隅、都等)區分開來,但這可能是受到行政建置(城內與鄉村的行政建置存在差异)的影響;在其他關於地理的章節(如橋樑、寺廟)、關於經濟的章節(如食貨、戶口)等中基本看不到對城的強調。因此,可以認爲在這些志書的編纂者看來,作爲行政治所的"城"並沒有太大的特殊性,或者説他們心目中並沒有歐洲中世紀那些具有特殊地位的"城市"。

此外,雖然中國古代早已有"城市"一詞,但其含義與近現代的概念並不相同,如清代編纂的關於北京的《日下舊聞考》中有以"城市"命名的章節,記載城內的街巷、寺廟、景物等,但該書主要是分區域記述的,與"城市"對應的章節分別爲"皇城""郊坰"和"京畿"等,因此"城市"一詞在這裏很可能只是一種空間分區,表示的是城牆以內皇城以外的範圍,類似於"城"或者"城池"。另如《後漢書·西羌傳》記"東犯趙、魏之郊,南入漢、蜀之鄙。塞湟中,斷隴道,燒陵園,剽城市,傷敗踵係,羽書日聞"[1];又如《北齊書·陽州公永樂傳》"永樂弟長弼,小名阿伽。性粗武,出入城市,好毆擊行路,時人皆呼爲阿伽郎君"[2],這些文獻中的"城市"一詞同樣並不一定表示的是現代意義的"城市",很可能只是"城"或"城池"的同義詞,而且文獻中這類的用法還有很多。總體來看,中國古代文獻中的"城市"一詞很可能並不表示現代或者西方與文化、文明、公民等概念有關的含義。

不僅文獻如此,在流傳至今的古代輿圖中,極少出現現代意義的"城市圖",大部分表示"城"的輿圖往往將城與其周邊區域繪製在一起。當然方志中的"城池圖"是例外情況,其表現的是整個政區的組成部分之一,在明清時期的很多方志之中,除了"城池圖"之外,還有着大量表示鄉村的疆里圖,因此這種"城池圖"表現的實際上是一種地理單位,

---

[1] 《後漢書》卷八七《西羌傳》,中華書局1965年版,第2900頁。
[2] 《北齊書》卷一四《陽州公永樂傳》,中華書局1972年版,第182頁。

重點並不在於強調城的特殊性。另外宋代保存下來的幾幅"城圖",都有着特殊的繪製目的,《平江圖》是在南宋紹定二年(1229)李壽朋對蘇州里坊進行了調整並重修了一些重要建築之後繪製的,是用來表示這些成果的地圖;《靜江府城圖》則是出於軍事目的大規模修建靜江府城池之後,用來記錄修城經過和花費的城圖,圖中上方題記中詳細記載了修城的經過和所修城池的長、寬、高與用工、費、料以及當時經略安撫使的姓名即是明證,從文獻來看,這樣的城圖在宋代還有一些。宋代之後直至清末之前,除了都城之外,與其他專題圖相比較(如河工圖、園林圖),以"城"爲繪製對象的輿圖較爲少見。以《美國國會圖書館藏中文古地圖敘錄》① 一書爲例,其中收錄有美國國會圖書館所藏中文古地圖約 300 幅,其中城圖僅有 19 幅。在這 19 幅城圖中,北京地圖有 6 幅,其餘的 13 幅地圖中繪製於同治時期的 2 幅、光緒時期的 8 幅、清後期的 1 幅(即《浙江省垣水利全圖》,李孝聰教授認爲該圖與清同治三年浙江官書局刊印的《浙江省垣城廂全圖》刊刻自同一時期或稍晚),繪製於清代中期的只有 2 幅(《萊州府昌邑縣城垣圖》② 和《寧郡地輿圖》)。從中國傳統輿圖來看,與今天大量出現的城市圖不同,除了方志中的"城池圖"和單幅的都城圖之外,中國古代極少將"城"作爲一種單獨的繪圖對象。

總體來看,中國古代可能存在有現代意義的"城市",但並没有突出強調某類聚落性質上的特殊性。"城""城池",甚至"城市"的劃分標準很可能祇是地理空間,而不是現代的從內涵上進行的界定,同時也沒有從經濟、社會等方面對聚落進行劃分的標準,因此可以認爲中國古代並無"城市"這樣的概念。出現這種情況,並不是說明中國古代沒有現代意義的城市,而是說明中國古代並没有一種我們現代認爲的"城市"的概念或者認識。

總體而言,中國古代肯定存在"城市"(具體如何界定則需要根據所使用的概念),但並無類似於近現代或者西方從經濟或社會的角度界定的"城市"的概念和劃分標準,而祇有"城"或者"城池"這樣的地理空間的劃分。大概只是到了清末,隨着與西方接觸的密切,西方"城市"的概念才逐漸進入中國,中國獨立於鄉村的"城市"的意識才逐漸明晰,

---

① 李孝聰:《美國國會圖書館藏中文古地圖敘錄》,文物出版社 2004 年版。
② 通過進一步分析,該圖實際上應該繪製於光緒年間。

也才開始注意城鄉之間的劃分。基於此，由於本資料集主要涉及的是各個時期治所城池空間範圍內（以及周邊的）地理要素，因此用"城池"來作爲書名應當更爲準確。

三

再回到本資料集的來源——歷史城市地理信息系統。由於具有較強的實用性和綜合性，因此歷史城市地理信息系統是目前國內歷史地理信息系統開發的熱點。不過，大部分可以查閱到信息的已經完成或者正在建立的城市歷史地理信息系統，目前大都未能對外公佈數據，也未能與各城市的UGIS或"數字城市"計劃相銜接，從而限制了這些數據的使用。如南京市城市規劃編制研究中心負責的基於3S技術的南京歷史空間格局數字復原研究，已於2010年7月27日通過項目驗收，其最終體現爲"南京市歷史文化空間格局演變應用服務系統"。在網絡上可以查到這一項目的獲獎信息，但無法找到這一系統的網站和使用方法。之所以出現上述現象，其原因很可能是因爲這些系統未能達到立項時設計的目的，無法滿足研究和使用的需要。

從理論上講，單一城市歷史地理信息系統的開發與現代城市地理信息系統的開發最爲主要的差異就是存在"時間軸"的問題，但只要引入滿志敏教授提出的地理要素生存期的概念，那麼這一問題基本可以得到解決。因此在技術層面上，開發單一城市歷史地理信息系統的難度並不大，這些系統未能滿足研究和使用需要的原因應當源於技術之外。

全國或區域性的城市歷史地理信息系統的開發，目前能見到的主要是本人的"中國歷史城市地理信息系統"，但由於技術上的問題，這一系統遠遠未能達到最初設計時的目的，其數據結構的設定只能爲某些特定問題的研究提供相應的服務。總體來看，目前開發完成和正在開發的歷史城市地理信息系統大都未對外公佈的原因，可以分爲技術方面的與技術之外的。首先分析技術方面目前存在的問題：

第一，不同於現代數據，現存的中國古代的信息數據通常缺乏量化，而且中國不同時期以及不同區域的度量衡存在差異，因此將文獻中記載的具體數據轉化爲現代度量衡單位時存在不小的困難。此外，還經常會遇到不同文獻所載數據存在差异，但無法輕易判斷其中對錯的情況。面對上述問題，歷史城市地理信息系統的建設需要在數據方面花費大量的時間，因此其開發的週期要比現代城市地理信息系統更長，也需要更大的資金投入。

第二，涵蓋區域或全國城市的歷史地理信息系統的數據結構的設計在技術上難度很大。涵蓋區域和全國城市的歷史地理信息系統，如果是關於城牆、廟學、寺廟、衙署等單一功能建築的專題性質的信息系統，數據結構的設計難度並不大。目前數據設計方面難度最大的就是，如何在涵蓋區域和全國城市的歷史地理信息系統中包含城市所有的功能建築。當然如果僅僅是專題地理信息數據整合，難度也不大，但這樣的地理信息系統並不能達成數據整合的意義，因爲城市中功能建築之間的位置關係和時間關係是具有研究價值的，其中時間關係通過生存期的概念並結合檢索技術基本可以實現，但對功能建築之間位置關係進行查詢和分析則較難實現。尤其是建立區域和全國歷史城市地理信息系統的時候，由於這一歷史地理信息系統不涉及城市內部的"面"，因此無法通過空間查詢功能來達成對全國城市某些類別功能建築之間位置關係的分析。

除了技術方面的因素之外，目前影響城市歷史地理信息系統以及其他類型歷史地理信息系統開發的主要有以下幾個因素：

第一，歷史地理信息的開發，無論是數據的考訂、分析和轉換，還是數據結構的設計、平臺的搭建，都需要投入大量的時間，而且還需要不斷投入時間進行數據和平臺的維護和更新，而這些都不是目前"論文至上"的學科評價體系所承認的研究成果，因此很少有學者願意投入大量的時間和精力來從事這方面的工作。

第二，雖然目前對於歷史地理信息系統的價值和作用在歷史地理學界中得到了廣泛的認可，但目前無論是在學術研究方面，還是在現實應用方面，歷史城市地理信息系統都未取得與其投入資金相對應的成果。而且與目前如火如荼的古籍數字化不同，歷史地理信息系統的使用需要一定的技術能力，無法短時期內就被研究者所普遍使用，難以產生立竿見影的效果。可能正是由於這一原因，使得國家、城市管理部門以及各個研究單位對於需要耗費大量資金和時間，短期內難以見到顯著成效的歷史地理信息系統的投入持保留態度。

第三，包括歷史城市地理信息系統在內的歷史地理信息系統的開發實際上需要文理科的聯合，其中人文學科的學者無法處理設計數據結構時遇到的錯綜複雜的數據關係和進行地理信息系統平臺的深入開發；而理科出身的地理信息系統的研發者很多時候無法正確處理文獻中記載的數據，或者把握模糊處理這些數據的尺度，而且很多時候也無法明瞭研究者所需要的數據關係。最近一段時期以來，雖然國家和研究院所都鼓勵跨學科的研究，但實際上取得的成果極其有限，這一問題產生的原因非常複雜，其中最爲重要的原因之一，可能在於文理科學者思維上的差異所造成的研究思路上的隔閡，而目前"碎片化"的學科體制使得文理科學者之間缺乏一種能長期對話、合作的機制，而這種機制應當從研究者的培養階段，也就是大學時期就開始建立。

總體來看，目前以歷史城市地理信息系統爲代表的歷史地理信息系統，雖然取得了一些零散的成就，但從長遠來看，依然缺乏明確的發展前景，短期內也無法取得突破和獲得重要的研究成果，因此如果歷史地理學界公認這一技術手段今後必然會極大地推動歷史地理學甚至歷史學的研究的話，那麼就應當合整個學界之力，致力於這一系統的開發。對此，本人設想應當需要採取以下措施：

第一，以某一具有廣泛影響力的研究機構爲核心，聯合國內各研究院所建立某種形式的研究機構，進行以城市歷史地理信息系統爲代表的歷史地理信息系統平臺的開發，并且説服國家或者研究基金投入大量資金扶持這一難以短期產生效益和成果的項目，但又屬於前沿性和基礎性的學術基礎數據平臺的建設。

第二，以這一機構和研究項目爲基礎，吸收青年學者參加，通過制定特殊的職稱評審體制，鼓勵研究者安心長期從事這一基礎領域的工作。

第三，在歷史地理信息系統的開發中，重視建立一種促使文理科研究者深入討論與合作的機制，通過各種方式達成雙方對對方思維方式、思路、研究目標、理念的理解。

第四，在歷史地理信息系統項目建設之初，應當投入大量的時間確定一套有着普遍適用性和擴展性的數據標準，並將這一標準公之於衆。然後，再以這一平臺和標準爲基礎，或對現有的成套、比較成熟的文本數據進行加工，或以項目的形式組織研究人員整理製作各種類別的地理信息系統數據，並鼓勵和幫助其他研究機構使用這套數據標準建立各自的數據和地理信息系統。由此才能最終建立起一套可以相互銜接、不斷擴充的數據集。

四

因爲當前本人的主要精力已經轉移到了古地圖的研究，雖然還在進行古代城市的研究工作，但投入的精力已經大不如前，不過歷史地理信息系統的建設依然是今後長期關注的重點，其原因一方面是這一研究方法今後很可能會帶動整個學科的發展，另一方面是希望通過這一方法將歷史學、地理學和現實問題結合起來，因此今後本資料集還會繼續出版。大致的安排如下：第二輯和第三輯，以地方志中的城牆資料和廟學資料爲主，也就是第一輯的續編；第四輯，主要收錄與城牆和廟學有關的碑刻材料；第五輯，爲宋元方志中的城市基礎資料彙編。

五

我非常高興能借此機會向恩師李孝聰教授表達謝意！沒有他的指引和無微不至的呵護以及在我後來的學術發展中給予的最大可能的幫助，我的學術研究無法走到今天這一步。在我學術成長中給予我各方面引導、支持和幫助的魯西奇教授、張曉虹教授、侯甬堅教授、唐曉峰教授、辛德勇教授、韓茂莉教授、華林甫教授、卜憲群研究員、王震中研究員、楊珍研究員等，在此一併表示謝意。還有中國社會科學出版社的副總編審郭沂紋老師，沒有她的鼓勵和幫助，這本資料集的出版是無法想象的。最後還要感謝具體負責本書編輯的劉芳、耿曉明，對於這本枯燥無味的資料集，她們投入大量的時間和精力來閱讀並提出了諸多寶貴意見。

目　　錄

京畿總部 …………………………………………………（1）
順天府 ……………………………………………………（1）
永平府 ……………………………………………………（5）
保定府 ……………………………………………………（8）
河間府 ……………………………………………………（21）
真定府 ……………………………………………………（28）
順德府 ……………………………………………………（33）
廣平府 ……………………………………………………（38）
大名府 ……………………………………………………（43）
宣化府 ……………………………………………………（50）

盛京總部 …………………………………………………（52）
奉天府 ……………………………………………………（52）
錦州府 ……………………………………………………（53）

山東總部 …………………………………………………（55）
濟南府 ……………………………………………………（55）
兗州府 ……………………………………………………（65）
東昌府 ……………………………………………………（76）
青州府 ……………………………………………………（79）
登州府 ……………………………………………………（84）
萊州府 ……………………………………………………（86）

山西總部 …………………………………………………（89）

太原府 …………………………………………（89）
平陽府 …………………………………………（100）
潞安府 …………………………………………（112）
汾州府 …………………………………………（115）
大同府 …………………………………………（118）
沁州 ……………………………………………（120）
澤州 ……………………………………………（122）
遼州 ……………………………………………（125）

河南總部 ……………………………………（126）
開封府 …………………………………………（126）
歸德府 …………………………………………（131）
彰德府 …………………………………………（134）
衛輝府 …………………………………………（136）
懷慶府 …………………………………………（139）
河南府 …………………………………………（141）
南陽府 …………………………………………（146）
汝寧府 …………………………………………（151）
汝州 ……………………………………………（154）

陝西總部 ……………………………………（157）
西安府 …………………………………………（157）
鳳翔府 …………………………………………（166）
漢中府 …………………………………………（168）
興安州 …………………………………………（170）
延安府 …………………………………………（172）
平涼府 …………………………………………（175）
鞏昌府 …………………………………………（177）
臨洮府 …………………………………………（179）
慶陽府 …………………………………………（180）
榆林衛 …………………………………………（181）
寧夏衛 …………………………………………（181）

陝西行都司 ………………………………………………（182）

四川總部 ………………………………………………（184）
成都府 ……………………………………………………（184）
保寧府 ……………………………………………………（187）
順慶府 ……………………………………………………（188）
叙州府 ……………………………………………………（189）
重慶府 ……………………………………………………（190）
夔州府 ……………………………………………………（191）
馬湖府 ……………………………………………………（193）
龍安府 ……………………………………………………（193）
潼川州 ……………………………………………………（194）
眉州 ………………………………………………………（195）
嘉定州 ……………………………………………………（195）
邛州 ………………………………………………………（198）
瀘州 ………………………………………………………（198）
雅州 ………………………………………………………（199）
遵義府 ……………………………………………………（200）
松潘衛 ……………………………………………………（201）
疊溪守禦所 ………………………………………………（201）

江南總部 ………………………………………………（202）
江寧府 ……………………………………………………（202）
蘇州府 ……………………………………………………（206）
松江府 ……………………………………………………（213）
常州府 ……………………………………………………（216）
鎮江府 ……………………………………………………（221）
淮安府 ……………………………………………………（225）
揚州府 ……………………………………………………（231）
徐州 ………………………………………………………（238）
安慶府 ……………………………………………………（240）
徽州府 ……………………………………………………（243）

寧國府	(244)
池州府	(246)
太平府	(247)
廬州府	(248)
鳳陽府	(250)
和州	(254)
滁州	(255)
廣德州	(255)

江西總部 …………………………………………… (257)
南昌府	(257)
饒州府	(258)
廣信府	(260)
南康府	(261)
九江府	(263)
建昌府	(266)
撫州府	(267)
臨江府	(268)
吉安府	(269)
瑞州府	(271)
袁州府	(272)
贛州府	(273)
南安府	(275)

浙江總部 …………………………………………… (278)
杭州府	(278)
嘉興府	(287)
湖州府	(290)
寧波府	(292)
紹興府	(292)
台州府	(294)
金華府	(297)

衢州府 …………………………………………（298）
嚴州府 …………………………………………（299）
溫州府 …………………………………………（300）
處州府 …………………………………………（301）

福建總部 ……………………………………（304）
福州府 …………………………………………（304）
泉州府 …………………………………………（307）
建寧府 …………………………………………（309）
延平府 …………………………………………（313）
汀州府 …………………………………………（315）
興化府 …………………………………………（318）
邵武府 …………………………………………（322）
漳州府 …………………………………………（324）
福寧州 …………………………………………（330）
臺灣府 …………………………………………（332）

湖廣總部 ……………………………………（333）
武昌府 …………………………………………（333）
漢陽府 …………………………………………（339）
安陸府 …………………………………………（340）
襄陽府 …………………………………………（344）
鄖陽府 …………………………………………（346）
德安府 …………………………………………（348）
黃州府 …………………………………………（351）
荊州府 …………………………………………（354）
長沙府 …………………………………………（358）
岳州府 …………………………………………（364）
寶慶府 …………………………………………（366）
衡州府 …………………………………………（369）
常德府 …………………………………………（374）
辰州府 …………………………………………（378）

永州府	（379）
靖州	（383）
郴州	（384）

廣東總部 …………………………………（387）
廣州府	（387）
韶州府	（394）
南雄府	（396）
惠州府	（398）
潮州府	（402）
肇慶府	（406）
高州府	（412）
廉州府	（414）
雷州府	（416）
瓊州府	（418）
羅定州	（425）

廣西總部 …………………………………（428）
桂林府	（428）
柳州府	（432）
慶遠府	（434）
思恩府	（435）
平樂府	（436）
梧州府	（439）
潯州府	（443）
南寧府	（444）
太平府	（447）
思明府	（448）
鎮安府	（449）
泗城府	（449）

雲南總部 …………………………………（450）

雲南府	（450）
大理府	（452）
臨安府	（454）
楚雄府	（457）
澂江府	（460）
廣西府	（461）
順寧府	（462）
曲靖府	（463）
姚安府	（464）
鶴慶府	（465）
武定府	（466）
元江府	（467）
蒙化府	（467）
永昌府	（468）
貴州總部	（470）
貴陽府	（470）
思南府	（471）
鎮遠府	（472）
石阡府	（472）
銅仁府	（473）
黎平府	（473）
安順府	（474）
都勻府	（474）
平越府	（475）
威寧府	（476）

京畿總部

順天府

《職方典》第十七卷
順天府部彙考十
順天府學校考（書院社學附）府縣志合載
本府（大興宛平二縣附郭）

順天府 在府治東南教忠坊。明洪武初，以元太和觀地爲大興縣學，國子監爲府學。永樂紀元，改北平布政司爲順天府，府學爲國子監，大興學爲府學，并屬焉。規制未備，歲久漸圮。宣德二年，府尹李庸修理，于是大成殿、明倫堂、祠廡、齋舍、庖湢之所煥然如新，大學士建安楊榮爲記。正統十一年，府尹王賢顧其舊址四邊多爲軍民所侵，不足以擴充堂構，因請復其地，遂拆故新之，爲大成殿，翼以兩廡，前爲戟門，殿與門爲間各三，廡爲間各五，因舊爲廟以祠宋丞相信國文公，爲六齋，進德、修業、時習、日新、崇術，立教于明倫堂東西，治舍以棲諸生。會饌有堂、有廚、有庫，而蔽之重門。齋門、廚庫爲間各三，饌堂爲間各五，而舍爲間十二，倍于饌堂。觀成日，少司徒廬陵陳循爲記。天順六年，府尹張諫以舊齋廡逼近堂廟，闢東西地廣之，堂之北創後堂五間，左右房各九間。廟之外戟門、櫺星門，皆撤而新之。學之門外樹育賢坊二，東西對峙。成化二年，府尹閻鐸銳意學政，凡前工未畢者，既皆足之，復念士之棲止，不足勞于出入，擇堂齋前後隙地，增建號房，通前五十餘間，重建學外門三間，廟若廡皆易朽以堅，而加藻飾焉。學後面北民居錯雜，購而拓之，爲廚庫、爲射圃，崇墉廣廈，煥然一新，大學士商輅爲記。萬曆庚辰，督學商爲正疏拓之，遷宋文丞相祠于學宮東，鄉人就其地建懷忠會館。我皇清肇興，右崇文教，群滿漢子弟育之學宮。廟貌宮墻，歲久傾圮，居人環近，左右者擅開門户，侵占地基，府丞薛所藴具疏清查侵占基址，禁止拆毁作踐，奉旨嚴行禁飭，刊立木榜，欽差工部營繕司滿漢郎中按基清丈，塞擅開之門，拆占造之屋，修大成殿，建兩廡及泮橋，築崇垣以明界址。迄康熙乙巳，高爾位提督學政，與府尹甘文焜捐俸庀工鳩材，廟中自大成殿、大成門、欞星門，儒學自大門、二門、奎星樓、明倫堂、啓聖、名宦、鄉賢諸祠及育賢坊次第修建。于是文廟聿新，宮墻巍煥。舊有尊經閣、敬一亭，基址已經頹廢，方在議復舊規，以圖興舉。大宛生員俱屬府學，不更置。

　　武學，制自明朝，屬兵部應考者係錦衣等七十八衛所，其鄉試爲京衛，武舉獨爲一榜。自康熙三年，奉旨歸併順天府學宮，與祿米倉鄰。教授一員、訓導一員，有四齋，曰居仁、由義、崇禮、弘智，齋各一長，凡遇考試，令其保結。

　　良鄉縣　在縣東南。明洪武五年建。正統十二年重修以來，迄今廟殿、齋廡、各門、各祠大概粗備。皇清康熙二十三年，復行修葺云。

　　固安縣　在縣治東。明洪武三年建。八年，增修。成化九年，教諭鬱珍疏請移建，制度一新，又相繼修葺，益雅稱之。凡公署、祭器暨諸書史典籍無不備。崇禎三年，知縣秦士奇創浚二井，引泉入泮池，源源不竭，迄今依然。

　　永清縣　舊在縣治西南。金明昌元年，前啜里軍都押司官蕭薩八建。明洪武六年，知縣盛本初重修。永樂六年，知縣王居敬復修。成化四年，被河水傾倒，教諭馬文、生員趙亮等奏准遷于縣治南，知縣許健創修。迄今皇清順治十四年，知縣丁棟重修。康熙九年，知縣連應鄭復葺。十五年，知縣萬一肅修建殿廡、牌坊、欞星門。二十三年，復加修理，煥然一新。

　　東安縣　在縣治西。唐開元建。元中統四年，改縣爲州，升爲州學。至正二十三年，因渾河水患，移于州治東。明洪武二年，又改州爲縣，遂爲縣學。三年，復以水患，隨學遷于張李店，即今學也。宣德五年重修。天順七年重修。舊先師有塑像，嘉靖十年，承制易以木主，改稱至聖先師孔子神位，撤像，祭文知縣韓裹所作，有"德出帝王上，固不假爵而榮，神與造化游，亦不依形而立"之句。隆慶五年，知縣王邦直重修啓聖祠及兩廡。皇清康熙十三年，教諭王夢明捐俸改修，每廡五間，修戟門兼修築屏壁于舊泮池前。

香河縣 在縣治東。明洪武四年建。正統元年重修。萬曆二十一年重修。皇清康熙三年，復爲重修，煥然廟貌，迄今整固。

通州 在州治西。元大德二年，知州趙居禮建。明永樂十四年重修。正統、成化年重修。弘治年修建欞星門。迨皇清康熙十一年，悉更新之。十八年，地震倒塌幾盡。二十三年，逐一修葺，規模復整。

三河縣 在縣治西南。金泰和間建。明宣德元年重修。迄皇清康熙十三年，又重修落成。十八年，地震盡倒。二十三年，復行修葺，依然舊觀。

武清縣 舊在白河西丘家莊。明洪武初，因水患遷于縣治之東北隅，即元帥府家廟也。嘉靖十六年，改遷于縣治之南。隆慶三年重建文廟。萬曆二年，遷明倫堂于文廟之西北。九年，增修壯麗。十二年，戟門前修一泮池，益顯規模。皇清康熙九年，本邑都諫趙之符、教諭李衷綉、貢生李可楨共新堂祠樓門。十二年，知縣鄧欽楨捐俸入重修聚魁樓，迄今鉅觀。

寶坻縣 在縣治東北隅。元至正二年間創建。明洪武、成化、弘治、嘉靖以下，節修不一。及皇清四十年來，踵而葺之，規模日整。至康熙二十三年，復加綢繆，瞻仰乃肅。

昌平州 在州治東。元時爲昌平縣學。明正德三年，始升州學。歷至皇清順治十四年修之。康熙三年、十一年，又叠修之，規模大備，煥然异昔，迄今甚壯觀瞻。

順義縣 在縣治西南。創自金。至明洪武重修。歷浸傾圮，聊存舊址。皇清康熙二十三年，細加整理，氣象一新。

密雲縣 在舊城鼓樓東。唐貞觀十一年創建。元至元間重修。明洪武十一年重修。歷至皇清順治九年重修，規制整備，迄今一一堅固。

武學，在文學西，原係旗纛廟。明洪武五年改。皇清順治二年裁併文學。

懷柔縣 在縣治西。正殿在學西。明成化庚寅重修，修撰王華撰記。萬曆二十二年，知縣蔣守浩創鑿泮池。至皇清，規模猶整。

涿州 在州治西南。創于唐建中間。金、元因之。明洪武初更新之。歲久浸敝，知州朱巽、張遜相繼修葺。嗣是而後，重修者不一，至今稱巍煥焉。

房山縣 在縣治東南儒林坊。創于元僉徽政院甼禮。嗣是重修者不一，皆存碑記。至明洪武十五年重修。隆慶庚午，修更恢弘。及皇清順治年間，重修啓聖祠并西廡。康熙甲辰，悉撤舊重新，次第煥然。今康熙二十三年又重新之，復煥然云。

霸州 在州治東。元初建。明洪武庚戌，知州馬從隆撤而大之。歷正統、成化以至萬曆，節次修葺。皇清順治庚寅、壬辰、康熙丙午、乙酉，又相繼重修，規模宏麗。今二十三年，又檢修一新。

文安縣 在縣治西。宋大觀八年創建。金毀。元皇慶元年重建。明景泰、嘉靖，相繼重修。皇清康熙九年，知縣李芳華勸修，規模益整。

大城縣 在縣治西。金天會十二年建。元至正年間重建。元末，兵毀。明洪武、成化、弘治、正德，節次重修。歷漸傾圮。皇清康熙二十三年，詳檢修葺，廟復翼翼云。

保定縣 在察院東。明洪武十四年創建。景泰三年、弘治十二年、嘉靖十四年，相繼修葺。萬曆十年，知縣孔承侗重修之，規模大概而已。皇清康熙二十三年，捐輸修葺，較舊貌多可觀矣。

薊州 在州西北。自唐以來原有舊址。至金崇其堂宇。元至順、至元間相繼修葺。至正間，益增大之。明洪武初重建。正統九年重修。皇清康熙二十三年，備加葺理，頓爾改觀。

玉田縣 在縣治西。遼乾統年建。明洪武初重建。景泰五年重修。嘉靖十一年，移于西關厢。二十九年，督學御史阮鶚移于城內，以舊玉陽觀爲之。萬曆六年，知縣胡兆麒稍遷而東，改創大成殿、東西廡，前爲戟門。壬午，知縣張偉增修欞星門。迨後屢經兵燹，概就頹圮。皇清康熙四年、十年，相繼修舉，迄今猶甚堅固。

平谷縣 在縣治南。建于元至元間。明洪武十三年重建。成化五年重修。嘉靖二年、四十年，相繼重修。歷今祇存遺址。皇清康熙二十三年，全舉而修之，觀瞻始整。

遵化州 在州治西南。金正隆三年創建。明萬曆二十一年重修。崇禎間，僅存先師一殿。皇清順治四年、十二年，相繼修之。康熙二年、三年、八年、十一年、十二年、十七年，又累修之，規模迄今整齊云。

豐潤縣 在縣治東南。金大定二十七年建。元至元十二年修。明洪武初重修。永樂十二年縣令鄧志，正統六年縣令吳昌相繼修葺。弘治十六年，縣令靳瑄鄙其狹陋，易民基以恢宏之。自後零星頹廢。明末備修以來，迄今尚皆堅固。

永平府

《職方典》第五十八卷
永平府部彙考四
永平府學校考　府縣志合載
本府

府儒學　在治北一百五十步。《舊志》云，創建年月莫考。其歷年增修者，元延祐中總管府達魯花赤也孫禿，至正中總管賈惟貞，明正統中知府李文定，天順中周晟，成化中王璽、王問，弘治中吳杰，正德中何詔、唐夔，嘉靖中李遜，隆慶中兵備沈應乾、知府劉庠，萬曆中兵備宋守約、徐準、知府辛應乾、張世烈，皇清順治中兵備副使宋琬、知府楊呈彩，康熙中知府事常文魁。先師廟，在明倫堂西。堂、兩序、東西齋，前儀門、大門，外東西二坊。後堂兩楹為號舍，又後教授宅，堂左三訓導宅。先師廟、兩廡，前露臺、戟門，左右祠名宦、鄉賢，前泮橋，前欞星門。廟後東啟聖祠，西敬一亭。射圃在廟西。康熙中，知府事常文魁重修先師殿，其泮橋新易以石橋，左右增碑亭二，欞星坊前增石柵及禮門、義路二石坊，明倫堂左右新添神庫、神廚，上房共六間，又重修東西齋房，新栽松柏百株，培蔭風水。又于學前創修書院二十七間，堂廊號舍，曲折盡制。

武學，在府治南舊守備廳地。隆慶六年，知府辛應乾改建。

三屯營文廟，在城內西北隅。

遼學，附府學內。順治二年，因遼生流散關內題設。至順治十二年，經奉天設學裁官併府學代理。

文昌祠，在東門內。奎星閣，在南城上。

盧龍縣　儒學，在縣治前，城之東南隅。洪武二年建，知縣胡昂經始。正統間，巡按御史李奎、魏林、徐宣相繼拓修。景泰間，知縣胡琮重修。天順間，為水圮，教諭李倫修。成化間，教諭徐潤等更拓之。弘治間，知縣李景華、吳杲、知府吳杰增建號房。嘉靖間，府同知張守、知縣吳道南、楊保慶繼修。隆慶間，知縣潘愚修學倉。皇清康熙中，知縣閔峻、呂憲武、教諭朱持正俱重修。文廟，舊在明倫堂前，規制卑狹。嘉靖四十五年，兵備道沈應乾市地，遷于學左，宏敞倍昔。萬曆十五年，爲水圮，兵備道葉夢熊、知府孫維城、推官沈之吟修整，知縣王衮復辟前達通城上奎星閣，建坊二于櫺星門之南，其東西臨街建坊各一。崇禎十五年，爲颶風所拔。順治三年，修先師殿、東西廡，前中戟門，泮池東名宦祠，西鄉賢祠，前爲櫺星門，殿后敬一亭，右啓聖祠。按《府志》，明倫堂左饌廳、右學倉，堂後教諭宅、左訓導宅。

遷安縣 儒學，在縣治東。明太祖洪武二年建先師殿。明初，知縣蕭頤創始夾室，爲東西兩廡，前爲戟門，門東名宦祠，門西鄉賢祠，前爲泮池，爲橋，又前爲櫺星門。明嘉靖間，撤塑像而題以木主，有文書房，有祭器庫，有齋宿所，有更衣亭（久廢）。廟之東北爲啓聖祠，祠東爲射圃亭（久廢）。廟後爲明倫堂，兩序東爲進德齋、西爲修業齋，久廢。堂壁立臥碑，堂前爲露臺，臺下爲甬道，東出爲義路，西出爲禮門。堂後爲敬一亭，亭西爲教諭廨，廨南爲訓導宅二，今廢。前爲儒學大門。明正統中，廟宇頹壞，知縣邢冕、商輅相繼修飾。景泰中，知縣費永寧葺補。宣德中，御史余思寬重修。本學，舊在城東門外。成化五年，教諭胡憲奏準展城以包之。嘉靖中，都御史孟春撤其舊增建，捐贈鍰，不勞民力，後知縣陳策建學官廨宇三所，温志敏、王錫、韋文英、羅鳳翔，萬曆中知縣王淑民、馮露、張鑒相繼重修。四十年，知縣張廷拱一撤而新之。崇禎三年，毀于兵火。七年，知縣任明道重修。皇清康熙元年，知縣武周重修大殿。十一年，知縣王永命重修櫺星門、泮池及鄉賢、名宦、戟門、東西兩廡、啓聖、進德修業二齋，並周圍群墙百堵，焕然更新。文昌祠，在聖廟東。魁星閣，在文廟前。儒學倉，在學內，今廢。學庫，在儒學內，今廢。

撫寧縣 儒學，在縣治東南。明洪武十一年建。其歷年增修者，成化間知縣姜鎬，弘治間知縣劉玉，嘉靖間知縣葉宗蔭、通判李世相，萬曆間知縣張彝訓、徐汝孝。皇清康熙八年，傾圮已極，知縣王文衡勸合縣輸助，修葺殿廡、門祠，俱焕然一新。大成殿五間，東西廡各五間。康熙十一年夏，大雨，廡壞，知縣譚琳捐資補修。啓聖祠三間，大殿前戟門三間，東名宦祠三間，西鄉賢祠三間，戟門前泮池石橋三座，泮池前櫺星門一座。明倫堂三間，傾圮不支，康熙十八年，知縣劉馨捐俸暨合學輸助，教諭辛進修躬督重修。東西進德、修業齋，俱廢。敬一亭三間，聖諭箴銘在壁。教諭公廨三間，訓導公廨，俱廢。按《府志》，敬一亭後教諭宅，東西訓導宅。武成王廟，大殿三間，戟門三間，欞星門一座。康熙十六年，知縣劉馨協同教諭聶應聞捐資創建。文昌祠，在學東。魁星閣，在文廟前。學倉，在縣內，久廢。

昌黎縣 儒學，在治西南。創建年月無考。元大德四年，縣尹劉懋修。明永樂十五年，知縣楊禧重建。其歷年增修者，弘治中殷玘，嘉靖中胡溪、閻鳳楚、孔生，萬曆中孟秋、吳望岱、徐汝孝、石之峰、楊于陛，皇清推官劉增、知縣宋薦、教諭吳鳳起、孫兆禎、訓導王渠。先師廟，在明倫堂東，戟門左右名宦、鄉賢祠，東爲啓聖祠。明倫堂兩齋後號房，堂後爲敬一亭，右教諭宅、左訓導宅。按《昌黎縣志》，儒學，大成殿西。元大德年建。弘治七年殷玘，嘉靖九年閻鳳，四十三年楚孔生，萬曆十八年石之峰，四十五年楊于陛俱重修。明倫堂三間，大成殿西，胡溪增修，吳望岱重修。齋東西各三間，曰博文、約禮。敬一亭敕諭碑、四勿箴，各一座，石之峰建，楊于陛重修。尊經閣，皇清順治戊戌，推官劉增建，重修明倫堂、敬一亭。號舍東西各二間，牌坊東西各一座。教諭宅，廳三舍九，楚孔生重修。訓導宅二所，廳各三、舍各六，楚孔生、石之峰重修。興賢坊，學東；育材坊，學西，萬曆四十二年，俱王漢杰建。名宦祠、鄉賢祠，各一所，東西廂房各三間，碑亭各一座，嘉靖二十八年，知府張玭、知縣文世英同建。文昌祠，在縣北，王漢杰重建。魁星閣，在文廟前。儒學倉，三間，學內，孟秋建。

灤州 儒學，在治西。遼清寧五年建。明洪武四年，知州李益謙重建。其歷年增修者，洪武中劉政，永樂中譚輝，正統中劉弁、陶安，天順中鄭鼐，成化中楊鼐，弘治中呂鎰、汪曉，正德中陳溥、高堂，嘉靖中張士儼、陳士元、通判陳大爲，隆慶中推官陳訓，萬曆中知州鄭琰。先師廟，在明倫堂前；啓聖祠，堂左；明倫堂、兩齋東出爲居仁門，西出爲由義門，又前東西儒學二門，堂後敬一亭，西名宦、鄉賢祠，祠前三訓導宅，堂東教諭宅。文昌祠，在月城內。魁星閣，在文廟前。

樂亭縣 儒學，在治西。先師廟，在縣治西北。大殿五間，東西廡各七間，戟門三間，東西角門前泮池石橋，又前欞星門坊。始自金天會間，進士李杭創建。明昌間進士鮮于仲權，元至元間縣尹柴本立相繼增修。明洪武初，知縣王文貴重建。正統間知縣呂淵，天順間知縣董昱、縣丞狄春，成化間知縣王弼相繼重修。知縣李瀚增修兩廡。弘治間，知縣田登增修神厨庫。嘉靖間，知縣楊鳳陽重修兩廡、泮池、門坊。萬曆間，知縣于永清修殿，知縣杜和春修泮池。歲庚寅，重修大殿，扁曰"大成"；撤戟門重修，扁曰"萬世瞻仰"；撤欞星門重修，扁曰"先師廟"。各砌甬路，前樹以屏，購民地砌玉帶街。廟西路舊塞，闢而拓之，樹坊，西向曰"聖域"；仍改建名宦、鄉賢祠于戟門兩側。天啓年間，知縣劉檄重以修理。經今五十餘年，大殿、戟門、欞星門並明倫堂漸就傾圮。皇清順治十三年，知縣葉矯然興工修葺，未幾，去任。知縣黃兆丹接修，亦未幾去任，至知縣于成龍續修，大殿告成，餘正在鳩工修理。啓聖公祠，先師廟東南，萬曆間知縣林景桂重建。名宦祠，舊在啓聖祠東側，萬曆癸巳，改建于戟門東。鄉賢祠，舊在啓聖祠西側，萬曆癸巳，改建于戟門西。文昌祠，按《府志》，樂亭在學前。魁星閣，按《府志》，樂亭在文廟前。

山海衛 儒學，在衛治西。明正統元年建。其歷年增修者，正統中指揮王整、教授張恭，天順中指揮劉綱，成化中主事尚綱，嘉靖中黃景夔、鄔閎，萬曆中孟秋、任天祚、遵化巡撫李頤，崇禎中山東巡撫米國棟、關內道范志完。先師廟，在明倫堂前。啓聖祠，在敬一亭後。戟門東西祠名宦、鄉賢。左爲更衣亭，右神厨，前欞星門。明倫堂東齋曰文成，西齋曰武備。堂後敬一亭，東教諭宅，前訓導宅。西爲學門，門內道左爲號舍。按《府志‧邊防考》，山海衛是教授。凡明倫堂有兩齋，齋名有同異，非通制。山海以文武獨異，具之堂，直爲儀門，大門制同灤州、遷安。前廟後堂，異其門不同，廟臺、戟門，前泮橋、欞星門並如府制有差不具。若神庫、神厨、宰牲房、饌堂、號房、耳房、射圃，舊制無方位，今亦多廢矣。文昌祠，在文廟右。魁星閣，未詳。

保定府

《職方典》第七十一卷
保定府部匯考五
保定府學校考（書院附）府縣志合載

本府 在府治東南。元中統二年，順天路總管萬戶張弘略建。明正統十年，知府常景先增建大成殿爲七間，兩廡各增九間。天順四年，知府張梲易兩廡木主爲塑像。成化二年知府章律，弘治四年知府趙英以堂齋卑隘，先後撤而新之。嘉靖十五年，知府汪堅大加修飭，益恢前度。

武學，在府學東。明正統四年，都指揮張銳建。弘治五年，銳子溥修。今改爲左衛儒學。

清苑縣 在縣治東北。洪武八年，建文廟在學東百步許。景泰中，改建于學前。嘉靖中，改建學于文廟之右，開拓地址，復移學于舊址之北，規模嚴整。按《縣志》，先師殿三楹，殿后爲啓聖祠三楹，再後爲敬一亭三楹，內有明世宗御製敬一箴、御注宋儒范浚心箴及程頤視聽言動四箴刻石。殿前兩翼爲廡，東西各列十五楹。東南隅爲魁星祠塑像，西南隅闢門西向達學署，再前爲戟門三楹，門左袚爲名宦祠三楹，門右袚爲鄉賢祠三楹，皆南向。前爲泮池，跨一橋，磚石甃之，橋南爲坊，額其坊曰"泮池坊"，前爲欞星門，左右有金聲、玉振坊，又前爲禮門、義路二門，門外建坊于左右，左坊榜曰"德配天地"、右坊榜曰"道冠古今"。景泰三年，知縣吳宗慶改建文廟于明倫堂前，祭酒劉鉉記。成化四年，知縣陳璸增修。嘉靖十六年，知縣李廷寶改建學于文廟之右。四十一年，知縣段綉、知府沈廷乾開拓地址，視昔有加，名曰重修，實爲創建，邑人尚書高耀記。萬曆十六年，知縣王政修，副使劉行素記。三十四年，知縣王之采重修，副使劉不盈記。皇清順治十四年，知縣馬崇詔重修，邑人光祿寺寺丞高桂記。明倫堂五間，左爲進德齋，右爲修業齋，各三間，東西號房各十五間，儀門三間，大門三間。尊經閣，在明倫堂後，閣上祀文昌帝君。教諭宅，在尊經閣後。訓導二宅，在尊經閣東。

保定左衛學，按《縣志》，在縣治東南，舊爲大寧都司學，今都司裁革，改爲左衛學。

滿城縣 在縣治東。元建明倫堂，在文廟西南。明天順初，遷置文廟後。弘治中，創建尊經閣。嘉靖中，建敬一亭。明年，建啓聖祠，續建名宦、鄉賢二祠。按《縣志》，在縣治東南隅。據《舊志》載，地五十二畝。元至元二年，知縣劉漢臣建，而以明倫堂置于文廟右。天曆元年，知縣劉思建重修之。迄明朝仍其制。正統六年，知縣王義復修焉。成化十二年，知縣李思明增修兩廡、戟門、欞星門，隨修明倫堂，創會饌堂一區，構諸生齋舍十二間。十五年，修建大成殿，增砌石欄。嘉靖二十八年，知縣袁欽儒復修之。四十一年，知縣辛吉繼修之。隆慶六年，知縣申九峰修欞星門，建周圍墻垣，功未竟而遷。萬曆六、七年，知縣張嶤、齊作霖相繼修葺，建教諭宅于北。二十年，知縣侯大節遷敬一亭于欞星門東，建文昌祠，而教諭馮日望亦以是年開泮池。迄萬曆四十二年，邑人知府張邦政、同知張調元各捐金，請于知縣冀懋中，仍以明倫堂改建學宮之右，前後修葺，洵稱備美。皇清康熙十五年春，知縣裴國禎捐資倡衆重修先師殿，見東西兩廡、名宦祠頽壞太甚，撤其腐朽，重建之，鄉賢祠、戟門、櫺星門俱補葺增修，泮池南建雲衢坊，臨街建育英坊。十六年，重建尊經閣，修整宮墻，內外彩飾，輝煌規制，煥然一新。先師殿五間，周圍露臺俱石欄杆，東西廡各七間，櫺星門一座，戟門五間。名宦祠三間。鄉賢祠三間。啓聖祠三間，文廟後偏東，明嘉靖間，知縣汪滋建。皇清順治年，知縣葉獻論倡募重修。文昌帝君祠，櫺星門外偏東，向西，築臺建閣，上層魁星。明萬曆二十年，知縣侯大節建。皇清康熙七年，知縣何郡烈、貢士李倫、生員陳士前、張鎰、郭大鵬、李僖、鄉耆楊倖、梁新民等重修。魁神祠二，一在文昌閣上層；一在城東南角，即城東南角樓，乃學宮之東南隅文星巽地也，皇清康熙五年，知縣余允光建。敬一箴碑亭，在儒學門內。明嘉靖間，知縣汪滋建。萬曆間，知縣侯大節遷建櫺星門東，久廢，俟修。尊經閣三間，文廟後。明弘治十五年，知縣金山創建，高五丈，廣袤四丈，廢圮久盡。皇清康熙十六年，知縣裴國禎捐資倡募紳衿、商庶等重建，越三祀，丹艧告成。四圍增築石壁，修砌甬路，閣前及學宮內外雜植桃李、柏槐、楊柳數百餘株，有碑記。兩傍厢房各二間，久廢，俟修。明倫堂三間，原在文廟右，後改建廟後。明萬曆四十二年，邑人張邦政請于知縣戴懋中，仍改建廟右。皇清康熙十九年，知縣裴國禎重修博文齋五間，今三間；約禮齋五間，今三間。儒學門三間，儀門、角門三間。教諭宅，原在明倫堂後。明萬曆四年，知縣張嶢建。皇清康熙三年，教諭奉文裁，宅廢。十五年，新例復設。十八年冬，知縣裴國禎、教諭劉之源復修宅于堂後。訓導宅，原在舊明倫堂東。嘉靖間，知縣袁欽儒修，今在明倫堂前偏西，住房三間，客廳三間，東西厢房各二間，係皇清順治十八年，教諭胡心尹遷教諭宅修于此。

安肅縣 洪武三年設立，在縣治東南。景泰中，重修建，規制整飭，高穀有記。嘉靖中，增修明倫堂。養廉倉，在明倫堂後，學田八十七畝，詳見《縣志》。按《縣志》，儒學學宮，建在縣治東南。中爲明倫堂，堂左壁有御製臥碑，後爲尊經閣，閣內藏書及敬一箴、視聽言動箴。堂左爲進德齋，右爲修業齋。南爲大成殿五楹，翼以東西兩廡。前戟門三楹，左連東廡爲左角門；右接西廡爲右角門。門外左爲名宦祠，右爲鄉賢祠。正前爲櫺星門，門內之左爲啓聖祠，祠北爲號房二重，今廢。櫺星門右爲儒學門。教諭宅，在堂之東，宅門左有耿三麟石刻卦爻竹圖。司訓宅在堂之西。明洪武三年，知縣劉炯、主簿王麟創建。正統十四年，罹兵火。景泰六年，知縣王正重修，語具大司空高穀記中。弘治四年，知縣裴倫繪飾殿廡及墻垣、戶牖，規制尤備，詳見張太、史天瑞記中。後十一年，知縣王維翰補所未備，見李御史葵記中。嘉靖元年，知縣武昊復加修葺，高大軒豁。二十九年，知縣趙定始創建教諭宅于堂之東，司訓宅于堂之西，邢奇有記。其後高陵爲敬一亭、爲垣、爲門，東序爲講堂，爲祭器庫；西序爲饌堂，爲俸廩，後廢。隆慶四年，知縣周以庠重修，始製祭器，教諭王集義有記。萬曆十三年至十七年，知縣徐臬、郭瑛相繼修舉。二十六年，知縣周三聘重修，完葺諭訓兩宅，見鄭襄敏記中。三十一年，知縣楊世增建尊經閣，補二百餘年之闕。聖門左右建二坊，鑿泮池，煥然改觀，語具鄭少參記中。署諭沈起蛟以學舍不堪棲止，出居民房，久之傾圮，後教諭沙蘊金率庠士督修，稍就緒，惟西齋危牆破椽，尚未謀葺。日久東西俱敝，皇清順治十七年，知縣盧應魁捐俸修學，兩宅葺治可居。射圃，按《縣志》，舊圃前在櫺星門右，後廢。明天啓三年，督學左光斗移建于南郊道東，地六畝，有廳坊。養賢倉，按《縣志》，在明倫堂後西序，今廢。

定興縣 在縣治南，元創建文廟。泰定中，作東西廡。元統中，作泮池、櫺星門。毀于兵，明洪武中，重修，置饌堂、學倉、射圃。嘉靖中，增正殿爲五間，兩廡亦廣其制，廡尋壞，重修更新。按《縣志》，明倫堂，在文廟後，櫺星門左有門曰儒學，北行西轉門曰義路，入而南向者爲儀門，左右有翼門，別有門與聖殿通。堂三楹，翼爲兩齋，左曰進德、右爲修業。明萬曆末，知縣畢自肅重修。崇禎初圮，知縣薛綦隆重建，庭各三楹，古槐二，皆數百年，今存一。教諭宅，在堂後。訓導宅二，在堂左右，各廳事三楹，茅茨數椽，蔽風雨而已。別有號房數間，舊皆諸生弦誦之所，今但居廟。敬一亭，在明倫堂後，邑令張文繡建。天啓六年，大雨壞。泮池，在櫺星門內。射圃，在儒學門西。

新城縣 在縣治西，自元以來皆在此地。按《縣志》，文廟，在縣治西北。漢桓帝時，新城令劉梁建。遼知縣馬人望，金武略將軍行新城縣事李彥成，元縣尹李天佑、劉恭、劉安定相繼重修。明洪武年知縣孔文，永樂年知縣鄭謙，天順年知縣孔禮，成化年知縣李循，弘治年知縣楊澤，嘉靖年知縣陳璣、張仁、房輗玉相繼重修。皇清順治十一年知縣周世祿，康熙六年知縣王宜亨，九年知縣閻興邦，十一年知縣周家柱，相繼重修。先師廟，正殿五間，臺高三尺，三面石級。東西廡各五間，戟門三間。名宦祠三間，在戟門外之東；鄉賢祠三間，在戟門外之西。欞星門三間，知縣張仁改建。泮池，在欞星門內，邑人參議崔峨施地二畝，指揮張大用施銀四十兩，本縣縣丞李垣施磚一萬，本學訓導張存性暨廩生蘇仁等各捐廩俸成之。墻垣二百餘堵，知縣陳璣築。文廟內外、明倫堂前後樹木，皆訓導張存性、知縣王好義相繼栽植，又教諭何濟及訓導呂汴修補。聖域坊，欞星門左，知縣劉宗禹建，今廢。啓聖祠，在文廟東。明倫堂五間，在文廟後，朱子書匾，洪武臥碑、鐘鼓列左右，知縣陳璣、王好義重修。尊經閣，在明倫堂後。舊文會亭，知縣曹一夛改建。敬一亭，在啓聖祠前。進德、修業二齋，在明倫堂前左右。祭器、文案二庫，在明倫堂左右翼，知縣王好義重修。科貢題名碑，明倫堂前，左右各一。崇儒門，即儒學儀門，兩旁爲左宜、右有二門，知縣王好義建。射圃，久廢。知縣王好義改建游藝門，其東建依仁門。禮門、義路二坊，知縣王好義建，今廢。儒學門，在義路南。儒林坊，在儒學門外，知縣張仁建。教諭宅，今廢；訓導宅二，今俱廢。號房，天地人字三號，每號五間，在啓聖祠後，知縣李志學建，今廢。養廉倉，在教諭宅前，今廢。

　　唐縣　在縣治西，唐開元始立廟學。迨金之興，北方學廢，基址僅存。泰和三年，邑人好義者更新之。元至和間，撤堂建殿，以崇其基。明成化中，重建大成殿、門堂、齋舍。按《縣志》，儒學東至縣衙，西至城隍廟，南北至街，計地畝周九十步，射圃在內。明嘉靖三年，知縣馬訓重修。二十四年，知縣王國生重修。隆慶三年，知縣洪濟遠重修。萬曆元年，知縣彭芹修欞星門，舊無泮池，始鑿于欞星門內，門外有石屏，嫌其逼窄，徙街之南。萬曆二十三年，知縣孫希夔重修。萬曆三十七年，知縣黃巍重修。崇禎六年，知縣向列星重修。皇清順治三年，知縣周日宣重修。十一年，知縣張問政重修欞星門。康熙十二年，知縣王政建照壁，本府通判署縣事吳紹琯創建左右門坊。先師廟五楹，東西廡各五楹，戟門三楹，左右儀門各一楹，欞星門三楹，泮池。啓聖祠三楹，在先師廟之右。順治十一年，知縣張問政重修。名宦祠三楹，在啓聖廟前。皇清順治三年，知縣周日宣修。鄉賢祠三楹，在名宦祠前。康熙六年，訓導張暄重修。文昌祠三楹，在興賢育才門之東。順治二年，教諭徐曉重修。康熙七年，署訓導紀其勳重修。奎星閣，在儒學門上。明崇禎九年，教諭劉顯續修。皇清順治十年，知縣武自安改建城東南角臺上，應巽離文明之象，以望學宮。順治十二年，大雨毀，復徙此。敬一亭，在文昌祠之後。宰牲所。明倫堂五楹，左曰進德齋、右曰修業齋，各三間，今圮廢。興賢育才門在先師廟之東，一間。儒學門，在櫺星門之東，一間。教諭宅，在明倫堂之後，今廢。訓導宅，一在明倫堂東，順治十八年，教諭栗濟寬修；一在明倫堂西，今廢。廩倉，今廢。號房，今廢。射圃亭三楹，在明倫堂之西，今廢圮。射圃，東至啓聖廟，西至城隍廟，南至街，北至街。

博野縣 在縣治東。明洪武中創建。弘治中，增建號舍十楹。嘉靖中，改建饌堂爲尊經閣，戟門、櫺星門煥然一新。按《縣志》，文廟在縣治東。明永樂、正統間，知縣李太、喬俊、黎亨相繼修理。弘治二年，知縣何正重新鼎建。嘉靖十年知縣王應禎，十六年知縣張舜臣，泰昌元年署教諭李克振，天啓六年知縣巨道凝相繼重修。皇清康熙八年，知縣郭堯都設帳幔，置神龕，修櫺星門，立柵欄于門外，訓導張輪重修啓聖祠、戟門、垣墻。大成殿五楹，東西廡各五楹，中戟門三楹，門東名宦祠三楹，門西鄉賢祠三楹，前爲櫺星門。殿東啓聖祠三楹，祠北敬一亭三楹，亭南神庫、神厨各三楹，其亭、庫、厨俱圮壞。啓聖祠，在大成殿東，明嘉靖十一年，知縣王應禎奉敕旨創建。名宦祠，在戟門左，西向，明嘉靖戊戌，縣丞劉俊奉敕旨創建。鄉賢祠，在戟門右，東向，明嘉靖戊戌，縣丞劉俊奉敕旨創建。明倫堂三楹，在大成殿后，左壁立御製碑，中有屏，屏有箴。左吏房一楹，藏案牘。右庫房一楹，藏祭器，久壞。堂北尊經閣三楹，閣前古槐一株，左右號房二十六間，久壞。堂前爲禮庭，左架鼓，右懸鐘，庭前東進德齋，西修業齋，各三楹，東齋久壞。又前二門一座，左右角門二座。東南隅養賢倉，久壞。西南隅禮門一座，西轉而南庠門一座，儒林坊一座，今壞。禮門西爲教諭宅，西胡同爲訓導宅。皇清康熙四年，奉旨裁教諭，訓導移于教諭宅，今壞。射圃，按《縣志》，在東北，觀德亭三楹，門坊一座。明洪武二年，詔令生員講罷習射，遇朔望日試演，以提調正官主射。永樂六年，申明舊制，定習射儀式，今射圃亭壞。

二程夫子祠，按《縣志》在程委村，元人創建，明正統間肖像。帝君廟，按《縣志》，一在啓聖祠南；一在二程祠東，明成化癸巳，知縣裴太創建。魁星閣，按《縣志》，在東南城角。

慶都縣 創建無考。明弘治中，修學門，置祭器。嘉靖中，建啓聖祠、櫺星門、戟門、東西廡十五楹。戊寅之變，盡毀。明末、皇清，相繼增修。按《縣志》，大成殿五間，東廡五間，西廡五間，戟門三間，泮池橋一座，欞星門三楹，東角門一間，西角門一間。俎豆庫，毀。省牲所三間，在廟西。啓聖祠三間，在文廟西北。名宦祠，三間，在泮池東。鄉賢祠，三間，在泮池西。儒林坊，二座，一在廟東，一在廟西。聖域坊，在欞星門東。賢關坊，在欞星門西。儒學，在文廟東。大門一座三間，儀門一間，禮門一間，義路坊一座。明倫堂五間。日新齋五間，毀。時習齋五間，毀。敬一亭三間，在堂後。尊經閣三間，在堂西北，毀。饌堂三間，在敬一亭東，毀。庫房三間，在饌堂前，毀。厨房二間，在敬一亭西，毀。學倉三間，在堂前，毀。射圃亭，在廟西，教諭秦毓琦建，廳四圍遍種荷花。教諭公署，在儀門內，全毀。訓導公署，廳三間，住房六間，馬房一間。帝君祠，三間。按《縣志》，魁神祠三間，俱明崇禎時邑令段緯重修。

容城縣 舊在縣治東南。因併雄州，弃毀。後復設縣，擇地建于縣東北。明正德中，修宣聖廟，增築庖廚。嘉靖中，鑿泮池。按《縣志》，文廟殿五間，內偏東先師像一碣。皇清康熙九年，大尹趙士麟重修。東廡五間，西廡五間，戟門三間，欞星門三間。泮池一區，在欞星門內。嘉靖三十七年，大尹張大經開鑿，後圮毀。萬曆三十年，大尹蔣如蘋重修。皇清順治十一年，署教諭舉人柴應辰重修。康熙九年，趙士麟重修。神厨房三間，久廢。宰牲房三間，久廢。明倫堂，五間，在後殿，內竪明太祖臥碑一道。成德齋三間，達材齋三間，號房二十間，久廢。學倉三間，久廢。敬一亭三間，在堂後，內竪明世宗敬一箴及注釋視聽言動心五箴碑。毓秀坊一座，在文廟街口，嘉靖二十八年廢，隆慶三年大尹李蓁春重修。學門一間，儀門一間，未修。啓聖祠，三間，在學東。鄉賢、名宦二祠，三間，在戟門左右。教諭宅一所，在堂西。訓導宅二所，在堂東，因裁革一員，止存一所。射圃亭，在明倫堂東城下，正廳三間，今廢。

完縣 在縣治東，不詳創始。元重修，毀于兵。明洪武初重建。按《縣志》，啓聖祠三間，在大殿后。大成殿十五間，楊知縣有成內添神座，外設石欄，左右開二門，達啓聖祠，劉知縣安國重修，煥然聿新。東廡七間，西廡七間。萬曆二十四年，何知縣出光于西廡南闢一門，達于明倫堂。戟門三間，名宦祠三間在戟門左，文昌帝君閣在名宦祠前。萬曆二十四年，何知縣重創建鄉賢祠三間，在戟門右。田楊二公祠，在鄉賢前。何知縣于戟門前左闢一門，入名宦，達文昌閣；右闢一門，入鄉賢，達田楊二公祠。欞星門三座，照壁一座，以上各廡祠，俱劉知縣安國重修，左右復添禮門、義路二坊。思樂坊三間，在道南，舊係神路，內有泮池，日久荒廢。明季兵興，遂作草廠。草廠革去，被人討作場圃，劉知縣安國批學查明，仍歸文廟，創建牌坊三間，內鑿池蓄水、栽花，爲神路泮池，甚有益于文風。左牌坊一座，題曰"德配天地"；右牌坊一座，題曰"道貫古今"。明倫堂三間，左竪進士、舉人題名碑記，右竪貢士題名碑記，北墻砌臥碑石刻。敬一亭三間，內有御製敬箴、程子四箴石刻。進德齋五間，在明倫堂下東。修業齋五間，在明倫堂下西。儀門三間，儀門北向東開一門，達文廟前。儀門南迤西通儒學宅，以上俱劉知縣安國重修。大門三間，門前照壁一座，石獅子一對。教諭宅，廳房三間，寢室三間，東西厢房各三間。東訓導宅，廳房三間，寢室三間，東西厢房各三間。西訓導宅，廢。文筆峰，按《縣志》，在城外東南隅。

蠡縣 在縣治東南，即古蠡州。元天曆三年建。明因之。弘治中，置學倉、射圃。嘉靖中，作東西序。按《縣志》，廟學地廣五十畝。元皇曆二年，監州事蒙古徹里帖木兒重修。明洪武二年，詔天下立學。永樂四年重修，前爲欞星門，次戟門，中爲廟五楹，廟前有聖旨碑，西北折爲明倫堂，內有御製臥碑。景泰七年，立石，其東存心齋，西養性齋，齋堂之東敬一亭，亭內有世宗御製敬一箴及注釋五箴碑六通。亭前爲號房，東西各十楹，俱張梟建。東學倉，北教諭宅二、訓導宅。學之外右育才坊，坊西十餘步爲射圃，圃地六畝，有觀德亭；左爲興賢坊，俱蕭鵬建。啓聖祠，在明倫堂東，西向，三楹，前建門樓。嘉靖中，李復初創建。隆慶三年，劉伯縉重修文昌祠，側有便門，通于明倫堂，左右分東西廡。名宦、鄉賢二祠，在戟門左右。

雄縣 在縣治北，舊在東，相傳爲夫子窪，蓋卑濕處也。洪武中，改創于此。嘉靖中，創建鏡堂于明倫堂後，以課多士，後增明倫堂爲五間，置學田五頃五十畝有奇。按《縣志》，儒學，洪武八年，程九鼎改創。文廟五楹，右爲西廡，左爲東廡，廟東西有二便門，達于學宮。廟前爲露臺，爲戟門，前有碑二通，有記。前爲泮池，有坊二，曰"洙泗源流"、曰"鳶魚飛躍"，萬曆間，縣丞劉天健建。又前爲欞星門，洪武間九鼎創，成化間縣丞王某修，萬曆十四年知縣康功重修。東有啓聖祠三楹，後名宦、鄉賢二祠俱三楹，有門，有垣。西有敬一亭，碑石七通。文廟，後有明倫堂五楹，左御製臥碑一通，右學田碑一通，有記。堂前爲禮庭，東曰明德、西曰日新，兩齋相向，齋南各有號房七楹，堂左爲祭器庫，右爲養賢倉，俱圮。堂後爲教諭宅，縣丞劉天健修葺之。宅之東有尊經閣二楹，萬曆間邑人侍御馬文學倡建。閣前有號房五楹，縣丞劉天健建。閣後有鏡堂三楹，有門、有垣，嘉靖間教諭王齊建，大梁楊東山有記，圮久。萬曆十六年，縣學官同士夫重建。禮庭之左右，有科貢題名碑二通，有記。其南爲風化本源亭三楹，亭之前循文廟後西趨，迤南有訓導宅二。東趨爲禮門，直南爲儒學門。門之東有文昌祠三楹，有門、有屏，侍御馬文學倡建。門外有坊二，東曰育才、西曰興賢，謝九儀、范元愷修建。文昌閣後射圃中有觀德亭三楹，萬曆間縣丞房選、侍御馬文學倡建。祭器庫，銅爵七十二，籩豆四百有奇，訓導劉相置。

祁州 在州治東。元創。明正統末，毀于兵。成化中更新。弘治中，修戟門、月橋。隆慶初，修廟學，置祭器，改建敬一亭、啓聖祠、鄉賢、名宦祠。按《州志》，爲畝四十有三，元副元帥賈文備始創。大德初，知州成克敬始蓋廟堂。皇慶間，通判王榮祖修。明宣德間，知州余徽重修。正德十四年，壞于兵。成化三年，賈貞新之，前爲明倫堂，兩壁列科貢題名二扁，後爲敬一亭，左右爲庫房，久廢。東西爲四齋，曰志道、據德、依仁、游藝，前爲饌堂，久廢。四隅爲號舍，久廢。外爲教官諸宅堂。天啓五年，知州郭應響修。射圃，按《州志》，舊在學右，久廢。明天啓六年，新闢，在東西二察院之中，建堂三楹，額曰"好是正直"。講堂，按《州志》，在儒學後。明天啓五年，新建。

深澤縣 在縣治東。宋建。明永樂中，重行修葺大成殿、東西廡、神厨、神庫、宰牲房、明倫堂、齋舍、射圃。嘉靖中，重修殿廡、戟門、欞星門、名宦鄉賢二祠。按《縣志》，聖殿五間，戟門三間，欞星門三間，學門左右各一間，兩廡各九間。兵燹毀墜，先賢木主多失。皇清順治九年，邑武進士袁碔捐重資同生員劉灝等募修，神路街有坊，兩旁有樹，直接城南上，今廢。啓聖祠三間，在聖殿東。名宦、鄉賢祠各三間，舊在戟門兩旁，又改啓聖祠前。明倫堂五間，齋房十二間，儀門三間，在聖殿后。敬一亭三間，在明倫堂後，今廢。尊經閣三間，在城上。文昌祠三間，在城東南隅，今改城上。魁星塔，在東南城上。公廨，在文廟西。

先師孔子廟，在鄉村三。一在東野莊頭村，明萬曆二十二年，里人翟世顯以歲貢生授曲阜縣教諭，召曲阜匠仿真像塑造，四配十哲俱全，建廟崇祀；一在東故羅村，雷州教授杜儒建；一在趙八莊村，萬曆九年李娘娘建，命內官王臣督工，皇清康熙九年，監生李杞父麟祥重修。

束鹿縣 在縣治南南街。文廟、名宦、鄉賢等祠。按《縣志》，文廟等處地基長四十丈六尺，南闊十八丈五尺，北闊二十一丈六尺，大成殿二十五間，東廡七間，西廡七間，戟門六間，啓聖祠三間，名宦祠三間，鄉賢祠三間，欞星門六間，東西牌樓兩座，泮池橋長四丈，明倫堂三間，抱廈三間，敬一亭三間，東齋房三間，西齋房三間，儀門三間，大門三間，東官舍四層共十四間，西官舍二層共七間，碑三，泮池橋東西兩牌坊碑一，皇清順治六年知縣馬登祥撰。《重修大成殿碑》二，一順治十八年巡撫延綏都察院右副都御史馮聖兆撰，一順治十八年山東督糧左參議李世洽撰。

至聖先師孔子廟，在城北三十里范家莊。明洪武年間，本村舉人王府長史邢哲、廣東布政司理問邢端創建。正德十六年重修，先師四配十哲皆塑像。

安州 元時，在州治東。明洪武中，改建州治西。嘉靖中，置樂舞，學正創建尊經閣，後毀于火，復建。萬曆四十五年，知州杜旻重修學宮。後日漸頹圮，祇存一殿。康熙四年，知州夏毓龍倡率紳衿捐助建修，工未半而升任去，後遂中止。按《州志》，基東西闊三十七步，後七十五步，南北長一百三十步。明倫堂及東西齋，明正統間知州陳綸，成化間知州王欽重建。舊制堂三楹，萬曆己亥知州曹育賢盡撤其舊而廣爲五楹，視昔自是偉觀。號房一十六間，正統間知州陳綸建，弘治三年知州宋經重修三十六間。饌堂，在尊經閣之左，嘉靖中知州張寅重建，今廢。學正宅一所，在文廟東；訓導宅三所，在學正宅後，以上俱知州王思祖建。嘉靖末，併三爲二。萬曆間，知州曹育賢重修。文廟，洪武初，知州王思祖建。正統以後，陳綸、金鐸重修。正德元年，孫鑒增廣大成殿七間，兩廡一十八間，四隅角房一十二間。嘉隆以後，張寅、李應春、曹育賢相繼增修。萬曆庚戌，知州馬鳴轂重修，有侍郎呂雯、參政寧化龍修學碑記。欞星門、戟門，景泰中建，知州王欽、張㶊、馬鳴轂重修。泮水橋在戟門外，弘治初知州宋經造，後孫鑒、張寅重修。名宦、鄉賢祠，舊在尊經閣左右，嘉靖甲午知州張寅改于戟門之東西。啓聖祠，嘉靖初知州鄭朝輔建于尊經閣左。十三年，張寅改建尊經閣前。神厨，在文廟內。東角房藏祭器、樂器。隆慶初，封僉事沈元成置。宰牲所在明倫堂西齋房之後。尊經閣在學後，正德十六年，學正鄧鏞出俸金建，知州樊鵬記。萬曆庚戌，知州馬鳴轂重修敬一亭，在明倫堂後。嘉靖初，知州鄭朝輔建立御製敬一箴及注釋視聽言動心五箴碑。讀書精舍，在射圃亭後，乃劉靜修先生講道之處。初建爲鄉賢祠，知州張寅改爲讀書堂，蓋存靜修之遺迹云。今堂亦廢。射圃，在明倫堂西，明洪武初，知州王思祖置，中建觀德亭三楹，後學正鄧鏞、知州李應春、判官欒尚約重修。

按《州續志》，明萬曆四十五年，學宮圮壞，州守杜侯旻重修，有碑記明倫堂東。崇禎二年，訓導劉新民創建文昌祠三楹，遷尊經閣神像于內。皇清康熙四年，學宮圮壞，州守夏毓龍率闔州紳士共捐金三百兩，自正殿而下，暨東西兩廡、戟門、欞星等門、名宦、鄉賢二祠、泮橋、明倫堂、宮牆數十丈，俱重修如舊制。學宮西北隅置買民人張高標隙地一塊，一畝六分，價銀四兩，設爲修造取土之用。

高陽縣 在縣治東。元時，在舊城，大學士呂原記曰："高陽之爲縣，舊治龍化鄉，去今縣治東二十里。"明洪武三年，河溢縣圮，與學俱遷。無幾，縣省入蠡，而學亦廢。越十年，縣復置，創建廟學，殿廡、堂序、齋廬及庫庚、庖厨之所，皆撤舊爲新。按《縣志》，儒學文廟，宋元在舊城。明洪武三年，遷今治東，周圍地四百五十六武，始建大成殿五楹，東西廡各九楹，戟門三楹，戟門內之左右有神厨、神庫各三楹，俱洪武中建。外之右有宰牲房三楹，爲王教諭質建。外之左有門，取道東出，通教諭宅。中戟門而南爲泮池三，梁侯提封建。又南爲欞星門，又南爲金聲玉振坊，下爲閽扉以代屏，逾街而南有聚奎坊，題科甲。大成殿之東掖而北，其東爲義路坊，南通儒學大門，北通啓聖祠；西掖而北，其西爲禮門坊，通射圃。直殿之北，門三楹，出門而北爲明倫堂五楹，左右懸題名，其兩翼爲齋房，左崇德、右廣業，各三楹，東西號房各九楹。洪武中，徐主簿原創建。宣德中，王弼魯能修塑理賢像。嘉靖中張經綸、馬侖，萬曆中冒守愚、馬庭荊、喬繼科重修，庭荊題戟門曰"萬世師宗"，繼科樹柏于殿堂，蔚如也，各有記。敬一亭，龕明世宗皇帝御製六箴注，舊在明倫堂之南，張經綸創建，馬侖遷于堂之北，增左右翼房各三間，左曰載道所，右曰祭器所。啓聖祠三楹，舊在大成殿之東北，种雲龍建，馬侖改建于明倫堂之東。而左右爲名宦、鄉賢二祠，各三楹。初張經綸創祠于堂之後，馬侖移治左右，錢春復移啓聖祠于二祠前。萬曆三十五年，大雨傾廡，若祠幾盡，錢春以明年夏大修之，有記。文昌祠，在敬一亭後，據北城爲臺，而祠其上，喬繼科建。教諭宅，在文廟之左，有大門，額曰儒學，折而東與訓導之宅共一門，徑訓導門而東有門，西向入而北，堂三楹，匾曰"尚友"，馮教諭運隆題。左有書吏房二，堂之後有重檐房三楹，左右翼房各二楹，其後有亭曰"環翠"，張教諭拱辰題。宅有棲經堂三楹，舊在尚友堂之南，王教諭質建，馬侖移棲經堂于宅北，今圮。訓導宅，二區規制如教諭宅，馬侖修，今廢，其一鞫爲茂草矣。按《縣志》，皇清康熙年，訓導裁，今併其一，又廢。射圃，在明倫堂西十五武，馬侖改建于福泉寺南，有亭曰"觀德"，後仍歸堂之西。魁星閣，在東南城隅角臺上。

新安縣 在縣治東南。元至元元年創建。明永樂中，建大成殿。景泰中，重建明倫堂及東西二齋。正德中，修欞星門、戟門、號舍。嘉靖中，建名宦、鄉賢二祠。按《縣志》，廟學，金元在三臺，有山長主其事。明永樂六年，移今治東南隅，始建大成殿三楹，東西廡各七楹，欞星、戟門各三楹，戟門左曰名宦祠、右曰鄉賢祠。欞星門外東西兩坊，舊名曰禮門、曰義路，今易名"德配天地""道冠古今"。欞星門西爲儒學門三楹，一徑深入，折而東爲角門，入門而北爲儀門，再北爲明倫堂五楹，在大成殿后，兩齋各五楹，東曰新，後易進德；西名時習，後易修業。神廚、學倉各一楹，永樂六年武全創建，後李縉、趙俊、焦祥、譚綏相繼重修，至周倫始廣其制，王翠、李升、蔣學成、王德新稍巍其觀。至萬曆四十六年，大成殿漏壞，學博陳盟、王瑞圖率諸生仇立愛、劉邦重、白瑀、張鴻儒等申請重修，陳盟勒石于壁，林勝選、危思謙大修，學博孫引奇撰文。崇禎中，訓導鄔萃重修，臥碑在堂壁，今不存。教諭黃榜製一木牌，在明倫堂。敬一亭，在明倫堂後，豎明世宗皇帝御製敬一箴、注釋視聽言動心五箴碑，邑令張廷玉重爲修葺堅致。皇清康熙十年，本學訓導王顯暨闔學辛允修等重修。啓聖祠，三楹，在大成殿東偏，邑令張廷玉重修。文明樓，在邑學東，跨城而構，即梳洗臺遺址，樓久廢。順治戊子，高侍御景創建文昌祠三楹，有記。魁星閣，在東南城上，邑令吳會斗建，訓導鄔萃修。皇清康熙五年，邑令張四維、訓導王顯暨闔學重修，邑令夏祚煥募捐，令善人張北修補。泮池，在學宮前，制甚隘，前列屏，學博陳明闢之而去其屏，跨池起一橋，橋南建一坊，匾曰"攀龍附翼"、曰"騰蛟起鳳"，湯尉應麟捐俸成之，張尹廷玉就甬東西規爲二池，大可數畝，訓導王瑞圖督浚，周抱如環，規模宏敞，岸植垂柳，中插芙蕖，建亭甬間，題曰"思樂橋"。坊亭俱廢，通二池爲一，如月形，訓導鄔萃續也。文筆峰，在學前望鵝臺遺址上，與大成殿對，學博陳盟建，以達學宮秀靈之氣，高一丈八尺，徑八尺，同知邑人陳諤言有記。教諭、訓導二宅，在敬一亭左右，張尹廷玉創修。今教諭宅久廢，訓導宅尚存，學博陳盟有記。靜修祠，在城西二十里三台堡，以先生曾講學此地，至今士人以地租卜牲。明倫堂，皇清康熙二年，本邑高大司寇捐資重修。鄉賢祠，康熙二年，蔭生高翼化捐資重修。文昌閣，康熙十九年，邑侯夏祚煥捐建，善人張北重修。

易州 在州治南。元至正中，知州蘭茂修。按《州志》，儒學在州東南，周五百二十步，計地二十六畝。元至正四年，知州耿安泰作祭器，學正成晉記。明宣德七年知州許銓，景泰二年知州王鑄，成化二十二年知州羅綺相繼繕修，丘浚記。弘治十三年，知州戴敏見廟制陋隘，且就頹圮，而明倫堂居後，非式，又前壓龍興觀，乃易地改建，左廟右學，李東陽記。嘉靖三十年，兵憲畢竟容重修，移泮池于櫺星門外。四十年，巡撫李遷、兵憲張淵修移馬神廟于州治，建啓聖祠與文廟並，東建名宦祠，西建鄉賢祠，復移敬一亭于前，更闢一門與儒學並峙，建尊經閣于東南隅，建聖域、賢關坊于東西，陳以勤記。萬曆十九年，知州陳濂一撤而新之，增建三庚、三庖、三割牲所。明倫堂，皇清順治元年，知州朱戀文重修。十三年，知州劉啓復重修興詩齋、立禮齋、儀門、大門。先師廟，劉啓復重修。東西廡，明崇禎十六年，知州蘭民孚修，劉啓復重修。戟門、學倉，朱戀文修。學庫、神廚，在堂西。宰牲房，在儀門外西。櫺星門，劉啓復修。啓聖祠、泮池，俱劉啓復修。名宦祠、鄉賢祠、敬一亭、尊經閣，俱在廟前。射圃，計十五畝，在學西。學正宅，在明倫堂後。訓導宅，在堂兩邊。

淶水縣 在縣治西。元至元初建。明成化中、嘉靖中修先師殿、櫺星門，建名宦、鄉賢二祠，重修明倫堂，增前廈，治泮池，修東廡。按《縣志》，東西五十九步，南北一百零三步，計地二十畝。元延祐七年，知縣韓嵩增建明倫堂、號房、宰牲房。明正統十二年，李憲修兩廡。景泰三年，修櫺星門、射圃亭。天順六年，知縣李森增建大成殿。先師殿五間，戟門三間，櫺星門三楹，兩廡各八間，東壁西垣門各一間，知縣許書修，知縣陸宸箴重修。泮池，舊在櫺星門外，寬僅容勺。皇清康熙十三年，陸宸箴改置櫺星門內，廣闊淵深，環橋石欄，修極華麗。櫺星門，改建崇峻，四面垣墻併啓聖祠、東西兩廡、戟門頹廢者，概重修之，有碑記。啓聖祠三間，大門一間，在聖殿后，知縣陸宸箴重修。名宦、鄉賢二祠，各三間，舊在戟門兩旁，今改于學儀門兩旁，知縣許書重建。明倫堂三間，儀門三間，大門二間，在聖殿東。敬一亭一間，在明倫堂後，今廢。文昌祠三間，大門一間，知縣柳白卿建。魁星樓，在南城上，今廢。教諭、訓導公廨，在明倫堂後。

河間府

《職方典》第八十五卷
河間府部匯考三
河間府學校考　府志

本府　先師廟，舊稱至聖文宣王，明嘉靖庚寅，改稱至聖先師孔子，撤像易以木主，四配舊稱國，今稱某聖、某子，十哲次于四配，亦稱先賢某子，兩廡同。春秋以來諸儒稱先儒某子，增祀后蒼、王通、歐陽修、胡瑗四人，黜申党、公伯寮、秦冉、顏何、荀況、戴聖、劉向、賈逵、馬融、何休、王肅、王鼎、杜預、吳澄十三人，以林放、蘧瑗、鄭衆、盧植、鄭元、服虔、范寧七人各祀于其鄉。萬曆丙戌，以薛瑄、陳獻章、胡居仁、王守仁從祀。萬曆甲寅，增祀宋儒羅從彥、李侗，位次楊時下。祭期仲春仲秋上丁，器用八籩八豆，樂用六佾。先一日印官入廟省牲，至日五鼓，率僚屬師生行禮如制，每朔望行香。啓聖公祠，前代皆列神座，兩廡與七十子爲侶。明嘉靖九年，有特詔建專祠以奉之，于是數百年之乖謬，一旦釐革；配四氏顏路、曾點、孔鯉、孟孫，皆大賢之父也；從食三人，程珦、朱松、蔡元定。萬曆間，從湖廣巡撫郭惟賢之請，增周敦頤父周輔成。祭期，春秋二仲上丁日，祭品視十哲，餘如常儀。名宦祠，祀漢渤海太守龔遂、河間相沈景、隋瀛州刺史來護兒、唐瀛州刺史賈敦頤、中書令太尉諡忠滑田弘正、宋龍圖閣學士瀛州知州李肅之、瀛州知州唐介、樞密副使瀛州刺史包拯、瀛州知州李延渥、瀛州知州高繼勳、西上閣門副使知瀛州李允則、集賢院學士知瀛州李參明、河間知府顧佐、許侃、張羽、施槃、廖謨、常在、陳大賓、丁以忠、河間府儒學教授孔弘川。鄉賢祠，祀漢諫議大夫劉輔、京兆尹雋不疑、司隸校尉鮑宣、遼西太守趙苞、北齊平陽太守楊慶、國子博士贈廷尉少卿李鉉、隋宣德先生劉炫、唐贈禮部尚書渤海侯高適、觀察使張署、宋右諫議大夫龔夬、參知政事禮部尚書賈黃中、金紫光祿大夫中書令諡忠肅劉摯、承議郎劉安禮、明平定知州李銳、太僕寺少卿王齊、廣東布政使司李翔、浙江按察使于大節、光祿大夫太保吏部尚書王翺、通議大夫刑部左侍郎樊深、都察院掌院左都御史陳瓚、太子太師大學士禮部尚書諡文康李時、通議大夫戶部左侍郎。

　　儒學，在府治東南。元至元六年，戶部侍郎萬嘉閭出守河間，修廟學，又爲精舍，左丞許有壬撰記；總管蔡受益、治中袁遵道增修兩廡二十八間，助教王大本撰記。明洪武初，詔天下建學。永樂二年，知府崔衍增置。正統六年，知府許侃重修，同知廖謨爲記。成化初，知府賈忠重建。弘治初，知府謝文恢拓舊規，知府施槃相繼修葺，知府陳珂增塑賢像。先師廟而外規畫咸備，正德十五年，知府張羽重修。嘉靖庚寅奉制，稱至聖先師孔子，撤像易木主。十八年，知府郗相更加修葺。二十九年，知府徐文亨重修，郡人樊深爲記。三十七年知府陳大賓，隆慶四年知府朱裳，萬曆元年知府丁誠俱重修。戊申，知府李維翰悉力整理，煥然一新。四十二年，知府杜應芳、推官簡麒于巽地營文昌閣，以增形勝。萬曆三十五年，知府王逢元重修，規模完整，壯麗可觀。其時文昌舊閣廢，乃祀于瀛臺之上。魁星在東北之隅。皇清順治八年，撫院董天機捐千金重修，有碑記。康熙三年，學院蕭惟豫捐八百金重修。後魁星樓傾圮，廩生李生錄倡募重建，乃移魁星于瀛臺，而祀文昌于此樓。臥碑，明倫堂壁。敬一亭，明倫堂後。尊經閣，明倫堂後。射圃，儒學西。

　　河間縣 文廟，縣治西南。啓聖祠。名宦祠，祀明太子太保戶部尚書褚鈇、知縣佟卜年、劉一柱、李素、薛文江。鄉賢祠，祀漢樂壽伯毛公、明都督府僉事溫和、贈通議大夫都察院右副都御史馮嘉會、皇清贈中憲大夫內翰林國史院侍講學士加一級左鵬程、封文林郎江南滁州全椒縣知縣白引奇。儒學，初在縣北。明正統己巳，毀于兵燹，知府孫睿奏請歸併府學。景泰庚午元年，吏科給事中邑人程信奏復原學，仍設學官生徒，時殿堂、齋舍多已朽壞，知府王儉、知縣李貴創造之。成化六年，知府賈忠、知縣史彬等闢地重新。弘治辛亥，知府謝道顯擇城之西南隅遷焉，祭酒林瀚爲記。萬曆三十五年，知縣王遇賓重修，燦然大備，邑人御史馮嘉會爲記。臥碑，明倫堂壁。敬一亭，文廟西。尊經閣，明倫堂後。射圃。

　　獻縣 文廟，縣治南。啓聖祠。名宦祠，祀漢博士毛萇、博士貫長卿、隋參軍張元素、唐樂壽尹席豫、秘書監穆寧、滄州刺史田廷介、五代晉樂壽、令史圭金、樂壽、尹高揆、元知州呂榮祖、明知縣向朴、劉孝、島璞、曾珽、鍾鑒、魏鰲。鄉賢祠，祀漢尚書劉淑、北齊博士張思伯、隋博士劉炫、唐學士張士衡、侍郎張大隱、詩人張子容、右僕射邢君牙、清源公王晙、補闕尹元凱、宋知樞密院事周瑩、中書侍郎張愨、荊州守魯銘、明萬縣知縣高溥、參議魯瑤、太僕卿唐章、主事李旦、苑馬寺少卿王注、山東兵道牛鸞、都御史陳瓚。儒學，在縣治西。元至正九年，知州郭時敏重修。明洪武九年，改州爲縣，知縣韓廷威更建儒學，本學教諭儲延遷明倫堂東西齋于文廟之西。永樂間，典史王勵、教諭劉泳重修。正統間，知縣吳希文增修文廟。嘉靖間，知縣曾珽、鍾鑒各重修，移名宦、鄉賢于學門內，又增文翰亭以藏古籍。萬曆癸未，知縣張汝蘊重修。臥碑，明倫堂壁。敬一亭，殿后。文翰亭，明倫堂後。射圃。文昌閣，儒學東南。

阜城縣 文廟，縣治東南。順治七年，知縣張昌祚稍加修葺。啓聖祠。名宦祠，祀明知縣林恭、杜宏、陳徽、王繼禮、王世光。鄉賢祠，祀漢昌城侯劉植、北齊處士劉晝、後周文學博士熊安生、隋淄川刺史公孫景茂、明右僉都御史陸矩、禮部尚書陸珩、襄陵知縣杜養性、山西巡撫左鈺、湖州府同知倪誥。儒學，在縣治東南。明洪武初，毀于火。永樂四年，教諭茂宗創建。正統十一年，知縣端澄增修。成化六年，知縣劉恭撤舊更新。十八年知縣曹璽，正德十二年知縣梁愷俱重修。臥碑，明倫堂左。敬一亭，明倫堂西。尊經閣、射圃。

肅寧縣 文廟，縣治東北。啓聖祠。名宦祠，祀元縣令李稷、焦德用、陳從政、李義明、知縣李名善、劉賢、趙安、劉安儉、劉川、梁佐、楊綸、俞世德、索雄、戴浩、鮮冕、劉坦、孫承祖、李金、林朝、張廷用、主簿李經、教諭金浚、朱廣、王璐、周允中、郭逵、馬呈瑞、訓導武俊。鄉賢祠，祀元禮部侍郎魏元禮、明三邊總制張泰、刑部主事苑秀、河南巡撫易瓚、吏部員外郎馬冕、湖廣巡撫都御史易登瀛、福建道御史王九叙。文昌祠，在啓聖祠前。儒學，在縣治東北。元大德六年，知縣焦得用建，凡學之所宜有者，莫不嚴具。皇慶元年，諸軍奧魯勸農使陳從政重建。明景泰二年主簿李經，五年知縣劉子儉，正德十六年知縣黃震，俱重修，視舊益完。嘉靖三十八年，知縣諸應爵更拓前地，可容千人，左右建坊。隆慶六年，知縣文應奎加意學宮，增修一新。萬曆六年，知縣郝承健加新廟廡，升堂說經，士子愛之。十六年，知縣崔校鼎飾學宮，邑人易登瀛爲記。臥碑、敬一亭、尊經閣、射圃。

任丘縣 文廟，縣治東。啓聖祠。名宦祠，祀唐鄭令王遵、任丘令魚思賢、宋鄭州刺史靳懷德、任丘知縣唐介、明知縣許斌、謝綬、張茂蘭、金燦、王齊、郝銘、周詩、顧問、錢桓、皇清知縣徐淳。鄉賢祠，祀漢司空張敏、晉滄州刺史邢晏、安東將軍邢臧、北齊特進尚書令邢邵、清河太守邢岐、知太史院事權會、周車騎大將軍黎景熙、虞鄉縣公張羨、明封僉都御史邊永、贈吏部尚書李棨、山東按察使于大節、戶部尚書鄭宗仁、兵科都給事中屈伸、瑞州知府鄺璠、光祿寺少卿李坦、雁門道閔槐、南京戶部尚書閔楷、光祿寺正卿張忠顯、潞安知府劉棟、行太僕卿章甫端、贈禮部尚書劉元震、赤城兵道張國璽、常德府同知章啓、皇清永新知縣王登錄。儒學，在育賢坊北。元至元甲申，縣尹唐慧創聖殿、賢廊、門堂、齋居，司業朱翼爲文以記。明洪武三十年，主簿石士賢重創，知縣毛文、周佑繼修。成化間，知縣侯明建堂齋、號房，知縣鄭德相繼修葺。弘治間，知縣孫鏞重修。萬曆三十六等年，知縣王洽、翟鳳翀俱重修，本邑士大夫各捐金助之。次年，本庠生員張引徵創建雕甍門屏一座。臥碑，明倫堂壁。敬一亭，啓聖祠前。尊經閣、射圃。

交河縣 文廟，縣治東。啓聖祠。名宦祠，祀明知縣洪遠、溫奇、崔雲鶴、黨中疇、徐光前、馬中良、王所澒。鄉賢祠，祀明吏部員外郎于欽、禮部尚書余繼登、湖廣左布政馮時雍、戶部侍郎及宦南康知府許仁、按察使僉事王重賢、興縣知縣蘇養民、贈吏部主事孟尚質、刑部侍郎孟兆祥、進士孟章明、藍田知縣蘇就大。儒學，在縣治東。明洪武九年，併入獻縣。十四年，復置，知縣周以仁創建。宣德以後至萬曆，歷任知縣林俊、張廉、袁紀、李泰、崔雲鶴、馬中良、黨中疇相繼重修。臥碑、敬一亭、尊經閣、射圃。

青縣 文廟，舊在城外。明萬曆十三年，知縣王思賢移于縣治西。啓聖祠。名宦祠，祀明知縣劉素、劉繹、歸併興濟知縣王弘毅、呂和、錢貫。鄉賢祠，祀明分巡河道崔琰、太僕寺丞蕭英、陽穀知縣馬思聰、長史馬政宇、陽曲縣訓導姚慶。儒學，舊在城內，元末頹廢。明洪武初，知縣瞿子貞奉詔創建。四年，知縣李敬移建于城外衛河之濱。永樂三年知縣曹繼，成化十一年知縣蘇俊俱重修。弘治三年，知縣劉素增塑聖賢遺像，廟貌聿新。十四年，知縣周忠重修堂齋、廡宇若干楹。萬曆十三年，因其逼近衛河，知縣王思賢移建于學西，翰林編修馮琦撰記。臥碑、敬一亭、尊經閣、射圃。

靜海縣 文廟，縣治東。啓聖祠。名宦祠，祀明知縣崔衍、畢獻、劉照、武雷、郭天錫、戴大槐、吳應陽、董養聰、主簿王鼐、教諭商賓、隨正脉、樊效才。鄉賢祠，祀明布政司鄭氣、開封府推官蕭應禎、河南巡撫鉉默、皇清延綏巡撫王正志、大學士高爾儼。儒學，在縣治東南。明洪武初建，有"禮部原降學校格式碑"，並"元大德十年加號先師碑"在焉。直沽水南寨俱隸縣而入縣學，自明永樂二年已創建天津三衛，直至正統三年凡三十四年，天津並無儒學，止有武學，入三衛武生肄業耳。正統三年，照陝西按察使林僉事建言事例，始立文生肄業所，縣衛之學始分。更十七年，至景泰五年，始塑像行祀。萬曆三十六年，查官制，原有武學，今仍建武廟。武學雖立于衛城，實在縣輿內，本縣子弟學武者，亦肄業焉。臥碑、敬一亭、尊經閣、射圃。

寧津縣 文廟，縣治西南。啓聖祠。儒學，在縣治南，先經兵毀，盡廢。元至大二年，河間路寧津漫、散户長官李進創營正殿三楹，後建學舍，以延青衿。明洪武三年，知縣朱逢吉備建先師殿五楹，東西廡各七楹，戟門三楹。明倫堂舊在正殿東，景泰三年，知縣謝聰改建殿后（有碑記）。天順七年主簿王儼，弘治七年知縣王輔俱重修。十三年，知縣孔公華以學宮偏在西隅，因相東北古窊以土實之，移建殿廡齋堂後（有碑記）。正德五年知縣劉秉鑒，嘉靖元年郡同知姜佐、孫介，三年知縣熊爵俱重修。十三年，知縣鄭用時建敬一亭于明倫堂後。十七年，知縣葉紹先重修。二十年，知縣高儒鑿龍門以宣風氣。萬曆元年，知縣黃居敬始創學田。十六年，知縣余鏜建魁星樓于學之東南。二十三年知縣馬愨，四十二年知縣張修德俱重修。臥碑，明倫堂壁。敬一亭，明倫堂後。尊經閣，廢。射圃。

景州 文廟，州治東南。啓聖祠。名宦祠，祀漢條侯周亞夫、晉條縣令孔栩、元蓚縣尹呂思修、明知州劉深、吳世忠、張志芳。鄉賢祠，祀漢廣川侯董仲舒、魏中書令高允齊、僕射封隆之、隋僕射高熲、唐太子少師李綱、僕射高儉、吏部侍郎高熲、翰林學士封敖、明太子少保戈瑄、兵科都給事中孫博、太僕寺正卿張文熙、池太道、劉三章。儒學，在州治東。明洪武四年，同知蔡景豐移今所。正統六年，知州劉深重修，河間府同知廖謨撰記。天順七年，知州楊瓊恢拓前規，學士盧陵、陳循撰記。弘治丙辰，知州馬馭撤舊鼎新。正德間，知州徐政、謝思道相繼增修。萬曆十六年知州賈朝宦，二十一年知州蔣大用，二十九年以至三十三年、三十八年，知州梁仲仁、李伯元、許東周俱重修。臥碑，明倫堂壁。敬一亭，廟西。尊經閣、射圃。

吳橋縣 文廟，縣治東。啓聖祠。名宦祠，祀明知縣吳原、葉茂、張鐸、于玤、劉鉞、褚元良、孫孟和、裴爵、唐珍、湯靄、劉自修、李用炎、毛焯、翟鳳翀、教諭林紹宗、曹爾擢、訓導劉廷訓。鄉賢祠，祀明右副都御史張玉銅、仁知府敖文瑞、都勻府經歷黃堂行、太僕丞馬尚義、揚州知府王立、西安府同知周尚志、孝子段興、臨江府同知周尚忠、臨晉縣教諭部良臣、封漢中知府李順、贈光祿卿李懿、南寧知府范永年、河南副使王穎長、通政使李天經、大學士范景文、皇清封文林郎劉靖華、贈按察司僉事劉澤厚。儒學，在縣治東，建置之始，前代無考。舊碑云："元元貞二年，知縣邢玉重修廟學。"明永樂十四年，知縣吳原重修。歲久頹圮，舊制狹隘，天順二年，知縣葉茂闢地重建。弘治十年，知縣李欽復新之。正德元年，知縣劉鉞增飾。嘉靖二十四年，知縣李節用重建（有碑記）。萬曆三年，知縣龔勉重修。四十一年，知縣惲荵修。今制，左爲文廟，右爲學宮，餘如制。臥碑、敬一亭、尊經閣、射圃。

東光縣 文廟，縣治西。啓聖祠。名宦祠，祀明知縣祝仲英、曹謙。鄉賢祠，祀唐南陽郡王袁恕己、宋大學士劉摯、處士張預、明吏部尚書廖紀、工科都給事中馬汝松、尚寶卿、王嘉言、行太僕卿莊蒞民、湖廣參政馬允登。儒學，在縣治西。明洪武四年，典史李從道建。十四年，知縣祝仲英重建。永樂四年知縣羅榮，正統七年知縣錢鐸，景泰三年主簿崔興，成化十八年知縣陳廉，弘治二年知縣崔騰，五年知縣張鍈俱重修。萬曆二十九年知縣余良弼，四十二年知縣俞思沖、教諭沙淶俱修。臥碑、敬一亭、尊經閣、射圃。

故城縣 文廟，縣東北。啓聖祠。名宦祠，祀明知縣李康祖、杜中、趙榮顯、李紹先、蔣論、楊光明、顏思忠、教諭毛敏、縣丞孫美。鄉賢祠，祀周澹臺滅明、漢董仲舒、明戶部侍郎沈全、贈副都御史馬偉、大同巡撫馬中錫、監察御史李諝、吏部郎中孫緒、南京兵部尚書周世選、知府朱諾。儒學，舊在縣治東北。明洪武三年，知縣薛庸、訓導王哲創立。永樂二年，知縣王善、訓導蘇潤修補。正統十年，知縣李康祖拓地增飾，戶部尚書薛希璉撰記。弘治間，知縣党俊修。丙辰，知縣楊凱相繼修葺，邑人馬中錫撰記。嘉靖二年，邑人太僕卿孫緒捐資重修。三年，奉詔創建敬一亭。三十二年，郡守宋岳屬縣重修。隆慶元年，知縣李紹先移縣治于城中，今在縣治東南。萬曆二十九年，知縣楊光明、教諭吳遇增修。四十二年，知縣李元忠、教諭沈元昌、訓導米從薦各捐俸重建尊經閣，規模弘廠，煥然一新。臥碑，明倫堂左。敬一亭，明倫堂後。尊經閣，學後。射圃。

滄州 文廟，州城外西南隅。啓聖祠。名宦祠，祀漢京兆尹龔遂、宋龍圖閣待制包拯、明知州賈忠、武英、張縉、因綱、鹽運使陳堯。鄉賢祠，祀漢京兆尹雋不疑、司隸鮑宣、司隸校尉鮑永、晋左僕射刁協、北齊國子博士朱鉉、唐尚書高元裕、中書門下平章事賈耽、諫議大夫高適、宋同中書門下平章事張知白、御史中丞李之純、參知政事賈黃中、明尚書卓敬、尚書馬昂、尚書王翺、按察使僉事呂燦、都給事中趙昊、尚書張瓚、右通政强珍、右都御史王紳、尚書戴才、泰安知州朱用錦、朝贈侍講呂咏、户部侍郎王公弼。儒學，在州治西南。明洪武元年，判官紀惟創建。宣德六年，知州劉謹、學正潘振增修。正統八年，巡按監察御史丁澄、知州上官儀重修。萬曆二十八年，知州王堯封重修，遷啓聖祠于明倫堂後，建觀德亭于儒學門東，樹坊于櫺星門前，改建儒學四宅。三十年，知州李夢熊重修文廟。三十一年，學正顧震宇遷坊于南。臥碑、敬一亭。尊經閣，毁，未復。射圃。

南皮縣 文廟，縣東南。啓聖祠。名宦祠，祀明知縣鄧翰、李珙、李正華、佟卜年、王所湏、藍再茂、簡仁瑞。鄉賢祠，祀周太師尹吉甫、漢京兆尹雋不疑、唐魏國公賈耽、宋尚書賈黃中、明參議徐廷錫、按察使張淮、鹽運副使張璇、封按察副使湯殷、鄖陽巡撫湯賓、户部主事鄭金、都匀府推官侯楸。儒學，在縣治東南隅。元至元二年，鹽縣忽辛同、縣尹司讝改建，仍塑聖賢像。皇慶二年，景州儒學教授張會理撰"重修廟學記"。明永樂二年知縣張通，正統八年知縣陳毅，十二年知縣江漢相繼修。景泰二年，知縣牛增遷明倫堂于文廟東。弘治十一年典史張瑾，正德十三年本府通判劉寶俱重修。萬曆十一年，知縣王允中修。二十七年，知縣李正華移啓聖祠，樹坊開池，建文昌閣。臥碑，明倫堂壁。敬一亭、尊經閣、射圃。

鹽山縣 文廟，縣治西。啓聖祠。名宦祠，祀漢縣令陸康、唐縣尉穆寧、宋縣令李參、元縣令宋納、明知縣吳文靖、王憲、張瑄、林惟盛、張綸、劉子誠、教諭李有嘉、盧綸、訓導祁鳳、府判管縣事李正華。鄉賢祠，祀漢鮑宣、鮑永、太尉鮑昱、大司農鮑德、議郎巴肅、晋刁協、刺史刁彝、魏東安伯刁雍、隋雍令王伽、宋廣州知府索湘、明尚書王翺、孝廉劉永昌。儒學，舊在城東南。明洪武九年，知縣吳文靖徙置今縣治西。正統八年，知縣潘恕、訓導祁鳳重修。天順七年，知縣林惟盛廓而新之。成化三年，知縣武震重修。隆慶元年，知縣蘇性愚修葺。萬曆四十二年，知縣劉子誠次第整飭，煥然改觀。臥碑、敬一亭、尊經閣、射圃。

慶雲縣 文廟，縣治東南。啓聖祠、文昌閣。名宦祠，祀唐刺史薛大鼎、元縣尹楊思義、明知縣張彪、宋漢文森、杜玧李、宋葉時敦、王之采、皇清贈按察司僉事張必科。鄉賢祠：祀後唐平章事李愚、宋觀察使張昭遠、尚書李之純、編修李之儀、元萬户將軍齊秉節、明尚書甄實、布政使胡敘、四川兵道張問之。儒學，在縣治東南隅。明洪武四年建。永樂中縣丞石璞，正統初知縣王恭修，訓導高祥為記。後知縣李文輔，成化初知縣張彪俱修。十二年，知縣唐瓊撤舊更新，乃崇禮聖殿，建明倫堂及進德、修業兩齋，并退省軒若干楹，以丁憂去，知縣宋漢成之。弘治七年，趙廷麟繪飾殿廡。十七年，知縣龐廷輔增飾聿新。萬曆三十六年，知縣林之盛建尊經閣五楹。四十年，知縣王之采建文昌閣、魁星樓于南城上。臥碑、敬一亭、尊經閣、射圃。

天津衛 文廟，東門内。啓聖祠、文昌祠。名宦祠，祀明天津道毛愷。鄉賢祠，祀明陝西兵道蔣儀、延綏巡撫張愚、密雲兵道汪來、樂陵知縣倪尚志。儒學，在左衛東。明正統元年，提學御史程富欲令武職子弟詣靜海肄業，左衛指揮使朱勝請照陝西按察司僉事林時建言事例，奏准開設本官，遂將住宅一所施爲學宫，首建堂齋、公廨。十二年，大成殿成。景泰五年，塑像，行釋菜禮。是年，工部主事解延年建櫺星門，又創兩廡。弘治八年，兵備劉福重修明倫堂。十年，修兩廡、四齋、戟門等處。正德十一年，兵備高嶼重修。是年，提學御史洪公某奏准各衛學比各縣學廩膳名數定優等二十名，比增廣名數定次等二十名，餘充附學。萬曆十年，提學御史楊四知改優等爲廩膳，次等爲增廣，其廩銀支靜海縣稅課餘稅，每生八兩。萬曆士子兵道高邦佐另創建武學，每三歲試騎射論策，掄數十人入學，擇武舉一員訓之，名曰科正事，專董于兵道，不隸學使者，武生能文中學院試者，復得進儒學。

真定府

《職方典》第九十五卷

真定府部彙考三

真定府學校考 畿輔通志

真定府 在府治東金粟岡，宋以前建置不可考。熙寧三年，龍圖閣學士知府事吳中復創修。元祐三年，蔡京守成德軍，始遷而大之。金明昌元年，吳王宗憲病其隘，復撤徙鼎建，視舊有加，又增其兩廡及廊，爲楹十六。元至順二年，府尹張忙兀臺自殿之廡，自廡之門，新其屋楹三十有二，規制乃備。明洪武四年，因元末學經兵燹，知府郭勉重建明倫堂于殿北，置杏壇于堂南。天順三年，推官吳簶復增修明倫堂之左右齋廬，并號舍四十餘間。五年，巡按御史盧秩建尊經閣，及梯雲、步月樓于閣之左右。成化四年，知府邢簡重修大成殿及兩廡、神厨、戟門。十年，知府田濟以學不稱廟，鼎建堂齋、學門、倉庫于尊經閣後，易民地延廣三十丈，建號舍與梯雲、步月二樓還接，旁列四齋，曰明德、曰崇信、曰養性、曰存義，又以門前鍾靈坊東路狹，易地拓之。弘治八年，知府張淑按圖籍復學侵地十之三，改建明倫堂爲楹六，東西建觀樂亭，復鼎新文廟，建名宦及鄉賢二祠。嘉靖六年，又建敬一亭于廟前，內立敬一箴及視聽言動心五箴碑，建啓聖祠于廟後。十四年，知府宋宜增廣泮橋，建大坊與欞星門並。萬曆二十七年，知府秦鄰晉增建魁星樓。崇禎年間，廟東廡災，知府范志完更新之。

真定縣 在縣治西北。明洪武七年，知縣洪子祥創建，前廟後學。天順六年，巡按御史盧秩遷廟居左，學居右。成化十二年知府田濟，十六年知府余瓚，嘉靖二十四年知縣邢尚簡各增修。萬曆十八年都御史宋仕，四十五六年知縣蘇繼歐、王琨各重修。

獲鹿縣 在縣治南，始建未詳。元至正十年，縣尹何金重修。明嘉靖二十三年，井陘兵備副王崇、知縣沈寵增修。

井陘縣 在縣治西北。金明昌二年始建。元至正丙申，縣尹崔克新增修。明成化七年，知縣牛恭重修。嘉靖十年，知縣鮑文緒重修。皇清康熙十一年，知縣洪之杰重修。

藁城縣 在縣治南。宋元祐六年，縣尹祝安上建。明洪武六年，知縣張處恭增修。成化五年知縣李興，正德十六年知縣周寶重修。

靈壽縣 在縣治東南。元至正中，義士宋秉善創建。明洪武中，主簿金榮惠重修。正德、嘉靖中，知縣冀貴、于恭、張㒲、李廷璋、羅章相繼增葺。天啓二年，知縣張成規重修。皇清康熙八年，知縣丁象鼎重修。

元氏縣 舊在縣治西北。宋皇祐二年，知縣田照鄰創建。元祐庚午，知縣曹景移建東南巽方，即今地。元致和中，祭酒張德輝重修。元末兵毀。明洪武初，知縣謝止重建。正統中知縣張昊，成化中知縣周溥、王鑒之，弘治中知縣李巖先後重修。萬曆中，知縣劉從仁、薛貞相繼增修。

欒城縣 在縣治東南。元大德五年，知縣馬彥文創建。泰寧四年，知縣趙彥才重修。明洪武間知縣沈貞，成化中知縣李文，正德中知縣喬雲相繼重修。隆慶三年，知縣周文化增修。崇禎十一年兵毀，知縣柯士芳重修。皇清康熙七年，知縣趙炳補修。

無極縣 在縣治東。元至正間，縣尹完顏宣建。明洪武四年，知縣丘子貞增修。天順七年知縣石倫，弘治十七年知縣于訓重修。嘉靖年間，知縣郭久禮、張新相繼增修。

平山縣 舊在縣治東。宋崇寧二年，縣尹韓實建。明洪武三年，縣丞葉瑀改建縣治西南。正統十二年，知縣張璟重修。成化四年知縣員升，嘉靖十六年知縣郭滋，隆慶四年知縣李遲春先後增修。萬曆年間，知縣李際春、苗峩然相繼補葺。崇禎七年，知縣柳錦重修。皇清順治十五年，知縣王勤民重修。

定州 在州治西北。唐大中二年，范陽盧公始建。天祐三年，刺史王處直增修，宋韓忠獻公復加拓修。元義士周源重修。明洪武十三年知州項昌銘，正統九年知州許譓，成化六年知州李諤，成化七年知州韓文相繼重修。成化二十一年知州裴泰，正德二年署事推官邵廷，嘉靖十三年知州王詔，四十四年署事通判邢化，四十五年署事同知林德，萬曆年間知州王錄、楊現、彭天補、張熔、張邦貴、宋子質相繼增正重修。

新樂縣 在縣治東南。唐末始建。宋大觀中重修。元末毀。明洪武三年，知縣郭養恭因舊址重建。永樂十七年知縣王鍈，正德九年知縣鄧廣，天順八年知縣韓文，弘治十七年知縣楊浚，嘉靖三十五年知縣王言大、汪鎰相繼修葺。隆慶元年知縣解知幾，萬曆九年知縣鄭札，十七年知縣呂克恭，十九年知縣張正蒙相繼增正重修。

曲陽縣 在縣治東。元延祐間，縣尹齊伯春始建。至正間，縣尹李脫因重修。明天順四年知縣畢玉，成化八年知縣孫喬良，正統十年通判楊琳，嘉靖三十年知縣楊早，萬曆十八年知縣鮑獻書先後增修。皇清順治十二年知縣葛綏，康熙十一年知縣劉師峻相繼重修。

行唐縣 在縣治東。明洪武七年建。正統十年重修。正德二年，知縣趙潔增修。天啟五年，知縣徐允薦遷建于城東南隅。

冀州 舊在州治西南。肇自宋。金天會六年，節度使賈霆重建。大定二十七年，節度使王魯重修。明洪武九年，王子章因其廢址加葺。永樂十三年，淪于水，知州柳義移于州治東，權置廬舍以行禮，即今地。十九年，知州吳廉重建。正統十年判官孫禮，景泰七年知州林思承相繼增正重修。

南宮縣 在縣東南。明洪武元年，知縣楊繩建。宣德中，知縣陸英重修。成化四年同知曾逵，嘉靖四年知縣張木，十一年知縣种雲龍，十五年知縣王楫，三十八年知縣蔡恒嵩，隆慶三年知縣胡嘉謨，萬曆五年知縣邢侗先後增修。

新河縣 在縣治東南。元至元中，縣尹閻思齊建。泰定三年，縣尹魏鑒重修。明永樂四年，知縣蕭智重建。成化二十年知縣馮彥，弘治十六年知縣王廷珪，正德二年知縣蔣鏞，嘉靖七年知縣穆形先後增修。

棗強縣 在縣治東。金天會間建。明洪武九年，知縣李源清拓修。永樂二年知縣趙禮，成化十七年知縣史英重修。二十三年知縣應杰，弘治八年知縣張環，嘉靖四年知縣陳言，萬曆四十三年知縣鄭升先後增修。皇清順治年間知縣張鳳起、何之圖，康熙五年知縣胡夢龍相繼增修。

武邑縣 在縣治東北。元延祐七年，縣尹李滑建。至順壬申縣尹朱明，至元六年縣尹劉彥昭增修。明永樂三年，知縣車貸重建。正統三年知縣李璜，成化五年知縣楊琇重建。十三年，知縣馬昭增修。正德二年知縣成文，嘉靖三年知縣王紀重修。萬曆十八年，知縣王學易增修。

晉州 在州治西。元中統間，節度使王安仁建。明正統元年知州崔瑭，成化戊申知州沈林，嘉靖中知州萬爁、張應時相繼增修。

安平縣 在縣治東北。元至元中，縣尹石林建。大德八年，縣尹馬惟良重修。明永樂、正德、嘉靖中，知縣薛勳、陸載、郭學書相繼修葺。

饒陽縣 舊在縣治西北。元元貞二年，縣尉李世先遷于縣治北。明洪武八年，知縣左良弼建。景泰、成化、嘉靖間，知縣劉用、張乾、教諭李應元相繼修葺。萬曆二十九年，知縣翟耀增修。

武強縣 在縣治東南。宋時建，金末兵毀。元至元十九年，縣尹要德潤重建。至正中，縣尹周宗魯重修。明洪武、成化、弘治、嘉靖、萬曆中，知縣夏安禮、王思道、吳鳳鳴、曹文通、劉沛然、閻錄先後修葺。皇清順治庚寅，知縣劉朝宗重修。康熙癸卯，知縣李道光增修。

趙州 在州治東南。唐宋時已建。金天會、皇統、貞祐中，相繼增修。明洪武十三年，知州周誠重建。天順、成化、嘉靖間，知州胡宏、何浚、潘洪、陳瑄先後重修。

柏鄉縣 舊在縣治東南。元至元壬辰，縣尹劉世英建。至治癸酉，主簿賀良佐重修。明洪武二年，知縣何禮遷建于城北。成化三年，知縣汪鉅重修。嘉靖中，知縣楊拱極增修。

隆平縣 在縣治東南，原在舊城，宋大觀中被水，遷于縣之東。洪武中，知縣羅敏復改建于縣之東南。正統間，知縣黃友重修。成化、弘治、正德、嘉靖中，知縣柳紳相繼重修。

臨城縣 在縣治南。元至正中，主簿阿判不花登仕建。明正統九年，知縣阮居仁重修。成化元年，知縣張佐重建。正德九年知縣王希佑，嘉靖二十六年知縣劉嘩重修。

高邑縣 在縣治西南。宋慶曆中初立。崇寧二年，縣尹李元創建。萬曆中，知縣王藻、羅克昌、縣丞沈義、李本芳、潭綬、金四科先後重修。

贊皇縣 在縣治東。宋嘉祐二年，縣尹曹九章建。元至元十六年，同僉書樞密院事趙良弼重修。明弘治、正德、嘉靖間，知縣任喜、王廷學、韓錦相繼重修。

寧晉縣 在縣治南。宋崇寧二年，縣尹齊世卿建。元至正中，監縣大都間重修。明洪武三年，知縣孫毅修葺。成化、嘉靖中，府同知曹迶、知縣陸愉、徐以貞、吳儀、陳棐先後重修。皇清順治五年，知縣趙汝斌重修。

深州 在州治東。明洪武七年建，後圮于水。永樂十年，知州蕭伯辰遷建于此。成化二年知州尤璘，十一年知州韓儒相繼修葺。弘治十一年，知州郭騫、徐一鵬增修。皇清順治年間，知州任三奇、韓志道、州判沈以曦修。

衡水縣 在縣治東南。舊在舊縣東，元大德中，縣尹靳重良建。元末兵毀。明洪武八年，知縣韓羽重修。永樂五年水沒，隨縣移范家疃，即今地。十二年，知縣陳敏創建。正統、正德、嘉靖、萬曆間，知縣歐復、藺佩、孫鍾、孫夢麟相繼修葺。

順德府

《職方典》第一百十二卷
順德府部彙考四
順德府學校考
本府　通志

本府 儒學，在府治西北。建自唐宋，金節度班子成重修。知府楊浩、郡人吏部尚書崔恭重構明倫堂、四齋，知府林恭增號舍，知府于桂重修，知府孫錦重修，闢學西門，知府王守誠重建，周圍起墻，凡五百二十步，高一丈二尺，厚三尺，中間堂閣、齋號、門坊、臺壁，一一鼎新。文廟，代有修飾。明天順四年，知府濟寧楊浩重修。成化六年，京山黎永明重建大成殿、兩廡，規制始壯。正德元年，臨海郭紙重建欞星門，甃泮池橋，鑿二井，起亭名"淵泉活水"。嘉靖五年，昌邑于桂重修戟門、欞星門及兩廡。萬曆十一年，知府王守誠重建四周垣墻，中間殿宇、門坊、池井、臺壁逐一鼎新，大成殿舊匾"先師廟"，今改文廟門外；左右二坊，四面舊匾"德配天地""道冠古今""刪述六經""垂憲萬世"，今改題曰"祖述堯舜""憲章文武""上律天時""下襲水土"；坊外二門樓，東曰聖域、西曰賢關，仍添砌欞星門外磚路。啓聖祠，舊在明倫堂後，隆慶元年，知府徐衍祚改建大成殿東南。名宦祠，大成殿后東偏，嘉靖三十年，知府張詔建。鄉賢祠，殿后西偏，正德間，知府郭紙建。明倫堂，大成殿后。知府王守誠重修，增廊門樓，仍以磚石砌堂階、甬道、丹墀。敬一亭，在大成殿后，嘉靖年建。尊經閣，敬一亭後，明知府郭紙建，知府王守誠重建，順治六年知府李盛枝重修。魁樓，學門前東南隅，知府王守誠建。文昌祠，在學門東，學院吳國對、知府楊于庭同屬官與教授劉應瑞建。

邢臺縣 儒學，在縣治東南。洪武間建。萬曆十二年，知府王守誠、知縣郝持重修，仍創饌堂六間，號舍二十間。文廟，縣治東南。天順七年，知縣邢玧重修。弘治二年，知府郭紙重建大成殿、兩廡。萬曆十二年，知府王守誠、知縣郝持重修，創建文廟牌坊二座，石欄一圍，宰牲堂一所。啓聖祠，明倫堂後，今移大成殿東。名宦祠，《府志》未載何年創建。鄉賢祠，《府志》未載。明倫堂，《府志》未載。敬一亭，舊在大成殿西，今移明倫堂北。文塔，邑人通判殷宗虞建。按《邢臺縣志》，儒學在南城內，明倫堂五楹，後爲敬一亭，今無存。堂之旁爲齋，東曰博文、西曰約禮，各五楹。齋之後爲號房，東西各十楹，今無存。號房之北有講堂，東西各三楹，今無存。前爲儀門，又前爲儒學大門，俱明知府郭紙、王守誠、知縣康恕、郝持相繼重修。萬曆間，知縣王大受重修，知縣張重齡、蔣昶、高顯重修。門外爲登雲橋，砌雲路直達城上。萬曆間，知縣劉羽國建東南爲魁樓，移泮池于欞星門外。萬曆間，朱誥建教諭宅在文廟後；訓導二宅，一在文廟東，一在文廟西，三宅俱無存。教諭陳樨芳新建宅于約禮齋後。大門內有宰牲所，今廢。觀德亭，儒學西，知縣朱誥立，明末廢。

沙河縣 儒學，縣治東南。宋大觀年建。文廟，縣治東南。成化二年建。嘉靖八年，推官許論重修。啟聖祠，文廟後。名宦祠，戟門東。鄉賢祠，戟門西。明倫堂，《府志》未載。敬一亭，戟門前，《府志》未詳。按《沙河縣志》，儒學，縣治東南，宋大觀年創建。弘治四年，縣遷，獨留大成殿。十八年，縣復，知縣張瑾重建，以後代有增修。今明倫堂五間，年遠頹壞，不蔽風雨。康熙十七年，知縣徐人龍捐俸重修，翼進德、修業二齋，各五間。頹圮，康熙二十四年，知縣余振鴻改修，各三間。後爲教諭、訓導宅，久壞。順治十五年，知縣馮源重修教諭宅六間，又增廂翼各三間。齋二，門東曰義路、西曰禮門，知縣姬自修，改創義路東爲敬一亭三間。年遠頹壞，止存碑記。禮門西爲啟聖祠三間，康熙二十七年，知縣談九乾改移義路東前。大成殿五間，康熙二十六年，知縣談九乾重修。東西兩廡各七間，戟門三間，欞星門三間，中爲泮池，圓大二圈，康熙二十六年，知縣談九乾改半。東爲名宦祠，西則鄉賢祠，各三間附焉。有壁在欞星門外，康熙二十六年，知縣談九乾改至路南，周圍設置牌柵，東西立坊二座，扁曰"振起人才""主持世教"，挨街古坊一座，扁曰"桂林毓秀"。

南和縣 儒學，縣治東南。文廟，縣治南。洪武九年建。永樂間，知縣張鍈重修。弘治間，陳世良重建大成殿，蘇壇建欞星門。嘉靖間，張景福重修。啟聖祠，文廟東。名宦祠，文廟東，按《南和縣志》，舊在宮牆外，萬曆丙辰知縣薛思霽創建于戟門外左，順治七年知縣高爾位重修，康熙六年知縣章兆蕙重修。鄉賢祠，文廟西，按《南和縣志》，在宮牆外，萬曆丙辰知縣薛思霽創建于戟門外右，順治七年、康熙六年，俱與名宦祠同修。明倫堂，《府志》未載。敬一亭，明倫堂後，《府志》未詳。按《縣志》，儒學在縣治東南。洪武九年典史李孝源，永樂七年知縣張英俱重修。弘治六年，知縣門寧改修先師殿、明倫堂，未就，知縣陳世良續修，東爲進德齋、西爲修業齋，知縣朱鋭改建櫺星門三坊。正德十六年，知縣劉璋重修兩廡、兩齋、四聯號樓，開右庠門以與左對，俱撤故鼎新。萬曆十四年，知縣鄭懋洵極力展修，增兩號三十餘間，兩夾道俱樹以槐。天啓年，邑人太常卿白儲玿捐資修葺。後因兵火焚傾。順治七年，知縣高爾位重建，至今賴之。奎樓，在文廟東南城上，萬曆八年邑人朱正色創建，皇清康熙六年知縣章兆蕙、教諭韓曄玗復重修。圖書府，在文廟東南，邑人白儲玿創建。教諭宅，在明倫堂後學道街北，後傾圯無存，移在文廟西，康熙六年重修。訓導二宅，一在明倫堂東，一在明倫堂西，西尚在，東今廢。

平鄉縣 儒學，縣治東，洪武初知縣王藻建。文廟，縣治東北，洪武六年知縣王藻建。啓聖祠，縣治東。名宦祠，啓聖祠左。鄉賢祠，啓聖祠右。敬一亭，戟門前。尊經閣，萬曆十五年，知府王守誠給銀，知縣路蛟創建。明倫堂，《府志》未載，按《縣志》，宋真宗大中祥符年建。文廟、儒學，在縣治東南，徽宗大觀元年重修。元季廢。明太祖洪武七年，知縣王藻改建。正統六年修。正德十五年，知縣丁懲改建明倫堂。世宗嘉靖二十六年，按院傅鎮改建敬一亭，鑿泮池，并增修東西兩廡。穆宗隆慶五年，知縣陳九疇修。萬曆四年，通判趙完相繼重修。文峰塔，學宮東南城上。萬曆五年知縣何允升建。

廣宗縣 儒學，在縣治東南，元中統間建。文廟，縣治東南，元大德延祐間建。明宣德間知縣王義，正德年知縣游伸增修。啓聖祠，縣治東南，按《廣宗縣志》，舊與文廟並，知縣馬協改建尊經閣之巽方。名宦祠，縣治東南，按《廣宗縣志》，在文廟戟門西。鄉賢祠，縣治東南，按《廣宗縣志》，與名宦祠並，而居其右。明倫堂，《府志》未載。敬一亭，文廟後。按《縣志》，儒學在縣治東，元大德延祐間建。明倫堂四楹，嘉靖間知縣諒重修。萬曆間，知縣幹改建七楹。堂前爲齋，左進德、右修業，各六楹。東爲教諭宅，西爲訓導宅，又西爲射圃亭，後爲敬一亭。齋之南爲儀門，又南爲大門。隆慶間，知縣民范重修。門外左方爲橫舍一聯，亦幹所建。萬曆二十三年，知縣馬協于殿后建尊經閣六楹，左右各四楹，又于城東南隅上建魁星樓，以在學巽方，其地頗凹下，于法不利，故起樓以翼文明，學宮始完美云。

鉅鹿縣 儒學，縣治東南，元元貞間建。文廟，縣治東南，天順間張紀、正德間知縣陳宇相繼修。萬曆十一年，知縣何文極重修。啓聖祠，文廟東北，按《鉅鹿縣志》，知縣孔學易改建。名宦祠，《府志》未載，按《鉅鹿縣志》，在戟門左。鄉賢祠；《府志》未載，按《鉅鹿縣志》，在戟門右。明倫堂，《府志》未載。敬一亭，戟門前。按《縣志》，儒學在文廟之後，儀門、兩掖、甬道、露臺，明倫堂五楹，東進德齋、西修業齋各五間。嘉靖四十一年，知縣蒲彬立科貢題名碑。堂後爲敬一亭，亭後有尊經閣，閣前東號房十間，西號房十間。射圃亭，在文廟東，扁曰觀德，孔學易建。原亭後有文昌祠，今廢。教諭衙一區，訓導衙二區，各有門堂、燕寢，俱在明倫堂西，今裁其一，在東者廢。蔬園十畝。東南俱抵城，北接通仙觀，西接民居，計地四十畝，周圍墻垣，是爲學制。文廟，元貞元間建，明知縣陳宇、張紀相繼重修。儒林坊西臨大街，入坊，欞星門南向，門前對建二坊，東曰"德配天地"，西曰"道冠古今"，俱萬曆元年，知縣孔學易建。門內石望柱二，石坊一，扁曰"太和元氣"。坊北泮池虹橋、戟門，正殿五楹，東西兩廡各十五楹。殿左右掖各有一門，由左門入爲神厨，主庖祭器，由右門入爲神庫，主藏祭器，是爲廟制。萬曆十一年，知縣何文極俱重修。

唐山縣 儒學，縣治西。元至正間建。洪武初，知縣劉安理再建。文廟，縣治西。元至元三年建。洪武初，知縣劉安禮建于故基。成化年，知縣祁司員重建。弘治年，知縣于清建欞星門。正德年，知縣貢珊于兩廡俱重覆以瓦，知縣趙聰拓大成門前街，南爲泮池，門東爲興賢坊，西爲育材坊，嘉靖間，推官衛卿重修。啓聖祠，文廟東北。名宦祠，文廟東北。鄉賢祠，文廟東南。敬一亭，欞星門前。明倫堂。按《縣志》，自弘治初，知縣謝鵬遷廣教寺于城東，闢地鼎新而制始大備。正德十二年，知縣趙聰拓門前地爲泮池，建"騰蛟""起鳳"木坊二座。嘉靖十二年，知縣張天祿增新殿宇，陶製祭器。萬曆三十一年，教諭謝君賜易木坊以石，曰"德配天地""道冠古今"。萬曆四十年，知縣鄭宗周重修兩廡、敬一亭及環學周圍墻垣。皇清順治五年，泜水沖沒，邑人僉事徐養元重建，生員張慎修、儒官祝蓬督理。康熙七年，泜水復溢，欞星門及周圍墻垣俱壞，知縣孫續重修。先師殿五間，東西廡各五間，戟門三間，傍兩角門各一間，欞星門三間。啓聖祠三間，在學街直北。文昌祠，舊在啓聖祠後，萬曆末，移文廟之巽地。魁星樓，在城東南，八角樓一間。天啓初，知縣錢禧徵創建，邑人祝金聲重修。康熙元年，生員鄭一鶴、劉明新等重修。名宦、鄉賢祠，各三間，舊在明倫堂左右，順治七年移戟門外。泮池，知縣孫繽重修。明倫堂五間。神廚、饌堂各三間，舊在明倫堂左右，今移戟門外左右。進德、修業齋，各三間，舊在神廚、饌堂東西，廢。東西號房各十間，在兩齋南，東西相向，久廢。臥碑，在明倫堂壁東北隅。敬一箴亭，在明倫堂後，廢。科貢題名碑二，在明倫堂前。射圃亭，在學西。

內丘縣 儒學，縣治北，宋大觀間建。文廟，縣治東北。正德七年，郡守劉溥、知縣王瑆重修。啓聖祠，明倫堂後。名宦祠，戟門外東。鄉賢祠，戟門外西。明倫堂，《府志》未載。敬一亭，明倫堂前。按《縣志》，先師殿五楹，兩廡各十三楹，戟門三楹，欞星門三楹，舊在西，古柏尚存。弘治二年，知縣馮禎改建于此。順治間，知縣王秉乾重修。泮池在戟門外，嘉靖間知縣李啓鑿。明倫堂五楹，博文、約禮齋各五楹，弘治間知縣王愷建。順治間，知縣王秉乾重建。敬一亭三楹，在明倫堂後，不詳始建。順治間，知縣王秉乾建儒學門，舊制東西二座，後止立西門。萬曆間，知縣王洪灝改立東門。順治間，知縣王秉乾仍立東西二門，堪輿家謂西門不利，常閉之。啓聖祠三楹，不詳始建。順治間，知縣王秉乾重建。文昌祠三楹，在文廟東北，知縣王洪灝改建。順治間，知縣王秉乾重建。名宦祠三楹，在戟門左，不詳始建。順治間，知縣王秉乾重建。鄉賢祠三楹，在戟門右，不詳始建。順治間，知縣王秉乾重建。教官宅三所，在文廟西，弘治間知縣王愷建，今廢。射圃亭三楹，在明倫堂西北，知縣郝學詩建，今廢。

任縣 儒學，縣治東，延祐間建。文廟，縣治東。正德十一年，知縣張瓚重修。啓聖祠，文廟左，按《任縣志》，康熙七年訓導蔣泰徵重修。名宦祠，欞星門左。鄉賢祠，欞星門右，按《任縣志》，康熙六年邑人苗澄、李鳳翔與名宦祠同修。明倫堂，《府志》未載。敬一亭，明倫堂前。按《縣志》，文廟在察院東。廟制，大成殿左右爲兩廡，前爲戟門，門外爲泮池，南爲欞星門。元延祐七年建。縣尹王貢重修。明正德十二年，知縣張瓚重修。嘉靖七年，知縣陳璣恢拓之。四十一年，太學生霍維茞、李士元、杜子偉鑄祭器。四十三年，署縣事教諭孫光裕重修殿廡及門牆。萬曆八年，知縣陳復彝闢化龍池。十八年，知縣李希尹鑄爐臺。天啓五年，直指使者宗師廣闢二戟門兩翼。皇清順治七年，知縣杜天成重修殿廡。先是，東西行者自鐘樓以達縣治，從欞星門下過，輪蹄雜沓。順治十七年，知縣吳懷忠加築圍牆一曲，行者皆稍折而南，體制益備。其南為太和元氣坊，明天啓三年知縣李繼恩建。康熙十四年，知縣季芷重修圍牆。文昌閣，在文廟東南隅。明萬曆間，本府通判孫養霖攝縣事，創建未及半而去。末年，知縣范希滂踵成之。明倫堂，前東為進德齋，西為修業齋，前為儀門，外為大門，堂後為敬一亭，亭後為饌堂。崇禎七年，知縣李之喬建尊經閣，四圍為號舍，今廢。東為教諭宅，又東為兩訓導宅，今圮。西為射圃。共一百四十七楹。明嘉靖四十三年知縣孫榮先，皇清順治七年知縣杜天成俱重修。

廣平府

《職方典》第一百二十四卷
廣平府部匯考四
廣平府學校考　府縣志合
本府（永年縣附郭）

廣平府 在府治東南。初在巽隅，金元移今地。明初，知府吳文修建，同知王庸、知府楊浩、熊懷、盧璵、張潛、華津、李騰霄、蔣以忠、陳簡、劉芳譽、焦源清、程世昌、推官張鳳翔相繼修。至皇清，許文秀、許榮昌重修。中正殿七楹，東西廡各三十二楹，前戟門。泮池跨石橋三座，華津建。又前欞星門，門外磚橋三座，左右二坊，曰"德配天地"、曰"道冠古今"，李東陽篆。殿后敬一亭，中刻明世宗敬一箴及聖諭宸翰程范五箴，亭後書樓，舊名崇文閣，樓前號舍三十八楹，今廢。樓後，教諭訓導宅四區，今廢。殿左啓聖祠。按名宦，舊在府治，止鄉賢在學宮，後俱遷于城隍廟側，華津改建今地。皇清，署事同知何玉如重修。東北射圃、觀德亭，祠前宰牲所，又前大門。殿右明倫堂，堂北後堂今為教授宅，教授韓雄引、邊士遑建。堂前四齋，曰思誠、曰育英、曰進德、曰修業，前二門，又前大門。其外有育賢坊，在學西；化雨坊，在學東。洙泗淵源坊，在魁樓前方池上，今廢。東西文道街，在學後，蔣以忠創，後以開閉覘科名，故常閉云。奎星樓，在屏壁前，明知府賀賁建。文昌閣，在學東，明知府盧泮建，程世昌重修。

永年縣 儒學，在縣治西。明初，在城東北，知縣陸禮徙今地，知府華津、知縣王鐸、沈銓、朱泰、推官張鳳翔、知縣李宜培、張毓泰相繼修。按《永年縣志》，明洪武初，在城東北，甚隘陋。十一年，知縣陸禮徙于今地。正統八年，典史王雲修葺。弘治五年，知縣王鐸重修。正德九年，知府華津始拓其規而新之。嘉靖二十七年知縣沈銓，四十五年知縣朱泰，萬曆三十二年署印推官張鳳翔，四十七年知縣李宜培，崇禎六年知縣張毓泰，皇清順治八年知縣王報春，十四年知縣余維樞，康熙五年知縣王家禎，七年知縣梁炳宸，十年知縣朱世緯相繼增修。又中正殿五楹，東西廡各二十八楹，前戟門五楹，及前櫺星門，俱知縣余維樞修。名宦祠，在戟門左，知縣宋祖乙建。按《永年縣志》，正殿，朱世緯修，東西廡知縣王報春、余維樞重修。名宦祠，初有祠，而無祀。明崇禎十二年，知縣宋祖乙申請立神座奉祀。後毀壞，皇清康熙十年，知縣朱世緯、教諭魏繼枟重立。鄉賢祠，在右，按《永年縣志》，康熙七年頹圮，教諭楊九有同邑紳重修。殿后明倫堂，堂左右二齋，曰日新、曰時習，堂後敬一亭、舊書樓，余維樞改建。殿左啟聖祠，祠前更衣亭，今廢。按《永年縣志》，康熙七年知縣王家禎、教諭楊九有修啟聖祠。祠後教諭宅，宅後訓導宅，今廢。按《永年縣志》，教諭宅，康熙七年，教諭楊九有捐修。十年，教諭魏繼枟增修雨化亭。訓導宅，一在教諭宅前，一在教諭宅後，久廢。殿右射圃亭，知縣朱世緯、教諭魏繼枟建。按《永年縣志》，康熙十年建。亭前宰牲所。櫺星門外左右二坊，曰"德配天地"、曰"道冠古今"。門前屏壁，壁前泮池，其外有文昌閣，在縣治東，新建。奎星樓，在城東南隅上，知府南居益、知縣陳所行建。

曲周縣 儒學，按《府志》，在縣治東。金大定中建。按《曲周縣志》，明洪武二十七年，知縣劉信重修。嘉靖九年，巡按蔣賜禮勸邑人趙來鳳修兩廡。十六年，知縣張鵬翼改置明倫堂、東西齋、厨庫、啟聖廟、名宦祠、鄉賢祠、射圃亭。二十七年，知縣方逢時開東路，建聚英門，移置敬一亭于明倫堂後，又勸納銀，千戶劉錫甃月池，作石橋于上。萬曆二十七年，知縣王象恒建文昌閣于聚英門內。三十年，知縣高出見殿宇毀壞，設資修整。萬曆三十七年，知縣張自悟後更名潑，徧行修理。天啟四年，知縣趙引昌視圮者葺之。七年，鄉宦霍允猷捐資補葺。崇禎十三年，鄉官路振飛復出數千金修理，工閱四年始畢。中正殿六楹，東西廡各二十五楹，前戟門，前泮池，跨石橋三座，又前欞星門。名宦祠，在戟門左。鄉賢祠，在右。殿后明倫堂，堂前左右二齋，曰存心、曰養性。齋前東西號房二十六楹。堂後敬一亭，明知縣方逢時建。亭後尊經閣，知縣陳大均建。堂東神厨，西饌堂，中儀門。殿左啓聖祠，祠左之前文昌閣，明知縣王象恒建。閣後射圃。學門二，東曰聚英、西曰毓秀。西南爲教諭、訓導宅。奎星樓，在東城巽隅，知縣李時茂復建。

肥鄉縣 儒學，在縣治東南。宋天聖中重建。金主簿張利用、元知縣張暐、明知縣韓淑昭、錢朝陽、李乾、張博古、呂渭、秦鐘、趙廷瑞、李栻、陳明經、廉靖、李春英、通判毛汝麟、主簿江杰、皇清知縣李文盛重修。按《肥鄉縣志》，創于宋天聖四年。又明洪武三年，縣令韓淑昭重修。永樂十一年，主簿江杰重修。正德四年，知縣李幹塑聖像及諸賢像。七年，湮沒。十一年，知縣張博古重塑像。嘉靖元年，知縣呂渭奉旨毀像易木主。隆慶元年，知縣李栻重修。四年，知縣陳明經修。萬曆十八年，知縣廉靖重修。又本府通判毛汝麟攝縣重修，係嘉靖十五年。後又皇清順治十二年，知縣李文盛重修大成殿、明倫堂及門墻，而東廡則典史趙謙修，西廡則教諭牛炳星修。中正殿五楹，東西廡各十楹，前戟門，又前欞星門。泮池、石橋，知縣譚誠言建。按《肥鄉縣志》，天啓壬戌，漳水入城，唯大成殿及戟門獨存。甲子，知縣李春英重建兩廡。乙丑，知縣譚誠言重建欞星門、泮池石橋。又殿名大成，宋元以前額也。明嘉靖後，始易先師殿。名宦祠，在戟門左。鄉賢祠，在右。二祠，知縣侯君招改建殿后。敬一亭，廢。殿東北啓聖祠，同知范志懋重建。按《肥鄉縣志》，天啓丁丑建，益兩楹，加配廡，特祀理學周濂溪諸儒。西北明倫堂，堂後文昌閣，堂前左右二齋，曰進德、曰修業。堂東號房十五楹。堂北教諭、訓導宅，俱廢。按《肥鄉縣志》，訓導宅，一在明倫堂左、一在明倫堂右，今廢。外有奎星樓，在城東南隅。按《肥鄉縣志》，宰牲房、神厨、神庫，今俱廢。皇清康熙四年水注城，學宮毀。

鷄澤縣 儒學，在縣治東，金知縣高琢建。元高師顔、張崇重建。明宋銓、倪英、周文定、通判王之藩、知縣曹孔榮重修。按《鷄澤縣志》，元延祐、至元間，知縣高師顔、張崇重建。明永樂十三年知縣宋銓，弘治三年知縣倪英，九年典史張本重建。正德六年，知縣銀鏡增修明倫堂。嘉靖五年，知縣張時啓增修兩廡、戟門。十一年，知縣周文定備修殿廡、門亭、祠堂、齋號。三十一年，知縣唐音修欞星門、明倫堂。隆慶四年，署縣事本府通判王之藩修殿廡、門垣、臺砌。萬曆二十年，知縣曹孔榮更新明倫堂、戟門、欞星門。崇禎十六年，知縣賈益謙修大門。皇清順治二年，知縣吳應文修兩廡。康熙元年，知縣袁鴻謨重修，工半成，升任去。二年，知縣常志昆踵修告成。十一年，訓導張瑋于文廟東植柳百餘株，學署植槐百餘株。中正殿五楹，東西廡各十一楹，前戟門、泮池，又前欞星門。名宦祠，在戟門左。按《雞澤縣志》，名宦祠，嘉靖四年建。三十三年，知縣黃鑒改建于戟門左。右鄉賢祠，按《雞澤縣志》，正德十五年，教諭李一寧改文昌祠爲鄉賢祠。嘉靖三十三年，知縣黃鑒改建于戟門右。奎星樓，在欞星門左，明知縣趙思明建。按《雞澤縣志》，建于萬曆十二年。啓聖祠，在殿后右。明倫堂前，左右二齋，曰日新、曰時新。堂後文會堂、饌堂，今廢。按《雞澤縣志》，明倫堂，天啓三年，知縣曹大章重修。皇清康熙十二年，知縣姜照重修。日新、時新二齋，久廢，今修。饌堂、文會堂俱久廢。北敬一亭，明崇禎元年，知縣曹大章改建尊經閣，置敬一亭碑文在內堂。左訓導宅，今廢。按《雞澤縣志》，訓導宅，一在堂左，一在儀門外西，今俱廢。堂東號房十一楹，今廢。齋前儀門三楹，中曰賢關、左曰禮門、右曰義路。門內教諭宅，今改訓導宅。題名碑，《府志》未載，按《雞澤縣志》在明倫堂東壁。臥碑，《府志》未載。按《雞澤縣志》，在明倫堂後壁。前大門，其外有義塾，在縣治東北，知縣姜照建。按《雞澤縣志》，康熙十年建。文壁峰，在城東南隅上。明天啓二年，知縣張素裕建。

廣平縣 儒學，在縣治東南，明知縣高立建，李昉、何琮、吳應麟重修。按《廣平縣志》，洪武三年創立。永樂間，知縣李昉、何琮後先修治。中正殿五楹，東西廡各十六楹，前戟門、泮池，又前欞星門。名宦祠，在戟門左，按《廣平縣志》，泮池之左，顧公修學記石室。鄉賢祠，在戟門右。欞星門內，東更衣亭，西祭祀庫，庫有經籍、祭器。啓聖祠，在殿后。殿西尊經閣，閣東敬一亭，亭東射圃。殿右明倫堂。按《廣平縣志》，明洪武十五年，知縣顧璘改建明倫堂于孔廟西，以舊明倫堂爲饌堂，堂之左右爲兩齋，陳鎬記。文昌祠，在城東南隅上，明知縣陳鎜、王一龍建。按《廣平縣志》，萬曆十七年，知縣陳鎜請建于北城兆元樓。三十五年，知縣王一龍申請道府改建于此。奎星樓，在文昌祠西。

邯鄲縣 儒學，在縣治西。明初，縣丞王成建，知縣鹿琇、史書、董策、張偉、趙時吉、劉翀、宋淳、皇清許侃重修。按《邯鄲縣志》，明洪武十一年，徙今地。永樂十一年知縣鹿琇，正統十一年知縣史善（《府志》是史書），天順四年知縣董策，成化五年知縣劉翀相繼修理。正德六年知縣張偉，嘉靖十年知縣趙時吉各營建。中正殿五楹，東西廡各九楹，前戟門、泮池，又前欞星門。殿后明倫堂，堂後敬一亭，在時雨軒舊址。堂前左右齋房，堂東講堂、號房，今俱廢。堂西教諭宅，宅南訓導宅。殿左右祭器庫。啓聖祠，在堂東，訓導李培建。名宦祠，在戟門左。鄉賢祠。奎星樓，在城東南隅。文昌閣，在叢臺。尊經閣，在叢臺下，知縣梁御鼎新建。

成安縣 儒學，在縣治東南。元知縣牛天章建，後毀。明初，彭子閏再建。張雲、韓溫、王鈴、王琢玉、劉永脉、劉薨重修。按《成安縣志》，元至正二年知縣牛天章建。元末毀于兵燹。明洪武三年，知縣彭子閏重建。正統間，知縣張雲、韓溫相繼重修。成化四年，知縣劉薨以制狹拓新之。嘉靖三年知縣王鈴，隆慶二年知縣王琢玉，萬曆三十年知縣劉永脉各重修，後毀，址尚存。皇清康熙十二年，知縣王楷與訓導要引昌重修。中正殿七楹，東西廡各十一楹，東中五楹祀先賢，北三楹爲圖書府，南三楹爲點齋堂；西中五楹祀先賢，北三楹爲祭器庫，南三楹爲更衣亭。前戟門，又前欞星門。名宦祠，在戟門左。鄉賢祠，在戟門右。文昌祠，在欞星門左。啓聖祠，在殿后。殿西明倫堂，明知縣阮吉建。按《成安縣志》，教諭王孫昌扁堂曰"立雪登雲"。堂前左右二齋，曰進德、曰修業。堂後敬一亭，西耳房（庫役看守祭器）。亭東教諭宅，南訓導宅。正南儀門、龍門坊。又前大門，門前石獅二，金大定中物。欞星門外坊二，東曰"金聲玉振"、西曰"江漢秋陽"，南瀕城。泮池，崇禎十三年，知縣陳熙、訓導蓋國彥砌磚構橋。按《成安縣志》，萬曆四十二年，知縣李三畏建東西二坊。奎星樓，在城東南隅。

威縣 儒學，在縣治東南，宋通直郎牛直修建。金縣丞趙居道、主簿高元重建。泰和間，改洺水縣，學仍舊。元至元中，徙井陘縣威州治于洺水，學因隸州，知州董守思、同知蕭伯顏重修，後毀于兵。明知縣歷任相繼重修不一。皇清順治十八年知縣綏酉生，康熙七年知縣陳永升，十一年知縣李之棟重修。中正殿五楹，東西廡各七楹。前戟門、泮池，又前欞星門。名宦祠，在戟門左。鄉賢祠，在戟門右。啓聖祠，在殿左，明知縣徐道存建，知縣胡容修，後圮。皇清康熙十年，知縣李之棟重修。十二年，知縣李之棟重修。祠東宰牲所。明倫堂，在殿右前。堂左右二齋，曰進德、曰修業，前儀門，又前大門，坊一曰"禮門義路"。東西齋、儀門、儒學門，明知縣王政、高自卑、胡容相繼重修。皇清康熙七年，知縣緱酉生復益坊表一座，扁曰"義路"。禮門堂後爲教諭宅，堂西爲訓導宅，明知縣胡作霖重建。按《威縣志》，教諭宅因奉裁併入訓導宅。訓導宅，胡作霖建。櫺星門外坊二，曰"德配天地"、曰"道冠古今"，又坊一曰"作人"，即今龍門，在學內。按《威縣志》，道冠古今、德配天地二坊，明知縣高自卑建。順治十八年，知縣緱酉生重修，但狹小，後亦圮。康熙十二年，知縣李之棟新建大坊焉。雲路坊，在文廟前。鯤化天池坊，在雲路南。文昌祠，舊在學內。知縣張蒙正改建于學東南隅。按《威縣志》，順治中署縣事王孫樞、訓導楊爲棟重修。康熙十年，知縣李之棟重修。奎星樓，在文昌祠旁，亦張蒙正改建。按《威縣志》，順治中知縣張楷重修。射圃，在學東南，錢術建，今廢。

清河縣 儒學，在縣治東南。金大定中，知縣劉惠建。按《清河縣志》，元至元三年，達魯花赤伯拗修葺。至正十七年，達魯花赤脫忽思帖木爾、縣尹趙范、葛義方重修。明知縣趙文、林鎮、許諫、王絃、盧汝翼、傅延耆、向日紅、張民綱、曹亭、秦際皞相繼增修。皇清順治二年知縣王世勳，康熙四年知縣胡文煥稍加修葺。康熙十二年，知縣盧士杰大創新之。中正殿五楹，東西廡各九楹，前戟門，又前櫺星門。明倫堂，在殿后，明知縣陳緒修。按《清河縣志》，正殿，康熙十四年重修，建東西廡。康熙十七年，重修戟門。康熙十四年，重建櫺星門。康熙十七年重建堂。康熙十五年重修。但《府志》明倫堂，《縣志》是彞倫堂。堂後敬一亭，亭東訓導宅。堂前左右二齋，曰博文、曰約禮。啓聖祠，在殿左。名宦祠、鄉賢祠。文昌祠，在殿右。奎閣，在學東南。射圃亭，在名宦祠左，今廢。

大名府

《職方典》第一百三十六卷
大名府部匯考四
大名府學校考　府縣志合
本府

本府 在今府治東。宋在舊城，爲陪京辟雍，特選名流視學政，故王巖叟、黃庭堅並教授于此。金元爲總管府路儒學。迄至元末，更總管梁千軰凡五經營之。至正間兵毀。明洪武初葺之。三十四年，水，復廢。明年，隨府治徙此。永樂元年，知府倪天興創建。宣德三年，知府夏忠重修，知府李輅踵其緒，加藻飾焉。成化十四年，知府沈浩鑿泮池、廓門序、建齋廡。弘治四年，知府李瓚建饌堂、備雅樂。弘治十二年，知府韓福復加修葺。中爲大成殿，前爲東西廡，又前爲櫺星門，外東爲名宦祠，西爲鄉賢祠，前爲戟門。殿後爲明倫堂，堂左右爲進德、修業、日新、時習四齋。堂之後爲饌堂，左右爲號舍，有朱子太極書刻。嘉靖七年，世宗釐孔子廟祀，置啓聖祠，祀叔梁紇，以顔路而下配之。又詔頒敬一箴置亭，諸州縣學並如例。學左翼爲射圃，中有觀德亭。嘉靖四十四年，副使徐貢元既拓門宇，復于大成殿東甃臺，周二十丈餘，上建重樓，扁曰"龍頭閣"，高出雲表與應奎亭相峙。隆慶二年，知府鄭旻復加修飾。四年，知府王叔杲既塞學前門，高築照屏，仍撤墻垣障蔽，自櫺星門以至齋舍，悉爲更新。歲久又蠹壞，萬曆十九年，知府塗時相于廟庭置石欄干，諸神主悉加跗坐，櫺星門木坊易以石柱，仍創三戟門，碑碣錯立無序者構四亭于儀門外，楥而覆之。學宮離巽曠直，擬建塔于城，以固風氣。學宮之前，先此左右各立一門，非制也，知府趙愼修，尹應元相繼修葺，祇用東一門，爲儒學門。苐門頗卑隘不雅，至是易以大門三楹，門內有階，迆邐而進，地勢卑窪且蕪穢不治，乃甃以磚石，迢迢盡二尺許，扁其坊曰"君子所履"，蓋取周道如矢之意云。泮池、石壁，既葺復圮，仍加堅飭。泮宮內外，頹者整，缺者補，質者繪，丹碧輝映，煥然改觀，崇儒重道之意，隆矣！

元城縣 萬曆十八年，知縣劉三英重修。二十年，秋潦，廟宇、齋房、教諭、訓導宅俱圮，知縣李炳初至，量加修飾，次年，悉大新之，神座、祭器缺者增，蠹者整，燭臺、香爐前此瓦缶，今易以錫，輪奐枚實，課諸生爲五會，月三試而粮之，躬爲批訂，維新振作倍昔日。按《縣志》，儒學在端智門西，知縣趙玉自故城徙此。歷明代，時有修葺。至皇清順治十六年，知縣馮纘京重修。又至康熙十二年，俱圮于風雨，知縣陳偉從新修葺。魁星樓，在儒學西。萬曆二十年，秋潦，樓前後水深丈許，四周撼動者兩越月，樓垂圮，廂房、庖所、橋梁、園墻倒盡，知縣李炳修飾如初。

大名縣 洪武三年，縣丞秦本即元季舊基增創，知縣施誠、謝雯、原璿、任英、張鸞、徐士彬相繼修葺，璿與鸞之力居多，歲久傾圮。至萬曆十八年，知縣鄭得書重加修葺，仍鼎建文塔，砌泮池，縣鐘鼓以壯大觀，一時文風彬彬聿起。按《縣志》，先師殿五楹，兩翼爲東西廡各十五楹，前中爲戟門三楹，又前中爲欞星門，迤東則儒學門，向北折而東有啓聖祠。門中祠三楹，祠後左曰名宦祠、右曰鄉賢祠，各三楹。折而西有門，扁曰賢關。入爲明倫堂三楹，抱廈三楹，兩翼列東西齋房各三楹，東西號房各六楹，後爲敬一亭三楹，卷宇三楹，亭後繚以磚垣。教諭宅，在明倫堂東。訓導二宅，俱在明倫堂西。射圃，在訓導宅前。廟學，自洪武三年建以後相繼修葺（修官姓名已見《府志》）。至隆慶三年，圮于水，惟先師殿、啓聖祠、明倫堂存，餘皆欹損，知縣李本意各就故址完葺。萬曆三十八年大雨，諸殿宇俱圮，知縣趙一鶴等大加修葺。至皇清康熙年，知縣陳與、徐又俱重修。文昌閣，按《縣志》，在泮池東南隅，負城北峙。

魏縣 今在縣署東。宋元時，在于村渡，遷洹水鎮。明初，圮于漳水，徙此。洪武三年，縣丞蔣德弘創建，是後修建不一。按《縣志》，儒學在縣治東，察院之左。明初，縣丞蔣德弘建。永樂五年知縣劉欽，正統八年縣丞趙和，天順三年知縣楊春次第重修。成化十八年，水圮殆半。二十二年，知縣白繩武規復未竟。弘治元年，知縣鮑琦踵成其役。九年，知縣林世恭、縣丞張誠拓路展門。正德十六年，僉憲劉秉鑒發金委修。嘉靖中，知縣李冕、連登、陸柬、周咏、李栻、楊廷選、徐元太嗣葺，于是規模宏敞，廟貌壯觀。中爲先師廟，廟東爲啓聖祠，祠南爲敬一亭，東爲尊經閣。皇清康熙七年，知縣党之煌等重修。西爲射圃亭，今廢。北爲思誠書院，嘉靖末，知縣李栻建，祀宋劉元。城上有聚奎樓。東西爲號舍。廟北爲明倫堂，左右爲日新、時習齋，東南爲名宦祠，西南爲鄉賢祠，後爲司教宅，直西爲司訓宅。廟前爲兩廡，爲從祀先賢祠，東北爲祭器庫，中爲月臺，南爲戟門，左右爲角門，前爲泮池，爲欞星門，爲屏壁，東爲儒學門，左右爲興賢、育才坊。

南樂縣 在縣治東南隅。洪武三年，主簿葉伯瑾創建于大成殿后。三十四年廢。永樂五年，知縣吳文質復建，此後修飭不一。儒學前有九曲河，萬曆十年，知縣柯挺于河南岸置雲路坊，穿坊直上雲路，路盡有榜棚，規模軒豁，巍然可觀。泮池，舊在戟門前，知縣劉弼寬周以石欄，知縣吳定乃移之儒學前，爲橋九曲于河上。萬曆十年，知縣柯挺以風氣不宜，復移于儒學門內。明倫堂後有土山，知縣錢博學築。萬曆十年，知縣柯挺因舊基築，爲三台之像，置亭于巔，上栽三槐九棘，下立石刋一簣爲山。啓聖祠，在文廟後，知縣劉弼寬改爲敬一亭。萬曆十一年，知縣柯挺卜于西隙地，創三間，扁爲"敬一亭"。魁星樓，在東南隅，知縣錢博學創。萬曆十一年，知縣柯挺重建爲八卦樓，華檐飛越，可望數里。文昌祠，在教諭宅内，萬曆六年知縣吳定創建。按《縣志》，學宮先師廟，皇清康熙十年知縣方元啓重修。東西兩廡、戟門、泮池、欞星門、啓聖祠、明倫堂、聚奎樓，係順治七年建。名宦祠，在戟門左。鄉賢祠，在戟門右。敬一亭，在一簣山西。會饌堂，在明倫堂後，知縣王邦泰改爲敬一亭。教諭宅，儒學門西。訓導宅二，一在明倫堂東，一在明倫堂西。德配天地、道冠古今二坊，在學宮左右，俱康熙十五年知縣方元啓重建。

清豐縣 在縣治北，宋故址也。南渡時兵毀。金皇統五年，知德清軍事趙儒林創建。元初，再罹兵燹。至元間，達魯花赤鈐部乞答歹令高松稍葺補之。二十八年，主簿孫明裕率達魯花赤帖木兒、尹侯郎輩增修。至正中，尹陳執中拓基漸完。元季復毀。明洪武七年，知縣金雍始加置齋垣及彝訓堂，是後修建靡一。按《縣志》，學宮自洪武七年金雍重修，後至正統四年知縣馬杰修兩廡。八年，知縣徐同新大成殿。成化元年，知縣潘瑄新明倫堂。嘉靖三十六年，知縣李汝寬增修之。其正爲先師殿五楹，東西廡各七楹。嘉靖八年，知縣王寵各增二楹。戟門三楹，寵增爲五楹。欞星門三楹，舊近戟門，縣丞傅學禮移稍南，復鑿泮池三空。先師殿后爲明倫堂，知縣李汝寬于明倫堂左創建神廚，文廟迤東北建宰牲所，各三楹。其堂東爲訓導宅一所。學路東，各南向而峙者，爲名宦祠、啓聖祠、文昌祠，皆迤東而次第焉。其明倫堂，先是名彝倫堂，成化間改今名。兩耳號房，各九楹，今以盛義由所入，歷號房而上，有齋曰菁莪、曰棫樸，各三楹。明倫堂後，爲饌堂。隆慶六年，知縣陸從平改建尊經閣。堂西書庫三楹，知縣張㧑建，用儲祭器。又西爲教諭宅，南向，其偏西望者爲訓導宅，久廢，李汝寬重建。堂馳道而南有門，顏曰"聚英"，其前欞星門東西爲義路、禮門。又神道之南，察院之西，儒學門三楹。正德十二年，知縣買智建。嘉靖十三年，左遷，縣丞傅學禮用拓建之。天啓四年，知縣潘士聞悉重新之，復捐金百二十兩創置學田一頃一十二畝，以濟貧士。皇清康熙十三年，知縣楊燡同教諭劉瑛重修欞星門、名宦祠、鄉賢祠。十五年，同教諭何來似重修。

内黃縣 由元縣尹者劉温、劉澡、王熙、閆汝梅創築，凡四易。元末復毀。明初，楊郁首應詔置之。弘治五年，知縣張鳳闈徙故址之西南。故無射圃，嘉靖二十六年，知縣塗澤民撤淫祠，圃于學宮之左。按《縣志》，文廟在迎和門裏。啟聖祠在文廟之東。鄉賢祠在明倫堂後。名宦祠在明倫堂後。文昌祠在大成殿東。

濬縣 洪武三年，知縣項如英建。十一年，知縣方叔周建射圃亭，亭取射義爲正己。是後修建不一。弘治中，知縣郭東山復改置之。按《縣志》，先師廟五間，東西廡各十五間，祭器庫三間，官書庫三間，戟門三間，櫺星門一座，泮池一區，神庫、宰牲房三間，題名記碑亭一座，修學碑亭一座，俱明知縣項如英建。康熙年間，知縣劉德新、教官葉振甲、蔡士元經營修葺，煥然一新。啟聖祠，在文廟東北。名宦祠，在啟聖祠後。鄉賢祠，在名宦祠後。敬一亭，在文廟西北，今廢。明倫堂，在廟後，堂凡五間。日新齋，在堂左。時習齋，在堂右。東號舍十間，西號舍十間。二門一座，騰蛟起鳳坊在儒學門內。教諭宅，在明倫堂後。訓導宅二，在堂左右，今廢。儒學門，在文廟東，明知縣董世彥築臺，建青雲樓于其上。

滑縣 在縣東南。唐宋以來，碑刻並毀，不可考。至德三年清河張公，太和六年河屯節度使粵屯公及元武德將軍劉輝以次構學舍若干楹。元季，兵起復毀。明洪武八年，知縣諸弘道建明倫堂。正統以來，數潤色焉。嘉靖間，知縣彭范、任環、張佳引並加修葺。按《縣志》，儒學在縣治東南，自金元明，歷任知縣增建修毀不一。皇清順治丁亥年，知縣郭心印重建兩廡。壬辰年，署印本府推官宋燦重飭廟前坊。

東明縣 在城東南隅，歲久圮壞，先賢神位舊以石，前爲屏壁，又前爲青雲橋，殿之東爲啟聖祠，前爲敬一亭，又東爲射圃亭。殿之西爲明倫堂，堂之左右兩齋六楹，則經籍祭器在焉。號舍二十四楹。堂之南曰禮門，門外左爲名宦祠，右爲鄉賢祠。前爲儒學門，折而西爲訓導宅，凡二。明倫堂後，爲教諭宅。以上皆知縣區大倫重建，而教諭宅則買地于民間而開創之，以補堂室之缺者，學宮稱麗。按《縣志》，先師廟在儒學東，五間。明弘治十一年，知縣鄧鉞建。天啟元年，知縣顧其仁重修。皇清順治十二年，楊素蘊重修，未竟。康熙元年，知縣陸嶠齡繼修。康熙七年，邑民楊繼美等置殿陛石欄一匝，植柏四十株。泮池，在櫺星門內，舊有磚橋三洞，周環石欄，日久壞。康熙二年，知縣陸嶠齡拓大其區，而高其橋，爲一空洞，左右以磚砌井，深二丈許，非復舊制矣。邑士患之，康熙十四年，知縣楊日升重修，去二井，平其地，仍爲磚橋，空三洞，兩旁設石欄干，周行平坦，悉復舊制。櫺星門周垣左右計五十二丈五小尺，高八尺。順治七年，圮于水。康熙十二年，知縣楊日升重修。啓聖祠三間，在文廟東，嘉靖十一年知縣鄧鉞建，天啓二年重修，康熙九年知縣楊日升重修。名宦祠，在戟門外左，三楹，周以垣，弘治十一年知縣鄧鉞建，天啓二年重修。鄉賢祠，在戟門外右，三楹，周以垣，弘治十一年知縣鄧鉞建。嘉靖四年、二十八年、隆慶五年、萬曆十八年、四十一年、天啓二年、康熙九年俱重修。敬一亭，三間，在啓聖祠前，嘉靖年建。明倫堂五間，明善齋三間，復初齋三間，東號舍六間，西號舍六間，禮門三間，儒學門三間。教諭宅在明倫堂後，訓導宅在明倫堂西南，皆弘治十一年知縣鄧鉞建，今俱廢。嘉靖四年、二十八年、隆慶五年、萬曆十八年、三十三年、四十年、康熙五年俱重修。尊經閣，在明倫堂東北隅。隆慶六年，知縣張正道建。萬曆四十年、康熙十四年俱重修。講堂，康熙十四年知縣楊日升買尊經閣後民地創建。射圃在儒學東北，今廢。

開州 宋金時故址也。《志》稱，大德間，張禮重建，不詳其因。延祐、至治以來，數患水，監郡安坦不花、同知張持修繕之，自先師配食以下並塑像，而兩廡從祀獨闕。至正間，州守張禎並置以木主，與今制頗相符合。平江路同知列仲治爲鑄祭器。天順間，增廣學宮，地凡二百畝有奇。李嘉祥至，始建尊經閣，閣之下環以書舍，凡三十楹，聚生徒，設帷親爲講究經義，澶故稱文獻郡，而庠之興學養士，庶幾文翁之風，至今縉紳先生口誦焉。正德間，同知潘墳署州事作泮池。嘉靖三年，宋公紈增置學田百畝，在百濤里。按《州志》，元大德元年州尹彌禮建殿廡、神廚，中塑至聖像，自是而下，爲木主百有九，顯其封爵諡號焉。大德九年，州尹張禎重葺。延祐初，厄于水。四年，監郡安坦不花重修。六年，又水。至治二年，同知張持敬修。明洪武二十五年，知州文有楨重葺。永樂六年，判官李珣、徐顯相繼崇飾。正統中，郡倅王亨重修殿廡、神廚、戟門及明倫堂，擴東西齋東爲日新、爲養正，西爲時習、爲饌堂、庫舍及諸生肄業舍二十楹有奇。景泰中，知州李迪廓學宮墻垣，包蓮花池及鷄鳴山。天順七年，知州謝鳳重擴明倫堂，建左右齋三楹，右齋之南爲文集庫，外爲重門。明倫堂後，創高閣五楹，曰御書閣。閣後廣號房三十四楹，以居諸生。購學西地數畝，創房三區，以爲司教廨宇。弘治五年，知州王瑩重新齋廡，廣諸生號舍六十間。蓋射圃一區，儒學碑一座。十三年，知州李嘉祥作尊經閣于大成殿后，高可三丈。正德中，州同潘塤始創泮池、橋門，建泮宮坊于儒學門之外，東爲義路坊，西爲禮門坊，復建儒林坊、聖域坊于崇德報功門之左右。嘉靖九年，知州孫巨鯨建敬一箴亭。是年，始詔天下釐正祀典，改大成殿爲先師廟，始立啓聖祠。二十一年，知州尹耕重修學宮，創時雨堂于孔廟之後以課士，修尊經閣，葺時習、養正、日新齋及敬一箴亭；易戟門外東西兩坊曰"博文""約禮"。殿之東西兩坊曰"仰高""鑽堅"。三十年，知州李一元置書籍于尊經閣。四十四年，知州湯希閔重修殿廡、學舍，建魁星閣于大成門之內，榜曰"龍頭"。隆慶四年，州守潘雲祥建奎光閣于欞星門巽隅，植柏數百枝于泮池左右，學後築土峰環以楊柳。萬曆四年，州守王圻重葺學宮、殿廡、堂齋、號舍，建鄉賢祠于學之東北隅。嗣後，州守金應照、沈堯中、趙琦、周之謨、謝傅顯相繼重修。皇清順治十一年，知州景文魁葺新儒學。康熙二年，知州林遜修儒學牆垣。七年，知州孫榮重修大殿、啓聖祠、欞星門並儒學坊。

長垣縣 今在縣治西。明初以前，被水，隨遷蒲城，縣丞劉彥昭始建于此。宣德以來，歲加修飭。查該學明倫堂後逼臨通衢，外無環堵之地，說者以爲有堂無室，難于深造，雖科第不乏，坐此弗克遠大。聞嘉靖年間，知縣蘇夢皋欲行開拓，竟爲時勢所阻，議者惜之。按《縣志》，先師殿五間，洪武初年縣丞劉彥昭建。二十一年，縣丞婁哲重修。隆慶六年，知縣孫琮等重修。東西廡，洪武初年劉彥昭建。二十一年，婁哲重修。隆慶六年，知縣孫琮改建，各十一間。戟門，洪武初年劉彥昭建，欞星門並建。啓聖祠，在教諭宅前，嘉靖十年知縣劉體元建。隆慶六年，知縣孫琮改建。萬曆十八年，知縣高知止改建在明倫堂東。名宦祠、鄉賢祠，在學岡，俱天順年知縣劉弘建。嘉靖年，重修名宦祠，改建鄉賢祠，由學岡改于儒學。隆慶六年，孫琮改建名宦祠、鄉賢祠各三間，俱在大殿西南隅。神庫、神厨，弘治十三年知縣貢安甫建。隆慶六年，改建神厨三間。宰牲室，弘治十三年建。隆慶六年，改建三間。祭器庫、文書庫，未詳何時建，俱隆慶六年孫琮重修。泮池、井，俱正德十二年知縣張治道鑿。琉璃墻，在欞星門外。正德十二年，張治道建。敬一亭，在欞星門內，嘉靖六年知縣王三省建。三十五年，知縣鍾崇武改建在啓聖祠前。隆慶六年，孫琮又改建在大殿東南。萬曆十八年，高知止又改建在堂後西北隅。明倫堂，洪武初年縣丞劉彥昭建。二十二年，縣丞婁哲重修。天順三年，知縣劉弘重建。隆慶六年，知縣孫琮等增修。至皇清康熙九年，署縣本府通判何英重修。進德、修業齋，洪武初劉彥昭建。成化十二年，知縣王輔重修。隆慶六年，知縣孫琮重修。講堂、饌堂、號房、倉、大門、教諭宅、訓導宅，俱洪武初劉彥昭建。成化十二年、隆慶六年俱重修。尊經閣五間，在明倫堂後，隆慶六年建。儒學東路、東門、魁星樓，俱萬曆十八年知縣孫琮建。

宣化府

《職方典》第一百五十二卷
宣化府部彙考四
宣化府學校考
本府（宣化縣附郭）

宣化府 宣府，前衛學，在鎮城東南隅。明宣德七年，鎮守都督田廣建萬全都司學。自大成殿而下，列兩廡，有戟門、欞星門、宰牲廚、祭器庫；學自明倫堂而下，有志道、據德、依仁、游藝四齋，習射有圃，諸生肄業有舍。弘治十七年，建名宦、鄉賢祠。嘉靖八年，建敬一亭，內立敬一箴及視聽言動心五箴碑。九年，建啓聖祠。萬曆二十三年，建尊經閣。二十七年，建桂林坊。皇清康熙八年，改萬全都司學爲宣府前衛學。

宣化縣 明洪武二年，詔府州縣立學。時宣鎮甫經兵燹，民皆內徙，故未有立。宣德七年，令衛所官舍軍餘俊秀，許入附近府州縣學，聽赴本處鄉試。總兵都督奏請鎮無附近府州縣，宜別置學，詔從之。嘉靖八年，詔立御製敬一箴亭碑于學宮。萬曆二十三年，大修萬全都司學，建尊經閣于都司學宮。皇清康熙二十五年，頒御書"萬世師表"扁額于學宮。二十六年，命修理文廟祭器。三十二年，改宣府前衛學爲宣化縣學，其儒學教授改爲教諭。

外州縣（按宣府赤城、萬全、龍門、懷來、蔚、西寧、懷安七縣無志，學校難考，仍依《鎮志》所載，各衛學詳列于後）。

永寧衛 先是永寧衛軍民子弟，俱入隆慶州學。明正統元年，置學，衛人附焉。學生例二十人，增廣附學無額數，教官一如內縣之制云。

開平衛 都督楊洪鎮茲土，奏請建學如內郡，詔從之，遂伐材鳩工，作大成殿、兩廡、戟門、欞星門及神廚、神庫；殿后作明倫堂，東西作明德、修道二齋，又作文昌廟。明正統八年三月朔日經始，而以是年九月望日成，總計屋七十間，皆堅壯邃密，繚以周垣，聖賢像貌塑繪如制，其諸品用靡不畢具。

龍門衛　明正統初建。十四年毀。景泰年間，參政葉盛及都御史李秉請復建諸衛學，而龍門之學獨先就工。舊在衛東南，遷之東北，地寬廣，面陽，築大殿、東西廡、神廚、庫、櫺星、戟門，後爲明倫堂，居仁、由義齋，堂東爲藏書之室，堂西爲游息之所，射圃、學舍亦森然備列，屋總若干楹，繚以周垣，啓以重門，其南當通衢，樹坊二，一曰"興賢"、一曰"崇化"。

萬全左衛　明永樂年建。正統十四年毀，巡撫都御史奏請重建。弘治元年，撤而新之。

懷安衛　明正德三年建。初懷安衛士子俱附萬全左衛訓飭之，至是，始奏請專設，得如制云。

萬全右衛　明正德五年建。初右衛士子附左衛學，至是，鎮巡官請專置學，詔從之。

延慶州　明洪熙元年，州守楊賓請建學，惟大成殿覆之以瓦，亦甚湫隘，兩廡堂齋皆構草爲之。正統九年，州守王銘重修，始易之以瓦。十四年，兵馬犯塞，士民驚潰，幸弗毀于火，然日就頹廢。成化三年，州守李鼐撤其舊而新之。先是，州民有姚祿者，發地得白金五十兩，願不私己，以助之廟，則先就兩廡、櫺星、戟門，相次如式，後復次第經營，明倫有堂，講肄有齋，神有廚庫，師有公廨，士有號舍，庖湢之屬，莫不畢備，棟宇翬飛，藻繪煥發，巍然煥然，甲于他郡。萬曆初，建尊經閣。三十二年重修，三年而告成，材木完固，宮墻壯麗，邊城黌序，無加于茲。

保安州　在州治巽地。明成化三年，知州俞澤學正朱升建。隆慶三年，知州稽巔重修大成殿。皇清康熙四十一年重修，並擴露臺、神座。東廡七間、西廡七間，敬一亭在大成殿東，有范氏心箴、程子四箴石，祭器庫在大成殿西，承祭門在泮池西，省牲所在泮池東，道冠古今坊在櫺星門東，德配天地坊在櫺星門西。雲路天梯附城南垣而起，闊二丈，高三十八級，天衢直上，坊在雲路天梯上。文昌閣建于東城上，魁星樓在東南城上。啓聖祠在大成殿東北隅，祀堂三間，周圍紅墻，大門一間，照壁一座。

盛京總部

奉天府

《職方典》第一百七十一卷
奉天府部匯考三
奉天府學校考　通志
本府（承德縣附郭）

　　奉天府　儒學，《舊志》，明有瀋陽中衛學，在衛治西北。正統元年，重建，後廢。皇清天聰三年，鼎建文廟于城內東南隅。啓聖祠及名宦、鄉賢、泮池，俱未建。聖殿三間，天聰三年建，即設祭器，內有銀爵二十七，向係禮部收貯，今歸教授典守，尚未設庫。東西廡各三間。康熙二十一年，府尹高爾位增建戟門三間。前爲欞星門，天聰三年建。

　　遼陽州　儒學，元有儒學，舊基在舊都司後。明洪武中，改建城東門內，都指揮潘敬、葉旺建文廟、學舍。永樂壬辰，都指揮巫凱塑先師及諸賢像。正統丙寅，都督王祥重修。景泰癸酉，御史謝爃建尊經閣。成化辛卯，副總兵韓斌重修。乙未，御史潘宣置祭器。弘治壬子，御史宋鑒建四齋、西號房。癸丑，鑿泮池。戊午，御史羅賢改建欞星門。辛酉，御史車梁建尊經閣。正德乙亥，御史劉成德修廡像，設雅樂。嘉靖己丑，御史王重賢拓其南方，壘石爲山，鑿泮池。丁酉，御史史襃善重修殿廡、堂齋、泮池、三面坊牌。又有鄉賢祠一，正德間，遼陽巡按高鉞建。名宦祠一，嘉靖御史胡文舉建。遼左書院一，習武書院一，社學六，後皆廢。皇清康熙十二年，知州吳承基請就舊基重建，其啓聖祠、兩廡、戟門、欞星門、泮池、名宦、鄉賢祠，俱未建。聖殿三間，康熙十二年，知州吳承基建，在城東門內。

海城縣 儒學，《舊志》，明洪武十八年，建海州衛學。宣德元年，遷城南門內。成化五年，重修。弘治五年，遷城東南隅，立敬一箴亭，後俱廢無考。今文廟，則順治十一年立縣後所建者，在舊城西南隅。欞星門、泮池、名宦、鄉賢祠，俱未建。聖殿三間，順治十一年，知縣王全忠建。康熙十七年，知縣江溥重修。啓聖祠三間，康熙七年，知縣趙文炳建。東廡西廡，康熙十七年，知縣江溥建。戟門，康熙十九年，知縣陳王星建。

蓋平縣 儒學，《舊志》，有蓋州衛學，在衛治東南。明洪武癸亥，指揮吳立、張良佐建，後廢。今文廟，康熙十一年，知縣劉羽繩建。其啓聖祠、兩廡、戟門、欞星門、泮池、名宦鄉賢祠，俱未建。聖殿三間，在城內西北隅。康熙十一年，知縣劉羽繩建。

開原縣 儒學，按舊衛治北，有大德年加封大成文宣王廟碑。明設三萬衛學，至成化中重修，後廢，基址碑記尚存。康熙四年，知縣何金序建文廟于城內東偏。其啓聖祠、兩廡、戟門、泮池、名宦、鄉賢祠，俱未建。聖殿三間，康熙四年知縣何金序建。康熙二十二年，知縣周志煥重修欞星門三間。左右木坊二，康熙十八年，知縣劉超凡建。舊有魁星樓基址，在南城樓上，今廢。

鐵嶺縣 儒學，《舊志》，明正統元年，建鐵嶺衛學，在衛治東南。嘉靖十六年重修，後廢無考。康熙十四年，暫于廣西巡撫郝浴所置銀岡書院內致祭。其啓聖祠一切廟學規制，俱未建。聖殿三間，即郝浴銀岡書院，設先師位致祭，在縣治南。

錦州府

《職方典》第一百七十六卷
錦州府部匯考二
錦州府學校考　通志
本府（錦縣附郭）

錦州府 儒學，即明中左屯衛學，在舊衛治。正統元年建，後多頹圮。康熙五年，知府宋之鉉重修，立碑。名宦、鄉賢祠未建。聖殿三間，康熙五年，知府宋之鉉因舊制重修。啓聖祠三間，康熙七年，知府宋之鉉重修。東西廡各三間，康熙六年，知府宋之鉉重修。戟門、泮池，康熙十七年，知府劉源溥重修。欞星門三間，舊置，今漸圮。東西木坊二，康熙二十三年，知府孫成重修。明倫堂五間，康熙六年，知府宋之鉉重修。

寧遠州 儒學，《舊志》，寧遠衛學在衛治東，明宣德五年建。其啓聖祠、泮池、名宦、鄉賢祠，俱未建。聖殿五間，康熙二十二年，府尹高爾位捐俸銀五十兩修葺。東西廡各十間，戟門五間，欞星門三楹，門內東偏有房三間，相傳爲鄉賢祠，今久廢。

廣寧縣 儒學，遼金以前無考。元置廣寧府路，儒學在廣寧右衛西北。明設儒學，仍舊址。正統辛酉，都御史王翱改建于鎮東堂之右。成化間，都御史滕昭、彭誼、參政尚綱、郎中毛貴重修，巡按御史王嵩造祭器。弘治間，副使李貢設樂器。正德間，都御史劉憲增號舍、新泮宮。嘉靖戊子，都御史潘珍鑿泮池于欞星門外，長六丈，引大惠泉注之。明季，俱廢。皇清康熙九年，知縣顏鳳姿因舊址重修。其兩廡、戟門、泮池、名宦、鄉賢祠，俱未建。聖殿三間，康熙九年，知縣顏鳳姿因舊址重修。啓聖祠三間，康熙五年，知縣佟湘年于殿后建祠一間。康熙十七年，知縣張文治改建于殿之東。欞星門，康熙十六年，知縣張文治建，周圍砌墻。

山東總部

濟南府

《職方典》第一百九十五卷
濟南府部匯考七
濟南府學校考　府志
本府

濟南府　在府治西北。宋熙寧間，郡守李恭建。元至元間，重建。至正元年，濟南路總管府副達魯花赤喜壽增修學垣。明洪武二年，知府崔亮再建。天順五年，知府陳銓修。成化十年，知府蔡晟增兩廡像龕，建坊樹屏。成化丁酉，巡按御史梁澤復廣殿制、拓兩廡，建戟門、欞星門、明倫堂、師生廨舍。正德七年，知府章寓之建講堂。嘉靖十年，建敬一亭。天啓七年，知府樊時英于學宮東北引水爲池，築飛躍亭。崇禎六年，知府顧燕貽重修。崇禎十一年，知府苟好善重修。皇清順治十三年，巡撫都御史夏玉于梯雲溪上築橋曰"青雲"，建坊曰"騰蛟起鳳"。康熙二十四年，布政使黃元驥重修，規制弘麗，儒林之巨觀也。先師廟前爲戟門，又前爲欞星門，中爲正殿，崇高巍煥，碧瓦朱甍，山川環拱，氣象鬱葱。殿廡各聖賢像，設冕旒披袞，搢笏垂紳，山龍火藻，儼如王公。殿外石欄周遭，兩廡穆深廣闊，長松茂柏交蔭其上，歷山在前，明湖居後，華峰峙左，棘闈列右。芙蓉泉之水，由梯雲溪而北，復循宮牆而東，入于泮池。玉帶河之水，經啓聖祠前而西，會于圜橋，以合襟于前，復繞西廡後，北流至尊經閣下，而東抵于湖，爲學宮衛護，靈秀天鍾，人文奧區也。聖殿前棟高懸御書"萬世師表"四字，階下左右列豐碑三，一爲宋政和八年大司成李邦彥記詔之碑、一為元大德十一年加號大成至聖文宣王之碑、一為元至大四年參知政事劉敏中記號之碑。啓聖祠，在廟東，前為玉帶河，左為文昌祠。鄉賢祠，在名宦祠右。名宦祠，在戟門西。明倫堂，在廟後。堂前舊列志道、據德、依仁、游藝四齋，堂上有順治九年禮部欽依刊立曉示生員臥碑。尊經閣，在明倫堂後，湖山環抱，登臨絕勝，上有明世宗御書敬一箴及分注宋儒范氏浚心箴、程氏頤視聽言動箴諸碑。教授廨，在明倫堂東，康熙二十一年教授孔貞瑄重建。訓導廨，久圮。射圃，在尊經閣東，今廢。

歷城縣 儒學，舊在府治北，縣治東隘巷。成化十四年，知縣賈宣移建縣治東北，規制略如郡庠，提學畢瑜撰記。成化十九年，教諭聞璇增置殿廡、堂齋，塑聖賢像。正德八年，知府章寓之擴學前路，建坊曰"青雲"。嘉靖二年，闢射圃。萬曆甲午，知縣張鶴鳴重修。萬曆庚子，知縣陳采增建奎樓。天啓壬戌，知縣吳阿衡改敬一亭為尊經閣。皇清康熙二十一年，知縣史起貞重修，邑人兵部侍郎孫光祀撰記。先師廟及東西廡，康熙二十九年，布政使衛既齊重修。啓聖祠，在廟東奎樓下，康熙二十年知縣史起貞重建。名宦祠，在戟門右，康熙二十五年知縣郝惟謙建。鄉賢祠，亦在戟門右，康熙二十五年知縣郝惟謙建。明倫堂，在橋門後，堂上有臥碑一道，康熙二十五年運判金世卿重修。尊經閣，在明倫堂後，康熙二十五年運判金世卿重修。教諭廨，在尊經閣東。訓導廨，一在射圃東南，一在橋門西，今廢。射圃，在啓聖祠後，今廢。

章丘縣 儒學，在縣治西南隅。宋嘉祐庚子，虞曹員外郎張仲宣創修，郭灝撰廟碑。金縣令尹莘、元縣尹趙去私、邢秉善、王貞、李儀伯重修。明洪武三年，知縣柳新因舊址再建。成化元年知縣張慶，弘治間知縣陸里、高達相繼修葺。嘉靖三年，知縣呂經增號舍。嘉靖五年，知縣祝文冕建敬一箴亭。萬曆二十二年，知縣董復亨鑿泮池建坊，臨邑邢侗為之記。皇清康熙二十四年，知縣鍾運泰、縣丞高崇巖重修。先師廟，元縣尹趙去私建，縣人劉敏中有記。啓聖祠，在廟後，康熙二十四年訓導黃運興重修。名宦祠，在戟門東。鄉賢祠，在戟門西。明倫堂，在廟東，康熙二十四年教諭紀之竹重修。教諭廨，在退廳後。訓導廨，一在教諭廨東，一在教諭廨西。

鄒平縣 儒學，在縣治東南。元至元八年，縣尹蕭革建，提舉學校益津高詡記。至正十三年，縣尹陳野仙重修。元末兵毀。明洪武元年，知縣張椿修。正統六年，知縣李昉重建明倫堂。景泰六年，知縣顧瑄修崇經閣。成化四年，知縣李儒重修。十六年，知縣李興再修。弘治四年，巡按御史向翀委知縣趙瑄重修。正德七年，知縣薛瑞重修。正德九年，知縣王瀛洲拓復學地，建觀德亭。嘉靖五年，徐九疇重修。皇清，如舊制。先師廟，嘉靖九年知縣葉林添置祭臺。啓聖祠，在尊經閣後。名宦祠，在戟門東。鄉賢祠，在戟門西。明倫堂，在廟後，中有臥碑一道。教諭廨，在明倫堂西。訓導廨二，在教諭廨南。射圃，在學左，今廢。

淄川縣 儒學，在縣治西南。元至元二十九年，總管移剌帖木兒修，趙孟頫記。至正六年，總管康庸重修，張起巖記。明洪武十二年，改州爲縣，學仍焉。景泰五年，知縣楊名重修兩廡及明倫堂。弘治十二年，知縣楊武重修廟學。嘉靖二十五年，知縣侯琮重修東廡。萬曆七年，知縣王九儀重修。萬曆二十八年，知縣鄭繼芳重修。萬曆三十一年，知縣朱萬春重修，臨邑邢侗有記。皇清康熙四年，署教諭孫瑚重修。先師廟，廟前古檜十三株，大者圍八尺，蒼鬱奇古，乃數千年物。啓聖祠，在廟後，明嘉靖中知縣李性廢時雨堂爲之。名宦祠，在禮門東，祀名宦六人，康熙十六年教諭房星著重修。鄉賢祠，在名宦祠後，祀鄉賢十六人，康熙十六年生員王橘重修。明倫堂，中有臥碑二道，康熙十六年教諭房星著重修。教諭廨，在明倫堂後，久廢。明崇禎九年，孝廉張泰來以代修城工節省餘資于明倫堂東創建今廨。康熙間，教諭孫瑚重修。訓導廨，舊在啓聖祠左右，俱廢。射圃，在明倫堂西。

長山縣 儒學，在縣治東。宋紹興元年，縣令翟大順建。元至正十二年，縣尹杜翱修，有張養浩記。明洪武二年，知縣徐奇重修。天順間，義官許進重修。成化二十一年，知縣趙沄增修塑諸賢像，建射圃亭，教諭危澄鑄祭器。嘉靖二十七年，知縣邵苾重修。萬曆二十一年，知縣馬一豸重修。皇清制如舊。先師廟。啓聖祠，在廟東。名宦祠、鄉賢祠、明倫堂。教諭廨，在明倫堂東。訓導廨，在明倫堂東。

新城縣 儒學，在縣治東。元至元二年，縣尹楊溫建，淄萊路教授丁玨撰記。大德十年，縣尹張亨以舊學卑隘，移建今地，總管府知事鄃城張履記。明洪武初，知縣張輝修。成化間，知縣杜忠增修。弘治中，知縣段瑩、郝瑄、胡璉相繼葺治。嘉靖辛丑，傾圮愈甚，邑人畢都憲昭白諸當事，屬知縣顏鑰重修。天啓元年，廟復頹廢，邑人王方伯、象晋捐資助修，更建坊于文昌祠前，大學士福清葉向高有記。皇清康熙二十七年，知縣崔懋重修。先師廟。啓聖祠，在明倫堂後。名宦祠，在戟門東。鄉賢祠，在戟門西。明倫堂，在廟後，康熙十九年知縣王崇道修。敬一亭，在明倫堂東。教諭廨，在敬一亭西。訓導廨，皆在廟右。射圃，在泮池南。

齊河縣 儒學，在縣治東。元至元十三年，縣尹高源建，後毀于兵。明洪武三年，知縣王得成重建。成化十五年，知縣惠民重修。弘治十八年，知縣趙清重修。嘉靖三十四年，邑人副使尹綸重修聖廟五間，提學副使袁洪愈有記。皇清順治三年五月初一日，先師廟災。順治十三年，知縣趙光普、教諭宋真儒、訓導李華蔚重修。先師廟。啓聖祠，在廟東。名宦祠，在啓聖祠後，明正德元年知縣趙清建。鄉賢祠，在名宦祠後，明萬曆十八年知縣單可大建。明倫堂，在廟後，壁置臥碑。康熙六年，訓導王業新重修。敬一亭，在明倫堂後，康熙六年訓導王業新重修。教諭廨，在敬一亭後，康熙六年訓導王業新重修。訓導廨，一在明倫堂左，一在明倫堂右，今廢。射圃，在學左。

齊東縣 儒學，在縣治東。元大德十年，監縣探馬赤創建，李謙撰記。至元三年，鄭忽必烈重修，邑人李惟彥有記。成化十三年，知縣李寬重修。正德十年，知縣蕭敬諫重修。嘉靖間，行人岳倫讁本縣主簿重修。萬曆二十二年，知縣陶登重修，有董復亨碑記。萬曆二十五年，知縣白鯤置戟門、櫺星門。萬曆四十五年，知縣劉希夔重修，有記。皇清康熙二十三年，知縣余爲霖捐俸重修。先師廟。啓聖祠，在明倫堂後。名宦祠，在啓聖祠東。鄉賢祠，在啓聖祠西。明倫堂，內刻臥碑，東西各一。尊經閣即敬一亭，在龍門東北，明嘉靖癸酉許嘉榮建。教諭廨，在啓聖祠北，教諭王治世、高三思建。訓導廨，一在教諭廨東，今廢；一在教諭廨西，訓導馬登遠修葺。射圃，在教諭廨東，明主簿岳倫建。

濟陽縣 儒學，在縣治西南。金大定二十四年建，安東陳大舉撰記。元至元二十九年，縣尹杜溥、縣丞桑惠重修，縣人翰林承旨楊文鬱爲之記。至正間，縣人郭英鑄祭器。明洪武八年，知縣李謙重修。正統四年，知縣孫慶重修。成化七年，知縣王璡重修。成化十年，知縣孫昶重修，監察御史江孟綸有記。嘉靖壬辰，知縣孫堂重修。嘉靖乙巳，知縣劉韶重修。萬曆六年，知縣秘自謙重修。嗣是，而知縣靳維賢、李煌建壁鑿池。萬曆二十六年，知縣黃應魁重修。皇清順治十年，知縣戢民服重修。康熙四年，知縣馬帆繼修。康熙二十五年，知縣李能白再修。先師廟。啓聖祠，在廟東敬一亭後。名宦祠，在射圃東南。鄉賢祠，在名宦祠右。明倫堂，在廟後。敬一亭，在廟東南，今廢。教諭廨，在明倫堂後。訓導廨，一在明倫堂東北，一在明倫堂西北，今廢。射圃，在廟東。

禹城縣 儒學，在縣治東。元初縣尹宋恭建。至元癸未，縣尹高實修。大德乙巳，縣尹李德常重修，未竟。大德庚戌，達魯花赤文山燕鐵木耳、縣尹張鵬舉繼修，教諭張敬記。至順中，縣尹臧某建大成門，後毀。明洪武六年，知縣楊瓚仍元學舊址重建。天順二年，知縣李廉重修。嘉靖二十一年，知縣呂德重修。萬曆四年，知縣蕭文璧重修，邑人工科給事中劉中立爲之記。皇清，知縣許定升建樂采亭于泮池上。先師廟。啓聖祠，在明倫堂東。名宦祠，在大成門左。鄉賢祠，在大成門右。明倫堂，在廟後，康熙五年知縣張永庚重修。敬一亭，在明倫堂後。教諭廨，在啓聖祠東南。訓導廨，在教諭宅南。射圃，在學北，知縣宋儒建。

臨邑縣 儒學，在縣治東南。宋崇寧元年，縣令孟斯年建，縣佐吳巖夫記。元至元十二年，縣尹田壽重修，河間路學正苑芝有記。大德四年，縣尹李載重修，教諭趙從智記。明洪武間，知縣歐陽簡重建。天順間，知縣劉文改建殿廡。成化、弘治間，知縣王韜、王啓、王章、張守亨相繼修置。嘉靖四十二年，縣人邢如愚、邢如約闔門捐資重修。崇禎十二年，知縣盧傅鑿泮池，作奎閣。皇清順治元年，知縣金燦修戟門。九年，知縣陳起鳳重修。康熙十九年，教諭黃貞泰重修戟門、池橋。康熙二十七年，知縣陳齊永捐銀百兩，教諭張繼祖盡捐俸銀重修，未竣，知縣張象升捐俸續修。先師廟，康熙二十年，教諭張繼祖重修。啓聖祠，在廟東。康熙二十二年，教諭張繼祖、訓導賈中望重修。名宦祠，在戟門左，祀名宦五人。康熙二十年，知縣鄭雍重修。鄉賢祠，在戟門右，祀鄉賢十三人。康熙二十五年，縣人王鍾侖等重修。明倫堂，在廟後。明嘉靖二十七年，知縣王永壽重修。嘉靖三十七年，知縣汪九思置科貢題名碑于堂東西。康熙二十年，教諭張繼祖重修。敬一亭，在明倫堂後。萬曆二年，知縣宋仕重修。尊經閣，在敬一亭後。教諭廨，在明倫堂南。訓導廨，俱在明倫堂西南。射圃，在敬一亭後。

長清縣 儒學，在縣治東南。宋天禧二年，縣尹薛璘建。元至元乙酉，縣尹趙文昌重修，胡祗遹有記。明永樂中，教諭邢哲重修。成化丙申，知縣朱珙重修。弘治六年，知縣俞諫重修，縣人監察御史王溫記。隆慶間，知縣劉啓漢增修。崇禎末，毀于亂民。皇清順治初，知縣吳道凝、呂朝輔、李惟翰、牛友月、楊文業、英從仁、岳之嶺先後繼修，始復舊制，縣人徐繼曾爲之記。先師廟。啟聖祠，在廟東。名宦祠，在啟聖祠後。鄉賢祠，在啟聖祠後。明倫堂，元名樂育，縣尹趙文昌建，翰林王惲記，明易今名，成化丙申知縣朱珙重修。敬一亭，在明倫堂後。教諭廨，在敬一亭後。訓導廨，今廢。射圃，明嘉靖間，知縣張嘉會建。

肥城縣 儒學，在縣治東。元至元十二年，監肥城縣尹趙珪建。至元二十八年，縣尹張綱繼修，侍讀學士李謙有記。明洪武四年，知縣丘思齊重修。正統間知縣彭良，成化間知縣黃瑀重修。弘治十三年，知縣張希達重修。嘉靖二十四年，知縣蘇廷舉重修。皇清康熙八年，知縣尹任重修。先師廟。啟聖祠、名宦祠、鄉賢祠。明倫堂，元名君子，至元二十八年張綱建。敬一亭、教諭廨。訓導廨，一在教諭廨東，一在明倫堂西。射圃。

青城縣 儒學，在縣治東。元至元間，縣尹萬居中建。明永樂五年，知縣范鼎修。景泰間，毀于水。天順元年，知縣張顯撤而新之。成化二十二年知縣朱勝，弘治十四年知縣朱大用，正德七年知縣謝源，嘉靖元年知縣高誨，十八年知縣劉永阜，隆慶元年知縣芮元采相繼修葺。萬曆五年，知縣李繼美重修，縣人陳應薦有記。萬曆二十七年知縣高知儉，萬曆三十三年知縣張養正復修。皇清如舊制。先師廟。啟聖祠，在敬一亭東，萬曆四年知縣李繼美重修。名宦祠，在戟門左。鄉賢祠，在戟門右。明倫堂，在廟後，嘉靖三十二年知縣唐珪重修。敬一亭，在廟東北，嘉靖十年知縣王倫奉敕建。教諭廨，在明倫堂後。訓導廨，一在時習齋後，一在日新齋後。射圃，在學東。

陵縣 儒學，在縣治南。元至元中建。至正中，知州賈棟修。明成化十四年，縣丞彭珍、教諭王升修兩廡、戟門。弘治十六年，馬玠重修。嘉靖庚戌，知縣孫昞重修。皇清康熙十二年，知縣史揚廷重修有記。先師廟。啟聖祠，在廟東，嘉靖辛亥知縣孫昞建。名宦祠，在啟聖祠前，康熙十二年知縣史揚廷建。鄉賢祠，亦在啟聖祠前。明倫堂，在廟後，弘治十六年知縣馬玠建。敬一亭，在明倫堂東。尊經閣，在明倫堂後。教諭廨、訓導廨。射圃，在欞星門右。

泰安州 儒學，在州治東。宋開寶間創建。金大定中，知州徐偉重建。元至元間，知州靳文開重修。明洪武元年，同知陳文佑重修。正統六年，知州施守正建門堂、齋廡，塑像。天順六年，知州李琪、張玘重修。成化十八年，知州賈宣增修。成化二十二年，知州胡瑄拓地重建。嘉靖十年，知州李旼重修。嘉靖三十一年，參議張旦重修。皇清順治六年，州人御史趙弘文重修。先師廟。啓聖祠，在廟西北。名宦祠，嘉靖四十二年，濟南同知翟濤創建。鄉賢祠，嘉靖四十二年濟南府同知翟濤創建，康熙八年州人張所存重修。明倫堂，在廟後，成化二十二年知州胡瑄建，復立科貢碑于堂左右。尊經閣，即敬一亭舊址，萬曆十七年州人太保蕭大亨建，知州任弘烈撰記。學正廨，在明倫堂北。訓導廨，皆在明倫堂北。射圃，在學南，成化十八年知州賈宣建。

新泰縣 儒學，在縣治東南。元至元中建，延祐間修。明天順中知縣張謙，弘治中知縣李瑋、吳僖，正德中知縣周朱，嘉靖中知縣魏河，萬曆中縣丞張文煥，相繼重修。萬曆丁未，知縣胡悅安重修，禮部尚書東阿于慎行爲之記。皇清順治壬辰，知縣盧絃重修，有記。順治丙申，知縣楊繼芳重修，翰林院檢討江南鄧旭撰記。先師廟。啓聖祠，在明倫堂西南，萬曆辛巳知縣趙應鼎建。名宦祠，在戟門左，今廢。鄉賢祠，在戟門右，康熙庚申知縣宗之璠重修。明倫堂，在廟後，臥碑置其內。敬一亭，在明倫堂後。尊經閣，在敬一亭後。教諭廨，在西廡後。訓導廨，在西廡後。射圃，在東廡後，今廢。

萊蕪縣 儒學，在縣治東。宋崇寧中建，金大定十年修。元至元十七年，縣尹趙國重修，王天挺記。明洪武二年再建。成化十六年，知縣張冕更修聖殿。弘治間，泰安知州胡瑄、知縣高茂、正德間何繼周、盧秉彝相繼修葺。隆慶六年，知縣傅國璧改建。皇清康熙六年，知縣鍾國義捐俸重修，縣人張四教爲之記。先師廟，崇禎元年，知縣錢弘謨重修。啓聖祠，在廟東。名宦祠，在戟門東。鄉賢祠，在戟門西。明倫堂，在廟後，知縣董國臣重修。敬一亭，在啓聖祠前。教諭廨，在明倫堂後，今廢。訓導廨，在明倫堂東，今廢。射圃，舊在城內東南隅，後改新南門外，今廢。

德州 儒學，在州治北城墻下，舊在州治西南，元至元間知州秦政建，教授臺德璋撰記。至正間，知州賈棟重修，禮部尚書梁宜記。明洪武間，知州閻九成遷今地。正統、景泰間知州韋景元、鄒銘、洪釗，成化間知州楊愷、王縉，正德、嘉靖間知州王翊、陳秉忠、邢奎續建殿廡、齋舍。萬曆間，知州宋明德重修，州人孝廉李誠明爲之記。知州馬明誠繼修。天啓間，知州安受善、學正郭時亮重修。皇清康熙十二年，知州金祖、彭州人翰林侍讀蕭惟豫、知縣李源等重修。康熙二十八年，知州許嗣國重修。先師廟。啓聖祠，在廟東。名宦祠，在啓聖祠旁，祀名宦二十四人。鄉賢祠，在啓聖祠旁，祀鄉賢三十五人。明倫堂，在廟後。敬一亭，在尊經閣東。尊經閣，在明倫堂後。學正廨、訓導廨。

德平縣 儒學，在縣治南。宋熙寧間，縣令崔益建，尋省縣爲鎮入安德而學廢。元至元甲午，縣尹閻士安重建，秘書少監楊恒記。明洪武間，知縣姚文臨修。成化間，楊自效、趙鏄相繼修葺。隆慶間，彭時中、袁弘德、程沂、何倬相繼重修。嗣是而許茂梅、王霖、訓導年富重修。崇禎八年，蘇翹楚重修。皇清順治十八年，党光前重修。康熙九年，戴王縉重修。二十七年，知縣楊天樞重修。先師廟。啓聖祠，在廟東北，順治十三年知縣詹惟聖重修，康熙十六年知縣沈志達繼修。名宦祠，在戟門左，順治十三年，知縣詹惟聖修。鄉賢祠，在戟門右，順治十三年，知縣詹惟聖修。明倫堂，在廟後，康熙七年知縣季靜修，康熙二十五年知縣解佑啓建。敬一亭，在明倫堂後，今廢。教諭廨，在敬一亭後，康熙九年知縣戴王縉重修。訓導廨，在教諭廨左右。

平原縣 儒學，在縣治南。創于宋。金承安五年修。元至元七年，達魯花赤札忽兒重修。元貞中，達魯花赤札木合、縣尹張元規、主簿馬汝弼重修，翰林編修李謙撰記。元統中，縣尹張仲鑒重修，民甸副使王士元撰記。至正四年，縣尹晁邦直重修，國子監司業司廣撰記。明洪武三年重修。弘治十四年，知縣朱良重修。隆慶四年，知縣張崇謙重修。皇清順治十四年知縣崔掄奇，康熙十八年知縣徐登甲，康熙二十五年知縣李瑢重修。先師廟，天順八年，縣丞張瑄重修。啓聖祠，在廟右。名宦祠，在欞星門左，祀名宦四人。鄉賢祠，在欞星門右，祀鄉賢五人。明倫堂，在廟後，成化十二年知縣陰璽重修。敬一亭，在啓聖祠後。尊經閣，在明倫堂後，萬曆四年知縣王維藩建。教諭廨，在明倫堂西北。訓導廨，在明倫堂西。射圃，在學旁。

武定州 儒學，在州治東南。宋崇寧元年建。金天眷間，毀于兵，知州蕭恭重建。明昌五年，防禦使郭安民與知州石玠繼修。元至治三年，州尹晁顯再修，太子詹事丞張養浩記。明洪武三年，同知夏昱重修。天順四年，知州許汝賢、州判賀祥重修，學士劉定之記。成化間知州衛述、王繼，正德、嘉靖間知州陳清、解一經、劉純相繼修葺。嘉靖二十五年，按察司僉事王業重修。皇清制如舊。先師廟。啓聖祠，嘉靖十四年建。名宦祠，嘉靖十九年建。鄉賢祠，嘉靖十九年建。明倫堂，在先師廟後，嘉靖二十五年按察司僉事王業重建。敬一亭。尊經閣，嘉靖十五年，按察司僉事王璣建。學正廨、訓導廨。射圃，在學東。

陽信縣 儒學，在縣治南，創于元。明洪武三年，知縣王廷因舊址重建。天順五年，縣丞白旻拓修，翰林學士林文記。成化二年，知縣白旻再修，提學僉事周濠爲之記。嗣是而知縣張佶、康南齡、張文重修。弘治間，知縣王㸂重修。嘉靖十年，知縣徐九皋重修，有記。隆慶間知縣張崇功、丁元復，萬曆間知縣張光紀重修，縣人馬大儒記。崇禎五年，知縣劉維衡重修。皇清順治十六年，知縣陳國璽重修。先師廟。啓聖祠，在明倫堂東。名宦祠，在戟門左，祀名宦四人，正德間教諭蕭來鳳建。鄉賢祠，在戟門右，祀鄉賢十七人，正德間教諭蕭來鳳建。明倫堂，在廟後，萬曆九年吳世賓重修。敬一亭，在明倫堂後，知縣徐九皋建，有記。尊經閣，在明倫堂後，知縣徐九皋建，提學副使陸鈫記。教諭廨，在明倫堂東。訓導廨，在明倫堂西，今廢。射圃，在府館前，今廢。

海豐縣 儒學，在縣治東。肇于元。明洪武三年重建。正統七年知縣王懋，成化十三年知縣劉瑗，弘治十四年知縣許立重修。嘉靖十二年再修。隆慶四年，知縣楊繼文修，兵部侍郎縣人楊巍撰記。嗣是，萬曆四十二年、崇禎十二年復修。皇清順治十三年，知縣丁敬重修，有記。康熙十七年，知縣胡公著重修。先師廟。啓聖祠，在廟東。名宦祠，在啓聖祠前，祀名宦四人。鄉賢祠，在名宦祠右，祀鄉賢十三人。明倫堂，在廟後。敬一亭，在明倫堂東，嘉靖十年主簿郭繼彩奉詔建，今毀。教諭廨、訓導廨。射圃，在東門外，今廢。

樂陵縣 儒學，在縣治西北。明洪武二年始建。洪武十七年，知縣史子振重建。天順六年，知縣蔣昂重修，翰林學士許彬爲記。成化十一年知縣徐博，弘治十一年知縣丘珙，正德庚午、辛巳間知縣許逵、李果相繼繕修。萬曆五年，縣人憲副史邦直以是縣科名不振，用故老言，改遷城外。萬曆十五年，知縣趙永祿復遷城內故址。皇清順治十三年，知縣沈大德、方裕、縣人貢生張建南重修，吏部胡岳正記。順治十六年，知縣郝獻明再修。康熙二十年知縣佟世祿、教諭張敷，康熙二十四年知縣錢爲青，康熙二十六年知縣姜植、教諭李其昂、訓導丁千一再修。先師廟。啓聖祠，在明倫堂東。名宦祠，在戟門東。鄉賢祠，在戟門西，知縣王登庸創建。明倫堂，在廟後，東西壁有科貢牌。教諭廨、訓導廨。射圃，今廢。

商河縣 儒學，在縣治東。元至元四年創建。至元二十三年重修。至正十六年，縣尹梁守忠重修，教諭江用禮記。明洪武三年，知縣葉安改建。正統間杜寧、張必高，天順、成化間劉俊、寇源、趙景、方才寬，弘治十六年王瓚，嘉靖十七年胡汝輔，嘉靖二十八年潘德元，嘉靖四十五年史篆，萬曆三年越民化，萬曆十三年曾一侗相繼重修。崇禎間，毀于兵火。皇清康熙六年，縣人王永熙倡捐重修。先師廟。啓聖祠，在明倫堂右，萬曆九年知縣王郇建。名宦祠，在戟門左。鄉賢祠，在戟門右。明倫堂，在廟左，成化十三年知縣楊英建。敬一亭，在明倫堂左。教諭廨，在明倫堂後，今改于儒學門左。訓導廨。射圃，嘉靖中知縣柯相建，今廢。

濱州 儒學，在州治東南。元至元間，達魯花赤奉訓帖里、知州范蓍建，周正撰記。明洪武二十八年，知州曹儼重修。天順間何淡，弘治間范綱，正德間王宣重修。嘉靖間，東昌府同知署州事萬鵬程重修，州人都御史張西銘記。皇清康熙十年，知州陳懷德重修。先師廟。啓聖祠，在廟東。名宦祠，在廟右。鄉賢祠，在廟右。明倫堂，在廟後，東西壁有科貢扁，臥碑一道，在北壁下。敬一亭，在明倫堂西南。學正廨，在明倫堂後。訓導廨，在明倫堂西南。

利津縣 儒學，在縣治東北。元至元三十年縣尹高謙亨建，總管趙孟俯撰記。至正己丑，縣尹張著修，學士張起嚴記。明洪武、永樂間知縣姚志寧、陳泰，天順間知縣王容、縣丞田疇，弘治間知縣王嵩，正德間知縣朱表，嘉靖間知縣劉滿潮、楊啓芳，萬曆間知縣郭騰、成道、李潮相繼重修。皇清順治九年知縣吳志強，康熙十三年知縣李應甲重修。先師廟。啓聖祠，在明倫堂後。名宦祠，在明倫堂左。鄉賢祠，在明倫堂右。明倫堂，在廟後。教諭廨，在明倫堂西北。訓導廨，在明倫堂西南。射圃，在奎樓左，今廢。

霑化縣 儒學，在縣治東南。明洪武間，知縣李子文建。成化丙辰，知縣任璟、教諭任棱重修。成化十四年，教諭劉鏓拓路。正德元年，訓導汪文明鑿泮池。嘉靖三十年，知縣董天佐重修。萬曆三十六年，濟南府同知署縣事孫森重修，縣人都給事中丁懋遜記。皇清制如舊。先師廟。啓聖祠，在廟南。名宦祠，在戟門左，萬曆四十七年知縣段展建。鄉賢祠，在戟門右，萬曆四十七年知縣段展建。明倫堂，在廟後。敬一亭。教諭廨，在敬一亭後，康熙十四年訓導楊學源重修。訓導廨，在明倫堂左右。射圃，弘治間知縣張伯達建。

蒲臺縣 儒學，在縣治東北。元大德六年，縣尹鄭彌建。至元元年，縣尹趙貢修。明永樂十六年，知縣趙憲重修。成化十五年，知縣劉瓚改建，後則知縣張祺、塗升、謝璽、楊奎、胡鏜、高大經、馮宣、時守中、傅來鵬、辛自明、于翰、王淑、徐意、李時芳相繼修葺。皇清康熙二十一年，教諭宋世厚、監生王維新重修。康熙二十七年，知縣嚴曾業、教諭宋世厚、訓導孔興玠創置祭器、樂器，嚴曾業有記。先師廟。啓聖祠，在廟西。名宦祠，在戟門東。鄉賢祠，在戟門西。明倫堂，在廟後。敬一亭，在明倫堂後。教諭廨，在明倫堂西北。訓導廨，一在明倫堂東北，一在明倫堂西南。射圃，在學東，久廢。

兗州府

《職方典》第二百十八卷
兗州府部匯考十
兗州府學校考　府州縣志合載
本府

兗州府　舊在府治東南。唐兗海觀察使劉莒卜創，自宋迄今，規制屢更。至明洪武十八年，升州爲府，改建于府治之北。廟制：大成殿五間，兩廡各十三間，前爲戟門三間。戟門之左爲名宦祠，祀公儀休等二十三人；戟門之右爲鄉賢祠，祀展禽以下四十八人。明正德十年，郡守童旭闢戟門西隙地以祀名宦、鄉賢。前爲泮池，池上三橋，橋外爲櫺星門三間。廟門之東爲學門。大成殿后爲明倫堂五間，堂前四齋，東西各十間，後爲尊經閣，東爲饌堂。啓聖祠三間，在大成殿西北，明移東南，後建文昌祠。其敬一亭在西齋房西。教授宅、訓導宅俱在東西齋後。舊泮池，原在櫺星門内，明萬曆二十六年，魯王助金改建于神路上，出百步外。至三十八年，知府吳汝顯素精堪輿，謂其池去學宫遠，形勢渙而弗屬，戟門前尤爲秀氣所鍾，捐俸百金，躬親營度，鳩工繕造，鑿池深丈餘，周圍十七丈，爲半月形，上建三橋，俱飾雕欄，磚石灰木，費極浩繁，工致堅固。知府吳汝顯親臨祭觀樂，見其器多殘缺，遂捐俸三千餘金，將鐘鼓、琴瑟、塤篪、祝敔等件重加修理，煥然改新。射圃，在學西南，明鄒善有觀德亭記，今廢。

滋陽縣　在縣治東。元時，爲兗國復聖公廟址，後毁於兵。明洪武初，兗州同知徐良仁復建復聖公廟。十八年，始設滋陽縣，知縣徐仲讓乃即其地爲學。正德十一年，知府童旭東拓基地，復遷聖廟居中，堂齋、倉舍各以次興建如制。天下郡縣皆祀先師，惟滋庠專祀顏子，以兗國爲封地也。嘉靖間知縣錢乾、江應昂、李子茂，隆慶間知縣王旋、王蔚相繼重修，其制與他邑同，惟堂齋之外有克復、誠明二堂，敬一亭前有泮水泉，廟門之西有陋巷，以復聖里居所近，禮部尚書邵寶有記。廟門之東爲名宦祠，祀漢瑕丘令鍾離意、唐兗州刺史宋璟、陸萱、明知縣胡紳、張德高、張環，鄉賢統于郡庠。學內正殿舊祀顏子，萬曆三十八年，知府吳汝顯以天下學宮皆祀孔子，而茲獨祀顏子，于義不安，乃創建尊經閣于後，即閣下建殿，迎復聖入祀，改前復聖殿爲大成殿，以奉先師，並修左右兩廡，一如他邑制，附"改正祀典碑記"于後。皇清順治九年，知縣宋文運塑新先師及四配十哲等像。文昌祠，建于泗水橋南，一建于關公息馬地廟左，一建于修真道院後。

曲阜 至聖先師廟，在曲阜縣中，即闕里故宅也。中爲正殿九間，先師南面，四配十哲分侍左右，後爲殿寢七間，祀夫人开官氏。寢殿之東，爲殿三間，西向，以祀伯魚。寢殿之西，爲殿三間，東向，以祀子思。又後爲聖迹殿。正殿之前爲杏壇，即講堂遺址也。漢明帝幸孔宅，御此說經，後世因以爲壇。壇左右爲兩廡，東廡五十間，祀澹臺滅明以下五十四位；西廡五十間，祀宓不齊以下五十五位。杏壇前爲宋真宗御贊石碑十有二。又前爲大成門，門凡五間，旁有掖門，左曰金聲，右曰玉振。大成門之外有唐宋金及明御碑五座，各覆以亭。碑亭之左爲居仁門，又左爲毓粹門，是爲廟東碑。亭之右爲由義門，又右爲觀德門，是爲廟西碑。亭之前爲奎文閣，閣凡五間，制甚壯麗，亦謂之藏書樓。閣之左右，各有掖門三間，漢魏古碑在焉。閣前爲廟門五間，廟門之前爲大中門三間，門榜舊爲宋仁宗御書"大中之門"，前有三門，三門之前爲石橋三，以跨璧水。石橋之前復爲大門五間，東西各爲一坊，榜曰"德侔天地""道冠古今"，其前有石坊，榜曰"太和元氣坊"。前爲石鐫"萬仞宮墻"，此東西大道也。自廟門以內松柏千章，皆數百年物矣。廟之西偏爲啓聖公廟，前爲正殿三間，後爲寢殿三間，以祀夫人。啓聖廟前爲金絲堂三間，以貯樂器，即孔子故宅魯共王聞樂處也，宋時建五賢堂于此，明改建易以今名。堂前爲啓聖門。廟之東偏爲家廟五間，祀宣聖二世、三世及後之有功德者，俱考妣一櫝如家禮制，孔氏子孫私祠。家廟之前爲詩禮堂三間，宗子所爲糾族宣訓者也，舊爲宋真宗駐蹕之所，已以賜孔氏之族使爲齋室，明更爲今名。堂前爲燕申門，其他齋房、祭庫、神厨、牲房罔不備列。四隅爲樓，以比王宮之制。廟左爲衍聖公第，又左爲闕里門，古闕里在焉。廟創于魯哀公十七年，兩漢、唐、宋代有修飾，至金皇統大定間，制乃大備。元凡三修。明洪武間，奉詔修營。永樂十四年，改撤其舊而新之。成化十八年，始廣正殿爲九間，規制益宏。弘治十二年，災，奉詔大加鼎建，遣輔臣祭告，皆有御製碑記。嘉靖、隆慶以來，守臣相繼增修。萬曆甲午，撫按鄭汝璧、連標等復開瓮城重門，前後各有碑記。歲以四仲上丁行禮，祭用太牢，衍聖公主祭，曲阜縣官以羊豕各一助祭，樂舞、祭器俱如太學。啓聖公廟與先聖同日祭，以顏、曾、思、孟之父暨朱、程、蔡父配享。

曲阜縣 舊在曲阜故城內。正德九年，知府童旭因遷縣治，改建于聖廟之東。嘉靖五年，督漕侍郎章拯復徙于廟西矍相圃故址。十二年，巡按御史方遠宜增修其制，有學無廟，堂齋、宅舍與他邑同，有泮池、射圃、饌堂，學田五畝有奇；名宦、鄉賢二祠俱在明倫堂右。

寧陽縣 在縣東北，故射圃也。元時，嘗爲縣治，已而縣治別遷，以其地爲學。至元間，縣簿靳良弼創建。明朝宣德間知縣孔朝，弘治間知縣趙琮相繼重修。嘉靖間，張文鳳增修泮池，主事游季勳、知縣汪大容等重修殿廡。隆慶間，知縣秦吉士、何玉德亦相繼修之，殿堂、門廡、厨庫、牲房、書舍、射圃俱如他邑。學田一頃九十畝，何玉德置。學士許彬有《鄉貢進士題名記》，訓導楊俊有《重修儒學記》。名宦祠，在文廟門東，祀周高柴、唐庚賁、明朝翟弁；鄉賢祠，文廟門西，祀漢鄭弘、王章、戴封、劉梁、後漢劉貞、元王治、明朝許彬、王賢、孟統。萬曆二十六年，知縣徐汝翼念邑科第稀少，用堪輿家言，更新完舊，功猶創始。崇禎年間，知縣冀弘道重修。皇清順治七年，知縣及畬重修。康熙七年六月地震，大成殿圮。康熙十年，知縣劉興漢重建，並重修大成門、泮池、櫺星門、萬仞墻及兩齋。

高子羔祠，于名宦致祭之外，明崇禎元年，知縣張子恭在縣治前街東創建，祭用春秋二仲上丁日。久焚毀，皇清康熙三年，知縣趙纘改建城東南隅。二十七年，知縣陳學夔移建南關外路東，請以後裔高美爲奉祀生。三十六年，知縣李溫皋重加修葺，捐俸祀地二十畝，給牛一隻，坐落泗莊社胡村，以爲奉祀贍資。

復聖公祠，在縣西四十里，顏氏子孫有居于此者，元時因立廟以祀之，仍復其家，明朝因之。

鄒縣 在縣治南。元元貞元年，縣尹司居敬徙建西門之內。明洪武三年，知縣桂孟重修。宣德間，知縣房嵓改建正殿。嘉靖四十五年，知縣章時鸞重加修葺，又建教官宅三區，射圃三楹。萬曆九年，知縣許守恩重修文廟，改鑿泮池于欞星門內。啓聖祠三楹，生員鞏尚仁修。名宦鄉賢祠一所，在明倫堂西，邑人潘縉建。萬曆三十九年，知縣戴繼先重修欞星門、兩廡及祠亭。

子思祠，在縣城外東南隅，祠西舊有子思書院，院西曝書臺，臺西斷機堂，基址相並。按《三遷志》，孟母三遷，始徙舍學宫傍，學宫即子思講堂也。

子張祠，原係南關社學。萬曆四十三年，知縣胡繼先任時建，爲顓孫子張祠。知縣黃應祥又設祭田一頃一十三畝，坐落龍河村，春秋有司主祀。

亞聖公廟，在縣城南道左。宋景祐四年，龍圖閣學士孔道輔知兖州，訪孟子墓，得于鄒縣東三十里四基山，因于墓傍建廟。政和四年，奉詔重修，賜祭田百畝，以給守者。後以距城遼遠，徙建東門之外。宣和四年，縣令朱岳倡義重修，邑士共出私錢二百餘萬，徙建南門之外。重門夾廡，壯麗閎偉，規制大備矣。金泰和甲戌，嘗毀于兵，惟門垣在。幾八十年，元元貞間，縣尹司居敬重修。元末，復毀于兵。明初，知縣桂孟與宗子思諒復鼎建焉。二十四年知縣趙元升、永樂元年知縣朱琦、洪熙元年房巖、天順二年知縣劉恭、成化四年巡按御史吳遠相繼修葺。歷歲既久，多所圮廢。至弘治十年，博士孟元以請，乃詔巡撫都御史熊翀大加修建，視舊益恢，大學士劉健奉敕爲記。萬曆九年，知縣許守恩復修葺之。其制，正殿七間，孟子南面，以樂正子配；寢殿五間，祀亞聖夫人；東廡七間，以公孫丑、浩生不害、陳臻、屋廬子、陳代公、都子高、子叔、成括子、叔疑、韓昌黎從祀；西廡七間，以萬章、孟仲子、充虞、徐闢、彭更咸、丘蒙桃、應季孫、孔道輔從祀。殿前爲承聖門三間，左爲鍾靈門，東向右爲毓秀門，西向前爲儀門三間。又前爲欞星門，門左右爲二坊，榜曰"繼往聖""開來學"。廟左爲啓賢門，門內爲邾國公殿，殿后爲宣獻夫人殿。廟右爲致敬門，門內爲致嚴堂，堂後爲孟氏家廟，倉厨、庫齋俱備如制。宗子居第，在通衢之西，與廟門對，歷代碑記詳見"藝文"。

泗水縣 舊在城外東南一里。宋元豐間，知縣韓祗勤所建。元末廢。明洪武八年，知縣潘從善移建城內東南。成化間知縣蔣寬、曹瓏，嘉靖間知縣袁渠、楊銓、張祚相繼重修殿堂、門廡、厨庫、射圃如制。有講堂三楹，在明倫堂後。名宦、鄉賢同祠，在學門內，知縣張祚建，以唐縣令孔萱、孔光嗣、明知縣袁渠為名宦，子路為鄉賢。皇清順治初年，知縣王明輔重修。十二年，知縣陳良玉重修。社學在各里。

仲子廟，在縣東郭。明萬曆間，知縣譚好善建，復請族宗子銓世衍奉祀，給祭田，春秋丁祭。至二十一年，提學周應治給銓子則顯衣巾承祀，知縣尤應魯增田，加修廟，左建故里坊。自十七代，避赤眉亂，遷任今濟寧仲家淺，族子有未遷者，尚留泗水，其濟寧嫡裔授世襲博士。

滕縣 在城西，宋大觀間創。元末兵毀。明洪武二年，知州薛元義重建。景泰間知縣夏必貴、郁亨，成化間縣丞顧俊，弘治間知縣馬文盛，嘉靖間縣丞鄭元、知縣林春相繼增修殿廡、堂齋、廚倉、敬一亭、饌堂、射圃、號房如制。崇禎三年，知縣荊爾植修泮池橋。四年，修建尊經閣五楹。皇清初，教諭袁述重修兩廡。文昌閣在學內。

嶧縣 在城東門外。宋初創建。元末廢。明洪武二十三年，知縣王磐、縣丞田疇創建。年久摧隳，正統間知縣王黻，天順間主簿張彬相繼重修，然尚卑陋弗稱。嘉靖十年，知縣李孔曦撤而更新殿堂、門廡，規制大備。隆慶二年，知縣王郊重加修葺，廟前闢為神道，改築敬一亭于明倫堂後，訓導蘇璽有記。名宦、鄉賢二祠，俱在文廟之右，萬曆四十五年知縣張我德重修，吳崇禮有記。天啟二年，蓮妖之變，殿廡俱焚，本府知府孫朝肅捐資五百金，按院陳九疇、學道賀萬祚各輸金重修。

金鄉縣 舊在縣治西。宋紹興中，徙東岳祠側。金大定間，縣令聶天佑遷于縣治之東。元至元間，縣尹劉源、牛天麟、周仲閭相繼修建。明洪武四年，縣丞李瑾重修。正統間，圮于水。成化間，知縣盛德重修，學士吳寬有記，規制與他邑同，前廟後學。學門在右，門前有橋，曰文橋。其南有橋，曰青雲橋。學東為墳書臺，上有講文亭，今廢。名宦祠，在儒學東，祠盛德、高魁、宋鼎、唐鵬、楊守道；鄉賢祠，在墳書臺東南，祀漢功曹范式、晉尚書左丞郗隆、侍中郗鑒、宋太尉參軍檀道濟、元中書右丞馬紹、嘉議大夫劉持中、明陝西行太僕寺少卿李縶、敕贈禮部員外郎郭囊、誥封吏部郎中胡洞，俱知縣楊楫改建。學田三頃五十六畝，教諭楊守道置。天啟五年，邑舉人張文燦重修啟聖祠、文昌閣。崇禎元年，知縣李國大重修啟聖祠。皇清康熙五年，貢生張士表重修啟聖祠。十一年，教諭王克生復修。

魚臺縣 在縣西北。金大定間，縣尹孫榮祖創。元末兵毀。明洪武二年，知縣謝榮祖重建。正統間縣丞楊楷，成化間知縣崔演，正德間知縣李文敏、任惠，嘉靖間教諭宋希文、知縣潘元翰、署印推官郭恬相繼增修，規制與他邑同。啓聖祠，明嘉靖九年，始詔兩京國子監及天下郡縣俱建啓聖祠。魚庠之建，可得而考者有萬曆五年知縣張澍建啓聖祠于艮方。日久漸圮，康熙元年八月，遂沒于水。至康熙二十年，有本縣庠士隨拔、房樹極、劉溥、房辰等倡議捐資，具告邑令羅大美，舉而新之，稱巍煥焉。文昌閣，文昌閣非學校之制也，郡縣創建，由于士希榮寵，人樂顯庸之故，建無常處，未嘗畫一。按朱之玉碑記，魚祀文昌，初在北城樓上，而明邑令宋聚奎于萬曆七年始建奎光閣于文廟前之龍臺。至萬曆三十八年，牛公文明乃移文昌于中，遂名文昌閣。皇清順治七年，王公國榮因舊制修之，增祀張仙于側，歲久漸圮。康熙二十有九年，邑庠生房樹極等捐資重修，殊壯厥觀。學基，南北長大尺四百七十四尺，南至官街，北至城馬道；南闊大尺一百六十尺，東至武家宅，西至王庭梅宅；北闊大尺四百四十尺，東至舊水亭外，西至城馬道。

單縣 舊在舊縣治東南。宋元屢修。明正統間，知縣高節拓其基而新之。景泰間縣丞葛全，天順間知縣金輝，弘治間知縣成文，正德間知縣石鼎相繼修葺。嘉靖二年，城壞于水。五年，參議侯位改遷新城，建學今址。其制，學在廟西，餘同他邑。名宦、鄉賢二祠，俱在殿東。皇清順治八年，知縣韓第重修。二賢祠，在舊城北臺上，祀單父宰、宓子賤、巫馬期。宋慶曆四年，知縣孔叔詹建。因兵燹祠廢。明景泰五年，知縣葉斌重修，有記。嘉靖六年，參議劉淑相創建堂階、門宇。春秋上丁致祭。文昌祠，在舊城，久廢，今建于新城城隍廟右。

城武縣 在縣治東。元至元間，縣尹馬伯琦因宋遺址修建。明知縣劉恕、張盤、林嘉謨、鄭漢相繼修復，諭德趙琬、大學士劉定之、都御史任瀛各有記。名宦祠，在戟門左，祀宋主簿王禹偁、元縣尹曹世貴、馬藻、明知縣王遂、楊謙、教諭伍圖；鄉賢祠，在戟門右，祀漢諫議大夫張肅、宋丞相龐籍、尚書祝惟岳、太保馬默、元御史中丞苗好謙、明修撰韓克忠、員外郎郭璽，俱鄭漢建。皇清順治初年，知縣劉佐臨、教諭唐價重修。文昌閣，在聖殿東城垣上，聳然特立。魁星樓，在聖殿東南城垣上，遠望數十里，皇清劉佐臨于康熙壬子歲立。尊經閣，在明倫堂後，傳其規模宏大，今久廢。雲梯，在屏墻正南三十步許，城路修爲階級，曰"雲梯"。上有坊，遇賓興大典，邑宰送士子登其處，儒學趙于京因坊廢，立木坊于街口，曰"雲路"。月臺，在尊經閣後二十步許，四面皆水，此臺特出，其形如月，與泮池遙相環抱，蓋學宮之鎮山也。

曹州 在州治東。正統十一年，知州范希正創建。成化間同知張浩，正德間知州吳瓚相繼重修，規制與他州同。名宦祠，舊在城西，祀大理卿張驥，知州范希正以其開復州治也，弘治間，知州陳洵改建文廟內。鄉賢祠，在文廟，舊文昌祠也，正德五年參政史學改建，祀曹伯振鐸、曹公子子臧、漢魏相、晉卜壺、唐賈敦頤、宋邢昺、張齊賢、劉潛、元商挺、孫橋、王茂、張企誠、明李秉。

冉仲弓祠，在曹州東十五里冉村鎮東南里許。明萬曆間知州周燁建，以冉賢裔孫冉一周、冉一皐奉祀。有碑題曰："先賢冉仲弓故里。"後祠圮，至皇清康熙三年，祀生冉永傳呈允學憲劉批州，知州毋配坤于鎮內創建祠堂，有碑記，見"藝文"。至康熙十年，一周曾孫祀生冉秋桂呈允撫院袁、學憲楊，批本府蔡行州、知州佟企聖，仍于鎮東南舊址重建祠堂，同日致祭。

卜子夏祠，在曹州城北十里墓所。明萬曆間建，後圮，至皇清康熙六年，知州毋配坤重修。

澹臺滅明祠，在曹州東南七十里，今湮。

文昌祠，舊在曹州文廟東北。明正統中，州守范希正創建。弘治初，州守陳泊重修，後祠圮，遂移祀于大成殿後尊經閣上，每歲春秋以上戊日致祭，有碑記。

曹縣 在縣治東南，縣在故元時爲磐石鎮，知州鄭自厚、巡檢王守敬、鎮人張天翼于其地建鄉學，即今址也。明徙州于此，改爲州學，旋以爲縣，乃改縣學。正統間，知州范希正大加修葺，張益有記。成化間知縣張仲芳、王僑，弘治間知縣王肅、鄒魯、郭孟麒相繼重修。嘉靖河決，城圮，學舍淪沒，知縣王守身勸諭邑人王衮重修。隆慶三年，知縣蔡璧重修，其制與他邑同，有文昌、尊經二閣，堂門之外有淵泉堂一所。泮池，在櫺星門外。學田六頃有奇。名宦、鄉賢二祠，俱在東廡之左。名宦祀濟陽令南頓君、劉欽、明知縣郭翀、趙景鸞、教諭汪元、趙敬道、主簿曹誠、典史劉讓，萬曆知縣王圻重修。鄉賢祀元戶部尚書王茂、孝子張企誠、明吏部尚書襄敏公宋秉、都御史王崇文、都御史宋綱，崇禎間知縣郭萬象重修。皇清康熙十八年，知縣臧眉錫、朱琦相繼重修，貢生藍庚生等糾金重建鄉賢祠。

定陶縣 在縣治東，舊因河患沖淤，遷徙不一。明成化二十二年，知縣孫賓始遷今址。嘉靖十六年，知縣胡來貢重修文廟，邑人曹邦輔有記。其後，知縣劉倫建敬一亭于廟後，知縣芮京建啓聖祠于亭後，知縣羅大才重建明倫堂，郎中喬遷有記。知縣睢祝重修齋舍及門。萬曆七年，知縣黎邦琰重修文廟，規制與他邑同，有泮池、講堂。鄉賢、名宦二祠，俱在欞星門內。萬曆二十六年，知縣楊克順建柵欄二圍。天啓三年，知縣朱萬年重修正殿、戟門、聖道淵源坊、泮池、欞星門。皇清順治六年，署縣事本府同知金有選，以欞星門前湫陋，徙近北二十步。十二年，知縣趙國琳捐俸倡修正殿及兩廡、戟門等，煥然一新，規制大備。魁星樓，在文廟東二十步。萬曆四十年壬子，知縣賈應元建，上祀奎星。每賓興，結龍門坊青雲梯集應試諸生其上。文昌閣，在縣治東南隅，高七丈有奇，上祀文昌帝君，中禮張仙，春秋二仲月上戊日致祭。先據形家言，東南文壁地勢缺陷，邑舉人金湯結社捐募，崇禎五年創建。南文昌閣，在縣治東南隅城上，以祀文昌帝君。春秋二仲月上戊日致祭。高三丈有奇，碧瓦丹椽，綺窗朱檻，前列雉堞，後植松檜，爲一邑文筆峰。萬曆四十六年，知縣張紹芳創建。順治元年，被戍卒火毀。至四年，通州知州董發帷、超貢李復泰倡義輸募，紳衿捐資重修，復還舊觀，邑人田玉潤董其役。北文昌閣，在縣治東北隅。

濟寧州 在州治東北。其始規制甚狹，至元間，監州冀德方始創廟宇。其後，知州郭景仁、李宗武、張仲仁、總管王德修相繼重修。明洪武三年同知劉大昕，正統間知州陳亮相繼重修，元人辛明遠、衍聖公孔克堅、大學士許彬各有記。規制與他州同。聖殿后爲明倫堂五間，堂後爲尊經閣五間，閣後爲敬一亭，亭後啓聖祠，左爲名宦祠，右爲鄉賢祠。萬曆三十五年，知州劉嗣傳重修，郡人于若瀛有記。四十三年，知州唐世柱重修，郡人楊洵有記。皇清順治五年，總河楊方興修，平原任有鑒有記。九年，郡人鄭與僑捐葺學宮，清肅禮也。濟庠不知何始，居民錯處，致蕪穢不堪。康熙十七年，總河部院靳輔視學見之，惻然奮興，捐金倡修，徙居民，廓清地基，命濟寧道葉方恒協理，管理運河廳同知任璣督修，遂將大成殿、神門、欞星門撤而新之，後兩齋、東西義禮二門及尊經閣、敬一亭並爲重建，更擴兩齋之十間爲十八間。二老堂以祀總河陳公堯、王公士翹，舊在學東偏，移建西偏。堂後建講堂三楹，周以垣門，東西兩廡、明倫堂及更衣、省牲二所，啓聖、名宦、鄉賢三祠，儒學東西二門，門外崇聖、育賢兩坊，並加重修。學宮周圍繚以垣，舊影壁去櫺星門南遠，行人穿過褻䙝，移近內數武，兩翼亦益以垣，東西建柵欄門各一，止行人由影壁南行，壁前左右近民居仍界以牆，費工料價銀三千金有奇，有碑記。儒學東門內有文昌祠三楹，祠後講德書院三楹，郡人王天眷等輸資建。運河廳任璣謂教官賃居學外，非制，揆度明倫堂東偏空地，請于道憲，上聞河臺，命學正孟鏐募建學正宅一區，費工料銀近三百金，募諸生得半，餘半學正輸，宅後復爲房五區，學門役居之，以便掃除。宅西自東齋房北至名宦祠，東南北長十八丈許，復界以牆，拒雞犬童稚勿得越界作穢。康熙二十年，秋雨大降，學宮西北隅水深五尺，鄉賢祠遂爲浸圮，州紳王天眷、鄭與僑等糾金重建，運河廳同知任璣捐金助成，州判寧紹先輸資修砌神臺。二十一年，貢生陳心佑、生員駱日新等糾金造啓聖及配享先賢、先儒神龕三座，並金神主、匾額，栽松柏百株，學正孟鏐捐金八兩，生員黃文學輸銀十五兩，造先師座前黃綾帳幔一挂，四配十哲大紅絲帳幔四挂。

　　嘉祥縣　在縣治南。金皇統間，嘗于嘉祥村東北山口鎮創造。已而，瀕河學毀，鄉進士翟三俊倡建于獨坐山之右。繼又爲河所淤，大定間，知縣竇迪遷于萌山之陽。金季又毀。元初，縣治始復，邑人常信之、曹子和輩即故址創殿四楹。至元三年，縣尹劉榮祖始遷今地。至正三年，縣尹劉敬重修，後復圮塌。明天順八年，知縣張慶鼎建齋堂。成化間，知縣高淳、劉淵俱增修。嘉靖間，縣丞韓文黌重建文昌祠。名宦、鄉賢，俱在學宮。皇清順治八年，知縣張泰升、教諭霍希賢、訓導呂祚蕃捐募重建明倫堂。五年，鄉賢祠毀，生員杜貞恒重建。十一年，啓聖祠毀，教諭侯大武募修。

　　子游祠，在嘉祥縣南四十五里尉山西南，成化丁未，改建獨坐山之麓。五賢祠，在嘉祥縣城隍廟西，中奉曾子、子游、澹臺子、黔子高，萬曆年間建時，梁產靈芝一本，光瑩如玉。文昌祠，在嘉祥縣儒學東，順治三年重建。

　　宋聖公廟，在嘉祥縣南四十五里，南武山之陽，世謂武城者也。不詳創自何時。至明正統甲子，教諭溫良以廟宇傾圮，奏請重修。詔山東參議馬諒、僉事蕭啓、兗州府知府焦福、嘉祥縣知縣宋善修建祠宇。弘治間，巡按御史金洪見其規制卑陋，復請于朝，大加修營。其制前殿七間，中設宗聖公像，以子思、孟子分配。兩廡十間，以門人陽膚、沈猶行、公明高、子襄、公明儀、樂正子春、公明宣從祀。寢殿五間，奉公及夫人像。

正殿之前爲戟門，戟門之外爲櫺門，前爲御製碑亭。櫺門外東西二坊，其前石坊一座。宗聖殿西爲萊蕪侯廟，廟有兩廡，以曾元、曾華、曾申、曾西從祀。其外爲門，其旁有三省堂，大學士許彬有碑記。

鉅野縣 創于城北，屢經河患，廢立不一。明洪武四年，縣丞陶有仁因舊址重建，縣丞呂讓復因淹沒，移置城東門內。永樂間，教諭韓文興重建。正統間縣丞叚汝旦，成化間知縣劉林增修。正德間，知縣田齊重修。規制與他邑同，有文昌宮、尊經閣。名宦、鄉賢二祠俱在學宮。學田二十畝，教授蔡平有記。

鄆城縣 在縣治東南。宋元祐間創建。元至元間，縣尹劉彧始建兩廡，準漢成都周公禮殿圖爲七十二賢畫像，冠服顏貌皆如古制，教授曹大本有記。明洪武元年，縣丞江漢重修，知州劉大昕有記。成化間，知縣任昶增修廟廡、堂齋。嘉靖間，知縣趙若唐增修名宦祠，祀縣令王子章以下諸人，鄉賢祠祀樊公執敬以下諸人。萬曆三十二年，知縣王遠宜增修文昌祠。崇禎三年，啓聖祠圮，舊一楹，邑鎮撫黃守志于明倫堂東擴建三楹。三年、五年，知縣麻如蘭、禾嘉穗相繼重修聖殿。魁星樓，在學前東南城上，高三丈餘，丹甍連雲，一方勝概。天啓四年，田公吉創建。

東平州 宋景祐間，沂國公王曾始建于城內西南。元皇慶間，嚴實子忠濟爲總管，以其狹隘，改創于州治東北，規模闊大，周圍數里，漢家碑碣皆移置于中。至正間，知州劉修德復加修飾，學正王賢有記。明因之，後稍廢圮。永樂間，知州楊瑒重加修葺，黃謙有記。正統間，知州傅霖建辯志堂于後。弘治間，知州蕭仲祿恢明倫堂爲七間，知州陳經始爲公廨四區。嘉靖間，知州胡松即綸章閣故址爲敬一亭，知州裴某以都御史曾銑命，改堂前土山爲杏壇，修撰王汝孝有記。名宦祠，在先師廟西北；鄉賢祠，在名宦祠後，俱知州胡松建，明知州李湘修。後歲久傾圮，郡人郭士奇捐金數百獨力修建。皇清康熙十年，禮生楊文斗粧修聖像龕座。

汶上縣 在縣治東。唐長慶四年，縣令邢審容修葺。元至元間，縣尹時拳重建。明洪武初，知縣史承祖重修。正統間知縣盧茂，成化間知縣李芳，隆慶間知縣趙可懷、崔守一相繼增修，規制與他邑同。名宦、鄉賢二祠，俱在戟門之左。

東阿縣 在縣治西。明洪武八年，知縣朱真因遷邑創建。成化間知縣陳貴，弘治間知縣秦昂相繼增修，規制與他邑同。萬曆七年，知縣朱應轂始移明倫堂于西，而于大成殿后建文昌閣三楹，因奉敬一箴于上，邑人孟一脉、于慎行各有記。萬曆三十三年，知縣王以旌重修文廟。名宦祠，在戟門東；鄉賢祠，在戟門西。學田若干畝，孟一脉置。皇清康熙二十一年，知縣徐天時重修，教諭姜銘鼎捐俸募化，督工助修，有碑記。

平陰縣 舊在縣治西北。宋元符間，知縣虞芹因地潴水，改遷縣治東南。元末廢毀。明洪武三年，知縣黃溥重建。永樂間知縣李恭，正統間知縣丁文，成化間教諭劉振、知縣蔣昺、潘容相繼增修，規制與他邑同，提學僉事畢瑜、修撰錢福、副使梁成各有記。萬曆二年，知縣樊思誠繼修聖廟、欞星門、育秀坊、西齋。天啓元年，知縣李潤民重修。皇清順治四年，知縣劉昌祚重修。大成殿圮，邑人宋鼎延、孫光祀等捐資重修及門廡之屬。文昌祠，舊在平陰縣東南角，今移置儒學門東。

陽穀縣 在縣治東。宋崇寧四年，知縣蔡蕃建，繼毀于兵。元至元十二年，典史解中淵重修。元末復廢。明洪武三十年，知縣劉源增修。正統間知縣暢茂，成化間知縣劉洪，嘉靖間知縣楊嘉猷、劉素、縣丞邢從禮繼修，規制與他邑同，宋人王平明、編修江淵、大學士劉翊各有記。名宦祠，祀元縣尹孟遵道、李謙以下諸人；鄉賢祠祀明參政于睿以下諸人。萬曆末，知縣賈應塈、傅道重、范宗文相繼重修。天啓、崇禎間，知縣熊育豐、黃卷並修葺。康熙十一年，知縣王天璧重修。文昌祠，在陽穀縣啓聖祠前。明萬曆二十年，知縣賈應塈因填坎隙地創建于啓聖祠前，塑文昌並侍從像。嗣後，科甲漸盛，人以爲修建之驗。今廢。皇清康熙十一年，知縣王天璧同訓導孫之恒現在議建。

壽張縣 在縣治東。洪武十四年，知縣譚道新遷縣治，隨建學于此。正統間知縣李真，成化間知縣張玉琳、主簿楊璟，弘治間知縣趙希夔重修。嘉靖間，邑人副使楊印賢、舉人趙有馮等相繼增修，規制與他邑同，知縣張玉琳、訓導李福、教諭皮正、參政陳守愚各有記。名宦祠，祀漢令謝彝吾、唐令劉光期、明張玉琳；鄉賢祠，祀唐張公藝、五代王彥章、明殷雲霄、劉坤。奎星樓，在壽張縣城上東南隅。萬曆三十四年，知縣周三錫樹幟立基。

沂州 舊在州治東南。宋靖康間，毀于兵。金皇統三年，州守高召卜遷州治西北，其後防禦使鄭子聃、節度使胡義繼修。元至元間，知州儲企范復重修。明初，止存故基。洪武二年，知州羅希孟鼎建。正統間知州賀禎，弘治間知州張鳳、吳寅，正德間知州朱衷，嘉靖間知州郜相、丘鳳來、陳熺、邢思樂相繼增修。名宦、鄉賢二祠，俱在欞星門內。宗聖公祠，在沂州城南五里，奉祀曾子。文昌祠，在沂州城西南隅，春秋二仲上戊日祭。

郯城縣 在縣治西。元末兵毀。明洪武二年，知縣鄧升重建。成化間，知縣李楷增修。弘治間知縣王洪、席書、唐龍，正德間知縣邵道宗，嘉靖間知縣孫綸、教諭石巖、縣丞李守維相繼增修，規制與他邑同，詹事孔恂、員外李宗仁各有記。名宦、鄉賢二祠，在戟門左右。明季殘破，兼歷災震，廟祠、齋廡門等俱多傾圮廢湮。皇清康熙九年，知縣馮可重為修建。

宗聖公祠，舊在縣西六十里磨山。元至正三年，提舉管文通建。至明成化四年，知縣李楷以祠遠且圮，移建縣治之西。嘉靖二十三年，知縣郎復移于北門之內，號曰"一貫書院"，以春秋二仲奉祀宗聖。

文會所，在東城下，正廳五間，匾曰"儲才華國"，西廂室各三間，左曰"礪鋒"，右曰"躍穀"，前設大門一間，匾曰"文會所"，俱草房。萬曆七年，知縣趙蛟建，士儒會課于其中，今牆屋倒塌，祇存地基。射圃，在儒學之西，長五十步，內建觀德亭三間。嘉靖四十五年，知縣張應登重建，今廢。

費縣 在城南關。金時兵毀。皇統中重建。元末復毀。明洪武十二年，知縣尚賢重建。成化間知縣孫浩，弘治間知縣楊惠，正德間知縣江環，嘉靖間知縣劉鎮相繼增修。三十一年，大水湮沒。四十三年，營田同知邵鳴岐、知縣馮儼奉撫臺檄再建，規制同他邑。元中書參議張養浩、明庶子張天瑞各有記。名宦、鄉賢二祠，在戟門左右。射圃，在學西南郭門外，有觀德亭，久墟。按學有射圃，此古制不可少。先王選士，則射論秀，于國則射祭享，賓宴則射，皆尚德也。故曰"射者，男子之事"。又曰"射禮不行，天下無男子"，如堵之觀，古道存焉。

子游祠，在費縣西八十里武城東關陽川。嘉靖二十五年，總理漕河都御史周用檄建。

澹臺祠，在費縣西南七十里。

東昌府

《職方典》第二百五十卷
東昌府部彙考二

東昌府學校考　府縣志合
本府

東昌府　在府治東。宋元豐間，博州知州徐爽肇創。後改爲聊城縣，金天眷間，學政祁彪即舊都廨址建。大定間，防判馮子翼、王遵古修，王去非記。元至元間兵毀。明洪武三年，同知魏有忠以元察罕帖木兒祠遷改爲大成殿。天順間，知府徐垠增修兩廡、戟門、泮池及堂齋、門坊。成化間知府沈譓，弘治間知府金福各重修。知府李舉，建奎光樓，置書集。嘉靖十年，建敬一亭，刻御製敬一箴、注釋五箴碑，又建啓聖祠于東南。萬曆二十八年，知府李士登重修。

聊城縣　在府城東北隅。舊在城外鐵塔寺南。明永樂初，知縣齊搏徙城南，以廢驛故址建。正統十一年，知府郁文盛徙東門外。景泰間，知縣毛驥重修。成化間，知府沈譓、知縣毛深卜遷今地，門堂齋舍如制。萬曆三年知縣孫鳴鳳，六年知縣白一言重修。

堂邑縣　舊在縣治西南隅。金大定間，太子洗馬趙松石徙建今址，絳陽軍節度使孟鑄新兩廡。元至正二十七年，監邑撒的里迷失重建。尋毀于兵。明洪武六年，知縣陳孟隆建殿廡、堂舍如制。成化三年，知縣馬忠增修。嘉靖十年，知縣耿鎰建尊經閣于明倫堂後。萬曆二十三年，知縣黃元春重修，建文昌閣于學東北。我皇清初年，知縣張茂節重修廟學。

博平縣　在縣治東，創始莫考。元至元壬申，監縣苔剌海重建，後監縣慶童、魯鄉縣尹王璉新之，後毀于兵。明洪武三年，知縣練宗政創建。成化十八年，知縣文林以地汙下，改舊布政分司遷置爲今學宮。正德八年知縣堅晟，萬曆間知縣鄭材、華汝梅相繼重修。

茌平縣　宋時在縣治南。金承安間，縣丞翟煥然徙治東南。元季兵燹。明洪武三年，知縣戴文郁創建。景泰六年，教諭羅彥洪卜遷舊址之西南，殿廡、堂舍規制宏壯。正德七年，知縣顧永新欞星門，闢廟前地拓之。十三年，教諭蔡元用請移廢寺修葺。萬曆十二年，知縣王國弼重修，移建敬一亭大成殿之東。

清平縣　在城東北隅。金大定十三年，韓公以奉議大夫來長縣事肇創。元至元十六年，縣尹劉摺重修。明成化間知縣張勳、蘇珍，正德間知縣曹進善，嘉靖初知縣李資深相繼修葺。萬曆十年，知縣郭廷訓建奎樓于文昌祠前。學田二區，一在城東五里，計二百畝，教諭龍垓置；一在城東五里，計十畝，知縣杜樂置。

莘縣 舊在縣治東南隅。元季兵燹。明洪武三年，知縣汪惟善以廢應海寺改置縣治東北。成化十八年，知縣賈克忠重修。弘治十二年，知縣孟隆新大成殿。正德四年，知縣諸忠重修。崇禎五年，知縣孫愈賢重修。

冠縣 在縣東，金貞元知縣魯仔創建。元至元七年，升爲州，知州趙文輝、徐汝嘉相繼重修。已毀于兵。明天順間，邑人張方建欞星門。成化中，知縣甘澤拓廟前地，修門坊。嘉靖辛丑，知縣姚本鼎新之。

臨清州 先在舊縣治西。明正統間，平江侯陳豫既城，遂遷今地，巡按御史錢清創文昌祠。弘治丙辰，兵備副使陳璧陋其制恢大之，廟學規構，幽靚宏麗。嘉靖己未，副使張鑒新敬一亭。庚申，知州成憲新兩廡。辛酉，學政翟居簡鑿泮池，爲石欄三橋。皇清順治六年倉部孟淩雲，康熙初年僉事駱騰、知州于睿明、學政單父琴各有修葺。

丘縣 在縣治東南。元大德庚子，達魯花赤隆都刺、知縣王琦創建。明洪武三年，知縣俞基重修。正統三年，知縣王信修大成殿、欞星門。七年，知縣虞鎬修明倫堂、兩齋。正德三年，知縣高重明新欞星門。萬曆四年，知縣侯國安增修。天啓三年，知縣高繼凱重建。皇清康熙四年，知縣張玨重修。

館陶縣 在縣治東南隅。金皇統中孔淵建。元至元二十一年，知縣劉著重修。已圮于水。明洪武三年，縣丞歐陽源建，尋復圮于水。永樂間，知縣邙宣建。正德間，給事中傅良弼闢其門曰"文明"。嘉靖間，知縣史官重修。萬曆元年，知縣高自新鼎新名宦、鄉賢二祠。二十三年，邑人解邦相重修殿廡、齋舍，撫按表其門。學田二頃四十六畝八分。

高唐州 在州治東。元至元二十四年，知州鄭德麟建。已毀于兵。明洪武三年，知州楊貴建。永樂九年，州判王溫、學政徐懋修大成殿。正統八年，學政龐端修兩廡。嘉靖十三年，知州王大化拓地改門，開泮池，甃以磚石。十一年，知州呂應祥改學門，新堂廡。

恩縣 在縣治東南。洪武七年，自舊治遷今地。天順間知縣李翱，成化間知縣王偉重修。嘉靖四十年，推官戴汝器改建大成殿。萬曆十一年，邑人參議段錦率闔邑士夫建尊經閣。二十四年，知縣孫居相新欞星門，門之南樹萬代宗師坊，又拓學門西南爲雲路街，樹雲路肇開坊。皇清康熙五年知縣楊鴻儒，九年知縣董時开重修。

夏津縣 在縣治東南。元至元己卯，知縣魏斌建。已毀于兵。明洪武三年，縣丞陳榮修。天順五年，知縣薛正病其湫隘，改建學宮後之隙地，規制宏廠。弘治壬戌，知縣張璈重修。嘉靖壬午，知縣賈真儒新鄉賢、名宦祠。甲午，知縣劉鑾新敬一亭。戊戌，知縣易時中創構號舍十七間。

武城縣 在縣治東偏。宋大觀間建。元季兵毀。明洪武初重建，後圮于水。天順間，知縣伍善增修。嘉靖間，知縣王澤重修。隆慶元年，知縣金守諒建觀德亭于大成殿右。學田二頃六十畝六分四厘。萬曆四十五年，教諭高繼凱重修。

濮州 在州治東南。先在舊治西北，金郡人史謙沖建。明正統間，圮于河，知州毛晟徙城王村，建今地。弘治三年，知州施德鑿泮池，築土山于五峰山下，建聚秀亭。嘉靖四年，張寰建啓聖祠、敬一亭、禮義二門。十二年，蔣瑜修山池亭坊及成賢橋。隆慶四年，郡人尚書蘇佑率闔城士夫協力創造兩廡、堂舍。萬曆四年，少卿李先芳重修聚秀亭。八年，知州劉竟成重修成賢橋。學田一頃三十三畝，一在陶丘窪，一在莊子廟，一在皇姑廟。

范縣 在州治東。先在舊城，元元統至正間，縣尹郭夢起、莫世榮修。明洪武二十三年，河決壞城，知縣張允徙建今治。成化辛卯，知縣鄭鐸鼎新殿廡。弘治十六年，知縣薛鎰重修。隆慶間，知縣黃承恩建文昌樓。萬曆六年，巡撫趙汝賢檄縣重修。皇清順治六年，毀于寇。康熙八年，知縣霍之瑄始修殿廡。

觀城縣 舊在縣治西南。金太和三年，主簿李堂遷今地。元至元間，縣尹張巨川建。明知縣姜允和、左源、高岱相繼修葺。隆慶四年，知縣方維藩建尊經閣，閣之南建登雲橋。萬曆二年，知縣賈世康新大成殿、戟門、名宦鄉賢二祠。十一年，王應霖新兩廡、啓聖祠。十六年，喬昆鑿泮池，新櫺星門、明倫堂、博文約禮二齋。學田二頃三分八厘。

朝城縣 在縣治南。宋慶曆四年，著作郎田諒創建。元延祐乙卯，李仲賢修。明洪武三年，主簿潘福重修。正統十五年，知縣楊祥修大成殿。弘治戊申，知縣劉章創置號舍。正德九年知縣蔡童，嘉靖三年縣丞徐文煥增修。

青州府

《職方典》第二百六十三卷

青州府部匯考五
青州府學校考　府志

青州府　舊在府治西北。明洪武五年，詔建齊藩，知府李仁徙建西南元太虛宮故址。中爲先師廟，東西兩廡，前爲廟門，門之東爲名宦祠，西爲鄉賢祠，皆南向，前爲泮池，跨一石橋，又前爲櫺星門，建坊于左右，左曰"德配天地、道貫古今"，右曰"刪述六經、垂憲萬世"。廟後爲明倫堂，東西列四齋，志道、據德、依仁、游藝。齋之南，東爲文卷房，貯頒降書籍；西爲儲樂庫。堂之後爲教授宅，左右爲訓導宅四所。由東廡後稍南，達于學門。在昔，櫺星門及學門俱東向，正統九年，僉事李安改南向。十四年，知府陳勳、通判周韶撤而新之。天順四年，知府趙偉重修，學士劉定之記。成化三年，知府李昂繼葺，學士商輅記。弘治十四年，知府杜源建號舍于廟之西南，二十間，提學副使邵寶記。正德十年，知府朱鑒復加修葺。嘉靖十年，遵詔建敬一亭，在廟正西，刻御製敬一箴及注釋視聽言動心五箴。亭之前爲啓聖祠，亭之後爲庖湢室。嘉靖四十三年，知府杜思修。萬曆四年，知府李學道、張世烈繼修。其後，學宮甚圮，萬曆三十年，知府趙喬年盡撤其舊而重建之。明末，傾圮殆盡。皇清康熙十一年，僉事鄭牧民捐俸重修，廟貌鼎新。

益都縣　舊在城內西南。明洪武十年，知縣黃正德遷建東北。中爲先師廟，東西列兩廡，前爲廟門，門之東爲敬一亭，亭之後爲啓聖祠。門外爲櫺星門，前爲泮橋，橋南爲大成坊。門之右爲學門。由西廡後達于明倫堂，旁列二齋，博文、約禮。堂之後爲教諭宅，左右爲二訓導宅，而號舍居東廡之後。宣德間知縣賈純，正統間知府陳勳，天順間知縣董淵，成化間知府李昂、知縣周信，弘治間知縣金祿，正德間知府朱鑒相繼修葺。萬曆四年，知縣楊植繼修。二十六年，知縣吳宗堯繼修。三十三年，知縣鄭繼芳建奎光樓于大成坊之左。崇禎九年，知府汪喬年、知縣張文烶、教諭甄夢弼重修。皇清康熙七年，地震傾斜。十年，分巡青州道鄭牧民重修。地震後，明倫堂墻壁傾圮，儒學宅舍倒毀殆盡，教諭孫振甲重修。

臨淄縣　舊在縣治東南。元至元間，達魯花赤善努建。元末兵毀。明知縣歐陽銘重建。弘治間，知縣王世臣、周致相繼修。嘉靖四十一年，知縣龍垓遷東北。中爲先師廟，東西列兩廡，前爲廟門，又前爲櫺星門，門之西爲學門。廟西北爲明倫堂，東西列二齋，進德、修業。殿東北爲啓聖祠，爲敬一亭。東爲射圃，西爲教諭，訓導宅凡三所。名宦、鄉賢二祠。

博興縣 在縣治東南。創建無考。宋末兵毀。元貞元間，知州樂汝翼重建，時縣爲州。至元間，監州火赤爾置東西序。元末兵毀。明洪武初，知縣王暹復建。中爲先師廟，東西列兩廡，前爲廟門、爲欞星門。門之傍爲學門，中爲明倫堂，旁列二齋，正心、誠意，而會膳堂、學倉、射圃分列于左右。學之西爲教諭宅，東爲訓導宅二所。永樂間知縣郭務本，天順間同知劉隆，成化間知縣陳文偉、姚聰，弘治間通判黃裳、知縣何鉞，正德間知縣周讓、張集相繼增飭。

高苑縣 在縣治東。宋至和三年，李允中建。元末圮廢。明洪武初，知縣孫忠創建。中爲先師廟，東西列兩廡，前爲廟門。門之東爲啓聖祠，旁爲名宦、鄉賢祠。外爲泮池，跨一石橋。又前爲欞星門，門之東爲學門，又東爲號舍，爲敬一亭。由東廡旁達廟後爲明倫堂，東西列二齋，時習、日新。齋之南爲祭器庫，爲養賢倉。堂之後爲教諭宅，東西爲訓導宅，凡二所。射圃，在書院西。成化間主簿何友能、知縣彭璉，弘治間知縣徐海，嘉靖間知縣吳鯨、馮文盛相繼修葺。

樂安縣 在縣治東南。宋崇寧元年，縣令黃鐸建。靖康間兵毀。金大定間，益都府判王受雄重建。金末再毀。元至元間，縣尹綦泰復建。明洪武中，知縣謝中重修。中爲先師廟，東西列兩廡，前爲廟門，又東爲啓聖祠，前爲欞星門，爲泮池。門之右爲學門，由西廡後達明倫堂，左右列二齋，進德、修業，又前爲名宦、鄉賢祠，爲號舍，爲宰牲所。堂後爲敬一亭，亭後爲教諭宅，旁爲二訓導宅。饌堂、神厨各一，今廢。天順六年知縣狄惠，成化六年知縣馬亮，十五年知縣沈清，正德十年知縣張崇德，嘉靖三年知縣王傳，二十四年知縣王本固、孟楠相繼修。

壽光縣 在縣治東。創建無考，宋末兵毀。元至元十年，縣尹陳惟良重建。中爲先師廟，東西列兩廡，前爲廟門，門之外爲泮池，跨以石橋，前爲欞星門。門之右爲學門，由西廡後達明倫堂，東西列二齋，進德、修業。其會饌堂、講堂、倉、宰牲房、神厨、神庫、號舍俱列于堂之左右，後爲教諭宅，爲訓導宅，凡二所。明景泰四年知縣李儀，成化十六年知縣鄭玨修。

臨朐縣 舊在縣治西南。宋紹聖五年，縣令李敬遷縣治西。宋末，兵毀。元中統間縣尹陳仲祥，至治間李善卿修。明洪武二十年，知縣李瑀復加增拓。中爲先師廟，東西列兩廡，又東爲啓聖祠，前爲廟門，夾以名宦、鄉賢二祠。外爲泮池，又前爲欞星門。門之西爲學門，由學門入儀門，由儀門入明倫堂，東西列二齋，時習、日新，前爲敬一亭。堂之後爲會饌堂，東西列號舍，而敎諭、訓導宅居西序之後。射圃在學門之前。正統四年典史鍾興，景泰六年知縣陳安，天順間知縣卜釗，成化七年知縣劉環相繼修。嘉靖九年，大圮，知縣褚寶增修。二十八年，知縣王家士繼修。

安丘縣 在縣治東。元至元間建。大德間，縣尹楊加間修。中爲先師廟，左右列兩廡，前爲廟門，爲名宦、鄉賢祠，又東爲啓聖祠，前爲欞星門，旁爲學門，又進爲儀門，中爲明倫堂，左右列二齋，博文、約禮，堂之後爲敬一亭，又後爲敎諭宅，左右爲二訓導宅，爲神廚、神庫、宰牲房，學倉列于東北，今廢。明洪武初縣丞鄭源澤，景泰間敎諭許倫、成化間知縣謝縝、陳文偉、副使張珩，嘉靖十四年知縣宋儒，三十六年知縣邵大章各增修。

諸城縣 在縣治東南。金貞元間，樞密副使張輝建。正隆初修。元至元、至正間繼修。明洪武元年，知縣金汝穆復爲修。正中爲先師廟，東西列兩廡，前爲廟門，外爲泮池，跨以石橋，又前爲欞星門。廟後爲明倫堂，東西列二齋，進德、修業。堂之後爲敬一亭，亭之後爲敎諭宅，左右訓導宅。由東廡直南爲學門，門內稍東爲宰牲所、神廚，又進爲啓聖祠。祠之後爲名宦、鄉賢二祠。弘治間知縣孫誠，嘉靖間知縣鄭坤各增修。

蒙陰縣 在縣治西。元延祐間縣尹武秀建。中爲先師廟，東西列兩廡，前爲廟門，夾以名宦、鄉賢祠，又前爲神廚、神庫、宰牲所，爲欞星門。門之旁爲學門，又進爲儀門，中爲明倫堂，東西列二齋，治心、養性。堂之後爲敬一亭，爲敎諭、訓導宅，凡二所。而啓聖祠、文會堂、饌堂、饌廚、觀心亭、學倉各列于堂之左右。明洪武初知縣柳玉，正統間知縣王漢翔，天順間知縣魏本、主簿蘇真，正德間知縣梁緒，嘉靖八年知縣王銳，二十九年知縣丁嘉賜各增修。

昌樂縣 在縣治東北，創建無考。元至元中，省縣入北海，學遂廢。元統間，北海尹楊仲徽復建。元末兵毀。明洪武三年，密州同知李益改建西門內，即今所。正統四年，知縣李永重修。中爲先師廟，夾以神器、制書二庫，東西列兩廡，前爲廟門。門之旁爲名宦、鄉賢二祠。外爲泮池，又前爲欞星門。廟後爲明倫堂，堂之東爲啓聖祠，西爲齋宿所，神廚前列東西二齋，進德、修業。兩齋後爲號舍。堂之後爲敬一亭，爲敎諭、訓導宅，凡三所。前爲儀門，爲學門。景泰三年知縣孫輝，成化二年知縣范威，弘治間知縣方天然、金茂，正德間知縣謝譽、馬瀾，嘉靖二年知縣周原，五年知縣李錞各增修。

莒州 在州治東。元至元間，知州孔源建。至正間，孔文古修。元末傾圮。明洪武元年，知州趙麟復創建。中爲先師廟，東西列兩廡，前爲廟門，東西列神厨、神庫、宰牲所，外爲泮池，跨以石橋，又前爲欞星門。門西爲學門，又進爲儀門。由儀門入，中爲明倫堂，東西列三齋，東曰博文、曰新，西曰約禮，西爲會饌堂，東南爲啓聖祠。祠後爲名宦、鄉賢祠。堂之後爲敬一亭，西爲學正堂，又後爲講堂，東南列號舍，又西北爲訓導宅，凡三所。天順間知州衛述，成化間葉盛，弘治間林璇，嘉靖三十二年知州沈震、王明時各增修。

沂水縣 在城東皋之麓。舊在縣治東，元大曆間主簿孔克韶建。元末兵毀。明洪武十六年，知縣陳廷遠徙今地。中爲先師廟，東西列兩廡，前爲廟門，夾以名宦、鄉賢二祠。門之外旁神庫、神厨、宰牲所，外爲泮池，跨以石橋，又前爲欞星門。廟後爲明倫堂，東西列二齋，存誠、擇善。堂之後爲敬一亭，又東爲教諭宅，而二訓導宅居于堂之左右。弘治十三年知縣淩相，嘉靖九年知縣李如楫相繼修。

日照縣 按《縣志》，原在縣治西南。元至正辛卯，縣尹仇敬創建，計地基一十三畝一分。明洪武二年知縣蘇惟一，正統間知縣沈慶，成化間知縣趙一貫，嘉靖十八年知縣梁道盛各增修。至嘉靖三十六年，知縣張執中延歷下志齋周少司農相視，改置城東河外，止修明倫堂及進德、修業兩齋。嘉靖三十七年，知縣尹思續修先師殿、欞星門。嘉靖四十一年，知縣劉夢元續修啓聖祠、兩廡。萬曆五年，知縣黄仕增修戟門、名宦、鄉賢祠。萬曆二十一年，知縣杜一岸重修甬路，殿基俱鋪磚石，門窗、供桌增置俱全，仍建敬一亭于明倫堂後，蓋奎星樓于名宦祠左。萬曆四十二年，知縣陳如錦建尊經閣于明倫堂後，浚偃月池于欞星門前。天啓二年，知縣李玷建兩石坊于門東西，築文昌閣于儒學左。以上各工，年久傾圮。皇清順治十三年，知縣呂補袞督工重修。康熙七年，地震，復有損壞，知縣楊士雄增修。

登州府

《職方典》第二百七十四卷
登州府部匯考二
登州府學校考　府志州縣志合載
本府（蓬萊縣附郭）

登州府 在府治南。宋大觀間建。明洪武初重建。宣德、天順、成化中，相繼修葺。弘治間，重建大成門，增置齋號。正德、嘉靖中，重修並建敬一亭，立御製敬一箴及注釋視聽言動心五箴于欞星門之西，又建啓聖祠于儒學門之東，創名宦、鄉賢二祠于啓聖祠之前，今移置欞星門東西。廟制，中爲大成殿，東西兩廡，前爲欞星門及石坊，坊之南泮池，又前爲廟門。東西廡左偏爲神庫，右偏爲神厨、宰牲所。廟門街之左右立二坊，曰"德配天地""道貫古今"。殿后爲明倫堂，左右四齋，曰治平、修齊、誠正、格致。臥碑在堂東，偏東爲教授宅，又東爲訓導宅。號房三十五間，今廢。萬曆中，並增建尊經閣。崇禎中，毀于兵。皇清順治十六年，知府李經國、教授任琪重修兩廡、敬一亭及廟前雲衢、石坊。

蓬萊縣 舊在府治東。明洪武九年，徙縣北。成化十五年，知府張鼐拓地重建殿廡。正德五年，圮于水，知府房瑄遷置府學東，知縣焦端復增號舍。嘉靖九年，巡按御史熊榮遷春生門，依寺舊址。萬曆四十九年，知縣董守緒復遷于北舊址，增拓殿廡、堂齋，前爲欞星門。廟之東爲儒學。殿之後爲明倫堂，左右爲進德、修業二齋，東爲教諭宅，西爲訓導宅。三十五年，知縣邢琦開泮池，建尊經閣。後毀于兵，海防道周之訓重修。皇清順治十年、康熙八年，相繼重修正殿、啓聖祠、兩廡、欞星戟門以及明倫堂、尊經閣，煥然改觀，增修啓聖祠。

黃縣 在縣治東北，肇建于唐之開元，廢于金之貞祐，再構于元之中統。歷至元大德至大中，相繼修建、增置廬舍。明洪武中重修。正統中，增建兩廡。弘治、嘉靖、萬曆中重修。中爲正殿，東西兩廡，前爲戟門，門東爲名宦祠，祠前西向爲更衣亭，門西爲鄉賢祠，祠前東向爲省牲所。又前爲欞星門，內有泮池，上有石橋、石檻。門外南爲屏墻，西爲文風大振坊，東爲魁星樓。殿后明倫堂，東廂崇德齋，西廂徙義齋，堂後敬一亭。堂前西折爲訓導宅，東折南向爲啓聖祠，祠後爲教諭宅。南出儒學門，直南爲雲路。崇禎中，廟遭兵火，邑紳縣令捐資重修。皇清順治十二年、康熙二年、四年、十二年，相繼修建大殿、啓聖祠以及名宦、鄉賢二祠、訓導宅舍、齋房、尊經閣、戟門，煥然更新，極備壯麗。

福山縣 在縣治東南。僞齊阜昌年間，置縣時創建。元延祐七年、至正三年，相繼重新。明洪武初，增置廚庫、堂齋。天順間，仿棲霞丘長春所作三清宮式，盡撤舊址而式廓之。內外密結斗拱二層，中爲頂蓋，覆以琉璃瓦，開以菱花門，外又用板門護之，結構宏敞，甲于諸郡。成化、萬曆間，殿廡、堂齋、廊舍、號房、尊經閣、啓聖、名宦、鄉賢三祠，戟門、欞星門、泮池、雲路、坊牌屢加修葺，秩然改觀。皇清順治間，復加增修，中爲大殿，東西兩廡，殿后爲明倫堂，東西齋房。堂東北爲敬一亭、尊經閣、西廡。堂後爲教諭宅，西齋後爲訓導宅。殿前爲戟門，戟門左爲名宦祠，右爲鄉賢祠，前爲泮池，又前爲欞星門，觀制大備，奕然一新。

棲霞縣 在東門內。金大安元年建。元大德中修。明洪武、正德、成化、嘉靖、萬曆間，相繼修。中爲大殿，旁爲兩廡，前爲戟門，戟門左爲名宦祠，右爲鄉賢祠。前爲欞星門，尊經閣在大門右。大門前爲泮池、雲路。啓聖祠在文廟旁，明倫堂在大殿后，後左爲教諭宅，前左爲訓導宅。原有兩齋，在堂左右。敬一亭、射圃，俱在堂後。皇清康熙元年，兩廡、欞星門俱毀于兵，知縣胡璘重修之。

招遠縣 在縣治西南。金季毀，元初即故殿之西構室四楹，以奉朔望之奠。元貞二年，始作大門。大德中，建教官住宅。至正以及明洪武、成化中，相繼修建。中爲正殿，旁列兩廡，前爲戟門，又前爲泮池、欞星門。啓聖祠在學宮之西，名宦祠在欞星門西，鄉賢祠在名宦祠西，金聲玉振坊在欞星門之東，江漢秋陽坊在欞星門之西。明倫堂在正殿後，教諭宅在堂西，訓導宅在堂東。

萊陽縣 舊在縣治西南。唐會昌間創建。宋咸平中增修。金末毀于兵。元至元中，遷縣治東南，建殿四楹，乃古柳亭故地。大德三年、六年，重修、增建。明洪武、永樂、正統、成化、弘治中，相繼重修。至嘉靖中，撤朽更新。中建先師殿，左右爲穿廊，東西列兩廡，前爲戟門，門左右爲神廚、神庫，又前爲欞星門，前爲泮池，又前爲大成門。文廟坊，在大成門前，儒林坊左。文廟坊，在殿后。爲明倫堂，東爲時習齋，爲教諭廨；

西爲日新齋，爲訓導廨。後堂爲敬一亭，又東爲饌堂。尊經閣，在敬一亭北。啓聖祠，在廟東角。萬曆、崇禎及皇清順治中，屢加增修。康熙三十年及三十六年、四十年，重修殿廡、啓聖、名宦、鄉賢祠、戟門、欞星門、大成門、尊經閣、文昌閣、奎星樓、明倫堂、東西齋房，學宮內外，煥然改觀。

大嵩衛 在衛東北隅。明成化中創建。中爲正殿，東西列兩廡，前爲戟門，又前爲欞星門，殿后爲明倫堂，左右齋房。嘉靖三十四年，知縣牛山木重修。

寧海州 舊建城東南隅。元至順間重修。明宣德、嘉靖、崇禎中，大殿、東西兩廡、欞星門、大成門、泮池、啓聖、鄉賢、名宦祠坊、禮門坊、雲路、雲梯、奎樓、文昌閣以及明倫堂、啓聖、鄉賢、名宦祠、學正訓導署相繼增修。皇清順治、康熙中，復加修整，規制始備。

威海衛，明宣德年建。

文登縣 舊在縣東南隅。宋建炎間，毀于兵。金大定九年，遷縣治東。元末又廢。明洪武間重修。嘉靖中，鑿泮池，東西建名宦、鄉賢二祠，西爲宰牲所，泮池南豎石爲欞星門。萬曆中，創闢雲路，直達南城。東爲儒學門，門北爲啓聖祠，後爲訓導宅；西爲明倫堂，東西進德、修業兩齋，後爲教諭宅，西爲敬一亭。正殿東爲禮門，西爲義路，東西兩儒學門。皇清康熙十一年，重修。

萊州府

《職方典》第二百八十三卷
萊州府部彙考三
萊州府學校考　通志府志合載
本府（掖縣附郭）

萊州府 在府治東南。宋明道間，郡首李定建。中爲殿，東西列兩廡，前爲戟門。廡之北，左爲樂器、射器二庫，右爲祭器、書籍二庫。戟門前爲泮池，跨石橋三空。池西爲宰牲所，池前爲欞星門。廟後明倫堂，東西列四齋，曰進德、曰修業、曰日新、曰時習。敬一亭在鄉賢祠後。啓聖祠在敬一亭後。名宦祠，在儒學門東。鄉賢祠，在名宦祠後。教授、訓導二署，俱在四齋後。明洪武初，知府胡天佑修。宣德四年，知府夏升重修。正統中，知府崔恭增會饌堂。景泰中，知府熊瓚拓地修堂齋。成化三年，知府張諫增修及塑像，建號房。

披縣 在縣治西南。舊在城南門外，明洪武三年，知縣宋榮建。成化三年，圮于河，知縣郭昂遷今地。弘治八年，知縣李守經重建。中爲殿，東西列兩廡。廡之北，左爲祭器庫，右爲書籍庫。前爲戟門，戟門東爲名宦祠，鄉賢祠在戟門西。又前爲欞星門。後爲明倫堂，東列篤行齋，西列慎行齋。教諭、訓導二署，在齋後。萬曆二十四年，守道于仕廉、知府王一言、知縣衛三省重修，遷敬一亭于明倫堂後，始鑿泮池，跨石一空，在戟門前。啓聖祠，在學門內東。

平度州 在州治東南。自漢置平度始建立講堂、齋舍，創置殿廡垣墻。歷唐宋仍之。元元統間，重修。中爲殿，東西列兩廡，西廡西爲宰牲所，前爲戟門。戟門東西爲名宦、鄉賢二祠。前爲欞星門，外爲泮池，池南爲鳳鳴山。殿后爲明倫堂，東列興詩、成樂二齋，西立禮一齋。堂後爲敬一亭。啓聖祠，在學門後。學正、訓導二署，一在禮門內西北，一在明倫堂西。明洪武、宣德、成化、弘治、嘉靖間，相繼重修。至萬曆七年，知州薛道生左建仰聖坊，右建育賢坊。十三年，知州胡尚禮復于泮池北建石坊，題曰"賢于堯舜"，又于明倫堂東南建造膳所。崇禎十三年，知州杜志攀重修，移泮池于欞星門內。皇清順治八年，知州劉有道重修。十六年，知州李芝蘭復行重修。

濰縣 在縣治東南。元延祐間，濰州達魯花赤火你赤等建。中爲殿，東西列兩廡，前爲戟門，戟門左右爲名宦、鄉賢二祠。又前爲泮池，跨石橋。旁爲厨庫。池前爲欞星門，門前左右二坊，一"德配天地"，一"道冠古今"。殿後爲明倫堂，堂西南爲啓聖祠，又西爲教諭署。敬一亭，在殿東。訓導署在大門東。東列日新齋、西列時習齋。明洪武三年知州周通，天順五年知縣戴昂相繼修葺。成化十年，知縣宋兌修欞星門，易以石柱。嘉靖六年，知縣重修。

昌邑縣 在治東。金大定間建。明洪武三年，縣丞程福山重建。中爲殿，東西列兩廡，殿東北爲啓聖祠，前爲戟門，又前爲泮池。泮池東西列名宦、鄉賢二祠，跨橋三空。池前爲欞星門。廟後爲明倫堂，東列進德齋、西列修業齋。堂東南爲奎樓，東北爲敬一亭。教諭署在雲路門東，訓導署在雲路門前。自景泰至崇禎間，相繼重修。皇清順治十七年，知州党丕祿修。康熙七年六月，地震盡傾，知縣許全臨捐資募修。

膠州 在州治東南。金大定間建。元至正間重修，後毀。明洪武、成化、弘治、嘉靖、萬曆中，相繼修建。皇清順治十八年，知州趙民善重修。康熙三年，知州郎熙化重修。七年，地震盡傾，知州劉大慶、學正趙秉正捐募，葺以茅茨。中爲正殿，殿后爲明倫堂，明倫堂後爲學正署，爲敬一亭。訓導署，在啓聖祠東。殿前東西爲兩廡，前爲戟門，戟門左右爲名宦、鄉賢二祠，前爲泮池，跨橋三空，池前爲櫺星門。

高密縣 在縣治東南。元至元間，縣尹秦伯裕、典史潘亨建。中爲殿，東西列兩廡，啓聖祠在殿東。前爲戟門，戟門東西列名宦、鄉賢二祠。前爲泮池、跨橋，又前爲櫺星門。殿東爲敬一亭。殿后爲明倫堂，東列日新齋、西列時習齋。後爲號房。教諭署，在東齋後。訓導署，在明倫堂西南。明洪武、成化、萬曆間，相繼重修。

即墨縣 在縣治東。元至正十二年，縣尹董守忠建。中爲殿，東西列兩廡，殿后爲啓聖祠，前爲戟門。戟門東西列名宦、鄉賢二祠。又前爲櫺星門，對門爲斯文正路坊。殿東爲明倫堂，東列進德齋、西列修業齋。教諭、訓導二署俱在東齋後，後爲飛虹池。池後爲起秀亭。敬一亭，在明倫堂東。自明洪武至萬曆中，相繼修建。皇清順治中，知縣王效忠因水災傾倒，捐俸重修。

靈山衛 在衛治東。明正統元年，通判任經及指揮蕭俊建爲武學。十年，始改儒學。中爲殿，東西列兩廡，西廡後爲敬一亭。殿后爲明倫堂，東西兩齋。前爲戟門，門前爲泮池，化橋一空，池前爲櫺星門。啓聖祠，在西廡後。教授署，在明倫堂後；訓導署。

鼇山衛 在衛治東。明正統十四年建。中爲殿，殿后爲明倫堂，前爲泮池，又前爲櫺星門。啓聖祠，在殿東。教授署，在明倫堂後。

山西總部

太原府

《職方典》第二百九十九卷
太原府部彙考七
太原府學校考　府志
本府（陽曲縣附郭）

　　太原府　在府治西。金天會中建。明洪武三年重建。景泰、天順間，巡撫朱鑒、右布政陳昱、右參政楊璇、副使李俊相繼繕完。前大成殿、兩廡，中間櫺星門，內神厨齋室。嘉靖八年，詔建敬一亭，內立敬一箴及注釋宋儒五箴石刊，府屬州縣學同時並建。天啓六年，督學道吳時亮重修。皇清順治十一年，巡撫劉弘遇重修。康熙十八年，按察使庫爾康、知縣戴夢熊再修。二十一年，兩廡塌毀，知府李璣捐資修葺。明倫堂在正殿後，左右四齋，曰時習、曰日新、曰進德、曰修業。號舍，在明倫堂後。啓聖祠，明嘉靖十年詔建。名宦祠，在儒學內東。鄉賢祠，在儒學內西。文昌閣，即文明閣，在學內。奎光樓，在貢院內。教授宅、訓導宅。

　　陽曲縣　在縣治西。金大定年建。明洪武二年修。成化十二年重修。皇清順治十一年，巡撫劉弘遇重修。康熙九年，學道董朱裹、知縣宋時化、教諭李方蓁重修。十九年，按察使庫爾康、知縣戴夢熊重修。正殿五間，東西兩廡各十三間，左右齋宿所一間，祭器庫一間。泮池，橋一座，在戟門外。櫺星門三間。文廟在泮池內。儒學大門一座，在櫺星門東。敬一亭三間。明倫堂五間，堂左右齋房各五間，左右角門各一間。射圃，在敬一亭西，今爲水池。皇清康熙十年，置配享神龕二座，建碑坊一座。名宦祠、鄉賢祠，俱統于府學。文昌閣。奎星樓，舊在明倫堂後，皇清康熙十年重修。十九年，知縣戴夢熊移建儒學大門上。教諭宅，在敬一亭後。訓導宅，在西角門外西齋房後。

太原縣 前代建立，在縣治東北二十里，汾河之東，古平晉縣城內。元末廢毀。至明洪武六年，知縣潘原英創立儒學，在今縣治東街北，向南。十六年，知縣皇甫伯瑄建立神廚等房，前爲欞星門，欞星門西爲學外門，今改于東欞星門里，爲大成門。大成門里東西列爲兩廡，正中爲大成殿，又東爲神廚、宰牲房及庫房、明倫堂。年遠敝壞，萬曆四十五年，鹽察院王遠宜及知縣張起鶚俱捐金重修。萬曆十四年，知縣向化同邑人高一麟立堂前，東西列兩齋，東曰時習、西曰日新。明倫堂後有敬一箴亭，又列爲生員號房。弘治十七年，知縣劉經重修堂齋。正德七年，少師王恭襄家居，倡督官司，大加修建，教諭張琦等捐銀三百餘兩，御史王秀委經歷康安綜之。嘉靖初，提學副使周宣又爲拓馬道三門。天啓五年，知縣屈鍾岳增修尊經閣，在敬一箴亭後。皇清，仍舊。啓聖祠，在先師殿東，明嘉靖九年立。名宦祠、鄉賢祠，未設。文昌閣、奎光樓。教諭宅，訓導宅有三，在啓聖祠後。養廉二倉。

榆次縣 在縣治西。宋咸平二年，知縣龔父肇建。金大定間，縣令楊伯元崇廟貌，又樹戟門。元至大三年縣尹任德中，至順二年縣尹侯洪先後增置。明洪武三年知縣林升，宣德間知縣曹顯，成化間知縣宋信，弘治初知縣梁琮修葺。歲久就弊，弘治九年，教諭宇文鍾圖新之，白于撫按，乃屬藩司少參繆昌檄知縣崔岑董其事。越二歲而底績。中爲大成殿，左右爲兩廡，前爲戟門、爲泮池，南欞星門，東爲神廚、西爲齋宿所。殿旁爲祭器庫，東南爲儒學倉，今廢。又南爲孟母祠。制書樓，在堂後，今改爲敬一亭，東西爲號舍。正德中，知縣吳晉又增塑兩廡賢像，樓之以龕。嘉靖二十五年知縣俞鸞、萬曆二十九年知縣張鶴騰增修大殿、兩廡、齋樓一新，宮墻矗起于戟門東，關門改孟母祠爲延賓亭，規制益備，督學吳鴻功主若役，教諭王廷對、訓導杜思周分其役。萬曆二十二年，知縣史記事以聖廟前民居逼促，殊不朗觀，乃闢地一十五丈，闊三尺。欞星門外爲門壁，外繚以石柱木柵壁；爲泮池，池外爲大坊，扁曰"雲路天梯"；坊外爲大壁，飾以琉璃，宏敞壯麗，與新闢西門通，甚有神于文風云。敬一亭，東西原有號舍，今東無可考矣，西舍十有五間，歲久圮壞，知縣史記事增葺三十間，收諸生之優者，群而課之，下帷與諸生討究，一時嚮往者彬彬焉。明倫堂，在正殿後，堂東依仁齋，西游藝齋，二齋南左曰禮門、右曰義路。皇清康熙十二年，知縣金世禎、教諭竇瑀重修。啓聖祠，在儒學西南隅。名宦祠，在戟門左。鄉賢祠，在戟門右。文昌閣，在齋宿所西。奎光樓。教諭宅，在明倫堂北。訓導宅，在明倫堂東。

太谷縣 在縣治東南隅。宋崇寧三年，縣尉李琰建。元至大二年，達魯花赤忽賽因重修。明洪武三年重修。二十一年主簿蔡仁，天順三年參政楊璇，成化五年知縣顏敏，成化十九年知縣張鑒相繼增修。嘉靖二年，知縣劉奎耀更恢拓之。正殿五間，殿東二間爲祭器庫，殿西二間爲學租倉，東廡十五間，西廡十五間，前爲戟門三間，戟門東二間爲更衣所，西二間爲齋戒所，中鑿泮池，上築石橋，前櫺星門三間，南龍門坊，東德配天地坊，西道冠古今坊，神路在櫺星門南，廣五丈，修四十丈餘，署縣事照磨王瑤買民人趙子禎地爲之。歲久廟廡傾圮。萬曆二十三年，署印本府通判夏惟勤、嵐縣添注典史前兵部職方司主事趙夢麟相繼經始其事，知縣喬允升修葺底績，規制偉麗，煥然一新。明倫堂在文廟西，五間。堂後敬一亭三間，亭前東西廳各三間。堂前東進德齋三間，西修業齋三間，東西號房各一十九間，儀門三間，大門三間。射圃亭，在諭訓宅左。萬曆二十四年，知縣喬允升重修。皇清順治四年，知縣羅雲逵、教諭賈道醇重修。啓聖祠，在正殿東。名宦祠，三間，在戟門東。鄉賢祠，三間，在戟門西。文昌閣、奎光樓。教諭宅、訓導宅，俱在正殿後，明倫堂左。

祁縣 舊在城南街東巷，今按察分司地。金大定中，知縣傅弼創立。明洪武三年縣丞張弘，十六年知縣楊仲居，天順間參政楊璇、知縣王引，各加修葺。嘉靖二年，巡撫御史王秀檄縣令王本源徙今址，因浮圖宮之舊。中爲大成殿五間，東西爲廡各七間，前爲戟門三間，南爲櫺星門，外竪木坊二座。明倫堂五間在殿之左，居仁、由義齋各五間，在堂之側。禮門，在兩齋之前。儒學門，在禮門之前。敬一亭，在明倫堂後。然而規模隘塞，猶未煥然改觀也。萬曆三十一年，知縣趙德于城南牆下築土爲臺，兩傍爲雲路，俱用磚包，上建登雲樓一座，甬路直道至櫺星門下，建文廟坊一座，德配天地、道貫古今二坊各改建，開丈餘許，又東西離十餘丈許建興賢、育才二坊，進而戟門增高二尺餘許，又進而殿后建尊經閣五間。四十六年，知縣李元重修。崇禎十四年，知縣崔錫引、教諭張佩訓周加欄柵，易興賢坊爲奎婁聚曜，育才坊爲鷟鳳發祥。文昌閣、奎光樓。教諭宅、訓導宅，一修于明萬曆九年知縣張應舉，重修于萬曆二十五年知縣韓朝貢，後教諭裁。

徐溝縣 在縣治西。東至城隍廟，西至察院，南至官道，北抵城牆，長一百丈，闊四十一步。金大定中建。明洪武三年知縣韓文寶，十六年知縣羅本初相繼增修。永樂七年，水圮。宣德元年知縣汪洋，天順、成化間知縣楊翱、吳亮，正德、嘉靖間知縣張鑒、李選各重修。嘉靖十五年，知縣王懷禮恢擴規制。二十七年知縣邵鶴年，三十八年知縣閻司衡次第修舉。萬曆二十二年，知縣蘇禾重修。三十六年，知縣楊國禎申修，工未就緒，調任太原縣。三十九年，知縣王敷學捐俸督役，續完前工，復于南城上創建文筆峰一座，高二丈七尺，久廢。敬一亭三間，在戟門右，亦久廢。泮池，在戟門外，櫺星門裏，崇禎三年，知縣程任重修。皇清康熙十七年，知縣趙良璧重建。正殿五間，東西廡各七間，戟門三間，櫺星門三間。康熙二十九年，知縣陸史捐俸補修殿廡門牆、明倫堂門牆。三十六年，知縣陳大年捐修學宮並大成碑坊。四十一年，榆次縣訓導署徐溝教諭事衛中英捐修泮池。四十四年，教諭王藎臣捐俸重建西廡七間。四十九年，知縣王嘉謨捐俸補修正殿、戟門、櫺星門並東西齋舍各三間。五十年，重建道冠古今牌坊、德配天地牌坊，並大成牌坊共三座，其明倫堂東西側廂房各三間，東齋亭三間曰"敬德"，西齋亭三間曰"修業"。明萬曆八年，知縣金一鳳重修東西號舍二十間。久頹廢，皇清康熙十一年，知縣趙良璧移正殿後。其尊經閣一座，在明倫堂後。啟聖祠，三間，在戟門左，明萬曆四十年知縣王敷學移建明倫堂後。皇清康熙十一年，知縣趙良璧移正殿東北。二十九年，知縣陸史重修。四十九年，知縣王嘉謨復修。名宦祠，三間，在戟門左。鄉賢祠，三間，在戟門右。文昌祠，在明倫堂左。奎星樓，舊在學宮內，明崇禎年間知縣李栩遷城東南角樓。皇清康熙十二年，知縣趙良璧捐俸新建，在學宮啟聖祠前偏東隅。教諭宅，在明倫堂後，明萬曆四十年知縣王敷學重修。訓導宅，在明倫堂後，明萬曆四十年知縣王敷學重修。皇清康熙十一年，知縣趙良璧移尊經閣東。

清河縣 在縣治西南。金太和三年，知縣張德元創建。元縣尹彭殷甫重修。明洪武初，縣丞吳文煥、知縣馬大方，天順二年右參政楊璇、知縣張圮，弘治以後知縣同進、盧賓彥、高瀛士、納謨、舒有翼相繼修。後鹵濕圮壞，鞠為茂草。崇禎十六年，知縣鄭經重修。皇清順治五年，知縣成觀光重修。十七年，知縣和羹因舊治而恢拓之，或重建，或重修，堅固峻整，前所未有。其制，正中為大成殿，東西列兩廡，戟門外有泮池，跨以板橋，張學前源泉注其中，又外爲欞星門，門之左爲儒學門，殿之左右爲神庫、宰牲所。明倫堂，在殿后。堂東齋曰進德，西齋曰修業。堂正西爲敬一亭，久廢。西南，爲學倉，東爲厨舍。其射圃亭，在學外東，久廢。啓聖祠，舊在儒學門内。明崇禎五年，知縣何起龍改建明倫堂後，知縣和羹復建于此。名宦祠，在戟門外左。鄉賢祠，在戟門外右。文昌閣，在儒學門東南。魁星樓，在學前南城上，明天啓四年知縣白余慶創建，近重修。教諭宅，在西廡之西，裁。訓導宅，在教諭宅後。

交城縣 在縣治東。元大德、元祐、至正年間累修。明洪武年間，知縣王允恭、任遠道相繼修治。天順二年，右參政楊璇令知縣蘇鐸增修。嘉靖二十七年，縣尹鄭鎬重加修葺。中爲正堂，左右爲兩廡，仍舊圖新。前爲戟門，爲泮池，爲泮芹香遠坊，爲欞星門，榜曰"先師廟"，門爲棚、爲屏。萬曆四年，知縣齊一經重修殿廡、門坊、堂齋、廨宇。萬曆十一年，縣尹周璧重修文廟，殿宇、門欄、兩廡及儒學、齋房各煥然一新。天啓五年，儒學門增爲樓閣。崇禎丙子年，署縣事王凝命重修，學前買民居二院，創建欞星坊三座，復建二坊于大街之東西，左曰"德配天地、金聲玉振"，右曰"道貫古今、江漢秋陽"。皇清順治十八年，知縣王如辰大爲創修，御史李之奇督工。先師殿前止三楹，增高二層，擴爲七楹，兩廡易爲轉角，各成九楹。戟門三楹，角門二楹，較前俱擴。泮池砌以石橋，圍以石欄。欞星三坊，面南竪以大壁。禮門在東，義路在西。更衣有亭，宰牲有所，諸廟俱圍以磚，砌蓋以琉璃，輝煌壯麗，成巨觀矣。康熙九年，知縣趙吉士于正殿周垣圍以石欄。康熙四十年，知縣俞卿另換木主，高五尺餘，加以金飾。康熙四十七年，知縣洪璟于廟學及戟門、欞星坊皆捐資重修。其明倫堂五間，在正殿後，翼以進德、修業二齋，于東西爲禮門、義路，于巽地爲儒學門，建尊經閣于堂後，其射圃在學宮北垣之西。啓聖祠，在正殿西，明倫堂之右。名宦祠，五楹，在戟門東。鄉賢祠，五楹，在戟門西。文昌祠，在明倫堂左。奎星樓，舊建于城垣之正北。明天啓五年，移建于巽地。皇清順治十八年，知縣王如辰下砌石洞，上竪木樓。教諭宅，舊在明倫堂西。明萬曆十七年，知縣張文璧改建堂東。二十年，知縣周璧添建三楹，俱廢。皇清順治十八年，知縣王如辰移于尊經閣之西。訓導宅，在明倫堂西北，舊有二，明倫堂西南一，義路西一。

文水縣 在縣治東。宋元祐間，知縣薛昌建。中爲先師殿五楹，東西分列兩廡，各十七楹，前為戟門三楹，外有泮池，闊三丈餘，南為欞星門。宰牲所三楹，久廢。歷稽建修年月大略，自元符間縣令薛昌肇創，金天德三年縣令呂孝揚，元至正十四年許繼誠，明洪武二年縣丞賈惟銘，四年知縣楊仲安、于鵬益、張羽，正統十一年董茂相繼修飾。弘治元年知縣劉偉，六年邢懋並重葺之。嘉靖七年，知縣薛鯿肇建敬一亭。三十一年，知縣樊從簡建養賢倉三楹，久廢。萬曆初年，知縣郭宗賢、姜一鳴、王昂、文養浩俱加重修。四十年，知縣馬斯和改造欞星門，為坊表三楹，題曰"萬代瞻仰"。天啟年間，知縣賈守正創開西馬道。其明倫堂在正殿後，堂側有神厨、饌室，俱廢，翼以進德、修業二齋，各五楹，聯以號舍各四楹，亦廢。中為儀門，東西為角門。嘉靖四年，督學使者王麟檄于明倫堂後建號舍二十楹，亦廢。皇清順治十二年，知縣王承裘重修明倫堂、敬一亭、東西齋房。十八年，知縣王家柱于文廟前創建聚奎樓二座。啟聖祠，在學門左。名宦祠、鄉賢祠，俱在正殿旁。文昌祠，在啟聖祠左。奎星樓，明知縣胡宣創建。教諭宅，在明倫堂東。訓導宅，在明倫堂迤西。

壽陽縣 在縣治西北興賢街。宋元祐初知縣元淳建。金貞祐末廢。元至元間，縣從事李通、李天民重建，尋復廢。明洪武初，知縣吳原庸復建。弘治間，知縣胡瑄更新殿廡、堂齋。嘉靖十年，主簿吳達重修。崇禎十年，知縣楊思選重修。其明倫堂在正殿後，嘉靖三年，主簿吳達闢西齋，建亭三間，西立射圃。尊經閣，在明倫堂後北城上，皇清因之。啟聖祠，在學宮內，歲久垣壁傾圮特甚，邑令吳祚昌捐俸重修，煥然聿新。名宦祠，在學宮內。教諭宅，在明倫堂西。訓導宅，在明倫堂西南。

孟縣 在縣治東南隅。宋元相沿。明洪武間知縣王靄，天順、成化間參政楊浚、縣丞趙梓、知縣石英因元舊重建增拓。嘉靖十三年，知縣孟鳳重建東廡。皇清，知縣張佳珩重修。正中南向為大殿，殿前有古槐及宋元碑，門廡享祀並同各邑。東北南向為明倫堂，堂中有學四碑及題名碑。東西齋如制。堂後新建為尊經閣，閣制崇閎。康熙二十三年，知縣孔興范倡增欞星門三間，戟門三間，號房五間。啟聖祠，東北南向。名宦祠，舊在啟聖祠南，改配左。鄉賢祠，舊在名宦祠南，改配右。文昌閣，在城角。教諭宅、訓導宅，宅素有三，近存其一，曰"文林正署"。

靜樂縣 在縣治東，岑山半崖間，凡三遷始定。宋大觀中，建于岑山下陂南儒林街。明洪武二年，縣丞譚章改建于岑山半崖之東隅。嘉靖間，知縣趙輔建敬一亭。二十四年，毀于燹，御史陳豪、知縣楊縉復徙儒林街察院行署西，舊儒學之東，工未竟。萬曆十五年，御史陳登雲行縣，議遷，督學王守誠相基址于此地，天柱黑風環于旁，汾河碾水交于下，《舊志》所謂改學西寶峰寺爲文廟，舊學爲明倫堂者，此也，知縣劉沂力任其事，明倫堂前創存心、養性二齋。皇清康熙十八年，增補聖域賢關坊，周以垣墻，修除徑路。三十一年，羅以旌磚砌神道，立坊道口。康熙二十四年，知縣張彥紳重修大成殿、兩廡、戟門、明倫堂等。康熙三十年，知縣錢必達于櫺星門外創修道路。戊寅歲，雨水沖圮。己卯秋，補築完固。啓聖祠，舊在儒學署東，近在正殿後。名宦祠，舊在啓聖祠左，近在戟門外。鄉賢祠，舊在啓聖祠右，近在戟門外。文昌祠，在學舍左。奎星閣。教諭宅，裁。訓導宅。

河曲縣 在縣治東北三百步。明洪武十四年，知縣徐思敬因宋元舊址建。天順間知縣朱雍，成化間知縣殷庠，弘治十三年知縣李邦彥、李心量凡四修。崇禎間，毀于賊，止存正殿，知縣錢永守、教諭王啓謨重建大成殿、櫺星門、左右兩廡、戟門，修葺甬道，繚以周垣，遍栽桃李，舊有敬一亭、尊經閣、號房、倉廒、射圃並廢，有宋時古碑。其明倫堂，成化間知縣殷庠以其湫隘，乃遷于縣治艮隅。弘治十三年，知縣董璇、李邦彥仍移于學，授業有齋，燕息有舍，神廚、庫廚，皆備具焉。啓聖祠，名宦祠，鄉賢祠，俱知縣錢永守、教諭王啓謨重建。文昌閣、奎星樓。教諭宅，裁。訓導宅。

平定州 舊在州東南隅。宋元豐六年建。元至正間，毀于兵燹。明洪武二年，知州程宗朝徙置下城，東北南抵大街，東北俱抵軍營，西抵後街，殿廡齋堂悉備。十六年，知州趙景先增修，規制周備。天順二年，學舍傾頹，分守參政陳璇行部，令知州葉昌重修。成化元年，知州陳志補葺。二十一年，知州吳肅重建大成殿，兩廡增塑像，設倉厨、門垣，一更舊制。弘治九年，知州吳賢廣舊殿三楹爲五楹，左右爲兩廡，前爲戟門，又前爲櫺星門，外鑿泮池，池架石橋，橋南樹坊一，題曰"泮宮"。嘉靖六年，知州蔡俸重修。其觀德亭在啓聖祠前，敬一亭在啓聖祠後，亭中豎敬一箴碑。十五年，知州馬京補葺正殿等處。三十一年，知州姚會極建金聲、玉振二坊于泮宮坊左右。三十六年，知州張孝重修。四十二年，知州孫九疇重修正殿。萬曆元年，知州楊梓重修復，更置大門爲大成坊。崇禎十一年，知州卞爲麟重修。其明倫堂在殿后，左右爲進德、修業、日新三齋。其射圃亭，萬曆二十一年，知州宋沛建。皇清順治八年，陳起潛復修學舍殿齋。啓聖祠，舊在觀德亭後，明萬曆元年徙建于明倫堂之右。名宦祠，在戟門東。鄉賢祠，在戟門西。文昌閣、奎星樓。學正宅、訓導宅，俱在西廡後。

樂平縣 在縣東南隅。金泰和間建。元中統年修。明洪武二十三年，知縣馮人杰重修。永樂年，知縣李敬、徐銘復修。天順二年，參政楊璇令知縣王文增拓。嘉靖十五年，巡按御史蘇佑檄知縣張武幾復新。萬曆年，知縣熊燦、郭暐重修。崇禎十二年，知縣呂維祜重修。其明倫堂在殿后，東崇德齋、西廣業齋，各五間。堂後有敬一亭、尊經閣。其射圃亭在堂西。皇清康熙十一年，知縣王祚永、訓導王基昌重修。正殿三間，東西廡各五間，戟門三間，櫺星門三間。啓聖祠，在正殿東北。名宦祠，在戟門東。鄉賢祠，在戟門西。文昌祠，在學東。魁星樓，在城東南角上。教諭宅，在堂西，裁。訓導宅，在禮門外。

忻州 舊在治西南隅九龍原上。後晋天福二年建立。元皇慶初修。明洪武三年，知州鍾友諒因舊址再建。正德間學正楊鏞，天順間知州夏志明繕完。弘治五年，知州王軒改建治西北，雖規制弘敞，不及岡上爽塏矣。萬曆三十三年，知州王維岳重修。正殿七間，高四丈餘。戟門、櫺星門，俱琉璃瓦，甚宏敞。東西廡各十九間。尊經閣以逼城，其制頗隘，議者欲市廟前地鑿泮池，但地亢無水，大雨時停聚濁流，反失秀氣，市地數丈而展築宮墻，可也。學街牌坊，舊東西各二，止存其二。廟後西北有敬一亭，久圮，重修。其明倫堂，在廟後，東西列日新、時習二齋。明道堂，在明倫堂後，久廢，就其址建官舍。射圃，在明倫堂東，有亭扁曰"觀德"，久廢，重修。啓聖祠，在儒學後東北。名宦祠、鄉賢祠，俱在戟門外，舊向南，改東西向。文昌閣、魁星樓。學正宅、訓導宅，共三區。

定襄縣 舊在縣治南城外，基址荒僻，殊非崇祀之體。元大德十年，知縣趙德溫重建。明洪武八年，縣丞徐思寧移于縣治東北習賢坊。正德十一年，知縣王卿重修，改大廟宇。嘉靖三年，知縣張榮增飾。萬曆十三年，知縣白璧重修，恢擴明倫堂，左爲日新齋、右爲時習齋。二十二年，知縣劉士麟建賢關坊于明倫堂之南界。四十四年，知縣王立愛大加修飾，改東西橫墻作八字形屛墻，東西圍以柵欄，泮池徙而上之。其櫺星門，更擴深廣。戟門，扁曰"廟門"。殿改爲先師殿，兩廡各祠悉新如制，西耳門扁"龍門"，東耳門扁"鳳穴"。皇清康熙五十一年，新建省牲房一座，三楹。其射圃，在啓聖祠前。啓聖祠，在正殿東。名宦祠，在戟門外東。

鄉賢祠，在戟門外西。文昌祠、魁星樓，俱在文廟東南。教諭宅，在日新齋後。訓導宅有二，一在日新齋後，一在敬一亭後。

代州 在州治西南隅。元政和初建。明洪武八年，知州田立重建。永樂三年，知州侯彥實修。天順間，指揮張懷助修。成化四年，都御史秦紘、知州王亮、都督僉事王信開新大成殿，廣七楹，高稱是，兩廡增十五楹，衛以戟門，門五楹，左右爲神庫門。前鑿泮池，池架石橋，橋前爲櫺星門。正德五年提學副使陳鳳梧、知州馬希龍，嘉靖間都御史趙時春各增修。萬曆間，兵備使張惟誠鑿池于萬仞坊之前，爲方池，直抵城下，羅植松柏，池後有泉，碑曰"星聚"，豎二坊于萬仞坊之東西，扁曰"仰聖""育賢"，丹堊一新。其明倫堂，在廟西，後爲饌堂，西爲號房。明正德庚午，廢饌堂，建敬一亭。嘉靖癸丑，連東西號房各十餘間，儀門、大門各三楹，移敬一亭于殿后。其射圃，在學東南隅。皇清順治九年，雁門道余應魁重修。啓聖祠，在殿東。名宦祠、鄉賢祠，俱明嘉靖癸丑建。文昌祠，在明倫堂東。魁星樓。學正宅，在舊饌堂後。訓導宅，有三，在學正宅旁。

五臺縣 在縣治西南修文坊。金正隆二年建。明洪武間，知縣王懋修。成化六年知縣賈綸，弘治十三年知縣劉光祖相繼重修，棟宇嚴肅。中爲正殿，左右兩廡，列庫房，各六楹，前戟門。泮池前爲櫺星門，左右二坊，東道貫古今，西德配天地，廟東立敬一亭。皇清康熙十二年，知縣陳恭修理學宮。康熙癸亥冬，地震，大成殿、兩廡、戟門等處一時盡圮，知縣周三進、教諭姬譯、訓導楊荃各捐己俸重修。又明倫堂，傾圮日久，頹毀益甚，亦加修葺，堂制漸改觀矣。堂東西爲齋號，翼以進德、修業二齋，前爲禮門，爲儒學。其尊經閣在明倫堂後，廢已久，其所藏書亦殘缺而不存。康熙十二年，知縣陳恭修理學宮時，訓導賈煒、典史馮天梓及紳衿、耆老各勸助之，頗復舊觀。其射圃，乃明成化六年，知縣賈紳築。啓聖祠，在正堂後。名宦祠，在戟門前左。鄉賢祠，在戟門前右。文昌祠。魁星樓，在南城上。教諭宅，在廟東。訓導宅，在儒學西。

繁峙縣 在縣治東隅。元至正二年間建。明洪武三年，縣丞劉議修大成殿、兩廡、戟門。天順、成化間，知縣李芳、張壽趙葺。嘉靖七年，知縣于隆繕完。皇清順治十六年，逆姜亂，焚毀未修。啓聖祠、名宦祠、鄉賢祠、文昌閣、魁星樓、教諭宅、訓導宅。

崞縣 在縣治東南。元泰定間建。明洪武三年，知縣周英重建。三十三年縣丞劉大淵，景泰、成化間知縣武橫、楊慶、吳祥等修。正德間，布政劉澤、行縣丞劉存繕改移于西。皇清順治四年，教諭趙汝斌建雲路。五年，知縣范印心建文筆三峰。啓聖祠、名宦祠、鄉賢祠、文昌閣。魁星樓，順治四年，教諭趙汝斌建。教諭宅、訓導宅。

岢嵐州 在州治西南。明洪武十九年，知州施文學創建，李觀落成，陳鑒、王攢修葺。歲久就敝，嘉靖四年，副使王遴繕修。五年，于文昌閣後建敬一亭。皇清順治十五年知州遲焞，康熙三年知州趙瑾重修。康熙十一年，知州何顯祖又葺新之。其明倫堂在正殿東，明洪武初，知州施文學創建，未竣，知州李觀落成。堂南竪坊曰"風化之原"，左進德齋，右修業齋，後堂爲尊經閣。皇清，知州遲焞、趙瑾相繼修。康熙十一年，知州何顯祖又新之。其射圃，在西關，建有觀德亭，久廢。啓聖祠，在文廟東，知州何顯祖重修。名宦祠，在泮池東，明嘉靖間建。鄉賢祠，在泮池西，明嘉靖間建。文昌閣，在文廟東南，知州何顯祖重修。奎星樓。學正宅，在明倫堂東。訓導宅，在明倫堂西，裁。

嵐縣 在縣治東南。正殿、東西兩廡、欞星門、戟門，俱宋元豐中建。元末兵毀，惟存聖殿。明洪武四年，縣丞高九萬重建。天順四年，知縣王準廓大成殿，參政楊璇建明倫堂、尊經閣。成化二年，知縣孫楷稍葺，教諭張鐸建朱文公祠于大成殿西。弘治間知縣胡泰、王弘，嘉靖九年知縣張淮，二十年張崇德俱重修。其敬一亭，成化二年，知縣孫楷重修。啓聖祠，明成化二年重修。名宦祠、鄉賢祠，俱明隆慶三年知縣周用賓建。文昌閣。奎星樓。教諭宅，在尊經閣西，今裁。訓導宅，在教諭宅東。

興縣 在縣治東北。元至元中，徙城北土岡上。元大德、至正間，繼修，後毀于兵。明洪武十一年，知縣曾以禮重建。宣德二年修葺。弘治十三年，知縣馬圖于舊址右，自正殿、東西兩廡及神庫、宰牲所、戟門、欞星門，凡學堂齋廟舍俱創建焉，有碑記。天啓元年，鄉宦尹就湯重修。皇清順治三年，舉人尹衡再修。啓聖祠，明嘉靖三十四年，署縣主簿余學會建。名宦祠、賢祠、文昌閣、奎星樓、教諭宅、訓導宅。

保德州 在舊治東南隅。宋熙寧初，知保德軍高煥創建，後毀于兵火。金大定年，刺史高懷貞改建于州治之西。明昌年刺史王嘉言，泰和年刺史張令臣俱重修。元大德年，知州王濟重修正殿五間，兩廡各七間，戟門三間，欞星門三座。至正年，達魯花赤慎德斤、知州許仲杰俱重修。明知州任泰、陸鏞、朱黃裳、胡楠、李勝之、張世熙俱重修。有敬一亭、致齋所、祭器庫、神厨、宰牲所、泮池、尊賢、育才二坊。皇清順治六年，牛賊損毀。十年，知州楊士烜、學正劉衍民重修。康熙十二年，學正張鳳羽重修。二十年，知州高起鳳、學正衛大衡重修。三十二年，學正劉瀚增修，積工數年，煥然更新。明倫堂三間，明弘治間，知州劉淵重建。東進德、修業二齋，西成賢齋、祭器庫。東治化本源，西文章淵藪二柵，俱弘治間知州周山建。萬曆間，知州王甲將明倫堂增築臺基，又撤去成賢齋、祭器庫，改爲東西兩齋各五間，東曰進德、西曰修業，又改東西二柵曰禮門、義路。皇清順治間，知州楊士烜、學正劉衍民修補。康熙十二年學正張鳳羽，二十七年學正衛大衡俱重修。三十三年，學正劉瀚增建屏墻。又于四十二年，東柵建元魁坊，中道建"治化本源、文章淵藪"坊一座，又建宮墻大門一座。儒學門三間，在文廟東，前有青雲得路坊，化龍坊樹其左。明萬曆間，知州胡楠石甃水道，改而新之。其射圃，在明倫堂號房之西，長二十五丈，闊四尺，內有觀德亭三間，明知州周山建，後知州李春芳廢給鄉民之願入城者，知州高岡鳳又移州治後。啓聖祠，舊在明倫堂右。名宦祠，舊在東廡下，明弘治間知州周山以文昌祠改建，後廢，以戟門外神厨改爲之。鄉賢祠，舊在西廡下，明弘治間知州周山以致齋所改建，後廢，以戟門外宰牲所改爲之。萬曆四十二年，知州胡楠以兩祠南向，非制，申請修改。皇清康熙十二年，學正張鳳羽改東向西，西向東，始協規制。文昌祠，舊在東廡下。明弘治十七年，知州周山改爲名宦祠，祀文昌于尊經閣下，後廢。皇清康熙十年，學正張鳳羽于東齋之地募建正祠三間，廡廈一間。四十二年，學正劉瀚重修，又開神路于東齋房後，建門樓化龍坊，並立屏墻一座，移蛟龍雲雨碑置其中，前竪舊龍鱗石。奎星樓，舊在儒學門外，後改建于學之西。明萬曆間，知州王甲又改建于先師殿東。皇清康熙三十八年，學正劉瀚于尊經閣後接小樓一間，移魁星祀其上。學正宅，舊在文廟西，儒學門內，久廢。

偏頭關 在所治東。明弘治元年，都御史左鈺建。十七年兵備楊綸，正德十二年守備雍彬，嘉靖八年總兵李僅，十八年總兵祝雄俱重修。啓聖祠、名宦祠、鄉賢祠、文昌閣、奎星樓、諭教宅、訓導宅。

寧武關 在道署西。明嘉靖七年，都御史江潮創建，正殿扁曰"萬世師表"，東西兩廡，前戟門，泮池南櫺星門，東西坊曰"德配天地""道貫古今"。崇禎十年，寧武道張毓泰重修。其明倫堂，在殿后。左右進德、修業二齋，前一小坊曰"風化之原"。堂後尊經閣依山頗高，右有敬一亭，久廢。皇清康熙三十五年，中糧廳張大典增建。外玲瓏磚照壁。啓聖祠，在明倫堂左。名宦祠，在戟門左。鄉賢祠，在戟門右。文昌閣，在廟左。奎星樓，在廟右。教諭宅。訓導宅，在明倫堂東，罹兵燹，僅存基址。

老營堡 明萬曆四年，提學鄭旻創建。啓聖祠、名宦祠、鄉賢祠、文昌閣、奎星樓、教諭宅、訓導宅。

平陽府

《職方典》第三百十六卷
平陽府部彙考十
平陽府學校考　府志
本府

平陽府 在城東。舊在府治前，宋紹熙中建。元大德中，地震傾圮。明洪武初，知府徐鐸重建。宣德間知府萬觀，成化間知府姜德政、胡睿繼修。弘治間，知府張文佐改創殿廡、堂齋、書樓、號舍，餘悉如制。正德間，知府閔槐創名宦祠并學倉二所，今廢。嘉靖間，知府孫浚移建于此，增飭規度。萬曆間，知府張修吉、李從心相繼增修。皇清康熙三十四年，地震塌壞，上發帑金，遣官督同知府王輔重建。先師殿五間，東廡十二間，西廡十二間。啓聖祠三間，在大成殿后西北隅。名宦祠三間，在啓聖祠東。鄉賢祠三間，在啓聖祠西。戟門，三間。文昌祠，文廟東，地震毀。魁星樓，泮池西南隅，舊在文昌祠東南隅，康熙三十四年地震毀，鎮守總兵毛來鳳移建。明倫堂三間，東齋三間，西齋三間。尊經閣，明倫堂後，地震毀。敬一亭，地震毀。更衣亭三間，戟門外東。宰牲所三間，戟門外西。神厨、神庫，今廢。教授宅、訓導宅，俱文廟東。射圃，府治南，小分司前，弘治間知府張文佐置，臨汾縣民鄭旺地創建，今廢。

臨汾縣 在縣治西。舊在城外北阪下，毀于兵，有司徙置城中，以晋山書院改建。明洪武十一年，知府徐鐸復以元季察罕帖木兒祠堂改建。宣德間知縣袁衡，弘治間知縣馬龍、李伸，嘉靖九年知縣袁淮、董删、趙統相繼重修。皇清康熙三十四年，地震傾圮，上發帑金，遣員外倭倫督同知縣彭布孔重建。先師殿，五間。東西廡，各十二間。啓聖祠三間，明倫堂東。名宦祠三間，戟門外東。鄉賢祠三間，戟門外西。文昌祠三間，櫺星門西。魁星樓，明倫堂後，地震毀。明倫堂五間，正殿後。東西齋各三間。尊經閣，地震毀。敬一亭，地震毀。教諭宅，正殿西北。訓導宅，正殿西。射圃，安仁坊，弘治十七年知府張文佐建，今廢。

襄陵縣 在縣治西南。舊在城北門外，金大定初移此。元地震傾圮，縣尹楊秀重建。明正統間，知縣張柔、訓導丁璉拓修。成化十六年知縣張鼐，弘治、嘉靖、萬曆間知縣李高尚重修，趙希益、宋之韓、馬逢皋各增修。皇清康熙三十四年，地震毀，知縣諸來晟重修，知縣惲東生、宋繼均增修。先師殿五間，東西廡各五間。啓聖祠三間，正殿西北隅。名宦祠三間，啓聖祠東。鄉賢祠三間，啓聖祠西。文昌祠三間，正殿東北隅。魁星樓，廢。明倫堂，五間。正殿後東西正心、誠意齋，各七間，今俱廢。尊經閣，敬一亭東，廢。敬一亭，明倫堂後，廢。射圃，魁星樓西。教諭宅，明倫堂東，康熙間教諭康體元、張寅重修。訓導宅，明倫堂西，訓導高尚志重修。

洪洞縣 在縣治東北，舊在縣後，元至元三年建。大德六年，地震陷，縣尹孫𩆁重建。十年，主簿劉履、景祥各增修。明洪武二年知縣楊茂，成化、正德間知縣焦犖、馬馴繼修。嘉靖元年，知縣浦鋐改建于此。萬曆十年，知縣喬因羽增修。皇清順治十年，知縣趙三長修。先師殿五間，東西廡二十三間。啓聖祠三間，在先師殿東，康熙三十四年地震毀，四十六年知縣陳兆業重修。名宦祠三間，戟門外東，康熙三十四年地震毀，三十六年知縣李宣重建。鄉賢祠三間，戟門外西，康熙三十四年地震毀，知縣李宣重建。文昌閣，泗州寺後高阜上，與文廟相對。魁星閣，儒學門外，知縣喬因羽建。文星樓，即城東門樓，偏關同知康正吉詳請改建。明倫堂五間，東西日新、時習齋各五間。敬一亭，啓聖祠後，康熙三十四年地震毀，四十六年知縣陳兆業重建。尊經閣，明倫堂後，東西號舍各五間。教諭宅，明倫堂東。訓導宅，明倫堂西。射圃三間，先師殿西北。

浮山縣 在縣治西。元至元中建，大德間修。明洪武二年，縣丞徐秉彝增修。正統、成化間知縣李安、李鼐，嘉靖二年典史何繼遠，萬曆間知縣左桐、張檢躬相繼增修。皇清順治間，知縣李景棟、楊名世重修。先師殿五間，東西廡各十間。啓聖祠三間，敬一亭後。名宦祠三間，正殿東。鄉賢祠三間，正殿西。文昌閣三間，儒學前東。魁星樓，正殿西北，地震毀。明倫堂五間，正殿後。東西齋各五間，今廢。敬一亭三間，明倫堂後。尊經閣，今廢。訓導宅，敬一亭西。

趙城縣 在縣治西南。元至正間建，明洪武七年縣丞淩文質修。正統間知縣何子聰，萬曆間知縣張鑒、張汝鈺、郭峻相繼增修。皇清順治十六年知縣安錫祚，康熙四十四年知縣徐容各重修。先師殿五間，東西廡各十間。啓聖祠三間，文廟東北。名宦祠二間，戟門東。鄉賢祠三間，戟門西。文昌祠，文廟東北隅，康熙四十六年知縣徐容并教諭王之瑞建。其城外東南隅，係文昌高閣，順治十六年知縣安錫祚建。魁星樓，欞星門外。明倫堂三間，正殿後，明嘉靖七年，河東道參議陳時明、僉事宋欽委知縣連悅之建，知縣邢倫落成。東西修德、凝道齋各五間。尊經閣，明倫堂後。敬一亭一間，尊經閣下。教諭訓導宅，俱明倫堂後。養廉倉，明萬曆間，巡按御史趙文炳捐銀五十兩，崇禎末，邑紳閻承寵續捐銀五十兩，共銀一百兩，每年取利，闔學均分。

太平縣 在縣治西北。元至元八年，主簿任興嗣重修。至正十八年，毀于賊。十九年，達魯花赤安童復建。二十年，縣尹馮衡增修。明洪武七年縣丞毛煜，十七年知縣沈士廉，景泰間知縣岳嵩，弘治間知縣尹璆，正德間知縣盛琛，萬曆三年知縣武成相繼增修。皇清順治初，兵變，焚毀殆半。十五年，知縣盧易重修。康熙十七年，知縣吳軫增修。二十八年，知縣趙心忭增修。三十八年知縣李清鎧、教諭王之瑞，四十年教諭牛敬修相繼重修。先師殿五間、東西廡各九間。啓聖祠，舊在正殿東南，嘉靖間知縣劉廷芝改建于殿后。萬曆初，知縣武成建尊經閣，移祠于東北。名宦祠，戟門東。鄉賢祠，戟門西。尊經閣，正殿後。講堂三間，尊經閣西。文昌祠，在文廟東，康熙三十八年知縣李清鎧、教諭王之瑞，四十年教諭牛敬修重建。明倫堂五間，東西齋各六間。敬一亭三間，明倫堂後。教諭宅，敬一亭西，康熙四十年教諭牛敬修增修。訓導宅，教諭宅南，康熙二十八年知縣趙心忭建。射圃亭，學門外西，今廢，存圃地。學倉，今廢。

岳陽縣 縣治西。元延祐三年，縣尹郭澍、主簿糜嗣祖建。明洪武十五年，知縣金銘增修。天順間知縣王用，成化間知縣岳讓，正德間知縣元思永，萬曆間知縣王協夢，皇清順治十二年知縣郭奇勳，十七年知縣袁一誠，康熙八年知縣李丕先，二十九年知縣盧振先相繼增修。先師殿五間，東西廡各七間。啓聖祠，明倫堂西北。名宦祠三間，戟門東。鄉賢祠三間，戟門西。文昌祠，康熙二十四年，知縣趙時可重修。明倫堂三間，文廟後，東廡博文、西廡約禮。敬一亭，今廢。尊經閣三間，明倫堂後。訓导宅，敬一亭北。

曲沃縣 在縣治西。舊在東南，宋慶曆間縣尹孫民先建。金皇統、泰和間，縣尹宋琚、張罩修。後以兵火廢。元大德四年，縣尹完顏從塘、主簿賈天衢、王德寧改建于東北。七年，地震傾圮，縣尹趙英重建。至正間，縣尹閻得中修。明洪武、天順、成化間，知縣朱武、王聰、劉璣相繼增修。正德、隆慶間知縣侯秩、楊時寧，萬曆間知縣何出光、蒯諫各增修。康熙十六年知縣周鉞，四十年知縣潘錦各增修。先師殿五間，東西廡各十五間。啓聖祠三間，正殿西。名宦祠，禮門東。鄉賢祠，禮門西。文昌閣，文廟東。明倫堂三間，東西進德、修業齋，各五間。敬一亭，啓聖祠後，嘉靖六年知縣潘汝壽建，內立敬一箴并注釋宋儒四箴，及御製訓飭士子文碑。教諭宅，堂後。訓導宅，堂東。

翼城縣 在縣治西門南。舊在南，後唐長興三年建。宋天聖八年，縣令文彥博改建于此。金天會間縣尹杜德機，元至元間縣尹趙思忠、劉源、黎城、主簿沙班敬升俱增修。洪武五年，縣丞薛大昉增修。天順間知縣王班，弘治間知縣張忠，萬曆間知縣張儒秀各增修。皇清順治十四年，知縣胡獻瑤重修。康熙五年知縣鄭之衡，四十年知縣馬鏞俱增修。先師殿五間，東西廡各十五間。啓聖祠三間，正殿後西北。名宦祠、鄉賢祠。明倫堂三間，正殿後，東西日新、時習齋，各五間。尊經閣，明倫堂後，內祀文昌、魁星。教諭宅，明倫堂西。訓導宅，明倫堂西南。學倉，訓導署西，今廢。

汾西縣 在縣治西。元至正十八年，縣尹梁濟建。明洪武八年，知縣洪彥升修。成化、正德間知縣楊馨、張大成，萬曆間知縣孫延卿、毛炯各增修。皇清順治十四年，知縣李色蔚、教諭王俊民、典史薛宗孔重修。康熙十三年，知縣蔣鳴龍重修。先師殿五間，東西廡各九間。啓聖祠，儒學西北。名宦祠，戟門外東。鄉賢祠，戟門外西。文昌祠，舊在大成門東南，後改東城，知縣蔣鳴龍增建。魁星樓，儒學東南。明倫堂三間。東西敬德、修業齋，各三間。又有敬一亭。

靈石縣 在縣治西南。元大德十一年，縣尹韓敦武建。明洪武十六年，知縣李尚文修。景泰間，知縣范寧增修。正德間，毀于寇，知縣孫燧重修。萬曆三年，山水入城，浸漂磚木，知縣白夏重修。崇禎九年，知縣趙一龍復修。皇清順治初，毀于兵火，知縣趙希普、李廣生各加修葺。康熙八年，訓導孫進修增修。先師殿三間，東西廡各九間。啓聖祠，明倫堂東。名宦祠，戟門東。鄉賢祠，戟門西。文昌閣，在縣東門外翠峰山巔。魁星樓，學宮東南隅。明倫堂三間，正殿後。東西齋三間，康熙三十七年，知縣郎國禎改建。敬一亭，明倫堂北。尊經閣，敬一亭後。教諭宅、訓導宅，俱堂西。射圃，教諭宅後，今廢，址存。會講堂，教諭宅前，今廢，址存。

蒲縣 舊在縣治西。元大德元年建。明洪武二十一年，知縣潘從善增修。天順間參政楊璇，萬曆六年知縣毛一鳳各增修。天啓四年，知縣羅永新改建城中察院之墟。先師殿五間，東西廡各九間。啓聖祠三間，正殿東北隅。名宦祠，泮池東，今廢。鄉賢祠，泮池西，今廢。文昌祠，文廟西南隅。明倫堂五間，正殿後，東西博文、約禮齋各三間。敬一亭，正殿西北隅，今廢。訓導宅，堂西，久毀。

蒲州 舊在古城內。元初，遷州治東南。明洪武間，同知趙樞重建。宣德七年知州劉儀，正統十二年知州張廉，天順四年知州徐孚，成化五年知州張本濟，弘治八年知州許鵬相繼增修。嘉靖三十三年，知州陳應和重修。三十四年冬，地震傾圮。三十六年，分守參議王之誥、知州邊像復建。四十二年知州張佳引，萬曆二十六年知州郭元柱，三十五年分守參政喬學詩、知州張翔羽，崇禎十一年分守道李一鰲皆重修。皇清順治十六年知州馬翰如，康熙二年知州侯康民，三十七年守道吳自肅、知州李六成重修。先師殿五間，東西廡各十三間。啓聖祠三間，戟門外東南偏，康熙三十七年，學正張希載重葺。名宦祠七間，戟門外東。鄉賢祠七間，戟門外西。文昌閣，啓聖祠南，魁星附閣內，知州李六成增修。明倫堂五間，正殿後。東西齋十二間，有明德、成德、崇德、成造四名，今廢。敬一亭，戟門外，今廢。尊經閣。號房四十六間，今廢。月川祠，明倫堂左，祀舊學正曹正夫先生。學正宅，正殿西，明倫堂後，學正張希載增修。訓導宅，正殿東，訓導劉必遠增修。射圃，舊在欞星門南，今廢，址存。

臨晉縣 在縣治東。元至元十年，縣尹敦武、校尉許榮建。至正二年，縣尹黨若濟、教諭孫景奭重修。明洪武四年，主簿葉士溫、訓導孟思顏加茸。成化十五年知縣毛鳳來，嘉靖二年知縣丁守中增修。三十四年，地震圮，知縣李世藩復建。萬曆十一年知縣趙岸，十五年知縣吳崇禮，二十八年知縣高惟岡，天啓六年知縣秦懷慶各相繼增修。皇清順治十七年知縣孫宗元，康熙三十八年知縣王光皋重修。四十七年，知縣徐炘增修。先師殿五間，東西廡各十一間。啓聖祠三間，儒學門內東訓導宅址，舊在尊經閣東，天啓六年知縣秦懷慶移置于此，知縣孫宗元、教諭吳光姬重修。名宦祠三間，泮池東。鄉賢祠三間，泮池東。文昌閣，鐘樓上，康熙四十五年，知縣徐炘、教諭張瑄、訓導牛慎修重修。魁星樓，啓聖祠東南，康熙四十年，知縣王光皋、教諭張瑄、訓導賈若瑚建。明倫堂五間，正殿後，東西時習、日新齋，各五間。尊經閣三間，明倫堂後。敬一亭，尊經閣後。峨嵋山房三間，在明倫堂後。射圃，明倫堂西，舊訓導宅址，久廢。康熙四十年，新建于訓導宅東。教諭宅，舊在明倫堂東，久廢。康熙四十年，教諭張瑄創建于明倫堂西。訓導宅，時習齋東，訓導石博建，賈若瑚、牛慎修各增修。王公祠，啓聖祠後，祀知縣王光皋。

榮河縣 在縣治東南。明洪武三年，縣丞馬復禮因故址重建。天順六年知縣李逢春，弘治五年知縣高騰各增修。嘉靖三十四年，地震圮，知縣侯祁復建。萬曆二十三年知縣王立本，二十七年知縣梅煥各重修。崇禎十一年，邑紳李嵩重修正殿，生員潘鴻志分修啓聖祠，闔學生員同修東西兩廡，義民李成家重修戟門，生員潘遐昌、范三聘同修名宦祠，生員丁綿祚、陸騰鳳同修鄉賢祠，邑紳郭沖霄分修魁星樓。皇清順治十七年知縣張錫文，康熙十一年知縣陳觀聖，二十三年知縣趙國宣，三十年知縣遲維垣，四十二年知縣梅夢紱各增修。四十四年，教諭牛爲龍創立泮池、花墻、牌坊、課士亭。四十六年，大成殿、魁星樓疏漏頹廢，知縣梅夢紱重修。先師殿五間，東西廡各七間。啓聖祠三間，正殿後東。名宦祠三間，戟門東。鄉賢祠三間，戟門西。魁星樓，庠門外。明倫堂三間，正殿後。東西進德、修業齋，各五間。尊經閣三間，明倫堂後，祀文昌于閣上。教諭宅，明倫堂西，明末兵毀，順治十八年教諭朱萬壽重建。訓導宅。

猗氏縣 在縣治東。金承安二年建。洪武三年修。嘉靖三十四年，地震圮。三十五年，知縣韓永春重修。萬曆九年知縣賈一鶚，二十年知縣李景登各增修。天啓三年，邑紳喬應甲增修。皇清順治十五年，生員金可樴以捐資修學入成均。康熙九年，署印聞喜縣丞董國政、教諭寶復伸倡闔學修飭。康熙十九年，舉人王巖楨重修兩廡、魁文閣、名宦祠。先師殿五間，東西廡各十五間，內東廡南二間爲神廚庫，西廡南二間爲祭器庫，後改爲土地祠，今又以東廡北二間爲經籍庫。啓聖祠三間，正殿東北。明萬曆二十年知縣李景登，三十三年署教諭胡穎各增修。康熙三十二年，訓導董筆重修。名宦祠三間，戟門外左。鄉賢祠三間，戟門外西，舊以神廚所爲之，後改建。魁文閣，櫺星門外東南隅，康熙十九年舉人王巖楨重修。

明倫堂五間，正殿後。東西崇德、講業齋，各五間。敬一亭三間，明倫堂後，明嘉靖間知縣李景登修，順治十年知縣萬應旗重修。尊經閣三間，明倫堂東北隅，康熙二十三年進士王含真建。射圃，舊在學西，後改建學東北，今廢，址存。教諭宅，明倫堂西北隅。訓導宅，一在東齋後，一在西齋後。養廉倉，明萬曆三十年巡按御史趙文炳發本銀四十兩，學吏同省祭執掌出入，每年子銀加二本，學生員有貧窮婚喪不能行禮者，用子銀給賑，母銀常存，今廢。

萬泉縣 在縣治東。宋至和元年，縣令趙瞻建。金太和三年，主簿劉從謙修。元大德四年攝事胡元貞，至治三年縣尹月倫失帖木兒重修。明洪武三年，開設學校，增飾學宮。宣德二年知縣張惠，天順八年知縣梁棟，成化十九年知縣蘇旻，弘治三年教諭呂富，嘉靖七年知縣楊蘭，二十三年知縣劉文光，萬曆十四年知縣符嘉訓相繼重修。明末，毀于兵燹。皇清順治十七年，知縣鄭章重新修建。先師殿五間，東西廡各九間。啟聖祠，正殿東。名宦祠，櫺星門內左。鄉賢祠，櫺星門內右。文昌閣，大門內，康熙三十九年知縣翟亮邦建。魁星閣，康熙三十九年，知縣翟亮邦移建東城樓南。明倫堂五間。東西進德、修業齋，各五間。尊經閣三間，明倫堂後，知縣鄭章重建。教諭宅，明倫堂左，今廢。訓導宅，進德齋後，康熙五年訓導龍在田創建。

河津縣 在縣治東。元皇慶初建。明洪武六年，知縣張天麟增修。天順間知縣趙愷，正德五年知縣王鄂，嘉靖三十二年知縣高文學增修。明末兵毀。皇清康熙九年知縣崔鳴鷟，三十八年知縣吳寶林俱重修。先師殿五間，東西廡各十六間。啟聖祠，舊在正殿東北，嘉靖三十二年，知縣高文學改建正殿西南隅。名宦祠，櫺星門內左，知縣崔鳴鷟重修。鄉賢祠，櫺星門內右，知縣崔鳴鷟重修。文昌閣，學宮東，明季丙午知縣白鯤創建。明倫堂三間，正殿北。東西興賢、育才齋，各七間。尊經閣，改為敬一亭。敬一亭，明倫堂北。教諭宅，在東齋房後。訓導宅，在西齋房後。

解州 在州治東。金大定二十八年，知州李愈重修。元元統元年知州耿允囂，明洪武四年知州洪范，十六年州判余尹瞻，正統間知州吳惠，成化間知州張寧各重修。弘治間知州李溥，正德間知州李昆、李文敏、朱璟，嘉靖間知州林元敘、黃敏才、解情、張源澄各相繼增修。三十四年，地震圮。三十六年，知州王惟寧復建。萬曆間知州魏養蒙、張汝雨、陳堯言，崇禎初知州徐文煒各相繼重修。皇清順治十三年知州鄒蘊賢，康熙元年知州呂兆璜俱重修。先師殿七間，東西廡各十間。啓聖祠三間，正殿東。名宦祠三間，戟門外東。鄉賢祠三間，戟門外西。文昌祠，城上東南角。明倫堂五間，正殿西。東西齋各五間，東五間傾圮，址存，西五間現存。尊經樓三間，正殿後。敬一亭，今廢。學正宅，明倫堂後偏東。訓導宅，明倫堂西。

安邑縣 在縣治中。宋蔡攸重建，有碑記。元至正間重建。明洪武二十九年知縣晉之用，天順間知縣楊磬，成化間知縣劉謹，正德間知縣魏瓚，萬曆間知縣羊可立、路一麟、吳愈各重修。皇清康熙二十六年，知縣柯世榮、訓導李王棟重修。先師殿五間，東西廡各十四間。啓聖祠三間，尊經閣東。名宦祠三間，戟門外東。鄉賢祠三間，戟門西。文昌祠三間，櫺星門東，康熙四十六年知縣張縉修。魁星閣，影壁東南。明倫堂五間，正殿後。東西博文、約禮齋各三間。敬一亭三間，明倫堂後。尊經閣，敬一亭上層，知縣張縉重修。教諭宅，東廡後。訓導宅，西廡後，康熙四十六年訓導姜祖臨同闔學創建。養廉倉，萬曆間巡按御史徐元發銀造倉，工未興，現銀三百二十兩附邑庫。射圃，西廡後。

夏縣 在縣治東南。魏神麚元年建。元至元十四年，縣尹申達重建。大德十一年縣尹張式，至順二年達魯花赤田葉，至正八年縣尹何義相繼修。明洪武初知縣閻育，成化十三年知縣楊通，十九年知縣陳潤，弘治四年知縣姜洪各增修。嘉靖三十四年，地震圮，知縣王言復建。萬曆元年，知縣陳世寶、孫養默、高奎、李汝禎各增修。皇清順治四年知縣遲日巽，十四年知縣鄭四端，康熙四年知縣羅于廷各增修。二十三年，知縣朱國賢重修。先師殿七間，東西廡各十間。啓聖祠三間，正殿東。名宦祠三間，啓聖祠前東。鄉賢祠三間，啓聖祠前西。文昌閣三間，正殿東北。魁星樓一間，啓聖祠東南角。明倫堂五間，正殿後。東西修德、凝道齋，各三間。敬一亭三間，明倫堂後。尊經閣，明倫堂前東，廢。教諭宅，明倫堂東。康熙十六年，知縣羅在公修建。四十四年，知縣蔣起龍重修。訓導宅，明倫堂西，知縣蔣起龍修。射圃、社學，今俱廢。養廉倉，明知縣袁葵捐銀三十兩，知縣邊維隆捐銀二十兩，皇清知縣遲日巽捐銀一十五兩，知縣羅在公捐銀五十兩，河南學道張潤民、本縣人捐俸銀六十兩，本學歲貢蘇居仁捐銀十兩，以上六款，共銀一百八十五兩。又城內外官地鋪面應得地租銀一十九兩二錢，以為修葺聖廟、學宮，及士子科舉應試盤費之資。

聞喜縣 在縣治東北隅。宋延平四年，縣令慈卿重建。至和二年，縣令馬中庸修。金大定二十六年署縣事王宗儒，泰和四年署縣事王靚，元至元十一年達魯花赤脫台、縣尹張仲祥，大德五年達魯花赤兀魯不花、縣尹劉文俊相繼重修。七年，地震圮，達魯花赤哈兒等又重修。延祐七年，達魯花赤阿里、縣尹王杰補修。明洪武十二年，知縣張同文重建。正統十一年知縣侯琳，弘治十五年知縣吳璇，正德十三年知縣王琳相繼增修。嘉靖三十四年，地震圮，知縣杜華重修。萬曆間知縣王象乾、徐明、李養正、李果就，天啟六年知縣張耀相繼重修。皇清康熙元年知縣李如蘭，二十年知縣許自俊俱重修。先師殿五間，東西廡各十六間。啟聖祠三間，正殿後。名宦祠三間，在戟門東。鄉賢祠三間，在戟門西。文昌閣，文廟東偏，康熙四十六年知縣江國棟、教諭沈源浚、訓導賈若瑚重修。明倫堂五間，在文廟西。堂東酒房四間，堂西廚房四間，教諭沈源浚修。東西傳道、授業齋，各五間。敬一亭，明倫堂後西偏，嘉靖十年知縣閻倬建，後廢。順治二年，知縣劉鈺重建于明倫堂後。康熙四十二年，立御製訓飭士子文碑。教諭宅，啟聖祠西，訓導宅東，知縣許自俊建。訓導宅，在敬一亭後，圮壞已久，于康熙四十六年訓導賈若瑚捐俸重修。

平陸縣 在縣治東南。宋祥符二年，縣令麻吉肇建。元至元十三年，知縣葛榮重修。明洪武二年，開設學校。十六年，知縣孔守道、訓導王翰復建。成化十六年主簿趙清，弘治八年知縣侯尚文，嘉靖三十三年知縣田充國，四十年知縣吳守禮，四十二年知縣王發蒙，萬曆七年知縣李澤，二十八年知縣馬民牧，三十三年知縣強自修，四十八年知縣劉盈科各相繼增修。崇禎末兵毀。皇清順治十三年知縣崔偉，康熙七年知縣陳國泰，十七年知縣柴應辰，十八年教諭鄧鼎甲、訓導孫永大各相繼增修。先師殿五間，東西廡十間。啟聖祠，正殿東北隅，嘉靖十年知縣徐元孝修。名宦祠，舊在正殿西北隅，知縣徐元孝修，今改建戟門東。鄉賢祠，舊在正殿西北隅，知縣徐元孝修，今改戟門西。文昌閣，舊在正殿東北隅，今改建于西北隅。明倫堂五間，舊在殿西，今改建正殿後，東西進德、修業齋。尊經閣三間，明倫堂後。教諭宅，文昌祠後。訓導宅，明倫堂後東角。射圃亭，儒學殿西，闊十五步，長五十步，舊有觀德亭，今廢。

芮城縣 在縣治東北。舊在東南，金天會六年兵毀。八年，知縣朱洗馬改建于此，後縣令完顏德玉、元縣尹苗琚、明縣丞楊得、知縣俞士真、孟濟、李英、任亨、李濟、趙廷琰、姜士佐相繼增修。皇清順治間，知縣王自修再增修。康熙三十四年知縣高壽名，四十七年知縣邵璇各重修。先師殿五間，東西廡各八間。啓聖祠，明倫堂東北。名宦祠三間，戟門外。鄉賢祠三間，戟門外。明倫堂五間，東西齋各三間。敬一亭，明倫堂後。文昌祠三間，在文廟東。魁星樓，在南城上。教諭宅，順治十七年新修，今訓導居之。訓導宅，教諭宅南，已廢。

絳州 在城東北隅。宋景祐二年建。元至正間，知州李榮祖修。明洪武十年，知州顧登重修。正統十四年，知州王汝績改建。成化間知州許琠，正德十四年知州李文潔，嘉靖間知州劉萬，萬曆間知州李遷喬、張應舉、張繼東各重修。三十八年，知州朱正寅增修。皇清順治間，知州薛世望、貢生康丕承、李貢嘉各重修。康熙六年知州劉顯第，十九年知州劉涵各增修。先師殿五間，東西廡各十五間。啓聖祠三間，明倫堂東。名宦祠三間，櫺星門內東。鄉賢祠三間，櫺星門內西。文昌閣，櫺星門東，舊講堂改建。魁星樓，即文昌閣上層。土地祠，櫺星門西。明倫堂七間，正殿後，東西齋各十間，東北五間爲崇德，南五間爲饌堂，西北五間爲廣業，南五間爲神庫。尊經閣五間，明倫堂後，敬一箴移刻于中。學正宅、訓導宅，俱明倫堂西。射圃，學正宅西南。

稷山縣 在縣治東南。唐貞元中建。金貞祐間兵毀。元初復建。元貞間，縣尹鄭宸重修。至元間，縣尹郭思孝再修。明洪武間知縣茹伯賢、李均保，宣德間知縣楊春，成化十六年知縣張諒，正德十年知縣張延康，隆慶二年知縣孫佸，萬曆四十年知縣張思恭，崇禎十五年知縣白足長，各相繼重修。皇清康熙十九年知縣朱天爵，三十八年知縣傅宗重修。先師殿五間，東西廡各九間。啓聖祠三間，正殿東北。名宦祠三間，大成門外西。鄉賢祠三間，大成門外東。文昌閣，在正殿東南。魁星樓，南城上，嘉靖三十八年縣丞安東建，順治間教諭劉孔揚重建。明倫堂五間，正殿後，正德十年知縣張延康增建，萬曆十三年知縣殷煉，皇清順治九年知縣姚延啓各重修。東西進德、修業齋，各五間。尊經閣五間，明倫堂後，明知縣張延康增建，天啓間知縣焦浴重修起層樓。敬一亭，尊經閣前，一間。知縣劉三錫捐俸重增三間，起層樓，今廢。教諭宅，正殿西，年久廢，康熙十八年教諭馬絳遠重建。訓導宅，借居尊經閣。射圃亭三間，啓聖祠前，今廢。學倉，修業齋南，今廢。

絳縣 在縣治東南。後唐長興三年，縣尹靳平建。金大德間修。明洪武三年重修。成化間知縣陳能，正德十一年知縣包德仁，嘉靖十四年知縣李光遠，萬曆間知縣傅應元，三十二年知縣黃維翰相繼增修。皇清順治六年寇毀。八年署縣事絳州同知徐祚煥，十年知縣楊鴻謨續建。十六年，知縣趙士弘。康熙四十年，知縣盧絳重修。先師殿三間，東西廡各九間。啓聖祠，明倫堂東北。名宦祠，櫺星門內東偏。鄉賢祠，櫺星門內西偏。文昌閣，敬一亭後，高四十餘尺，萬曆間知縣黃維翰建，順治間知縣趙士弘修，康熙間知縣盧絳重修，內樹御製戒飭士子文碑。奎星樓，城頭東南隅，知縣趙士弘、盧絳各重修。明倫堂五間，正殿後。東西進德、修業齋，各五間。敬一亭，明倫堂後，今廢。教諭宅，正殿西，今廢。訓導宅，教諭宅前，今廢。號舍，東西各五間，敬一亭前，今廢。射圃，敬一亭西北。

垣曲縣 舊在城外東，因兵廢。元至元十六年，知縣岳弘移建城內治北。大德七年，知縣左闊闊出重修。明洪武十五年，知縣戴聚修。景泰、成化、嘉靖間，知縣朱凱、鄭恕、房桂、縣丞張廷相各重修。萬曆三十三年知縣趙乾清，四十年知縣呂恒，崇禎十六年知縣朱治泰增修。皇清順治元年，兵毀。十三年，教諭孫世藎、訓導王宬、知縣呂崇簡各增修。先師殿五間，東西廡各十間。啓聖祠，敬一亭後。名宦祠，泮池東。鄉賢祠，泮池西。文昌祠，學宮西。魁星樓，在城東南。明倫堂五間，東西日新、時習齋各五間。敬一亭，明倫堂後。教諭宅，東齋後。訓導宅，西齋後。

霍州 在州治西南。元至元二年建。大德七年，地震圮，知州李伯淵重修。十年，監州失利不花，延祐七年知州范渥，至治二年知州白賁俱相繼重修。明洪武三十年知州馬士龍，宣德七年學正曹端，成化間知州張圮，弘治間州判周盛，嘉靖三年知州宇文鏞，三十四年知州杜學易，三十六年知州褚相，四十二年知州李春，崇禎間知州丁時學各增修。先師殿三間，東西廡各九間。啓聖祠三間，正殿西。名宦祠三間，戟門外左。鄉賢祠三間，戟門外右。文昌祠三間，文廟外東南。魁星祠三間，文廟東北。明倫堂五間，在殿后，東西齋志道、依仁、據德、游藝各一間。尊經閣三間，明倫堂後。學正宅，明倫堂東。訓導宅，明倫堂西。射圃，儒學南，城隍廟前，東向，建觀德亭，圍以垣墻。明知州杜學易重修，今僅存地基。

吉州 在州東門外。元延祐初建。明洪武五年知州諸志升，正統間州同羅拱宿增修。成化二年，知州謝慎重建。天啓間，知州沈瑜重修。明末兵亂，祠廡俱廢。皇清順治間知州紀振邊、于三躍相繼修葺。康熙元年，知州葛全忠更新重修。先師殿五間，東西廡各七間。啓聖祠三間，正殿後。名宦祠三間，戟門內東。鄉賢祠三間，戟門內西。文昌閣三間，一在東山上，一在西門外，今廢，移修東山閣。魁星樓有二，一在東山上，一在西山上，俱見存。明倫堂三間，東西遜志、敬業齋，各三間。學正宅，州署東南。訓導無宅。

鄉寧縣 在縣治西。宋皇祐三年，縣令劉舒建。明洪武十一年，知縣金守正修。嘉靖三十四年，地震傾圮，知縣張雲從復建。萬曆間，知縣李枝、崔允恭、李時茂相繼增修。先師殿三間，東西廡各七間。啓聖祠三間，正殿後。名宦祠三間，戟門東。鄉賢祠三間，正殿東。文昌閣三間，城東南山上，萬曆間知縣焦守己建。魁星樓一間，文昌閣旁，萬曆間知縣李枝建，焦守己移巨鐘懸其上，晨夕鳴之。明倫堂五間，正殿東。東西博文、約禮齋，各三間。號房各四間，今廢。後爲敬一亭，東教諭宅，西訓導宅。

隰州 在州治西南。元至正間建。明洪武中知州陳顯、劉元良，景泰五年州判周全，成化間知州墨春、董瑜俱重修。嘉靖十四年，知州鄭濂改安國寺爲學宮。三十六年，知州宗杰復遷于此。萬曆四十年，知州王茂錫重修。四十五年，知州儲至俊增修。皇清順治十三年知州白崇周，康熙六年知州胡文煥，二十六年知州張綏遠，四十一年知州鄭恂各修葺。四十五年，知州錢以塏重修。先師殿三間，東西廡各九間。啓聖祠三間，正殿東北隅。名宦祠三間，戟門前東。鄉賢祠三間，戟門前西。文昌祠，明倫堂後，尊經閣下。奎星樓，州城東南，康熙三十二年學正張德棠建。明倫堂七間，東西齋各五間。尊經閣，內祀文昌，并設明肅宗御製敬一箴及注宋儒五箴。學正宅，舊在西馬道，寇毀，今移西齋房後。訓導宅，今裁。射圃亭，明倫堂西。

大寧縣 在西。夏大德二年，修武校尉行縣尹侯俁建于城外東北隅，後以兵燹廢。金正隆六年，縣尹高永孚于縣署西北岡下掘地得金魚，乃移建廟學于縣署之西。明洪武八年，知縣郁杰重構。天順四年，知縣王溥重修。成化元年，知縣劉紹宗繼葺，始稱完備。崇禎七年，知縣丁嘉謨重修正殿，移本縣大德村舊廟肖像置廟中，共十五位。皇清順治十三年，知縣吳興祚增修，廟後築石堤以障大水，規模視前有加。康熙三十三年，知縣劉芳永加修。先師殿五間，東西廡各九間。啓聖祠三間，西廡之西，明隆慶元年知縣邵蕙建，康熙四十五年知縣胡文煥移建正西北隅。名宦祠五間，戟門前東。鄉賢祠五間，戟門前西。文昌閣三間，一在縣東關外，一在縣北，知縣胡文煥建。魁星樓，縣南翠微山之巔，知縣胡文煥重修。明倫堂三間，啓聖祠前，康熙九年訓導王翰華重修。東西進德、修業齋，各三間，今廢。敬一亭，三間，明倫堂西，康熙四十三年訓導張繩重建。訓導宅，明倫堂西北，康熙四年訓導王翰華建，四十四年訓導張繩重修。舊有教諭宅，今廢。射圃，縣西故縣村東北。

　　永和縣 在縣治東南。舊在城東門外，唐貞觀二年建。宋大觀初修。元至正間，改建于此。明洪武五年知縣孫讓，正統十年知縣胡貞，嘉靖元年知縣吉順東、曹文輝、訓導袁勳，二十四年王府官張柏齡捐輸，相繼增修。崇禎五年兵毀。皇清順治三年知縣刁昌世，十五年知縣武士豪，康熙十一年知縣王爾楫、訓導朱永祚，三十九年知縣趙堯章，四十六年知縣王士儀各增修。先師殿五間，東西廡各九間。啓聖祠三間，明倫堂後。名宦祠三間，欞星門外。鄉賢祠三間，欞星門外。文昌閣一間，舊在正殿後，今改建文廟西南城臺上，康熙四十六年知縣王士儀建于此。魁星樓，在東南城外高埠，上下各一間，康熙四十六年知縣王士儀創建。明倫堂三間，正殿後。訓導宅，廢。

　　運司 在本司城內東南隅。元大德間建。至正二十八年罷。明正統間，運司韓偉請復設師徒，員額視府學。天順三年，運使史潛繼修。弘治間御史張應奎，正德間御史熊蘭、周廷徵，萬曆間御史王一龍、曾舜漁、王遠宜、喬允升、運使林國相、運判王建中，崇禎間御史楊繩武各增修。皇清順治十三年，運使陳哲重修。康熙六年御史施維翰，十六年御史鞠珣，二十七年運使蘇昌臣俱重修。先師殿五間，東西廡各二十六間。啓聖祠三間，正殿東北。名宦祠三間，戟門外東。鄉賢祠三間，戟門外西。魁星樓一間。明倫堂五間，正殿後，東西齋各六間，有志道、據德、依仁、游藝四名。敬一亭三間，明倫堂後。尊經閣一座，正殿東。教諭宅、訓導宅，俱正殿東。

潞安府

《職方典》第三百三十二卷
　　潞安府部彙考二
　　潞安府學校考　府志

本府（長治縣附郭）

潞安府 在郡治西南。金申良佐《興學賦》云，在郡長衢之東南，當時郡治直八義門也。《舊志》，莫詳其創始。《興學賦》云，見之碑刻，李唐以來已有之。故金元喬通守、李節度、崔判官、陳州守、王同知或稱改建、或稱補葺、或稱重修云。明張同知三同、燕知州義方相繼修葺，而實大修于馬知州暾。自改府後，郡守宋珪、孫國、劉復初相繼充拓修飾。廟制，中爲大成殿，東西爲廡，前爲戟門，下爲泮池，東有省牲、齋戒所，又前爲櫺星門。廟東爲明倫堂，堂後爲敬一亭，又後爲尊經閣。堂兩序爲端本、澄源、崇德、養正齋，前爲敷教坊，爲道義坊，左右有角門，曰規矩、曰準繩，東西爲倉庫，前爲儀門，又前爲儒學門。學之東極北爲義陽樓，樓前有餘地，今作射圃，建亭四楹，有斯文樓、議道堂，已久廢，不可考。皇清順治十三年，郡守楊晙重修。十五年，生員趙維煌、張其祥重修，准貢。啓聖祠，在殿后。名宦祠，在戟門左。鄉賢祠，在戟門右。文昌祠，在學東北義陽樓前。魁星臺，在文昌祠前。教授宅，在明倫堂東。訓導宅，在明倫堂西。

長治縣 初建在本府學東，同知葛大紀創，縣尹劉四科、張主敬相繼增修。郡守劉復初議改卜，得吉于永豐倉之前，規制已定。後守陳儒復改卜于城東南隅舊演武場之址。廟制，中爲大成殿，東西爲廡，前爲戟門，爲泮池。池之東爲齋明亭，西爲省牲所。又前爲櫺星門。廟東爲明倫堂，堂後爲敬一亭，東西爲庫房，爲進德、修業齋，前爲風教門，又前爲儒學門，又前甃石爲璧池。皇清順治十三年，知縣王功成重修。十五年，生員杜棠馥重修。啓聖祠，在正殿後。名宦祠，在戟門左。鄉賢祠，在戟門右。文昌閣，在學北。奎星樓，在學東南。教諭宅，在明倫堂東。訓導宅，在明倫堂西。朱衣祠，在學南。

長子縣 在東街路北，建于宋建中靖國初。元縣尹馬德重修。明初，縣丞閻弼因舊址創建，知縣寇奉祖、易鶚、王澤、馬負圖、許鋌、何出圖相繼修葺。廟制，中爲大成殿，東西爲廡，前爲戟門、爲泮池，左爲省牲所，右爲齋宿所。又前爲櫺星門，東爲儒學門，爲禮門。殿後爲明倫堂，堂東西爲修德、凝道齋，堂後東爲御製閣。學西舊有培秀倉、射圃及號房、饌舍，今廢。啓聖祠，在明倫堂東。名宦祠，在戟門左。鄉賢祠，在戟門右。文昌閣，在明倫堂後。奎星樓，在學前路南。教諭宅，在明倫堂後。訓導宅，在明倫堂前。

屯留縣 在東街路北，《志》稱，元縣尹陳善重修，則建自元以前矣。明知縣楚瑨、王敦、李玘、王紳、劉剛、金瀾、齊宗堯相繼修葺。廟制，中爲大成殿，東西爲廡，前爲戟門，爲泮池。右爲承造所。又前爲欞星門。殿東北爲敬一亭，亭西南爲省牲所，今廢。廟西爲儒學門，殿后爲育賢門，中爲明倫堂，東西爲博文、約禮齋。堂後爲樂育亭，今廢。亭後有笥經樓，樓東西爲退講亭。廟西有射圃亭，今廢。啓聖祠，在正殿東北。名宦祠，在鄉賢祠前。鄉賢祠，在敬一亭前。文昌閣，在名宦祠前。奎星樓，在學前路南。教諭宅，在笥經樓東。訓導宅，在笥經樓西。

襄垣縣 在縣治東南。金天會間縣令韓俊創。元縣尹傅仲禮、楊綱及明知縣李文、柳豸、蕭守身、李貴和各有修補功，而規制一新則郡守劉復初，知縣張嘉福、武可則踵成之。廟制，中爲大成殿，東西爲廡，前爲戟門，爲泮池，左爲土地祠，又前爲欞星門。後爲尊經閣。廟西中爲明倫堂，東西爲進德、修業齋，爲號房，前爲禮門，又前爲儒學門。堂後爲敬一亭。皇清順治十三年，知縣鄭僑重修。啓聖祠，在殿后。名宦祠，在戟門左。鄉賢祠，在戟門右。文昌閣，在廟東。奎星樓，在廟東南。教諭宅，在敬一亭後。訓導宅，在敬一亭西。朱衣祠，今廢。

潞城縣 在縣治東南。金天會間建。元大德間重修。明知縣張璧、杜彪、張璟、張遇、馮惟賢、張鶴騰各有增飾功，郡守劉復初助修文昌閣，以補風氣。廟制，中爲大成殿、東西爲廡，前爲戟門，爲泮池，又前爲欞星門，殿后爲敬一亭，今廢。廟東北隅爲明倫堂，東西爲勤學、好問齋，前爲儀門，爲儒學門。皇清順治十三年，知縣徐大成重修。啓聖祠，在殿后。名宦祠，在戟門左。鄉賢祠，在戟門右。文昌閣，在學外東南。奎星樓，在東南城上。教諭宅，在明倫堂後。訓導宅，與教諭宅近。朱衣祠，今廢。

壺關縣 在縣治東南，其創始莫考。金季喪亂，鞠爲蔬圃。元縣尹郅朗建，明知縣呂士安、沈溥、張著、馬興、任式、何永慶、張祥、方應明相繼修葺，知府劉復初又爲之改泮池、建尊經閣。廟制，中爲大成殿，東西爲廡，前爲戟門，爲泮池，左爲省牲所，又前爲欞星門。殿后爲敬一亭、射圃亭。廟東中爲明倫堂，東西爲日新、時習、居仁、由義齋，前爲禮門，又前爲儒學門。堂後爲尊經閣、日新齋，東爲時習齋。皇清順治十三年，知縣朱輔重修。十五年，生員楊振豪重修。啓聖祠，在敬一亭西。

名宦祠，在戟門左。鄉賢祠，在戟門右。文昌閣，在禮門東。奎星樓，在學前南城上。教諭宅，在明倫堂東。訓導宅，在明倫堂西，今裁。

平順縣 明嘉靖十年，知縣徐元道、主簿李鷟建。初在縣東，萬曆二十五年，郡守劉復初改卜城東北隅。廟制，中爲大成殿，東西爲廡，前爲戟門，爲泮池，又前爲櫺星門。殿后爲明倫堂，爲兩齋。堂前爲儒學門。歷知縣王榮誥、崔一龍、趙完璧而後功始成。皇清順治十三年，知縣丘旦重修。啟聖祠，在明倫堂西。名宦祠，在戟門左。鄉賢祠，在戟門右。文昌閣，在東門城樓。奎星樓，即東南城角樓。教諭宅，在明倫堂西南。訓導宅。

黎城縣 在縣治南。宋建，金修，後毀于兵。元縣尹趙思忠、劉渥修復，又毀。明初，知縣崔鳳因舊址復創，李善、李進、魏朝相、楊良臣、馬麟、張遵約相繼修葺，而良臣之功爲鉅。廟制，中爲大成殿，東西爲廡，前爲戟門，左爲省牲所，又前爲櫺星門，爲泮池。廟東北爲明倫堂，堂東爲日新齋、爲祭器庫，西爲時習齋。堂前爲禮門，爲儒學門，堂後爲敬一亭。舊有藏書樓，建于元至正間，今廢。皇清順治十五年，生員李鼎黃、李芳黃重修。啟聖祠，在學東。名宦祠，在戟門左。鄉賢祠，在戟門右。文昌閣，在東南城角。奎星樓，在學前。教諭宅，在西北角。訓導宅。

汾州府

《職方典》第三百三十九卷
汾州府部彙考三
汾州府學校考　府志
本府（汾陽縣附郭）

汾州府 在府治東。舊爲州學，金同知節度使康玉潤重修，其肇不可考矣。後壞于兵燹。元初，漸次修舉。明洪武、正統間，知州茅志道、李善相繼重葺。正德十六年，知州郁浩重修，增內外泮池。萬曆十二年，知州白夏拓修，壯麗甲晉陽。萬曆二十三年，改府後，知府崔士榮等重修。皇清順治間，知府郎永清、劉克孔相繼重葺。康熙二年，改府學爲縣學，改廢成王府爲府學。正殿五楹，東西廡各十五楹，兩墀碑亭各一，戟門三楹，神庫在戟門左，神厨在戟門右，石橋、泮池在甬路中，兩旁碑亭各一。櫺星門、左右角門在戟門外，先師坊在櫺星門外路中，鳳翥卜山坊在路西，龍騰汾水坊在路東。龍池在先師坊前，龍池亭在泮池中臺上，鐘樓在泮池左，鼓樓在泮池右，青雲得路坊在南城上，雲梯月殿門在龍池南。正殿之後爲明倫堂，堂左進德齋、時習齋，右修業齋、會饌堂。義路在堂之東，禮門在堂之西，升堂入室在義路東。射圃亭，在禮門西。敷教坊，在入室亭前。觀德坊，在射圃亭前。儒學門，在敷教坊內。天衢啓鑰坊，在社學右。尊經閣、敬一亭，俱在明倫堂後。啓聖祠，在敬一亭後正中。名宦祠，在戟門外東。鄉賢祠，在戟門外西。三賢祠，明嘉靖三年，改爲尊經閣，後改爲子夏祠。嘉靖二十八年重修，更名曰"三賢"，以段幹木、田子方並祀之。萬曆十二年，改建于啓聖祠左。文昌祠，在城上正東。魁星樓，在城上東南。

　　汾陽縣 在立信廂。萬曆二十三年建。皇清康熙二年，移于城內，即舊府學也。正殿五楹，東西廡各二十楹，南角房各四楹，北角房各三楹，大成門三楹。禮門在大成門左，義路在大成門右。前爲櫺星門，左右角門，德配天地坊在路東，道冠古今坊在路西。泮池在櫺星門前，青雲得路坊在南城上。正殿之左爲明倫堂，堂左敬德齋，右修業齋，前爲儀門，左右爲角門，又前爲儒學門。尊經閣，在明倫堂上。敬一亭，在明倫堂後艮隅。啓聖祠，在明倫堂後乾隅。名宦祠，在大成門外東。鄉賢祠，在大成門外西。文昌閣，新改建城上，在青雲得路坊東。魁星樓，在學巽隅。教諭宅，在啓聖祠後。訓導宅，在敬一亭後，今頹廢，新建在儀門外左。

　　孝義縣 在城東南隅。宋大觀中，知縣董元愷創建。元元貞中，知縣董元澤修葺。大德七年，地震傾覆。八年，縣尹赫思敬重建。明洪武中知縣陳莊，天順中沈純，成化中王佐，弘治中張日升，正德中閔以仁，嘉靖中董愷各重修，正殿、廊廡、戟門、泮池、碑坊等以次就理。萬曆二十八年，知縣周佑增修明倫堂。堂東博文齋、堂西約禮齋，敬一亭在明倫堂東，射圃亭在學西。啓聖祠，在儒學東。名宦祠，在戟門外東。鄉賢祠，在戟門外西。文昌閣、魁星樓所在，《志》俱未載。教諭宅，在明倫堂後。訓導宅，在明倫堂東。

　　平遙縣 舊在縣治東南。元大德間建。明洪武三年重建。嘉靖、隆慶、萬曆間，殿廡、學舍相繼修建。崇禎九年，知縣王凝命移于治東太子寺。皇清康熙十四年，縣令魏改建舊所。三十九年，縣令王見宮墻廢墜，復爲修葺，仍闢雲路。其制，正殿前有戟門、欞星門、祭器庫、道冠古今坊、德配天地坊。學之中爲明倫堂，堂東西各有齋。敬一亭、尊經閣，俱在明倫堂後。雲路爭先坊、鯤化天池坊，俱在明倫堂前。泮池，在欞星門內，兩腋各建房三間，左爲神庫、右爲神廚。啓聖祠，在敬一亭西。名宦祠，在戟門外東。鄉賢祠，在戟門外西。文昌閣，在雲路左。魁星樓，在東南城角樓上。教諭宅，在學東。訓導宅，在學西。

介休縣 在城東南隅。唐咸寧初建。元至元間，徙今地。明洪武二十七年，知縣武信重建。皇清康熙九年重修。其制，中建正殿二，左右爲東西兩廡，前爲大成門，門前爲泮池，池前爲欞星門，門外東西石坊，左曰"騰蛟"、右曰"起鳳"。神庫在殿東，東廡、神廚在殿西西廡，省牲所，在大成門東。齋宿所，在大成門西。明倫堂，在大成殿后，堂前有東西兩齋。尊經閣，在明倫堂後。敬一亭，在尊經閣東。太和元氣坊，在儒學門西。金聲玉振坊，在儒學門東。啓聖祠，在明倫堂東齋後。名宦祠，在大成門外泮池後。鄉賢祠，在大成門外泮池東。文昌閣，在城南。奎星樓，在城南上。教諭宅，在儒學東門內。訓導宅，在儒學西門內。

石樓縣 在縣治東。金時建。明洪武六年，知縣顧碩增修。正統十一年，知縣劉述繼修。嘉靖五年，知縣王仁增拓重修。皇清順治十四年，知縣周士章同署教諭姜宗品復行重修，殿廡、學舍、戟門、泮池、碑坊等始圬他學。啓聖祠、名宦祠、鄉賢祠所在，《志》俱未載。文昌閣，在儒學東。奎星樓、教諭宅、訓導宅所在，《志》俱未載。

臨縣 在舊城東門外，秋河西岸。元至正中建。明洪武二十七年，知縣王昱修。永樂十年，河溢，傾圮，知縣呂璠遷舊址東南百步許。成化五年，知縣睢讓拓之。嘉靖間，知縣張天祿增修。中爲正殿，殿左右爲東西兩廡，前爲戟門、欞星門、泮池。後爲明倫堂。堂後爲尊經閣、敬一亭。啓聖祠，在廟左。名宦祠，在戟門外東。鄉賢祠，在戟門外西。文昌閣，在學前左。奎星樓，在道冠古今坊旁。教諭宅，在學東。訓導宅，在教諭宅西。

永寧州 在州治東南。元大德、至元間建。明洪武七年，學正許孟和修。正統初，毀于火。天順間，知州杜章增修。隆慶元年毀，署州事同知李春芳復修。萬曆二十四年，廟宇頹敗，州守夏惟勤新之。皇清康熙十二年，知州徐灝振重建。正殿五間，左右兩廡共十間，戟門三間，神庫三間，神廚三間，省牲磚樓一，焚帛磚樓一，泮池一，上甃磚橋，欞星門一，西側設義路禮門，東西設道冠古今、德配天地二坊。正殿後明倫堂五間，東西齋房二所，興賢門在東齋房南腋，尊經閣在堂後，齋膳房在閣東，宰牲房三間。射圃通南北街，出興賢門。敬一亭，在正殿左。啓聖祠，在正殿左。名宦祠，在戟門東。鄉賢祠，在戟門西。文昌宮，在文廟東。奎星塔，在城東南隅。學正宅、訓導宅，共二十六間，俱在啓聖祠後。

寧鄉縣 在縣治西南。金泰和間建。元至正間修。明洪武五年知縣宋文中，正統間知縣梁杲重修。嘉靖七年，知縣張軾、訓導曹昌改建。正殿、東西廡、二門、泮池、宰牲房、造酒房、欞星門、道冠古今坊、德配天地坊。明倫堂、進德齋、修業齋、尊經閣、大門、雲路坊俱與廟制相稱。啓聖祠，在文廟左。名宦祠，在戟門外東。鄉賢祠，在戟門外西。文昌宮，在縣治東。奎星樓、教諭宅、訓導宅所在，《志》俱未載。

大同府

《職方典》第三百四十五卷
大同府部彙考三
大同府學校考　通志
本府（大同縣附郭）

大同府 在城東南隅。舊學在府治之東，即遼京西京國子監，元大同縣學。明洪武八年，改爲府學。二十九年，以府學改爲代王府，而以雲中驛改爲府學，即今學也。宣德間，巡撫侍郎沈固增修。正統間，巡撫羅亨信繼修。嘉靖十二年，兵變焚毀，巡撫樊繼祖、知府王允修重建。後知府郭時叙、程鳴伊、黃嘉善繼修。萬曆三十一年，知府馬拯重修。皇清己丑，姜逆據城，圮壞。順治十二年，馬之先節制雲中時重修。啓聖祠，明嘉靖十年建。十二年，巡撫樊繼祖、知府王允修重新。名宦祠，在戟門左。鄉賢祠，在戟門右。文昌閣，在學東街。奎星樓，在學西街。教授宅、訓導宅。

大同縣 舊與府學共，縣前府後。明嘉靖十二年兵焚後，知府王允修，易左府右縣。越四十年乏科，萬曆三年，巡按馮子履構西北地別建。皇清順治十二年，總制馬之先重修。啓聖祠、名宦祠、鄉賢祠、文昌閣。奎星樓，明萬曆三十四年孫體元建。教諭宅、訓導宅。

懷仁縣 在城內西北隅。舊在城東門外，明洪武十三年，知縣許彥余徙今地。正統間知縣趙瑀，成化間知縣鄭經繼修。後知縣韓應元、楊守介、署印經歷陶幼學俱增修。啓聖祠、名宦祠、鄉賢祠、文昌閣、奎星樓、教諭宅、訓導宅。

渾源州 在州治西。元皇慶初建。明洪武、永樂間，知州鄭允先、李信重修。正統間州判張福，成化間知州關宗，弘治間知州董錫，嘉靖間巡道董邦政俱增修。啓聖祠，在大殿東。名宦祠，在啓聖祠左。鄉賢祠，在啓聖祠右。文昌閣，在大門內。奎星樓與文昌閣近。學正宅，在堂西。訓導宅，在堂東。

應州 在州治西南。舊在城西北隅，遼清寧間建。明洪武八年，知州陳立誠徙今地。天順間參政楊璇、知州張綸、王彪，弘治間知州薛敬之俱增修。萬曆四年，知州徐濂重修。啓聖祠、名宦祠、鄉賢祠、文昌閣、奎星樓、教諭宅、訓導宅。

山陰縣 在縣治西，宋時建。明洪武八年，知縣蔣文煥。正統九年，知縣慕寧相繼修葺。嘉靖二年，巡按御史許宗煥命知縣余寅增修。萬曆十年，知縣王居仁復修。啓聖祠、名宦祠、鄉賢祠、文昌閣、奎星樓、教諭宅、訓導宅。

朔州 在舊州治西北。明洪武十年，知州郝約建。正統十年，兵毀。成化十三年，知州呂文重修。嘉靖間知州畢鸞，萬曆間知州屈煒、許爾忠、州判郭如松俱增修。明末，闖逆入寇，廟祠、齋房、學宅俱毀。皇清順治十五年，知州侯樹屏設法重修。康熙十一年，知州方叔裔、學正楊弘祖復加修葺。啓聖祠，在正殿西。名宦祠，在廟門左。鄉賢祠，在廟門右。文昌閣，與儒學近。奎星樓，在儒學門左。學正宅，在明倫堂後。訓導宅，在正殿後，廢。

馬邑縣 在縣治西。元至元間建。明洪武十七年，知縣李德重修。正統間知縣張俊，成化間知縣安和，萬曆間知縣趙承芳、王日新相繼增修。皇清康熙十六年，知縣阮振益修葺。啓聖祠，在正殿後，久圮，康熙四十一年知縣秦擴補修。名宦祠，在戟門外東，康熙四十一年知縣秦擴重修。鄉賢祠，在戟門外西，康熙四十一年重修。文昌閣，在文廟西。奎星樓，在櫺臺上。教諭宅，在明倫堂西。訓導宅，在博文齋後。

蔚州 在州治北。元至元間建。明洪武十二年，蔚州衛指揮周房重建。

正統間知州耿信，天順間知州史魁，弘治間知州姜鄗俱增修。啓聖祠，三間。名宦祠，在義路門內。鄉賢祠，在禮門門內。文昌閣。奎星樓，高四丈。學正宅，在明倫堂西。訓導宅，二所，近尊經閣、奎星樓。

廣靈縣 在縣治西北。舊在縣治西，明洪武初，縣丞趙自立建。十六年，知縣曾鍇修。弘治五年，知縣程觀重修。啓聖祠，在正殿後明倫堂舊址。名宦祠，在戟門左。鄉賢祠，在戟門右。文昌閣、奎星樓。教諭宅、訓導宅，俱廢。

靈丘縣 在縣治東。金貞祐間建。元至正間修。明永樂九年，知縣李安重建。天順五年，知縣閻芳增修。皇清順治十七年，知縣宋起鳳因堂廡年遠傾圮，內外率加修葺。康熙十七年，知縣岳弘譽、教諭楊廷亮、訓導呂大成等各修葺。啓聖祠、名宦祠、鄉賢祠。文昌閣，在城南門樓上。奎星閣，在城東南角樓。教諭宅、訓導宅、義學。

廣昌縣 在縣治東。元時建。明洪武十六年，縣丞宋林重建。嘉靖間，知縣張九功重修。啓聖祠、名宦祠、鄉賢祠。文昌閣，在學宮東。奎星樓。教諭宅，在學宮西，教諭侯聚貴修建。訓導宅，在明倫堂西。

大同左雲川衛 在衛治東。明成化年，巡撫王越建，後移南城下。萬曆間，復移建于鼓樓西街。

大同右玉林衛 在衛治東，與左衛學同建。萬曆二十三年改建。

陽和高山衛 在衛治東。

天城鎮遠衛 在衛治東，與陽和學同建。

威遠衛 在衛治西，嘉靖五年建。萬曆二十九年，改建衛東。

平遠衛 在衛治東北，嘉靖五年建。三十七年，徙今地。

沁州

《職方典》第三百五十二卷
沁州部彙考二
沁州學校考　州志

沁州 在州治西興文街。明洪武三年，知州陳大本建，知州許英、張玘重修。弘治四年，參議王盛改于城之西南。萬曆十三年，知州劉宗禹重修。皇清康熙九年，知州汪宗魯重修，又于太和元氣牌坊外增建德侔天地、道冠古今二坊,兩旁柵欄又中建看壁,外竪下馬二牌。啓聖祠,舊在明倫堂後,明嘉靖三十七年知州劉承學建,知州劉宗禹移于廟後尊經閣故址,計三間。皇清順治九年,汾州府同知署州事陳允忠、學正韓宗文、吏目林爾忠重修。康熙九年,知州汪宗魯重修。大成殿,五間。東西廡各十一間,神厨三間,神庫三間,欞星門三間,二門、大門各三間。皇清康熙九年,知州汪宗魯重修,又建泮池,舊在大門外,今改于二門內。文昌祠,在文廟東,正殿三間,東西厢房各三間。皇清康熙五年,學正張令名重修,增塑神像。康熙七年,知州汪宗魯創建戲樓一座,扁"文盛樂新",從多士請也。尊經閣,在文廟後,今圮。名宦祠,在大門內左,三間,知州汪宗魯重修。鄉賢祠,在大門內右,三間,知州汪宗魯重修。敬一亭,在明倫堂後,今圮。明倫堂,在文廟西,五間。東西齋房各六間。大門、二門各三間。皇清順治十五年,署州事陳允忠、學正韓宗文重修。康熙九年,知州汪宗魯增修。學正廳,在明倫堂東,今廢。訓導廳,在明倫堂西,今廢。射圃亭,在二門西。學宅,在啓聖祠西,明倫堂東北,正樓三間,東西厢房各三間,後角門二座,正門樓一座,東西小房各二間,東角門一座,正廳三間,前門樓一座,四面圍墻,俱知州汪宗魯、學正樊琳創建。

沁源縣 創自元大德間,在東關厢。明洪武八年知縣邵善,永樂七年主簿劉鐸相繼重修。嘉靖二十年,知縣賈德潤以學宮地易聖壽寺基址更建。天啓六年,知縣李樂、學諭段達、訓導郭金城洎紳衿等,以地形失利,復遷建北關外。崇禎十五年,知縣齊克諧、教諭王心一因科第乏人,申請按院陳,再遷今地,建學于城西高阜,規模略具。皇清順治十五年,知縣袁賦誠、教諭劉湛修葺東廡。十六年,庠生胡來賀、郭化麟、儒士崔鉉等重修明倫堂、主敬齋,又新建行恕齋。康熙三年,庠生劉浚源、胡琪重修正殿、兩廡、大成門。迄九年,知縣汪士鵬同訓導李蔭耀等重修名宦、鄉賢二祠、欞星門,又新建德侔天地、道冠古今二坊,繚以周垣。十年,汪知縣以堪輿王克仁議,創建奎星閣于城東南隅以翼廟,學宮體制,煥然一新。大成殿五間,東西廡各五間,戟門、欞星門各三間。啓聖祠,在明倫堂東,三間。名宦祠、鄉賢祠,俱在戟門左右,各三間。敬一亭,在明倫堂後,三間。明倫堂,在文廟後,五間。東主敬齋三間,西行恕齋三間。堂之前爲儀門,外東號房十間,趨西迤南爲大門。外舊有牌坊二座,今圮。皇清康熙九年,知縣汪士鵬重修改建,今圮。教諭廳,在明倫堂東。訓導廳，在明倫堂西。射圃亭，在學東，圮。

武鄉縣 舊在縣治西南。明正德四年，陳溥謫邑丞徙于按察分司，即今縣治。明嘉靖十八年，知縣白綱改建明倫堂。二十七年，始落成。至三十一年，易縣治爲文廟，在石鞞山。大成殿七間，東西廡各九間，戟門三間，欞星門三間。神厨庫房各二間，在泮池東；宰牲酒房各二間，在泮池西。啓聖祠，在大成殿后，三間。名宦、鄉賢二祠，在啓聖祠前左右，各三間。尊經閣，在明倫堂後。敬一亭，在明倫堂後，建雲路坊一座。明倫堂，在大成殿東，五間。有恒齋三間，務本齋三間，號房東西各三間，庠門三間，大門三間。教官宅，與分司同街，係舊公館，前廳三間，寢房五間，左右厢房各三間，大門一間。奎星樓，在學宮前。射圃亭，在正殿西。

澤州

《職方典》第三百五十八卷
澤州部彙考二
澤州學校考　州志

澤州 在州治東南。宋至和間，知州吳中徙今地。金貞祐間，知州高少中重修。元毀于兵，長官段直重修。明洪武間，知州李祥重建，王堅、陸偉繼修。正德間，知州馬汝驥、王揚拓今制。嘉靖、萬曆間，知州朱舜民、韓容、蕭籍重修。皇清順治間知州孫丕承、傅繼說，康熙間知州官于宣繼修。先師殿，七間，以顔曾思孟四子，配閔子、子貢、子路、冉有、冉牛、仲弓、子游、子夏、宰予、子張十哲從祀。東廡，九間，祀先賢步子等三十一位，先儒左子等十八位。西廡，九間，祀先賢顔子等三十一位，先儒公羊子等十七位。位次依《闕里志》所載爲昭穆。啓聖祠，三間，在正殿東，以先賢顔無繇、曾點、孔鯉、激公宜配先儒，周輔成、程晌、蔡元定、朱松從祀。名宦祠，三間，在戟門東。鄉賢祠，三間，在戟門西。文昌祠，三間，在欞星門內東。戟門，三間，東金聲、西玉振。泮池，在戟門外，覆以橋。欞星門，三間。太和元氣壁。聖域坊，在欞星門東。賢關坊，在欞星門西。五魁樓，在城頭東南，明崇禎間知州黃圖昌建。明倫堂，五間，在正殿後。東齋房，九間。西齋房，九間。神厨，三間，在堂東。神庫，三間，在堂西。敬一亭，三間，在明倫堂後，康熙間知州陶自悅修，樹石勒御製訓飭士子文。尊經閣，五間，在敬一亭後。東西書舍，各十五間。射圃，在尊經閣東。周道，在西廡後。更衣亭，三間，在欞星門西。宰牲所，在文昌祠後。學正宅，在周道西。訓導宅，在學正宅後。關帝廟，在學正宅西南，康熙間學正陳適月創建。祭器，存者十之三；射器，俱廢；樂器，半廢。

宣聖廟，在城南四十五里天井關，有回車轍廟，祀肇于唐駕部。至元九年，知州皇甫琰踵成，誘民傍居，創旅店以供廟祀，嗣令王佑繪像，用房課募關民櫃子母歲取息九十緡，以充祀事。至順二年，以饑饉，故行本之家逃亡，廟宇圮壞，晉城尹裴從善徵存戶，得中統鈔一百五十緡，命王璽等收受爲二丁用。明永樂七年，星軺大使羅榮重修。萬曆間，生員任敦化捐地四十畝，供春秋祭。明末，失考。皇清康熙間，清出捐地三十二畝，生員孔興銑管收供用，春秋仲月上丁日，本州動支派銀，遣訓導官往奠。

高平縣 在縣治東南。宋金時毀于兵。元至正八年，縣令劉好德重建。明正德九年知縣龔進，嘉靖二十七年知縣傅思明，三十年知縣王省身，三十五年知縣劉應召，四十二年知縣洪聲遠，崇禎五年潞安府同知署縣事焦浴，六年知縣侯弘文，七年知縣劉大祥，九年潞安府通判董良瓊，十二年知縣王漢，十三年知縣滕仁政、教諭王繼祖相增修。皇清順治八年知縣劉廣國，十一年知縣范繩祖，康熙六年知縣白良玉、教諭劉佐世、知縣梅建重修。先師殿，五間。東西廡，各十八間，按《縣志》，廡之上東爲神庫，西爲神廚祠。啓聖祠，三間，在正殿東北。名宦祠，三間，在戟門東。鄉賢祠，三間，在戟門西。戟門，三間。欞星門，三間。泮池，上建石橋。東西石坊，按《縣志》曰"尊崇聖道""興起斯文"。文廟坊，在橋前。大成坊、育賢坊。魁星樓，在城東南。文昌閣，在廟東南，即舊奎光閣。明倫堂五間，在廟後。東西齋，各七間，按《縣志》，東爲進德齋，西爲修業齋。敬一亭，在明倫堂後。尊經閣，在敬一亭後。射圃，在西南隅。元魁坊，在教諭宅外。教諭宅，在明倫堂西。訓導宅，在鄉賢祠西。程子祠廟，按《縣志》在橋前。樂育門，按《縣志》在明倫堂前，東曰"義路"、西曰"禮門"。

陽城縣 在城內東南隅。明洪武四年，知縣李苛重建。嘉靖、萬曆間，知縣鄒頤賢、張應詔增建。皇清順治間，署縣事州同知戴天德、知縣陳國珍重修。康熙間，知縣都甫增修。辛酉，明倫堂圮，郡人侍郎田六善重修。戊辰冬，先師殿災，知縣項龍章重建。先師殿，五間。東西廡，各七間。啓聖祠，三間，在正殿西北。名宦祠，三間，在戟門東。鄉賢祠，三間，在戟門西。戟門，三間。欞星門，三楹。琉璃屏。魁星閣，按《縣志》，在城東南角，改舊尊經閣爲之，加三層，層各五面，中祀魁星，象以石，金碧璀璨，爲邑巨觀。文昌祠，即舊青雲館。明倫堂，七間，在文廟西。東西齋，各五間，按《縣志》，在儀門左右，康熙二十五年知縣項龍章同教諭高澄、訓導張淩霄重建。敬一亭，在文昌祠東北，改舊聚奎亭爲之，康熙四十二年樹碑勒御製訓飭士子文。教諭宅，在文廟東。訓導宅，在教諭宅東。東西號房，各五楹，在儀門左右。退廳，三楹，在明倫堂後。

　　陵川縣　舊在城內東南隅。金天會間縣令魏致隆、主簿趙大允遷城外。元大德間，知縣安（失名）增修。明洪武初縣丞宋崇善，天順、成化、嘉靖間知縣任通、李澼、趙孟乾相繼重修。嘉靖四十四年，知縣孫紹先病其湫隘，又遷關外。萬曆二十九年，知縣楊畏知奉巡道楊應中文建修。三十九年，知縣許自嚴、教諭張堯卿、訓導李養榮重修。天啓間，知縣楊如桂、教諭張弘道復遷城內。皇清順治十三年，知縣黃國燦、教諭鞏璇圖重修。康熙十四年，知縣孫必振、縣丞胡北奇、典史王楊復遷東關舊址，而拓其制。先師殿，五間。東西廡，各九間。啓聖祠，三間，在正殿東北。名宦祠，三間，在殿廡東。鄉賢祠，三間，在殿廡西。文昌祠，在啓聖祠後。奎光樓，在廟東南。明倫堂，五間，在大殿后。東西齋，各五間，按《縣志》，左正誼齋、右明道齋。敬一亭，在明倫堂後。尊經閣，在敬一亭後。教諭宅，在文廟後。訓導宅，在文廟後。茶亭，六楹，在明倫堂東西。講堂五楹，書院後。書齋六楹，書院東西。儒學牌樓，一座。書院牌樓，一座。

　　沁水縣　在城西門外。金正隆二年，知縣李搏建。明洪武間，縣丞陳德修。正統、弘治、嘉靖、萬曆間，知縣姚璉、楊范、王進賢、郭廷楨相繼修葺。皇清順治間，知縣丘璐重修。康熙三十四年，地震傾毀，知縣趙鳳詔重修。按《縣志》，儒學，明初在文廟左。正統中，知縣姚璉徙于右。先師殿，五間。東西廡，各十間。戟門。欞星門，按《縣志》，限于地，止繚以垣，如欞星狀，而無門。泮池。啓聖祠，三間，在殿東。名宦祠，在明倫堂東，舊爲饌堂。鄉賢祠，在明倫堂西，舊爲學倉。明倫堂，五間，在殿西。尊經閣，在啟聖祠，內豎石勒御製訓飭士子文。文昌閣，在城東南上。教諭宅，在縣治東街北。訓導宅，在城內西北隅。射圃，在學東南。宋時置。明洪武中，建亭曰"觀德"，今廢。射學，在北街，今廢。神庫廚，今廢。牲房，今廢。崇志齋，即東廊。廣業齋，即西廊。

遼州

《職方典》第三百六十六卷
遼州部彙考二
遼州學校考 通志州縣志合

遼州 在州治西南。正殿，元至元初年建，明洪武三年重建，正統十一年重修。學宮，自宋元以來，在正殿後。至明洪武戊午，知州蔣汝善為其逼近居民，改遷于正殿東隙地。正統甲子，知州黃鉞重加修葺。弘治癸亥，知州楊惠復擴大之。皇清康熙壬子，知州楊天錫丹臒重新。啟聖祠，在櫺星門內。名宦祠，在大城門外東。鄉賢祠，在大城門外西。文昌閣，舊在文廟左後，遷東郭外。魁星樓，在學東。學正廨，在明倫堂左。訓導廨，在儀門內東，今圮。儒學倉，在大成門內左，今廢。

和順縣 在城東北隅。元至正十三年，縣尹張欽祖建。明洪武四年，主簿劉德修。後知縣王衡、段瑃、王恕、孫鼎、馬廷璽、李呈藻相繼重修。皇清順治十六年，知縣李順昌、教諭白毓秀重修。康熙八年、十二年，知縣鄧憲璋、訓導王協慶兩次增葺。啟聖祠，在文廟後。名宦祠，在學門內東。鄉賢祠，在東北城角。魁星樓，在東城上。教諭宅，裁。訓導宅，在學東。

榆社縣 在縣東門外。元中統二年建。明洪武五年，縣丞林茂修。後知縣周至善、尚弼、武清、何谷、馬驥、王寵繼修。嘉靖九年，縣丞徐元道繕完。萬曆三十三年、三十四年相繼增修。皇清順治四年，知縣王殿珍、教諭薛應騁、典史羅禎重修，未幾而有姜逆之變。順治十年、十二年、十四年，屢加繕葺。啟聖祠，明嘉靖十年建，皇清順治十四年修拓。名宦祠，在正殿東。鄉賢祠，在正殿西。文昌閣，在名宦祠東。魁星樓，明倫堂東。教諭宅，舊在正殿左，後移于布政司西，裁。訓導宅，康熙十年，重建。

河南總部

開封府

《職方典》第三百七十四卷
開封府部彙考五
開封府學校考　府志

　　開封府　舊在府治東南隅。本宋國子監故址，元改建爲汴梁路學。明洪武三年，改爲開封儒學。三十三年夏，圮于水。永樂五年，徙于麗景門西北。天順五年，知府舒瞳修葺。成化十六年，知府張岫增修。明末，河水沒。皇清順治九年，知府朱之瑤卜基城之東北建，左廟右學。廟中大成殿七楹，東西廡各七楹，戟門三楹，欞星門三楹，外爲泮池，左右建聖域、賢關二坊，名宦、鄉賢二祠在戟門外，東西各三楹。啓聖祠，三楹，在文廟後。廟西爲儒學，大門、儀門各三楹，明倫堂五楹，千秋道脉坊一座，後建尊經閣，東西旁房各九楹。儒學教授宅一處，在文廟東，前堂三楹，後堂三楹。康熙十一年巡撫郎廷相，二十三年巡撫王日藻重修。

　　祥符縣　原在舊縣治西北。明洪武五年，知縣胡聶創建，後沒于水。永樂四年，知縣王春重建。天順六年布政章繪、按察使宋欽、副使王齊，弘治二年知縣段鑒相繼修葺。至崇禎壬午，覆沒于水。皇清順治十一年，知縣孫如林改建新縣治東南。康熙二十四年，提學道蔣伊捐俸，于文廟西建明倫堂、東西齋房。三十二年，提學道張潤民捐俸，修牆垣、牌坊。

　　陳留縣　舊在縣治東，始建未祥。元季兵毀。明洪武三年，知縣顧執中增建。十三年，知縣王鏞以地湫隘，徙建街北。天順、弘治、正德間知縣鄭暲、張達、傅桂，嘉靖三十三年知縣朱文相繼修葺。皇清順治七年守道辛炳翰，八年知縣楊士烜重建。康熙二十二年，知縣王永烈重修。

杞縣 在縣治西，始建未祥。明洪武三年，知縣章俊重建。嘉靖八年知縣段績，十一年知縣王應，二十三年知縣蔡時雍相繼修葺。皇清順治十六年，知縣吳守采重建講堂。康熙十四年知縣塗山昆，二十六年知縣徐開錫，二十九年知縣李繼烈重修。

通許縣 在縣治東北。宋咸平間建。洪武三年，縣丞范世英重建。永樂初知縣李本中，嘉靖二十一年知縣陳正修葺。皇清順治十年知縣賈待旌，康熙二十五年知縣惲驌重修。

太康縣 在縣治東北，始建于漢。元末兵毀。明洪武三年，知縣王辰重建。成化間，知縣王珣增修。嘉靖二十五年，署縣事通判路逵重修。皇清順治五年，知縣田六善重修。

尉氏縣 在縣治東南。元天曆初，縣令張榮祖建，後毀于兵。明洪武三年，縣丞林清重建。十五年，知縣黎季樞修葺。成化、弘治、正德、嘉靖間，知縣劉紹、劉鉞、趙琚、曾嘉誥相繼增修。皇清順治四年知縣衛紹芳，十五年知縣高桂，康熙二十二年知縣王夢翼重修。

洧川縣 在縣治東南。金正大間建。明洪武三年，知縣俞廷芳重建。弘治間，知縣杜馴修葺。嘉靖二十六年知縣陳秉忠，崇禎二年知縣沈惟耀重修。皇清順治六年知縣王秉彝，十年知縣魚飛漢，康熙十二年知縣王大作，三十年知縣張世綏重修。

鄢陵縣 在縣治東南。元宣武將軍焦成建。後爲兵毀。明洪武三年，知縣江玉重建。永樂間訓導王賢，正統、成化、弘治、嘉靖間知縣焦炫、陳理、王時中、馮霄、張解、趙孔昭相繼修葺。皇清順治六年知縣孫丕承，康熙十三年知縣羅珍，二十七年知縣許承澎重修。

扶溝縣 在縣治東南。元延祐三年，縣尹趙瓊建，尋毀于兵。明洪武三年，知縣張遵道重建。景泰、天順間，知縣陳紀、康昭相繼修葺。皇清順治七年知縣楊在升，十二年知縣王佐、訓導張一麟，十三年知縣蔣其昌重建。康熙二十年，知縣周士皇重修。

中牟縣 在縣治東，始建未詳。元末兵毀。明洪武三年，知縣張永泰重建。天順、成化間，知縣董敏、戴玉相繼修葺。崇禎七年，知縣李爲珩增修。皇清順治十二年知縣李敷治，康熙十四年知縣韓蓋光，二十三年知縣馬章玉重修。

陽武縣 在縣治西南，始建無考。元至正末兵毀。明洪武二十三年，知縣朱謙重建，後圮于水。正統、成化、弘治間，知縣馮祥、陳永宗、王佐嗣、董景源、張茂相繼修葺。嘉靖二十六年，知縣蔡朴增修。皇清順治九年知縣姜光引，康熙二十四年知縣劉邦彥，二十八年知縣安如泰重修。

原武縣 在縣治東。元至元間建，後爲兵壞。明洪武四年，縣丞江忠重建。成化、弘治、正德間，知縣謝寧、張愷、王經相繼修葺。嘉靖三十二年知縣黃元吉，崇禎十一年知縣褚應于重修。皇清順治六年知縣蕭鑒，十年知縣蔣爾琇，十四年知縣寧弘舒，康熙八年知縣鄧奇，十九年知縣詹槐芬，二十四年知縣張金式重修。

封丘縣 在縣治東南。唐武德間建。明洪武五年，縣丞張宗海復建。成化間知縣計璘，嘉靖三十三年知縣文大才，萬曆九年知縣郝國章相繼重修。皇清順治九年，河決沖毀。十五年，知縣余繼重建。十八年知縣屠粹忠，康熙十三年知縣王賜魁重修。

延津縣 舊在縣治東。元泰定四年建。後毀于兵。明洪武三年，縣丞寧通徙建今所。永樂間，教諭黃永誠等增修。弘治、嘉靖間，知縣梁文盛、黃鐘相繼修葺。萬曆四十年，本縣序班李崇文增修。皇清順治三年大梁道李呈祥，六年知縣馬永元，康熙十年知縣呂天會，二十五年知縣陳德遠重修。

蘭陽縣 在縣治東。明洪武三年，知縣胡忠創建。成化、弘治間，知縣李杰、王政，縣丞高璉、高義相繼修葺。嘉靖十八年，知縣劉巖重修。皇清順治年間知縣張仁聲，康熙十四年知縣袁捷，二十二年知縣賈光先重修。

儀封縣 舊在縣治東南，始建未詳。明洪武二十二年，知縣于敬祖徙建今所。天順、成化、弘治間知縣馮綸、胡澄、張鳳騫、張法，嘉靖二十八年知縣葛之奇，萬曆四十三年知縣劉廷宣相繼增葺。皇清順治三年，知縣安國珍重修。

新鄭縣 在縣治東南，始建無考。宋紹定初，毀于兵。明洪武三年，縣丞俞吉重建。十八年，知縣辛時敏修。成化十八年，知縣黃肅增修，明末毀盡。皇清順治十年知縣楊奇烈，十二年知縣張光岳，十四年知縣馮嗣京、署教諭李一榴先後重建。康熙十一年知縣李永庚，二十六年知縣閔圻申，二十八年知縣朱廷獻重修。

陳州 在州治東南。宋熙寧八年，知州陳相創建。元末兵毀。明洪武三年，知州徐恭獻重建。永樂、景泰、成化、弘治間知州曹鐸、唐銓、萬宣、戴昕、倪諮、白思義，嘉靖二年知州葉淳相繼修葺。皇清順治十五年，睢陳巡道于鵬翼、知州王弘仁重修。

商水縣 在縣治東。宋大觀二年建。元季毀于兵燹。明洪武四年，縣丞孫元仁重建。成化六年，知縣羅楫修葺。皇清順治六年知縣吳道觀，康熙二十一年知縣黃天錫，二十六年知縣邵瑗重修。

西華縣 在縣治東南。元大德中，主簿楊恭建。後爲兵毀。明洪武三年，主簿李興旺重建。永樂、景泰、成化間知縣胡文郁、王在明、羅睿，嘉靖三十二年署縣學正向光啓相繼修葺。皇清順治七年，知縣武超凡重修。

項城縣 舊在縣治東南。始建未詳。明洪武三年，知縣張敬祖重修。三十一年，圮于水，知縣彭仲恭徙建今所。正統間，知縣張顯、劉課相繼修葺。天順三年，知縣王輔增修。崇禎十四年修葺。皇清順治十七年知縣黃陞，康熙二十年知縣鈕秀，三十年知縣顧芳宗重修。

沈丘縣 在縣治西南。明洪武十一年，置縣始建。嘉靖七年，知縣李宗元增修。皇清康熙二年，知縣趙之璇重修。

許州 在州治東南，始建未詳。元季兵毀。明洪武三年，判官孫敏重建。天順六年，知州崔獻修葺。成化二十二年，知州邵寶重修。皇清順治十三年，知州汪潛重修。

臨潁縣 在縣治東南，始建未詳。元末兵毀。明洪武三年，知縣王復重建。正統間，知縣曹忠修葺。嘉靖二十二年，知縣孫鎬重修。皇清順治十二年知縣尹國賓，康熙四年知縣甘文英，十五年知縣陳士奇，二十三年知縣梁潢，二十八年知縣董匡祚重修。

襄城縣 在縣治西北。唐貞觀二年建。金元屢毀于兵。明洪武三年，縣丞張敬重建。正統、景泰間，知縣羅復、劉靖相繼修葺。萬曆十三年知縣王承統，十七年知縣陳震增修。

郾城縣 在縣治東，始建未詳。明洪武三年重建。天順、成化間知縣李春、臧蕭，嘉靖二年知縣喬遷，十年楊伯謙相繼修葺。崇禎甲戌，知縣李振聲重修。皇清順治十三年知縣荆其悖，十六年知縣傅鴻鱗、教諭張鵬翼，康熙二十八年知縣蔡珠重修。

長葛縣 在縣治東北。元泰定十五年建，後毀于兵。明洪武三年，主簿李允重建。永樂、正統、景泰、成化間，知縣楊海、黎驛、任勵，縣丞陳璟，教諭陳緣，嘉靖二十五年知縣劉遇春相繼修葺。皇清順治十一年知縣徐升，康熙十二年知縣米漢雯，二十五年知縣何鼎重修。

禹州 舊在州治東北。金貞元間，太守顏守信建，後因兵毀。元至元間，州尹王顯祖徙建州治西南，尋復爲兵燹所廢。明洪武三年重建。永樂、正統間學正朱鉦，知州劉英、徐明善，弘治七年知州董杰，天啓元年知州莫天麟相繼修葺。皇清順治十六年，巡道沈荃、知州孟希舜，十八年知州史延桂，康熙二十八年知州劉國儒重修。

密縣 在縣治東。元至正間，主簿馬元良建。後因兵毀。明洪武三年，知縣馮萬金重建。成化間知縣溫厚、正德間知縣李朝陽相繼修葺。皇清順治三年知縣崔養重，六年知縣李芝蘭增修。康熙二十年知縣張博，二十五年知縣衷鯤化重修。

鄭州 在州治東，漢永平間建。元季兵毀。明洪武三年，知州張奮重建。正統、天順、成化、正德間知州林厚、余靖、洪寬、劉仲和，嘉靖十一年知州稍騰漢相繼修葺。皇清順治六年知州王聯登，十五年知州劉永清重修。

滎陽縣 在縣治東北。金承安間建。明洪武三年，知縣鍾泰重建。永樂、正統間知縣沈復、陳渠、王凱、張通，景泰三年知縣米賓，成化五年知縣沈通，嘉靖間知縣高世儒，萬曆四十二年知縣石廷舉相繼修葺。皇清順治十四年知縣孟登雲，康熙二十八年知縣高明峻重修。

滎澤縣 舊在縣治東。隋大業三年始建。元季兵毀。明成化十五年，知縣戴紀徙建今所，後圮于水，知縣曹銘重建。崇禎二年，知縣龐杰增修。皇清康熙二十八年，知縣王畹重修。二十九年，巡撫閻興邦捐俸重建名宦、鄉賢二祠。

河陰縣 在縣治南。元至正間，圮于水。明洪武三年，知縣劉茂重建。弘治九年知縣楊源，正德七年知縣蔡春，嘉靖九年知縣楊應辰相繼修葺。皇清順治十年，知縣范爲憲增修。康熙二十四年，知縣申奇彩重修。

汜水縣 在縣治西。元至大間，以水患徙建于縣治東，尋毀于兵。明洪武三年，知縣楊鏞重建，後水患平，知縣王復乃復徙建于故址。景泰、天順、成化間，知縣劉恭、馬徵、張海、王銘相繼修葺。萬曆十八年，知縣陳光宇重修。

歸德府

《職方典》第三百九十二卷
歸德府部匯考二
歸德府學校考　府州縣志合載
本府（商丘縣附郭）

歸德府　在府治東，即宋應天書院。大中祥符中，建爲南京國子監，後經兵毀。元初，建大成殿三楹。延祐四年，增爲五楹。至元丁丑，知府李守中增置欞星門。其後，又值兵毀。明洪武六年，知州段嗣輝于原址創建廟學。宣德、天順間，知州李志、蔣魁相繼增修。至弘治壬戌，圮于水，知州張璽徙建于今地。正德間，知州趙會、劉信相繼修葺，又建明倫堂五楹，左右齋舍共六十楹，前爲儀門三楹，大門三楹，其後爲饌堂五楹。嘉靖初，詔建啓聖祠、敬一亭，州縣學皆有。二十一年，分守參議王崇檄知州李應奎修葺之。二十四年，改州學爲府學。三十年，知府南逢吉又新之。三十四年知府王有爲，三十八年知府陳洪范繼修。啓聖祠、名宦祠、鄉賢祠，俱未詳其處。教授宅，在明倫堂後。訓導宅，在明倫堂後。魁星祠，在府學東。

商丘縣　在縣治北。明萬曆元年，設爲先師廟，知縣何希周建。皇清順治六年，知縣胡揚俊重修。廟之前爲東西廡，爲戟門，門外爲欞星門，爲泮池；右爲明倫堂三間，知縣何希周建堂，東西爲號房各五間，堂前爲大門、二門及照壁。啓聖祠，在廟後東北隅。名宦祠，在戟門左。鄉賢祠，在戟門右。教諭宅，在明倫堂東北。訓導宅，在明倫堂後。

寧陵縣　在縣治後，舊在縣治西南。明成化十四年，圮于水，知縣金璽徙建。正德十四年，巡按監察御史王以旗檄縣增修。明末寇毀。皇清順治六年，知縣侯國泰、李若星等重修。中爲先師廟五間，廟前左右東西廡各五間，戟門三間，又前爲欞星門三間，欞星門內爲泮池。久壞，知縣姚大生重修。廟西爲明倫堂五間，堂前左爲進德齋，右爲修業齋，前爲二門三間，又前爲大門三間。廟內宰牲房、祭器庫、饌堂、東西號房、尊經閣、敬一亭。啓聖祠，舊在明倫堂西，明嘉靖四十四年，知縣熊秉元移祀敬一亭內。明末毀。皇清順治十三年，知縣劉可盈重建。名宦祠，舊在儒學二門之東，後改于戟門東。鄉賢祠，舊在儒學二門之西，後改于戟門西。教諭宅，在明倫堂之北，即饌堂舊地。訓導宅。

鹿邑縣 在縣治東。元至正間，歸德守觀志能修，後毀于兵。明洪武三年，知縣韓璸修。萬曆三十二年，正殿火，知縣楊應魁重修。明末復爲兵毀。皇清順治六年，知縣閔三元修。中爲先師殿五間，東西兩廡各五間，前列戟門三間，東西角門各一間，泮池外爲欞星門，門南爲坊一座，扁曰"談禮遺踪"，又南爲照壁。大殿后爲尊經閣，閣内祀文昌。西爲明倫堂五間，前爲大門三間，外爲照壁。大殿東北爲敬一亭三間，至于明倫堂前崇德齋、廣業齋、儀門、角門，東北爲射圃亭。啓聖祠，在正殿東。名宦祠，在戟門東。鄉賢祠，在戟門西。教諭宅，在明倫堂後。訓導宅，在教諭宅後。司訓宅，在正殿西，今裁。

夏邑縣 在縣治東南。始于後魏孝文天安初年。至金大定間，知縣王德彰因廢址重修。元末，毀于兵。明洪武三年，詔立學校，主簿紀懋重建。宣德間，知縣王衡建立殿廡。正統間，知縣周普修理堂齋。成化間，知縣孫澤因舊重修。弘治間，知縣王志修理殿廡、欞、戟二門。弘治間，署縣事鹿邑縣丞鄭舉克、教諭劉桐重建明倫堂，後知縣宋杰繼修兩齋、號舍、儀門，規模隆備。後河水泛溢，廟宇傾圮。學垣西北開小門，以便出入，嘉靖間，知縣劉宗和仍改南向。啓聖祠，在正殿東。名宦祠，在戟門左。鄉賢祠，在戟門右。教諭宅，在明倫堂北。訓導宅，在明倫堂西，今廢，借居于兩齋後。學倉，在明倫堂西北。

永城縣 在縣治西南，前代創建無考。金升縣學爲州學。金末兵毀。元至元初，邑民屈瑄因廢址重修。延祐間，知縣王慶重修。元末復毀。明洪武三年，主簿趙圭重建。正德十年縣丞張繼祿，嘉靖四年知縣陳廷贊，七年知縣馮景祚相繼重修。中爲先師廟五楹，東西列兩廡各十二楹，兩廡南北俱連續房。前爲戟門，左右翼以小門，門内元季加號碑一通，又前爲泮池，池南爲欞星門。戟門左爲神廚，右爲神庫，神廚即爲宰牲房。廟西爲明倫堂五楹，左右爲進德、修業二齋各五楹，前爲道義門。門外東敬一亭，又前大門，大門外爲東西儒林二坊。又欞星門外東西爲德配天地、道冠古今二坊，南爲龍津飛渡坊。啓聖祠，舊在道義門外西，今移建廟後。名宦祠，舊在儒學内啓聖祠東，今移戟門東。鄉賢祠舊在啓聖祠東，今移戟門西。教諭宅，在明倫堂西南。訓導宅，在明倫堂後。奎樓，在東南城上。學倉，在儒學西南，今廢。

虞城縣 在縣治西南。嘉靖九年，知縣黃鏞自舊城遷建于此。十九年，知縣汪瑞重建。萬曆元年，知縣韓原性重修。三十四年，知縣王納言重修。明末寇毀。皇清順治庚寅，教諭梁祚隆糾邑士民重建。中爲大成殿，東西列兩廡，前爲戟門，爲泮池、爲橋，又爲櫺星門。後爲敬一亭。西爲明倫堂，堂前列博文、約禮二齋，中爲儀門，又前爲大門，堂後爲尊經閣。啓聖祠，在敬一亭之後。名宦祠，在戟門東。鄉賢祠，在戟門西。教諭宅，在尊經閣後，今廢。訓導宅二處，一在教諭宅東，一在教諭宅西，今俱廢。奎樓，原在大成殿東，今移建于學之東南。

睢州 在州城內正北。明洪武初，知州楊時敏建。正統間，圮于水，暫移南關，水去，知州謝光因舊址重建。弘治中，知州鄧鼎、徐鎡相繼增修。大成殿七楹，東西廡各九間，戟門、櫺星門各三間。明倫堂五間，旁有志道、據德、依仁三齋，爲生儒課授之地。禮門、義路、騰蛟、起鳳門，爲往來持循之途。宰牲房、神厨皆在廟前。右號房四十二間，皆在廟後。左明倫堂，後舊爲尊經閣，後更爲敬一亭。學之西南，舊有射圃亭，後以水廢。至嘉靖三十三年，知州王佐改建于襄臺之右，至三十九年復毀，建別署。啓聖祠，在學之巽方，即文昌廟舊地。名宦祠，在敬一亭東。鄉賢祠，在敬一亭西。學正宅，在明倫堂西。訓導宅三處，俱在明倫堂西南。奎樓，在學前。

考城縣 在縣治東南。中爲先師殿五間，旁爲東西廡各九間，前有戟門，有櫺星門，門前神道，中爲青雲橋，又砌街爲青雲街。萬曆七年，知縣王萬邦建砌。殿后爲明倫堂五間，知縣杜志晦重加修葺。東西爲進德、修業二齋，各三間。明倫堂後爲敬一亭三間，東西厢房各三間。啓聖祠，在明倫堂東北。名宦祠，在戟門左。鄉賢祠，在戟門右。教諭宅，在正殿西。訓導宅，在明倫堂西。奎樓，在學東南城上。

柘城縣 原在舊城縣治東。明洪武三年，知縣王智建。成化三年，圮于水，知縣朱佐徙建。十六年，知縣張萱繼修。弘治十六年，知縣王翊重修。正德八年，知縣李仁仍遷舊址，胡世忠、李一貫等各續修。嘉靖二十一年，復圮于水，暫借城外天仙廟祭享升散者數年。三十三年，知縣姜壽改建新城東門內街北，爲櫺星門一座，外爲照壁一座，中爲泮池。萬曆十三年，知縣馮榛修。又內爲戟門三間，旁爲角門左右各一間，中爲正殿五間，左右爲東西廡各七間。殿后爲明倫堂五間，東曰居仁齋、西曰由義齋，東齋後爲敬一亭三間，堂後爲尊經閣三間。啓聖祠，在明倫堂東，署縣事州判鮑尚伊建。名宦祠，在戟門外左，馮榛建。鄉賢祠，在戟門外右，順治十三年拔貢王錟建。教諭宅，在明倫堂後。訓導宅，在明倫堂西。

彰德府

《職方典》第四百二卷
彰德府部彙考二
彰德府學校考　府志

彰德府 在府治西北。宋至和間，忠獻韓琦判相州時建。元至元六年修，有許有壬記。明洪武三年，再建，欽降制書雅樂，營造祭器、廚庫。弘治九年，知府馮忠建明倫堂五楹，尊經閣五楹，閣前兩廂房，閣後四教亭。萬曆四十三年，閣後建昭文樓五楹。天啟四年修。崇禎十三年，再修。皇清順治十五年，知府宋可發重修。康熙三十二年，兩廡傾圮。三十三年，知府湯傳楷重修。先師廟五楹，舊名大成殿，嘉靖九年，改正祀典，詔稱廟，不稱殿。皇清因之。康熙二十三年，頒御書"萬世師表"區額懸其內。康熙三十三年，頒御製先師孔子贊並四配贊，勒石廟庭。兩廡列于廟之東西，戟門之前為欞星門，又前曰"宮墻萬仞"，再前曰"鄴郡人文"，外為泮池，跨石橋于上，左右二坊，曰"崇道"、曰"育賢"。廟之後為明倫堂，東西齋房。堂之後為尊經閣，閣之後為昭文樓，東西號房，奎樓在左，射圃在右。明洪武初，定以仲春、仲秋上丁日遣官祭孔子于國學。至十五年，始詔天下儒學通祀孔子，以仲春秋上丁為期，先期齋戒、省牲一如《會典》。啟聖祠，在尊經閣右。順治十五年，通判張學孟重建。明嘉靖九年，詔天下學宮各建啟聖公祠，祀叔梁紇，以先賢顏無繇、曾點、孔鯉、孟孫氏配享，先儒程珦、朱松、蔡元定從祀，皇清因之。文昌祠，在昭文樓之西北隅，每歲于春秋上丁日繼文廟祭之。敬一亭，舊在四教亭後，明嘉靖八年奉敕建，詔貯御製敬一箴碑列南面，左右碑各二，鐫程子視聽言動四箴及范浚心箴焉。名宦祠，在聖廟之東。鄉賢祠，在聖廟之西。孝子祠，舊在南關外，後因水圮，移建文廟內，祀漢孝子郭巨等。

安陽縣 在縣治西。明洪武三年，知縣蔡誠建。正德九年，知縣章綸大修廟學，煥然鼎新，邑人崔銑爲記。先師廟五楹，即大成殿，東西兩廡，前戟門，神厨、神庫、省牲所、更衣所，俱列其傍。又前欞星門，外泮池，左右二儒學門。廟之後爲明倫堂，知縣馬國楨重建。堂後爲尊經閣，正德十五年知府陳策建。閣後爲敬一亭，嘉靖十年知府王天民建，有記。亭右爲啓聖祠。嘉靖二十五年知縣張九皋增修廟學，建泮池坊、更衣所，補置祭器並修啓聖祠，有修學記。文昌祠，在明倫堂東偏，嘉靖間教諭韓溉等公建，有記。宋韓忠獻醉白堂，今廢。教諭、訓導二署，在西偏。

湯陰縣 在縣治東南。宋大觀元年建。元末毀于兵。明洪武二年，縣丞邢庸始建。成化五年，知縣尚璣建大成殿、明倫堂及齋舍、厨庫，有長洲吳寬記。弘治間，主簿張寰修。先師廟五楹，即大成殿，東西兩廡，前戟門，明知縣王應震、楊朴、呂爲龍、沙蘊金，皇清知縣康引叔相繼修葺。又前欞星門，明通判鄭如阜創建。內泮池，上跨石橋，明知縣朱可進創建。廟後爲明倫堂，天啓二年知縣楊朴重修。堂後爲尊經閣，明知縣侯芝建、沙蘊金重修。敬一亭，嘉靖九年知縣盧學之奉旨建。啓聖祠，在明倫堂左，嘉靖十一年知縣唐堯民建，順治十年知縣楊藻風重修。文昌祠，在尊經閣西，明知縣魏汝松建。名宦祠，在戟門西。鄉賢祠，在戟門東。博文齋、約禮齋，崇禎九年建，今圮。教諭、訓導二署，今俱廢。

臨漳縣 在縣治美化坊。明洪武二十八年，楊辛移建。嗣後知縣延衡、劉衡、周瓛、劉漢、景芳、寧河、于宗德、王良佑等增葺。皇清順治八年，知縣王象天重修。先師廟五楹，即大成殿，東西兩廡，前戟門，泮池跨石橋，又前欞星門，知縣孔賢建。廟西北爲明倫堂，東北爲敬一亭。啓聖祠，在碑亭後。文昌祠，在聖廟後。名宦祠，在戟門左。鄉賢祠，在戟門右。明倫堂之東西有日新、時習二齋。敬一亭之左偏爲教諭、訓導二署。

林縣 在縣治東南。元至元間，知州事李誠建。明知縣丁瑄、王雲、張崇雅、謝思聰俱重修。先師廟五楹，東西廡，前戟門，泮池跨石橋，又前欞星門。廟之後爲明倫堂，進德、修業二齋。堂之後爲尊經閣，明同知王都改修。敬一亭，址存。啓聖祠，在聖廟東，嘉靖二十六年建，同名宦、鄉賢二祠，有記。文昌祠，明知縣崔文高移建于鄉賢祠前。名宦祠、鄉賢祠。魁星閣，知縣王玉麟重修。教諭、訓導二署，在聖廟東北隅。

磁州 在州治東北。明洪武五年，知州周敏改建，規制未備。正德十一年，知州張珂作明倫堂、膳堂、倉庫、神厨。皇清康熙二十一年，知州任塾重加修造，煥然鼎新。先師廟五楹，東西兩廡，前戟門，泮池上跨石橋，池南櫺星門。廟之後爲明倫堂，俱明知州張珂建。康熙十年，知州趙纘重修。左右進德、修業二齋。堂後尊經閣，明知州劉竣建，知州任塾重修。敬一亭，在明倫堂西，今廢。啓聖祠，在聖殿東，順治八年知州沈秉公建。文昌祠，在啓聖祠東，明知州高紹光建。名宦祠，在泮池東。鄉賢祠，在泮池西。程宗二公祠，在文昌祠後，合祀宋磁州守程珦、宗澤。明倫堂西北爲學正署，東北爲訓導署，俱知州任塾建。

武安縣 在縣治東南。金天會年建。明弘治初，知縣李永昂重修，有宋大觀聖作碑。元復撰，改封大成至聖文宣王碑記。先師廟五楹，東西兩廡，前戟門，俱知縣陳灝重修。又前櫺星門，知縣張文華、教諭劉勳重修。外爲泮池，跨石橋。廟之西爲明倫堂，明知縣李椿茂重修。順治十八年，知縣陳之辰、教諭孟瑄重修。戟門東爲敬一亭，明知縣李椿茂重建。啓聖祠，順治七年，教諭郭萬礽移建先師廟後。文昌祠，在敬一亭之前。魁星樓，在縣東南，明知縣周日強修，康熙三十二年知縣陳灝重修，俱有碑記。名宦祠，戟門東。鄉賢祠，戟門西。時習、日新二齋，明知縣李椿茂重修。教諭、訓導二署，在文廟西，明知縣李永昂、唐交各加修葺。

涉縣 在縣治北門內，舊在城西南隅，有宋大觀碑，後毀。元改建于此。明洪武三年，縣丞吳得誠重建。歷明及皇清，知縣卜鏞、王惟問、李天柱、劉璇、王光培相繼修葺。先師廟三楹，二翼東西兩廡，前戟門，又前櫺星門，外爲泮池。廟之西爲明倫堂，洪武三年縣丞吳得誠建。堂之後爲敬一亭，嘉靖五年建。啓聖祠，在明倫堂西北，康熙二十六年知縣王光培改建。文昌祠，在文廟西南，知縣王光培修。魁星樓，在文廟左，明知縣刁良重建。名宦祠，在戟門東。鄉賢祠，在戟門西。進德、修業二齋，在明倫堂之左右。訓導署，在明倫堂西。

衛輝府

《職方典》第四百九卷
衛輝府部彙考三
衛輝府學校考　府縣志合載

衛輝府 在府治東南，始建未詳。元初知州王昌齡，至元間總管陳佑、湯德輔，大德間總管宋昌繼修。至明洪武三年，同知吳鼎重建。正統十一年知府張亨，成化元年知府趙文博，十一年知府邢表、同知張謙繼修。弘治十一年，因建封汝府，割講堂基，知府金舜臣治廟東隙地爲明倫堂，知府嚴禎繼葺始完。萬曆十三年，因建封潞府，展拓地址，割及儒學，移置正殿、兩廡、廟門、櫺星門于明倫堂前，增鑿泮池，殿堂、齋廡、祠坊並教官宅舍悉更移一新之，俱是年知府周思宸建，照磨張孟董工。先師廟五間，東廡西廡各十六楹。啓聖祠，舊基在儒學門內，年久損壞。知府胡蔚先于康熙三十二年七月捐俸移建三楹，竝廈于明倫堂後，有碑記。廟門、櫺星門，各三間。名宦祠，在二門外之左。鄉賢祠，在二門外之右。教授宅。訓導宅，在文廟東。文昌閣，在文廟東南。

府學，舊在城內之東隅。崇禎八年，遷西關衛河之北岸。皇清順治十一年，知府沈奕琛重修。

汲縣 初在府城內，舊縣治東北。洪武初，即三皇廟基改建。成化元年，知縣盧信增修。弘治十一年，因建封汝府，拓地徙置府學西，知縣宋瑭建。正德十二年，復建文廟于府學西。嘉靖三十九年，知府陳慶重修。萬曆十三年，因建封潞府，復徙城東南隅，知府周思宸、知縣趙世德、李賦秀建，規模未備。崇禎四年，知縣屠弘儒允生員李肇基、劉弘潤等之請遷縣治東，基用布政司行署，功未完備。于皇清順治十八年，知縣石邦柱捐資，合紳衿修理殿廡，門壁悉易以廢藩磚石，煥然一新，又創建啓聖公祠，栽種柳柏、桃李，每日公餘，即躬督夫匠，務極堅整，歷數月不懈，學諭祖衍嗣、訓導王廷議、貢生董繼儒、鄉約吳承惠等實贊襄之。大成殿五間，東西廡各五間，櫺星門、戟門三間，泮池橋石欄環抱，池中得一古井，甘冽異常。啓聖祠，在明倫堂後，順治十八年知縣石邦柱建。敬一箴亭，舊在明倫堂前，今改建啓聖祠北。尊經閣，今無。文昌閣、奎光閣，學門內。名宦祠，在戟門左。鄉賢祠，在戟門右。明倫堂，五間，在大成殿后。教諭公廨，在明倫堂東。訓導公廨，今廢。

胙城縣 在縣治東南。元至正間，縣尹姜師望建。至明洪武三年，縣丞殷鑒重建。十年，縣革學廢。至十四年，復置，知縣程子靜重修。弘治間知府張謙、知縣謝諮、吳漳，嘉靖間知縣任佶、王邦正、王誥，隆慶間知縣陳永直，萬曆間知縣霍炳、戴誥、邢登雲繼修。櫺星門三間，久廢。門東西二坊，一書"德配天地"，爲丹山起鳳坊；一書"道冠古今"，爲滄海騰蛟坊，久廢。應奎樓，在東南城角上。石坊一座，在櫺星門內，明嘉靖三十七年知縣陳葵建，北字曰「龍門春曉」，南字曰「蟾窟秋香」。名宦祠，三間，在戟門東。鄉賢祠，三間，在戟門西。文昌祠，三間，明隆慶間知縣王誥、陳永直相繼遷于起鳳坊外。萬曆六年，知縣徐峨遷于戟門西，後又遷于名宦祠之東，別爲一區，繚以周垣，獨尊其祀焉。皇清順治十二年，訓導劉有本重修。先師殿，五間，明萬曆三十七年知縣邢登雲修葺。順治十三年，訓導劉有本、知縣劉純德捐俸募衆重修。啓聖祠，三間，在先師殿東北，久廢。敬一亭，在明倫堂後，久廢。明倫堂，五間，明萬曆四十年知縣邢登雲重修，崇禎八年知縣米壽圖繼修。教諭、訓導公廨，久廢。射圃，久廢。

　　新鄉縣　在縣治東。宋元祐五年，縣令李可久建。大定間，知縣段希顏重修。貞祐間，毀于兵。元至順二年，縣尹邢思誠重建。明洪武三年縣丞王克敬，天順元年知縣楊清，弘治七年知縣王統，弘治壬子知縣李全重修，義官臧榮助工。十六年知縣陳璣，十八年知縣儲珊，隆慶間知縣張范，萬曆間知縣于應昌繼修。皇清順治十二年知縣王克儉，康熙二十七年知縣張毓麟增修。大成殿，嘉靖間知縣余相重修，弘治間義官臧榮捐資易以石楹。康熙二十七年，知縣周毓麟重修，東西增聖域、賢關二坊，戟門東西有角門，前有泮池。尊經閣在學宮左，下爲桂香殿，供文昌。啓聖祠，在教諭宅後，康熙二十七年知縣周毓麟重修。晦庵祠，舊在教諭宅後，康熙二十七年知縣周毓麟改建啓聖祠前。名宦祠，在尊經閣前，順治間知縣王克儉重修。鄉賢祠，在尊經閣前。土地祠，久廢。明倫堂，在大成殿后，康熙三十三年知縣李登瀛重修。教諭宅，在明倫堂後。訓導宅，二所，俱廢。學舍，萬曆間梁問孟建，今廢。射圃，今無考。

　　獲嘉縣　在縣治西北。宋建。金兵毀。元至元間教諭王思誠，至正間教諭王寅重修。明洪武三年，知縣熊邦基重建。景泰七年知縣薛良，天順四年知縣邢表，成化十八年知縣吳裕重修。嘉靖十一年，知縣羅沂、教諭周曉以學沖逼南門，移東十餘丈，更新之。三十一年，教諭徐廷徵偕耆民徐良等重修。隆慶元年知府張升，萬曆六年知縣張一心繼修。皇清康熙二十三年，知縣馮大奇捐俸悉鼎新之。大成殿五間，東西廡各十六間，戟門三間。泮池，櫺星門三座。明倫堂，五間。啓聖祠，三間。名宦祠，三間，在戟門左。鄉賢祠，三間，在戟門右。土地祠，一間，在大成殿左。退省堂三間，神庫二間，省牲亭三間，會饌堂五間，庫房二間，厨房二間，東西號房各十間，以上俱康熙甲子知縣馮大奇重修。魁星樓，三間，即儒學門。教諭宅，一所，在明倫堂左。射圃，在學宮西。裕士倉，久廢。

淇縣 在縣治東南。元至元丙子，立淇州，自衛縣遷于此。明洪武三年，知縣段瑨重建。宣德九年，知縣羅經重修。景泰四年，知縣宋鐸捐俸，易地開通道路。七年，知縣王寧重修。弘治十三年，知縣崔皓因逼近南城，改建于北。嘉靖九年，知縣方員重修。二十三年，知縣張宜重修，于城東南隅開創水門以泄水。皇清順治六年，兵巡河北道塗公廓見大成殿傾圮，發銀，命教諭閻中興董其事，知縣柴望捐俸，闔邑紳衿各捐資有差。大成殿五間，明正德間本縣義士竇中增修。東西廡各十五間，宰牲房三間，戟門三間，神厨三間，神庫三間。名宦祠，三間，在戟門東。鄉賢祠，三間，在戟門西。啟聖祠，三間，在敬一亭東。文昌祠，三間，在文廟東。奎星樓，一座，在東南城上。明倫堂，五間。學倉房，六間。教諭公廨，十間，今廢。訓導公廨，十間，今廢。學田，三十畝。射圃，知縣張宜建，廳三間，門坊一座。

輝縣 在縣西。元至元間，知州司仁重建。至治間知州田良輔，至順間同知彭嗣祖修。元末廢。明洪武丙辰，主簿徐文重建。天順戊寅知縣王杰，弘治間參政王儼，知縣李琮、劉玉，嘉靖戊子知縣張天真繼修。丁巳，分守河北參議陰標撤舊新之。萬曆間，知縣聶良杞、盧大中續葺先師殿、兩廡。廡兩端爲神厨、神庫、祭酒、祭帛所。大成門。名宦祠，在大成門左。鄉賢祠，在大成門右。泮池跨以石橋，櫺星門在橋前。奎光樓，在櫺星門左。啟聖祠，在禮門東。明倫堂，在庠門正北。進德齋三間，在明倫堂前東。修業齋三間，在明倫堂前西。敬一亭在明倫堂後。時雨堂五間，在敬一亭北。養賢倉，久廢。教諭宅，在禮門外。兩訓導宅，在倉左右，皆南向，俱廢。學田，四頃二十畝。學倉，在儒學後。射圃，在儒學西。

懷慶府

《職方典》第四百十九卷
懷慶府部彙考二
懷慶府學校考　府志

懷慶府 在府治東南隅。先師殿五間，東西廡各十二間，戟門三間，名宦、鄉賢祠各三間，欞星門、屏門、左右坊門、泮池，俱至元間懷慶路判官楊果創建。明洪武間，知府王興宗重修。正統間知府高奉，正德間知府徐以貞，嘉靖間知府孟重相繼重修。皇清知府彭清典、知府龔其裕次第重修。啓聖祠，在府學，明嘉靖間詔建。敬一亭，在府學，明嘉靖間詔建御製敬一亭箴及視聽言動心五箴，共碑六通，皇清御製"萬世師表"匾一面，孔子贊石碑一通，四配贊石碑一通。文昌閣，在府城上東南隅。奎樓，在府學聖路東南。明倫堂，在府學右。御書樓，在明倫堂後。教授宅，在明倫堂後。訓導宅，在二門右。

河內縣 在縣治西。先師殿，東西廡，戟門、名宦祠、鄉賢祠、欞星門、屏門、左右坊門、泮池，明洪武間知縣陶晟重建。正統九年典史官原，正德間知縣高杰、縣丞蘇徵，嘉靖間知縣王濟民、胡玉璣，萬曆間知縣侯加采、盧夢麟、傅弘都，崇禎間知縣周而淳，皇清知縣孫灝、教諭馮天培各重修。奎樓，在南城上，知縣李檟、訓導焦栻重修，督工義民常立正。啓聖祠，知縣李檟、訓導抗冠世重修。敬一亭，今廢。明倫堂，在大成殿后。教諭宅，在文廟左。訓導宅，在明倫堂西。

濟源縣 在縣治東南。先師殿、東西廡、戟門、名宦祠、鄉賢祠、欞星門、泮池，俱元至元十年知縣劉源創建。明洪武間，知縣王繼成、縣丞齊威重建。天順間知縣段永，嘉靖三十九年知縣李資元，萬曆四十四年知縣石應嵩相繼增修。皇清順治十四年知縣夏霖，康熙間知縣九應運重修。奎樓，知縣九應運重修。文昌閣，知縣九應運重修。啓聖祠、敬一亭、明倫堂。教諭宅，俱在明倫堂後。訓導宅，在文廟東。

修武縣 在縣治西南。先師殿、東西廡、戟門、名宦鄉賢祠、欞星門、泮池、奎樓，金天會間知縣翟中舍建。元至元間，知縣蒲察重建。明永樂十年主簿王獻，十二年知縣劉昭改建。成化間知縣汪翰，正德間知縣冷宗元、趙可學，萬曆間知縣邵炯相繼重修。皇清康熙十六年知縣宋師祁，二十年知縣李啓泰，二十八年知縣張明遠相繼修葺。啓聖祠、敬一亭、明倫堂、教諭宅。

武陟縣 在縣治東南。先師殿、東西廡、戟門、名宦鄉賢祠、欞星門、泮池、文昌閣、奎樓，俱元至正十年縣尹于誠建。明洪武間，知縣蘇輝重建。正統間知縣何僉，正德間知縣譚魯相繼重修。皇清順治十二年知縣趙奠麗，康熙二十七年知縣甘國垓重修。啓聖祠、明倫堂、敬一亭、教諭宅、訓導宅。

孟縣 在縣治東南。先師殿、東西廡、戟門、名宦鄉賢祠、欞星門、泮池、奎樓，舊在下孟州三城內。金大定戊申，徙建縣治東南，尋廢。元至元間，知州梁世英因舊址重建。明洪武間，同知韓進重建。成化間知縣孫芳，嘉靖間縣丞黃知常，萬曆間知縣武元謨相繼重修。皇清康熙十四年，知縣胡希銓重修。啓聖祠、敬一亭、明倫堂、教諭宅、訓導宅。

溫縣 在縣治正南。先師殿、東西廡、戟門、名宦鄉賢祠、欞星門、泮池、奎樓。舊在縣治東南。元至正十二年，縣尹耶律惟謙創建。明洪武間，知縣沃野重建。嘉靖間，知府王德明檄縣徙置正南。皇清順治十五年，知縣郭仰重修。啓聖祠、敬一亭、明倫堂、教諭宅、訓導宅。

河南府

《職方典》第四百三十一卷
河南府部匯考五
河南府學校考　通志府州縣志合
本府（洛陽縣附郭）

河南府 舊在洛水南。金正隆初，知府孔彥舟徙建水北。元末兵毀。明洪武三年，同知徐天麟重建。景泰二年，知府李達修。嘉靖六年，知府劉漳重修。萬曆四十三年，知府宋時魁重修。皇清順治八年分守道于時躍、許文秀，知府楊所修，推官馬呈圖，十四年教授侯抒愫相繼重修。內大成殿五楹，東西廡各五楹。戟門在大成殿前。泮池在戟門外。欞星門在泮池前，教授侯抒愫砌以磚石，旁植嘉木，仿曲阜杏壇制。明倫堂五楹，尊經閣在明倫堂後。敬一亭三楹，在大成殿后。居仁齋、明善齋、博文齋、約禮齋，俱在明倫堂甬道兩旁，今廢。儀門一楹，額曰"河南府儒學"，教授侯抒愫題。啓聖祠，在大成殿西，明嘉靖十年建，皇清順治八年修。名宦祠，在戟門右。鄉賢祠，在名宦祠右。二祠，俱知府朱明魁重修。文昌祠，在泮池左，知府楊所修建。奎星閣，在府學東南，明嘉靖中給諫謝江創建。隆慶中副使劉贄，崇禎中太僕郭興言，皇清康熙十二年知府王來慶，洛陽知縣吳源相繼重修。教授宅，在尊經閣側。訓導宅，官裁，宅廢。

洛陽縣 在縣治東。明洪武五年，知縣胡弘道以玉清觀廢址創建。正統、天順間，知縣孫弘、張本濟，弘治、正德間知縣楊滋、黎顒相繼修葺。嘉靖三十一年縣丞吳英，萬曆三十六年知縣杜汝亮重修。皇清順治六年知縣武攀龍，十三年知縣葉琪，十八年知縣楊苞，康熙二十四年知縣佟學翰相繼重修。內大成殿五楹，東西廡各五楹，戟門三楹。泮池在戟門前。櫺星門在泮池外，明倫堂在大成殿后，今廢。敬一亭三楹，今改爲明倫堂。克己齋、復禮齋，在明倫堂左右，今俱廢。啓聖祠，三楹，訓導齊懷瑜重修。名宦祠，今缺，統于府學。鄉賢祠，缺。教諭宅、訓導宅，俱廢。奎星樓，在縣學東南，始建無考，皇清康熙九年知縣吳源起，二十四年知縣佟學翰，二十八年知府汪楫各重修。

偃師縣 在縣治東。元延祐四年，縣尹賈淵創建，後兵毀。明洪武三年，知縣汪可行重建。成化間，知縣張貫、李原相繼增繕。弘治九年知縣魏津，崇禎十一年知縣薛虞鼎重建。皇清順治初，知縣宋中鴻、魏惟紫重修。康熙二十八年，知縣王澤長增修。內大成殿，東西廡、戟門、櫺星門。明倫堂在大成殿北。敬一亭在堂東北，進德齋、修業齋在堂左右。饌堂在堂北。號房在堂東，廢。神厨在堂西，廢。神庫在堂東。黌門在櫺星門東，學倉在堂西，廢。射圃亭在啓聖祠北，廢。尊經閣，在饌堂北，知縣劉嘉遇建。啓聖祠，知縣劉嘉遇修。名宦祠，在戟門東。鄉賢祠，在戟門西。教諭宅，在大成殿東，廢。訓導宅二處，俱在明倫堂西，廢。奎星樓，在儒學東，知縣馮懋仁建。

鞏縣 在縣治南，相傳西漢時建。元末兵毀。明洪武三年，縣丞張庸重建。天順、成化間，知縣孫讓、柯忠增修。嘉靖三十一年，知縣陶承祖重修。皇清順治十三年，知縣張汝琦重修。康熙二十一年，知縣蔣徵猷重修。內大成殿五間，東西廡各九間，東西庫各四間，戟門三間，泮池、櫺星門、更衣亭、省牲所。明倫堂在大成殿后。敬一亭在明倫堂後。誠心齋、修道齋在明倫堂左右。啓聖祠，在明倫堂東。名宦祠、鄉賢祠、教諭宅、訓導宅。奎星樓，在文廟東，明萬歷時知縣程宇鹿創建。

孟津縣 舊在縣治東二十五里舊城內。明嘉靖十六年，因遷縣改置新城內縣治東南，即今所也，通判韓溉建。皇清順治十四年，知縣孟常裕重修。康熙二十一年，知縣高巖重修。內大成殿五間，東西廡，戟門，櫺星門，泮池。明倫堂在鄉賢祠西。進德齋、修業齋，俱廢。射圃亭、敬一亭，俱廢。儒學門一間，儀門一間，俱康熙二十年，知縣譚從簡重修。啓聖祠，在大成殿后。名宦祠，在啓聖祠後左。鄉賢祠，在啓聖祠後右。教諭宅，廢。訓導宅，未載。奎星樓，在東城上，康熙二十九年知縣高巖重修。

宜陽縣 在縣治西。元初創建，後毀于兵。明洪武三年，知縣鄭桂發重建。嘉靖二十三年知縣雷世榮，萬曆間知縣何其智重修。皇清順治十年知縣金繼望，十六年知縣王鼎引相繼重修。內大成殿七楹，東西廡各七楹，戟門三間，欞星門三間，泮池在欞星門外，磚橋石檻，池北爲屏墻，書"江漢秋陽"四字，屏外爲雲路街，直通奎樓。其東爲聖域門，大殿東西爲兩角門，一曰義路、一曰禮門。明倫堂五楹，東修業齋，西進德齋。啓聖祠，在義路門西。名宦祠，在戟門東。鄉賢祠，在戟門西。教諭宅，在明倫堂後。訓導宅，在明倫堂東。文昌祠、魁星祠，俱在戟門西。

登封縣 在縣治西南。始建未詳。毀于兵。元大德五年，既建，後毀。明洪武七年，知縣山錫之重建。景泰、天順、成化間，知縣趙興、張雄、王璟、侯觀相繼修葺。嘉靖五年知縣侯泰，萬曆末年知縣傅梅重修。崇禎十年毀。皇清順治九年，御史王亮教、趙如瑾，知縣張朝瑞重建。內大成殿七楹，東西廡各七楹，戟門三間，泮池在學宮前，欞星門在泮池前。明倫堂在大成殿后，博文、約禮二齋在明倫堂左右。啓聖祠，在文廟東，康熙十七年知縣萬姓蘇重建。名宦祠、鄉賢祠，二祠舊在啓聖祠之東西，縣令阮振益建門左右。教諭宅，在明倫堂左。訓導宅，在啓聖祠後。奎樓，舊在南城上，明崇禎甲戌知縣丘樹屏改建學宮前巽方，邑紳傅性良董其成。皇清康熙五年，邑紳耿介重修。文昌宮，即存古書院，知縣傅梅建。明天啓乙丑，訓導王名鉉肖梓潼帝君像祀之，庠生焦復亨植四柏、四桐。皇清康熙乙己（巳），邑紳耿介倡衆重修，并建岳生堂三間。至康熙辛酉，邑紳郭文華又建神厩一間。

永寧縣 在縣治西。宋崇寧四年建。明洪武元年，知縣翟禮重建。三十年，主簿艾敬增建。景泰、弘治間，知縣于淵、李景相繼修葺。皇清順治九年，知縣程萬善重修。康熙二十八年，知縣佟賦偉重修。中爲大成殿，東西列兩廡，前爲戟門，又前爲欞星門、爲泮池，南臨通衢爲大成坊，又南爲教化無窮坊。大成坊以北長垣如矢，直抵戟門，門南東西設門二。西門垣之西爲明倫堂，南爲宰牲堂，東西爲進德、修業齋。戟門外東爲敬一亭。啓聖祠，在戟門東。名宦祠，在啓聖祠後。鄉賢祠，在戟門之西，明倫堂之東。教諭宅，在明倫堂後。訓導宅，一在明倫堂二門外之左，一在右，久廢。奎星樓，在縣治東南二里許，萬歷時邑令劉應遇建。

新安縣 舊在縣治東南。宋崇寧間兵毀。元至元間，縣尹張臣澤徙建縣治東北，歲久亦廢。明洪武三年，知縣丁延舉重建。成化十四年，知縣許鍾拓修。崇禎十年，兵部尚書呂維祺重修。中為大成殿，左為東廡，右為西廡，南為戟門，外為泮池。明嘉靖三十六年，知縣盧大經鑿池，引寶泉水注于池中。又南為欞星門，殿后為敬一亭，亭後為明倫堂。堂東為進德齋，西為修業齋，又西為射圃。堂之後為爽堂，堂之東為饌堂。崇禎十四年，流寇焚毀殆盡。皇清康熙四年，知縣范諟重修。啓聖祠，在進德齋東。名宦祠、鄉賢祠，俱嘉靖三十六年知縣盧大經創建。教諭宅，在進德齋東。訓導宅，在射圃東。聚奎樓，學前南城聚奎門上，嘉靖三十三年知縣劉登創建。四十三年，知縣王訓懸大鐘于上，以接鼓音。

澠池縣 在縣治南。宋末毀于兵燹。明洪武五年，知縣王熙陽重建。天順、成化間知縣王賓、張重，嘉靖二年知縣陳緩相繼修葺。皇清順治三年知縣潘沂至，十六年知縣張景先後重建。康熙七年，知縣鄧琪棻改建。內大成殿五楹，東西廡各九楹，戟門三楹，明倫堂三楹，尊經閣三楹，崇德齋、達道齋、敬一亭、儀門、庠門俱新建。啓聖祠、名宦祠、鄉賢祠，各三楹，俱新建。教諭宅、訓導宅，俱新建。文昌閣，移建于城東門樓。聚奎樓，建于儒學正南頭。

嵩縣 在縣治西。元至正六年，嵩州同知陳鼎創建，歲久傾圮。明洪武三年，改州為縣，主簿譚景祥修。弘治十一年，教諭牛良同知縣伍文震重修。皇清順治三年署縣事同知鄭倬，十三年知縣趙景融重修。康熙十九年知縣王琰，二十四年教諭李滋次第增修。內大成殿五間，東西廡共十四間，敬一亭三間。康熙二十三年，改建明倫堂五間，又創建儒林門三間，聖域賢關坊二座，照墙一座，八字花墙及周圍宮墙，廟貌巍崇，始稱嚴肅。康熙二十四年，建明倫堂前月臺一座，齋厨二間，就兩廡各修書室四間，諸生始得寢食，講習其中。其餘若泮池、進德齋、修業齋以及神庫、號房等，俱被焚毀未修。啓聖祠，康熙二十三年，改建為大成殿。名宦祠、鄉賢祠，俱未載。教諭宅、訓導宅，共三所，俱附儒學東西，今皆焚廢。

盧氏縣 在縣治東南。元元統二年建。末年，兵毀。明洪武元年，知縣李子用重建。正統、成化間，知縣張慎、沈源、崔俊修。弘治間，知縣苑秀、李銳重葺。皇清順治四年知縣劉瀾，十四年知縣鄒蔭光先後重修。康熙九年，知縣胡循綸重修。十九年，知縣蓋圖增修。內大成殿五間，東西廡各十間，戟門三間，欞星門三間。其餘若神庫厨，宰牲房三間，明倫堂三間，典籍庫，致齋所，進德、修業二齋，東西號房二十間，會饌堂，俱廢。啟聖祠，在先師廟左。名宦祠、鄉賢祠、教諭宅、訓導宅，俱廢。奎樓，明萬曆乙丑，知縣郭之乾創建。皇清康熙二十七年，知縣張國卿重建，因其舊址闊大規模，高六丈，上建樓閣，八面宏開。

陝州 舊在州治東北隅。唐開元間建。後廢。金皇統八年，徙建今所。元末兵毀。明洪武三十年，知州聞人桂重建。永樂、正統間知州高敏、王繕，天順間同知儀泰，成化間知州顧正，弘治間知州孫賓、汪浚相繼修葺。嘉靖十五年，知州閻重修。皇清順治五年，知州劉世杰重修。康熙十五年知州羅錦，三十一年知州甘國璧各重修。內大成殿五楹，東西兩廡、戟門，戟門外為泮池，又外為欞星門。明倫堂，堂後為敬一亭，堂左右為進德齋、育材齋，前為儀門，儀門左右為義路、禮門。堂東為射圃亭。啟聖祠，在儒學戟門東。名宦祠，在明倫堂東。鄉賢祠，在明倫堂西。學正宅、訓導宅，共四所，今俱廢。文昌閣，在鼓樓上。奎樓，在學宮東南。

靈寶縣 在縣治南。宋天聖元年建。元末兵毀。明洪武三年，縣丞陳仁澤重建。自正統至正德間，知縣蔡中、陳順、李岳、王瑛、李恭相繼修葺。嘉靖九年，知縣馬瓚重修。皇清順治十一年，知縣郭顯功重修。內大成殿五間，東西廡各十一間，戟門三間，欞星門三間，門外為泮池，戟門外西為明倫堂五間，射圃亭三間，敬一亭三間，今廢。兩廡之旁為祭器、樂器庫各二間。按靈寶縣學宮逼近南城，文氣弗暢，乃闢堳為門，曰"洙泗宮墻"。瀕隍之地，有泉三穴。正統中，教諭陳亮疏而為滔滔不竭，味甘洌，甲諸水名，曰"育賢泉"。康熙丁卯，邑令張繼善重修，甃泉以石，護泉以欄，又置橋通泉，名"文通橋"，教諭惠博勷其事。己巳歲，暴雨沖崩，橋圮池淤，邑令霍浚遠重修之，砌橋鑿池，較勝于前。啟聖祠，在大成殿左。名宦祠，在戟門東。鄉賢祠，在戟門西。梓潼祠，在廟左。以上四祠，俱知縣江蘩重修。教諭宅，未載。訓導宅，未載。文昌閣，在欞星門西，知縣梁儒建。奎星樓，在欞星門東，知縣郭顯功建。

閿鄉縣 舊在縣治南。始建未詳。元末兵毀。明洪武二年，縣丞王珪重建，後圮于水。十七年，知縣金源徙建縣治東，即今所也。正統間知縣劉粹，嘉靖三十三年知縣楊夢豸同增葺。皇清順治十年，知縣張三省重修。大成殿五楹，至聖遺像世，傳吳道子筆，鐫石豎殿內。東廡五間，西廡五間，戟門三間。泮池在戟門外，典史王鋌創建。欞星門三間，明知縣孟周創建。明倫堂三間。堂後爲校書樓，今廢。廟前爲射圃亭。學前爲敬一亭、號舍，今俱廢。廟東西爲興賢、育材坊，今廢。湯家棟修垣，改題東曰"騰蛟"、西曰"起鳳"。啓聖祠，三間，康熙二十五年知縣方士憲修。名宦祠，在戟門左。鄉賢祠，在戟門右。教諭宅，三間，東西廂房各三間。訓導宅，廢。奎星樓，在學東，廢。

南陽府

《職方典》第四百五十二卷
南陽府部彙考六
南陽府學校考 府志
本府

南陽府 在府治東北。明唐藩府，本學之舊址也。元至元間，遷于彌陀寺東。明末寇亂，半屬榛莽。順治十年夏，參政戴明說議復遷于今地。首建大成殿、啓聖祠，次及東西兩廡、戟門、名宦、鄉賢二祠、泮池、欞星門，門前爲照壁。殿後爲明倫堂，周以垣墻，規制恢廓，新鄉張縉彥記。嗣後推官竇正儀，知府張文明、朱璘，相繼修葺，于欞星門外置聖域、賢關門，介以崇墉，飾以丹雘，視前益壯麗。大成殿五楹，內懸御書"萬世師表"扁額。殿前兩廡，東西各九間。戟門三楹，前爲泮池。欞星門三座，居泮池前。門外左爲聖域門，右爲賢關門，正南立照壁。啓聖祠三楹，在聖廟東南。名宦祠三楹，在戟門東。鄉賢祠三楹，在戟門西。明倫堂五楹，在大成殿后。教官宅，舊在明倫堂後，今又在文廟東。

南陽縣 舊在城東，即舊府學之故址也。元至元間，改爲府學，而遷縣學于今地。明洪武九年，知縣劉英即故基營建。宣德五年，知縣李桓圭繼修大成殿、兩廡、明倫堂、欞星門，楊溥記。嘉靖十年，建啓聖祠。萬曆四年，知縣成遜重葺大殿、兩廡、戟門、欞星門，創建名宦、鄉賢二祠，敬一、射圃二亭，並置犧樽俎豆之屬，邑人方九功記。明季寇毀，無存。皇清順治九年，知縣李廷松始即廢址營建大成殿。康熙六年，教諭劉文成增建啓聖祠、兩廡、戟門、泮池、欞星門、明倫堂。康熙二十年，督學吳子雲捐修名宦祠。大成殿五楹，殿前左右兩廡各七間，南爲戟門三間，戟門外爲泮池，又南爲欞星門三座，門外正南立照壁。啓聖祠，在殿東南。名宦祠，在戟門東。鄉賢祠，缺。明倫堂，五楹，在大成殿后，堂左原有敬一亭，右有射圃亭，今俱圮。文昌閣，一在縣治東南，明唐藩鄖城王創建，拱宸臺後爲尼庵，康熙二十九年知縣紀之健改建；一在南關，康熙三十三年知府朱璘建，自爲記。奎章閣，舊在南門麗譙東，明崇禎三年知府王之柱建，有記。頹廢已久，知縣紀之健于康熙二十九年重修。教諭、訓導宅，舊在文廟明倫堂後，久廢，今在文廟東。

南召學，在縣城內，地名楚王宮，今縣裁，其弟子員入南陽縣學。

鎮平縣 舊在城西北隅。創建無考。元至元間縣尹李炳，明宣德間知縣白岳，成化間知縣李賢、劉勳，次第修拓，有記。嘉靖間，邑監生張逵捐資重修，南陽王鴻漸記。又知縣陳濂、阮嵩、鄧朝相、李幼勳相繼重新。萬曆間，知縣梁必先以科第寥落，用形家言，遷于縣治東今地，建先師殿、啓聖祠、兩廡、戟門、名宦鄉賢二祠、欞星門、泮池、明倫堂、儒門、署舍皆備，謀于廟前通雲路，開小南門，東南建文昌閣，城東南隅建魁星樓，環東西三里河水，工未備而去。天啓間，知縣張爾庚踵其志而成之。先師殿五楹，殿前東西兩廡各七間，戟門五間，俱康熙二十三年知縣葉日升重修。欞星門三座，訓導楊遺白重修。名宦、鄉賢祠，各三間，在戟門左右。前爲泮池，舊在欞星門外，知縣葉日升移于內。文廟前南城開小南門，曰"聚星"，移文昌閣于東南隅爲魁星樓，增學舍于兩廡之南北，共二十間，皆知縣葉日升修。啓聖祠，在大殿后。明倫堂，在大殿西。

唐縣 在城東南隅。始建無考。明萬曆辛丑，知縣黃茂以學宮頹敝，首建大成殿，殿前左右爲兩廡，前爲戟門，又前爲泮池，又前爲欞星門。殿后爲明倫堂，堂東壁刻臥碑，左翼以齋爲博文，由齋而東曰"義路"，置司諭、司訓三舍，是爲左儒門；右翼以齋爲約禮，由齋而西曰"禮門"，置名宦、鄉賢、省牲祠舍，是爲右儒門。並堂而左爲敬一亭，並堂而右爲啓聖祠。堂後爲尊經閣，李長春記。明末遭寇毀。至皇清，漸次修葺。大成殿五間，順治六年知縣李芝英修。啓聖祠三間，順治十二年知縣吳璞修。戟門三間，知縣吳璞修。泮池，上有白石橋。欞星門，以石爲之。名宦祠，知縣田介修。鄉賢祠，邑人韓應琦修。明倫堂，知縣吳璞修。文昌祠，在縣治東。魁星樓，在南城上，今圮。教諭訓導宅，俱廢。

泌陽縣 在縣治西大街。北宋熙寧間，改驛基爲之。元大德初，縣尹程仲賢重修。明洪武初修建。歷永樂、天順間復修，皆見《舊志》。嘉靖乙丑知縣龔芝，萬曆庚辰知縣郭祺皆重修。崇禎庚午，知縣高岸又重修，裕州吳阿衡記。明末寇亂頹毀。皇清順治丙申，知縣溫如玉重修。康熙丙寅，知縣莫國芳修葺。先師殿五楹，殿前兩廡各七間，戟門三間。名宦、鄉賢祠，原各三間，今缺。啓聖祠，三間。文昌祠，三間。明倫堂，在文廟東。教官宅，新建。魁星樓，在城東南隅。

桐柏縣 明成化時，建縣初置，僅建殿廡、戟門、啓聖祠。萬曆三十八年，知縣吳勳增建名宦、鄉賢二祠，竪魁星樓。崇禎中，知縣江海晏建明倫堂，歲久廢頹。順治十一年，署縣事南陽府通判歐陽世隆重修戟門。康熙十二年，知縣陳堯澤修啓聖祠。十四年，知縣酈逢時修大成殿、兩廡。二十九年，署縣事鄧州同知張萬言修泮池。教諭宅，在文廟內。

鄧州 舊在外城東南隅，始建無考。金正大元年，節度使知鄧州某重建，趙秉文記。元至正二年，州守劉辰重修。明洪武五年，鎮撫孔顯因舊址重建。宣德五年，知州寇義、判官黎用顯增修。弘治十五年，知州吳大有復修。嘉靖三十三年，知州王道、行鄉官丁埏重修。萬曆八年，分守南汝道徐元氣、知州黃錫遷于內城南門之西，鄉宦丁垓、丁銑捐居宅爲學基，自先師廟至欞星門皆其地。皇清順治三年，流寇餘孽劉二虎攻城二十七日，城守嚴急，軍士撤屋爲薪，于是大殿之外，堂廡、齋舍皆拆毀。順治十四年，知州馮九萬重修。康熙二十年，學正段維宸修。二十六年，知州宋嗣炎重修。先師殿五楹，殿前兩廡各九間，南爲戟門三間，戟門東爲義路，西爲禮門，前爲泮池，又前爲欞星門三座，又南舊鑿城開小南門，以通文明之氣。城上東西各立文筆峰。明末因寇亂閉，小南門，今止立照壁一座。欞星門東西爲騰蛟起鳳坊，又東爲聖域坊，西爲賢關坊。啓聖祠，在文廟東南。敬一亭，在啓聖祠南。名宦祠，在戟門東。鄉賢祠，在戟門西，康熙三十三年知州萬愫重建。明倫堂，初建于殿后東偏，崇禎六年舉人丁之棟倡議改正，撫治鄖院蔣久儀、知州董應圭落成，內立臥碑二通。尊經閣，在堂北，崇禎六年知州董應圭、舉人丁之棟重修，康熙三十三年知州萬愫重修。過化祠，在閣東，祀韓文公寇萊公范文正公，今圮。遺芳祠，在閣西，祀鐵忠烈李文達二公，今圮。杏壇，在閣東北，植文杏花卉，今廢。奎星閣，在子城東南隅。學正、訓導宅，在文廟後，明倫堂西，俱廢。

新野縣 舊在子城外。元末兵毀。明洪武六年，主簿劉莊改建于今縣治東古子城內。成化六年知縣趙溁，十三年知府段堅、同知任義重修。十九年教諭熊璉，弘治十年知縣宋琢相繼增修。嘉靖十年，教諭胡清重修。三十六年知縣吳承恩，隆慶六年知縣田應鳴增修。萬曆元年，知縣李登重修。明末寇亂，多就傾圮。皇清，知縣汪永瑞建明倫堂，知縣崔誼之、教諭孫行恕、宋昌蔭，訓導寧象斗、杜永昌修大殿、兩廡，建戟門、浚泮池，立名宦祠。康熙二十八年，知縣顏光是、教諭李皓、訓導常應經建東西序爲齋宿所。先師殿，殿前爲東西廡，前爲戟門，戟門外東爲名宦祠，西爲鄉賢祠，前爲欞星門，門外爲泮池。啓聖祠，在戟門東。明倫堂，在大殿北。敬一亭，在明倫堂後，嘉靖九年以教諭宅改建，內有臥碑。尊經閣，在敬一亭後，明知縣吳承恩建，今圮。射圃，舊在戟門西，久廢。學門，舊在欞星門東，明教諭熊璉改建于西。教諭、訓導宅，在文廟後明倫堂東。

內鄉縣 在縣治東南。元大德八年，縣尹潘逵建。泰定、天曆間，監縣事字羅笞失、知縣王某修。後毀，明洪武初，知縣史惟一重建。宣德初知縣郭恂，景泰時知縣王杰相繼修理。天順間，知縣鄭時、典史黃憲重建大成殿。成化間，知縣沃頯開拓基址，重建明倫堂。萬曆間，知縣尚從試增修。崇禎末，寇亂傾圮過半。皇清順治十五年，知縣王襄明修茸。至聖先師廟，五楹，舊稱大成殿，明嘉靖九年改今互名之。廟前兩廡東西各九間，前爲戟門，戟門外東爲名宦祠，西爲鄉賢祠，前爲泮池，有石橋三，又前爲欞星門。儒林坊在欞星門南，興賢坊在欞星門東，毓秀坊在欞星門西，俱圮。啓聖祠三間，舊在戟門東，康熙二十六年知縣高以永改建于先師殿東。文昌祠三間，在啓聖祠後，今圮。魁星樓，舊在興賢坊東，萬曆間知縣尚從試建。天啓時，知縣王鼎彥移建于城東南隅。順治時，知縣劉緝元重修。明倫堂五間，堂東爲博文齋五間，西爲約禮齋五間。會饌房三間，在明倫堂東。神庫一間，在明倫堂西。尊經閣三間，在明倫堂東。敬一亭，貯明世宗御製敬一箴碑及范浚心箴、程子視聽言動箴碑，在啓聖祠前，今圮。射圃亭三間，舊在明倫堂西，改爲西齋。訓導宅，明成化間別建于明倫堂東北隅，今圮。教諭、訓導宅，在明倫堂左右，今廢。

淅川縣 自明成化八年置縣，初建于縣治東南。知縣武文首其事，正殿、兩廡、門堂、齋厨諸所悉備，御史李叔和，知縣沈弘、王宗堯、陳相、王道、李芳先相繼重修。萬曆二十二年，知縣王麟趾改建先師殿于明倫堂基，而移堂于廟後尊經閣基，以舊廟之址改建。啓聖祠、魁星樓，在南門內大街。鄉賢祠、名宦祠、教諭訓導宅，俱廢。

裕州 在舊治西。洪武三年建，首爲大成殿，殿前左右兩廡，前爲戟門，門左爲名宦祠，右爲鄉賢祠，前爲泮池石橋，橋南建欞星門三座，榜曰"大成之廟"。聖殿東南啓聖祠，殿后明倫堂，次魁星堂，東北爲文昌閣。正統乙丑，知州宋盛重修。成化丁未，知州許綸又重修。嘉靖甲辰，知州王正容建射圃于廟東隙地。明末，叠經兵燹，傾圮大半。康熙八年，知州王廷棟重修大殿五楹，戟門三楹，欞星門止磚砌三券。至康熙二十八年，知州潘雲桂始易以木，建欞星門三座，外立照壁，又建兩廡各五楹，築圍墻。訓導宅，在學正署東，俱廢。

舞陽縣 在縣治東南隅。明洪武五年，知縣王德潤即宋故址建。成化己亥，知縣宋鑒增修。弘治戊午，知縣陳碧重修。嘉靖間，知縣張穎新之。至萬曆元年，知縣李簡潔重修。先師殿五間，殿前兩廡東西各七間，前爲戟門三間。戟門外左名宦祠，右鄉賢祠，前爲欞星門，外爲泮池，池南爲至聖坊，東爲儒林門，北爲正傳坊，又東奎樓。東南城隅爲文昌閣，迤西爲文筆峰，學西南街爲育賢坊。啓聖祠，在聖殿東南，祠後建敬一亭，內立石刻敬一箴及程子四勿箴、范氏心箴。明倫堂，五間。

葉縣 在縣治東。金至大三年，知縣劉從益建爲殿三楹，堂三筵，左右廊廡十有四，前三門，旁有四齋，下至廚庫咸備，趙秉文記。元至元戊寅，縣尹郭巖舉重修，羅允登記。後爲兵毀。明洪武元年，縣丞傅璧即舊基重建。萬曆十七年，知縣高文登增修。首爲大殿五楹，次及兩廡、戟門、欞星門，西爲馳道，樹坊曰"聖域賢關"，以至明倫堂、射圃、博士燕寢，罔不周飾，申嘉瑞記。明末兵燹，廢壞幾盡。順治十三年，知縣許鴻翔重修。皇清康熙十四年，知縣潘見龍、呂柳文相繼增葺。先師廟五楹，左右兩廡各七間，戟門三間。名宦、鄉賢祠，各三間。欞星門三座。泮池，在欞星門外，中建憤樂亭，知縣許鴻翔建。啓聖祠三間，在明倫堂西，以上俱許鴻翔修。明倫堂五間，在殿后。堂東爲日新齋，西爲時習齋，今俱廢。堂前爲儀門，左爲入道，右爲由義。儒學門三間，在入道門前。教諭宅，舊在啓聖祠西，今改明倫堂後。訓導宅，原有二，在啓聖祠南，今在祠後。

汝寧府

《職方典》第四百七十一卷
汝寧府部彙考五
汝寧府學校考（書院附）　府志
本府

汝寧府　舊在府治西南。金皇統間，建爲蔡州學。元升州爲府，知府耶律文謙以地狹隘，徙建府治東南。後毀于兵。明洪武六年，通判董渙重建。正統間知府李敏，成化間知府張倫、錢鉞，弘治間知府蔣升，正德間知府畢昭、姚文淵、馮志，嘉靖間知府來敏、王崇古，萬曆間知府宋秀、李日文、蘇光泰，推官熊尚文、解經雅，天啓間知府王建和，崇禎間知府劉民悅相繼修葺。皇清順治四年知府黃登孝、推官徐文蔚，順治十八年知府金鎮，康熙庚午年知府何顯祖重修文廟大成殿以祀孔子，其祭用春秋仲月，其日用丁，其牲帛祝詞及奠獻俱如制。前爲戟門，爲泮池，爲櫺星門、文昌閣、魁星樓，泮池東爲名宦祠，西爲鄉賢祠。崇禎十五年，兵毀。皇清順治十六年，知府金鎮重建明倫堂。堂後爲敬一亭，內立明世宗御製敬一箴及視聽言動心五箴碑，亭後爲尊經閣，以貯制書堂。左右列四齋，曰志道、曰據德、曰依仁、曰游藝，以爲諸博士弟子員游息之所。其祭器、樂章皆知府錢鉞釐正。兵火之後，祭器散失，知府金鎮、何顯祖俱爲更置。啓聖祠，文廟東，明嘉靖十年建。朱子祠，在明倫堂西。明末寇毀。康熙元年，知府金鎮重建。文昌閣，在櫺星門東。

汝陽縣　元知府耶律文謙因金蔡州學舊址修建，在縣治西南。毀于兵。明洪武八年，知縣楊補之重建，後知縣鍾原亨徙建于縣治東南。成化八年，取其地建秀王府。九年，提學副使陳選檄知府張倫徙建于縣治東，即今基址也。日久圮壞，萬曆二十四年，知縣岳和聲修。皇清順治三年知縣楊義，九年知縣劉瑞，十五年知縣紀國珍相繼增修。文廟，明季毀于寇，順治三年知縣楊義重修。明倫堂，明季毀于寇，順治九年知縣劉瑞重建。啓聖祠，文廟東北隅，明萬曆三十二年知縣王萬祚建，順治九年知縣劉瑞重修。名宦、鄉賢二祠，戟門外左右，明萬曆二十六年知縣岳和聲創建。朱子祠，在儒學門內，明萬曆二十四年知縣岳和聲建。魁星樓，在櫺星門內東，明萬曆三十四年建。

上蔡縣 在縣治南，即元時故址。明洪武四年，知縣楊允中重建。嘉靖二年，知縣傅鳳翔重修。萬曆十年，知縣王宗孟增修。文廟，歲久傾圮。順治九年，訓導王國寧重修。明倫堂。啓聖祠，在文廟東，明萬曆間知縣王宗孟重修。名宦、鄉賢二祠，在戟門外左右，明萬曆十年知縣王宗孟創建。明季毀于寇。順治十三年，知縣趙聯齊重修。魁星樓，在啓聖祠前。明萬曆十年，知縣王宗孟創建，樓形八方，以象八卦，頗稱偉麗。明季毀于寇。順治七年，知縣管起鳳以東南隅敵樓改作焉。

新蔡縣 舊在縣東門外。元大德八年，知縣李演建。明洪武十一年，知縣應宗毅重修。嘉靖三十四年，知縣朱茹徙建于城內東南隅。明季毀于寇。皇清順治五年知縣鍾諤，十三年知縣譚弘憲相繼增修。文廟，順治五年知縣鍾諤重修大殿，十年知縣譚弘憲更修兩廡及祭器房。明倫堂，順治十年知縣譚弘憲重建。啓聖祠，在文廟東北隅。名宦、鄉賢二祠，在戟門外，東西相向。八卦樓、文昌祠，在文廟左東城上，順治十年知縣譚弘憲重修。

西平縣 在縣城內東南隅。明洪武三年，典史萬安創建。嘉靖間，知縣朱鏜、吳尚東、張寅相繼修葺。萬曆二十八年，知縣張應化增修。文廟，崇禎間知縣孔汝孝重修大殿。明倫堂，明知縣劉名世重修。啓聖祠，明嘉靖十六年典史劉璋創建。明季毀于寇，未建。名宦、鄉賢二祠，明嘉靖二十年知縣張寅，萬曆二十八年知縣張應化相繼重修。明季毀于寇，未建。文昌閣，在文廟東，明萬曆二十四年知縣李孟春創建。魁星樓，在儒學東南，明萬曆十二年知縣張啓創建。

遂平縣 在縣治東。元大德間建。延祐四年，縣尹孛術魯重建，後毀于兵。明洪武三年，縣丞蔡士實重建。後知縣路遠、王璉，通判朱臣，知縣郭思極、徐世隆相繼修葺。萬曆三十四年，知縣孔弘衍重修。皇清順治七年，署縣事確山知縣吳大壯、知縣張鼎新相繼增修。文廟，舊殿五楹。明季寇毀，今重修，三楹。明倫堂。啓聖祠，在文廟東北隅，明萬曆十三年知縣梁紹勳重修。名宦、鄉賢二祠，在戟門外，明隆慶四年知縣郭思極重建。

確山縣 在縣治東。元至元二十二年，知縣趙福錫建。延祐間，知縣張明道重修。明洪武七年，知縣陰珪重建。正統間知縣史驥，成化間知縣王廉、丁時，萬曆間知縣王士性、郭佳鎮重修。皇清順治七年知縣吳大壯，十五年知縣吳國杰相繼增修。文廟，知縣吳大壯、教諭袁賦成重建東廡，知縣吳國杰、教諭李實冀重建西廡。明倫堂，明成化初知縣朱延齡重修。啓聖祠，在文廟東，順治十五年知縣吳國杰、教諭李實冀建。名宦、鄉賢二祠，俱在戟門東，明嘉靖四十五年知縣馬文煒創建，萬曆三十三年知縣徐明重修。文昌閣，在櫺星門東，明萬曆三十三年知縣徐明創建。

真陽縣 在縣治東。明正德二年，知縣齊淵建。七年知縣張璽，嘉靖二十八年知縣徐霓相繼重修。明季毀于寇。皇清順治八年，知縣遲煒、教諭朱頒祿重修。文廟，明正德二年建。順治十六年，教諭彭如芝重修。神厨。明倫堂。啓聖祠，在戟門外東，明嘉靖二十八年知縣徐霓建，順治十六年教諭彭如芝重修。名宦、鄉賢二祠，在戟門，東西相向，知縣徐霓建，明季寇毀。文昌閣，在儒學東，明萬曆二十八年教諭宋久文、訓導喬茂魁建，四十七年訓導劉嘉績改置儒學門東。魁星樓，在縣東南隅，明萬曆二十九年知縣李懋孝創建。

光州 在州治西。元泰定間，知州王家奴建。後毀于兵。明洪武七年，知州陳惠建。弘治間知州張輝，正德間知州李鐙，嘉靖間知州謝汝誠，隆慶間知州張汝學相繼修葺。萬曆三年，知州陳華重修。文廟，元泰定間建，馬祖常有碑記。明倫堂，明正德壬申，毀于寇，知州李鐙重修。啓聖祠，在文廟東。名宦、鄉賢二祠，在戟門外左右，明嘉靖三十年知州謝汝誠建。

光山縣 在縣治東南。明洪武七年，知縣譚達建。嘉靖間知縣閻輔、陳良顯、李森、陳大濩相繼修葺。萬曆十五年，知縣牛應元增修。文廟，明萬曆十五年，知縣牛應元重修。明倫堂。啓聖祠，在文廟東。名宦、鄉賢二祠，俱在戟門外東。文昌閣，在儒學東，萬曆十五年知縣牛應元重修。

固始縣 在縣治東。明洪武八年，知縣唐紹宗因元時舊址重建。天順間知縣薛良，嘉靖間知縣吳周、張梯孟相繼重修。康熙二十九年，知縣楊汝楫重修。文廟，元知縣王思忠建。傾圯日久，康熙二十九年，知縣楊汝楫次第修葺，煥然一新。啓聖祠，在文廟東。名宦、鄉賢二祠，康熙二十九年知縣楊汝楫重修。

息縣 在縣治西南。明洪武八年，知縣張必大因元舊址重建。正統間知縣蔣忠，成化間知縣王剛，弘治間知縣康恭，嘉靖間知縣邵鳴岐、滕霽，隆慶間知縣趙如昆相繼修葺。萬曆五年，知縣王用賓增修。皇清順治十三年，知縣邵光引重修。文廟，知縣邵光引重修兩廡。明倫堂，舊制三楹，嘉靖間趙如崑增爲五楹。明季傾圮。啓聖祠，舊在戟門左，署印光州判官翟君用改建文廟東，知縣王用賓重修。明季毀于寇。順治十四年，知縣邵光引、教諭楊潤生重建。名宦、鄉賢二祠，在兩廡南，知縣邵鳴岐、周維翰，邑紳李若星修。

商城縣 在縣治東。明成化十一年，知縣張俊建。十四年知縣鞏哲，正德七年知縣李允恭，嘉靖三十年知縣萬炯，萬曆十二年知縣李周策重修。明季毀于寇。皇清順治七年知縣衛貞元，十一年署印通判錢孔華重建。文廟，明天啓五年，知縣潘曾紘重建，順治五年知縣衛貞元重修。明倫堂，明天啓元年知縣潘曾紘重建，順治十一年通判錢孔華修。啓聖祠，在文廟東，明季毀于寇，順治十年知縣高材重建。名宦、鄉賢二祠，在文廟西，明嘉靖二十九年知縣萬炯建。明季寇毀，未建。

信陽州 舊在城內東北隅。元末毀于兵。明洪武四年，同知向師誠改建州治東。成化十四年，知州江貴重修。正德十五年，僉事孫孟舉、知州鄭懋德重修。嘉靖三十三年，副使焦璉、知府王崇古、知州蔡察重修。萬曆四十四年，知州楊若梓重修。順治六年，副使陳聯璧重修。文廟，舊爲五楹。明季寇毀。順治六年，副使陳聯璧重修，三楹。明倫堂，舊爲五楹。明季寇毀，今重修，三楹。啓聖祠，在文廟東北。名宦、鄉賢二祠，在戟門外左右，明成化間知州江貴建。

羅山縣 在縣治東北。元延祐四年，知縣孫恭建。明洪武初，知縣聞珪因元舊址重建。正統間知縣劉恒，嘉靖間知縣侯之藩、濮儲重修。明季兵毀。皇清順治四年知縣薛耳，十一年知縣高楫相繼增修。文廟，順治十一年知縣高楫重建。明倫堂，順治十一年知縣高楫重建。啓聖祠，在文廟東北隅，明季傾圮，未建。名宦、鄉賢二祠，在戟門外左右。明季傾圮，未建。文昌閣，在儒學東。

汝州

《職方典》第四百八十二卷
汝州部彙考二
汝州學校考 州縣志合載

汝州 舊在城隍廟右。明天啓四年甲子，州守陳爰謀創建。己巳年，兵道楊嗣昌、郡守林一桂遷州城西北隅，即今地。大成殿五間，內塑有先師像，四配十哲神主。東西廡各九間，戟門三楹，欞星門三楹，門外爲泮池，池外屏墻。墻西爲儒學大門三間，大門內爲二門三間，二門內爲明倫堂五間。皇清康熙二十七年，重修。堂後爲敬一亭五間。堂左爲崇德齋三間，今廢；右爲廣業齋三間，今廢。敬一亭後爲尊經閣，今廢。啓聖祠，三間，在大殿后。名宦祠，在戟門外之左，三間。鄉賢祠，在戟門外之右，三間。學正宅，在明倫堂西。訓導宅，舊廢，見賃民房。文昌閣，三間，原在舊學南，順治十年巡道范承祖、州守秦耀名遷于文廟內。奎樓，在欞星門左。射圃，今廢。

魯山縣 在縣治東南。大成殿七間，順治己亥，舉人栗民梁，庠生馬遠馭、李廷楹等重修。康熙十九年，邑令傅燮調重修。左爲東廡，舊規十一間，順治十四年丁酉學諭劉漢寵督修五間；右爲西廡，舊規十一間，順治十六年己亥舉人栗民梁、庠生李廷楹等督修五間。殿前爲戟門三間，順治己亥學諭劉漢寵同紳士督修。戟門外爲欞星門三間，康熙十五年丙辰學訓毛泰徵、庠生郭如量重修。啓聖宮，五間。名宦祠，三間。鄉賢祠，三間。教諭宅、訓導宅、土地祠，今俱廢。文昌閣，三間。魁星樓，在小南門上。射圃，在城內東南隅。文峰塔，在南城上，魁樓東。

郟縣 在縣治東南。金太和六年，知縣張志行創建。明天順年間，知縣錢清重建。皇清順治年間，知縣張篤行、卜永升、王昕相繼重修。啓聖祠，三楹，順治十六年重修。名宦祠，三楹，順治十年重修。鄉賢祠，三楹，順治十年重修。教諭宅，順治十二年重修。訓導宅，順治十二年重修。魁樓，在儒學門外，嘉靖中建，順治十四年重修。射圃，今廢。

寶豐縣 在縣治東街路北，察院之東。大成殿五間，明成化十二年，知縣朱詮創建。萬曆十年知縣丘雲龍，天啓元年知縣范廷弼，崇禎元年知縣劉令譽各補修。崇禎十年，知縣石可礪重建，邑宦王之晉助修。明末流寇拆毀。國朝康熙二年，河南府推官黃綬、署縣事汝州州同徐志尹、知縣胡中珣重建。大成殿前爲戟門三楹，又前爲欞星門三座，康熙十二年知縣徐人龍重建。堂東側爲明德齋，西側爲新民齋，各五間，今俱廢。啓聖祠，在東廡後。名宦祠，在敬一亭之東南。鄉賢祠，在敬一亭西南。土地祠，在啓聖祠後。魁星樓，在欞星門東。文昌閣，舊在明德齋後，爲射圃廳，後改爲文昌祠，今在東廡後。射圃，今廢。文筆塔，在東城。

伊陽縣 在縣治西。廟學俱建于明成化年間。至萬曆元年，邑令武鎬重修。崇禎七年，邑令孔貞璞增飾巍煥。會流寇猖獗，悉付灰燼。皇清順治三年邑令張暗然，五年邑令張文德，康熙十七年邑令康孟侯，二十四年邑令王來遠，三十二年邑令謝夢弼各有修茸，漸復舊制。啓聖祠，康熙三十二年知縣謝夢弼建。名宦祠、鄉賢祠，俱康熙二十四年知縣王來遠、教諭宋烒重建。文昌祠，今廢。魁星樓，康熙三十二年知縣謝夢弼捐建。教諭公廨、訓導公廨，俱廢。射圃，久廢。

陝西總部

西安府

《職方典》第五百卷
西安府部彙考十
西安府學校考（書院社學附） 通志州縣志合載
本府（長安咸寧二縣附郭）

西安府 在府治東南，宋、元舊址。明成化九年，巡撫馬文升重建，大學士商輅記。皇清順治，提學副使田厥茂重修，有記。長安、咸寧因附郭，每逢春秋二丁，統祭于此。啓聖祠，在廟之東隅。名宦祠，在廟二門外。鄉賢祠，並在廟二門外。貢院，在府治西，明景泰間左布政使許資奏建，段炅有《增修貢院碑記》。正學祠，舊在正學書院。明萬曆初毀，後督學許孚遠重修，後復廢于兵火。皇清初，提學田厥茂改建府學尊經閣下。康熙二年，移祀關中書院。歷代名臣祠，舊在正學書院，田厥茂改建于學宮，今移于關中書院。道統祠，舊在貢院西隅，今移于關中書院。

長安縣 舊在縣治西，即今分守道署。至成化九年，巡撫馬文升徙于府學西，爲大門、儀門各三楹，博文、約禮二齋，旁爲號舍，敬一亭三楹，築天梯于面城垣曰"雲路"。泮池舊在大門外，皇清初訓導張弘業移鑿于儀門內，並建春風化雨坊于池之上。明倫堂三楹，科舉題名在堂東。教諭、訓導宅，俱在學後。

咸寧縣 在縣治西。明成化年，提學伍福徙府學東，知府余子俊修葺。嘉靖年，知府李文極復修。萬曆十三年，邑大夫李生芳重修。十八年，知縣李得中因其故址重加修整，大門三楹，二門東博文齋、西約禮齋各三楹，東西各列號房凡十七楹，堂後設敬一亭。萬曆戊午，鄉試榜發，咸寧脫，左布政使高第作培風脉于二門外，建磚塔城頭巽位，置魁星樓，冢宰王紹徽記。厥後，數罹兵燹，宮墻傾圮。皇清順治十二年，邑令余國柱捐俸庀材，紳衿各輸資助工，而堂序為之一新，邑人韓文鏡記。康熙三年，知縣黃家鼎捐俸重修，有記。明倫堂五楹。教諭宅在敬一亭東，訓導宅在教諭宅後。

咸陽縣 在縣治西。明洪武間，縣丞孔文鬱建。天順二年，知縣賈任重修。博文齋五楹，今圮；約禮齋五楹。泮池，大成殿五楹，東廡、西廡、櫺星門、戟門三楹，明倫堂三楹，今廢。啓聖祠，在大殿西。尊經閣五楹，在舊城址上。文昌閣，在啓聖祠前。名宦祠，在戟門左；鄉賢祠，在戟門右。教諭宅，在明倫堂西。訓導宅二，在教諭宅左右，今圮。

興平縣 在縣治西。明洪武時，知縣沈訥建。成化時，知縣王琮修。弘治時，知縣朱瑄建後號。正德時，知縣李應陽改教官宅，增講堂。嘉靖時，知縣郭孔完又修，前為麟郊鳳藪坊，章評書為"櫺星門"。廟門左為儒學門。大成殿左右兩廡。明倫堂有臥碑，東西為博文、約禮齋，為號房，後為敬一亭。

臨潼縣 在縣治後。明洪武二年建。北抵于城，南接于廟，東西九十步，南北共計一百五步。博文齋、約禮齋各三間，門坊三，東曰"義路"、西曰"禮門"、中曰"教育英才"。明萬曆十二年，知縣劉聘建號房于兩齋南，東西相向，各九間。建尊經閣于明倫堂後，閣後築臺與城齊，上建敬一亭五間，生員王松所造。堂東為饌堂，禮門西為學倉，外號數十餘所。嘉靖年，弟子員猶誦習其中。射圃一區，亦皆廢。崇禎七年，邑人周觀察倡建魁樓于堂東南，培風氣也。學門舊在櫺星左，今移于右，西向達于中街，南路遂塞。大成殿，明成化元年知縣劉聰修廣為五間，未就，知縣高恒繼成之。東西廡各十七間，櫺星門六楹，戟門四楹，中鑿泮池，周五丈，橋亘其上，引溫泉水貯之。神庫在殿東，神廚在西廡。萬曆十二年，知縣劉應聘重修。萬曆四十年，知縣李經禮于櫺星門外環石欄，街南闢地為青雲路。天啓三年，知縣王佐築大成殿基而增置焉。明倫堂五間。舊制，啓聖祠在廟東隅。名宦祠、鄉賢祠俱在廟西。

高陵縣 在縣治北。宋紹興二年，知縣朱革建。崇寧四年，知縣范棟修。宋季毀。元中統初，縣丞張鼎更建。明洪武六年，重修敬一亭三楹，在明倫堂後。嘉靖十年，知縣楊剛建二齋，皆五楹。教諭高傳所建大門一楹，其西有坊曰"育賢"，今廢。外號舍及饌堂，在神厨之東。射圃，在神厨東北。學庫，在東齋南，司吏無房，借之以居，于是禮器、典籍多散逸。至學倉，又借東廡之南焉。皇清順治十八年，邑人李原茂捐資增修大成殿五楹，在學左。南面戟門三楹，東西廡皆七楹，欞星門直達東街。明弘治六年，知縣楊舟改欞星門，壯麗倍昔。神厨仍借西廡之南餘，神厨在東序之東南，北面，宰牲房在其北，後廢，多借宰于觀德堂。至知縣鄧興仁皆重修，改修兩序之基皆用磚甃。明倫堂五楹，嘉靖四年知縣鄧興仁又移堂于北丈餘，及兩齋皆改建之。啓聖祠，在東廡東。名宦祠、鄉賢祠，俱在大成殿之東。

鄠縣 舊在城外。明洪武初，教諭張紳移建縣署西。永樂間，教諭方蘄、訓導馮翊重修。正統十二年，知縣徐純重修欞星門三楹。泮池，舊在門內，知縣王九皐修，長三丈，闊半之，深一丈，建橋于其上，鑿井于其旁。崇禎十一年，知縣張宗孟移之門外，制如舊。門內東舊有文昌閣，皇清康熙二十一年知縣康如璉移建城東南角。儀門三楹，大成殿五楹，康熙十七年知縣曹爾弼重修。兩廡各十楹，明崇禎十一年知縣張宗孟重修。明倫堂，在大成殿后，明嘉靖丁亥知縣康天爵撤舊堂作新堂五楹。皇清順治十一年，知縣魏似韓重修。堂東西爲博文、約禮齋，各三楹。堂後爲敬一箴亭。

藍田縣 在十字街西。明洪武十年建。正統八年，知縣王禧修。嘉靖六年，王科改作，未竟遷去。二十八年，巡按程軏增修。大成殿，在于明倫堂之西。正堂八楹，東西廡各八楹。戟門、欞星門，各四楹。泮池周圍有石欄。正統八年，王禧建修。明倫堂六楹，主敬、行恕齋各四楹。敬一亭，在明倫堂西，嘉靖九年韓瓚建。啓聖祠，在學門東。名宦祠，在戟門外左，鄉賢祠偏右。明倫堂西爲文昌祠，後爲尊經閣，萬曆年李景登建。

涇陽縣 在南門西。明洪武間，知縣張師孟建，東抵街，西抵射圃，後民居。天順初，主簿潘敏修學址，故促，敬一亭後僅數武。嘉靖末，知縣朱友達拓之，建尊經閣，亦卑陋。萬曆三年，知縣傅好禮又拓之。崇禎五年，知縣梁士淳重修。皇清順治五年，知縣張應召重修。黌宮，前逼城。明嘉靖間，地震城圮，知縣鐘岱拓其址修之，爲半規狀。萬曆四年，知縣傅好禮鑿其南爲池，引泮水環而注之。崇禎五年，知縣梁士淳重修。皇清順治五年，知縣張應召重修，有碑記。啓聖祠，在學右，射圃前。名宦、鄉賢祠，在欞星門內。東西廡。文昌祠在學門街東。魁星樓，在廟前東南城上，知縣王際有修。

三原縣 在正街。譙樓南距廟一百四十餘步，舊在大成殿后，狹隘弗堪。明洪武二年，縣丞仰山即舊洪福寺基址改創于縣治右。元大德十年，鎮人張德明重修，縣尹郭真始構大成殿三間。後長安王天民增建戟門、兩廡。至正十年，縣尹李誠修。二十八年，河南行省左丞陳思道重修。明成化十二年，知縣李景繁改造大殿五間，并造聖賢座龕、祭器等件，壯麗逾前。明倫堂五間，進德、修業二齋各五間，仰山改建。萬曆間，溫恭毅重修明倫堂，創建尊經閣，藏名書萬卷，令博士弟子誦讀焉，門人來復撰《藏書引》。

盩厔縣 在縣治東南。元大德十一年建。明洪武四年修。中為堂，後為尊經閣，知縣郯訓、邑紳焦蕃共成之。左為敬一亭，知縣何起鳴立。前為博文、約禮二齋。又前為儀門，大門外為泮池，池南為雲路，上有亭曰"登龍"。天啟二年知縣梁克順，崇禎四年知縣田時暢遞有修舉。自明季兵燹毀，僅存禮殿而已。皇清順治八年，知縣張成功修復，以神道紆曲，廢射圃地，闢除草萊，大啟周行百堵，始興，旋以行取去。十六年，知縣駱鍾麟重建，又加擴焉。文廟，元至正七年知縣王淵修葺。明弘治十五年，知縣蕭選更建大殿。正德十一年，知縣吳愚重新之。兩廡，弘治十七年，學使王雲鳳撤東岳廟兩廊為之。前為戟門，今為中和門，又前為欞星門、戟門，左右為鄉賢、名宦二祠，省牲所。後為啟聖祠，前為文昌閣，泮池西為博士宅。

渭南縣 在人和街。明洪武初，縣丞吳雲建。成化九年，知縣周寧拓修。中為堂，前為儀門，知縣趙雲程建。又前為大門，知縣王宮用建。堂後為尊經閣，知縣梁許建。敬一亭，今缺。堂前為齋二，知縣張棟建。儀門內西南東向為號房六楹，亦張棟建，萬曆中楊所修加葺。大成殿，在學東，門垣聯屬，唐尉遲敬德監造。宋元相繼修葺。明洪武初，縣丞吳雲增修，後風雨毀敗。成化中，知縣周寧撤而改造之，學使伍福為記，勒碑其後。知縣楊同、王鑒、梁沂、辛萬鈞相繼補綴。嘉靖乙卯，地大震，盡圮。越二年，知縣王宮用鳩工經始。明年，升去，知縣趙雲程繼之，拓基崇宇焉。殿東西偏為祭器庫，自兩翼而南為兩廡，前為戟門，又前為欞星門。戟門外為啟聖祠。欞星門內左右為名宦、鄉賢二祠。

富平縣 在縣治東北。明洪武三年，主簿陳忠信建。天順五年，知縣王杰修堂五楹。成化十八年，知縣張本建東西齋，各五楹。弘治間，縣丞司瑈、主簿張鳳修。倉八楹，厨三楹，號十四楹，弘治八年，知縣李良建。萬曆七年，知縣劉兊修。文廟，在縣治左。洪武三年，主簿陳忠信創建。九年縣丞芮弼，天順三年知縣王杰，成化元年知縣淩雲，弘治六年縣丞司瑈，正德六年知縣劉藻相繼修。後地震圮，知縣趙桐草創之，史燦重修。萬曆間，知縣劉兊甃以磚。明倫堂五楹，弘治五年，知縣陳潤增建。嘉靖三十五年，趙桐重修。後頽敗，萬曆間，知縣劉兊增修。堂後即敬一亭，亭後即尊經閣，堂左爲魁星樓。啓聖祠，在文廟北。戟門左右爲名宦、鄉賢二祠。學倉，初在明倫堂後，明嘉靖間知縣趙桐附入興國寺址。

醴泉縣 故在舊縣治東南。宋皇祐間，殿中丞薛周創建。明洪武四年，移至今治東。弘治十年，督學楊一清遷于新城南門內，東抵文廟，西北抵民居，南抵大街。知縣王錫買民田建東西齋十間，育賢倉三間，號房二十四間，振教成賢坊一座，道義門一座，學門三間，西有射圃。十五年，知縣李用來繼成其工。嘉靖九年，乾州同知劉茂資增置敬一亭三間，立石碑七座于堂後。大成殿，在學東，左右庫房藏祭器，戟門三間，兩廡二十六間，櫺星門三間。舊泮池在櫺星門內，知縣蕭如尹移置大門外，買民地鑿大池，甃以磚石，面作明堂，極其開爽。巽隅有文昌閣，離方有魁星樓。明倫堂五間，知縣王錫所創。文廟東爲啓聖祠，後徙于後。戟門外東西爲名宦、鄉賢祠。明倫堂東西爲教諭、訓導宅。

商州 在州治西，明洪武年建。成化年，參議崔忠修。大成殿五間，兩廡各七間，戟門三間，櫺星門三架，泮池有磚橋、石欄。明倫堂五間，兩齋各五間，會饌堂五間，俱弘治中知州王瑀修。癸未，城破，僅明倫堂存。室後爲敬一亭，書籍庫在東齋下，祭器庫在西齋下。啓聖祠舊在櫺星門東，後移大成殿西。殿左爲尊經閣。名宦、鄉賢祠，在啓聖祠舊址。儀門西爲學正宅，前爲訓導宅，一在櫺星門西，今俱廢。

鎮安縣 在縣治西。明景泰間建。正德六年，知縣俞鼎重修（按《鎮安縣志》闕其詳，無考）。

雒南縣 在縣治西。明洪武三年建。堂前爲儀門，爲大門，後爲敬一亭，亭左爲書房，射圃及觀德亭舊在學後之北山，久廢。大成殿東西下爲兩廡，前爲戟門，爲櫺星門，知縣洪其道于櫺星門外創騰蛟、起鳳二坊，展泮池而闊之，橫三橋其上，周以石欄，知縣陳應顯易三橋而一之。自逆闖陷城，焚毀，知縣暢體元率衆營建正殿、櫺星門、戟門、兩廡俱成。明倫堂圮，暢令重建。啓聖祠，在廟後東北，暢令重修。名宦、鄉賢祠，俱縣令洪其道建。堂右爲教諭宅，訓導裁，宅廢。

山陽縣 在縣治西。明成化十五年，知縣楊隆建（按《山陽縣志》闕其詳，無考）。

商南縣 在縣治之南。明成化十三年，創建（按《商南縣志》闕其詳，無考）。

同州 在州治西南。宋慶曆間建。元季毀。明洪武三年，同知柳權重建。天順間，知州錢茂律建號舍。嘉靖中，知州劉啓東增建，後圮。文廟兩掖各有廊三楹，屬於廡，廡各十五楹，復有廊五楹，折而屬儀門。門四楹，南爲欞星門，爲泮池，知州鄭璧曾浚砌，緣以砥石。欞星門內西偏故有宰牲房三楹，今廢。明倫堂五楹，有軒、有露臺，有齋，左右各五楹。堂後爲敬一亭三楹，亭後左右廊各六楹，皆甃以瓦。又後爲尊經閣，高三丈有奇。啓聖祠三楹，在騰蛟坊東之衡巷。巷南爲文昌祠，祠東爲射圃。啓聖祠東爲名宦、鄕賢二祠。起鳳坊西爲學正宅，北爲訓導宅。

朝邑縣 在縣治東。明洪武三年建。文廟，元知縣成好德、明洪武初縣丞卞禮先後增葺，前爲戟門，爲欞星門。戟門東故有射圃及觀德亭，並圮。明倫堂，左博文齋、右約禮齋。堂後爲敬一亭，地震圮，知縣郭實起東廡之左。

郃陽縣 在縣治南。宋元祐六年，知縣李百祿建。明洪武二年，知縣徐原重建。正德七年，知縣張綸以其逼于民居，易地擴之。學左右有禮門，無義路，且缺泮池。萬曆間，邑參政范燧捐宅基，易地增設焉，且建樓。泮池前名魁星。文廟在學之右。萬曆年，知縣劉應卜恢擴坊宇。皇清莊曾明重修門廡、殿堂。明倫堂後即尊經閣，邑參政范燧建。啓聖祠在廟內，范志懋拓其基，莊曾明修。名宦祠、鄕賢祠，在戟門左右。

澄城縣 舊在縣西門外。宋大觀元年建。明洪武六年，知縣王秩重建。嘉靖甲辰，知縣鄭光溥撤舊新之。戊申，知縣徐效賢環築土城，以嚴捍衛。庚戌，知縣敖佐建號舍。嘉靖十年，知縣洪廷玉建敬一亭三楹。萬曆十七年，改移學宮于按察司，居城北，衛之左。崇禎七年，流寇焚毀東廡，知縣傅應鳳建。大成殿五楹，東西廡各七楹，戟門三楹，柱以石，欞星門三楹。明倫堂五楹在廟後，東博文齋五楹，西約禮齋五楹。廟左啓聖祠三楹，嘉靖十年建。泮池左有名宦、鄕賢二祠，俱嘉靖己酉知縣徐效賢申請創建。

白水縣 在縣治東。明洪武間，知縣張三同建。景泰初知縣蓋援，成化間知縣韓睿相繼增修，大門四楹、二門四楹，中甬道，東西齋各六楹，祭庫、神廚各三楹，前爲聚奎坊，後崇臺有文昌閣，南瀕城爲池，東南城上爲魁樓，東南隅爲大魁樓。大成殿前爲崇臺，回欄東西爲廡各八楹。廡盡爲戟門四楹，由石橋度泮池爲櫺星門，左右藩以令闠南樹塞，塞外爲雲衢坊。明倫堂五楹，正置石刻朱文公太極圖說。殿后啓聖祠三楹，祠東爲敬一亭，西北爲射圃亭，今廢。戟門東西爲名宦、鄉賢二祠。大門東爲教諭宅。

韓城縣 在縣治東。明洪武四年，知縣周吉誠重建。天順六年，知縣王鼎修。學前東有聖域坊，西有賢關坊，南有屏。大成殿，在明倫堂南。東西爲廡各十三間，前爲門，又前爲櫺星門，廟東有牲舍、神廚，俱西向。環廟爲路，東曰"由仁"，西曰"行義"，由仁路之東爲射圃，亭北爲文昌祠。啓聖祠在行義路西之北，名宦祠在廚舍之南，鄉賢祠在行義路西。明倫堂左爲教諭宅。訓導宅二處，一在文昌祠東少南，一在啓聖祠西。

華州 在州治東。元皇慶中建。明洪武三年，知州胡惟俊重建。天順元年，知州楊勝賢重修。正德十三年，知州桑溥修。嘉靖三十五年，知州朱茹修，按察使喬世寧記。有三齋，有東西號舍六十間，在兩廡之後。有會饌堂、官廚，又有學倉、堂廚倉。有射圃，在學門右。有敬一亭，在教官宅左。文昌祠，在文廟東。明倫堂後有尊經閣，左右有名宦、鄉賢祠，後有學正、訓導宅。

華陰縣 在縣治東。明洪武二年，縣丞王文明建，闊三十七步，長一百三十步。皇清順治十年，知縣葉舟修。十七年，劉瑞遠重修，號房翼列各十間，前爲儀門，知縣晁盡孝、閆仲宇，今令王九疇繼修。學門二，文廟六楹，東西廡十四間，後有射圃亭，今久傾圮。前櫺星門四楹，中爲泮池，上爲橋，前令李承科葺。又前戟門三座。明倫堂六楹，在殿後，學諭張輝書其屏曰"天之視聽在此，人之表率在此，道之明晦在此，世之隆替在此"。左右兩齋各四楹，後爲敬一亭，直達尊經閣，閣自萬曆中始。殿東上左爲啓聖祠，東左爲文昌祠。名宦、鄉賢二祠，在櫺星門左右。堂之左右爲教諭、訓導宅。

蒲城縣 在縣治東。後周廣順三年建。明洪武二年，主簿曹秉彝、教諭劉矩重建。文廟，正德間張鍰創戟門、兩廡、明倫堂。嘉靖間，楊仲瓊置，刻朱子書易繫辭，置東西齋及講堂、東西號房二十間，今無。縣尹李全建敬一亭，重飾講堂、倉庫、宰牲、神廚、神庫，今俱無。殿東北爲啟聖祠，戟門左右爲名宦、鄉賢祠，堂西爲教官宅。

耀州 在州治北城下。宋嘉祐時，知州史照建。元祐中，知州王鍈修。元末毀。明洪武三年，知州魏必興再建。成化十一年知州鄧真，弘治八年知州任奎相繼增修。東西號舍四十四間，倉房、吏舍共六間，今盡廢。中門、左右門，前爲大門。嘉靖三十三年，知州李廷寶于學前建射圃廳三間。次年，地震圮壞。廷寶修葺兩齋，增高大門。三十九年，知州江從春始大修舉，改建敬一亭，亭後建尊經閣、作泮池，南建石坊于門左右。文廟前各建石望柱二石，刻科貢題名，復廟學前隙地，改闢學垣。廟係洪武五年，知州魏必興重建大殿。九年，同知陳季鏞建兩廡三十四間，欞星門、戟門、庖庫皆備。宣德四年，知州胡思魯重修。成化十一年，知州鄧真復修，殿增至七楹，崇四十尺，增兩廡各二十楹，修故文昌祠三間，創神廚五間。明倫堂居學中，堂後爲講堂，堂前西爲饌堂各三間。啓聖祠，即文昌祠改建。名宦祠、鄉賢祠，俱在廟西南，增號舍爲訓導宅。

同官縣 在縣治之東南隅。明洪武八年，知縣魯俊重建，前爲樂育坊，左義路、右禮門，西偏儒學門三楹。萬曆十八年，知縣屠以欽建文廟五楹。萬曆四十三年，知縣劉憲重修前露臺，左右爲兩廡各十楹。萬曆二十一年，知縣馬鐸重修前戟門三楹。萬曆三十年，知縣董廷范重修。又前欞星門石坊三楹。又前泮池，萬曆十八年知縣屠以欽鑿。二十九年諸士重修，圍以欞牆。三十九年，知縣梁善士修。奎星樓，在儒學前東南，半附于城，知縣劉澤遠建。萬曆四十三年，知縣劉憲重修。殿東博文齋五楹，西爲約禮齋五楹，俱知縣劉憲重修。堂後爲尊經閣，高臺覆屋三楹。萬曆十八年，知縣屠以欽修建廟東爲啟聖祠，偏南爲奎光樓。戟門東西爲名宦、鄉賢二祠堂。東爲教諭宅，又東爲訓導宅，今裁。前有芹泉，色清白，味甚佳。

乾州 在州治東南。明洪武間建東西號舍各十間，學右爲射圃亭，今廢。前爲泮池。萬曆四十四年，訓導李珍創建大成殿。學堂左地低下，鄉官宋子春輸地以培地脈。文昌閣，在學東。文廟在學左，即宋元舊址。萬曆二十年，知州賈一敬磚固殿牆，東西廡在左右，各十間。天啟元年，知州周應泰重修。前爲戟門，又前欞星門。萬曆十九年，知州賈一敬添砌土屏。四十五年，訓導李珍創建柵欄坊于屏左右，廟後建敬一亭。明倫堂居學中，東西兩齋，戟門左右爲名宦、鄉賢祠。明倫堂後爲學正宅、訓導宅。

武功縣 在縣治東。宋崇寧間，知縣趙茂建。明洪武初知縣嚴祀，正統時知縣曹俊重修。文廟，宋知縣趙茂增建。明洪武初，知縣嚴祀更建。正統中，知縣曹俊葺明倫堂。正德八年，知縣劉紹重建。倉在堂西南。名宦、鄉賢祠，在戟門東西。

永壽縣 在縣治西北。元延祐七年建。致和元年重修。明洪武二年重建。萬曆十一年，移西郊，今遷城內。因兵燹之後，儒學屢遷，終非善地。皇清康熙七年，縣令張焜目擊廟學荒蕪，人文弗振，慷慨捐俸百餘金，謀諸紳衿，另卜基而創建焉。

邠州 舊在州治東。宋慶曆中建，范仲淹記。明洪武六年，判官莫彥英徙州治西，改元萬壽宮為今學，有興詩、立禮、成樂三齋。儒林門、儀門，洪武中建。嘉靖二十四年，巡按御史卞偉修。敬一亭，在儀門西，嘉靖十九年州判徐元建。文廟兩廡、櫺星門、戟門，洪武中建。嘉靖二十四年，巡按御史卞偉重修。明倫堂，在廟後，洪武中建。嘉靖七年，知州郝元亨重修。啓聖祠，在廟左。名宦祠，在儒學二門西，鄉賢祠居東。

三水縣 在縣東。明成化十四年，建博文、約禮齋各三間，號房東西各七間，久廢。二門一座，角門二座，東曰"起鳳"、西曰"騰蛟"，大門三間。皇清康熙丁未，邑尹李弘名重建。射圃，在文廟東，久廢。文昌閣，在廟之東。大成殿七間，在明倫堂之前，明萬曆癸未改建。東西廡各七間，戟門三間，櫺星門三座，泮池一區，太和門一座，敬一亭、祭庫、宰牲房。廟之左爲啓聖祠。明倫堂後爲教諭宅，教諭宅後爲訓導宅。

淳化縣 舊在縣治南。明洪武二十年，徙縣東南，面城。正德十五年，縣丞畢經徙縣治北，東博文齋、西約禮齋，東西號舍各十間，育才倉在西齋之上藏祭器、書籍。大成殿五楹，東西兩廡各七楹，戟門、櫺星門各三楹。堰內有八行八刑碑，宋大觀年立。明倫堂後爲敬一亭三楹。文廟西北爲啓聖祠，儀門外東西爲名宦、鄉賢二祠，約禮齋後爲教諭宅，博文齋後爲訓導宅。

長武縣 在縣治南。明萬曆十二年，知縣梁道凝建。博文齋三間，被焚；約禮齋三間。大門舊三間，今一間。儀門舊三間，今一間。尊經閣一間，敬一亭一間，今俱焚毀無存。奎星樓舊兩層一間，今亦被焚毀殘壞。文昌宮，在大成殿東，正殿三間，獻殿三間，俱知縣梁道凝建，門樓一座。文廟舊制盡焚，止存大殿，後陸續添補戟門三間，兩廡東西各五間，俱知縣陳所抱建。明倫堂，知縣梁道凝建。啓聖祠一間，知縣趙亮建。名宦祠一間、鄉賢祠一間，在門內左右。

潼關衛 舊在衛治東。明正統四年，都指揮姚深建。後因水患，成化十一年深奏遷衛治西南。嘉靖二十二年，兵備副使周相修，東齋曰志道、依仁，西齋曰據德、游藝，前爲儀門，又前爲大門，門外坊二，東"德配天地"、西"道冠古今"。萬曆十七年，兵備張維新重修，易兩齋曰博文、約禮。皇清順治十七年，兵備湯斌重修。文廟左右爲翼室，東西列兩廡，前爲廟門，泮池建石橋，前櫺星門內爲神厨庫、宰牲所、東西號舍。明倫堂，在殿右。堂後爲敬一箴亭，左爲講堂殿，左爲啓聖祠。廟外東西爲名宦、鄉賢二祠。敬一亭右爲教諭宅。

鳳翔府

《職方典》第五百二十四卷
鳳翔府部彙考二
鳳翔府學校考（書院社學附）　通志州縣志合載
本府（鳳翔縣附郭）

鳳翔府 舊在府治東一里許。宋慶曆中建。金大定初，兵毀。明昌元年，重建。元末兵燹，徙府治東南。明洪武四年，知府周煥重修。文廟內有柏四株，大二十餘圍，傳爲東坡所植，有碑二道，乃元時加封文及開官氏制文，其來遠矣。成化十五年知府張本濟，正德十三年知府王江重修。嘉靖三十六年，知府劉涇增修。

鳳翔縣 在縣治東南。明洪武間，知縣趙士奇建。按《縣志》，大殿七間，東西廡各十五間，戟門三間，櫺星門三間。名宦祠六間，在戟門左；鄉賢祠六間，在戟門右。啓聖祠五間，在大殿后。文廟在學之東，府學之右。明倫堂三間，敬一亭三間，儀門三間，大門三間，廣文住宅在敬一亭前，東西齋房在明倫堂後。

岐山縣 唐武德四年建。宋雍熙中重修。金末兵燹。元至元二十八年，縣尹張蕩古重建。明洪武四年，縣丞沈以德重修。按《縣志》，皇清順治五年，知縣趙鏡重修。十四年，知縣王轂、教諭王業隆、訓導李玉品倡修。大殿五間，東西兩廡二十間，戟門三間。神庫、齋宿所五間，在戟門外西；省牲所五間，在戟門外東。名宦祠、鄉賢祠，在大殿后。明倫堂五間，博文、約禮齋各五間，儀門三間，大門三間。敬一亭三間，在明倫堂後。泮池，在大門內，石橋磚甃。教諭宅在敬一亭後，正房五間，厢房各一間。訓導宅，在教諭宅右，前房三間，後房三間，厢房各一間。

寶雞縣 在縣治西。元泰定四年，教諭陳履謙建。明洪武九年，知縣吳彝重修。按《縣志》，文廟，元大德十年建。大成殿五間，東西兩廡各十三間，西廡後有宰牲所。戟門三間，博文、約禮齋各五間。敬一亭三間，在東齋。教諭宅，堂後；訓導宅，堂西。

扶風縣 在縣治東。按《縣志》，始建年代無所考。唐大曆二年，縣尉袁弁修。宋皇祐元年，知縣王宗元重修。元延祐五年，知縣張廷佑重修。明宣德年知縣宋端，成化年知縣盧恕，嘉靖年知縣孫昌、楊洞，萬曆年知縣王祈禎皆相繼重修。四十一年，知縣馬政始建泮池。啓聖祠，舊在文廟之西，後改建于廟後。名宦、鄉賢祠，舊在飛鳳山，後移戟門外。皇清順治三年毀，訓導馮名世建。儒學，亦于順治三年被焚毀，亦名世建。大門三間，二門三間。十六年，教諭李永茂重建明倫堂三間于儀門外，東西厢房各二間，以舊儀門爲內宅。

郿縣 在縣治西。按《縣志》，文廟在縣西。元至正年間，知縣趙名明建。明因舊加葺。成化十八年，諸生尚達貢在太學奏准重修。廟之後爲明倫堂，東有啓聖祠、敬一亭，又左爲教諭、訓導宅，西則文昌祠。後經兵燹毀，敬一亭僅存一碑，學官寄寓兩廡，正殿荒頹。皇清順治，知縣陳超祚奉文重修，自櫺星、戟門、階陛、殿廡悉加塗茨丹雘。康熙八年，知縣梅遇捐建啓聖祠于廟西。名宦、鄉賢祠，所在未載。

麟游縣 在縣治東。明洪武間，建在廟後。弘治十五年，知縣胡巽徙廟，遂以遺址建學。按《縣志》，建于宋，修于明。大殿旁爲兩廡，前爲戟門，爲櫺星門，爲泮池。萬曆三十六年，邑令熊文煒增修啓聖祠，改敬一亭後，名宦、鄉賢祠列于戟門左右。後兩廡傾圮，宮墻荒廢。至皇清順治丁酉年，始告厥成。明倫堂五間，在大殿后。堂後爲敬一亭，堂左右爲博文、約禮二齋。西齋右折而西，復南出爲古學道街，爲大門三間。大門內西入，左爲教諭宅，右爲訓導宅。東齋房左折而東復南出，爲新學街，亦爲大門三間，因東方山形卑弱，建此兩道並列如張翼，今并圮。

汧陽縣 在縣治東。明嘉靖二十六年建。按《縣志》，在故縣內。

隴州 在州治南。明宣德間，知州郭宗儀建。景泰三年，知州遲恭重修。成化三年，知州陳俊增修。按《州志》，學宮舊在東故城內。明宣德六年，水沖基圮，知州郭宗儀徙建于州。皇清順治間，蘇萬邦重修。大殿七間，東西廡各十間，戟門三間，泮池，櫺星門三間，神庫、宰牲房、啟聖祠、文昌閣、名宦鄉賢祠、明倫堂、東西齋（今圮），學正、訓導宅，魁星樓、尊經閣、敬一亭（今圮）。

漢中府

《職方典》第五百三十一卷
漢中府部彙考三
漢中府學校考（書院社學附）　通志府縣志合載
本府（南鄭縣附郭）

漢中府 在府治西南。宋慶曆中，建城外。元至元五年，提舉王得輿遷建。元兵毀。明洪武五年，知府費震因舊基重建。成化九年，副使梁覲、知府趙玉增闢之。中為大成殿、尊經閣、啟聖祠、東西廡、敬一亭、櫺星門、戟門、泮池，規制具備。弘治十六年，知府周東重修。萬曆三十年，知府崔應科于廟前置二石獅，圍欄加以丹飾，東西二坊，一曰"尊崇聖道"、一曰"樂育英才"；左為明倫堂，志道、據德、依仁、游藝四齋分列左右，後為會饌堂，為教授宅。訓導宅在儒學門內禮門外。

南鄭縣 舊在府治西，縣治東。明成化九年，副使梁覲移建府學文廟之右，設明倫堂，後為講堂、會饌堂，再後為教諭宅，右為訓導宅，東西二齋曰博文、約禮，前為禮門，為儒學門。正德十四年，副使呂和修，有狀元呂柟記。學右為射圃，有觀德亭，今圮。

褒城縣 宋慶曆前，學倚江岸，今為民居。崇寧間，知縣張克獲建于縣治西三十步，後廢為察院。明洪武五年，知縣段勉移置縣治之西南隅。弘治十一年，知縣張表重修。

城固縣 在縣治東南。宋崇寧二年建。元大德八年，重修，翰林學士王和周記。明洪武四年，縣丞劉翱重修。嘉靖四十五年，知縣楊守正修浚泮池，又于廟前增鑿一池，為二沼相對。明倫堂壁刻臥碑一通，堂前東西為博文、約禮二齋，齋之下分列號舍一十六間，有禮門，有大門，有"尊崇聖道""樂育英才"二坊，敬一亭在明倫堂後，亭左右為教諭、訓導二宅。啟聖祠在廟北，嘉靖七年建。四十三年，知縣楊永茂改建，移三十步，工未竟而楊令遷去。四十四年，知縣楊守正克成其事，添設祭器房六間于祠前左右。文昌祠，舊在廟東，明嘉靖四十五年知縣楊守正改建，移西南十五步，繪像、更新。鄉賢祠，在戟門外東，明正德間兵火殘壞，未復。名宦祠，在戟門外西，明正德間兵火殘壞，未復。尊經閣，舊在廟之後，今廢。射圃，舊在學東南百步，今為民地。嘉靖四十五年，知縣楊守正以廟之東居民取土，坑陷，恐傷地脉，培覆完好，上復為建射圃亭三間，前立觀德坊、鷽宮正路坊于廟之南。嘉靖初年間生員夏正等呈開神道。四十四年，知縣楊守正建坊題扁，植柳兩旁，直抵廟門，廟貌森嚴矣。

洋縣 漢隋以來，州郡迭更，迴不可考。自唐天寶初，治移今地，始立州學于治東。宋治平中，知州蔡交遷于西南。元末毀廢。明洪武四年，縣丞潘謹言創建縣學于城東。嘉靖九年，御史方遠宜捐金，命知縣李維幾改建于城西北隅。三十五年知縣王言，萬曆十八年知縣李文芳、教諭張鳳翼、訓導范希鎮，皇清知縣柯棟、劉嗣季、謝景安、鄒溶前後相繼修建。大成殿五間，左右兩廡共二十四間。殿前丹桂二樹，柯葉扶疏，蔭覆臺陛，每花時，香聞數里。前為戟門五楹，為泮池，再前列櫺星門，左義路坊、右禮門坊。櫺星門前跨官池有橋，橋南有"禹門春浪"坊，橋北有"聖域賢關"坊。明倫堂五間，毀廢，未復。東為教諭宅，馮紹商修。西為訓導宅，今圮。後為敬一亭，亭亦廢。其博文、約禮二齋，及東西號房、大成坊、文廟坊、桂林坊、騰蛟坊、起鳳坊，俱經久廢無存。啟聖祠三間，明嘉靖九年，詔天下儒學立啟聖公祠，洋學適于是年遷建今地，祠蓋同時所建，後毀于亂。皇清順治十六年，知縣李天叙重建于大成殿后。康熙四年，知縣柯棟重修文昌祠在廟右，殿宇雖完，而榱桷欹頹，丹堊剝落，未經修葺。尊經閣，在啟聖祠後，上下五間，明知縣姚誠立創建，張以謙重修，今亦頹圮。名宦祠三間，在戟門左，年久將圮，知縣鄒溶修理。鄉賢祠三間，在戟門右。射圃，在廟西，舊有亭，今廢，址存。其南有隙地二畝五分，為靖逆侯張氏業，康熙三十二年，襲封一等侯張雲翼捐以廣學基。

西鄉縣 舊在東關外嵩坪寺。元延祐元年，知縣宋彥忠建。元末兵毀。明洪武十四年，訓導姜禮仍建舊址。二十六年，知縣張洪重修。正統十四年，知縣丘俊遷入城，在縣治東，南北八十丈，東西四十五丈，知縣郭璣、李向春相繼修葺。天啟間，知縣程心傳改大成殿東，南向。皇清順治元年，廟焚。五年，知縣張台耀建大成殿三楹。康熙二十二年，知縣史左修補殿廡，改立門池。殿之左右有兩廡，前爲戟門，外即泮池，再前爲欞星門。明倫堂三間，後爲敎諭宅，今圮。博文、約禮齋在堂之東西，今廢。博文齋，東北爲訓導宅，今廢。東齋北爲射圃亭，亦廢。東西號房各五間，敬一亭在廟後。號房與亭，亦皆廢壞。啟聖祠，在廟西北，今廢。文昌祠，在二門外東。魁星祠，在二門外西，今廢。名宦祠在大門東，鄉賢祠在大門西。

鳳縣 宋故址也，在縣治東。元末廢。明洪武四年，知縣王畿仍于舊基創建。正統九年，參政孫毓、副使莊觀重修。天順六年知縣馬樑，弘治十三年知縣寧浩，嘉靖十四年副使劉彭年相繼修葺。

寧羌州 在州治西北。明正統四年，指揮胡貴、楊棕奏設衛學。成化丙午，奏改衛學爲州學，知州方世讓、李應元、王一鳴繼修。萬曆二十四年，知州盧大謨增神厨，又增號舍二十間爲生員肄業之所。

沔縣 在縣治西。明洪武四年，知縣侯信建。正德十二年知縣張瑀，嘉靖十年知縣馬璟嗣修。

略陽縣 舊在縣治北隅。明洪武四年，知縣常輔建。正統十三年，爲江漲淹沒，教諭譚志學修之。成化四年，復遭水壞，教諭李鑒、知事金坡移建東關鳳山下，掘地得古碑，蓋李舜臣移學故地也，何景明有文記之。天啟間，知縣周延申因河水泛漲，朔望難以拜謁，復遷城內。崇禎間，知縣牛問仁改向，知縣周灝另改西察院爲明倫堂。皇清順治七年，參將梁加琦重修。

興安州

《職方典》第五百三十八卷
興安州部彙考二
興安州學校考（書院社學附）通志州縣志合載
本州（按本州無附郭之縣）

興安州 在州治之南崇道街。前代無所考。元知州唐天驥建。至正十年庚寅，達魯花赤重修，鄭均爲記。明洪武五年，知州馬大本重建。永樂十四年，漢水壞廟。成化四年，知州高嵩修大成殿、戟門、左右角門、欞星門，兩廡各九間。又三年，知州王坪再加修葺。八年五月，漢水泛漲，廟廡漂毀，僅存大成殿、戟門。十三年，知州鄭福建東西廡各十間，及神廚、神庫、文昌祠，提學伍福爲記。正德十五年，守道呂和重修，知州鄭琦復修廡庫、神廚。萬曆十一年，大水，僅存大成殿，居民蟻附殿上者以數百計。十八年，知州姚鳳翔建欞星門、戟門，扁曰"大成門"。二十二年，知州陳秉仁建兩廡各九間。四十三年，守道楊楷重修。明倫堂，在大成殿后，成化八年，知州王坪遷于廟之西。堂東西進德、修業二齋，前爲大門，儀門，直達崇道街。十五年，知州鄭福建退思軒于堂後，兩齋南建東西號房各九間，建饌堂于大成殿后。庖廚在饌堂東，啓聖祠在大成殿后東北隅，知州王章、王希舜修建。文昌祠，舊在戟門西。正德元年，學正張謨遷于射圃之北，今廢。名宦祠在戟門東，知州王章建，州同知陳維顯重修；鄉賢祠在戟門西，王章建，後大水俱圮廢。皇清順治十七年知州王章，康熙七年知州牟文龍，十二年總鎮王懷忠、署州篆漢陰令吳佳蔭相繼修葺，規制略備。三十二年，漢水湮沒，州城坍塌殆盡，知州王希舜重修。敬一亭、尊經閣，俱久廢。學正、訓導宅俱在退思軒後。明嘉靖間，大水圮，後守道李天麟、知州郭倫重建。

平利縣 在縣治西。明隆慶間，知縣羅琪建。

洵陽縣 在縣治西。明成化間，知縣杜彬建。

白河縣 在縣治北。明成化十二年，知縣普輝建。

紫陽縣 舊縣廟與儒學、廡祠、明倫堂基址久廢。明嘉靖丙辰，縣移于西，廟學如故。萬曆三十五年，知縣張繼芳重建。明末殘毀。皇清順治間草創，殿宇未備。十年，知縣李如桂重建大殿三楹，東西廡各三間，大成門三間，啓聖祠三間。康熙十二年，知縣張麟化增修及東西廡。二十七年，知縣沈麟、典史李開大、訓導袁逢年修補，并重修啓聖祠三間于廟北，而舊啓聖祠爲明倫堂。學署，在縣東門內，原係舊日官商鹽店，于康熙十九年詳准爲儒學公署。

石泉縣 在縣治東。明洪武四年建。

漢陰縣 在縣治東。明洪武五年，訓導鄭守方創建。永樂五年，教諭梁萼重修。明倫堂三間，成化三年，西鄉縣典史柴嵩建。兩齋，東曰博文、西曰約禮，各三間，十年，知縣劉明建。文廟，弘治間知縣張大綸增修。嘉靖間，巡茶御史盛汝謙重修。萬曆十二年，知縣袁一翰重修正殿、兩廡，戟門外鑿泮池，建石橋三洞，建儀門一間，角門二間。二十七年，知縣周之光重修。明倫堂，舊在廟後，改于廟西。東西兩廡，拓為十間。崇禎十年，流寇焚毀，止存明倫堂五間，並戟門、欞星門。十二年，知縣張鵬翱重建兩廡六間，並十哲神龕。皇清順治五年，知縣楊六德移明倫堂于廟之東，改修正殿，榱桷稍易規模，反不如昔。年久風雨傾頹。康熙二十六年，知縣趙世震捐修棟宇，補葺宮牆，廟貌煥然聿新。啓聖祠，舊在廟東，後移廟後。名宦祠，在戟門左；鄉賢祠，在戟門右。文昌宮，明萬曆間，知縣張啓蒙改建于學宮前。敬一亭，在舊明倫堂後，今廢。尊經閣，在敬一亭後，亦廢。

延安府

《職方典》第五百四十四卷
延安府部彙考四
延安府學校考（書院社學附）通志州縣志合載
本府（膚施縣附郭）

延安府 在府北關內，金元遺址，有碑。明洪武十一年，知府俞濟民復建。弘治八年，知府崔升徙城東，尋圮于水，知府李延壽復因舊址移東向，以背山面水。正德間，知府王彥奇仍改南向，後科第甚盛，遂定位焉。明末兵毀。皇清順治六年，知府李肇源、陳培基相繼建修。己亥，復大水沖沒，知府牛天宿盡為修建。康熙九年，知府王廷弼修葺。十八年，知府重修。大成殿五楹，兩廡各五楹，戟門三間，泮池、欞星門坊俱在殿前。明倫堂三間，在雲梯山下，志道齋、據德齋在左，依仁齋、游藝齋在右。尊經閣，在殿后，今僅存其址。敬一亭，在明倫堂後，今毀。射圃，在東廡之旁，兵毀，存址。啓聖祠，在殿東。名宦祠、鄉賢祠，在戟門左右。儒學舊址，在廟前，今毀。

膚施縣 在府東關內。明洪武間，知縣何原華建。弘治八年，知府崔升、知府李延壽相繼修建。大成殿五間，兩廡在殿左右，戟門、泮池、欞星門坊俱在殿前。明倫堂、講堂、兩齋，又置書舍三十餘間。啓聖祠，舊毀。皇清順治十六年，教諭萬一貫重修。

安塞縣 在縣治南。元大德三年，知縣李恪建。明景泰二年，重修。

皇清順治九年，知縣郭聯、教諭任基田，康熙九年知縣張抱、訓導張灝發，十七年知縣馬震相繼修建。大成殿，兩廡在殿東西，戟門、泮池、欞星門坊俱在殿前。明倫堂、兩齋、啓聖祠。明崇禎間，兵毀。皇清年間，重修。

甘泉縣 在縣治西南。明成化間，知縣王鳳建。弘治二年重修。大成殿，兩廡在殿左右。戟門，泮池，欞星門坊，俱在殿前。

保安縣 在縣治正中。元延祐三年，縣尉馮顯建。明永樂四年重修。嘉靖間，邑人學士王大任擴修。崇禎四年，賊毀。皇清順治十五年，知縣張嗣賢重建大成殿三楹。兩廡各三楹，在殿左右。戟門、泮池、欞星門坊俱在殿前。明倫堂，博文齋、約禮齋在明倫堂左右，尊經閣、魁星樓、敬一亭，俱在明倫堂前後。

安定縣 在縣治東。元至元四年，知縣段允恭建。明宣德間，知縣劉整修。大成殿，兩廡在殿左右，戟門、泮池、欞星門俱在殿前。明倫堂，在殿后。博文齋、約禮齋，在堂左右。敬一亭，在堂後。尊經閣，在鄉賢祠後。射圃，在名宦祠後。啓聖祠，在明倫堂東。名宦祠、鄉賢祠俱在大成殿前西。

宜川縣 在縣西。元至元二年，縣尹李宥建。至正十二年，縣尹劉士涇增修。明洪武九年，知縣高以敬重修。嘉靖間，改建縣治東。萬曆中，同知石巍增修。皇清，知縣王道亨重修。大成殿，兩廡在殿左右，戟門、泮池、欞星門坊俱在殿前。明倫堂，兩齋在左右。啓聖祠三楹，在明倫堂東，毀，知縣王道亨重建。

清澗縣 在縣治西南。明洪武六年，知縣鄒宗彝建。洪熙乙巳，教諭陳致中重修。正德辛未知縣馬呈圖，隆慶己巳知縣阮孝，萬曆甲寅知縣陳汝元相繼增修。皇清順治己亥，知縣廖元發重修。大成殿五楹，兩廡各五楹在殿左右；戟門、泮池、欞星門坊三座，俱在殿前。神厨，戟門內；省牲所，戟門外。名宦祠、鄉賢祠，俱知縣廖元發重建。學倉舊址在儀門外西，今傾壞。

延長縣 在縣治東。宋崇寧初建。明洪武十四年，知縣丁杰重修。大成殿，兩廡各七楹在殿左右；戟門、泮池、欞星門坊，俱在殿前。

延川縣 舊址在南關街東。宋遷于城內西北隅。元時，知縣王恪康、衛麻、安上相繼修建。明洪武間，知縣張友先、李奈、楊盛、王永清、趙憲、金棟相繼重修。皇清順治間，知縣錢茂秦、劉穀相繼增修。大成殿五楹，兩廡各七楹，在殿左右。戟門、左右甬道，知縣王思創修；泮池，知縣劉穀鑿；欞星門，俱在殿前。明倫堂五楹，舊三楹，明知縣王行仁增二楹，兵毀，重建。博文齋、約禮齋，在堂左右。敬一亭，在堂後。

鄜州 在城南關之西。元至正間，知州宋居正建。明洪武六年，同知金文徵增建。天順間知州馮迪，成化七年知州馬杰修葺。崇禎八年冬，流寇拆毀頗甚。九年，雖經修理，後又經賊毀，僅存大殿。皇清順治十八年，河西道李榮宗重修，建大成殿五楹。兩廡各七楹，在殿左右。戟門三間，泮池、欞星門坊三間，俱在殿前。明倫堂，舊在廟左，後改建廟後。尊經閣，在明倫堂後。敬一亭，在啟聖祠後，今存址。射圃，在廟右，今存址。啟聖祠，在廟東。名宦祠，在戟門外左；鄉賢祠，在戟門外右。文昌祠，在廟左，大樓三間，上塑像，知州蘇璜建。學正署，在明倫堂左，既廢，移城內。訓導署，在學正宅左，今裁廢。

雒川縣 在縣治西南五十步。元時建，後毀。明洪武六年，知縣朱炳重建。成化二年知縣李，嘉靖二十四年知縣吉澄相繼修。三十四年，地震圮。三十八年，副使王崇古重建。萬曆元年，李知縣重修。十一年陳知縣，十八年趙知縣各建坊牌一座。二十九年，蕭知縣改創，增飾大成殿。兩廡在殿左右，戟門、泮池、欞星門坊俱在殿前。明倫堂，敬一亭，尊經閣俱在後。

中部縣 在縣治東南。明洪武間建。成化初，知縣劉杰重修。弘治間，知縣鄭源遷教官宅舍于學外，增修號房四十餘間。萬曆元年，知縣魏汝霖重修。崇禎三年，城陷。五年，知縣姚一麟遷建于上城。大成殿五楹，姚一麟改建，取土獲先師像，合子貢畫圖，因建閣于木主後。兩廡各七間，在殿左右，今毀。戟門、泮池、欞星門坊，俱在殿前。

宜君縣 在縣治北。明洪武八年，知縣金聲建。天順間，知縣范寧重修。弘治間，知縣李相增修。皇清順治初年知縣鄭名，康熙五年知縣周之簡相繼重修。大成殿五楹，兩廡在殿左右，戟門、泮池俱在殿前。

綏德州 在州治東嵯峨山南一百步。金刺史秦守正建，有碑。明洪武間改建。景泰間，知州張軾重修。弘治間，知州王倞增修號房十間。明末全毀。皇清順治十七年，知州王元士重修。大成殿五楹，兩廡各五楹在殿左右。戟門、泮池、欞星門坊俱在殿前。明倫堂，在殿后。兩齋在明倫堂左右。敬一亭，在明倫堂後。尊經閣，在敬一亭後。啟聖祠，在明倫堂東。名宦祠，在泮池東。鄉賢祠，在泮池西。儒學，在欞星門西。學正署，在明倫堂西。

米脂縣 在縣東門內。元至正間，主簿馮安國建。明洪武間，知縣解彝重修。弘治九年，知縣陳奎增修大成殿。兩廡，在殿左右。戟門、泮池、欞星門坊，俱在殿前。明倫堂，在殿后。尊經閣、啓聖祠，在大成殿東。名宦祠、鄉賢祠，在戟門外泮池東西。儒學，在鄉賢祠西。訓導署，在大成殿西。

葭州 舊在州治南一里，故城內山之陽。明成化間，副使周鼎命知州劉毓改建于山之陰。弘治間，知州沈理增修大備。明末殘毀。皇清順治九年，知州戴可進修葺。十六年，知州武弘祖增修。大成殿，兩廡在殿左右，戟門、泮池、欞星門坊俱在殿前。明倫堂西南，爲啓聖祠。

吳堡縣 在縣治西南。明洪武十四年，知縣范平仲創建。宣德間知縣袁禮，成化間知縣劉儀相繼增修。大成殿，兩廡在殿左右。戟門、泮池、欞星門坊，俱在殿前。

神木縣 在縣治東南九十六步。明洪武十四年，知縣任奉先建。正統八年，知縣彭佐重修。大成殿，兩廡在殿左右。戟門、泮池、欞星門坊，俱在殿前。明倫堂五間，東西齋六間，中爲儀門，左右爲義路、禮門。啓聖祠，在廟東。名宦祠、鄉賢祠，在廟後。

府谷縣 在州治東。明洪武十四年，知縣齊翱建。天順間，知縣秦紘重建。大成殿，兩廡在殿左右，戟門、泮池、欞星門坊俱在殿前。

平凉府

《職方典》第五百五十二卷
平凉府部彙考二
平凉府學校考（書院社學附）府縣志合載
本府（平凉縣附郭）

平凉府 在府治西北，西屬之府治。明洪武四年，同知高頁建。啓聖祠，在文廟內。名宦、鄉賢二祠，在廟左右。

平凉縣 在縣南，明洪武間建，宣德十年重修。

崇信縣 在縣治東。明洪武間建。永樂元年重修。按《縣志》，在縣東五十步。明洪武四年，知縣王軫建。嘉靖元年，知縣楊梅重修。明末兵毀。皇清順治八年，知縣武全文經始，修葺大成殿、欞星門，次第告竣，工未竟升任去。十三年，知縣于元煜繼繕之。兩廡、戟門、啓聖、名宦、鄉賢等祠，前後落成。明倫堂，在大成殿后。學舍，在廟東偏，今廢。

華亭縣 在縣治東，元泰定二年建，明洪武六年重修。

鎮原縣 在縣治東，明洪武間建，正統七年重修。

固原州 在州治西北。明成化六年建。嘉靖六年重修。按《州志》，在城內大街，總制秦紘建。郜光先肇開雲路，黃嘉善、兵備道董國光建牌坊三座，廟貌偉然。按王恕《修學記》，弘治十年，户部尚書秦紘總制三邊，駐節固原，以廟貌草創，狹陋弗稱，命生員張學正易城中之地爲學廟之基，造大成殿八楹，崇五尋；戟門、欞星門各三間，崇二尋；兩廡各二十五間，崇二尋。殿后起明倫堂五間，東西齋各六間。堂後師舍四所。齋後生徒舍四十間。戟門左神厨三間，右神庫三間。生徒舍左饌堂五間，右廩庚三間。

涇州 在州治西，明洪武間同知李彥恭建，二十六年知州陳希秀重修。

靈臺縣 在縣治東南，宋大觀三年建，元致和二年重修，明洪武十五年增修。按《縣志》，明天啓間，知縣李文蛟重修，學宮廟舍頗稱完備。屢經寇變，止存正殿，明倫堂數瓦數椽。後知縣敖浤貞修築山堡，議建儒學二宅于新縣治之右，未舉行。皇清順治丙申年，知縣王居中因昔所議地，建教諭宅一所，內庭三間，東西厢房各二間，公堂三間，後爲書房、大門一座。丁酉年，建訓導宅一所，內庭三間，東耳房二間，西耳房一間，公堂三間，大門一座，耳房各一間。正殿五間，東西廡各十間，戟門三間，啓聖祠三間，宰牲房三間。知縣郭之屏建欞星門坊三間，外橋一座，附泮池、角門一座，知縣賈應昌建。兵火後傾頹殆盡。知縣黃居中備爲修葺，正殿、兩廡、啓聖祠、明倫堂、庠門、禮門俱增修如舊制。名宦祠，在戟門左。鄉賢祠，在戟門右。

靜寧州 在州治東南，明洪武六年知州歐陽信建。

莊浪縣 舊在縣治西北，明洪武間知縣張亮建，嘉靖三十三年知縣張國賓徙縣治東北。

隆德縣 在縣治北。明洪武間建，永樂八年重修。按《縣志》，學廟舊建城內北隅。明萬曆間，遷城外東南隅，遭寇焚毀。皇清順治八年，知縣郭亮復移置城內舊址，工未告竣。十六年，知縣常星景捐資修葺，煥然聿新。正殿五間，啓聖祠三間，東西廡各十二間，戟門三間，欞星門坊三間，名宦、鄉賢祠各三間，周圍垣墻三百六十丈；明倫堂三間，儒學門三間。文昌宮，在明倫堂東南隅。魁星閣，在欞星門外。泮池，因官泉開魁星閣前面。

鞏昌府

《職方典》第五百六十卷
鞏昌府部彙考四
鞏昌府學校考（書院社學附）通志府縣志合載
本府（隴西縣附郭）

鞏昌府 在府治南。舊在城西南隅，明隆慶元年，守道劉伯燮改建城中，以古萬壽寺相易爲之。萬曆乙巳，守道周懋相改遷在城南街，東向。天啓元年，守道王鳴玉因原址改南向，相沿兩代，日久漸頹。皇清康熙壬戌，知縣紀元率屬捐俸修葺。啓聖祠，在殿左。名宦祠，在廟戟門左；鄉賢祠，在右。文昌祠，在廟右。魁星閣，在廟東。

隴西縣 在廟西，與府儒學同建。

安定縣 舊在街西，與縣治相對，後改其門于中城。原有倉廟，在縣治西。啓聖祠，在文廟東。

會寧縣 舊在縣治南。明洪武初，知縣郭斌所規畫。嗣後，劉縉踵成之。弘治十三年，改遷北草場。嘉靖四十年，又遷于城東。四十二年，以形家言弗利，四遷而復舊址。文廟，在西南。啓聖祠，在廟東。名宦、鄉賢祠在左右通。

渭縣 在縣治西，東鄰縣，西接民楊氏居，北盡城墻，南向街。明洪武初年，主簿徐復觀創建。成化十九年，知縣趙信重修。年久傾圮。萬曆四十三年，知縣劉世綸整修補葺一新。文廟，在縣正街。啓聖祠，在廟東。名宦、鄉賢二祠，在泮池左右。

漳縣 在縣治東。元舊址也。明成化間，知縣李之本重修。文廟，在東。啓聖祠，在廟東。名宦、鄉賢祠，在左右。

寧遠縣 在縣治東北，南向。文廟，在縣治東。

伏羌縣 舊在城西南隅。元至正二十七年建。明弘治年間，知縣周書改建。萬曆中，文廟改建渭北，學仍舊。啓聖祠，在廟前。名宦、鄉賢二祠，在廟東西。

西和縣 在縣治西北。明洪武七年，知縣楊英建。嘉靖辛卯，署印判官樊安仁大加修葺，堂亭更新。廟，在縣治西北。啟聖祠，在廟東。名宦、鄉賢二祠，在廟左右。

成縣 在縣東南七十步。明洪武七年，知縣鮑子信改建縣治西三十步。後知縣張璵等重修。廟在縣治東，啟聖祠在廟左。

秦安縣 在縣治東南，西向。文廟，在縣治西。康熙二年，知縣喬已千奉旨重修。

清水縣 舊在西郭。宋紹興間建。明洪武初，知縣劉德遷于縣治北。嘉靖間，遷安國寺基。文廟，在縣治東。啟聖祠，在廟左。名宦、鄉賢二祠，在戟門左右。

禮縣 在城東鳳凰山下。啟聖祠，在文廟東。名宦、鄉賢二祠，俱在北郭內。

階州 在土城西門後。凡三徙，不利。明萬曆四十年，邊備張以謙改復其舊，捐俸勸役，士人德之，建祠其左。啟聖祠，在文廟左。名宦、鄉賢二祠，在泮池左右。

文縣 在舊城。元末廢。明正統五年，千戶楊英建。弘治中，千戶高節、知縣李陽改建于縣東。文廟，在縣治東。啟聖祠，在廟東。名宦、鄉賢二祠，廢。

秦州 在州西南隅。元大德六年建。明洪武四年，知州楊忠重修。文廟，在西南。啟聖祠，在東。名宦、鄉賢祠，在戟門外。

徽州 在東街，鐘樓山之麓。知州金堅創建。明成化七年知州孫蕃成，嘉靖三年知州白松相繼修葺。文廟，在東。啟聖祠，在廟東。名宦、鄉賢祠在左右。

兩當縣 舊在縣治東。明洪武年間，主簿廖森建。正德十年，知縣高騰改建于縣治西舊驛故址。文廟，在東。啟聖祠在後。名宦、鄉賢二祠，在二門外。

岷州衛 舊在西營城。明洪武七年，馬華創建。弘治三年，副使張泰改建城中衛北。文廟，在衛治東。啟聖祠，在廟後。名宦、鄉賢二祠，在泮池左右。

洮州衛 在衛治西。明永樂十七年，鎮守都司李達創建。成化十三年，鎮守徐升增修。文廟，在衛治東。啟聖祠，在廟殿后。名宦、鄉賢二祠，在戟門東西。

靖遠衛 在北街。文廟，在衛治東南。

西固所 所在未詳。

臨洮府

《職方典》第五百六十七卷
臨洮府部彙考一
臨洮府學校考（書院社學附）　府志
本府（狄道縣附郭）

臨洮府 在府治東一百七十步。元泰定二年，同知都總帥府事祁安建。明洪武三十五年，教授前太常寺少卿劉杰建。歷年修繕。皇清康熙二十二年，知府高錫爵重修。文廟，在學東。啓聖祠，在廟東。名宦祠，在戟門左；鄉賢祠，在戟門右。

狄道縣 在縣治西十步文廟後。明洪武五年，知縣段嗣宗建。萬曆間，移建府學左，尋撤之。崇禎十四年，知縣褚泰珍重建。

渭原縣 在縣治東。明洪武四年建。嘉靖十年，知縣楊璉重葺，後傾圮。皇清，知縣張弘斌率闔邑紳士重修，規模倍增。文廟，在學前差左，知縣張從重修。明倫堂五楹，博文齋在堂左，約禮齋在堂右。

蘭州 在州治東南一百二十步。元至元五年，知州姚諒建。明洪武八年，知州黃鎮重修。嘉靖三十八年，兵備副使彭燦重修。萬曆二十七年，左布政荆州俊復修，後傾圮。皇清康熙五年，巡撫劉斗重修，倍增壯麗。正殿在學左，兩廡、戟門、欞星門坊、泮池、壁立門在泮池前。啓聖祠，在廟東。敬一亭，在祠後。文昌閣，在祠西。名宦祠，在戟門左。鄉賢祠，在戟門右。尊經閣，在學後。明倫堂，在正殿後。興詩齋在堂東，立禮齋在堂西。學正署，在明倫堂東。訓導二署，舊設明倫堂西。

金縣 在縣治西。元至治二年，判官傅夢臣建。明成化十二年，知縣李士杰重修。萬曆三十七年，知縣師兆吉重修。天啓六年，知縣趙炯重修。大成殿五間，兩廡各九間，戟門三間，東西角門各一間，欞星門坊三間。神厨二間，在欞星門內左，今廢。宰牲亭一間，在欞星門內右，今廢。泮池在欞星門前，照壁一堵，在泮池前。啓聖祠三間，在廟左，門樓一間。名宦祠三間，在戟門外。鄉賢祠三間，在戟門外。明倫堂五間，今塌損。博文齋七間，今無。約禮齋七間。敬一亭三間，在明倫堂後。教諭署，在明倫堂左。訓導署，在明倫堂右。尊經閣三間，今無。

河州 在州治西南，舊爲元儒張德載家塾，延祐六年改爲儒學。萬曆三十年，知州陳文焯建尊經閣，新鑿泮池，繕修至今。大成殿五間，兩廡共三十間，戟門五間，欞星門坊三間，神庫三間，宰牲房三間，俱成化戊戌知州周文增廓。萬曆三十二年，知州陳文焯重修。門外東西二房，扁曰"禮門""義路"。年久傾圮。皇清康熙八年，監收廳黃綏重修。啓聖祠在明倫堂東，知州韓鼎建。敬一亭在祠前，碑七道。名宦祠在戟門左，鄉賢祠在戟門右。

慶陽府

《職方典》第五百七十二卷
慶陽府部匯考二
慶陽府學校考（書院社學附）　府志
本府（安化縣附郭）

慶陽府 在府治東南。明洪武間，同知王敬建，東西三十五步，南北四十一步。成化間，知府王貴、張翔俱加修葺，知府周茂復拓大其基，而規模始備。弘治間，知府郝鎰重修。嘉靖間，知府李文芝復增修，明倫堂、左右齋廬、號舍俱備，構建啓聖、名宦、鄉賢諸祠，知府田大有增修泮橋，欲按圖籍復學號之侵地而未果。皇清，知府傅覲光立開天池于欞星門內。

安化縣 在府儒學南。明倫堂五間，博文、約禮齋各三間，在明倫堂東西分列。大門、儀門各一所。敬一亭三間，在明倫堂後。教諭公廨一所，在敬一亭後。生徒號房十二間，在兩齋南，東西分列。

合水縣 在縣治東。明洪武初，主簿唐貴建。成化年間，知縣張健重修，知縣湯森增修。弘治年間，知縣王相重修，改置學門。天啓年間，知縣張必達改建廟學于衙舍之左。崇禎年間，城破，學宮蕩然，知縣劉源澄、知府楊藻鳳、同知張羽明、推官王馨穀各捐銀二百兩，劉源澄又助工二千名，米一百石，勸諭紳衿共輸銀一百兩，創建大成殿、明倫堂、兩廡、戟門、泮池、欞星門，啟聖祠、鄉賢名宦各一祠，一時告成，學舍煥然一新。

環縣 在縣治南。明洪武初，知縣李健建，東西六十步，南北一百步。成化間，同知李著更拓其地，改置修飾，多豎號房，以便生徒肄業。弘治間，知縣李賓重建，規模益大。嘉靖二年，知縣王鑒重修。十四年，參議李文中令推官桂祥重修，有訓導耿雄記。按自宋慶曆甲申，移自馬嶺縣，創置此地，大成殿及兩廡、戟門、欞星門各一所。皇清順治七年，知縣滑侖重創建。

真寧縣 在縣治東，東西六十步，南北一百六十步。元初建。明洪武二年，知縣郭鈞、縣丞黃翼之重修。成化間，同知李著增修，兼立號舍，鄉耆李芳資助重修。嘉靖間，知縣馬存仁、張國政、樊克正、教諭王正、強晟相繼構葺更置，而規制始備。萬曆三年，知縣張仲友重修，張紀置欞星坊並石檻，薛國民重修鄉賢、名宦二祠。明末，兵火頹壞。皇清順治十六年，知縣王士麟大爲修葺，內外一新，有碑記。

寧州 在州治東，東西九十步，南北九十五步。明洪武二年，州判陳恕建。宣德十年，知州劉綱重修，知州劉謙乃更拓其地，而規模始備。成化間，同知袁弼復飾新之，兼鑄造銅鐵祭器，而制度大備。成化乙未，知州閆蹇創置後堂，咸感仰之。皇清，知州張光岳重修。

榆林衛

《職方典》第五百七十五卷
　榆林衛部匯考
　榆林衛學校考　延安府志

榆林衛 在衛治西，明成化八年巡撫余子俊題建。
武學，在城內南門之西，原係游擊公署，巡撫塗宗濬改建爲廟。

寧夏衛

《職方典》第五百七十六卷
　寧夏衛部匯考

寧夏衛學校考（書院社學附）　通志衛志合載

寧夏衛　在衛治西北。明洪武二十九年，鎮人朱真奏設。成化六年，巡撫張鎣重修，大學士彭時記。弘治十六年巡撫劉憲，萬曆二年巡撫羅鳳翔相繼增修。

商學，明天啓元年張九德提督學政奏設，以惠商人。

寧夏後衛　在衛治東北，明嘉靖二十九年巡撫王邦瑞奏建。

寧夏中衛　舊在衛治東北。明正統中，鎮撫陳禹奏建，後巡撫都御史徐廷璋徙衛東南。弘治十三年，巡撫王珣拓修。

靈州千戶所　在所治東南。明弘治十三年，巡撫王珣奏設靈州，建州學。十七年，州革學廢。正德十三年，巡撫王時中復奏改所學。

平魯千戶所（無考）

陝西行都司

《職方典》第五百七十七卷
陝西行都司部彙考一
陝西行都司學校考（書院附）　通志
本司（甘州衛附郭）

行都司　在城東南隅，明洪武二十八年建。正統十二年，巡撫馬昂重建。成化四年，巡撫徐廷璋增修。文廟在行都司治東。啓聖祠，在廟後。名宦祠，在廟左。鄉賢祠在廟右。

永昌衛　在衛東，明宣德中守備宋忠建。成化四年，巡撫徐廷璋增修。

莊浪衛　在衛東。明正統中，巡按蔡用奏建。成化中，巡撫徐廷璋重修。

涼州衛　在衛東南。明正統中，巡撫徐晞奏建，大學士楊榮記。成化中，巡撫徐廷璋重修。

西寧衛　在衛東。明宣德三年，總兵史釗奏建。成化六年，巡撫徐廷璋增修。

山丹衛　在城東南。明正統五年，都指揮楊斌建。十三年，巡撫馬昂重修。

肅州衛 在衛西南。明成化三年，巡撫徐廷璋奏建。正德元年，副使李端澄重修。

鎮邊衛 在衛西。明成化十一年，巡撫朱英奏設。十三年，巡撫王朝遠始建。

鎮彝千户所 明萬曆十四年，兵備南和朱正色議呈巡撫曹子登題建。

古浪千户所 （無考）

高臺千户所 在所東。明嘉靖二十三年，巡按朱徵奏設，巡撫傅鳳翔建。

四川總部

成都府

《職方典》第五百八十八卷
成都府部彙考四
成都府學校考　總志州縣志合載

成都府　在府治南，漢文翁講堂遺址。宋初建。明永樂間，重修。皇清康熙元年，巡撫佟鳳彩率僚屬捐助鼎建。八年，巡撫張德地、布政使金俊等捐俸鳩工，增飾殿宇，周砌牆垣，櫺星門外左右豎牌坊二座，制度規模煥然大備，人文漸振。

成都縣　在治東，宋政和間建，永樂間重修。

溫江縣　在治西南。宋咸平初建。明正統、弘治中，重修。皇清康熙八年，知縣蕭永芃捐俸重修，廟貌巍然。

新繁縣　在縣治東南隅。宋乾德間初建。明數修之，末年燒毀。康熙六年，知縣張人瑞重建正殿一座，後漸增啟聖祠一間，戟門三間，櫺星門三間。

金堂縣　在縣治東北。宋嘉祐初建。明洪武元年重建。知縣鄭忠增修。皇清間，知縣董昱葺補。學署，在縣治東北，毀。

仁壽縣　在縣治東南嚳嘶山足。宋淳化二年建，明洪武二年重修，正統二年增修。天啟二年，邑令翟文簡增修。甲申，流寇變後，接續補葺，幸存殘廈。康熙二十五年，邑令裴雲錦捐俸補修，聖殿一座，啟聖祠一座，文昌祠一座，戟門一座，櫺星門一座，兩廡各三間。

新都縣　明初建。毀無存。皇清康熙二十五年，知縣王祇台捐資重建。

井研縣 在治東南。宋乾德初創建。明天順間重修。正德中，提學僉事劉節增修。皇清康熙三年，知縣王配京繕葺。

郫縣 漢元和初建。明隆慶時，遷縣東城外揚子雲讀書處。

資縣 按《總志》，在治東。宋雍熙中建。明正統中徙今所。天順中重修。皇清康熙初，知縣劉振基補修。

灌縣 舊學，在治北。五代時建。明洪武初，改治東城內。正德中，提學僉事劉節、知縣胡光增修。明末賊毀。皇清康熙元年，知縣馬璣始建。正殿規模狹隘，不足壯觀。至二十五年，知縣黃俞鼎建戟門、周圍宮牆，其餘若啓聖祠、兩廡、欞星門、明倫堂、兩齋、名宦祠、鄉賢祠、聖域賢關坊、金聲玉振坊俱廢。

安縣 宋熙寧初建。明正統中復建，徙今所。正德中增修。明末毀。皇清順治中，知縣吳英光重修。

內江縣 在縣治西南。宋乾德初建。紹興、嘉定間，縣令鄧棐、李正炎相繼修治。明洪武間因之。中間毀復不一，如邑令潘棠、賀爵等皆漸次修治。其後，年久風雨飄侵，殿堂、廡舍俱傾頹腐朽。至明嘉靖二十三年甲辰，縣令謀于衆，復新之。前有泮池，池上有雁塔二志，欞星門內左右經義、治事兩齋，上戟門進大成殿，兩廡分列。後明倫堂，右敬一亭，左啓聖祠。祠左則有教諭官舍。敬一亭前則鄉賢、名宦並列，右即二訓導官舍。前爲文昌宮，近街建號房十二間，以處寒士。自獻賊屠川後，盡毀無存。皇清康熙元年，知縣習全史止修大成一殿及啓聖祠、明倫堂三處，復因吳逆竊川，學宮荒蕪，大成殿后半梁棟傾圮，榱桷朽腐，明倫堂僅存數椽，啓聖祠頹脫殆盡。康熙二十五年，知縣徐嘉霖集謀紳衿，諏日鳩工，于三月內入山伐木，于四月起工，創修大門三間，兩廡共一十八間，大成殿、啓聖祠、明倫堂，凡梁棟傾頹一切腐折斷脫者盡換之，門窗屛牖如式，丹堊各以法。

資陽縣 在縣治南。宋景祐初，建大殿三間。明成化、正德間，繼修，今僅存正殿。

簡州 在治東北。宋開寶初建，明洪武中復建，正統中增修。明末毀。皇清間，知州王孫盛始葺正殿。

崇慶州 按《州志》，在治東南。明洪武初建，正德十一年重修。獻賊屠川，盡毀無存。康熙六年，知州藺開禧止修大成一殿。二十一年，知州吳昌蔭率舉人張象樞修東廡三間，西廡三間，戟門五間，鄉賢、名宦祠各一間，圍墻一百二十八丈，凡大成殿梁棟傾頹一切斷脫者盡換之，門窗屏牖如式。

新津縣 在治東。宋明道初建，明洪武八年重建。成化、弘治間繼修。明末毀。

漢州 漢陽學宮，其來已久。漢晉以來州治遞遷，故文廟之修建不一。自宋嘉泰中建。明洪武中重建。天順五年，知州李鼎增重修。嘉靖中，知州苗裔昌重修。末年，知州王從先、徐九聘等復修。崇禎八年，金堂縣知縣陳正典拒賊守城，復建大成殿以及兩廡。明末，獻逆兵燹，學宮盡爲灰燼。皇清定鼎後，知州張萬壽即欲重新廟貌，以力有不能，所以未及修復。繼後，知州李永純、紳衿大興鳩工，木石瓦椽俱備，欲選吉日，以觀厥成。其奈吳逆猖狂，兵燹仍經，而前功盡廢，木石又成灰燼矣。至康熙十九年，恢復全川，州守熊可智特捐俸金，創正殿以蔽風雨，其餘啓聖祠、明倫堂、兩廡及鄉賢、名宦諸祠，所費不貲，尚有待于後之君子。

什邡縣 在治東。宋祥符二年建，明洪武元年重建。正德二年增修後，賊毀無存。康熙二十一年，知縣劉國璽率紳士捐修正殿。二十五年，知縣胡之鴻復捐修門廡、堂齋，全復古制。

綿竹縣 按《縣志》，宋以前創置莫考。景德初，建城西南隅，其間興復不一。明洪武中重修。正統二年，提學唐學振增修。後崇禎戊寅，遷于南門內之直北，前案三台，後擁九龍，左環馬尾，右繞白水，蓋據一邑之勝地。然屢遭變亂，殄毀殆盡，止存正殿五間。皇清康熙八年，縣令李如梃粗加整頓。復因吳逆竊據，破瓦頹檐，鞠爲茂草。至二十三年，知縣徐世法謀諸紳士，鳩工庀材，卜于二十四年春三月十一日舉工，創建大門三間，牌樓一座，補修大成殿五間，啓聖祠三間，凡構櫺傾攲、棟壁頹腐者均葺之，復周圍築墻百堵，于本年秋七月告成。

綿州 唐貞觀三年，建治東。明洪武初及天順、正德中，皆相繼修治。明末，遭獻逆之變，頹圮無存，變爲丘墟。皇清順治年間，全川收入版圖，草建正殿三間。

德陽縣 在治東南。宋開禧五年建，明洪武元年重建。成化十二年，知縣吳淑重葺。今毀。皇清，知縣佘國楷捐修。

茂州 明永樂八年，衛人沈連建言立學，知州劉堅即指揮徐凱宅建之。宣德三年，知州陳敏以南明門外山川壇地吉，移壇于南郊，移學于其地。嘉靖庚戌，副使胡鰲等仿重慶府學規制鼎新之。萬曆庚戌，改建內城之東南隅，學基見存。至崇禎八年，副使史贊舜捐俸買民宅，復改遷外城舊學之右，建正殿、兩廡、戟門，左右列鄉賢、名宦，右建尊經閣，前設講堂，門二，曰"聚秀"、曰"育才"，泮池、石橋悉如制。甲申盡毀。至皇清順治十六年，州守趙廷楨草建正殿三間，未幾傾圮。其餘啟聖祠、魁星樓、尊經閣以及戟門、兩廡、鄉賢、名宦祠、學署概未修復。

汶川縣 在縣治南。明嘉靖二年，提學副使張邦奇修建先師殿，左右兩廡，前為戟門，為石櫺星門，為泮池，東西為義路、禮門。殿後建明倫堂，堂後為儒學宅，殿東為啟聖祠，為尊經閣。甲申年，遭賊焚毀。順治十七年，知縣張耀祖重建正殿。康熙六年，知縣陸洽源始建兩廡。

威州 在治西門外。洪武十五年建。正德初，知州崔哲重遷，建在今地。崇禎十年，知州劉瑁修，保縣儒學皆附本州。後另建啟聖祠、大成殿、戟門、櫺星門、兩廡、明倫堂、鄉賢祠、名宦祠、聖域賢關坊、金聲玉振坊二坊，今廢。名宦祠，知州崔元愷建。

保縣 明洪武中建，萬曆三年重建。明季毀。皇清康熙二十四年，知縣沈鱄捐俸重建。

保寧府

《職方典》第五百九十八卷
保寧府部彙考二
保寧府學校考　總志

保寧府 在府治西南。宋大觀四年建，明洪武中重建，知府陳益民、李直史增修，明末毀。皇清順治中知府柯臣，康熙初知府薛柱斗先後建修。啟聖宮、東西兩廡、名宦、鄉賢祠、明倫堂、尊經閣。

閬中縣 在府治北。明崇禎間，遷修東門，後毀。皇清康熙三年，知縣高人秀重建。二十五年，知縣潘雲桂捐修牆垣，新建櫺星門。

蒼溪縣 在治西。明正德中，遷修正殿三楹，戟門、櫺星門、啟聖祠、明倫堂、文昌祠。

南部縣 在治西。隋創。明洪武中重建，通判熊杰增修，鑄祭器。明末毀。皇清知縣裘龍建修大成殿五楹，東西兩廡各三楹，戟門五楹，櫺星門三楹，明倫堂三楹，啟聖祠三楹，名宦祠、鄉賢祠。

廣元縣 在縣治東。唐建。明洪武中，同知賈納重修。隆慶中，遷懷羌門外。萬曆間，知縣丁永曉遷于鼓樓東街。天啓二年，同知周顯章署縣事，遷于東山之麓。明末，獻賊屠城焚毀，止存正殿。皇清康熙五年，知縣林晃重修。至十三年，吳逆竊據拆毀。十九年，恢復之後，知縣李光震補葺正殿，重修東廡、戟門、櫺星門，至泮池久淤，未浚。啓聖祠、明倫堂、尊經閣、魁星祠，俱頹毀無存。

昭化縣 在治西，宋建，明永樂中重修。

巴州 在治西。明洪武中，知州文成斌建。正德間，知州章應奎、同知趙宗繼重修。崇禎中，知州楊文明、鄉官蘇桂改修今所。

通江縣 在治西北。宋建。明洪武中，知縣周南、楊賢、張貢相繼重修。按《縣志》，儒學在縣署北。宋嘉祐間，知州皮公弼、俞瑊建，蓋古璧州學也。射圃，址在尊經閣東。

南江縣 在治南。明正德中，知縣沈鏞建修。明末寇亂，盡毀。皇清順治間，知縣洪啓槐重建大成殿。康熙二十一年，知縣王經方補修，並建櫺星門。

劍州 在治東，宋建。明洪武間重建。嘉靖中，知州陳叔美遷修。明末毀。皇清知州徐恭、喬鉢相繼補修。

梓潼縣 在治東。宋建。明洪武中，知縣張斌、知府李正方相繼重修。明末寇亂，鞠爲茂草。皇清定鼎，知縣方樹程草創大成殿。康熙十三年，復值寇亂，傾頹殆盡。二十年，知縣袁還朴重建大成殿並兩廡、戟門。

順慶府

《職方典》第六百一卷
順慶府部彙考一
順慶府學校考　府志

順慶府 在府治南。宋慶曆間建，明洪武九年重修，亂後灰燼。皇清康熙九年，知府李民聖重修。

南充縣 在治西南。舊在北門外，明弘治中，遷入城。萬曆中，知縣吳嗣亮重修，亂後灰燼。皇清康熙三年，知縣湯裔振重修。十九年，知縣張宿焜補修。

西充縣 在治南城外。宋淳祐間建，明洪武二十年重修，亂後灰燼。皇清，知縣王葵錫重修，知縣戴民凱補修。

蓬州 在治北。宋淳祐間建于雲山，元至正中遷此，明因之。

營山縣 在治西。元至順間建，明萬曆間重修。亂後灰燼。皇清康熙年間，知縣毛鳴岐重修。

儀隴縣 舊在南圖山。宋嘉定中，遷城，東北倚金山。俱毀。皇清順治間，劉在宸署居金城山就上建廟三間。康熙甲辰，知縣柳天植于西門外改建至聖廟。二十二年，復建于城東舊地。

廣安州 在治東。舊在秀屏山下，宋嘉祐間遷南岡。明建治城西。亂後灰燼，皇清康熙年，間州守黃標重修。

渠縣 舊在南門外飲虹亭側。宋嘉定間，知縣邱居正遷入治西石子岡。亂後灰燼。皇清，知縣雷鳴魯重建。康熙二十四年，知縣董鉅補修。

大竹縣 在治南。宋嘉定中建，元至正初重建。亂後灰燼。皇清知縣高文泲重修。

鄰水縣 在治東。宋崇寧初創，明萬曆中重修。兵毀。皇清知縣蔣擢重修。

敘州府

《職方典》第六百四卷
敘州府部彙考二
敘州府學校考　總志縣志合載

敘州府 舊在府治南。明永樂間重建。萬曆中，知府陳大壯、曾可耕相繼以湫隘改建于治東舊藩府基。宜賓學，初附。後遷。皇清康熙二十四年內知府顏何源浚、知縣平廷鼎相繼重建。

宜賓縣 舊在古戎州治東南。宋慶曆間建。明洪武間，始遷今治。萬曆中，改建于二南門內之中。皇清康熙二十五年，知縣平廷鼎、學博饒桂陽重建。

慶符縣 在治東。元大德間，建于城外。明洪武三十二年，改建城內縣後。崇禎六年，知縣殷逢世重修，今僅存正殿、欞星門。皇清康熙二十五年，知縣丁林聲修建。

富順縣 在治東。宋慶曆間建。明洪武三十二年重建。弘治中增修。嘉靖中，知縣周夔重修泮池。崇禎末，寇毀。皇清康熙十九年，知縣錢紹隆重建。射圃，在儒學東。

南溪縣 舊在治西。宋熙寧間建，明永樂間重建。萬曆三年，知縣陳忠改建于鳳凰山即楊發書院遺址。皇清康熙二十四年，知縣王大麒修理墻垣、門屏。

長寧縣 在治西。洪武七年建，成化間知縣李重修。明末毀。皇清，知縣常紹先重修。正殿三間。

高縣 在治東。明洪武八年建。

筠連縣 在治西，明洪武七年建。皇清，知縣孫如芝重建正殿三間，明倫堂五間，泮池、石坊。

珙縣 在治南。元建。洪武二十二年重建。

興文縣 舊在縣治南。元至元間建，明洪武間重修。萬曆中，知縣王慎、淩亮相繼改建于治北。皇清康熙十年，知縣王興賢請改于南門外柏香壩。

隆昌縣 明隆慶初建。皇清康熙二十五年，知縣錢振龍重修。

建武 在北關內。萬曆年間建，後因地形下濕且傾圮，改建城西南隅。皇清，裁所治，儒學歸併敘州府。

重慶府

《職方典》第六百九卷
重慶府部彙考三
重慶府學校考　府志

重慶府 在府治北。宋紹興間建，明洪武四年重修。宣德、景泰間繼修。毀。皇清康熙三年，總督李國英捐俸修復。後兵燹傾壞。二十一年，知府孫世澤捐俸鼎新，併建明倫堂、制祭器。

巴縣 在縣東北。宋紹興間建，明洪武中重修。萬曆二十九年，兵憲張文耀、郡守傅光宅重修，仍捐俸，增置學田。明末圮。康熙三年，總督李國英捐俸修復。後毀于兵。二十一年，巴縣知縣焦映漢奉本府知府孫世澤檄重建。

江津縣 在縣南。宋治平間建，明洪武八年重修。後毀于兵。康熙二十一年，知縣王璧奉本府知府孫世澤檄建。

長壽縣 在縣西北。毀。康熙元年，知縣柴允芳建小殿三間。後毀于兵。二十二年，知縣黃見龍奉本府知府孫世澤檄重建。

永川縣 在治西。康熙二十二年，知縣項強奉本府知府孫世澤檄重建。

榮昌縣 在縣南。明天順中，知縣盧善建修。後毀于兵。康熙二十二年，知縣史彰奉本府知府孫世澤檄重建。

綦江縣 康熙二十二年，知縣陳正鍾奉本府知府孫世澤檄重建。

南川縣 明嘉靖四十年，知縣伍咸新建。後毀。康熙二十二年，知縣吳成龍奉本府知府孫世澤檄重建。

黔江縣 在縣東。明宣德初，知縣謝孜建。毀于兵。康熙二十一年，本府經歷署知縣查孝慈奉本府知府孫世澤檄，改建縣北。

合州 在州西。明天順中，知州唐珣建修。弘治間，遷去舊基數千武。萬曆十年，災，仍移建舊址。後毀于兵。康熙二十三年，署州事本府通判溫恂奉本府知府孫世澤檄，重建鼎新。

忠州 在州東。明正統中，知州王日良修，後毀于兵。康熙二十二年，知州朱之璉奉本府知府孫世澤檄重建。

酆都縣 在縣東。明成化間，知縣李毅建。後毀。康熙二十一年，知縣張鳳翀奉本府知府孫世澤檄重建。

墊江縣 在江北。明成化間，知縣楊端修建。後毀。康熙二十一年，知縣李允昌奉本府知府孫世澤檄重修。

涪州 在治北。明宣德、景泰間，相繼興修。萬曆中，守憲陳大道鼎新，極爲大觀，更廣置學田。後毀。康熙二十二年，知州蕭星拱奉本府知府孫世澤檄重建。

彭水縣 在治東。毀。康熙二十二年，署彭水縣事南川縣知縣吳成龍奉本府知府孫世澤檄重建。

夔州府

《職方典》第六百十五卷

夔州府部匯考三

夔州府學校考　府志

本府（奉節縣附郭）

夔州府 在治東。明洪武四年，知府盛南金建。萬曆元年，知府郭棐以學門偏出，規模欠敞，乃移門與堂相對，取木星直秀之象，遷文昌于東，正璧宿昭明之府，氣象改觀。明末甲申年，遭流寇張獻忠之變，悉皆灰燼，一片瓦礫。至皇清康熙二十五年，太守吳美秀、許嗣印先後捐俸，暨郡丞王知人、黃鵬、郡判王來賓以及十城州縣併力捐俸，得勷盛舉，經歷陳顯董其事，鳩工庀材，廟貌復新。

奉節縣 在治西北。明洪武十四年建。天順間，知府項倬重修。成化十年，教諭徐鐸等議以人才希渺，省入府庠，兩院題准，學遂廢。皇清康熙二十四年，奉文始復學宮，尚未修建。

巫山縣 在治西北。元至正中建，明洪武六年重建。明末甲申年，遇流寇焚毀。皇清康熙二十一年，夔州府知府向登元捐俸重建。

雲陽縣 在治東北。因明末兵亂，又遭吳譚兩逆，圮毀無存。于皇清康熙二十四年，知縣楊天行捐俸修建。

萬縣 在治北。洪武十二年，知縣桂仲權建，乃元學基也。景泰間知縣許斌，成化間知縣徐熙，嘉靖間知縣龍雲、沈清先後重修。萬曆二年，兵巡副使范橚知府郭棐行萬縣加修學宮，益煥新焉。因明末流寇之亂，圮毀無存。皇清定鼎，雖創有茅屋數間，至吳逆之變，又皆灰燼。康熙二十二年，知縣張永輝捐俸親督修理如舊制。

開縣 舊在縣治東門外，唐韋處厚建。嘉靖六年，改建城內。萬曆四十四年，遷于盛山之西。歷數年，旋廢。至皇清康熙六年，知縣盧天樞仍改建城內。復遭吳譚之變，是以傾圮。康熙二十四年，知縣王景舜捐俸建如舊制。

梁山縣 在治南。元至正四年，知州藍清建。正統間知縣李政，成化間知縣吳班，嘉靖間知縣王冕，先後重修，煥然壯麗。明末兵亂圮毀。皇清康熙二十三年，知縣黃建中修建如舊制。

建始縣 在城西。元大德間建，明洪武七年重建。後荒廢，至皇清鼎建。于康熙十二年，知縣譚改建城北。又被兵火圮毀。于康熙二十三年，知縣吳李芳捐俸，建如舊制。

達州 在治東南。洪武四年，知州魏子忠建。永樂中知州瞿銳，嘉靖中知州趙鳴鳳、吳升重修。于皇清康熙二十四年，知州董守義捐俸修如舊制。

東鄉縣 在治東。成化十一年，知縣吳新建，後遷至河北明月壩。嘉靖中，知縣尚東臨、教諭黎宇重修。萬曆元年冬，知縣陶之肖仍遷城內。歷經兵火，僅存文廟三間，東西兩廡八間。

太平縣 在治東。正德十年，知縣董璧建。嘉靖二十八年，知縣龔大有重修。明末變亂，一時灰燼。于皇清康熙二十三年，知縣程溥捐俸，建如舊制。

馬湖府

《職方典》第六百十九卷
馬湖府部彙考
馬湖府學校考　府志

馬湖府 在府治東北。元末建。明永樂十年重修。皇清康熙八年，推官管知府事史長庚重修。頹于兵燹。二十三年，知府何源浚、知縣蔡琨捐俸重修。

屏山縣 附府學。皇清康熙二十二年，奉頒御書"萬世師表"四字匾額懸于文廟，知府何源浚、知縣蔡琨敬制建立。

龍安府

《職方典》第六百二十卷
龍安府部彙考
龍安府學校考　府志

龍安府 宋祥符間，郡守吳濟始建。元毀。明洪武間，土官薛繼賢建于樂平鎮北山下。隆慶間，知府龍慶雲改遷今所。皇清，知府翁佶、陳于朝、平武令朱熔相繼修葺。

平武縣 在治左，明萬曆間建，今附府學。

江油縣 元至正間，知縣李彥文建于高堂里。明洪武初，知縣周伯文重建。正統中教諭饒旭、成化中知縣張澄繼修。寇毀。皇清康熙二十三年，知縣萬瑞麟重修。

石泉縣 宋紹興中建。明洪武暨正德中，先後重修。萬曆初，知縣陳邦謨、李茂元相繼遷建于望崇山麓。皇清康熙二十二年，知縣朱點重修。

潼川州

《職方典》第六百二十二卷
潼川州部匯考二
潼川州學校考　州縣志合載

潼川州 在州治東南。宋大觀初建。明宣德、成化、崇禎間，屢加增修。兵火後，僅存大成殿。皇清康熙二十五年春，奉頒御書"萬世師表"四字匾額，懸挂正殿。

射洪縣 在治西。宋元符間建。明末，毀，知縣孟憲孔重修。

鹽亭縣 在治南。唐貞觀間建，明洪武九年重修，後遷城西北，知縣江昆淶重葺。

中江縣 在治南，始創無考。明洪武中，知縣高通重建。正統四年典史胡仲寶，天順二年知縣胡叔寶，正德十六年知縣余祺，萬曆十五年知縣安正孝，崇禎九年知縣任之望，十一年知縣王國棟以及皇清康熙初年知縣李延春，三十四年知縣謝旻禧，四十七年知縣李維翰各相繼補葺。中爲大成殿，左右兩廡各十間，戟門五間，門前爲泮池，池上橋三，池前爲欞星門。門左右爲德配天地、道冠古今二坊，又前爲萬仞牆。大成殿后爲明倫堂三間，堂左右齋房各三間，尊經閣三間，堂東爲敬一亭。

遂寧縣 在治西南。唐貞元間建。明洪武七年重修。明末圮。康熙六年，知縣劉學瀚暫修草殿三間。

蓬溪縣 在治北。唐開元中建。元至元甲午，邑令蒲如璋創修大成殿、兩廡、戟門、欞星門，後毀于兵。明宣德丁未，邑令凌崇貴重新之。成化辛丑，邑令李芳重建欞星門。嘉靖四十五年，邑令張希范重修，又建尊經閣。萬曆中，邑令胡璉鼎新之。三十二年，邑令趙瑞益新建學坊。四十二年，邑令馮思問重修學宮。後爲流賊焚毀。皇清，知縣梁太來草創正殿。康熙初，知縣潘之彪鼎新，尚未完備。二十年，知縣周甲徵修復明倫堂、兩廡，煥然一新。

樂至縣 在治東南。明正德中，建于城內。崇禎中，知縣朱統鎮遷此，即以樂至池爲泮池，文物甚振，今圮。

眉州

《職方典》第六百二十五卷
眉州部彙考一
眉州學校考　總志州縣志合載

眉州 在治南。宋仁宗時建。明洪武四年，知州張伯剛更建。景泰初知州李寧，成化中知州林敷、許仁先後重修。皇清康熙初，知州趙蕙芽鼎新。二十三年，知州董永荃捐募補築，知州姚哲重建大殿及明倫堂，知州宋著復修兩廡。四十六年，知州金一鳳補葺明倫堂，建額，重建欞星門、雁塔寺，並置祭器，存貯學宮。

丹棱縣 舊在治內。宋紹興十二年，奉議郎楊總修建。元燬于兵。明洪武十六年，縣丞李斌重修。天順戊寅知縣楊鐸，成化戊戌知縣鄧智相繼展闢修飾。後知縣陳鏡遷于治東北隅，即前之白鶴寺也。殿廡、堂齋、號舍、門寢悉如式。弘治十六年，知縣江謙增修欞星門及露臺、泮池、饌堂、周圍牆垣。十八年，州守章爵展立大門，重修正殿于明倫堂後，左廂爲齋二，東曰"進德"、西曰"修業"，公廨三所。亂後悉毀。皇清，知縣張廷秀復建，廟舍雖未盡如舊制，而已規模肇舉矣。

嘉定州

《職方典》第六百二十八卷
嘉定州部彙考二
嘉定州學校考　州縣志合載

嘉定州 洪武初，在州之西南，本宋元舊址，同知楊勵重修。二十七年，嚙于水，知州楊重欽、學正李敏遷于方響洞之上。正統十一年，同知柳芳、學正黎浩遷明倫堂于後山。天順八年，訓導曾智具奏遷今地，蓋高幖之鳳翼左掖也，九峰屏峙，三水環流，據其勝矣。正殿凡四楹，明倫堂凡四楹，前爲桂香樓，樓北訓導宅，前爲杏華樓，樓圮，今爲學正宅。堂之後爲自邇、自卑兩門，分階而上爲高美亭，今廢。高美亭之上爲敬一亭、啓聖祠、羲文周孔四聖亭，羅憲副緄重修。堂之前爲露臺，臺東爲祭器庫、興詩齋，西爲立禮、成樂齋，三齋今以居訓導，其南爲誠敬門，即二門。門東西爲號舍，又南爲聚奎坊門。弘治末年，攝州事馬湖府同知廖森建。坊門之外東爲文昌祠，西爲生敬門，通入文廟之戟門。門凡六楹，左祠名宦，右祠鄉賢，門內爲丹墀，列兩廡。生敬門南降階而下爲大門，大門西爲欞星門，門下爲通衢，東西列兩坊，南爲泮池，又南爲射圃。一云學宮爲程初亭重建，基據嘉州之勝固矣，而規模結構，軒敞宏麗，宇内之庠，鮮有其儷。點寇袁韜起營時毁之，獨大成殿不敢舉火，而炎威熏灼，其不即傾者神之靈也。少參張能鱗駐節，謁廟即慨然嘆息，逾年力爲經理，一切梓楠、磚石、丹堊之屬，皆易自遠方。首治正殿，既堅且好，輪奐之美，比于昔時。次建明倫堂，堂之下爲六齋，後爲啓聖祠、尊經閣。正殿前爲兩廡，爲戟門，爲名宦祠、鄉賢祠，爲欞星門，次第經營，雖較昔稍隘，然規模已畢具矣。按《總志》，儒學，嘉靖中知州陳嘉言、郡人御史程啓克相繼增修。泮池周回四百丈，甃以石，皇清康熙五年，守道參議張能鱗、知州高仰昆重修。又按，本州《山川志》云，半月池即學前泮池，形如半月，周圍數畝，環以石欄，有泉水不涸。十年，以前滿池皆蓮實以薦于廟，而今無矣，且半就淤塞，後復建虹橋其中，尋廢。

峨眉縣 殿宇，原在縣治西南。宋慶曆元年建，元至正中重修。明成化二十二年，知縣李楨遷治西，去古學一舍。弘治十三年，知縣任伯進遷縣南街。嘉靖四十三年，遷城外馬寨山堂。萬曆二十九年，又遷城外南街。天啓二年，署事峽江知縣董繼舒復遷南門外馬寨山堂前。甲申之亂，廢毁。癸巳年，復取舊察院圮廨材木，仍于城内東門街粗置殿宇。至皇清康熙乙巳年，知縣李莊年始卜遷城外鐵河橋之北。一云學舍舊在學宮後，自兩次遷學，學官尚無住舍。康熙乙丑年，知縣房星著因學宮遠居河北，于新察院左捐買宅地一區，始粗置堂宇，爲皋比之所。一云學宮自屢遷之後，規模草創，止有戟門、大殿、啓聖祠，祠復日久傾圮，其餘堂廡、齋祠、衙舍、泮壁、墙垣俱未修設。康熙二十四年春，知縣房星著奉文議修，甫築垣墻，修葺戟門、正殿。按《總志》，儒學，明洪武初，建。

洪雅縣 廟址，舊在城西。宋紹興元年，邑令孫詔遷今地。嘉靖四年重修。成化十九年，知縣王讓建。正德十年，知縣楊琪重修。天啓四年，知縣陝嗣宗增修。經獻寇，止存正殿，亦圮。皇清康熙三年，知縣李果修。

峽江縣 在縣署東南正街。明洪武中始建，嘉靖丙辰歲縣令陳松增修。萬曆間，縣令楊可賢又于廟前竪立墻石，遇亂悉毀。皇清康熙十一年，總督蔡毓榮捐金數十金，責知縣喬振翼力行修舉，因建正殿一層，東西廡各五間，戟門三間，名宦祠一間。康熙二十二年，知縣孫調鼎又于廟門左右建立義路、禮門坊，整理泮池、古坊。

犍爲縣 宋祥符間，在沉犀東。知縣左震遷于縣之城南。元末火于兵。洪武初，陳興重建。成化丙午冬，知縣錢承德重修。萬曆三十九年，知縣陳懋功遷于南城外一里。四十六年，知縣吳道美復遷舊址。正殿凡四楹，明倫堂凡四楹，堂後轉東爲啓聖祠、爲敬一亭。堂前爲露臺，東爲進德齋、西爲修業齋，直出爲道義門，門東爲誠敬門。正殿外爲丹墀，兩廡東西階而下爲大成門。門左魁星閣，右文昌祠，外爲欞星門，前列泮池，竪金聲玉振坊。池東爲儒學門。雖復舊址，而木植拆出復立者率多朽腐。後復傾圮。崇禎乙亥，知縣胡學戴銳意改正，移欞星門向如故，外立太和元氣坊，建新明倫堂三楹于文廟後，堂左右爲進德、修業齋，齋下左右立二坊，一曰"敬敷文教"、一曰"樂育英才"，補修舊明倫堂爲講堂，遷文昌宮于左，鑿泮池，教諭何孟鱗建啓聖祠三楹于新明倫堂後，左爲教諭齋，右爲訓導齋。甲申後，僅存明倫堂，將頹。皇清康熙九年，知縣劉靖寰與典史秦光明督諸生捐資修建。二十四年，儒學吳之彥、典史吳士貞建啓聖祠三楹，教諭毛國宣、訓導傅教嚴重修文昌祠，今頹毀無存。射圃，在察院西。

榮縣 唐武德元年，建于桂林山。宋乾德三年，移近興賢門。紹興十二年，郡守孟侯遷于蓮宇山。開禧二年，守袁桂立二雁塔，題郡人登科者姓名，教授劉道成記略云："榮雖藩邸重鎮，學凡三遷，始得勝地。"及元末兵毀。明洪武六年四月初八日，降榮州儒學印時判官馬公輔、學正張朝祖仍創于桂林山。天順元年，舉人龔匯奏復今處。四年，按察僉事汪、知縣劉清修堂齋。成化十七年，僉事俞澤、署縣判官御史戴中改修尊經閣。正德十四年，僉事王雱、知縣毛秀移尊經閣于右。後興廢不一，至皇清，知縣簡松重葺。

邛州

《職方典》第六百三十一卷
邛州部彙考一
邛州學校考　州志

邛州　在州治南。唐武德間建。明洪武甲子年，同知張鬱創建。永樂十年，知縣羅質重修。成化庚子年，知縣羅綱重修欞星門。成化丙午年，知州陶端重修戟門。弘治庚戌年，知州羅杰重修兩廡、明倫堂。萬曆年間，重加增修。皇清知州，蕭恒重葺文廟。正殿三間，殿左神厨庫，東廡八間，西廡八間，知州譚天相復重修兩廡、啟聖祠、戟門、泮池牌坊，修明倫堂及齋舍。其戟門三間，外爲月池，圈洞石橋三座，橋外有欞星三門，門外石坊二，左曰"興賢"、右曰"育才"，距育才坊數武南正街爲學宮正路，石坊一座，曰"義路禮門"。欞星門前有泮池，環以石欄，從北城外引水入城，通鶴山書院前，逶迤南向，流入泮池，名文脉。水池中蓄蓮花，外有石坊二座，左曰"重道崇儒"、右曰"騰蛟起鳳"，又前有文筆峰、欞星門。有射圃二處，俱廢，基址尚存。

大邑縣　在治南。唐咸通間建。明正統中，知縣馮泰修。至明末毀。皇清康熙年間，知縣李德耀、訓導彭耀祖復建。二十四年，知縣秦銑葺先聖殿五間。

蒲江縣　舊在縣治南。隋建，明洪武中重建，萬曆初改治北。兵燹後頽廢。皇清康熙七年，知縣朱士英重修，復廢。二十二年，復改治南故址，知縣張曉修建，工未竣，署知縣秦銑修復。

瀘州

《職方典》第六百三十五卷
瀘州部彙考一
瀘州學校考　州志

瀘州　在治南。唐咸亨間，建于治北。宋元祐遷修。明弘治年間，知州許世德改建治南，向東。萬曆初，知州趙大佶重修。兵毀。崇禎初，學使何閎中、知州李長年改建，面南，凡啓聖祠、正殿、兩廡、名宦、鄉賢、泮池、櫺星門、戟門、明倫堂、尊經閣、鶴山書院俱備。甲申，獻賊毀，僅存荊棘遺址。明末，巡道吳登啓、知州劉兆鼎遷于元妙觀舊基。皇清順治十八年，副使紀曜、知州何起鵬、佘繼益增修正殿、明倫堂。康熙二十三年，知州陳五典以狹隘不足觀，改復城南，面東，凡啓聖祠以及大成殿、兩廡、櫺星門、戟門，俱重加修葺。

納溪縣 在治西北。元至正間建，明洪武初重修，後毀于兵。皇清康熙二十四年，知縣王帝臣于舊來鶴亭捐建學宮三間。三十八年，知縣趙之鶴詳明改遷舊基，中建聖殿三間，櫺星門三間。五十年，知縣蔡璉建立兩廡及名宦、鄉賢祠，共一十二間。

合江縣 在治北。宋元祐間建，明洪武九年重建。皇清康熙六年，知縣賴日鐸重建。歷變傾圮。康熙二十二年，知縣李雲龍捐資重建。

江安縣 宋大觀中建，明洪武間重建。

雅州

《職方典》第六百三十七卷
雅州部彙考一
雅州學校考　總志

雅州 去治南一里。洪武初建。文廟，明初建月心之中。皇清，知州韓范遷于南樓之側，今復遷舊址。

名山縣 在治西。明洪武中，知縣楊矩建。正統中，遷今址。

榮經縣 唐武德二年設。宋淳熙甲辰，知縣楊璜捐俸建。元時與縣俱廢。明洪武八年，知縣楊矩置縣之南，後為水壞。景泰八年，教諭何士英、訓導周秩移縣西，即雄邊寨之故址。成化二十一年，知縣陳經修文廟，復為明倫堂，博文、約禮二齋、饌堂，教諭、訓導廨各一，生舍十二，敬一亭、啓聖祠、射圃、儒林坊，周垣東西八十四丈，南北八十七步。隆慶元年，知縣秦忠、教諭劉誥申請遷縣治右。萬曆三年，知縣張必煥請修名宦、鄉賢二祠。萬曆十四年，知縣冷逢聘申請復遷縣舊西址。萬曆三十三年，知縣羅萬里申請遷于小坪山北。以窵遠不便，萬曆四十四年，知縣張克儉復申請遷今縣左，今二齋未建，饌堂、射圃俱廢。訓導史于儒林坊廢址建萬世師表坊一座，敬一亭碑存，而亭亦廢。皇清康熙七年，縣令蔣爾敬捐俸建于小坪。學倉，在學內，今廢。

蘆山縣 在治東。明永樂間建，嘉靖中知縣周斐遷今所。皇清，知縣張啓鼎捐修。

遵義府

《職方典》第六百三十九卷
遵義府部匯考
遵義府學校考　總志府志合載

遵義府 在城外鳳山前。明洪武三十年，設播州長官司學。永樂四年，改宣慰司學。萬曆二十八年，改流，置府學。三十七年，知府孫敏政改建縣署左。崇禎十一年，知府黃立言、知縣胡崇明仍建城外今地。其明倫堂，在大殿左。東廡、西廡、戟門、櫺星、泮池、臥碑、禮器、樂器庫、經籍庫俱有。皇清康熙二十五年三月，內奉頒御書"萬世師表"四字匾額懸于正殿。

遵義縣 在城外獅子橋南，昔原未設。皇清康熙八年，署府事成都府通判馬御世申詳巡撫張德地創建。康熙二十五年三月，內奉頒御書"萬世師表"四字匾額懸于正殿。

桐梓縣 在縣署左。明萬曆二十九年，知縣王桂建，原附府學。皇清康熙初，巡撫張德地題請專設。康熙二十五年三月，內奉頒御書"萬世師表"四字匾額懸于正殿。

綏陽縣 明萬曆二十九年，知縣詹淑建，原附府學。皇清初，始專設。康熙二十五年三月內，奉頒御書"萬世師表"四字匾額懸于正殿。

真安州 舊址在唐都壩，相傳唐時建學于此。明萬曆三十年，知州郭維屏改建城南門外一里許。三十六年，府同知署州事詹淑改于城內州署右。三十七年，知州艾應甲重建。皇清康熙二十五年三月，內奉頒御書"萬世師表"四字匾額懸于正殿。

仁懷縣 在分司前，知縣陳王道建。原附府學，皇清初始專設。康熙二十五年三月，內奉頒御書"萬世師表"四字匾額懸挂正殿。

松潘衛

《職方典》第六百四十三卷
松潘衛部彙考
松潘衛學校考　總志

松潘衛　在司治東。明景泰三年題建。嘉靖、萬曆間，增修。崇禎中，副使史贊舜重修，今半圮廢。皇清康熙甲子，衛守備賈尚謀補修。學署，古設學宮後，今廢。

疊溪守禦所

《職方典》第六百四十五卷
疊溪守禦所部彙考
疊溪守禦千戶所學校考　總志

疊溪所　在所治東。明景泰初建，今裁入。

江南總部

江寧府

《職方典》第六百五十七卷
江寧府部匯考五
江寧府學校考（書院社學附）　府志
本府（上元江寧二縣附郭）

江寧府 在府治北。漢丹陽太守李忠起學校，孫吳立學，皆莫詳所在。南宋，置儒學于鍾山之麓。宋天聖，建學府西北。景祐，徙于府治之東南。元路學因之。明洪武初，改爲國學，後改爲應天府學。十四年，夏相基于雞鳴山下建國學，名國子監。後學毀廟存。皇清順治六年，改建學門甬道，修飾正殿、兩廡、欞星、戟門等處，改彝倫堂爲明倫堂，設志道、據德、依仁、游藝四齋，修啓聖祠，暨學官署，以國子監坊爲江寧府學坊，規制宏麗，正殿崇高巍煥，碧瓦朱甍，山川環拱，氣象鬱葱。兩廡共七十二楹，欄楯周遭，穆深廣闊，松柏蔭之，悉作左鈕，天印在前，元武湖在後，鍾山峙左，雞鳴環右，元武湖之水循宮牆而南，合于青溪，秦淮之水入青溪而北抵于雞籠，皆合襟于前，以爲護衛，天生靈秀，人文之區也。殿前左右碑亭四座，名宦、鄉賢，今圯。

上元縣 舊在縣治東。按《京城圖志》，存義街即上元學基。宋寶祐戊午，東陽陳寅宰邑，始以廢圃爲宮，梁椅撰記。景定二年，知縣鍾蜚英創建學宇。元至元中，縣尹田賢重修，進士李桓記。明洪武初，省生儒併于府學，其貢士計偕之費，生員廩饌之需，猶縣給焉。

江寧縣 宋景定四年，知縣王鎧建在縣治北。元仍宋舊。明初，省生儒併于府學，而計偕廩餼之費猶縣給焉。皇清，改國學爲府學，改府學爲上、江兩縣學，其規模俱從府制，即宋景祐所建府學也。先是，淳祐趙以夫更命教堂曰明德。元設集慶路學于宋學故地，行臺御史楊演有記。明初，改爲府學，置一堂、四齋，以上元、江寧二縣學省入，增二齋、訓導及生員廩膳之數。永樂六年，廟學灾。宣德七年，守臣襄城伯李隆、府尹史怡重建，少傅楊榮爲之記。成化七年，復毀，提學御史嚴銓復建，即尊經閣爲後堂，尹魯崇志成之。弘治間，尹秦崇以石堤障秦淮水。正德間，尹白圻繚以石檻。嘉靖初，都御史陳鳳梧平學後山，重建尊經閣，增敬一亭，侍讀黃佐有記。萬曆三年，浚月河，以石甃岸，易學前户部地爲屏墻。四年，成之。十四年，太常寺少卿周繼署府尹事，造青雲樓于學舍之北，建天下文樞坊，分聚星亭于廟之前焉。後屢加重修，今規制如舊。大成殿，在明德堂前，宋紹興六年，重修，江賓王有記。淳祐六年，增造兩廊，以妥從祀。元至大二年重修，明正德間重修，嘉靖間再修。啓聖祠，在明德堂左，嘉靖十年增建。名宦祠，在儒學左，正德九年建，祀名宦共四十二人。鄉賢祠，在儒學右，正德九年建，祀歷朝名賢。

  句容縣 在縣治南。唐開元十一年，始建于縣衙之東。宋開寶中，重建。皇祐二年，太常博士知縣事方俊再建。元泰定二年，令程恭延聘名士訓誨生徒，遠近向慕，邑民獻地，增廣學宮，設唐忠臣劉鄩、孝子張常洧二祠于講堂之西。至順四年，達魯花赤那懷重修明德堂。後至元戊寅，令李允中、教諭劉德秀刻累朝奉誥綸音于石。明洪武己未，令韓思孝修殿廡、置齋室。壬戌，令韓宗器重修明德堂。永樂間，令徐大安增修。丁酉，令周庸節、教諭趙學拙重建戟門，國子祭酒胡儼爲之記。正統八年，令韓鼎建會饌堂，改文昌樓于學之東南。十三年，復立進士題名碑于講堂之內。景泰間，令浦洪、丞劉義相繼修理。東廡、齋號共十三間，俱被焚，隨修。景泰四年，府丞陳宜增置學西民地，建立教官廨宇。成化十四年，令徐廣重建大成殿、兩廡、戟門，規模宏大，視昔有加。嘉靖十六年，令周仕修。嘉靖三十二年，應天府通判汪宗之署縣事，移名宦、鄉賢祠于戟門左右。四十五年，署縣事應天府推官張夢斗見學宮傾圮，且前曠後逼，思重營建，積楮贓四百金，令胡師繼之，遂移廟并兩廡、戟門、欞星門、道義門各前數十步。廟後建明倫堂，高五丈五尺，廣七尺，深四丈五尺，左建博文齋三間，號房十間，右建約禮齋三間，號房如左，庫房四間、神厨二間、土地祠一間，明倫堂後建尊經閣三間，閣前建敬一亭，亭左右建啓聖、名宦、鄉賢三祠，改菁莪坊曰興賢，棫樸坊曰育才。隆慶三年，令周美于欞星門外橫置石欄于巽方，建文星樓，後移稍西北，改名文昌閣，上奉文昌神像。萬曆元年，令張道充復于學前開左右掖門，浚渠引水，曲注泮池。萬曆三年，令丁賓繪飾明倫堂并泮宫。啓聖祠二間，兩旁庫四間，屢圮屢修。萬曆四十年，提學熊廷弼議加文星樓第三層，一時聯元魁獲，有應驗。後傾廢，皇清順治十年，督學藍潤捐修。

溧陽縣 在縣治東南隅。創于宋皇祐四年。崇寧中，李亘增廣齋舍，續建堂閣。建炎末，毁，兵撤屋爲營，惟餘大成殿。紹興、慶元間，知縣施佑、周倧、李抃、趙贊夫輩修葺之。嘉定中，王棠、李泰原、陸子遹相繼，而齋廡、庖湢罔不皆備。訖元升爲州學，重設小學，創置尊經閣。遭張士誠之亂，悉淪兵燹。明初，知州林公慶仍創建焉。天順七年，民居火延焚毁，獨明倫堂存，知縣員賢、陳福繼修之，熊達始置鄉賢祠，符觀始置名宦祠，沈瓚、楊榮修號舍、坊表，府丞冀綺修戟門、兩齋。弘治中，廓城址，以浚泮池。嘉靖間，改水關而開躍龍，百廢俱興，所在如制。學門，在欞星門之左。講堂在儒學右，爲諸生講習之所。挹秀堂，在儒學前，舊下水關上。宋崇寧中，知縣李亘建，今廢，址存，知縣李恂重修。折桂閣，亦在學前，宋大觀三年建，俱建炎末兵毁。德化堂，在明倫堂後，宋紹興二十年，知縣周倧建，即今魁星堂之基也。待聘軒，在德化堂後，宋慶元三年知縣趙贊夫建，今廢。興能、觀光、尚志、麗澤四齋，俱宋嘉定初知縣王棠建，俱不存。道存堂，元延祐初建，無考。君子堂，在明倫堂後，今廢。采藻、皆春二亭，俱元至正五年，知州蒲里翰建，今廢。敬一亭，在啓聖祠之右，明嘉靖間詔建。泮池，在欞星門外，環以石欄，跨以石梁，目曰"通文"。萬曆四十三年，知縣趙應元加浚一丈有奇。躍龍關，在學宫之左，嘉靖初，知縣湯虺以廟學爲城闉所蔽，議闢一門，曰"迎秀"，以通江山之氣，材石俱備，而事未果行。迨萬曆末，知縣趙應元、教諭林楚移下關于巽方，名曰"躍龍"，引注乾方五堰之水徑廟學門過城隍廟而出，會于城壕，由巽而坤旋繞回顧。靈雨亭、文昌閣，矗峙映帶，隔岸道院，鐘磬相答，洵亦清勝之區矣。歲久淤塞，今復開浚。起鳳、騰蛟二坊，在學宫左右。大成殿，明永樂時，知縣李成、張真相繼修。天順間，毁而復建。嘉靖九年，詔改爲先師殿，易像設主，兩廡主亦如之。戟門、牲房、厨庫、禮器俱備。廟前欞星石闌，建于宋之王棠、李泰原。旁有古柏二株。啓聖祠，在廟左。名宦、鄉賢二祠，在戟門左右。教諭宅，在魁星堂之後。訓導宅二，在麗澤、養正二齋之後。射圃亭，在社學之右。

溧水縣 在大西門內。唐武德間建。宋熙寧二年，知縣關起遷于崇儒坊內。寶祐中，改命教堂曰明倫堂。元升爲州學。明復爲縣學，知縣鄧鑒、高謙甫相繼修之。成化間重修。嘉靖十七年，知縣陳光華徙于京兆館東，謝廷莅成之。三十九年，知縣曾震復即朝元觀基爲今學，周之屏成之。萬曆二十八年，知縣徐必達重修，尚書徐元太有記。文廟，舊在縣治東三十步。宋熙寧中，徙于學內。紹興八年，知縣事李朝正修。明初更建。正德間，知縣何東萊重修。萬曆五年，建屏牆于泮水。啓聖祠，初在廟左，前爲敬一亭。鄉賢祠，在廟右。射圃，舊在學東，今廢。

江浦縣 在城東門。明洪武十年，創于浦子口城內。二十五年，遷縣曠口山之陽，遂遷學焉，即今處。宣德初修，陳璉有記。景泰中，知縣勞鉞重建明倫堂。崇禎庚午，知縣黏洪錄重修。崇禎末年，知縣李樾復加修葺。皇清順治辛卯年，知縣劉天澤重建育才、彰德二坊。啓聖祠，在殿后。名宦祠，在櫺星門右。鄉賢祠，在學西隅。射圃，在學右。

六合縣 在縣治西。唐咸通中，在滁河南。光化中，徙東門街北，再徙縣治東。宋治平中，復徙城東臨河，尋徙縣西高岡上。建炎兵燹。紹興十四年，暫寄縣東古官舍，遂因經藏廢院爲學。二十九年，復遷高岡故址。紹熙四年，知縣鄭縝拓之。嘉定七年，劉昌詩重建。明洪武五年，知縣陸梅創立。正統間，史思古、黃淵相繼修之。成化五年，唐紹修。正德九年，萬廷程修。嘉靖三十年，董邦政修。隆慶五年重建，改向西南。皇清康熙六年，知縣顧高嘉改制，創修文廟在明倫堂前。啓聖祠在廟左。名宦、鄉賢二祠在啓聖祠左右，射圃在學西，今廢。

高淳縣 在縣治東，通賢門外。明弘治十二年，應天府丞冀綺創建。萬曆十七年，上元縣知縣劉元泰重修，廟門、廨舍新之。二十六年，丁日近再爲修葺。三十三年，知縣項維聰增建敬一亭于尊經閣後。明倫堂，正德丙子年毀，知縣施懋奉御史徐翼、周鶚捐鍰重建。久而復頹，至嘉靖三年，知縣劉啓東撤而葺之並增勝焉。萬曆十三年，堂又圮，知縣董良遂、邑人韓邦本、邢世文、楊廷禮捐資重建，規制如舊。皇清康熙十二年，災，知縣劉澤嗣重建，功未竣。東西兩廡各七間，仍頹。康熙二十年，知縣李斯佺捐資修葺。前爲廟門三間，右爲神庫三間，門之外前左爲名宦祠三間，前右爲鄉賢祠三間，俱嘉靖三年，知縣劉啓東建。又前爲櫺星門三間，建坊于左右，跨以石橋，左坊曰"騰蛟"，橋曰"育英"；右坊曰"起鳳"，橋曰"集賢"。前爲屏墻，今廢。前爲泮池，舊在欞星門內，知縣劉啓東徙建，上有石橋，今復改此。池之南設大屏墻爲蔽，闊二十四丈，知縣項維聰捐資建，明季廢。廟之東北爲啓聖祠三間，嘉靖十年增建。廟後爲明倫堂五間，後爲尊經閣三間，邑紳徐一范捐資倡建，鄭宗泰捐銀三百兩。敬一亭一間，明萬曆三十三年，知縣項維聰捐資建。東西二齋各五間，東曰仰高，西曰還淳，齋之後爲號房各十五間。堂之東南爲道義門，又南爲學門三間。門左爲射圃，觀德亭三間，今廢。教諭廨，在廟東，舊在還淳齋西，明崇禎間知縣莊鐸移建于此。訓導廨，一在還淳齋西，一今廢。

蘇州府

《職方典》第六百七十四卷
蘇州府部匯考六
蘇州府學校考（書院社學附）　通志府志合載
本府（吳縣長洲縣附郭）

蘇州府　在府城南。宋范仲淹奏建。毀于兵。明洪武初，知府魏觀闢地新之。宣德間，知府况鍾重建明倫堂，又建至善、毓賢堂于後，附以四齋。兩廊後有尊經閣，天順間知府姚堂構道山亭。成化間，知府賈爽創立游息所，丘霽改作先師廟，門廡、橋池悉備。嘉靖十年，制增啓聖祠，建敬一亭。隆慶、萬曆間，先後修葺。崇禎六年，颶風作，廟署、祠亭、喬木、墻垣一時傾毀，巡按祁彪佳、巡撫張國維、推官倪長玗累年繼修，至十四年工成。皇清順治十二年，巡撫張中元率屬修葺。康熙二年至五年巡撫韓世琦、布政司佟彭年，七年巡撫馬祜，十六年巡撫慕天顔相繼修治。二十一年，巡撫余國柱、布政司丁思孔、蘇松常道祖澤深捐資大興修葺聖殿，宏麗改觀。

吳縣　舊在縣治東南。宋景祐始立。明洪武五年，知府魏觀重修。宣德七年，巡撫周忱、知府况鍾徙建升平橋東官地。弘治十九年，知縣鄺璠加闢焉。嘉靖初，知縣楊叔器更新之。崇禎十四年，知縣牛若麟重葺。皇清順治十一年，教諭夏鼎倡修。康熙六年，布政司佟彭年捐助修葺。

長洲縣 初未有學，附于府學，曰麗澤齋。宋景定三年，主學宋楚材請于守陳均，即廣化寺藏室改爲，在今府城東北，講堂曰禮堂，四齋曰富文、貴德、廣業、博學，因企慕范文正公，又建景文堂。八年，提刑洪起畏拓地闢門南面。後毀，元至正三年，縣長元童勸前徽州路教授郡人陸德源創之。明洪武七年，知縣宋敏文、張翔修葺，闢學門于廟之右。故有孔子燕居像、先賢祠，俱廢。成化間，知府丘霽拓地東南改建焉。正德十二年，提學御史張鰲山盡以廣化寺地歸學。十六年，知縣郭波建尊經閣，起後土山。嘉靖十五年，知縣賀府修學，立名宦、鄉賢祠。二十年，諸生與教諭蕭文佐議以此地湫隘，不稱掄魁，白巡按舒汀，謀遷之。先是，十八年，詔毀浮圖之非敕建者，僉謂城東福寧寺于例應毀。至是，汀與知府王廷默爲規度。仲冬猝舉事，廢寺爲學宮。其制，廟左學右，諸門皆南向，建殿廡、堂齋、啓聖祠、敬一亭、尊經閣，閣後有土阜，建亭其上，曰"道山亭"，餘悉如制創立。又有嘉樹館、桃李園、春宴園、小淇園諸勝，玉帶河之東爲雲川書院，西爲宰牲所。教諭、訓導廨，分列左右。學之外有升龍橋，面陽樹坊表曰"萬代宗師"，東爲玉帶橋，亦有坊曰"會元"，西爲折桂橋，亦有坊曰"狀元"。三十二年，巡按徐洛修。四十三年，知府徐節再修。隆慶二年，知縣周良臣、教諭李國珍建騰蛟起鳳，塞門，種柏樹二百株。六年，巡撫陳道基修學開内泮池，徙學前居民，去櫺星門前升龍橋，移聖域、賢關二坊，巡按劉日睿捐鍰助工，知府吳善言、知縣陳用賓、教諭周安叔協理興修。萬曆十七年，巡按李堯民發銀二千兩造升龍橋，建後堂，浚玉帶河，移建敬一亭，創聚奎樓，重建舒公祠，移萬代宗師坊，築萬仞宮墻，建土地祠，巡撫周紀指畫規制，捐鍰助費，知府石昆玉、同知王典、知縣陳其志、教諭吳良治、訓導周養中助理興修。二十五年，知縣江盈科捐建文星閣于學之東南隅，給守閣僧田七畝，巡撫趙可懷、參政彭國華、鈔關主事董漢儒助成之。四十年，知縣韓原善重建文星閣。至皇清順治十一年，督學石申捐俸修葺，未竣，尋圮。康熙二十二年，巡撫余國柱暨司道府廳縣各有捐助，教諭姚文焱、訓導王玢率諸生鈕希文鼎建兩廡，修葺聖殿、明倫堂、櫺星門，王玢捐資重建訓導齋。

昆山縣 初在縣治東，即今察院，唐之儒廟。以兵火廢，大曆九年，始建學于廟垣之右，設博士，訓學徒。五季廟毀。宋雍熙四年，知縣邊仿因遺址重建。元豐四年，壞于風潮。元祐初，知縣杜采移建縣治西南，作廟堂、齋廡、庖廩，凡四十楹。紹興二十八年，郡守蔣璨名講堂曰"致道"，知縣陳沂闢垣墻外門。乾道改元，知縣李結重修。淳熙間知縣葉子強、周承勳，紹熙間知縣李稠相繼修之。慶元五年，知縣章萬里又修之，改堂曰"明倫"。開禧中建賢守令祠，嘉定間知縣巫似修，重建大成殿。淳祐初，知縣徐聞詩修，袁璵增建直舍齋凡六，曰居仁、由義、教忠、履信、致道、成德。十二年，攝令吳堅建尊道、貴德二祠。咸淳間，知縣林桂發又建學廳于東北隅。元至元十三年，置蒙古字學。兵燹之後，學漸圮壞，典教王夢聲極力修葺。二十四年，水大浸，學田所入不足供用，以己資佐之，學宮一新。元貞初，升爲州學。延祐元年，州移太倉，知州翟廷玉謀徙學不果，王安貞至，就治所之北建學，山長王大年、教諭杜熙、直學陶公甫、學賓陶正甫各視其力，佐成之，爲屋五十餘楹。至正十七年，州復舊，知州費復初仍建于此。明洪武二年，改爲縣學，額定齋二。宣德初，本府同知張徽移建大門三間于戟門外，壘石爲基，教諭曹升修戟門，縣丞吳仲郢建神庫于戟門外西。正統初，知縣羅永年修兩廡。景泰元年，知縣吳昭改建大成殿。二年，增建號房一十五間于學門外東。成化間，巡按御史張淮增修。弘治五年，知縣楊子器建尊經閣。九年，建啓聖祠。嘉靖六年，教諭楊華修尊經閣。十年，以主易像，稱先師廟。十五年，知縣楊逢春重建教官廨，添設號房于東北。隆慶六年，知縣申思科于泮池四圍置石欄、石墻。萬曆三年，思科請于巡按邵陛，捐贖鍰重修殿堂、齋，增築殿前露臺，又立進士、舉人、歲貢題名三碑于明倫堂。崇禎十三年，知縣葉培恕、教諭呂兆龍、訓導張鵬翼、周秉緒捐倡興修。皇清順治十五年，提學僉事張能鱗捐俸倡修。康熙七年，教諭吳謐修義門。九年八月，知縣董正位、教諭吳謐奉旨擇吉，請出砌壁先聖四配十哲像安設。十一年五月，督學倡衆捐修大成殿。二十一年，教諭張其翰、訓導王天祚募修明倫堂、鄉賢祠，督學趙崙按臨捐俸，邑紳徐乾學等及衿士王天祚等捐資倡助，大加修葺。

常熟縣 在縣治東南，前臨琴川第一水。宋《祥符圖經》云，縣東五十步有文宣王廟，初不言學。淳熙十年，知縣曾榮建堂曰"進學"。紹熙五年，知縣葉知幾改名"明倫"，朱文公題扁，齋凡九，曰崇德、時習、好謀、朋來、利仁、隆禮、育英、守卓、隆德。未幾，又改四齋，曰尚志、尚德、尚賢、尚文。慶元三年，知縣孫應時建吳公子游祠。開僖三年，知縣葉凱修廟。端平初，知縣王爚仿郡學制，東爲廟，徙吳公祠于後，建六先生祠，西爲學，扁堂曰"明德"，凡六齋，曰志道、據德、依仁、游藝、稽古、象賢，總百二十楹。元升州學。明改縣學。洪武八年，建先賢祠于子游祠東，闢射圃，建觀德亭。宣德九年，知縣郭南修兩廡、學門及厨庫。正統二年，知府況鍾修兩齋。六年，縣丞陳澄建尊經閣。按洪武以後，崇禎以前，學制左爲大成殿，夾以兩廡，神庫厨皆具。右爲學門，次儀門，其前爲泮池，池上有橋。中爲明倫堂，前有二亭，有碑，列兩齋，東曰致道、西曰據德，齋上下皆學舍。又有射圃、會饌堂、尊經閣，閣後有箴碑亭三座。學門之外有科第坊一座，西有坊，名"學道"，後改曰"會元"；東有坊名"育俊"，後改曰"解元"。教諭廨，在堂之東。訓導廨，一在西廡之後，一在進賢門右，并有堂三楹。名宦、鄉賢祠，在廟之側。蔬圃在學宮之西。皇清順治十二年，學道張能鱗修廟，教諭卞日郅督工。萬仞宮牆，舊在沿河，水漲沖倒，里民孫德基市廛在其後，康熙四年，輸廛地歸學，築進，始免水沖。康熙六年十月，知縣李璞同教諭沈汝蘭修尊經閣，布政使佟彭年、糧道盧絃捐俸助修。十八年，修葺鼎新。

吳江縣 在縣治東南，初有文宣王廟，在縣治西。宋大中祥符五年，詔天下修廟學，縣令李恭、尉聶復始作新之。慶曆七年，縣令李問、尉王庭堅欲重建廟學，勸民輸錢數百萬，會詔止，不果。元祐中，知縣程端始竟其事。建炎兵毀。紹興間，知縣石轍即東門外開江營之舊基改建，邑人王份捐地廣之，即今址也。乾道五年，知縣趙廣開拓其地，建明倫堂，立四齋曰興賢、進德、日新、時敏，通號舍爲三十楹，歲入米幾千斛，錢若干緡以給學費。淳熙五年，知縣陳蕘修。嘉定八年，知縣孫仁榮重建大成殿。十年，知縣呂祖憲修。淳祐初，學生王南建登龍橋于左。宋季悉毀于兵。元至元，都元帥寧玉、敦武校尉杜福重建。明洪武二年，仍改縣學，齋二，曰日新、時習。三十年，汪茂實修，重繪塑像。正統十三年，巡撫侍郎周忱、知府朱勝臨之，徙左右民居以展宮牆，重加修建。景泰六年，巡按御史趙繡建後堂及學舍共三十六楹，知縣賈亮重修文廟、明倫堂。天順五年，知縣章亮建教諭廨。成化初，知縣王迪又徙居民以廣廟宇。五年，提學御史陳選改文昌祠爲鄉賢、土地祠爲名宦。弘治十年，知縣郭郛修。正德十年，巡按唐鳳儀重建明倫堂，增建訓導廨。嘉靖二年，知縣王紀修。十年，改稱先師廟，以主易像，又建啓聖祠、敬一亭。三十二年，知縣楊芷重修，建時化、射圃二亭。萬曆九年，知縣徐元重修大成殿。十八年，知縣趙夢麟重修兩廡及明倫堂、講堂。二十年，教諭徐汝宣重修本署。二十七年，知縣孫大壯及縣丞、主簿重修五門，并重建穿堂。三十九年，知縣馮任重修廟學，并建泮宮、門樓。四十二年，知縣魏士前重修啓聖祠、敬一、時化、射圃三亭并櫺星門。四十八年，即時化亭建尊經閣，并建龍門。天啓四年，知縣晏清重建文昌閣于五門外。崇禎二年，知縣熊開元、教諭薛邦憲移置啓聖祠于廟後，改建明倫堂，以堂舊材建鄉賢、名宦二祠于儀門西，又重修龍門，改建東西兩廡，并重修五門、文昌閣。皇清順治九年，知縣唐增、教諭陳繩舜重修廟及啓聖祠、明倫堂、尊經閣并教官廨。十一年，知縣吳就恒、教諭洪天開重修廟并耳門、儀門、土地祠、文昌閣、明倫堂。十三年，知縣雷珽重修泮宮門樓。康熙三年，本府同知魯超、推官龔在升及縣丞、教官各捐俸重修明倫堂及儀門。五年，知縣劉定國捐俸重建萬仞宮墻，并修葺名宦、鄉賢二祠。

嘉定縣 在縣治南。宋嘉定十一年縣始創，明年知縣高衍孫建學廟，堂曰化成，齋四，曰博文、敦行、立忠、履信。紹定二年，知縣王選修，改堂曰"明倫"，齋曰正心、博學、明德、篤行。淳祐八年，知縣林應炎建戟門。九年，塑像，建直廬二十八楹。十年，同知張經鑿泮池。景定末，知縣常懋欲修大成殿，會遷去。咸淳初，史俊卿繼成之。元元貞二年，升爲州學。大德三年，教授楊巽繪從祀諸賢像，增置祭器、樂器。至大三年，知州王鐸改建明倫堂。延祐四年，知州任立鑄銅祭器。至治三年，知州周思明修大成樂器。天曆二年，知州趙道泰改建明倫堂。至順元年，重建大成殿。至正十二年，知州郭良弼易繪像以塑，建燕居殿，樹賓興、儒林二坊。十六年，堂毁。十七年，攝州事大尉府分帥張元良改建明倫堂及齋四，曰志道、據德、依仁、游藝，沿河左岸甃石五十餘丈，同知鐵穆爾普華、張經、判官賀搞造龕帳，修大成樂器。明洪武二年，復爲縣學，齋二，曰進德、修業。六年，知縣文殊奴建櫺星門，修大成殿，築射圃亭。二十二年，教諭劉愷建神厨、庫房、宰牲所。二十三年，巡按御史張文富建會饌堂及號樓，甃泮池、築石梁三。永樂二十一年，邑人陸樞修大成殿。宣德元年，知縣祖述改會饌堂爲春風堂，重建燕居殿及兩廡。三年，邑人王嗣昌修燕居殿。天順四年，知縣龍晋大修殿廡，建教諭廨，增築學南土山，名曰"應奎"。成化五年，知縣洪冕修明倫堂。八年，知縣白思明修兩廡。十年，知縣吳哲即春風堂址建尊經閣。十七年，知縣劉翔建學舍，增創號樓，翼以二亭。弘治五年知縣王術，十年知縣孫璽相繼修改。正德元年，巡撫饒榶改築土山，購奇峰樹之，環疏爲渠，樹綽楔，榜曰應奎，建射圃亭于山之陽。四年，巡按李廷梧增築應奎，雜植檜柏、松桂。六年，知縣王應鵬補鑄銅祭器。十一年，巡按孫樂于應奎坊左右築石欄三十餘丈。十二年，提學御史張鰲山、南京戶部員外郎胡纘宗撤留光寺爲練川書院。嘉靖九年，改大成殿爲先師殿，易像以主，又移祀啓聖公于練川書院。十六年，知縣李資坤大修廟學，名燕居殿曰敬一亭，又建射圃，置射器。十九年，知縣馬麟改建啓聖祠，築輔文山。二十年，知縣張守直建文昌閣。三十二年，知縣萬思謙重修，移建啓聖祠，闢訓導廨。四十年，知縣樓如山修廟及明倫堂。萬曆二年，知縣趙舉廉重修。十二年，知縣朱廷益修文廟。十三年，修尊經閣。十四年，署事通判王典修泮池、石欄及應奎諸坊。十八年，知縣熊密平土山十之七，浚爲潭，名匯龍。十九年，教諭王廷舉復民間所侵廟西地，闢桃李園。二十四年，知縣王福徵修廟。二十六年，教諭姚履素創土地祠。二十七年，知縣韓浚增置祭器。三十一年，大修尊經閣、碑亭、號樓，改建官廨，重甃左右岸二十丈，浚西南野奴涇入匯龍潭，東鑿土山導橫瀝其下，跨以木梁，修明倫堂、東西廡、櫺星門，改榜應奎曰"仰止"，教諭王善繼增文廟前石欄十四丈，建省牲所、神庫。三十二年，韓浚重建射圃。三十七年，教諭李之華增修學前石級，其後知縣陳一元、胡士容、柴紹勳相繼修葺。天啓四年，知縣卓邁、教諭龔道洽更新文廟、兩廡、堂閣、坊門，改坊曰"仰高"。崇禎八年，知縣萬任、縣丞焦應鶴各捐一年俸，佐以贖鍰修葺。十年，教諭劉敬修、訓導黃虞、邑人侯峒曾募修尊經閣、啓聖祠、敬一亭及泮池、石欄。皇清順治十二年，知縣劉弘德、訓導王孫繩復加塗塈。十四年，教諭王彬更建啓聖祠，大修尊經閣并堂廨。康熙元年，王彬復新之。六年，知縣余敏捐俸，修大成殿，重建西廡。二十二年，知縣聞在上設法通學修葺。

太倉州 在鎮民橋東。元延祐中，昆山州學在今州治西，州尋徙馬鞍山，學遂廢。明正統元年，里人查用純請建學太倉城，教兩衛子弟，會兵部尚書徐晞上言，天下衛所宜立學，仿郡縣制。于是，巡撫侍郎周忱即故水軍都萬戶府第立衛學，以其堂宇爲明倫及後堂，新作櫺星、戟門、大成殿、兩廡并祭器之屬。景泰三年，巡撫侍郎李敏增建神厨、神庫、宰牲房及學舍二十五楹。天順四年，訓導徐壁建鄉賢祠于戟門右。成化六年，巡撫都御史滕昭增建學舍。十年，巡撫畢亨重建明倫堂。十六年，巡按御史陳鼎增穿堂二間、後堂五間，名嘉會堂。弘治十年，始立太倉州，即太倉鎮海衛學爲太倉州學，舊制唯二齋，曰忠義、曰孝敬。至是，知州李端增設仁惠齋。十七年，知州翟敬建射圃于學宮東，又置神器庫、神厨各二間，知府林世遠置學倉。正德元年，巡按曾大有增建學舍二十八間，立育賢、宣教二坊于前衢。三年，學正梁億建東西書室及内屋。十年，知州黄廷瑄甃泮池石岸、置闌。嘉靖四年，知州劉世龍以名宦、鄉賢祠在戟門左右，規制迫隘，乃附名宦于文昌道院，附鄉賢于靈應道院。十四年，知州陳璜增飾兩廡前楹，建尊經閣、啓聖祠、敬一五箴亭，又鑿池取石，闌環池上，積土巒三，高二丈許，廣百餘步，立石其上，曰文筆峰。十五年，學正朱邦彥遷敬一亭于啓聖祠前，重建土地祠于尊經閣。十七年，知州林學重建學舍三間，榜曰育賢。二十五年，知州周士佐重建啓聖祠。二十六年，同知州事周鳳岐重建名宦、鄉賢祠于啓聖祠西，又壘湖石，增文筆峰爲五，列植松檜。萬曆二十年，知州丁永祚重浚泮池。三十五年，署州事本府同知王照重修尊經閣，學正蕭思似移建神厨、神器庫四。十三年，知州陳騰鳳重建東齋房。天啓六年，巡鹽御史田珍重建，學正彭永昌、訓導張三光助工。皇清順治十七年，知州呂時興重建尊經閣。康熙二十三年，學正劉湘募修。

  崇明縣 屢遷始定，今在壕外東南隅。初，宋嘉熙間，奉使趙崇侯始建書堂。元升爲州學。泰定四年，千戶楊世興捐建大成殿。未幾壞于潮。至正間，乃遷崇文坊。明洪武二年，改爲縣學，時隸揚州。八年，縣屬蘇州府，學隨之。宣德初，邑人給事彭璟置祭器。正統二年，典史劉清鑿泮池，架橋其上。五年，知縣張潮建明倫堂。十一年，知縣王銳得海上漂桴，咸謂"天啓斯文之兆"，增修殿堂、門廡、厨庫、倉廠、射圃、宰牲房、博文約禮二齋、文昌祠、教官廨、先賢樊子祠、學舍二十有四。成化二十年，邑人顧謹捐資建櫺星門以石。嘉靖二十九年，築平陽沙土城。三十年，兵備熊桴改遷儒學于東街，知縣紀元凱、范性相繼營建，悉如前制，又建啓聖宮、敬一亭及名宦、鄉賢祠，自此學宮在縣治之左，文運不振者幾二十年。萬曆六年，知縣何懋官改遷于東南小教場，規制大倍昔時。十六年，築長沙磚城，改卜于縣治東南，知縣李大經甃砌泮池，架橋其上，曰"飛虹"；知縣張世臣築萬仞宮墻，修東西二廡及博文齋，又捐俸茸尊經閣；知縣袁仲錫重修騰蛟起鳳、興賢仰聖二坊，外有奮龍、飛鳳二橋在泮池左右，餘悉如前制。天啓二年，知縣唐世涵又遷于壕外東南隅，規制如舊。崇禎十二年，諸生顧士杰議建文星閣。十七年，毀。皇清順治十一年，櫺星門及圍墻二廡壞于風潮。十五年，知縣陳慎、訓導左國楨捐俸修葺，又以學塗，撥給各生納銀佐費。康熙三年，欞星門圮于颶風，總鎮張大治、知縣龔榜、諸生陳旦等捐修。

松江府

《職方典》第六百九十二卷
松江府部彙考四
松江府學校考（書院社學附）　府縣志合載
本府（華亭縣附郭）

　　松江府　在集仙門西，梯雲橋之北橋林坊南，舊華亭縣學也。宋初，介于梵刹。天禧初，知縣劉唯一始遷于縣東。時學舍猶未立。元豐七年甲子，知縣陳諡始議興學，歷知縣陶熔、劉鵬始克就緒。紹興中，華亭知縣楊壽亨、周極侍、參政錢良臣、知縣楊潛相繼修飾，學舍始備，其地則今魁星樓及射圃是也。明洪武二年己酉，詔天下興學校。宣德元年丙午，巡撫大理寺卿胡槩即故教授廳址作崇德堂，知府黃子威作兩廡，屬於講堂。正統五年庚申，推官楊政改建藏書閣于養賢堂後，更名曰"尊經"，建神庫于閣之舊址，以藏祭器。是歲，提學御史彭勗改五經齋爲四，曰志道、據德、依仁、游藝，知府趙豫購經史藏于閣中。六年辛酉，增置號舍于閣之陰及學之西偏。七年壬戌，新戟門，訓導江漢、通判郭瑾作咏歸亭于玉帶河上，爲石闌于學宮之前，亭與河橋及尊經閣、先賢祠、紫薇巖、半月池、一鑒軒爲學之八景。成化十七年辛丑，知府王衡創游息所于魁星樓之東，尚書錢溥、工部主事宋鍈記。弘治元年戊申，颶風壞學舍，知府劉璟重修，教授魯璵記。正德四年己巳、五年庚午，連雨，學舍遂大壞。知府陳威次第修舉，學宮復新。六年辛未，知府喻時繼成之。嘉靖八年己丑，知府熊宇建天藻亭，以藏御製敬一箴。九年庚寅，詔天下釐正祀典，改大成殿爲先師廟，作啓聖祠。二十四年丙申，知府詹思虞重修府學。三十四年丙午，提舉御史楊廷筠浚治學池，推官毛一鷺重建天藻亭。天啓六年丙寅，知府仇時古重開玉帶河，作斗峰于學之東南隅。崇禎元年戊辰，知府方岳貢重修學宮。皇清順治六年己丑，明倫堂傾，撤官宅材重建。十一年甲午六月，兩廡、戟門成，未幾大風雨，明倫堂復傾，知府李政華重修及建東西廂。十六年己亥，教授周建鼎重修大成殿。康熙二年，知府郭廷弼重修戟門，郡佐彭可謙、陳計長、張憲仲、王于蕃捐俸成之。初學署頹圮，教授周建鼎始闢署于學之西偏，作棲鳳堂。

華亭縣 在府西南，徐家橋之東，邑人徐進義塾也。學始建于宋元祐中，在今府學後，玉帶河之陽，尊賢坊內。端平間，遷于河南，以其址爲閱武亭。及改升府學，復建縣學于舊址。元延祐中，知縣張國英作講堂。至正中，知縣楚恭、張德昭相繼繕治，學制粗備。十六年丙申，學毀于兵，以其地爲府學射圃。明洪武三年庚戌，知縣馮榮始即徐進義塾爲之。七年甲寅，知縣周朗作大成殿，知縣祝子憲擴新學舍，邑人徐彥裕董其事，作明倫、觀頤二堂，博文、約禮二齋，學制始備。九年丙辰，知縣朱直作知本堂。二十年丁卯，大成殿壞，御史黃克庸新之。永樂十五年丙申，學舍壞于風雨。丁酉，知縣高宮重修。宣德元年丙午，巡撫大理寺卿胡概改作明倫堂，復爲堂于後曰"進修"，教諭林輔董其役。正統四年己未，推官楊政重建大成殿，新戟門及兩廡。八年癸亥，知縣李希容建觀德亭，教諭程完義、訓導胡穗、趙建相其役。弘治三年，廣學基，爲橋于泮池，制大備。七年甲寅，知府陳讓建崇文閣于講堂後，其址故進修堂也。八年乙卯，知縣劉琬闢鴻達街。嘉靖元年壬午，知縣聶豹重修學宮。萬曆五年丁丑，知府賈待問重修廟學。二十年壬辰，知府詹思虞、華亭知縣項應祥重修廟學。天啓間，知縣徐尚勳重修學宮。崇禎元年戊辰，知縣鄭友元重修學宮。皇清順治十二年乙未，教諭王道光修儒學、明倫堂及門廡、公廨，重建啓聖宮、崇德堂。

婁縣 順治十三年，割華亭西界置婁縣，巡撫張中元請先設教職司儒學事，分華亭弟子員之半隸之。明年，提學僉事張能鱗議建學宮，使訓導馮瑄擇視基址，而郡人亦有以地獻者，哲工相度龜食協吉而規制一新焉。

上海縣 在縣治東。本上海鎮學也，初在長生橋東北。宋咸淳中，鎮人唐時措市韓氏屋立文昌宮，請于監鎮董楷，作古修堂，爲諸生肄業所。元至元二十八年辛卯，鎮升爲縣。三十一年甲午，知縣周汝楫乃更爲縣學，繕葺未竟。明年，廉訪僉事朱思誠以按部至，委邑人萬戶費拱辰成之。大德中，松江判官張紀、縣丞范天楨增拓學宮，于是學制始備。至大三年庚戌，廉訪僉事吳彥升遷學于縣治之西，邑人都轉鹽運使瞿霆發助田以建學。延祐元年甲寅，縣丞王珪改建學于縣治東。至正十一年辛卯，縣丞張議重作廟門、齋舍，知縣何英作明倫堂于廟左。明正統四年己未，提學御史彭勗、巡按御史蕭啓命知縣張禎大作學宮。八年癸亥，颶風壞學舍，巡按御史鄭顒復修，學舍復新，陸友常建儒學，陸大本新櫺星門、學門，金彥英立饌堂。天順中，知縣李棨改建講堂，增兩齋，左曰育英、右曰致道。成化二十年甲辰，知縣劉琬作尊經閣于明倫堂北。弘治七年甲寅，知縣董鑰市地東南隅，以廣學舍。十二年乙未，知縣郭經築大成殿、講堂、前月臺。正德十四年己卯，知縣鄭洛書重建大成殿、養賢堂，訓導劉充作祭器，訓導劉昱樹柏于廟門。十六年辛巳，知縣梅凌雲以義租重修。萬曆三年乙亥，知縣敖選重修學宮，增置學廛于東南隅。九年辛巳，教諭徐常吉作三友軒。十二年甲申，知縣顏洪范重修學宮，時大成殿、啓聖祠皆重新之，又廣明倫堂、月臺，填教諭宅洿池。十九年辛卯，知縣楊遇命義民朱錦重修學宮。三十年壬寅，知縣劉一爌闢儒學地，時新作黌門，勒文于壁曰"璧水宮墻"。四十七年己未，知縣呂浚重修學宮，復學前侵地。崇禎七年甲戌，知縣劉潛修葺啓聖祠、明倫堂。皇清康熙十年辛亥，知縣朱光輝重修宮墻八十餘丈，教諭陳迪葺治尊經閣、名宦、鄉賢祠。十三年甲寅，疾風壞儒學，知縣陳之佐重修，教諭馬廷桂助成之，郡人許纘曾有碑記。十六年丁巳，邑人孫暨修儀門、兩廡。二十二年癸亥，知縣史彩重甃儒學前月臺、丹墀，兩廡舊係磚甃，歷久破缺，今易以石，一望平砥。二十四年乙丑，知縣史彩大加修葺，數月之後，駕瓦虹梁，巍然矗立，乃築垣鋪磚，牌位、神厨、供桌、石座、石階俱一一易舊而新之，宏深峻潔，煥然改觀；以兩廡、儀門暗陋不稱，重加高爽，又浚泮池，鋪石橋，移石獅，新櫺星門，朱碧輝煌，甲于他邑。又以名宦祠乃前賢棲神之地，敝陋實甚，乃斥而更新之，其牌位俱依時代，各爲一龕，丹堊塗墍大成殿等。又徇諸生請，以學宮前無瀠水渟泓，非深源潔流之意，乃浚沿墻一河，至二十五年，而告成焉。學廛，在學東南隅，上下樓房一十間。

青浦縣 在邑之巽隅。明萬曆元年癸酉，新建縣治，知縣石繼芳用顧氏義塾立學，顧從禮、金棟等所捐地二十二畝九分，作大成殿及兩廡，前立戟門，浚泮池，廟後爲明倫堂，東西兩齋，西齋之南爲敬一亭，堂東北爲啓聖祠，儀門內爲教諭、訓導宅。後光祿寺署丞顧正心捐千金，修學宮，學制始大備。九年辛巳，知縣屠隆築師古齋、清風亭，闢廟前地二畝餘，臨河甃石闌，建興賢、育才二坊于左右。二十四年丙申，久雨，學宮壞，知縣卓鈿重修。三十二年甲辰，知縣韓原善重修，改建狀元、解元二坊于廟之左右，爲解元呂克孝、狀元張以誠建。三十六年戊申，推官毛一鷺建尊經閣于廟後，別作明倫堂于廟之左，堂之前構東西二齋，徙啓聖祠于西齋之北，堂後改建教諭、訓導宅。自建縣以來，增葺凡四。至是，而規模壯麗矣。天啓六年丙寅，颶風壞學舍，知縣鄭友元重修。皇清順治十五年戊戌，教諭王秉彝重修。十六年，教授陳覺先構學舍五楹。康熙四年乙巳，郡守張羽明捐俸，同教諭任國寶修大成殿及明倫堂。七年戊申，知縣魏球捐俸，建文昌書院于明倫堂左，郡守張羽明協助教諭任國寶、陸岱毓及紳士等共襄其事，又修啓聖祠、大成殿，禁學潭捕魚者，周甃石欄。

　　金山衛　明正統四年，巡撫周忱奏立衛學，在衛艮隅篠館街北。中爲明倫堂，作學舍于東西序，其前爲崇德堂，其後爲教授宅，左爲居仁齋、右爲由義齋。十三年戊辰，提學御史劉福建儒學。天順五年辛巳，提學御史嚴銓、都督董宸繕葺學宮。成化中，巡按御史劉魁、孟俊相繼增修。弘治十一年戊午，指揮翁熊重建大成殿、兩廡、戟門。十五年壬戌，指揮西寧新學門。十七年甲子，備倭都指揮王憲制祭器。嘉靖十九年庚子，督學御史楊宜初置廩膳生員。萬曆二十一年癸巳，知府柳希點、教授翁興賢、參將李震重爲修葺。崇禎中，知府方岳貢重修明倫堂。皇清順治十五年戊戌，巡撫都御史張中元、巡按御史李森先、提學道按察司僉事張能鱗、署學事府學訓導黃中亨，大修學宮，廟貌一新。

常州府

《職方典》第七百十四卷
常州府部彙考八
常州府學校考（書院社學附）通志縣志合載
本府（武進縣附郭）

　　常州府　在府治西二百餘步，青烏家指爲鳳凰展翅形，故科第甲于他郡。按《舊志》，先聖廟在荊溪館南。唐李棲筠爲州刺史，文治蔚興。五季兵燹，廟毀。宋太平興國四年，郡守石雄更卜今地。景祐三年，詔許立學，乃即廟建焉。明年，賜田五頃。嘉祐六年，知府陳襄增廣之，摹石曼卿所書"敕建州學"四字揭之門，王安國記之，謂爲東南偉觀。崇寧三年，知府朱彥于學南建狀元橋。五年，行三舍法，廩士多至千人，知府徐申立坊橋南，曰"進賢"，旁植亭曰"榮賜"，以侈其盛。建炎四年，又毀，惟大成殿巋然，奎扁昭回宣和御書也。紹興四年，知府俞俟闢四館，舍學者。七年，知府虞湜建門堂、兩廡。淳熙十一年，郡守張孝賁撤堂新之。十四年，知府林祖洽建御書樓，藏高宗所賜六經墨本孝經石刻。紹熙、嘉熙間，漸次增建，并葺諸齋，齋有六，又有養正齋以訓小學，學田有記，祭器官書有所。德祐乙亥，毀于兵。元至元元貞，相繼重建。延祐間，增置大小學四、齋爲六，各設訓導。壬辰、丙申，兩遭兵燹，蕩然無遺。明洪武初，未遑創造，以師生附武進縣學肄業。五年，知府孫用始建大成殿、塑像，立志道、據德、依仁、游藝四齋，旁設射圃。永樂、宣德，皆有修建，知府莫愚即射圃作觀德亭，東西創廬舍四十楹。成化二年，知府卓天錫重建明倫堂，增建廬舍至八十楹。五年，同知謝廷桂復建四齋，刻朱文公所作《同安縣學四齋銘》于壁。是歲六月，堂毀，樂器、祭器、書籍悉燼，卓天錫以聞，許復建，又請給御製大誥諸書，增建尊經閣，規制完美。弘治十四年，郡守連盛建素王宮坊于欞星門外。正德七年，知府李嵩增建號舍，立泮宮坊。嘉靖初年，增建啓聖祠，更像爲主，又建敬一亭，遞年修葺。萬曆四十五年，知府劉廣生重修。崇禎間，學諭汪會海重修學宮，改建天下文明坊、春風桃李坊、宮墻璧水坊，皆會海書額。皇清順治十四年，邑人楊廷鑒倡修。康熙元年，教授郭士璟重修尊經閣。十二年，文昌祠傾圮，教授王邁重修。

武進縣 在縣治東南一里許。按《宋志》，武進、晋陵二學，舊附于郡。咸淳元年，即法濟廢寺改創，立講堂，匾曰尊經，列齋四：博文、輔仁、升俊、復禮，以寺租爲學糧。宋季毀。元設教諭一員，附于郡學。天曆間，總管移剌迪創建，未就，知事翟思忠、縣尹陳鍈踵成之。明洪武五年，知縣董尚展拓舊基，建禮殿三間及講堂、東西二齋，改築欞星門南向，設射圃于學宮之東。主簿尹克昌等繼加修治。宣德二年，知縣蔡貴購民地拓之。正統元年，知縣朱恕重構殿廡。成化十年，知縣熊翀撤舊號房，改建東西樓二十二間，又建尊經閣，市民地移射圃、饌堂于閣之左。十五年，知縣魏璋增崇禮殿，重建門廡。弘治初，知縣胡瀛更建殿廡、堂齋，又于學宮外別購民地置號舍八十餘楹。正德辛巳，知縣徐官以講堂之後阻于民居，市地擴之，闢道欞星門外，使達宮墻，以遠褻慢。嘉靖十一年，知縣馬汝璋建啓聖祠、敬一亭、名宦祠。萬曆二年，知府施觀民、知縣茹宗舜改建大殿，殿后爲明倫堂，堂後築臺，臺建文昌祠。五年，知府穆煒開池于泮池之外。三十年，知縣晏文輝復建饌堂三間，改釋菜爲奠禮。正殿傾圮，天啓六年，知縣羅華袞重修。皇清順治十四年，邑人楊廷鑒、陸自巖、教諭張如璇、訓導范幟重修。康熙八年，教諭王琰重修。明倫堂，圮，楊廷鑒倡捐重造。振德堂圮，四年重建。學宮文廟，正殿三間，東廡十二間，西廡十二間，戟門九間，欞星門、泮池、石橋、宮墻、璧水坊、禮門坊、義路坊、雲衢坊、學頭門三間，二門三間，東西號房各十一間，尊經閣三間，兩旁耳門二間，東一間土神祠，東講堂門一間，西講堂門一間，東齋房五間，西齋房五間，明倫堂三間，堂前鐘鼓亭各一間，振德堂五間，文昌閣三間，啓聖祠三間，東西耳房各三間。敬一亭，今廢。太和元氣坊，一在方池南，今廢。教諭署一所，緝熙齋一所，今廢。存省齋一所。

無錫縣 在縣治南三百步，前臨束帶河。欞星門之內，東名宦祠，西鄉賢祠，又東爲宰牲所，又西爲具服所。入爲戟門，上爲先師殿，殿前爲露臺，環以石欄，丹墀之旁，爲左右廡。丹墀之中，則有宋時古檜。學宮前爲狀元坊，本爲宋蔣重珍建，後凡元魁鼎甲，皆列榜其上。入爲學門，稍折而西，爲泮池，池有橋三，其中橋有亭，曰"騰蛟"。入爲儀門，門之左二先生祠，祀教諭衛銑、訓導孟世威，右土神祠。入爲馳道，中爲明倫堂，其東齋曰居仁、西齋曰由義。左右有庫，以貯祭器、案籍。堂後爲講堂，爲會饌堂。署曰賢樂處，並萬曆初知縣周邦杰建。講堂之旁有時雨齋及倉廚之屬，今廢。會饌堂後，教諭署在焉，前有齋曰"素似"，後爲內署。明倫堂之東，曰起敬坊，後有亭三，中刻敬一箴，左右刻五箴注。歷亭而上，有池跨以石梁。入爲尊經閣，東西皆有號樓。閣之後爲啓聖祠，嘉靖初置其地，本爲五先生祠。皇清康熙二十五年，知縣徐永言修建。起敬坊之東爲西齋署舍，折而南爲東齋署舍，並廢爲圃，知縣徐永言始復建一齋，以居之。又明倫堂之東，舊爲射圃，今廢。其前東南隅爲文昌閣，明萬曆中，知縣陳以聞建。按是學，建自宋嘉祐三年邑宰張詵。後崇寧中，詔頒學制，會詵猶子元度繼宰是邑，更廣之。紹興間，胡舜舉再修。嘉定十年，趙崇要樹以戟門，擴新其舊。元延祐中，闢其西南爲教官之署，制乃差備。及總管薛世昌、知州高闓闢出葺于至正之初，而其後旋毀于兵。明洪武十一年，知縣袁大興始更創復。二十八年，郭文昌重修。永樂中，邑士布政殷序倡置齋廡。宣德中，知縣唐泰安又積加增葺。成化中，同知謝廷桂、知縣賴英、李恭再拓地而新之。嘉靖初，奉詔易木主，且置啓聖祠。萬曆間，知縣周邦杰加建二堂于明倫堂後。

江陰縣 宋軍，故無學。自熙豐以前，廟祀先師，學者肄習其中，址在觀風門外。景祐中，知軍范宗古以鄰于郡獄，卜遷軍治之東南，後廢爲營屯。紹興三年，知軍崔頌因廢稍葺之，以縣丞莫份攝教事。五年，知軍邵棠始請于朝，建命教堂，東西齋四，曰誠身、曰遜志、曰進德、曰育英，知軍富元衡、徐蒇、詹徽之繼修。嗣是，教授徐逢年重立講堂。孫應成再建西序，創設義廩。知軍顏耆仲重修東序，拓泮宮外門，建御書閣。元豐二年，縣令楊孝儒鑿學前河，知府徐申穴內子城，建縣學門、作觀臺並內外二橋。元州學仍宋。至元間，知州翟諒、張獻、李師善相繼興作，學廩則視宋爲倍。至正間，廟學毀于兵。明丁酉年，江陰侯吳良鎮守，因故址創立廟學。洪武三年，知縣吳志遠重修。十五年，知縣王衡、教諭鄭江建堂于廟左。二十六年，教諭蔡永升、丞賀子徽議爲左廟右學，乃更建于講堂址，而以廟址爲明倫堂。三十年，知縣蔣宥增建戟門、廡舍、射圃。宣德六年，巡撫侍郎周忱、知縣朱應祖大更規制，重建大成殿、明倫堂、君子堂，時習、日新二齋。天順六年，知縣周斌購地，拓學門。自是以後，不治者三十載。弘治七年，知縣黃傅始修之，購民廬爲名宦、鄉賢二祠。正德二年，知縣劉紘修復之，易敝鼎新，崇高閎嚴，由是廟學大治。外爲石坊門，入爲欞星門，又入爲泮池，方廣皆五畝，甃石兩厓，即宋時學前河也。池上架石爲橋者三，穿爲九洞。橋北爲戟門，左右爲兩翼，戟門北中爲正殿，殿前爲月臺，殿東西爲兩廡，西廡之右南向爲祭器庫，東向爲刑牲所。廟門而東爲儒林坊，後易匯徵。入爲學門，循東墻西折而北爲二門，曰"禮義相先之地"，又折而西爲正爾容門，後改進賢門。由門循廟而北，正中爲明倫堂，堂後爲奎文閣，後改尊經閣。堂東爲時習齋，西爲日新齋，齋左右翼以號樓。由時習齋入，南向爲君子堂，由日新齋入，南向爲養賢堂，師生會饌之所。堂南爲廩。由進賢門出而東爲教諭廨，今廢。君子堂後爲訓導東廨，今改爲教諭廨。養賢堂後爲訓導西廨，後訓導省而廨亦漸廢。並教諭廨而東爲射圃，有堂曰"觀德"，今廢。廟門之東爲名宦祠，又東爲興賢坊；西爲鄉賢祠，又西爲育俊坊，是謂學制。合廟學周垣凡四百五十八丈九尺。十一年，知縣萬玘建號舍于觀德堂後，凡屋九聯，各六間，今廢。十五年，知縣王泮大新廟學，修奎文閣，築三台墩。嘉靖七年，知縣張集重修，購廟南民舍爲通衢，曰外泮，鑿池跨橋，旁立廊屋，今廢。八年，知縣劉欽順奉例建敬一亭，介明倫堂、奎文閣間，後徙閣後。嗣是修葺無考。至萬曆二十六年，兵使彭國光、知縣劉學周共議修復，而教諭王之夔獨董其事，朝夕勤勞，鉅細畢舉。三十七年，知縣許達道、教諭戴士杰、訓導王德俠建聚奎亭于啓聖祠之東。古祭器多缺失，德俠獨修補之。崇禎元年，署縣事武進縣知縣岳淩霄修鄉賢祠、大成殿。古鼎敝壞，教諭江之湘鳩資重鑄。六年，學使甘學瀾捐俸，浚學前河。十年，學使倪元珙命訓導莊繼光督修，銳意更始，門堂、殿廡、階礎、墻垣無不堅整，而前諭王之夔至此，始祀學宮。十一年，教諭譚振舉浚學前印池，得古井闌，爲宋治平間物。後兵燹，故自大成殿、明倫堂外一切圮廢。皇清順治九年，教諭陳鍹奮然修復，凡瓴甓、釘灰、丹漆諸務，無不親自綜理，而廟學之制爲之一新。十一年，學使石申修。十四年，學使張能鱗修。康熙四年至十三年，知縣何爾彬、龔之怡、教諭宗章埈相繼增修，而匯徵坊以歲久忽圮。

宜興縣 舊在縣治東南。宋景德四年建。皇祐初，令鄭民彝徙置南興門外，去今縣治二里。紹熙五年，令高商老修。元初毀于兵。至元中，重建。至正丙申，復毀。明洪武初，令謝德清移置今地，建造大成殿暨兩廡、櫺星門及稽古、崇文二齋。宣德十年，頹圮，令章維澄、訓導羅鵠協力建，工未竟。正統初，令蔣義畢成之。正統七年，令鄒旦復市民地以拓學基，闢爲重門，建文林坊于外，而學始閎廣。成化十年，令孟瀛增建東西號樓二十間。十六年，令沈振修建兩廡、齋舍、戟門四十餘楹。弘治元年，清戎御史王溫始鑄銅爲殿廡篆爐、祭器，又購西南民地鑿泮池，又市東南民屋斂租爲賓興之需。十三年，丞張朝用、教諭楊清重修明倫堂。正德三年，令孫燧重修戟門、饌堂。八年，令劉一中與邑宦吳儼協力鼎新明倫堂。十二年，令劉秉仁建學職衙門三所。嘉靖二年，令何棟建尊經閣三間，扁曰"奎文"，東西號樓二十間。六年，令丁謹又市地，浚池甃石，爲橋欄。八年，奉詔建敬一亭，屆明倫堂、奎文閣。十年，詔用木主去塑像，又奉例肇建啓聖祠于先賢祠之舊址。二十年，署縣通判焦希程重修，令方逢時竣其功。

靖江縣 造自明成化八年，知縣張汝華經始之。正德三年，知縣周奇健重修。六年，知縣殷雲霄增志道堂及號舍十二，曰六德、曰六行，自作記銘勒石，後廢。嘉靖三年，知縣易幹奉詔易廟像以木主，與丞韋育臣僉謀升建文廟以下諸室及教諭、訓導宅。六年，知縣鄭翹、教諭陳應龍協謀新之，嗣後屢有修葺，尋圮。至萬曆三十年，發學租三百金，重建尊經閣，移敬一亭于後，尊經閣前爲會膳堂七楹，盡撤舊材悉易以新，費可千金，皆諸生釀金爲之，廩生盛時杰輸十之七，一時稱爲義舉。四十三年，知縣趙應旗、教諭陸明揚復甃水道以磚石，引泮池作九曲勢，與南市河通，更移前坊稍北，下障以門，左右繚以朱闌，以接櫺星門，周圍十餘丈，泮池南作崇埠，高三丈，廣倍之。崇禎初年，知縣唐堯俞、教諭余懋儼復以形家言，移會膳于學門之內，移敬一亭于啓聖祠前，鑿外泮池與市河通，泮南崇埠更移之市河之南，規制一新。惟文廟尚仍故陋，本學科第不利。崇禎十年，知縣陳函輝復謀鼎新，捐俸三百緡，益以贖鍰共千金，數月告成，行釋奠禮，陳自爲記。皇清康熙七年，知縣鄭、教諭袁元復大加修治，煥然改觀。

鎮江府

《職方典》第七百二十八卷
鎮江府部彙考四
鎮江府學校考 府縣志合載
本府（丹徒縣附郭）

鎮江府 宋太平興國八年經始，在府東南朱方門外。寶元初，范仲淹守郡，新而廣之。元祐中，郡守林希建成德堂五間、三鱣堂六間。宣和中，郡守毛友又新之。紹興九年，厄于火，郡守程邁復營治。十年，作學門。十一年，郡守劉子羽大修，重建二堂。元延祐初修。至正中復修。明郡學在定波門內，郡守楊遵修成德堂，從時制改曰"明倫"，立四齋，曰志道、據德、依仁、游藝。景泰壬申，以學地前逼山，後阻通衢，外高中卑，雨輒沮洳，郡守張巖買民地改建學于縣治之東。巖以憂去，明年，同知俞端繼終其役，建明倫堂及四齋于山之西，立儀門、外門于堂之南。郡守白仲賢至，更建膳堂于明倫堂北、號房于儀門右。天順元年，郡守林鶚繼成尊經閣、泮池、石梁、公廨，後郡守姚堂建鍾秀門、育材坊。成化十八年，郡守熊佑重作學門，移公廨于前，遷號房于後。弘治八年，郡守鄭杰移射圃于大成殿后，樹石表于門之外，作會講樓于號房之北，學倉于明倫堂之左，通加修葺，規制完美。嘉靖十四年，郡守滕謐重修。辛酉，教授徐邦佐改建廨舍于舊饌堂之址，後又改啓聖祠于日精山之東，依仁齋廨于尊經閣右。四十二年癸亥，郡守秦淦于學之正南因岡增土，名曰"對山"，以宏其規。隆慶庚午，郡守胡維新重修。萬曆辛巳，郡守鍾庚陽重修。乙酉，郡守吳撝謙重修。丙申，郡守王應麟重修。丁酉，邑令龐時雍以對山三面餘地，久爲民居所侵，撤其藩垣，請復故址，仍植松柏二千餘株。皇清，明倫堂圮，郡守塗廓捐資買楊文襄一清御書樓改建明倫堂，規模高敞，殊勝于舊。

　　文廟，宋太平興國中，郡守柳開創新于學之西。紹興九年，毀于火，郡守程邁復建門，列戟二十四。十二年，郡守劉子羽作後殿三間，以藏高宗賜書，凡五十四軸，又名御書殿。嘉熙三年，郡守劉復建新殿廡。明景泰三年，郡守張巖遷學，營廟于學之東，首立大成殿于日精山之南。巖去，同知俞端立兩廡，前爲戟門。天順初，郡守林鶚作櫺星門。七年，復修，立新遷學碑。正德五年，櫺星門壞，郡守丘經復修立之。嘉靖元年，重修。嘉靖九年，更塑像，設木主。萬曆二十四年丙申，郡守王應麟從訓導李天培議，更新兩廡，并修啟聖祠，神主俱用柏木，高廣其制，鐫名于主陰以辨之。萬曆三十九年，郡守霍鎮方重修。天啓五年乙丑，火。崇禎六年乙亥，巡按御史陸捐千金重建。皇清順治十四年，殿廡及內外垣牖幾近傾圮，諸生捐助修葺，丹雘復新。康熙十一年壬子，兩廡傾圮，郡守高得貴修葺大門及圍牆傾廢者，並重建泮水、石梁于明倫堂南清華所故址，立龍門一座。二十年，江鎮道參議孔興洪、知府高龍光從教授范鍦議，復修兩廡、大殿五間、兩廡東西各十八間，祭器庫即在東廡二間。戟門五間，兩廡外；泮池，戟門外，石橋跨池上，櫺星門三座，萬仞宮牆櫺星門外，前對山石，池前丈步，載在石碑，兩齋東西各九間，舊爲志道、據德、依仁、游藝，儀門三間，龍門一座，舊係清華所故址。學門三間，在櫺星門東。敬一亭，舊在明倫堂後，久廢，未修。

　　丹徒縣　舊在縣治西儒林里，淮海書院旁。宋崇寧以後，傾圮，附于郡學東隅。建炎兵火，與郡學俱焚。紹興十七年復建。乾道七年重修。元延祐六年，教授朱天珍建議，仍建縣學于儒林坊。至正乙酉，蒙古答察兒監邑，作明倫堂于大成殿后，旁立兩齋，東曰成德、西曰育材，作杏壇亭、膳堂于堂後，前爲儀門。明洪武初，仍舊學，築觀德亭于射圃東、學倉于儀門內。正統乙丑，毀于火，教諭鄧宜等請于巡撫周忱重建。天順壬午，郡守姚堂鑿泮池，設門廡，東立儒林坊，訓導徐安經理告竣。景泰甲戌，復加修葺。成化五年丙申，巡撫牟奉撤報親道院，以其地建尊經閣，構號房二十間。弘治癸亥，郡守王存忠擴地立門，置坊牌二座，一曰

"德配天地"，一曰"道貫古今"。正德戊辰，大成殿將頹，郡守丘經撤而新之。庚辰，知縣李東建明倫堂，兩齋益培基址，此儒林坊舊學之沿革也。嘉靖元年，提學御史蕭鳴鳳念舊學湫隘，廟祀弗稱，因大學士楊靳議，特遷于朝陽門仁安坊壽丘山南麓，即龍華寺故址，堂齋門制如前。堂之東，建正殿、兩廡，欞星門之外爲石池，殿后爲尊經閣，閣後爲啓聖祠，作廨舍于堂之西。四年乙酉，訖工，復創敬一亭于堂北。二十二年，知縣趙河修，巡按御史尚維持于欞星門外設門屏一座，扁曰"太和元氣"，分列東西爲二坊，一曰"成德"、一曰"育材"。萬曆九年，知縣鍾庚陽將罰鍰新之。越二年，知縣徐桓謂自遷學以來，垂六十年，科第人文，迥不逮昔，乃從諸生請于前後郡守暨學按使者，移先師廟于明倫堂之前位置中央，廟向始整，兩廡、戟門、欞星門、太和元氣坊屏俱隨改置，鑿泮池于欞星門內，跨以石橋，遷啓聖祠、尊經閣、敬一亭于廟舊基，闢儒學門于左，而明倫堂、廨圃、齋房、庖湢悉如舊制，而學制肅清。崇禎五年壬申，知縣張文光從訓導馮夢龍等議，用堪輿家言，高大巽方，建龍門，遷尊經閣，移置敬一亭。九年丙子，縉紳僉謀自壽丘山移宗公祠于廟左尊經閣後。十五年壬午，知縣鄭一岳同訓導陳爾善等復修。十六年，教諭高應虛移學門東首數武。皇清順治十三年丙申，提學僉事張能鱗允知縣張晉請，倡助修學，各官紳捐助，外得諸生免役銀若干以新殿廡、堂祠，又增修石池外屏墻一座，扁曰"萬仞宮墻"，訓導朱臣率耆民戴世榮、盛有道督工成之。康熙八年己酉，教諭王天璧修尊經閣。十一年壬子，教諭談志鼇石築墻，重加修葺。二十一年壬戌，知府高龍光允教諭余潛飛、訓導張機請，學前設朱木柵，學後山崖累石築墻，以杜登踐，永護學後龍脉。

丹陽縣 丹陽舊未有學。宋慶曆四年，依縣治東爲之。元豐間，創成德堂。建炎中，堂舍俱毀。紹興十三年，邑宰劉長民結茅爲兩廡，吳芭重建成德堂。乾道六年，邑宰陳玠撤而新之。淳熙中，廢延陵縣爲鎮，移其舊廳事，改成德堂爲明德堂。寶慶中，邑宰趙汝驤重葺，扁曰"審是"。寶祐初，邑宰胡夢高即兩廡爲齋，其名有六，曰求仁、曰好義、曰隆禮、曰尚信、曰敬忠、曰教和，外有庫廩、直舍、采芹軒。元至正間，邑宰王元承重修，學宮規制始備。明洪武中，邑宰鄭士源、許子英、董復昌、潘妥相繼修葺，重構明倫堂于殿后，堂左右闢兩齋曰日新、曰時習，饌所在堂右，觀德亭、教諭廨在學東。訓導廨二，在射圃東及學西北，泮池、倉庫、庖湢咸具。宣德六年，邑宰張友齡、周志義、教諭黃中協心經畫，增華創制，視昔有加焉。八年，邑宰包達丞、陳善建崇文閣于明倫堂後以貯經籍，又作學門于欞星門東。正統四年，邑宰陳誼建膳堂、號房，邑宰呂衡、教諭陳力莘續完之，倉庫、射圃亭、膳堂、爨室咸具，又移訓導廨舍于膳堂西，移東西號房于崇文閣後。成化四年，邑宰蔡實廢崇文閣，建明倫堂，又建教諭廨舍。弘治十三年，邑宰高謙于泮池上造石橋三座，闢行路于學宮之左，通接前街，以便經行，繚以墻垣，開廣逾舊。正德十年，邑宰朱方葺之。嘉靖二年，邑宰張惟恕重修。六年，邑宰張鳳翀臨學相視，以河流由西直瀉，于風氣非宜，乃鑿渠，導湖水繞學宮，使曲折而出，且甃石以防崩潰，南面築三阜列于前爲案山。未幾，鳳翀取爲南，御史邑宰谷繼宗成之。十三年，邑宰來汝賢于學門外建左右二坊，扁曰"成德達材""正誼明道"。三十七年，巡按御史尚維持重建明倫堂并齋房、廨宇。四十五年，本府通判黃肇署縣事，重建儒學門并修儀門。隆慶三年，本府同知馬矛掌縣事，修飾明倫堂，開城西水竇，復引湖水繞學宮，重增三阜，建躍龍橋，立坊識之，後又修飾東西二坊，扁曰"聖域""賢關"。萬曆十九年，邑人姜賓捐資，復泮池案山之舊，建坊學門外，列登俊姓名。皇清順治十七年，邑宰賀應旌重建尊經閣于明倫堂後。

　　文廟，宋建炎中，學宮被火災，獨廟未毀。紹興十三年，邑宰劉長民結茅爲兩廡。乾道六年，邑宰陳玠重建。咸淳中，主簿楊塤建大成殿。元大德五年，邑宰焦簡修建。至正間，邑宰黃元承重修，廟制始備。明洪武中，邑宰鄭士源暨諸生建大成殿、戟門、兩廡、欞星門、文昌祠、三賢堂。堂始作于宋初，在縣圃，以祀蘇頌、陳東、蘇庠。嘉定間，邑令徐文度遷于學之西廡。寶祐五年，邑令趙與栗改建，增以濂洛諸儒，而易名曰"衆賢"。永樂四年，邑宰董復昌修葺兩廡。五年，邑宰潘妥重修大成殿。宣德五年，邑宰張友齡復建大成殿、兩廡、戟門。正統五年，邑宰呂衡鑄銅祭器、肖聖賢像、建神廚，廟旁有地靈祠。弘治十三年，邑宰高謙移欞星門于泮池南，礱石爲門，扁曰"雲路"。嘉靖二年，邑宰張惟恕重新之。六年，邑宰張鳳翀重建。三十七年，巡按御史尚維持重建大成殿并兩廡、戟門。四十二年，邑宰李學道重建欞星門，以石爲柱，扁曰"萬代宗師"。隆慶三年，本府同知馬矛掌縣事，修飾欞星門及左右碑亭。皇清順治十七年，教諭蔣鋌重修聖殿并欞星門。康熙十二年，教諭蔣士瑋重修兩廡。其廟制，大成殿五間，兩廡在殿前東西翼，戟門在兩廡下，欞星門三座在戟門外，碑亭二在櫺星門左右，泮池在櫺星門外，東西石橋二，跨泮池。啓聖祠三間，在戟門左。

金壇縣 在縣治東，始建未詳。宋紹興中，邑宰李松重建，朱文公書扁。嘉熙中，增建東西廡及兩堂、四齋，堂曰修教、曰集英，齋曰志道、曰成德、曰修身、曰明義。元大德三年復修。至元元年，縣尹于淵建觀善堂爲教諭廳事。至正三年，縣尹檀讓更修之。壬辰，毁于浙寇。明洪武三年，知縣蔡原臣修建。十五年，知縣郭樹植櫺星門。二十六年，知縣陳英弼重建明倫堂及兩齋，曰日新、曰時敏。二十九年，縣丞張仕升修葺。正統八年，知縣劉訓撤明倫堂爲東齋，重建明倫堂，齋堂、舍宇咸加修葺。成化中，知縣劉觀重修，知縣張賓繼購地闢門。弘治中，知縣周楫、秦銳相繼修葺。正德中，知縣董相撤櫺星門易以石。嘉靖五年，縣丞鄧繼曾重修之，構堂六楹，廡十二楹，堂之前爲臺，臺三面爲甬道，前爲崇垣，闢三門，並折而東以達于外，徙櫺星門于內十餘武，鑿泮池爲三石梁，周遭植檜數十株。十年，建啓聖祠、敬一亭。三十二年重修。萬曆十一年重修。三十二年，知縣邵應禎以學宮地左盈右縮，募地闢門于西，諸生符某以居旁地助，乃並櫺星建石門，扁曰"義路"，以與左禮門等。自是，邑西之人文加盛。崇禎十年，署縣事推官雷起劍復建尊經閣于啓聖宮後，知縣李登雲繼成之。皇清順治十一年，提學僉事張能麟檄知縣趙介重修，知縣朱□踵成之。康熙九年，知縣康萬寧、教諭許允成重修。十五年，知縣康萬寧、教諭吳正名重建禮門、義路各一楹于東西甬道。文廟，在明倫堂前。其廟制，大殿在明倫堂前，兩廡在殿前東西翼，戟門三座在正殿前，櫺星門三座在戟門前。泮池舊在櫺星門內，明嘉靖間移置門外。崇禎間，太學生儲谷重修明倫堂五間，在文廟後。時雨堂，在東北隅。兩齋，東曰日新、西曰時敏，各五間。號房二十楹在兩齋四隅，諸生肄業之所，今廢。

淮安府

《職方典》第七百四十六卷
淮安府部匯考六
淮安府學校考（書院社學附）府縣志合載
本府（山陽縣附郭）

淮安府 在郡城南門內。宋景祐二年，知楚州轉運使魏廉建。建炎中，兵毀。紹興十三年，郡守紀交草創于南市西。二十三年，郡守吳桌復建于舊基。隆興間，兵廢。乾道五年，又徙于天慶觀西。八年，郡守趙磻老建殿廡。淳熙十年，郡守王詗仍復故基。開禧中，又毀。嘉定三年，郡守王孟祥修。八年，郡守應純之大新學制，即今學也。元至元癸巳，淮東廉訪賈鈞、郡守阿里重修。至治間，總管暗普建臨街門。泰定二年，郡守趙宗重建學門、齋舍。明初洪武九年，知府潘杰重修。正統七年，知府楊理增修。景泰元年，繪塑兩廡賢像，教授鮑旻禮勸士民爲之。天順二年，知府丘陵增拓學地二十餘丈，重修廟學。成化三年，知府楊昹增置學地三十餘丈，創建射圃亭、號房、饌堂，鑿井構亭，及禮勸富民陳智等再新文廟、飾賢像，鄉紳金銑豎石櫺星門。弘治六年，知府徐鏞建尊經閣。十五年，義官徐昹重新塑像。十七年，巡撫都御史張縉建興賢、毓秀二坊，提學御史黃如金重修廟學。正德十一年，知府薛鎣毀戟門外梓潼祠爲忠孝、文節二祠，葺理齋號，增新宮墻。萬曆元年，知府陳文燭重修。天啟四年，知府宋祖舜請巡按御史崔發帑重修。崇禎十三年，漕撫朱大典重修。皇清順治九年，漕撫沈文奎重修。康熙十八年，總河靳輔捐俸重修，立有碑記，時教授徐元美、訓導倪用霖詳請監督。

淮安衛武學，在舊城東南隅，名臣祠左。明初建，正殿五間，兩廡各八間，大門一間，二門一間，三門一間，泮池一方，磚橋一座。

大河衛武學，在新城大街衛右，明初建，正殿五間，兩廡各五間，大門一間。

山陽縣 舊建于滿浦坊縣尉司基地。元至元間，知縣達魯花赤哈喇遷于舊酒庫橋南隙地，今西新倉地。至正，毀于兵。明洪武三年，知縣羅傳道以察院西蒙古舊學草創今學。六年，知縣淩澤侈新之。永樂十九年，知縣黃浩重修。宣德間，知府彭孟增修。正德七年，知府楊理增買旁隙地二畝許，建號房二十八間，中構小軒，扁曰"靜學"。射圃，舊在淮安衛東二十步，今廢爲街路，指揮王欽割衛西地爲之。景泰初年，塑四配十哲像，訓導周鑒、大河衛百户戴隽同捐資。天順七年，知縣馮欸增置號舍。成化五年，巡撫都御史滕昭及知府楊昹易居民地二十餘丈益之，建聚奎亭，錄科第名氏于右。弘治十七年，提學御史黃如金、知縣樂護重修殿堂、齋號、櫺星門三座、觀德亭，大成殿三間，兩廡各五間，戟門三間，影壁三座，欞星門前忠孝祠一間，戟門左文節祠一間，戟門右先師殿，啓聖祠、土地祠、宰牲堂各三間，餘仍舊。天啓四年，知府朱祖舜、知縣孫肇興請按院崔發帑重修。學宮大門原向南，在總漕轅門西首。崇禎間，遷府上阪。皇清康熙二十四年，又遷移北首數武。文廟欞星門外正南原有照壁墻一堵，紅木柵欄一圍，牌樓二座，扁額二面。順治十八年，總漕蔡士英暫爲拆毀。康熙二十四年，生員李戴禮等呈廩知縣王命選捐俸修理，行縣查明，修復舊制。

鹽城縣 在縣治南三百武。宋紹興二十七年，知縣黃萬頃創建。兵毀。淳熙九年，知縣盧林重建。宋季再毀。元至元間重建。至正間又毀。明洪武三年，知縣劉諒修。天順七年，主簿馮斌重修。成化七年，知縣蕭偉重修，增塑像。正德八年，知縣王明徹重修。嘉靖八年，知縣姜潤身重修。嘉靖十三年，知縣程燫重修。嘉靖四十三年，知縣葉露新重修，其後海風屢變，舊制頹落。萬曆九年，知縣楊瑞雲大加修飾，煥然一新。大成殿三間，東西廡各三間，戟門三間。欞星門三座，舊用木，嘉靖十七年，縣丞胡鰲易以琉璃瓦。角門四座，二在戟門東西，二在廟之東西。泮池并橋，在戟門外。宰牲房、神庫、神廚，各三間，俱廢。躍龍池，在廟前南門外。屏墻一座，在欞星門前，並萬曆九年，知縣楊瑞雲建。啓聖祠三間，在廟東。明倫堂三間，兩齋各三間，東曰進德、西曰修業，二門一座，大門三間。號房二十四間，廢。敬一亭三間，在明倫堂後。會饌堂三間，在敬一亭後。名宦祠三間，在啓聖祠旁。鄉賢祠三間，在啓聖祠旁。會饌堂之前，舊有尊經閣。會饌堂之西，舊有文卷房，今並廢。儒學倉三間，廢。射圃，在東廡後。教諭宅，在敬一亭後。訓導宅，在啓聖祠後。

清河縣 自宋德祐元年，立于大清河口舊縣城內。元泰定元年，河決，遷治甘羅城，學亦隨建。至正十五年，毀于兵。明洪武二年，知縣孔克勳改創于小清河口縣治東南二百步。正統五年，掌縣事知州李信奎修。天順五年，都察院司務邑人王奎捐資置材木，知縣盧寧、主簿徐鼎重建大成殿及兩廡、戟門、神庫等房。成化三年，提學御史陳選、知府楊昹、知縣王高重修。弘治十五年，都御史張縉、知縣劉慧增大學門，作泮池甃橋。正德九年，提學御史張璇委縣丞范忠建欞星門、講堂、號房，而學制乃備。嘉靖四十一年，知縣吳宗吉修。隆慶六年，都御史王宗沐行縣，命知縣張惟誠修。天啓元年，河決，學宮湮廢。三年，教諭高崇谷遷于舊基之西北數十步，以遠河患。四年，建先師殿五間，欞星門三座，戟門三間。六年，教諭湯純繼建東西廡各五間。崇禎元年，教諭江道振建明倫堂于殿之東南，學門三間，自門至堂築甬道，培土山于河之南岸當面。四年，教諭王守謙建照壁于欞星門外。皇清順治六年，教諭閻補宸新兩廡、神牌，植柏于庭，深泮池，中甃橋爲神道，門外樹柵，以屬照壁。康熙十七年，知縣王登龍、教諭吳徵重建啓聖祠三間，西廡五間。十八年，吳徵捐俸增建尊經閣三間，門樓一座，造魁斗像于閣上。二十四年，知縣馬元、教諭吳希古因火毀啓聖祠，兩毀東廡，重建如制。二十七年，知縣管鉅、教諭吳希古重修明倫堂，高培階級甬道，以達儀門。三十年，大修先師殿并戟門、神道，泮池環橋三座，瓮門通水樹坊表，道拓其左以達欞星門，撤舊更新，一如鼎建。

安東縣 在治東一百步。元末毀于兵。明洪武三年，知縣東贊重建。至崇禎十三年，知縣王敬承、教諭史龍瑞重修。皇清康熙七年，地震，明倫堂、東廡皆圮。十一年，訓導吳正名、顧焻修。後河水連年沖灌，毀啓聖祠，磚瓦木殖無存，監生萬民望捐資重建。又戟門、兩廡、明倫堂，亦被水傾頹，監生孫愈捐資重修。先師殿三間，兩廡各九間，戟門三間，泮池橋一座，欞星門二座，文昌祠三間，啓聖祠三間，名宦祠、鄉賢祠各三間，今圮。明倫堂三間，進德齋三間，今圮，修業齋三間，大門影壁一座，禮門義路坊一座，今圮。

桃源縣 在治南百步內。創始于元至正庚辰，兵毀于至正丙申。至明洪武三年，知縣汪仁于舊基創立規模。後于正統六年，知縣張端重修，始有堂齋、廨宇、增建饌堂、號房。景泰壬申，傾圮。至甲戌，知縣趙紀重建講堂、後堂，制度高廣，始有泮沼、官亭、欞星門、序門，規模咸備。至天順五年間，勒有碑記。萬曆丙戌，知縣華存禮重修。崇禎甲戌，知縣龔奭重修。皇清順治己亥，知縣鄭牧民重修。至康熙七年，地震，傾圮殆盡。至十九年，知縣萬謙、教諭史逸嗣、訓導劉蕃同紳士盧士觀、陳貞等募資重修大成殿及明倫堂，知縣蕭文蔚、教諭吳人龍重修。

沭陽縣 舊制，在沭河南。明洪武三年，知縣馮益草創。八年，知縣馮希顏初修。天順元年，知縣孫忱重修。正德七年，兵毀，知縣易瓚增修。嘉靖四年，知縣蔣暘遷于城內治東二百步，聚奎門北。四十四年，知縣高鵬霄修。萬曆十六年知縣蘇生明，二十一年知縣徐可達相繼修葺。萬曆三十三年，教諭蕭鳴盛復遷城南故址，修復如制。皇清順治二年，署學王元捷踵修。十年，知縣王國泰增魁星樓一座。康熙三年，知縣梁文煥、教諭曹開顯增修。七年，地震，傾。十二年，知縣張奇抱力謀鼎建，視舊制有加焉。

海州 在州治西。唐貞觀四年創建。元皇慶二年，知州魏榮重修，學正李師道記。元末，毀于兵。明洪武三年，知州陳德輔建。弘治五年，知州陳廷珪改明倫堂于大成殿之東，增修齋舍、號房，大學士劉吉記。此時科目頗盛。十一年，知州趙儒改換欞星門，重修號房二十餘間，文廟大成殿五間，兩廡東西各七間，戟門五間，欞星門三間，泮池橋一座，神厨、神庫、宰牲房俱三間。嘉靖三十一年，知州鍾岳改明倫堂于先師廟之後，此時科目寥落，議者猶欲復舊址。

贛榆縣 舊在縣治東。元季兵毀。明洪武四年，縣丞莫從敬遷于縣治東南，子午向。廟廡、門堂、橋池悉具。正統三年，知縣郭文中重修。十三年，知縣章廣再修。成化十四年，知縣王舉再修。嘉靖二十五年，揚州府推官符允中發會計銀一百二十兩，海州知州鍾岳發州銀六十兩委訓導晏幽重修。隆慶五年，知縣劉正亨重修。萬曆十八年，知縣樊兆程因甓城磚，重修一新。三十七年，知縣徐應元改建啓聖祠，初置文昌閣、聚奎樓，并置學田。四十三年，知縣虞之訓改廟向及儒學大門。崇禎十二年，知縣徐維翰修，復廟向。十三年修，復門廡向，復儒學大門初址，更建文昌閣。崇禎十五年，兵毀。皇清順治八年，知縣穆爾謨、教諭劉思問重修。十三年，邑太學生董宗鼎捐百金，重建門廡。康熙七年，地震，圮者十七，訓導章憲旋捐俸修築，次第以興。十一年，知縣俞廷瑞、訓導章憲各捐百金，協力共修，廊廡落成，宮墻備美，及文昌閣、名宦祠，胥稱輪奐焉。

邳州 向在舊城州治東南，創于漢。至宋隆興年間重修。元末毀于兵火。明洪武四年，重建者判官裴玨。成化十三年，改建者判官曹卿也。歷正德、嘉靖間，節修者知州高巖、黃德廣、馬京也，踵事增華，人文蔚起。皇清順治年，學正蔣曜、孫大經，訓導章憲時有修葺。至康熙七年，地震，水沉淪沒殆盡。春秋享祀，暫寄羊山，非其地也。分府蘇峴捐俸首倡，州守李纘宗多方勸諭，因即堤下廣原而建學焉，諸生王埅等力任其事，乃創正殿。學正胡圭任、學正孟安世代之，藉觀厥成，方建兩廡，以次及學，乃力竭暫止。繼以二十四年，水溢，廟幾陷水中，學正孟安世、訓導許來惠多方堤障，幸而獲全。二十六年，孫居湜來守是州，毅然倡捐，即日肇工，而東廡以成，更前設木欄，周以土垣，方謀建西廡，而遷城之令下，暫止。

宿遷縣 舊在縣治東南一里許。元至正二十八年，主簿郭仲實、達魯花赤孛老、縣尹張彬創立基址。元貞元年，孛老、縣尹蕭世榮、主簿郎洪續成之。至正戊子，縣尹曹希明重修。元末兵毀。明洪武二年，縣丞方鐸、訓導孫本初重建。永樂十三年，知縣梁孟岳、教諭王紹先修葺。正統九年，知縣李永重修。景泰三年，知縣應永福、訓導王敏重修。成化五年，提學御史謝選改建。弘治間，知縣張瓛重修。嘉靖末，烈風雷雨，文廟、兩廡一時盡皆傾頹，知縣陳嘉道重修。萬曆五年間，河水沖嚙殊甚，知縣喻文偉改建于新治之左，殿宇壯麗，丹堊輝煌，淮北諸學，鮮其壯麗。

睢寧縣 在縣治東南。元至元戊子，知縣王榮祖始建。大德甲辰，知縣苗鐸重建。元末兵毀。至明洪武六年，知縣葉見泰復建。宣德十年，知縣衛鋪重修。景泰二年，知縣張仔重修。正德三年，知縣黃守濂更學門于欞星門西。九年，知縣劉景沂重修。嘉靖三十五年，知縣喬鎮重修。萬曆七年，知縣徐密重修。九年，知縣申其學申請，撫院凌雲翼、按院姚士觀、觀察使莫與齊各助銀重修。崇禎二年，洪水破城，傾圮殆盡。至皇清順治四年，知縣殷岳初建大殿五間，兩廡十四間，明倫堂五間。八年，知縣魏翰建欞星門一座、戟門五間。康熙元年，教諭孫大經蒞任，捐俸金三百三十兩，知縣馮應麒助銀一百二十兩，紳士量爲捐助，鳩工庀材，創建啓聖祠三間，外設門墻、甬道，內制龕座、神主、爐瓶、燭臺、木匾、彩縵俱全；重修敬一亭三間，抱廈一間；外設門墻甬道，內懸木匾；創建魁樓一座，上塑魁星金像；重修禮門；創建儒學大門二座，木匾對聯俱全；鋪砌甬道二十餘丈；加修周圍磚墻數十丈；新建大殿、十哲龕桌；重修兩廡十四間，內添山墻四座，創置神主、龕座、爐臺，兩廡南各四間崇祀名宦、鄉賢，神主、龕座、爐臺俱全；修砌大殿、明倫堂前大月臺二座，砌前後臺級十五座；鋪設大殿、明倫堂、兩廡、啓聖、名宦、鄉賢諸祠、儒學門、禮門、魁樓、敬一亭、戟門地平磚，并學前街道共三十餘丈；刷紅欞星門墻、啓聖祠墻共數十丈，並欞星門柵欄門六扇；創修明倫堂後衙正房五間，東西厢房六間，門墻、甬道；創建學前興賢、育才二坊，坊之東，惜字爐一座，西義井一口；泮池北砌石坡二十餘丈。起工于康熙元年冬，竣于康熙三年春，共計用過銀九百二十餘兩。三年夏，復造泮池中青雲橋十餘丈。四年春，知縣石之玫、典史繆振稷同捐俸，建青雲亭一座，泮池南鋪砌石臺九級，旁栽楊柳、桃杏、棗李二百五十株。學宮內外共栽松槐、桃柳、李杏、椿棗數十餘株。

揚州府

《職方典》第七百五十八卷
揚州府部彙考六
揚州府學校考（書院社學附）府縣志合載
本府（江都縣附郭）

揚州府 在府後儒林坊。明洪武中，知府周原福即舊規重建。正統間，知府韓宏建更衣、采芹二亭。天順八年御史張齰，成化間知府鄭岑先後修葺。嘉靖四年，毀于火，知府易瓚重建。八年，知府韓文鏡先後重修。皇清康熙十九年，巡鹽御史中山郝浴捐修，有碑記，知府崔華有《募修學宮文》，教授秦鉅倫、朱虹、訓導丁德明先後募修。

江都縣 宋以前無考。紹興間，建州學，以縣學附焉。元亦止立府學。明洪武七年，始分設，知縣宋啓建于縣北開明橋西駱駝嶺上。成化六年，知府鄭岑創講堂五楹。七年，巡按董韜建大成殿，知府周源創建明倫堂及正心、誠意二齋。嘉靖十一年，知府吳桂芳復改講堂爲尊經閣。皇清康熙九年，教諭吳伯琮捐修。康熙十九年，巡鹽御史中山郝浴捐修。康熙二十二年，教諭許維梴、訓導汪和中重修尊經閣、文峰閣，櫺門外周以圍牆，東西設立圈門，爲玉帶巷。

儀真縣 宋仁宗慶曆四年，始建學宮于軍城長樂坊，在城內西南隅，後遷城東門內，列十齋，皆南向，東曰安德、務德、象德、耀德、聳德，西曰上德、觀德、建德、成德、果德，後以果德爲武學，上德爲縣學。大成殿北有堂曰麗澤、曰議道，有閣曰稽古，學東有鄉射堂。靖康兵火，一礎不存。紹興七年，郡守張好古請城南榷貨務廢屋二十楹復建。十八年，知州洪興祖重修。二十九年，郡博汪彥中上議于郡守董將復還舊址。隆興二年，復毀于兵。乾道三年，知州張郊名講堂曰由聖，立四齋曰率性、正心、誠身、克己，堂後爲直舍，舍後開軒以麗澤舊名扁之。紹熙三年，運判趙師𢍰、郡守趙預創門屋五楹，并三大門，立御碑亭于泮橋外，以大成殿額漫漶𢍰易書。五年，知州韓梴甃講堂、兩廡，繪三禮之制于壁，復葺舊射圃。開禧丙寅，金人犯真城，咸羅拜殿廡下，故學宇得獨存。嘉定五年，教授尤森建廳事。九年，郡守李道傳繪濂溪、明道、伊川、晦庵四先生像，建堂于講堂右。十年，知州事豐有俊創小學于東廡之東，郡博士陳京創五齋，以仁、義、禮、智、信爲次，勒養士歲入之額于石，計歲所入可贍四百人。十二年，教授楊焯繼之。自開禧兵火，祭器、典籍之屬蕩然。至是，購書籍、治祭器，稍復其舊。十四年，運判兼知州事吳機捐郡帑三千緡，屬博士陳臨重修。于是，增築內牆，重蓋大成殿，黼藻像貌，易外門新之，建由禮亭于門側，俾諸生出入，官帶如大學然。咸淳五年，知州事呂師龍重修學舍，增廣生徒，置學田、益廩餼，几榻之屬靡不悉具。元泰定二年，知州張震新廟學，廣教養，鑄祭器以飾祀事。至正末，河南兵起，江淮騷亂，乃遷祭器寄潤州，學遂爲彼有，今衹遺樽爵數事，制極精工，咸有職官名氏，與今器不類。明洪武二年四月，罷州學，改儀真縣學。二十七年，知縣劉文剛重建大成殿，飾先聖像，始建戟門并文昌祠，創學倉于明倫堂西。三十年，知縣康彥民重建兩廡、神厨庫。永樂元年，知縣徐善重建兩齋曰時習、曰啓蒙。宣德七年，知縣李升徙大成門。正統九年，重建講堂、齋舍。明年，復建尊經閣于講堂後。十三年，知縣孫禮重修講堂、齋廡、大成殿、欞星門、泮池、石橋、明倫堂、射圃、觀德亭、倉庫、神厨、牲所，文昌、集賢諸祠，改時習、啓蒙齋爲進德、育材。天順元年，知府王恕、同知蔡堅、劉蘭、知縣王士謙重修。成化十三年，教諭彭道蒔植松槐，森蔭堂廡。嘉靖元年，知縣李文瀚建會饌堂三間于明倫堂東。二年，重修欞星門及宮牆諸圮敗者，立科第題名碑記。四年，巡按御史李東毀元妙觀，以其地界入學基，巡鹽御史張珩亦撤文昌祠，改祠名宦、鄉賢。六年，鹽法御史雷應龍毀諸淫祠像，知縣周寵以其銅造祭器。七年，鹽法御史李佶、朱廷立相繼捐帑贖重修學廟，工部分司主事戴鯨特倡議改建，遂請于漕撫都院唐龍，令知縣王皡督遷明倫堂于文廟右，建尊經閣于廟後，規制愈宏。九年，易像爲木主。十一年，奉詔立敬一箴亭并五箴注勒石。亭在尊經閣前，凡七碑。十二年，教諭王鑾、知縣艾夔請于督學御史聞人詮，發公羨建講堂五楹，并教諭正衙于明倫堂後。十三年，縣丞楊廷獻奉制建啓聖祠于廟東。二十六年，知縣雷亨復改建明倫堂于廟後，遷儒學門于欞星門之東。四十三年，知縣沈喬楠以諸生議，請于撫按兩院諸監司，共得公帑二千緡，及鄉宦生員諸國子生合捐資若干，復遷廟及明倫堂、尊經閣于舊址，欞星、戟門、廡舍悉從改築，更進德齋爲居仁、育材齋爲由義。儒學門內爲省牲所，稍北爲啓聖祠，次爲敬一亭，又北爲名宦祠、爲鄉賢祠，改教諭衙于廟廡西，凡三重，南向。次爲兩訓導衙，制如教諭，俱面南。隆慶元年，知縣申嘉瑞重甃泮池于欞星門外，改橋門，度泮西地百步餘爲射圃。泮東地百步餘建青雲樓四楹，前爲堂三間，面鑿橫沼，方廣約十二丈。萬曆乙酉，遷學宮于資福寺，即大雄殿爲大成殿，仍其前巨浸爲泮池。樹欞星門于泮池內。殿後建明倫堂，堂後建尊經閣。東偏南爲教諭衙，稍北建啓聖祠，西偏南爲訓導衙二，稍北建名宦、鄉賢祠各一。儒學門在欞星門左，青雲樓又在儒學門左。東引淮水入泮，造石橋跨之，其門斗房宇亦以僧舍相換。二十六年，知縣蘇守一重修，移廟向稍東，造柵欄于屏牆外，建東西二坊，曰"騰蛟"、曰"起鳳"，學後培土山。四十年，知縣歐陽照修學宮，建文昌閣于巽方，扁曰"奎光"。天啓三年，知縣牛翀元修儒學，改建坊名曰"金聲玉振"。皇清順治九年春，揚州江防同知李淮、教諭左國林率諸生捐費重修。十年，兩淮運副朱戀文捐諸商公費，重修明倫堂，知縣牟文龍以提學僉事張能鱗檄，修學宮，葺居仁、由義二齋。康熙四年，知縣胡崇倫、訓導丁亮重建居仁齋，并葺明倫堂。五年，教諭舒文燦捐資築宮垣二百餘丈，葺大成殿暨兩廡、戟門，增教諭衙左輔屋三間，宮墻內外遍植桃李柳數百餘株。六年，教諭文燦建啓聖祠于敬一亭故址。是年冬十一月，巡鹽御史寧爾講捐俸一百兩，暨教諭舒文燦合捐俸重建東廡、新欞星門并儒學大門。二十三年，邑紳許松齡、監生吳愛同捐資重建明倫堂五間，重修居仁、由義二齋。二十八年，重建大殿五間。三十二年，知縣馬章玉捐資重修奎光樓三層。

泰興縣 在縣治東，逾隆興橋西，臨小河，即舊城河也。始不可考。宋紹興間重建。元季火于兵。明洪武二年，呂令秉直建。永樂間，王令政修。正統間，典史周略、教諭祝敬修建明倫堂及戟門、兩廡。後主簿盧昱、柯彬、典史丁全、教諭陳經琢石甃橋，邑令林翹修欞星門，隆令琦築兩垣，縣丞潘鎮、郡丞李綬相繼買地建學門及教諭、訓導宅于戟門之東。正德間，邑令鄭淛鼎新之，北徙大成殿，距欞星門二十丈許，兩旁爲祭器庫，翼以兩廡，前爲戟門，戟門之東西爲名宦、鄉賢二祠。祠前爲碑亭，亭南爲泮池，池有三橋。大成殿后爲明倫堂。堂左右二齋，東曰潛心、西曰養正。堂北爲射圃，後爲土山。明倫堂後爲會饌堂，今廢。嘉靖八年，頒御製敬一箴，署教事泰州通判汪鍈建敬一亭于會饌堂後。九年，改大成殿曰先師廟、戟門曰廟門。十三年，朱令篚建啓聖祠于明倫堂東，建敬修所、敷教堂及號房三十楹于街南，指揮使張錦、太學生張鏞所讓地也。今所與房，俱廢。改射圃亭曰觀德亭，今廢。隆慶元年，邑令許希孟移二碑亭于泮池南，拓泮池地，增櫺星門石柱二曰"江漢""秋陽"，撤敷教堂房鑿大池爲鷗化池，建浴沂亭，朱令南雍竟其工，亭今廢。池成，甃以石，署橋門曰"淮海"。萬曆四年，劉令伯淵建二坊于學之兩旁，名曰"騰蛟"、曰"起鳳"，建二亭于池左右，爲諸生憩息之所，今廢。高令桂、陳令繼疇相次重修，改騰蛟起鳳坊曰"興賢"、曰"育才"，典史張大紳董其事。十六年，段令尚綉改淮海橋門曰"天池鷗化門"，池南爲屏。崇禎間，諸衿請引外河水東西開導，匯入鷗化池，造櫺星樓于櫺星門左，今廢。東西柵門立坊，曰"禮門"、曰"義路"，移教諭、訓導宅于尊經閣後。皇清康熙十二年，御史季振宜倡諸紳士，捐資重修殿廡、堂閣，丹艧維新。二十五年，教諭荆子邁于署後筆架山下浚池種蓮，名曰紺寒池，築臺山上，多植梧柳，名曰"光霽臺"，與郎家潭書帶橋互相掩映，又題堂額曰"君子堂"。

　　高郵州　在州治東九十步。宋至和二年，知軍事邵必始建武學以處多士，除教授一人，學錄一人。慶元二年，知軍事陳鞏重加修葺。開禧二年，郡守林伯成以舊制規模狹小，撤而廣之。元末兵毀。明洪武元年，知州黃克明重建儒學。十七年，同知彭蠡重修。天順三年，學正吳志尹、訓導王建募、義官王文中輩建講堂三楹于明倫堂後，今廢。天順四年，義民周全又大修。弘治九年，知州程憲于街南購民居，闢杏壇，通濯衣河。正德五年，同知沈賓重修明倫堂。隆慶二年，知州趙來亨命鄉省祭王體、耆民夏新改明倫堂爲五間，東西各建庫三間、進德齋八間、修業齋八間。隆慶六年，知州范惟恭廣杏壇地址，王體夏新移泮池于杏壇，尋復改入櫺星門內，池上建磚橋一座，名躍龍橋，今廢。亭一間，名躍龍亭。崇禎間，復移于杏壇舊址，壇前門三楹，門左右建官舍各一區，移學前屏墻于濯衣河南岸。學左築青雲臺，建青雲樓。學右有忠孝祠，今廢。

　　先師廟，居學宮之中，爲殿五間。嘉靖十三年，知州徐誥重建，東西廡各十二間，知州范惟恭重立，舊有像，後改用主。前爲戟門五間，臨街爲櫺星門三座。櫺星門左爲學門，門之直北四十步爲題名碑亭，亭折西爲義路，又折北四十步爲明倫堂。堂在殿后，堂東爲東庫，即進德齋；西爲西庫，即修業齋。堂後爲御製敬一箴亭，三間，亭後爲尊經閣五間，嘉靖三十一年，知州查秉直建，今廢。閣後有土阜，高丈餘，上有仰止亭，郎中徐捷建，後改爲啓聖祠。由明倫堂甬道折西爲禮門，門折北十餘步爲學正宅，宅有門、有廳、有寢室、有廂房、有書房。隆慶五年，學正施之蕃修葺。宅前兩旁爲號舍十二間，今頹廢。又前爲饌堂三間、饌厨一間、神厨三間、宰牲房一間。學倉一所，在饌堂前，今廢。宅西爲射圃，圃内有觀德亭三間，圃存亭廢。學門内路東爲訓導宅二所，有門、有廳、有寢室、學宮，東有李公祠房三楹，崇禎間廢，祠變價，因逼近學宮改爲儒學官署。皇清順治十四年，知州吳之俊、學正詹尹吉重修，殿上重置石欄。康熙二十年，學正余恭、訓導鮑鴻請于州牧李倍茂、河廳聶文魁重修。

興化縣 舊在南津里滄浪亭上。宋天聖間，知縣范仲淹建。元末毀于兵燹。明洪武三年，知縣徐士誠始改建文林里，面南城、背市河。嘉靖三十七年，知縣程鳴伊修葺先師殿，舊名大成殿。東西廡在殿兩翼，舊各三間，景泰三年知縣崔時雍增爲五間。泮池有橋，名曰步蟾橋，橋前有屏、有坊，榜曰"泮宮"。成化戊子，通判魏銘建，四周繞以柵欄，今用磚壁，間之欄。東西有坊，曰"聖域"、曰"賢關"，内題曰"龍翔"、曰"鳳翥"。儒學門，在大殿東。明倫堂，在大殿后，前有軒堂，内鐘鼓各一。魁字門，在明倫堂中，李文定廷擢第一易金字，進德齋堂東翼，修業齋堂西翼，義路門堂東門，禮門堂西門。敬一亭即後堂址。嘉靖九年，知縣楊愷奉旨建尊經閣，在敬一亭後。嘉靖元年，知縣曹輻建文昌祠，在學門内東舊號房地。啓聖祠，在訓導宅後。土地祠，在進德齋南隅。名宦祠，舊在觀德亭前，今移戟門左翼東。鄉賢祠，舊在啓聖祠後，今移戟門右翼西。射圃，在禮門外，洪武二十五年，詔闢射圃，賜諸生弓矢，并立演武廳，後廢。明末，重闢，今復廢。省祭所，在射圃旁。教諭宅，在敬一亭西，宅門在明倫堂後。觀德堂即演武廳，今爲朋樂堂，屬教諭宅内。訓導宅，初在舊鄉賢祠西，後移啓聖祠前舊號房地，今俱廢。文昌閣，明萬曆十九年，知縣歐陽東鳳于學宮東南附城爲臺，建閣其上，高出城表。相者云"龍首昂文運昌"，今廢，基尚存。皇清康熙十一年，知縣程起鵬重修大殿、兩廡。二十三年，復加修葺，煥然一新。

寶應縣 在縣署南，廣惠橋之西。宋嘉定間，知縣賈涉建。元末兵毀。明洪武三年，知縣王驥、訓導朱撝循復故址。六年，知縣李恢、訓導于會修。二十八年，教諭李順增拓基地。永樂十四年，教諭顧凱重葺。正統七年，知縣朱瑗更建。後知縣龍準、曾瓚、韓立、黃敖、徐祺相繼增建。嘉靖十八年，知縣宋佐修。三十六年，毀于倭。三十七年，通判姜壽、知縣蔣遵正修葺。四十一年，知縣李瓚增建。四十二年，知縣陳可大重修。大成殿三間，東西兩廡各十間，祭器庫一間，神厨一間，戟門三間，泮池並橋，欞星門三間，啓聖祠三間，文昌祠、名宦祠、鄉賢祠、射圃廳各三間；明倫堂三間，博文、約禮齋各三間，敬一亭三間，科第名碑亭一間，號房十間。萬曆時，教諭孔承先廣學前街，改儒學門爲三間，又因署縣事于宅後建尊經閣。後知縣韓介、耿隨龍相繼增修，益恢廓之，移泮池于戟門外，周三百步。韓介請于巡按御史，改小南門曰"迎秀"，盡買學前地爲衢，達迎秀門。皇清順治十四年，邑人朱爾遠、胡克濟等督工重修。

學河，自躍龍關引運河之水，堰而爲渠，入城注愛蓮池。又自愛蓮池穿渠經欞星門東入市河。明嘉靖四十三年，知縣李瓚開。後知縣韓介、耿隨龍相繼疏浚，別浚一河從廣惠橋折而西，環繞城中曰玉帶河。

泰州　在州治南。唐置吳州，始建學。至元毀于兵。明洪武初，知州張遇林即故址建。

如皋縣　舊在縣治東北。南唐保大十年建，即今中禪寺地。宋紹興初，遷于縣西南。元末兵毀。明洪武三年，知縣謝得瑢創建。十一年，知縣劉若衡增修。十五年，知縣周鼎改建。正統七年，知縣賈立增建。成化七年知縣蔡彝、教諭周鼎，十四年知縣向翀，嘉靖四年知縣梁喬升繼修。十九年，巡鹽御史吳悌、焦璉、知縣黎堯勳移建今地。二十一年巡鹽御史胡植，二十九年知縣陳雍修。三十二年，巡鹽御史黃國用次第增修。三十八年，知縣童蒙吉重修。萬曆二年七月，風潮毀塌。四年，知縣鄭人逵修，始築宮墻，易土以磚。九年，巡鹽御史任養心修。十年，署篆江都教諭馬晨修。二十三年，知縣陳煥修。二十八年，知縣張星修。三十年，教諭黃夢麒移建泮池、石梁二座。三十八年，巡鹽御史蔣以化檄建尊經閣五間。四十三年，知縣李廷材修欞星門、兩廡、西齋。四十五年，知縣熊奮渭修明倫堂、兩廡。天啓三年，知縣李衷純增修。皇清順治十四年，知縣崔鳳賓修。康熙十年，貢生蘇世威募築四圍宮墻，易地爲磚，知縣趙弘化修東西兩牌坊。

通州　在州治東。中爲先師廟，翼以兩廡，前爲戟門，門之左爲名宦祠，右爲鄉賢祠。前爲泮池，跨以石橋，又前爲欞星門，門之左爲學門，冠以魁星閣。閣內北行數十武，爲魁星，垣其東向而入者曰"禮門"，由禮門而進，中爲明倫堂，當廟之北。堂之東爲齋者二，曰進德、曰修業，後改爲號舍。堂之西有齋曰興賢，齋之南爲祭器庫。堂後爲敬一亭，亭後爲尊經閣，閣後有隙地爲射圃。閣之東爲啓聖祠，祠前爲宰牲所，當西廡之後而南又爲志道堂，東西各列號舍凡五十間，前爲儀門。學正宅一，訓導宅三，並在明倫堂西。宋太平興國五年，知州曾環始建學于城東一里許。乾興元年，知州王隨移學于東門內，建立大成殿、講堂、稽古閣。大觀四年，知州朱彥植墻門，建射亭，改壯武營射堞。未幾毀于兵。紹興二年，知州康淵置齋舍。二十三年，判官方雲翼署州事，復創學于治東舊址。淳熙七年，知州楊布廓堂廡，增贍學糧。至淳祐壬寅，又毀于兵。咸淳元年，知州馮弼、教授黃焱重建齋廡、墻垣。八年，郡人兵部侍郎印應雷重建學齋。元至正元年，大將軍張弘綱、監郡卜顔不花、郡守郭公、教授羅汶成重建大成殿，前教授鮑義叔置學田，至褚孝錫復增之。明洪武二年，知州熊春重修學。正統九年，知州劉復、郡人僉事陳敏、千户陳瑄等修大成殿、明倫堂、三齋，建兩廡、戟門、欞星門、觀德亭。十二年，知州孫徽重修殿堂，增築齋地。天順六年，知州崔富加修。成化六年，知州郭定重建明倫堂、祭器庫，知州鄭重相繼重修，置號舍三十間。弘治間，知州傅錦修殿廡，易欞星門以石，構堂後軒門及泮宮橋，又建學門三間。十五年，知州黎臣闢射圃。正德九年，知州蔣孔揚重建戟門、神廚鼎及名宦、鄉賢二祠。嘉靖二年，知州張承恩重修明倫堂。四年，知州曹曙重建三齋。九年，巡鹽御史朱廷立命知州鍾汪建尊經閣、敬一亭，兼增號舍。十六年，州同知舒纓修正樂器、樂舞。二十一年，巡鹽御史胡植命知州李充拙建志道堂，號舍五十間。三十二年，巡鹽御史黃國用命知州游天廷重建尊經閣。隆慶元年，知州鄭舜臣重修學。萬曆四年，知州林雲程重修尊經閣。十年，知州酈祖禹修學。十一年，學正葉遴重修樂器。二十七年知州王之城，三十五年教授褚用章，四十三年知州張獻圖，天啓三年知州周長應相繼修學。七年，訓導楊文楨建鱣堂，葺齋舍，修泮宮及龍翔、鳳翥二坊。崇禎三年，知州董發帷、學正張爾侯捐俸修祭器、雅樂。十一年，知州方大猷、學正劉永慶、郡人張元芳重修殿宇、墻垣，改魁星閣、治文津橋。皇清順治二年，知州唐虞泰修學。十三年，提學僉事張能鱗、知州彭士聖、訓導張超載重修。康熙二年，知州畢際有修泮宮坊。九年，知州王廷機、學正趙我後重修兩廡，改文津橋于東西兩岸。十年，我後捐俸重建敬一箴亭，修正殿、射圃。十年，總鎮諾邁、知州王宜亨捐修欞星門、泮池、黌池。

徐州

《職方典》第七百七十一卷
徐州部彙考三
徐州學校考（書院社學附）　州志

徐州 故在城東南隅。元至正辛卯，毀于兵。明洪武二年，知州文景宗移東北隅，學士宋景濂爲碑銘。宣德間知州楊秘，景泰間知州宋誠相繼增修。天順六年，知州王叙拓大之。成化六年，知州陳廷璉續成，重建堂齋、樓閣。正德壬申，督學御史黃如金、兵備副使柳尚義、知州張行甫、學正楊和增建齋宅，工未竣，尋並遷去。明年，學正胡崇易白于繼任御史張璇、副使羅循申飭之，乃就緒。嘉靖丁亥，副使趙春命知州郭天錫拓學前基，洎廟廡、堂齋加飭。癸巳，副使何鰲命學正李憲屬修。甲午，知州魏頌卒役。乙未，知州陸時望建敬一箴亭。乙亥，清戎御史楊瞻建應璧樓。甲午，兵備副使宋圭改讀書樓，以固安楊維杰、維聰從其父學正和讀書于此，相繼及第。庚子，戶部主事吳岳築土建躡雲亭。壬寅，知州王重賢建啓聖祠。丁未，副使王梴益修葺之。歷廿稔，黃河頻決，浸入城中，基窪成沼。隆慶三年，知州章世禎請以戶部所轄永福倉址相易改建，時惟草創。五年，知州劉順之相繼大作，兵備副使馮敏功協力助工，不逾年既完且美。中爲先師廟，東西兩廡，前爲戟門，戟門外爲泮池，跨以石橋，橋旁爲東西兩門，東門旁爲啓聖祠，西門旁爲名宦祠、鄉賢祠、五賢祠、五公祠，又前爲欞星門，欞星門左爲學大門。由大門而儀門，旋西即廟後，又爲東西兩門。入中爲明倫堂，東西爲齋房，堂後爲敬一箴亭，亭後爲尊經閣，閣西爲學正宅，閣東爲訓導宅。欞星門之外，前爲文明坊，坊前爲石欄及屏墻，興賢坊左，育才坊右，迤南舊有應璧樓。歷四十餘年，漸就圮壞。副使袁應泰于萬曆丙辰移左衛舊址，廟堂並建，堂居右，稍後于廟，其後爲尊經閣，堂前左右爲齋房，又前爲學儀門、大門，大門對向爲屏墻，今之大察院，其改爲之者。廟東爲啓聖祠，廟前左右爲兩廡，又前爲戟門，戟門外爲泮池，跨以石梁。池前爲欞星門，至名宦、鄉賢二祠，則戟門並列者，文明坊、欞星門之對向學正署，學內訓導二署，學外其址視舊學稍狹，故視前有未備者。天啓甲子，河決奎山，洶涌迅疾，夜半城破，唯此址爲城之坨，又堂廟基高，未没于水。俎豆屑越者，久之。丙子，廟以火。崇禎癸未，兵備道何騰蛟移東大察院爲廟。皇清癸巳，兵備道胡廷佐飭知州余志明、學正譚學準、司訓蔡尚廉改學之大門向東，收二水一山之秀，欞星門仍向南。

蕭縣 故在舊城西北隅。宋紹聖間，縣令孫文、邑人寶沔捐資徙今城東南，後爲水嚙。元至元丁丑，縣令耶律廷瑞重建。元末毀于兵。明洪武初，主簿劉瑜創建。二十九年，知縣喬峻、縣丞齊福東增修。永樂十六年，知縣郝玘重修。正統十二年，知縣柳新因民人朱剛掘地得錢十餘萬緡，重建大成殿、戟門。景泰間教諭王隆，成化間知縣馬綸相繼重修。正德中，巡按御史寧欽撤華嚴寺、東岳觀二所，移建其地。嘉靖辛卯知縣尋孔樂，壬辰知縣朱同芳相繼修葺。年久又圮，知縣宋煒、教諭姚應龍重整聿新。萬曆五年，黃流橫決，城沉廟毀，知縣伍維翰遷邑，創建廟學于縣治之東。四十六年，知縣蕭學儼復遷于縣治之西南。中爲先師廟，東西二廡，前爲廟門。門外東名宦、西鄉賢二祠，前爲泮池，跨以石橋，又前爲欞星門。門前爲屏墻，欞星門西爲儒學大門，直北東向爲儀門。廟後爲明倫堂，東爲崇德齋，西爲廣業齋。東北爲啓聖祠，西北爲敬一箴亭。近三十年，風雨剥蝕。皇清順治五年，知縣祖永勳率屬捐鍰重修。坊二，東曰"德配天地"、西曰"道冠古今"。

碭山縣 唐貞觀間，在城西北隅。宋元祐間，遷東北隅。金大定間，水浸，縣令杜之美、進士邵師古新之。元元貞、大德、天曆、至元間，令蔣崧、楊參、孟直、崔旭前後修建。明永樂、宣德、正統間，知縣郝玘、劉伯吉、杜釗、張夢輔相繼增修。嘉靖五年，知縣季木鑿泮池，重修欞星門。二十一年，知縣劉陽重建廟，洎門廡益拓大之。四十一年，河決，城、學宮盡壞。隆慶初，知縣戴偉修葺。五年，知縣王廷卿益大修葺，以青龍方偏隘，易民基二畝有奇，移建儒林門，又依城爲卓筆臺。中爲先師廟，東西兩廡，前爲戟門，神堂、神庫、牲房並東西列。戟門前爲泮橋，左前爲啓聖祠，後爲名宦祠，右爲鄉賢祠，又前爲欞星門。門東爲學大門，入儀門旋西，廟後爲明倫堂，東西二齋。堂後爲振文堂，又後爲敬一箴亭。亭後爲射圃，西爲教諭、訓導宅二，附饌堂、學倉、號舍。萬曆二十六年，知縣熊應祥改遷新城，學宮悉依舊治，日久又圮。天啓七年，知縣李春鯨查本邑各項公田變值，共修新學，一依舊制。崇禎五年，知縣姚來瑄學前建筆架山，以接巽氣，學後建三台山，以振乾脉，其未備者，東西兩廡、名宦、鄉賢二祠併兩齋房、環宮墻也。九年，知縣宋坤悉補之。十一年，知縣劉芳素諳地理，上任謁廟，輒命匠更泮池橋制，議修、議遷，竟未果。

豐縣 舊在縣治東。金末，毀于火。元至正間，縣尹郭瑄重建，尋毀于兵。明洪武六年，縣令曾本創建。宣德間令闕膺，天順間令張升，成化間令鄺鷟，正德間令裴爵相繼建修。嘉靖五年，水沒縣治，令高祿徙學于華山。二十一年，令李崇信創建。三十一年，令徐蕢復還舊縣，創建于縣治西北。三十九年，令胡乂心改遷縣治東南，規模始宏闊焉。中先師廟，東西兩廡，東廡北為神庫，西廡北為神廚。前戟門，戟門外為泮橋，橋左名宦祠，右鄉賢祠。又前為欞星門，門東為學大門。大門內文昌祠，入為儀門，入旋西左右為義路、禮門，二門入即廟。後為明倫堂，左右兩齋。堂東啟聖祠，西敬一箴亭。亭南為宰牲所。堂後為教諭、訓導宅二。

沛縣 舊在河東泗亭坊。宋靖康中，兵毀。金大定初，徙建河西靖化坊。十一年辛卯，知縣劉勳新葺。元至正間重修，復毀。明洪武三年，知縣費忠信、訓導華革重建。永樂間知縣常瓆、李舉賢，正統間知縣王清，景泰間知縣古信相繼修葺。嘉靖八年，圮于水。十一年，知縣王治用舊學廟及地，易泗水龍泉寺址改建，教官署仍在舊學。二十五年，知縣周涇增置門廡、祠宇，鑿泮池，易民地拓大之，始備規制。四十四年，洪水冲決，半就圮壞。萬曆二年，知州劉順之捐俸鼎新先師廟，餘皆知縣倪民望重修。東西兩廡前為廟門，外為泮池，跨石橋，又前為欞星門。廟東為啟聖祠，後為敬一箴亭。廟西為名宦祠、鄉賢祠。欞星門東為學大門，入為儀門，中為明倫堂，東西列兩齋。大門外為興賢、育才二坊。射圃，在學西。

安慶府

《職方典》第七百七十六卷
安慶府部彙考四
安慶府學校考　府志
本府（懷寧縣附郭）

安慶府 在督學察院東。中為先師廟，兩翼為東西兩廡，前為戟門，爲欞星門，爲泮池。廟之後爲明倫堂，兩翼其東爲志道齋、依仁齋，西爲據德齋、游藝齋。堂之後爲啓聖祠，西齋旁爲教授宅，東齋旁爲訓導宅，俱廢。今教授，暫以文昌閣爲署。訓導，以明倫堂旁四齋爲署。堂之前左爲土地祠、爲儀門。儀門東爲鄉賢、名宦祠，其外爲學門，爲昭代文明坊，東偏爲書院，爲文昌閣、修學祠，西爲起敬坊，前爲泮宮坊。廟之西爲射圃，久廢。康熙二十六年，通判謝璽捐俸鼎建，郡學壯觀。按學舊在正觀門外，兵毀。明洪武壬子，知府趙好德以山谷書院創建。正統知府王璜重建。成化知府陳雲鶚立欞星門，知府王璠作泮池。明末，城潰，舊觀僅存十之有四。皇清順治辛卯，操撫李日芃重修，知府王廷賓、李士貞相繼增修，規模大備。

懷寧縣 在正觀門迆東，即天寧寺故地，中爲文廟，兩翼爲東西廡，前爲戟門，爲泮池，周以石闌，跨以石橋一座，巡撫薛柱斗建。後爲明倫堂，堂之兩翼，東爲日新齋，西爲時習齋。堂之後爲啓聖祠，爲敬一箴亭，爲五箴碑亭。齋東爲教諭宅，齋西爲訓導宅。廟西隅爲土地祠，祠前爲應沙閣，久經傾圮，無存，郡守劉楷捐建。欞星門外勒石，對聯曰"泮澄揚子江心水，文起龍山頂上雲"，環圍花墻，正中照壁墻一座，高二丈許，闊四丈餘，東西戟門二。廟東隅文昌閣、明倫堂，東儀門外爲學門，門外義路禮門牌坊一座，照壁墻東"德侔天地"大牌坊一座，照壁墻西"道貫古今"大牌坊一座，以上俱巡撫薛柱斗建，不勞民力，不減市價，士子欣感，四月告成。復建問奇亭、經義堂二層。

桐城縣 在縣治南。中爲文廟，其戟門、泮池及欞星門規制俱同。門之東爲文昌祠，西爲土地祠。殿后爲明倫堂，東爲崇德齋，西爲廣業齋，迆南爲聚奎坊，迆西爲敬一亭。堂之後有存存堂、教諭宅，其東隅爲鄉賢祠、環書舍及庫房，迆南爲名宦祠、訓導宅，又東爲啓聖祠。尊經閣旁有橫廳，前有啓聖坊，迆西爲省牲堂，中爲門環，東南有廡舍。學門外射圃深百步，闊二十六步，前開洙泗溝，縈繞明堂，東南流入城外洗硯池。舊在桐溪橋東，宋元祐初，知縣溫子謙、武子春相繼創立。毀于兵。明洪武初，知縣翟那海移于縣治東南佑文坊。歷二百餘年，知縣孔希善、嚴頤、陳勉相繼修葺。皇清順治十二年，知縣石朗、教諭沙衍中、署印訓導解詵次第重修。康熙八年，儀門及欞星門圮，知縣胡必選捐俸重建，又周設柵欄于門外。康熙二十二年，知府劉楷、知縣王凝命教諭王立極、訓導丘五典各捐俸重建明倫堂。前知縣李文雄、教諭王立極、訓導丘五典重造存存堂。教諭王立極、訓導丘五典修東廡。

潛山縣 在縣治東。中爲文廟，其東西廡、戟門、泮池、櫺星門規制俱同。明倫堂之東爲居仁齋，西爲由義齋。堂右爲教諭宅、訓導宅。殿之東爲射圃，西爲省牲所。儀門左爲名宦祠、右爲鄉賢祠，寇焚未建。學門東爲啓聖祠，後爲敬一亭。尊經閣門外左右有天衢、雲路二坊，今圮。東阜有文昌閣。明洪武，知縣張仁創建學宮。萬曆間，知縣鄒守、王玉汝重建。崇禎乙亥至壬午年，流寇陸續焚毀，所有惟明倫堂及東齋，亦將圮。皇清順治癸巳，知縣鄭通元、教諭潘煜如、李思伯重修。己亥，訓導蕭汝榮建宅三楹，祀啓聖公。康熙六年，知縣周克友鼎建明倫堂于舊址。

太湖縣 在縣治西。中爲文廟，其東西兩廡及戟門、泮池、櫺星門規制俱同。廟後爲明倫堂，爲尊經閣。廟東北爲奎星樓，後爲訓導宅，廟西北爲啓聖祠，後爲教諭宅。廟東南爲崇聖祠，前爲土地祠。廟西爲講堂，前爲省牲所，爲射圃亭，戟門東爲名宦祠，西爲鄉賢祠，啓聖祠西皆學堂。明洪武初，知縣章通鼎建。嘉靖癸丑，知府李遜、知縣羅汝芳改建。崇禎壬午，悉經寇焚。皇清順治六年，知縣李世洽建明倫堂。十五年，知縣王廷舉重建明倫堂并戟門。十八年，知縣鄒應錫建啓聖祠及兩廡。康熙十一年，知縣王崇曾、訓導業惺心建奎星樓。十六年，知縣方人龍改建兩廡及櫺星門。二十二年，知縣章時化見啓聖祠規制褊狹，改建尊經閣舊址，重建奎星樓、文明坊一。

宿松縣 在縣治東南。中爲文廟，其東西兩廡及戟門、泮池、櫺星門規制俱同。廟後爲啓聖祠。戟門東爲省牲所、爲鄉賢祠，西爲名宦祠。櫺星門東爲魁閣，廟東爲奎星樓，樓前爲射圃。西爲明倫堂，堂之東爲進德齋，西爲修業齋。堂後爲教諭宅、訓導宅，今俱廢。宅後爲神器庫，堂前爲敬一箴亭、五箴碑亭。儀門東爲土地祠，祠東爲謁聖門。元尹戴昌創建學宮。明正統己巳，知縣謝驥重建，知縣孫衍、顏敏、施溥、推官王孫昌相繼修葺。皇清順治三年知縣孟瑄，十一年知縣孫繼文，康熙二年知縣王民皞，八年知縣朱維高相繼修葺。

望江縣 在縣治北崇寧坊。中爲文廟，其東西兩廡及戟門、櫺星門規制俱同。戟門東爲神廚，西爲王幼學祠。櫺星門外爲泮池，左爲聖域、右爲賢關。廟後爲明倫堂，舊在廟西，知縣王澤隆、教諭姚見龍移建。堂左右有序，東爲禮門、西爲義路，堂後爲啓聖祠，東爲名宦祠、西爲鄉賢祠，王澤隆移建。文昌閣在廟之東。訓導宅在廟之西，宅後極西有觀德亭，教諭談志新建。學門在廟之東，建坊曰"麟鳳騰祥"。宋季，學隨縣遷江口。元至正間，復故址。明洪武甲辰，知縣徐煥鼎建。嘉靖初，同知魏文象、知縣余弦更造堂齋、門垣，後知縣朱軾復葺之。皇清順治己丑，知縣王澤隆、教諭王見龍移建明倫堂于廟之後，次移啓聖祠于堂之後，移名宦于祠之東，移鄉賢于祠之西。康熙壬寅，教諭談志移建觀德亭，修文昌閣，砌泮墻，甃石橋。庚戌，訓導方至樸復加修葺。康熙十七年，教諭胡鼎重修西廡。十九年，又重修建敬一亭。二十一年，知縣伊巇重修明倫堂。

徽州府

《職方典》第七百九十一卷
徽州府部彙考五
徽州府學校考（書院社學附）通志縣志合載
本府（歙縣附郭）

徽州府 唐及宋初，皆在城東北隅，後凡再遷。紹聖二年，乃復于故址。紹興間，知州汪藻增建。德祐間兵廢。元至元間，復建，後毀。明洪武初重建，堂齋、廟廡、橋門、射圃悉備。正統八年，御史徐鬱命同知徐亨增新之，知府孫遇畢其役。成化間，御史陳選、婁謙先後檄府修建。弘治間，知府彭澤增創號舍。嘉靖十年，制增啓聖祠，建敬一亭，貯六箴碑，各縣悉如其制。皇清康熙二年，知府藺一元、教諭章霖重修，并建尊經閣、師儒等舍。康熙十二年，知府曹鼎望重修戟門。十五年，知府張登舉、徽寧道王緒祖重建正殿。

歙縣 宋淳祐間，郡守謝堂建于縣左。元初，毀于兵。至大庚戌，重新之。明初，因故址重建，規制已具，而前逼民居。景泰間，教諭羅鎡復購地而廣之。成化間，知府周正復加修葺。皇清順治四年，知縣宋希蕭重修。康熙三年，署縣事府同知聶煒、知縣呂應瑞重建明倫堂。康熙十一年，望江縣知縣孫繼佳、教諭吉天助重建。

休寧縣 在縣治東。宋紹興間，徙于南門外。元大德間增修。至正間毀。明洪武初，重建廟學，後御史戴珊、都御史彭禮先後命有司購寺地以拓其基，規制大備。皇清康熙二年，知縣傅維楨重修。五年，知縣洪泮洙、教諭謝起秀改學門于巽方。十九年，教諭張問達、訓導孫應嗣加葺。

婺源縣 宋慶曆中創建于縣東。熙寧中，遷縣西，後屢遷屢復。元末兵毀。明洪武初，因故址重建。天順、成化間，知縣張瑄、韓儼相繼修繕。弘治間，凡再修，後毀，知縣喬恕、聶瑄先後重建。嘉靖己丑，又毀，知縣曾忭拓地又建。皇清順治九年，知縣馬元、訓導金注修葺。十一年，知縣張弘美、教諭翟皓更修。十五年，府訓導吳煥然增修。

祁門縣 宋端拱中建于縣南。元移西南。後毀，明洪武初，因故址重建。永樂七年，水，學宮幾圮，知縣路達修葺。成化、弘治後，再毀再修。皇清順治十五年，知縣陳德、教諭張季琪重修。康熙十二年，知縣何繼、訓導周祚光同助新之。十九年，教諭吳人龍加葺。

黟縣 宋初，在縣南。元因之。明屢加修建，而地洿輒壞。正德甲戌，御史吳鉞乃度地于縣西北，屬知府熊桂徙建之。皇清康熙十二年，知縣杜弘重修。

績溪縣 宋在縣治東。元初，廢為軍營，乃遷于縣西。明洪武初，復建于故址。正統間，知府孫遇以學基狹隘，購地增修。成化間，同知黃用宣改建。正德間，知府熊桂、教諭敖越更新之。皇清順治八年，知縣郭四維修葺。十五年知縣李之韡，康熙十年知縣劉滋加葺。

寧國府

《職方典》第七百九十九卷
寧國府部彙考五
寧國府學校考（書院社學附）　通志縣志合載
本府（宣城縣附郭）

寧國府 在府治東。宋崇寧間，郡守李彥卿移于城內。建炎三年，仍復舊址。紹興十年，郡守汪伯彥更徙而東，向文脊峰。元末兵毀。明初，知府黃榮祖創建今地。正統中，知府袁旭撤而新之。明倫堂，東西分列四齋，廟廡、橋門，諸制悉備，復造學門于廟東、御書樓于堂北。嘉靖十年，建敬一亭，貯六箴碑，各縣悉如其制。萬曆中，知府陳俊、蕭良譽、金勵相繼修葺。皇清順治六年知府管起鳳，康熙九年知府莊泰弘大加修葺。十九年，知府王國柱捐俸，教授徐馮、訓導姚士重督修。

宣城縣 在府治西南，舊在城東南。明洪武間，知縣王文質徙建泰和門內，後知縣邢知遠又改建縣治西。宣德間，知縣蕭吉重修。正統間，知府袁旭遷今地。皇清順治六年知縣陳正中，八年知縣王同春相繼修葺。康熙十六年，廟全圮，知縣李文敏、教諭徐化民募修未竣。二十一年，知縣袁朝選、教諭陸志遇、訓導錢邦達各捐俸倡修。

寧國縣 在縣西門外。初在縣東南。宋紹興間，徙東門外。明洪武間，知縣鄭承事創建今地。正統間，知府袁旭、知縣劉清拓增之。弘治間，知縣孫珍徙明倫堂于大殿西。嘉靖中，訓導王㙔始作泮池。皇清康熙十八年，知縣馬光建尊經閣。二十年，知縣陳王策捐俸重修。

涇縣 在縣治北，即大安寺故址。初在縣南，宋淳熙中，徙于此。元至正間，重建，尋毀于兵。明永樂間，知縣薛蕙、知府袁旭增葺之。皇清順治六年，教諭施化遠捐募重修。康熙十八年，知縣鄧琪棻捐修明倫堂。二十二年，知縣蔣雲翼、教諭楊言書、訓導汪瀠捐募重建先師廟五間，前有露臺、丹墀，啓聖祠在儀門內，明倫堂五間，名宦祠在啓聖祠右，鄉賢祠在名宦祠後。

太平縣 在縣治東南。宋嘉祐中，徙遷于此。元至正間重建。明正統間，知縣張珪增建。正德間，知縣楊良臣恢拓前基，易櫺星門以石。嘉靖中，教諭王佳士改建明倫堂，鑿泮池。皇清順治五年，教諭虞敬募造泮池、石橋，修明倫堂。康熙二年，知縣陳恭、教諭袁澄、訓導董雲申加葺。二十年，知縣王璘因宮牆隘狹，市地拓垣，廣舊址十之七，黃山峰秀異獻于前，最爲軒敞，得地勝云。文廟東西兩廡，前爲大成門，又前爲櫺星門，外爲泮池。啓聖祠，在廟後。明倫堂，在廟右。名宦祠，在大成門左。鄉賢祠，在大成門右。

旌德縣 在縣東尉廨間。宋紹興中，邑令趙伯杰徙建于此。明初因之。嘉靖間，知縣柳應陽稍徙而北。後知縣李調元建文昌閣于學東。萬曆間，知縣秦文捷大加增建，知縣蘇宇庶重修文昌閣。天啓間，教諭周民改泮池于櫺星門外。皇清順治二年，廟宇盡圮，徽寧道張文衡、教諭吳邦俊倡助，建明倫堂于舊址。八年，徽寧道袁仲魁捐俸，建兩廡及儀門、月臺，後知縣周一熊相繼繕修。先師廟，在明倫堂之南，東廡八間、西廡八間，齋房東西各五間，廟門三間。啓聖祠三間，在廟之東。明倫堂在廟之北。名宦祠在廟門東，鄉賢祠在廟門西。

南陵縣 在縣治西南，即崇教寺廢址。初在縣治南。宋紹興間，遷縣東。元季毀。明洪武間，知府羅汝芳、知縣甘潤、教諭劉子潛重建。嘉靖間，知縣郜永春徙建今地。萬曆間，知縣沈堯中移廟于南四丈。崇禎十年，知縣杜繩甲重建明倫堂。皇清順治十年，知縣楊必達倡修。康熙十八年，知縣屈升瀛、教諭顧芳菁、訓導張蓍募建大成坊。二十一年，知縣杜源、教諭顧芳菁、訓導徐鍾麟捐募重修尊經閣。

池州府

《職方典》第八百七卷
池州府部彙考三
池州府學校考（書院社學附）　　通志
本府（貴池縣附郭）

池州府 在城東南隅。宋開寶初，郡守成昂始建于城之西北。至和間，郡守吳仲復移建于東南。厥後，陳栯、周應龍、葉凱、王伯大繼修之。明洪武三年，知府孫炎重建。正統初，知府葉恩加修。成化初，知府李宏鼎新之。弘治間知府陳良器、祁司員，正德間知府何紹正大加修葺。嘉靖十年，制增啟聖祠，建敬一亭，貯六箴碑，各縣悉如其制，歲久傾圮。皇清康熙十六年，同知喻成龍庀材鳩工，重為恢拓，建兩廡及明倫堂，修啟聖、名宦、鄉賢三祠，浚泮池，造橋並欞星門，移建文昌閣于學宮後，規制一新。

貴池縣 在府治西。明洪武三年，建于縣治南。弘治十三年，知府祁司員以卑隘，遷于黃狀元故宅，即今址。萬曆間，推官李養沖、知縣蕭繼美相繼修治。皇清順治十二年，知府李愈昌加修之。康熙二十一年，知縣羅熔同教諭、訓導修葺。

青陽縣 在縣治東南。宋隆興二年，知縣楊元秉遷縣治南。元大德間，邑令吳廷輔遷縣治西。明洪武七年，知縣張文昱復遷東南故址，即今地也。成化間，知縣王政重建。弘治末，知縣錢瓚重修。皇清康熙二十一年，知府喻成龍大修。

銅陵縣 舊在縣治西。宋淳熙中，遷于縣治東。明初因之。正德十年，知府何紹正復遷于舊址。嘉靖十七年，知縣周納復遷于東。皇清順治間，知縣蔣應仔、劉日義、裴國熙相繼修之。康熙十八年，邑人佘繼益合族重修。

石埭縣 在縣治西，舊在縣治南。明洪武三年，知縣陳霖始建，後知縣尹安續建。嘉靖十四年，知縣陳炫改建于此。皇清康熙八年，知縣姚子莊、訓導周體元重修文廟，並造尊經閣。

建德縣 在縣治西，舊在縣治東。宋嘉定間，移建于此。明洪武初，仍之。崇禎四年，知縣楊錫璜改建西郊。皇清康熙元年，知縣高寅移建城內舊址。

東流縣 在縣治東。元縣令袁裕建，毀于兵。明成化中，知縣蕭佩改建于縣治西。嘉靖間，知縣盧洙復遷故址。皇清順治四年知縣鄧繼球，九年知縣蘇弘謨次第修建。康熙十五年，知縣侯之桓加葺。二十二年，署縣事府同知周疆重修，並造學舍。

太平府

《職方典》第八百十三卷
太平府部彙考三
太平府學校考（書院社學附）　通志府志合載
本府（當塗縣附郭）

太平府 在府治西。宋治平、建炎、紹興間，凡三遷，而後定于今址。明永樂中，知府徐敬更修。弘治暨嘉靖間，知府徐節、周進隆、林鉞相繼葺治之，廊廡、橋池、堂齋、尊經閣、射圃咸備。十年，制增啓聖祠，建敬一亭貯六箴碑，各縣悉如其制。萬曆十八年，知府陳璧改治泮池，設長橋，擴門路、官廨、祠圃、廳舍，繼是劉應珂、余思明、何士林俱加修葺。皇清順治十一年，知府王以約復修廢墜。康熙元年，知府胡繼瀛修尊經閣。十一年，知府黃桂倡修，教授宋驤督理。十九年，知府楊霖捐金，益所未備，訓導方逢月董其事，比舊爲盛。

當塗縣 在府治東南。宋未置學，元始置而未立。學宮地在西隅，明洪武中，知縣王俊即其址建。之後，知府楊士敏、知縣張嶅拓治。成化初，知縣韓恭遷建文廟。正德間，御史洗光屬知府周統重造廟門、齋廡。嘉靖間，知府林鉞、知縣張一厚復增修之。萬曆三年，巡撫宋儀遷建今所。皇清順治十三年兵道周體觀，康熙十年訓導史以徵重修葺。十二年，知縣寇明允力任告厥成功。

　　蕪湖縣　在縣治東南。宋元符三年，知縣蔡觀建。明洪武中，知縣宋彬重修，後知縣周宗博、陳源、崔諭相繼葺治。萬曆中，知府林一材徙建他處。未幾，知府陳璧仍徙舊地。崇禎三年，知縣梁應材重修。皇清順治四年暨十一年，知縣賈一奇、黃裳重修葺。

　　繁昌縣　在縣治西。宋慶曆間，建于舊縣內。元至元毀。明初重建。天順元年，徙縣治，因徙之治東。成化間，知縣林域以地僻陋，乃遷今址。正德初，提學黎鳳、知縣俞應成新之。天啓、崇禎間，知縣劉孔源、馮洪孜相繼修治。不數年，復圮。皇清順治十一年，知縣張楷重修。康熙七年，知縣吳升東復葺治之。

廬州府

《職方典》第八百二十一卷
廬州府部彙考五
廬州府學校考（書院社學附）　　通志
本府（合肥縣附郭）

　　廬州府　在府治東。肇于唐會昌，盛于宋咸平，廢于紹興之兵亂。乾道以後，帥守趙磻老、翟朝宗繼新之。明宣德中，同知謝庸修。正統初，知府揭稽重建，後知府史濡、益圮相繼增飭。歲久漸圮，知府高汝行大修之。中為大成殿，東西廡各十三楹，前為櫺星門，為戟門。後為明倫堂，堂東為進德、正誼，西為崇道、育英四齋。又後為尊經閣。嘉靖十年，詔增啓聖祠，建敬一亭貯六箴碑，州縣悉如其制。萬曆三年，知府吳道明增建興文樓。明季兵毀殆盡。皇清順治三年，知府吳允升重建。康熙二十一年，知府薛之佐大加修葺，堂廡、門柵煥然俱新，復建名宦祠。二十二年，知府杜立本畢其工。

　　合肥縣　在縣治東南。舊在威武門外，宋淳熙中，郭振遷于三賢書院，即今址也。明洪武初，知府張義撤新之。景泰二年毀，知府史濡拓地重建。弘治間，知府馬金建尊經閣，制略同府。天啓間，知府張正學、知縣陳瑄重修。明末毀于兵。皇清順治三年，訓導蘇紹軾募建，後知縣方象璜、訓導宰維翰相繼增修。康熙二十一年，知縣范時著捐修聖殿、兩廡。

廬江縣　舊在南門內。元至正中，縣尹兀顏綱修。明洪武七年，知縣傅鉉遷于三思橋北，在今縣治東。洪熙間，知縣黃惠重建。天順、成化間，知縣王慶、梅江、劉紳相繼修葺。弘治間，知縣胡暘重修，更置號舍。正德七年，知縣劉夢熊闢民地而大其制。嘉靖四年，知縣周良會拓蛟龍雲雨池，以增其勝。嘉靖間，劉裁又新之。崇禎五年，知縣張雲鶚建文昌閣于堂後。賊毀。皇清順治四年，知縣周迓祚建廳三間。康熙六年，知縣孟述乾捐資重建殿廡及櫺星門。康熙十六年，知縣盧均天、教諭李大濩募建明倫堂。康熙二十二年，知縣馬光、教諭王琳徵、訓導丁象臨重修殿前墻垣、泮池、門柵并建官舍。

　　舒城縣　在縣治西。元至正毀。明洪武初，知縣員蟻建今地。宣德乙卯，知縣劉顯重修。後知縣楊縉、陳魁士、教諭傅敏功、雷芳相繼增葺。明末寇毀，僅存大成殿。皇清康熙三年，知縣何朝聘捐俸倡修。

　　無爲州　在錦綉溪北。宋皇祐間建。崇寧初，徙漕臺東，尋復故址。元毀。明洪武初，知州王奉訓建。正統初，知州王仕錫增修。萬曆間，知州查志文、趙范、陳嘉賓相繼修葺。皇清康熙三年，知州李佑之、訓導曹鼎臣捐修。十九年，兩廡將圮，知州王國輔、學正史逸孫、訓導何嗣和協力捐募修建。

　　巢縣　在縣治西。宋紹熙間，知縣江琯創建，趙登善繼之。元季兵毀。明洪武初，知縣桂廷用重建。嘉靖間，改建于慈氏寺。萬曆中，巡撫吳桂芳過邑，以舊址爲勝，捐俸協助復建于故基，後知縣王寧、陳倫相繼修治。明末寇殘。皇清順治十四年，教諭魏侯聘修葺。康熙十一年，知縣于覺世重修。

　　六安州　在州治東北。始建于元大德，而成于至元間。明洪武初，知州薛敬重建，王成繼之，制乃備。後知州何勝、包弘益、金山李袞相繼增修。正德間，知府徐鈺更新之。嘉靖間，知州邵德久、歐陽德、同知鄧向榮，萬曆間知州楊際會、李懋檜、同知劉垓先後修治。明末兵燹，舊制多殘。皇清順治三、四年，安廬道趙振業屬學正塗廷楹加葺兩廡舊制。寇毀無存。康熙二十一年，知州陳恭捐俸重建，學正孫謙、訓導光宏實協力捐募，建學門、官舍。

　　英山縣　在縣治西北。元至元間，知縣段振建，毀于兵。明洪武中，知縣朱陵建，隋贇重建。宣德末，知縣賀完重修。隆慶間，知縣葉世行、教諭漆星大復加修葺。天啓間，知縣楊世祿改遷北門外。崇禎四年，署縣事府訓導丁立表復改于城內治北。皇清初，知縣陳震先修葺。

霍山縣 在縣治東。明弘治乙卯，始立學，知縣崔中、吳霖相繼營建。嘉靖十三年，知縣歐紹說重修。萬曆間，知縣陳維翰遷于河北，後知縣黃守經改遷舊址。明季寇亂遭焚。皇清順治十年，知縣欒元魁重建。

鳳陽府

《職方典》第八百三十二卷
鳳陽府部彙考六
鳳陽府學校考（書院社學附）　府志州縣志合載
本府（鳳陽縣附郭）

鳳陽府 在譙樓西雲濟街。明洪武十八年，建國子監。十九年，改爲鳳陽府儒學。廟中大成殿，兩廡肖聖賢像，列興賢、育秀坊于戟門外。景泰間，知府仲閎修。成化間，知府章銳開大成路，置生員內號房，建尊經閣。弘治間，知府孟俊修。嘉靖十年，命增啓聖祠，建敬一亭，貯六箴碑，州縣悉如其制。崇禎四年，災于火。六年，知府徐世蔭修建。大成殿五楹，明倫堂三楹，東西兩廡各九楹，東西齋房各五楹，尊經閣三楹，前戟門三楹，東西坐房各一楹，名宦祠三楹，鄉賢祠三楹，泮池前大成門一座，東北啓聖祠、敬一亭、土地祠、射圃，西魁星樓、教官宅，東首大門三楹，內東角門一楹，外櫺墻一圍，東西門樓各一座。歲久漸就傾圮。皇清康熙四年，知府戴斌、司李黃貞麟略修，其左右齋房、尊經閣、敬一亭、魁星樓，未竟厥功。至十八年，知府耿繼志蒞任之，始于晉謁時，瞻顧惻然，遂于十九年冬，捐俸倡始，又申請鳳廬道孫蘭率同同知劉芳聲、劉忠國暨州縣，各量捐不等，擇吉鳩工，委訓導程之烺及繼任教授湯原振董其事，自大成門以至殿廡、齋祠、堂亭、墀廊、門屏、繚垣大加修葺，煥然一新。

鳳陽縣 在舊縣治東南。明洪武間建。正統間，縣丞趙進建文昌祠。弘治間，知縣潘永嘉重修。萬曆壬寅，署縣事通判李光前捐俸，開雲路、玉帶水。萬曆癸丑，知縣萬嗣達開泮池。皇清康熙九年，戶部分司圖鼐、詹惟聖、教諭岑兆旗捐資重修。後正殿、兩廡及櫺星門、圍墻盡圮。二十一年，知縣丁耀祖、教諭項龍章、訓導張昊各捐俸募資重建。二十四年，知縣史昭傳、教諭吳文熔現在增修。

臨淮縣 舊在塗山門內，即今廣儲四倉。明洪武三年，置中立縣，知縣樂瓚始建。先是，郡學在縣治西崇儒坊。二十七年，遷郡學于府治，徙縣學于其基。歷宣德至嘉靖，知縣徐迤、韓敦、滑浩、張紀、胡文璧、盛呆、吳鼎繼修。嘉靖二十二年，大水，學宮盡圮，乃即曲陽門外書院權奉先師神主。隆慶六年，知縣陳哲改天地宮舊址爲學宮。萬曆十五年，知縣陳民性仍遷于縣治西舊址。二十五年，知縣薛芳重修。被毀，三十三年，知縣賈應龍修。皇清順治六年，淮水沖沒。七年，知縣徐必進復建于曲陽門外書院舊址。十八年，署縣事同知郭顯功復遷正殿于崇儒坊。水溢爲患，康熙九年，署縣事盱眙縣縣丞葛翊宸、訓導尤運昌復改于聞賢門外，後知縣魏宗衡勸募繼修。順治六年，淮水沖沒，凡經九遷，未卜其吉。康熙二十三年，知縣陳宗彝、教諭蘇應秋擇地于南門外滋德坊，捐俸重建。

懷遠縣 在縣治東南。元季毀于兵。明洪武三年，知縣唐蔚、教諭王景章即故址創建。成化十七年，淮水漲溢，學圮于水，移建縣治東。正德七年，提學御史黃如金、知縣李豫復移建今學。嘉靖二年知縣徐玠，九年知縣任俊，十七年知縣商承學，萬曆二十二年知縣王存敬，崇禎十六年知縣莊祖誼相繼修葺。明季寇殘。皇清順治十二年知縣傅鎮國、教諭申詒芳，康熙十一年知縣于鴻漸、訓導余潛飛相繼捐修，稍復其舊。

定遠縣 舊在縣治西。宋淳熙六年，改建縣治東南，後毀于兵。明洪武二年，知縣朱玉即舊址重建。正統二年，知縣沈安修。弘治間，知縣朱恭、曾大有、章澤相繼重修。嘉靖三十三年，知縣高鶴捐修。皇清順治十一年，知縣高萬仞、訓導談志同修。康熙三年，知縣徐杅捐俸加修。

五河縣 原在縣治東。元至大間，徙縣治西北。明洪武三年修建。嘉靖間，河溢傾圮。十五年，知縣蕭文明遷于澮河北。天啓七年，知縣陳善學又遷于澮濱。崇禎十六年，知縣王師保卜遷于城西鳴鳳岡，添建文峰塔一座。皇清康熙十一年，知縣李雲景捐俸修建。

虹縣 在縣治東。明洪武三年建。正統七年，知縣何誠遷于察院東汴河北。萬曆二十八年，知縣任愚遷于舊址稍東。萬曆間知縣伍元正，天啓間知縣張鳳翼相繼重修。後漸傾圮。皇清康熙十二年，知府章欽文捐俸重修。

壽州 唐宋並在東南，元移之西清淮坊。明洪武二年，知州夏侯顯修。正統七年知州惠理、景泰間知州王長福繼修。成化間，知州陳鎰建尊經閣五楹。弘治間，同知董豫開學前地爲賢路，題其坊曰"泮宮"。正德間，知州林僖新之。嘉靖辛卯，知州栗永祿大加修構。因水頹廢，皇清順治十二年，知州李大升捐俸助修。康熙十八年，學正荆拯、何琴雅、訓導程登鼎相繼修葺。

霍丘縣 在縣治東。明洪武五年，教諭于達創建。宣德五年知縣嚴敬，成化五年知縣高顯，二十年知縣蕭翀，正德六年義官許誠，嘉靖二十七年邑人許珠，四十二年鄉官時暘、余翊，萬曆三年知縣周佩，十九年知縣武之望，天啓元年知縣鄧英相繼重修。皇清順治九年，知縣管抒素加修。康熙二年知縣楊顯德、教諭沈德興，十一年知縣姬之篤、訓導劉湘相繼增修。

蒙城縣 在縣治東。元元貞間，縣尹劉正平相舊廟東空地重建新廟。至正二十一年，縣尹李仲卿建學于縣治東南。明洪武四年，因元舊基重建。永樂元年，知縣王克學、教諭廖潛仲修之。正統五年，知縣同蠡、張本相繼增修之。成化末，知縣齊霄改修明倫堂。弘治元年，縣丞孟統修建戟門、齋廡。嘉靖十四年知縣王誠、教諭周麟，四十一年知縣任照修。萬曆十年，知縣吳一鸞大加修葺。天啓四年，知縣張從容建尊經閣、宰牲堂、省牲堂。皇清順治三年，知縣蔣錄楚、教諭吳璧因明倫堂、進德、修業兩齋傾壞，重修之。十年，先師殿傾，知縣田本沛、教諭汪作霖募修。康熙六年，大殿又圮，本府同知高之章署縣印，修之。八年，知縣竹綠猗重建戟門。十二年，教諭黃學勤、訓導施階重修兩廡。

泗州 在州西北。元至治丙戌，州守李守中因舊創建。明永樂、景泰間重修。成化十六年，知州言芳改建，未就，知州婁鑒畢其役。正德辛巳，知州汪應軫大修。後日久圮廢。萬曆二十二年，穎州道李驥千捐俸，以訓導靳朝相董其事，修構弘麗。皇清順治六年，半爲水廢。十一年，尊經閣火。康熙十一年六月，雷震欞星門，俱未修復。

盱眙縣 宋時在縣治西，後因兵廢。元泰定間，徙縣治于山城，學亦徙于玻璃門。明洪武三年，仍舊基重建。皇清康熙二年，知縣李時茂修。十六年，教諭馬士芳修。

天長縣 明洪武四年，縣丞嚴植建于縣前。十五年，知縣劉道源遷于縣東城隅。正統七年，知縣周安修。成化九年，知縣王哲修。成化十三年，知縣鄭仁憲重建。弘治九年，教諭吾禽修。正德十五年，知縣胡大有、教諭陳佐修。嘉靖二十八年，知縣邵時敏修。隆慶元年，知縣楊子龍修。崇禎元年，傾圮愈甚，幾不蔽風雨矣，知縣臧太初、教諭曠昭鼎建明倫堂，重修大成殿、兩廡、兩號房。皇清康熙三年，知縣江映鯤、教諭張希哲、訓導呂光盛重修。

宿州 在州東。元至元十一年建，知州左昺、趙良臣重修。後因兵廢。明洪武三年，知州吳彥中重修。正統初，御史彭最更新之。成化間，知州張黼修，規模大備。萬曆間，知州崔維岳捐俸增修。皇清康熙十年，知州呂雲英、學正賈之坊捐修。

靈璧縣 在縣治東。元至元間，知縣李良佑建，後毀于兵。明洪武二年，知縣穆政因元舊基重建。正統二年，提學御史彭勖、知縣呂琮增修。成化十二年，知縣孔彥麒重修。弘治五年知縣陳玉，萬曆四十五年知縣陳泰交相繼修葺。皇清康熙十二年，知縣馬驌復修之。

潁州 宋景祐中，蔡齊以戶部侍郎出知潁州，奏潁故名郡，宜設立學校，從之，肇建于西湖上。明洪武十年，徙于南城內，草創未就。正統間，提學彭勖、知州王希初鼎建。成化間，中丞滕昭、陳鑾屬知州李溥重修。嘉隆及啟禎，蒞潁者相繼修葺。皇清順治七年，知州孫可成、學正朱應升捐修。

潁上縣 舊在壽春門外。元季毀于兵。明洪武四年，知縣車誠遷于縣治東。十八年，縣丞孔克畊重修。成化十年，御史鄭節度學東隙地拓之。嗣是，知縣李時儀、曹琦、魏頌、廖自顯相繼修葺。隆慶元年，知縣郁言概移上南數十丈。萬曆間，知縣黃蘭芳、何豸、張大業加修。皇清順治十年，知縣鮑弘仁重修。

太和縣 在縣治東南。明洪武五年，知縣馬良因元舊基重建。崇禎四年，教諭朱統鐼建尊經閣。皇清康熙十一年，知縣陳虞化、訓導汪則大重修。

亳州 舊在州治東，唐故址也。宋慶曆間，節度使夏竦重修，汝南忠武王張柔建文廟、兩廡、前後二堂。元至元間，知州蓋苗同監郡阿里海牙建兩廡，繪七十子像，築宮垣、學室，召師生居之。後毀。明洪武三年，知州張文弼因廢址重建。宣德十年，知縣陳溫修。正統元年，知縣盧試榮修殿、門廡、齋庫、神廚。景泰五年，徐貴徙明倫堂及學門于殿右。天順六年，知縣鄧昱建大成殿。成化九年，知縣王瓘建明倫堂。弘治十四年，知州王沂因縣改州，闊大其制，增設二齋、倉庫，同知張淮修正殿、戟門。十八年，知州劉寧開興賢街。正德十六年，知州顏木遷于州治西南。

嘉靖二十七年，知州張珽開正南神道，題其坊曰"文明"。皇清康熙十九年，知州唐協同師生重修。

和州

《職方典》第八百三十九卷
和州部彙考一
和州學校考（書院社學附） 州縣志合載
本州

和州 舊在橫江門之郊。宋開禧，安撫耿與義重修。元末毀于兵。明洪武初，遷于郡治東南隅，知州張純誠重建。歷來州守如曹文、黃恕、葉睦、孔公才、易鷺、同知蘇紳、董錫、吏目張良興皆垣墉而丹臒之。嘉靖時，太守孟雷、通判王朝用以地弗善，改遷百福寺，而後先增飭，如沈志言、康誥、馮子履、李裕、陳表、曾克唯，規模弘矣，科第猶若晨星。萬曆年，知州郭繼芳復遷故地，建文筆于巽方。崇禎乙亥，毀于賊，知州左鍈復新之，然而人文寥落，咸咎斯地卑濕，吉氣弗鍾。皇清定鼎，州守盧汝鼴卜得二守舊署，益以廢衛之半，改建新學。繼之徐萃、李如蘭、年仲隆、學正翁需、學訓王三樂，次第經營，而仲隆又請廢衛之署以祠文昌。嗣楊繼芳來守是邦，以修學為急務，學正劉彥初佐之。近復傾頹，州守夏瑋捐資倡修，學正羊世澤董其事，并新啟聖祠于尊經閣之東南，庶規模大備，而人文其聿興矣。

含山縣 舊在崇儒坊東。宋崇寧初始創。元至正元年，知縣榮克讓重修。元季毀于兵。明洪武十四年，復置縣。明年，知縣王均美、訓導穆時中因舊學基建焉。永樂之戴彥則，正統之許聰，天順之蘇廉祿，成化之朱仲烔皆其代有修葺者也。成化末民人朱清，正德中知縣祝弘舒、曾世英、張雲鵬、周義，嘉靖中鄭慶、馬崧相繼修之。後二十八年，知縣葉繼善以安國寺地堪建學，請諸當道，遷學城南，即佛殿以為正殿，前有兩廡，又前有戟門、欞星門，門外有泮池，池有石橋，戟門左為名宦祠，右為鄉賢祠。殿后為明倫堂，東西序為兩齋，東曰思誠、西曰持敬。堂後為敬一亭。堂之東為啟聖祠，祠之東南為教諭宅，祠之直前為儀門。而殿堂之西，蓋兩訓導宅也。儀門東南有文運維新坊，坊左為東舍。歲久傾頹。萬曆元年，知縣袁伯鑰益加修葺。迨日久廢圮愈甚。皇清順治十三年，知縣黃鼐諭諸生行勸輸之法，得資若干，選材鳩工。于是正殿、兩廡、明倫、啓聖以及名宦、鄉賢諸祠，悉舉修之，然尊經閣尚未建也。康熙二年，知縣范禎乃鼎新焉。

滁州

《職方典》第八百四十一卷
滁州部彙考一
滁州學校考（書院附）通志

滁州 在州治東，舊在子城內，宋景祐間，遷于此。元圮。明洪武三年重建。永樂初，加修，廟堂、廡齋、橋門、射圃咸備。嘉靖十年，制增啓聖祠，建敬一亭貯六箴碑，先後修葺。皇清康熙十六年，復建明倫堂、魁星閣，門廡、堂舍煥然一新。

全椒縣 舊在縣南。宋崇寧間，縣尹王俞卜地于縣治之東創建。至明正德七年，學使黃如金因學基湫隘，乃卜地于白雲庵，遷建廟制。年久俱頹，皇清康熙二十一年，修葺。

來安縣 在縣治之東南。建自宋崇寧間。至明洪武十四年，重建。成化、弘治間，皆相繼修葺。

廣德州

《職方典》第八百四十三卷
廣德州部彙考一
廣德州學校考（書院社學附）通志縣志合載

廣德州 宋天聖中，司理范仲淹建于州治北。治平中，錢公輔遷于州東南隅。後毀于兵火。紹興初，知廣德軍洪興祖重葺，元傻文質擴而新之。明洪武二年，同知趙有慶重新廟廡，堂齋咸備焉。永樂九年，知州楊瀚擴舊址，鑿學河。成化十年，知州周鍈遷明倫堂，築萬桂山。十六年，判官王璽多所修建。嘉靖十年，制增啓聖祠，建敬一亭貯六箴碑，縣如其制。久之，明倫堂、啓聖祠，俱圮。皇清順治七年，操撫李日芃、兵備道袁仲魁捐俸修之。康熙六年，知州楊苞重修完固，視昔有加。

建平縣 在縣治東。宋建，兵毀。紹興間，郡守洪興祖重建，後縣尉趙善與知縣章一璧繼修。明洪武間，知縣宋禮新之。正統間知縣李觀，正德間署縣判官況照，嘉靖間知州鍾振，知縣高常，萬曆間知州張嗣誠、知縣潘桂、向蕚輝繼修。皇清康熙四年，知縣李景榮復建戟門、櫺星門。

江西總部

南昌府

《職方典》第八百五十卷
南昌府部彙考四
南昌府學校考（書院社學附）通志
本府（南昌新建二縣附郭）

南昌府 舊在郡西。晉太康中，太守胡淵建。唐御史中丞杜亞鎮豫章，徙于城北。宋治平二年，知洪州施元長徙于州治東南，即今所。建炎中，火于兵。紹興四年，知洪州趙鼎因故址建。元爲龍興路儒學。至元間，設江西儒學提舉司。明洪武間，創南昌府儒學。景泰四年，巡撫都御史韓雍闢明倫堂後址，建樓以貯頒布書籍，額曰"賜書樓"。嘉靖九年，創敬一亭。崇禎八年，知府沈匡濟廣啟聖祠，并飾祭器。祠前爲膳堂及號舍，廟戟門左爲名宦祠，右爲鄉賢祠。儒學門在欞星門之左，前聖學心傳坊，東義路、西禮門，前直街通東湖，中有大成坊，橫街坊二，左"物華天寶"、右"人杰地靈"。皇清，提學僉事趙函乙重修。康熙二十二年，提學僉事高璜買民居，拓地大修，煥然一新，人文鼎盛。

南昌縣 在東湖北，即故東湖書院。元元統初，徙城東撫州門外。明洪武初，知縣黃德銘遷今所。景泰四年，巡撫韓雍檄修。萬曆間知縣林應訓，崇禎間知縣何謙相繼修葺。明末毀。皇清順治十年，重建。

新建縣 在東湖北，即故宗濂書院。元元統初，即其地建學。明景泰間，巡撫韓雍檄修。天啓間，知縣龍文光繼修。明末毀。皇清康熙二年，重建南昌、新建兩學，左右並峙，面躍龍橋。

豐城縣 在縣治東。宋紹興間，自縣東南遷此。元升爲富州學。明洪武九年，改爲縣學。萬曆間，知縣韓文修葺。皇清，知縣宗彝重修。

進賢縣 在縣治南。宋崇寧間，始建學在縣東南。明洪武間，知縣施皓遷建于此。萬曆間，知縣林道楠重修。

奉新縣 在縣西南，即惠安寺故址。宋咸平間，建于縣南馮水之上。元豐間，遷于南津橋之西。崇寧二年，遷于直庵院之東。五年，復遷南津橋故處。淳祐八年，改遷于此。元至元間，知縣方淵、謝峻相繼修葺。

靖安縣 在縣治東。舊學在法藥之左，宋紹興間建。明洪武間知縣衡守敬，萬曆間邑人舒效盛相繼修葺，後知縣應汝稼闢學西地建廟，即法藥院故址。

武寧縣 在縣治西，故城隍廟址。宋紹興間建于縣東。明成化間，遷于縣西延恩寺故址。正德十四年，知縣陸浚徙城隍廟，更建學于此。萬曆間，知縣胡東陽、周道昌相繼修葺。

寧州 在州治東。宋元祐間，建分寧縣學。元改爲州學。明洪武三年，知州項仲宣重修，後改爲縣學。成化四年，修葺。弘治十六年，復改爲州學。萬曆二十一年，知州方沆重修。

饒州府

《職方典》第八百五十七卷
饒州府部彙考三
饒州府學校考（書院社學府）　府縣志合載

饒州府 在舊縣治東，有文翁宅，疑爲漢學宮遺址。晉內史王廣創學北門，即今靈芝門，生徒至八百人。繼以虞溥興修，梁太守柳輝亦復增葺。唐不可考。宋景祐間，范仲淹知饒州，指城外督軍湖北可爲學基，未及遷，代去。慶曆間，張譚來守，爲成其志，學徒幾千人。元末，寇毀，列像爲風雨摧剝。明初，里人徐素傷之，舁厝西隅天寧寺，知府陶安即其殿爲大成殿，增門廡、堂齋，知府王哲廣之。宣德間，知府黃通理重新。嘉靖、萬曆中，知府彭辨之、林欲廈、黃琮先後修葺。末年漸頹。皇清，知府翟鳳翥爲申請，將淮藩廢址改建府學，尚無垣墻。康熙初年，知府于榮始繚以石，隨復圮壞。九年，知府王澤洪捐俸重修。十八年，知府黃家遴捐資重修正殿、兩廡、明倫堂并各祠垣墻，煥然一新。

鄱陽縣 據《邑志》，即州學。慶曆間，縣學尚未置。淳祐間，知縣周還淳始就北門內州學舊基創之。元末毀于兵。明洪武二年，知縣韓子敬、教諭王鼇暫于錄事司開教。五年，知縣林伯齡遷北隅興賢巷帝師殿舊址。歷知縣聶瞻、任勉、雷升相繼修治。弘治間，御史王宗錫、陳銓、提學邵寶、知府李復真、知縣翁永年從生徒意，請復舊址，遷東湖濱，即今處，華亭顧清記。厥後，屢圮屢修。皇清康熙元年，守道高得貴、知縣程世章修明倫堂、啓聖祠。俄大殿又頹。七年，知縣盧元倍修之。十年，知縣鄧士杰捐俸重修大殿暨明倫堂，梁棟更新，四圍約有里許，墻垣堅固完好，功費不減鼎建焉。

餘干縣 舊在江濱。唐開元間，顧錫以水患遷縣左。元和間，李德裕修。宋嘉祐間，江璞遷南隅。崇寧間，吳興遷琵琶洲。紹興間，杜師旦又遷東湖，今所也。淳熙間，劉荀作六齋。嘉定間，趙希齊作三賢堂，祀前尹趙彥端、沈度并丞相趙汝愚，樹藉田碑。元元貞間，升爲州學。至元間，烏樞修。壬辰兵毀。明知州侯彬建。洪武四年，復改縣學，畢福、聶原繼修。天順間，知縣邵昆修。弘治中，御史王宗錫、陳銓繼修。癸丑，以文會堂改尊經閣。嘉靖丙戌，提學徐一鳴遷東岡山，知縣石簡、周振繼建。丁巳，御史徐紳屬知縣陸鳳儀改復東湖。萬曆辛巳，知縣劉諧繼葺。皇清順治間毀。康熙六年，知縣江南齡重建，今復圮。康熙二十二年，知縣呂瑋、教諭蔡毓志、訓導劉廷冠重修。

樂平縣 在縣治東。宋熙寧間，范鍔建。淳熙間，程鎡葺。紹熙，楊簡更擴之。元元貞間，縣升州，劉吉改創，建慈湖遺書閣。明洪武初，知縣曾宇春增修。繼是，丁宜民、楊志、王容輩重修。成化丁未，火，知縣趙錡建。萬曆，金忠士重修。皇清順治二年，悉遭焚毀。順治八年，知縣王德明重建大成殿。九年，建戟門、欞星門、啓聖祠。康熙十年，知縣王道隆捐俸重修，建明倫堂、兩廡及齋舍、廊房、四圍墻垣，并修啓聖祠、鄉賢、名宦祠。

浮梁縣 在縣治西北。宋元豐間，張景從徙東南，即今所。淳熙，劉三戒重修。元皇慶間，萬聚建堂齋，郭郁重修。壬辰兵毀。明初，知州衡原政、知縣王文德重建。宣德中，曾鼎建明倫堂。成化間，張俊重建。嘉靖中，汪宗伊重新鑿泮池。萬曆丙辰毀。丁巳年，知縣傅元初建。皇清康熙十年，知縣王臨元重修正殿及兩廡。相傳范文正公鑿蓮花池，引水繞學宮入大溪，以厭火災，啓文運，歲久湮塞，碑記云："水不可涸，涸則地方火；不可滯，滯則藝林蕪。"至是浚修並舉，亦景仰前賢之盛事云。

德興縣 在縣治東南。宋治平間創始。乾道間修，後圮。元大德間，主簿錢處仁建。至大間，縣丞陳德新修。壬辰，兵毀。明初，重建，知縣郭文進、陳世能繼葺之。尋火，縣丞陳敏新、知縣吳繹思復修。弘治又火，僉事羅九鼎督縣新之。嘉靖中，知縣許高修建，知縣廖賓新明倫堂。萬曆間，知縣丁如皋重修。後大成殿圮，明倫堂毀，至皇清順治六年，知縣郭振鷺、教諭周學鵬重修。康熙十一年，殿復圮，署縣事本府同知范文英捐俸以倡，訓導嚴濟明率諸生捐輸重修，煥然維新。

安仁縣 在縣治東。宋建炎間汪祀創。開禧中，知縣劉強學請復學田。元壬辰兵火。庚子，平章王溥重建。又火，明知縣李思信、蘇瓚、閻弼、李琛、項備繼修。嘉靖間，知縣陳朝慶、羅汝經修葺，謝汝韶、李華春重修。崇禎間，知縣熊兆禎復修。明季兵毀。皇清，知縣王玨重建大成殿。至康熙四年，知縣程瀚建欞門、兩廡、名宦、鄉賢祠。尋兵毀，止存正殿。知縣胡績顯率庠士桂子建兩廡、欞門。

萬年縣 在縣治東。明正德年建。未幾，卜弗吉，遷于郭西。萬曆四十三年，知縣顧原成新遷今所。按《縣志》，明末毀于兵。皇清順治九年，知縣張德亨復創建于郭西舊址。康熙四年，知縣魯子球復遷于九江道之舊址，即今學。東有啓聖祠、西有學署。

廣信府

《職方典》第八百六十三卷
廣信府部彙考三
廣信府學校考（書院附）通志
本府（上饒縣附郭）

廣信府 舊在郡西北隅。宋景德四年，州守楊舉正遷于郡城之東。元祐間，徙建東南。元甲申，總管盧天祥復修。後毀。明洪武三年，知府蔣麟閣重建。成化、弘治間知府邢正、王塘，正德間提學邵銳相繼修葺。後頽，皇清康熙六年本府通判趙權，十一年知府高夢說相繼修葺。

上饒縣 縣治西北。宋淳熙間創于天津橋。元末毀。明洪武初，知縣林芳遷今所。正德間知縣黃希英，萬曆間同知廖文光偕知縣王炳璇相繼修葺。皇清康熙八年，大雨雹，大成殿圮，今方議經始云。

玉山縣 舊在縣治之東。元遷建于縣治之南，後毀。明洪武間，知縣雷起龍修復。嘉靖、萬曆間，推官尹大本、知縣錢應斗相繼修葺。明末毀。皇清順治五年，守備羅洪署縣事，創聖殿。順治十二年，推官黎士弘大加增修。

弋陽縣 在縣治東。宋紹興間，始建于縣治西。元因之。明洪武三年，知縣劉琢徙今所。嘉靖戊子火，知縣李本新之。崇禎丁卯年間，教諭葉景光、知縣王萬祚相繼修葺。明末圮。皇清，知縣陶耀重建。

貴溪縣 在縣治東。宋慶曆間建。元末毀。洪武二年，知縣馮子木重建。永樂間，圮于水，徙置縣治西。宣德間，仍遷于故址。後頹。景泰間，巡撫韓雍、副使韓暘檄修。後毀。皇清順治間同知葉承祧，康熙四年知縣郭一鳳以次增修。

鉛山縣 舊在縣東南。宋皇慶間建，以面勢非宜，徙東山下。元至正間，復遷于州治西北隅。明復州為縣，學址仍之。景泰間，副使韓暘、都御史韓雍檄修。萬曆、崇禎間，知縣唐應紹、任懷德相繼修葺。皇清康熙八年，知縣吳士恒重修。

永豐縣 在縣治東。宋熙寧間建。元拓之。明景泰間，知府姚堂重修。崇禎間，知縣朱朝熙繼修。皇清康熙元年，知縣曹淑重修。

興安縣 在縣治後。明嘉靖間，知府江珍、知縣陳慶雲建。天啟間，知縣張國經繼修。皇清順治間知縣宋元衡，康熙五年知縣王舟瑤相繼增修。

南康府

《職方典》第八百六十九卷
南康府部匯考三
南康府學校考（書院社學附）　府志
本府（星子縣附郭）

南康府 舊在城西門外。宋紹興間，郡守徐端甫改遷于福星門內，即今址也。乾道間，郡守史俁增置書籍。淳熙七年，文公守郡，圖像于壁，奏請置廟器，給獻官祭服，增置五賢濂溪祠。嘉定間，郡守又一新之。元末兵燹。明洪武三年，知府安智重建，規制悉備，扁四齋曰志道、據德、依仁、游藝。永樂間，教授翁宗言重建明倫堂，置文卷庫。正統間，知府翟溥福建殿廡。天順間，僉事余復建號舍二十四間。成化五年，知府許顒建殿廡、戟門，塑從祀諸像。大成殿高二丈八尺，深三丈二尺，廣六丈二尺，又爲二廡，總三十間。兩廡先賢舊本木主，許君復塑像如十哲，儀前建戟門、泮池、欞星門，一視國學之制。八年，知府曹凱重建堂齋，遷泮宮于欞星門右，建崇文、廣化二坊于門外。弘治二年，知府郭瑃置樂舞器，請樂師以教歌舞，增廣生員，以充班佾。十一年，知府劉定昌重修殿堂及尊經、聚奎二閣，鼎建兩廡、四齋。正德九年，知府陳霖移欞星門進內二丈許，以避城垣，改儒學門于聚奎閣右。萬曆十九年，知府田琯修廟及啓聖祠，建射圃亭，觀瀾閣高起一層，復以廟之地勢高露，掘平三尺，移就今向。皇清順治十四年，知府薛所習重修。康熙十二年，知府廖文英節修。十三年，兵燹之後，又復傾圮。十四年，知府倫品卓大修，復置尊經閣于舊址，勒碑大成門外。

星子縣 宋紹興間，郡守徐端甫建于西門外，舊軍學基。明洪武四年，知縣朱敏改遷水軍萬戶府舊址，殿廡、門臺、齋堂、射圃悉備，知縣邵進誠創倉廠、教官廨舍，教諭方杜林創文卷庫。成化間，知府曹凱鼎建殿廡，闢民地以廣前門，甃橋跨澗，以拓其道，移欞星門于澗南，學士彭教記。正德七年，知縣崔孜重建兩齋。隆慶間，參議馮謙鼎建明倫堂、尊經閣、欞星、戟門、泮池，提學徐爌記。萬曆十九年，知府田琯因學基低窪，移建明倫堂于後側，西傍縣治，東面城垣，新兩齋、闢三門，豎尊經閣，造文峰塔，今東城上有石塔者是，改學宮私廨三所。逾年，又就明倫堂前掘池，半壁環墻，植桂，題曰"月桂"，甃以石門，題曰"龍門"，升青雲路三尺，給諫鄒元標記。萬曆癸丑，知府費兆元以學基低下，議遷，巡道葛寅亮題其議，鄉紳吳道長輸銀百兩助費，知縣王成位董其事，遂移建于余家塘侍講基，即今址也。皇清康熙十年，知縣劉珵重修戟門，向稍東。

都昌縣 漢晉五代無。唐咸通中，縣令陳杲始建學于治東南東壇側。宋仍唐制。元末毀于兵燹。明洪武四年，知縣周象賢遷于治東數步，原爲譙樓，內預備倉場，今關王廟與主簿廨是也，基地淺陋，齋舍未立，教官俱賃民房以居。六年，知縣王敬中遷復舊基，乃先立山川壇于西偏，遂移學宮于壇之東，殿堂、齋舍俱備，前阻城隍廟，後倚弦歌坊，左鄰民居，右鄰山川壇。三十一年，知縣洪俊新建明倫堂、兩齋于大成殿之西北，扁其齋，東曰進德、西曰修業，建門去堂百步，建膳堂于堂之東，建文卷庫于堂之左，櫺星門、庫房、宰牲所、射圃亭次第修舉。茲後，代有興建修葺。皇清康熙九年庚戌，改建于小南門城外，庀材鳩工，于十一年壬子工竣。二十二年知事曾復大加整葺，凡所未備，皆爲舉修，廟制聿新，煥然稱盛。

建昌縣 舊在仰止門外。宋崇寧間，建于隆道觀側。紹興間，縣丞曾熹徙于縣治旁。慶元二年，知縣許錫遷仰止門外。至元二年，知州孫輔臣重修。明洪武五年，知縣倪恭重建。明正統、景泰間，知縣潘彝增修。成化六年，知縣羅獻重建殿廡、門廊，塑諸賢象。十八年，知縣鄭惟桓重修。弘治間，副使邵寶、知府劉定昌重建齋堂、號舍及書籍、祭器二庫。天啓辛酉，知縣羅尚忠遷儒學于修江橋北。皇清康熙五年，文廟傾頹，知縣馬驊、訓導周日鼎重修兩廡、戟門。康熙五年，訓導周日鼎同生員艾金城、呂大章重修。鄉賢祠在戟門東，名宦祠在戟門西。康熙十四年，知縣李道泰重建戟門并修兩祠、櫺星門、啓聖祠。

安義縣 在縣治南。明正德十四年，都御史孫燧、憲副宗璽、知縣熊價僉謀共建堂廡、齋亭及周圍墻垣畢備。至崇禎十一年，諸生具呈于督學侯峒曾，遷廟改向，知縣黃瑤捐修工成。至十三年，知縣張士祥復遷明倫堂于大成殿之後。皇清康熙十一年重修。

九江府

《職方典》第八百七十五卷
九江府部匯考三
九江府學校考（書院社學附）　府志
本府（德化縣附郭）

九江府 在郡城西南隅半里許，面蓮花池。宋開禧間，知軍事余崇龜置。元因之，尋毀于兵。明洪武元年，知府龔琬仍舊址重建殿廡。越六年，同知鄭輝拓而增之，堂齋、櫺星、戟門、泮池、師生廨舍、庖湢、庚庫各有所。後圮，成化六年，知府蘇致中建殿廡、門宇，鑿池、豎坊，廣射圃，又建靖忠書院于學之左，以祀晉陶靖節、唐狄梁公。成化九年，知府謝峻謂士不以窮達得失爲計而疾名之不稱，今選于禮部者，皆刻石樹國學，若府州縣學宮，題名石則有司事也，乃樹鄉貢進士題名石于明倫堂之西北隅。學東舊有文昌祠，僉事陳騏毀其像，更塑周濂溪先生像于其中，今廢。成化二十三年，知府趙祺、童湖修之，增塑儀像，飾冕服，改射圃于學之東。越十一年，戶部主事鄭汝美權舟溢江，初置樂器，教授史智以弟子贄市義田三十一畝，入其租爲公費。學制，大成殿居學之南，兩廡翼之，前環戟門，戟門之前爲泮池，又前爲櫺星門，右爲青雲樓，大門則接櫺星門之右，中小門東廡北角。大成殿后爲明倫堂，旁翼四齋，堂左會饌堂，翼以生舍二十楹，舍外爲經書庫，堂後爲尊經閣，北教授廨，東齋後訓導廨一，西齋爲訓導廨三，廨前宰牲房，暨池。學外東西隅爲射圃，圃有觀德亭，亭前有門，圍以垣，廣四十五步，袤倍。圃，久廢。前有蓮花池及屏墻一樹，廣數十丈，舊爲射圃廳地，後爲居民所侵。崇禎六年，教授金壇、于樹勳清復，捐資樹屏，批鑿蓮池。乙酉，學毀于兵，惟殿及兩廡、戟門存。皇清順治十三年，知府王孫章重修。康熙十一年，知府江殷道捐俸鼎建明倫堂、尊經閣及啓聖、名宦、鄉賢三祠，并修聖殿，煥然一新。

德化縣 舊在府治南。宋慶曆間，置于縣治東南鄂王池右。崇寧間，知縣楊春遷今所。元至正間，江州總管趙瓛再建，又即學東地爲司馬溫公祠。壬辰，兵毀。明洪武初，知縣陶遂即舊基建，越十二年，知縣楊玘增修學門，東向。正統間，知縣馬璁改南向。景泰二年，戶部主事李藩復移學門于東，而擴其基。甲寅，重修，徙學門復南向，即舊門址，遷司馬溫公祠于上。明年，戶部主事白金大新宮墻。正德癸酉，提學副使李夢陽命知縣王永增修，議遷于前數百步，阻于兵。嘉靖元年，鬻學後地以充工費，命知府王念徙建，又易民居，鑿外泮池。七年，知府馮會因兩廡地基卑濕，戟門、櫺星圮壞，泮池淤塞，乃出帑羨聿新諸制，後又于櫺星門右建大魁樓，今毀。文廟明倫堂，制如郡。堂之東西爲進德、修業二齋，堂後爲尊經閣，爲教諭廨。進德齋之東角爲中門，其西爲二訓導廨。乙酉，兩廡、齋室毀于兵，殿亦傾圮。皇清順治十六年，推官胡宗虞重修。

德安縣 舊創于學之東北，隔溪流半里許。宋治平間，知縣張伯樂徙于縣治東南一里。崇寧間，知縣周池臨其處，以智惠院易之。建炎中兵毀。紹興改元，吳廣問修之。淳熙八年，圮于水，知縣劉允迪重修。元因之。壬辰，爲陳友諒兵廢。明洪武七年，知縣馮衮仍舊址創殿廡、堂齋、門庫。天順間，水圮，遷入縣治之內。嘉靖壬午，知縣梁一桂廣泮池，甃以石，教諭章琥于學之東自構講堂、生舍凡一十七楹，以石垣之，復作觀我亭于堂後。六年，知縣李萱復葺治之。十九年，風雷傾折，縣令姚繼律用射圃易民地以建。萬曆五年，知縣劉鍾以形家言，改東向。萬曆九年，知縣張延熙遷于河東。二十八年，知縣祝彥捐俸造教官三齋。皇清初，廟齋盡圮。康熙七年，知縣張鍈重建之，凡廟廡、啓聖祠、明倫堂、尊經閣無不畢備。先師廟、東西廡、戟門、欞星門、泮池、明倫堂尚缺。兩齋左曰博文、右曰約禮，敬一亭在大成殿之西，祭器庫在明倫堂之東，經籍庫在明倫堂之西，儒學門在欞星門之東，土地祠凡三間在明倫堂之西，號舍二重各三間，俱明倫堂之西，射圃在號舍之右。

　　瑞昌縣　在縣治西。宋慶曆間建于瀼溪之旁。嘉泰三年，知縣洪均偲遷今所。元因之。末年，兵燹。明洪武四年，知縣黃顏仍舊址創建。弘治十六年，以舊學臨市，改于縣治右後百步。正德二年，知縣黃源大鑿泮池，飭垣墻，甃階級。嘉靖癸未，僉事林大輅即學東南隅爲尊經閣，其明倫堂在大成殿東，爲教諭訓導廨，又東北爲射圃，餘制同前。乙酉，兵毀。皇清順治十五年，縣令李芳春卜新基重建。十八年，劉景皋復創明倫堂、啓聖祠。

　　湖口縣　在縣治北。宋建于下鍾山之旁。元末仍舊址，尋爲陳友諒兵毀。明洪武初，知縣郝密徙今所，即真如寺故址。正德十五年，知縣章元梅闢後山地以廣之。厥功未竣，知縣傅雲繼之乃成。嘉靖二十六年，巡按傅鳳翔闢賢路。三十八年，知縣沈銘建石坊。崇禎元年，署縣事推官唐啓太重修。皇清順治三年，兵毀。康熙二年，喬鉢鼎建正殿。七年，知縣范之煥建明倫堂、文廟、堂廡，制同德化。戟門之東爲鄉賢祠，西爲名宦祠，廡後爲司教者廨，齋後各號樓二十楹，有舍二十楹以廣業。

　　彭澤縣　宋慶曆間，設于崇儒坊，去縣南半里許。元因之。至元四年，縣尹王國輔大爲營治，爲兵燹廢。明洪武初，知縣黃安泰仍舊基創造殿廡、堂齋。成化乙巳，知縣淩杞購民地拓而新之。癸亥，都御史林俊、提學副使邵寶從諸生請，檄知縣王琦改遷今鳳凰山下讀書巖前。正德末，逆濠兵燹，僅存大成殿，知縣曾棠復之。萬曆四年，雷時敏改拓，既復圮，教諭曠用賢與同寮各捐本年俸，諸生各捐本年優免，再新之，當事助以贖鍰，曠謝不受。舊制略與瑞昌同，而大成殿則東向，殿之南爲明倫堂，又南爲稽古亭，按《舊志》，即讀書巖前亭也。學門右爲教諭廨，而訓導廨列于櫺星門之左。射圃，建于洪武間，仍在舊學基右，氣概宏敞。後兵毀。皇清順治十二年，知縣董襄重建。

建昌府

《職方典》第八百八十一卷
建昌府部彙考三
建昌府學校考（書院社學附）通志府志合載
本府（南城縣附郭）

建昌府 宋太平興國年，改建昌軍，建學在郡治之西。靖康二年毀。紹興四年又毀。後十六年，知軍事蔣循祖乃修治之，復學地與學田之侵于民者，繪鄉先生李太伯之像于大成殿之南廡下，以風後學。元符間，知軍事管師仁建四賢堂于廟右。泰定間，郡守薩德梅增拓學址而修治之。至正六年，同知府事劉矩建大成殿，學士虞集記略。明景泰七年，知府江浩修葺如時制。成化間，知府謝士元大新學宮，召工遠方，稽制國學，新禮樂器，購經書子史百家之籍，興學教士，一時爲江右首稱。弘治五年，分封，益國故學址入藩第，知府孫偉徙學于郡治北天寧寺，時工役繁興，重改作，故仍佛宮爲大成殿，殿之後仍梵堂爲饌堂，堂之後爲尊經閣，殿東西有廡，廡之前爲戟門、爲櫺星門，門間跨流水而橋三。閣東爲廩庾、爲廨舍。閣西爲明倫堂，東列齋序，曰志道、曰據德、曰依仁、曰游藝，禮器、樂器庫附齋下，西連號房凡十餘楹，堂下砌爲露臺，臺下甬道數十武，道上立儀門，門外有橋，多經遷構，徙置如初。十年，知府熊宗德拓橋西地，創神厨、宰牲房、庫房，開滌牲池，橋南建學門，繚以垣墻，門之前豎泮宮坊，尋撤去。十八年，知府舒昆山、同知林廷獻因滌牲池北隙地建號房二十楹，建講堂于明倫堂後，于戟門左建名宦祠，右建鄉賢祠，門之外闢大路，路南合浚窪窟爲泮池，池南建桂香樓，西建屋二十楹爲外號房。正德七年，知府安奎建射圃，立觀德堂于饌堂之左。九年秋，雷震大成殿，知府韓轍、同知何恩以殿仍佛宮弗稱正祀，因撤而新之，門廡葺治，丹碧煥然。十二年春，又從士議，爰度地宜，改建明倫堂于射圃，推官羅江乃相共成，經制于是爲備。嘉靖元年，詔正祀典，大成殿易名先師廟。嘉靖八年，知府張紘奉建御製碑六座、敬一亭。萬曆三十四年，參政余霑捐十金，知府朱與翹捐七十金，修尊經閣，後因學役失火，前後藏書延燬無遺。崇禎九年，明倫堂火，知府李恢先、通判牟遄、推官荆本澈各捐俸重建。名宦祠在儀門左，鄉賢祠在名宦祠南近。射圃在學宮之右，嘉靖二十五年，同知周良相改號舍為之，構亭一，夾室二，後改為新司。萬曆六年，知府王之屏復立射圃于新司之右。三十八年，推官陸健即射圃改為旴江書院。

南城縣 宋紹興間，建于南隅太平寺故址。元至正間，毀而復修。明洪武間知縣張梲、呂升，永樂間教諭江濟，景泰間巡撫韓雍相繼增修。皇清，知縣李正蔚、苗蕃、曹養恒、教諭鍾秀次第增修。

新城縣 宋紹興間，建于邑之巽隅。元因之。明洪武初，知縣沙良佐增建。皇清順治間，邑故明吏部尚書涂國鼎、仲子涂斯、皇孫大諒等增建。

南豐縣 宋寶慶間，建于縣之西南。元至正間，升為州，時學毀，隨修復。明洪武間知縣袁仁亨，景泰間知縣陳勉增修。天順間，火，僉事陳騏檄府縣繕治。萬曆間，通判薛瀚署縣事增修。

廣昌縣 宋紹興間，建于縣治西，尋遷縣南，後遷今所。元毀，復修。明洪武初知縣侯端，弘治間知縣黃璉繼修，後僉事黃珙從諸生請毀東岳觀以拓規制。

瀘溪縣 初建于東城外。明萬曆間，知縣汪謨徙于縣治西。明末毀。貢生傅登覺協同耆民傅元松、林永吉等倡修。

撫州府

《職方典》第八百八十七卷
撫州府部彙考三
撫州府學校考（書院社學附）通志
本府（臨川縣附郭）

撫州府 在城東隅，文昌門之北，據大丘，東抵城，西抵大街，規制不具載。內有墨池、朱井，歲久與城外民基錯涓辨。明嘉靖己亥，火延民居，盡焚，教授周桐率諸生言于知府陸琳，悉力恢復，又浚池，甃石砌道，煥然復新。

臨川縣 舊在城南青雲峰下。明嘉靖壬辰，值城中寶應寺毀，巡撫胡岳、提學徐階從紳士議，即寺址建學。皇清康熙二年，知縣李弘敏修。

崇仁縣 在縣治東。元至正以前，屢毀屢興。明洪武初重修，後知縣時中、徐繩、瞿俊、劉忠器相繼修葺。

金溪縣 在縣治右。初建學于縣南望仙門外，以後兩遷。宋嘉定己巳，知縣王衡仲遷于晁氏九經堂之故址，即今所。元至正間毀，邑人鄧思誠始加繕葺，知縣李子敬重修。

宜黃縣 在縣治北。宋元屢遷。明知縣許大明、程積慶、譚政、余璣相繼修葺。皇清，知縣王世甌重修。

樂安縣 在縣治北。宋紹興間建。元末毀。明知縣戴智修復，後知縣饒魯南加葺。皇清順治五年，合邑樂輸修葺。

東鄉縣 在廣信門內之東偏，最南爲儒學門。明正德間，兵備道胡相地建。嘉靖、萬曆間，知縣蔡結、諸大倫相繼修。

臨江府

《職方典》第八百九十四卷
臨江府部彙考四
臨江府學校考（書院社學附） 通志
本府（清江縣附郭）

臨江府 宋淳化間，建在軍治南瀕江。元末毀。明洪武初，知府劉貞重建。嘉靖間，參政陳大賓以江水嚙岸，逼學宮，圖遷之，適廣壽寺毀，遂協謀府縣，以其地建學。隆慶間，知府管大勳復葺。

清江縣 宋初，在郡學南。嘉定初，徙皇華驛西。景定間毀。明洪武四年，知縣陳靜重建。正德間毀，知府熊希古隨建。嘉靖間，參政陳大賓以廟門逼城闉，遞進數丈，撤舊新之。明末毀。皇清順治十年，知縣洪其清重修。康熙四年，參議施閏章重修。

新淦縣 在縣治東南。自唐迄宋，凡三遷。元末毀。明洪武二年，知縣曹行重建。永樂間毀，通判宋軌重建。宣德間毀，知縣張顗重建。弘治間圮，知府尚絅重建。正德間毀，知縣劉天錫重建。後廟壞。嘉靖戊申，知縣陸美中改建。皇清康熙四年，參議施閏章協府縣宮修。

峽江縣 在縣署左玉峽驛故址。明嘉靖五年，知府錢琦肇建。崇禎庚辰，改建于按察司行署。皇清順治庚子，知縣顓孫佐聖仍遷建舊址。

新喻縣 在虎瞰山南臨梁館舊址，唐大曆間建。宋建炎間毀，隨重修。元爲州學。明復改爲縣學。景泰間知縣胡恭，弘治間知縣盧翊，嘉靖間知縣陳璨先後增修。皇清順治間，推官陸璇、知縣王應期、荊之茂重修。

吉安府

《職方典》第八百九十九卷
吉安府部匯考三
吉安府學校考（書院社學附） 府縣志合載
本府（廬陵縣附郭）

吉安府 在府治西南。宋慶曆四年，詔州縣學徒滿二百人以上，得立學，知州李寬始立州學，歐陽修爲文記之。紹興二十六年，高宗御製孔子暨諸賢贊，刻石太學，仍賜刻本于諸學校。淳熙十五年，知軍朱晞顏修之；周必大爲記。明洪武而後，知府莫己知、蔣良輔、陳本深、虞忠、張銳、顧福、張淳以次增飾，規制燦然大備。嘉靖八年，詔建敬一亭，貯御製敬一箴及宋儒視聽言動四箴注、范浚心箴注。九年，始奉制易大成殿曰"先師廟"，建啓聖祠，正聖賢祀典，廟前爲戟門、欞星門，神庫在戟門左，神厨在戟門右，宰牲房在神厨之右；後爲明倫堂，東二齋曰志道、依仁，西二齋曰據德、游藝，堂左爲致齋所，右爲會饌堂。明秀堂在明倫堂之後，射圃在讀書臺之下。欞星門之外爲振文坊，左右爲攀龍鱗、附鳳翼坊。歲久，明倫堂、尊經閣圮。皇清順治十五年，知府李興元重修。

廬陵縣 在縣治北二里許。宋慶曆中建。紹興六年重修。十五年，闢地爲講堂。慶元、咸淳，相繼修建進士第一堂。元元貞間，建立心堂。延祐中，修大成殿。明洪武、宣德、正統初，皆重修。成化中，徙學門左坊，增置齋舍。中爲明倫堂，堂列諸石刻，東西列明德、育材兩齋，後左爲神庫、公厨，爲二訓導廨，爲射圃，右爲教諭廨，廨有立心堂，後建墨池亭，稍南號舍數十間，前爲鄉賢祠、名宦祠，右爲學門。堂之南大成殿，殿東西兩廡，直前爲戟門、欞星門。隆慶辛未，改建于仁壽山白鷺書院。嘉靖壬辰，復遷原所。皇清順治十六年、十七年、康熙四年，繼修。

泰和縣 舊在縣西延真觀之左。宋咸平間，徙置今地。建炎初，門廡寖壞，重新之。元升爲州學。元至正十一年，增建齋堂四所，復爲縣學。皇清順治十二年重修。

吉水縣 在縣治東北。宋天聖間建，東向。慶元間，改建南向。元升爲州學。明洪武間，仍爲縣學。天啓四年增創。皇清康熙元年，署縣事理刑陸璿捐資，制東西兩廡、戟門。十一年，教諭游運開復重修。

永豐縣 舊在縣治西南。宋紹興間，徙治東，後又徙感應坊右。元末毀。明洪武初重建。萬曆間修葺。明末兵毀。皇清順治七年修復，十六年復建。中爲先師殿，後堂左廊爲禮門，右廊爲義路，尊經閣在明倫堂後；啓聖祠在尊經閣後，今改明倫堂右；敬一亭在尊經閣後，名宦祠在明倫堂左，鄉賢祠在明倫堂右，四忠祠在廟左。教諭衙在尊經閣左，今圮。訓導衙二所，俱廟左。今禮門前教諭衙，儒學大門內左爲訓導衙。射圃，舊在學宮之西，前有觀德亭，今廢。三元樓，在學門之左。群英閣，在欞星門之右。

安福縣 舊在縣治東南。宋元豐間建。元祐間，移治東。紹興間，徙治西丹霞觀，即今所。明洪武、景泰間，繼修，後圮。萬曆中更葺，復圮。皇清順治間增修。康熙五年，鼎造明倫堂，後爲啓聖祠，于大成殿重加丹雘，建東西廡祀先賢，名宦、鄉賢祠。十二年，修築宮墻，復建儒學宅舍于啓聖祠左，前後計六楹，于是蔚然壯觀焉。泮池，一在堂後，名北池；一在學東，名東池，俱景泰間重修。

龍泉縣 宋紹興間，始建在城南門外。元至元間，徙城西隅，尋移今所。後毀，明洪武初重修。景泰間復修，歷四年而後，殿堂、齋廡、祠庫、大成、欞星、由道諸門高大宏麗，倍于往時。後毀。皇清康熙四年，重修明倫堂、鄉賢、名宦及兩廡、欞星門。十三年毀。至二十年，重修大殿、兩廡、大成門、明倫堂、鄉賢、名宦祠、四圍宮墻，煥然一新。

萬安縣 宋熙寧間建，凡三遷。慶元五年，改遷于縣治之東北，名雲岡，前有風雲閣，後有遵道堂，俱廢。直舍爲魁星亭，左有筆神亭，今名下馬臺；右有觀德亭，在射圃內。明洪武年，建明倫堂及門廡。永樂間，修樂育堂、明倫堂、左右從屋、兩齋、庖湢及兩廊、號房、大成殿。景泰中，重建東西二廡、戟門、欞星門三座。成化中重修。正德中，毀于寇，復修舉焉。肅敬門，在儒學門內。樂育堂，天順間重建，迨後傾圮，嘉靖中重修。年久復傾圮。皇清康熙三年，重加修葺。

永新縣 舊在縣治東。宋慶曆初建。明宣德間增創。景泰間，建明倫堂。後火，改學邑西南。萬曆中，建興文閣于明倫堂後，并置學田，後復建于城東故址。後復毀。皇清順治十六年、康熙四年，相繼修葺。

永寧縣 在縣治西。明洪武五年，始創建殿廡、齋廊。弘治間，大新之。明末毀。皇清順治十六年，知縣鄭士樟重修。

瑞州府

《職方典》第九百七卷
瑞州府部彙考三
瑞州府學校考（書院社學附）通志縣志合載
本府（高安縣附郭）

瑞州府 在府治西鳳山之右，舊在進龍池左。宋治平間，撤皇華館建。紹興初，徙之水南，即今筠陽書院地。二十一年，徙今所。元末毀。明洪武間重建。正德、萬曆中，先後增修。天啓七年，重新之。

高安縣 宋淳熙間，附建郡學、講堂之右。寶祐間，徙于城西赤土岡。元末毀。明洪武初，改創今所。後頹。成化、正德、嘉靖間，相繼修葺。啓聖祠，在明倫堂左。名宦祠，在戟門左。鄉賢祠，在戟門右。文淵閣，在明倫堂後，今廢。聚奎樓，在文淵閣後。敬一亭，在聚奎樓後。尊經閣，在啓聖祠後。今俱廢。

新昌縣 在鳳凰臺下，舊在縣治東南。宋寶慶間，遷南門外。元至順間重修。明成化十八年遷今所。正德、萬曆、天啓間，相繼修葺。啓聖祠，在敬一亭之後。群賢祠，在仰高堂之右。射圃、觀德亭，在啓聖祠之後。

上高縣 舊在縣治北。宋元豐四年，遷于西。明洪武、嘉靖間，相繼修葺正殿、明倫堂。成化十二年重修。敬一亭，在戟門左，博文、約禮二齋兩旁，啓聖祠在尊經閣之左。名宦祠在大成門之左；鄉賢祠在大成門右。

袁州府

《職方典》第九百十三卷
袁州府部彙考三
袁州府學校考（書院社學附）　府縣志合載
本府（宜春縣附郭）

袁州府　唐天寶間，建于城北門外。乾元間，移城內郡治西。大中間，復徙北門外。南唐，移于郡治西南。宋皇祐間，改營于州治東，即今所。明洪武間增修，後毀。宣德中，知府何澄重建。弘治間知府王俊，萬曆間知府鄭惇典相繼修葺，尋圮，知府汪若水重建。崇禎己卯，知府解經達重修。皇清順治中，知府吳南岱、推官王延裀先後新之。乙未，督學趙函乙捐金補葺。康熙五年，明倫堂圮，守道施潤章、知府李芳春等捐資重建。其制，中為先師廟，舊名大成殿，明嘉靖中改為廟，今仍舊名。啟聖公祠，嘉靖九年，詔兩京國子監、天下府州縣學立啟聖公祠。明倫堂門外有石一片，高一丈餘，偉峭秀拔，相傳是唐盧肇狀元家物。神廚、神庫、樂器久壞。嘉靖丙午，知府徐禎重建。後圮。

宜春縣　舊附于州學西偏。宋淳熙間，移于秀江之北。中為大殿，創齋四，曰居仁、曰由義、曰近思、曰篤志。嘉定中，築殿宇，改創戟門、欞星門。元季兵毀。明洪武七年，建大成殿、兩廡、欞星、戟門、明倫堂、東西二齋。正統七年，建敦教堂。成化、正德、嘉靖、萬曆中，相繼修葺。皇清順治十年、康熙六年，重建。文昌閣，在學左，面臨秀江，一水直瀉。明知縣黃洽中、羅仁方用形家言，次第建樓閣以砥柱之，且遠接盧洲，渙藻迴瀾，巽峰錯綉。歲久傾圮。萬曆庚申，知府黃鳴喬等飭工完美，今毀。

分宜縣　舊在邑治東三十五步。宋初建于邑西五里。宣和間，遷清源渡。嘉定間，復建于西郊。端平元年，創學舍。元至元二年，新明倫堂。壬辰，兵毀。明初，復建于邑治東故地。洪武、景泰、天順、成化、嘉靖、萬曆、天啟、崇禎間，相繼修葺，凡大殿、兩廡及戟門、欞星門、名宦、鄉賢諸祠，莫不備具。皇清順治十年，傾圮。康熙六年，知府李芳春捐資重建。

萍鄉縣 在縣西二百餘武。唐初，建于縣東南二里許。宋紹興間，兵燹，徙建于尉司之右。二十二年，復遷縣右。乾道四年，復徙縣西之車田，並建學前高山塔。淳熙四年重修。元皇慶二年修。壬辰兵毀。明洪武四年重創。二十八年、正統元年、十一年繼修。弘治元年，再遷西隅沈家坑之左。十七年，改建縣南寶積寺東。正德十年，以隔河窵遠，復移沈家坑原所。十二年增修。嘉靖三年，改建于西隅大街，即今址，日久頹廢。萬曆中重修。

萬載縣 舊在縣東二百步。宋崇寧間，移學于通濟橋之東南。乾道中，遷之古寺。淳熙五年，復舊所。元至治中，廣兩廡，移櫺星門。至順辛未及至元四年，俱相繼修。後毀，明初甲辰，因故址建廟學如式。洪武七年，重修殿廡、堂齋。成化戊子，以舊基隘，復大拓地新之，立奎文閣于明倫堂後，易櫺星門以石柱。嘉靖、萬曆中，復相繼增修。後圮。皇清順治十三年、康熙十三年，皆重新修葺，規制大備。

贛州府

《職方典》第九百二十二卷
贛州府部匯考四
贛州府學校考（書院社學附）　　通志
本府（贛縣附郭）

贛州府 在府治東。宋慶曆中，創于澄清坊。治平間，徙于豐樂寺。紹興間，火，知州趙善繼重修。元末毀。至正間，重建。尋火，明洪武甲辰再建。成化間，知府曹凱易景德寺改建府、縣二學。嘉靖壬戌，御史陸穩修，按舊學在紫極觀，今爲祥符宮，遂從諸生之請，遷復舊地。後圮。萬曆庚寅，知府黃克纘重建。

贛縣 按《圖經》，舊有廟，近紫極宮。宋廣紫極宮爲祥符宮，廟遂廢。皇祐初，即故址東南建學。明成化間，徙景德寺。嘉靖間，遷復祥符宮，與府並。萬曆甲辰，督府李汝華仍遷于景德寺故址。庚申，壞，督府周應秋協郡縣官余文龍、翟元肅、劉永基重修。

雩都縣 在城西隅。宋天聖間建。景祐間，凡三徙。元初，復徙縣西北隅。明洪武初，增建。弘治間，副使張璁新之。正德間，火，知縣劉天錫乃以學址易紫陽觀改建。嘉靖庚子，復今所。

信豐縣 在縣東南。宋景德中建。紹興、至元，屢火屢遷。明成化中又火。弘治間，副使張璁重建。後又火，副使楊璋重建。嘉靖間，同知張銓修葺。

興國縣 宋始建于南門城外。治平間，歷三遷，至明嘉靖，推官許鑰謀遷治平觀，以舊學址易之。後毀，同知毛汝麒鼎建。萬曆，知縣吳宗周重修。

會昌縣 舊在縣西北隅。元末火，隨重建。明洪武戊申，徙于東北。壬申，火。永樂間，知縣王文孜重建。成化間，知縣梁潛購千戶白瓊故宅，廓而新之。萬曆間，知縣冒夢齡重修。

安遠縣 在縣東。宋慶曆間建。紹興中，徙興慈寺。元大德，徙今所。元末火。明洪武丙午，知縣周泰重建。弘治癸丑，知縣甘文紹修葺。

長寧縣 在縣治左。明萬曆乙亥，知縣沈文淵建。

寧都縣 舊在縣治東隅。宋崇寧中建。紹興間，徙城隍廟右。紹定間，徙西城外。元末火。明洪武初，邑人兵部侍郎彭祥重建。正德間，徙崇福寺。萬曆間，知縣林挺仍改建于西城舊址。

瑞金縣 舊在城隍廟。宋崇寧中，徙縣東。紹興間，又徙縣右。明正統間，火。景泰間，知縣徐安修建。弘治中，徙東嶽廟。嘉靖間，知縣鄧杞復徙故址。隆慶辛未，知縣呂若愚以學面逼城垣，購民間隙地廣之。萬曆間，知縣褚奎臨、潘舜曆修葺。

龍南縣 舊在縣東南集賢坊。宋元祐間建。明洪武初重修。後毀，教諭陳九思議併郡學。正統間復建學。成化間遷城內。正德中，知府邢珣崇土三尺，以杜水患。隆慶間，改遷于城南巽隅，都御史張翀、知府黃扆、知縣文程、王繼孝相繼畢工。

石城縣 舊在縣治東北。唐長興間建。宋紹興間，徙郭頭，又徙迎恩坊。元末毀。明洪武初重建。後徙中節坊，復徙安仁門南。正德間，水圮，隨遷舊基。後圮，萬曆壬寅，知縣唐元嘉改建。

定南縣 在縣治左。隆慶庚午，都御史張翀議建。辛未，都御史殷從儉、知府黃學海、知縣陳時范重修。

南安府

《職方典》第九百二十七卷
南安府部彙考三
南安府學校考（書院社學附）　府志
本府（大庾縣附郭）

南安府 在城東門外，瀕江。宋淳化間建。咸平戊戌，遷于城內。祥符己酉，又遷于城南一里。俱前爲廟，後有堂，旁爲齋舍。熙寧乙卯，知軍程敏叔遷復于城東故址。逾二十年，知軍曹登始大之，蘇軾有記。後兵燹，寓祀于寶界寺。紹興庚申，知軍舒億復遷于城南。戊寅，知軍李聞之又復遷于城東故址，即今學也。立廟及學，講堂、閣齋俱具。慶元己丑，鎮守孟公重修。淳祐七年，教授陳堯道立教授題名碑。咸淳間，廟漸圮，知軍趙孟適重建。宋末兵燹。元大德間總管王虎英、泰定間總管趙仁舉、至正間總管毋秘俱修廟及學。未幾復圮，達魯花赤拜降中重修。先是，延祐間，大成樂未備，總管張昉制樂器，設師教習，行釋奠禮。明洪武二年，詔天下郡縣立學，廟祀先師孔子，制設教授一員、訓導二員，後增至四員。至十二年，知府李博文重新。景泰甲戌，知府金潤重修，又立府學科第題名碑。天順三年，併大庾學入府學。明年，知府姚旭重修。成化十二年，加冕服、樂佾、籩豆。十五年，章水嚙前岸東門，小江水沖學後，知府張弼俱砌石障之，仍修葺學廟。正德五年，知府李敦重修。嘉靖八年，攝郡同知何瑤重修。二十七年，知府陳堯修。嘉靖庚申，知府周鏜修。萬曆五年，知府陳誥修。三十六年，知府商文昭重建。正德間，知府鄧應仁創。正中爲大成殿，爲東西廡，爲廟門，前爲泮池及橋，外爲欞星門，門內稍西爲溷、爲神廚、爲庫。明倫堂在文廟後，有臥碑，堂後爲敬一亭。亭後爲魁星閣，東西序爲志道、據德、依仁、游藝四齋。堂東稍前爲啓聖祠，嘉靖中建。萬曆間，增祀志道，今已新造住居，據德、依仁、游藝三齋俱圮，存空地。堂左爲土地祠，右爲教授廨。堂左爲訓導廨三。堂右稍前亦爲訓導廨。弘治間，訓導增至四員。萬曆十六年，復設縣學，移訓導一員于縣學，今府訓止一員。號房十二間，今圮。會饌堂一，今圮。欞星門內西旁有祠二，左爲名宦祠，右爲鄉賢祠。廟門左穿出爲甬道，外爲大門。門外爲屏牆，基地深五十八丈，闊一十三丈，周圍一百四十八丈。萬曆三十三年，知府余用昌創建。嗣後，雖有修葺，因年遠木朽，傾塌已甚。皇清康熙九年冬，知府李世昌特詳部院批允，捐銀一百兩。十一年，興工費繁難竣，示勸軍廳同知陳克俊及四縣令與衆紳士共勤厥事，八月始得告成大成殿，其明倫堂、廡廊、儀櫺等門，緣水涸，所買山木，路遠難以肩運，至十二年春始得竣工，煥然一新。興學校之首要也，詳請立豐碑記之。射圃，原在學內。明正德辛巳，知府何文邦遷于大庾舊治之旁，久廢。萬曆間，知府葉明元清出原地，復建，內爲觀德堂，前爲門屏。後稍東爲狀元館，成化間知府張弼建，內祀宋禮部侍郎張九成、刑部尚書黃由，外爲堂、爲大門，郡舉貢生儒赴試之期，率于館聚焉。

大庾縣 在府學左。宋慶曆間建。後改于縣治西南。元至元，爲水囓圮，遷于府學東北，總管張昉修之。洪武三年，知縣張宗明復修之。天順三年，裁大庾縣，學併歸府學。至萬曆十五年，覆議大庾縣，學建立于故址，堂廡俱備，惟文廟仍同府學，未另建立。

南康縣 舊在縣治南二十步，廟居學之前，其創始無考。宋景祐初，知縣陳升之改遷于傳法寺左。辛巳，邑宰胡晉侯遷于城外東南隅，即今廟學也。歲久頹廢。禮殿至以茅覆，而濱江基岸及櫺星門爲江流沖蕩，進逼戟門，地者僅五尺。明永樂十四年，教諭陳賢至，慨然以興廢爲己任，捐俸倡士大夫加修葺廟廡，始易以瓦，築堤捍江，用復故地。天順二年，知縣任燦重修禮殿、戟門及櫺星門。成化十九年，知府張弼以明倫堂前迫禮殿，後近御書閣，規制隘陋，乃移閣于後二尺鼎建而寬闊之。成化甲辰，右參政秦民悅重建明倫堂。正德間，改學門向獨秀峰。未幾，復舊向。先是，明倫堂在大成殿右隅。十二年，遷于大成殿之後，所謂魁星閣、御書樓及會饌堂之類于此。嘉靖乙酉，兵備副使林大輅巡部至，因詢祭器敝壞，乃命縣丞唐盛修葺之，侍郎劉節有記。至于修葺廟廡，如弘治通判馬伯昂，正德知縣黃璋，嘉靖推官謝澧、知縣高葶咸相繼修理。皇清順治十四年丁酉，知縣鄭思魯權建文廟于城內縣治之南。明倫堂諸制未備，因地氣不利，棟宇速朽。康熙八年己酉，知縣陳輝毅然以作興文教爲己任，捐俸爲倡，與司訓紳衿謀遷城外舊址。是冬興工，次年春告成。壬子春，啓聖祠、明倫堂、東西兩廡、大成門、櫺星門俱告竣。明倫堂左右有居仁、由義二齋，後有御書樓，西隅有教諭、訓導公廨及學倉、卷房、神廚、神庫、致齋所、祭器房、號房，今學宮新建，諸制皆俟後舉。魁星閣，原在廟東，後改在七里壩，以鎮學宮水口，今廢，待復。射圃，舊在西廡後，建觀德亭于上，因學宮殘毀，圃與亭俱廢，今復學宮，并修復爲習射之所。

上猶縣 在縣西街。宋慶曆間，建在縣北一百五十步。紹興間，知縣孟叔權創于縣東，胡敦實徙于東南。淳熙甲辰，鮑升之復建于縣西。後罹兵燹。元至元乙亥，邑簿黃桂開草創之。甲申，憲使劉益齋、典教李挺炎恢復學基。乙巳，知縣劉天錫增建。迨明洪武二年，有詔天下立學建廟，適猶學工訖。乙未知縣陳震修。成化庚寅，知府姚旭修。庚子，知府張弼重修。嘉靖甲辰，知府何文邦再修。辛丑，知府林介行檄知縣胡鑰改遷于東門外陳嶺上。隆慶辛未，知縣呂元聲改遷于城南。萬曆壬午，知縣王嘉會改遷于西門外飛鳳山麓。乙巳，都御史李汝華遷復于今所，即淳熙之址也。戊甲，署縣事府同知盧洪夏大爲捐助，始落成，廟廡門俱如府學差小。廟後爲明倫堂，左右爲二齋，堂後爲教諭廨一，訓導廨一，爲敬一亭，亭後爲御書樓，號舍十二間，後左爲名宦祠、右爲鄉賢祠。後傾頹。皇清康熙十二年，知縣楊榮白倡率邑人蔡祥源等重修。射圃，明弘治間撤龍歸寺爲之，有觀德亭，嘉靖十年重修。

崇義縣 在縣治東，聞弦街外。自崇正學、育眞才二坊以北，深四十丈，闊二十九丈。中爲正殿，殿后爲明倫堂，道由欞星門東入，堂左爲啓聖祠，右爲兩學官私衙，後爲敬一亭。兩廡在正殿左右翼，兩齋在明倫堂左右翼。最後爲尊經閣。後頹圮。皇清順治十七年，知縣甘爾翼同教諭張世緯捐俸重修。歷後，東西兩廡及大成門、欞星門，風雨損壞，棟宇傾毀。康熙十年冬，知縣何道行同訓導游鰲捐俸重修。又有長齋、衙舍，竟成丘墟，訓導游鰲獨捐己俸建造。十四年，賊寇焚劫，學宮灰燼，僅存兩廡。十九年冬，教諭李桂芳糾集諸生公呈，修理大成門、兩廡。二十一年春，訓導錢輝請知府馬勸令邑宰梁爾壽出資，買備木料，重修學宮，同知縣王璧、教諭李桂芳、典史田昌榮暨紳衿里民等捐助，鼎建一新。

浙江總部

杭州府

《職方典》九百四十二卷
杭州府部彙考八
杭州府學校考（書院社學附）府縣志合載
本府（錢塘仁和二縣附郭）

杭州府 舊在通越門外，鳳凰山右，莫詳創始。宋紹興元年，徙建涌金門內淩家橋西慧安寺故基。二十六年，高宗又御製諸像贊，刻石太學，仍賜刻本于諸學校，自爲序。嘉定九年，教授袁肅、黃灝病廟學湫隘，請于朝，乃拓而大之，楊簡爲記。理宗時，御製伏羲以來道統十三贊，刻石于郡學，附石經之末。紹定四年，府尹余天錫增置學田，以贍生徒，司業周端朝爲記。淳祐八年，安撫趙與籌重建廟學，增置學廩。元至正十年，守寶哥又新之。十二年，毀于寇。十三年，總管帖睦列思乃飭材重建，購禮佛寺地，展櫺星門于南，規制恢廓，視昔爲備，江浙儒學提舉王大本爲記。二十二年，復毀。二十三年，守夏思忠盡購禮佛寺基，南北二百步，東西一百六十步新之。明洪武二年，頒行臥碑，甃明倫堂。八年，重建廟學。永樂間，建尊經閣，匯藏頒賜諸書。十七年，廟學毀于火。宣德二年，巡按浙江監察御史海虞、吳訥跋宋高宗御製像贊。三年，巡視大理寺卿吉水熊概重建廟學。正統間，左布政使孫原貞、按察使軒輗協同寮采鼎新廟學，未幾遷去，按察使陳璇卒成之。成化二十一年，郡守張縉又加修葺，大理卿仁和夏時正爲記。弘治六年，鎮守太監張慶以尊經閣歲久傾圮，屬縉重修之，甃宋高宗御製贊，并李伯時所繪像于閣之北壁。十年，立科目題名碑于欞星門之外，翰林院學士新安程敏政爲記。是年，巡按御史吳一貫拓學宮南路。十三年，鎮守太監麥秀、巡按監察御史鄧璋、清軍監察御史任文獻協新廟祀。十八年，巡按御史車梁重新廟學。正德十二年，巡按監察御史宋廷佐檄知府留志淑遷仁和縣學石經于戟門外兩偏，道統十三贊于尊經閣下。是年，提學副使劉瑞請廷佐以刑金購書，藏尊經閣，瑞又隸書大學聖經一章于明倫堂座後門上，志淑命工刻之，今廢。嘉靖四年，巡撫應天右都御史廬陵陳鳳梧制道統十五贊。八年，詔建敬一亭，貯御製敬一箴、宋儒程頤視聽言動四箴注及心箴注。九年，始奉制易大成殿曰"先師廟"，建啓聖祠，釐正祀典。十年，勒御製正祀典說暨申說聖諭于石，樹戟門左右。十五年，左布政使任忠以展謁時諸司輿從直廟門行，非禮，出官帑二百餘金，購民居地闢爲便道，今稱新路。二十二年，按察僉事劉望之書大魁字于石，樹于泮宮坊西，直之南，知府陳仕賢亭覆之。四十五年，提學副使屠羲英始建敬一亭于廟後，移置御製諸箴石于中。萬曆二年，提學副使滕伯輪改三司廳爲名宦祠。三年，教授陳文炅改土神、文昌侯祠于義路之左，以祠舊在戟門之東僻陋故也。是年，學西偏民居火，延文明樓，府縣師生候廳俱毀，郡守吳自新請于撫按、藩臬諸司重建，稍撤民居而遠之，規制更爲弘麗。萬曆二十三年，提學僉事伍袁萃增置學田，令有司廣開墾以爲學宮永業。二十四年，巡撫都御史劉元霖命郡守季東魯重修。四十年，巡撫都御史高舉重修。崇禎十年，巡撫喻思恂、巡按御史趙繼鼎、張任學暨諸司重修廟學。崇禎十二年，巡撫熊奮渭重修明倫堂。皇清順治五年，巡撫諸司蠲金修葺廟及兩廡、欞星門、明倫堂、鼓樓，提學僉事李際期爲記。十五年，總督兵部尚書李率泰、巡撫都御史陳應泰、巡按御史王元曦重修，提學僉事谷應泰爲記。康熙十七年，巡撫都御史陳秉直捐資重修文廟。二十二年，教授章潤奇同訓導重建文昌祠。初文昌祠在戟門之東北，康熙十二年毀，今復建于欞星門之東。二十三年，知府顧岱捐修兩廡。二十四年，巡撫都察院趙士麟捐資，委本府通判宋德深監修正殿、明倫堂，並重造兩廡、廟門，華敞巨麗，倍加于昔。康熙二十三年，知府李鐸重修。中爲大殿、前露臺，環以石欄，左右兩廡，前戟門，門外二翼亭，左爲名宦祠，右爲鄉賢祠，中爲泮池，跨以石梁，旁列石經，覆以長廊，今廢。前石柱欞星門，門之外東爲義路，西爲禮門，左右列科目題名。至明萬曆年，止闢路碑亭，今亭無。亭北爲杏壇，中爲神道，樹綽楔，題曰"泮宮"，直南之西爲魁亭，路折而東爲三司府縣師生諸廳，今止司道府二廳存。外爲文明樓。廟東北爲啓聖公祠，西爲神厨。敬一亭在廟之後。祠南爲神器庫，爲肅雍廳，爲齋宿所，爲名宦祠，爲應魁樓，爲文昌閣，爲土地祠。廟之西爲宰牲所，西北爲鄉賢祠，今亦廢。號舍之前爲明倫堂，翼以四齋，東曰體仁、曰利物，西曰嘉會、曰貞固，東齋之上爲書籍。

錢塘縣 宋附臨安府學，紹興間，始建廟于長生老人橋西。嘉熙四年，府尹趙與懽拓大其址，葺廟建學，潼川吳泳爲記。元至正十二年毀于兵。明洪武三年，知縣邵復亨以舊學湫隘，購地佑聖觀西，其地舊有奉老氏堂一十二楹，頗極高敞，遂改以建學，訓導楊明實贊成之。九年，分巡浙西僉事潘繼祖以其簡陋，不稱崇祀，命知縣王益德改建，殿學、門廡、庖湢諸制略具。宣德間重建。正統初，增建生徒號舍。景泰五年，按察使陳璇率諸寮采協，修廟學，易櫺星門以石柱，重置殿廡、神位，南京吏部尚書蕭山魏驥爲記。弘治三年，按察使于大節、提學副使吳伯道協命修葺學宮，因立科第題名石，翰林修撰邑人李旻爲記。嘉靖三十年知府孫孟，四十二年提學副使屠羲英繼飾廟學。萬曆二年，廟毀，訓導黃金粲、潘林芳白于提學副使滕伯輪，并啓聖祠、明倫堂皆一新之，雲南布政使邑人陳善爲記。二十四年，知縣湯沐建文昌閣。二十八年，知縣陳英建第一流芳坊。三十二年，知縣朱光祚建尊經閣并增宅舍，金學曾爲記。三十五年，知縣聶心湯重建先師廟。崇禎十三年，廟又壞，巡鹽監察御史梁雲構又重修，翰林院編修邑人吳太沖爲記。十七年，知縣顧咸建，移建啓聖宮于尊經閣基。皇清順治十三年，火藥局灾，延儒學焚毀。十五年，提學谷應泰重建廟，新兩廡先賢先儒位。今學制，中爲先師廟，左右兩廡，前爲戟門，兩翼爲敬一亭及明御製亭。啓聖祠在明倫堂之北。廟後爲明倫堂，翼以二齋，曰進德、曰修業。庖湢在堂之東，倉庾、神庫在廟之西。教諭廨宇在廟之東，訓導廨宇在明倫堂東北，一在明倫堂西，今廢。土地廟，在廟之東北。康熙二十四年，諸生共捐資建石坊，題曰"宮墻第一"，在大門外之右，其餘規制俱同仁和。

仁和縣 宋時附臨安府學。紹興三年，縣令孫廷（《舊志》作延）直始建廟于縣治東觀橋之北。嘉定五年，令姚師虎始建學于廟左。八年，令趙希言創齋四，曰教文、教行、教忠、教信。嘉熙四年，尹趙與懽遷縣簿廨以廣學基。淳祐九年，令李從重建廟學。元因之。至元中，教諭余志賢改建。至正間毀。明洪武三年，知縣徐珪重建，仍闢射圃，建觀德亭。十一年，教諭沈尊、訓導卜堃、瞿佑病廟學卑隘，言于守，因元遺西湖書院改建之。院在前洋街，故宋太學堂名彝訓，易之曰"明倫"。天順三年，巡按御史閻鼐等以其逼近臬司，請以廟學舊材徙建府學之右，本貢院舊基也，在錢塘縣太平坊，南京吏部尚書蕭山魏驥爲記。成化十七年，巡撫藩臬諸司以廟學就圮，令郡同知李果修葺，大理卿夏時正爲記。正德十三年郡守留志淑，嘉靖四年知縣李義壯繼修，御史粘燦爲記。二十四年，知縣程良重立科第題名石于明倫堂西北隅，南京兵部郎中邑人張治爲記。二十七年，教諭陳助以廟宇傾圮，言于郡守嚴寬爲請，巡撫諸司鼎新之，監察御史錢塘童漢臣爲記。萬曆元年，知府徐淵、知縣張譽重建明倫堂，南京右通政邑人馬三才爲記。四年，知縣梁鵬重修葺之，改建學門，布政使錢塘縣陳善爲記。皇清順治八年，督撫藩臬諸司重修廟學，委訓導劉養元鳩工修葺，明倫堂五楹，戟門三楹，欞星門三楹，學門一座，東西兩廡各七楹，煥然改觀。先是，學之大門迫近西城，提學僉事谷應泰用形家言，移向東首，權由府學出入，自此科名日盛。康熙八年，教諭鄒鑛以廟學復圮，與諸生邵泰卿共圖鳩工飭材構殿，餘工未竣。二十四年，泰卿之子遠平官學士假歸，因巡撫都察院趙士麟捐資，委府倅宋德深監修廟學，乃遵先志，捐千金襄之，遂重建明倫堂并修葺殿廡、祠閣，而廟學爲之一新，爲宮墻之冠。今學制，中爲廟五楹，東西兩廡各七楹，前爲戟門，兩翼爲敬一亭及御製亭。廟東北爲啓聖祠三楹，東西廡各二楹，外爲門。廟後爲明倫堂，東偏爲祭器庫，西偏爲架閣庫，東西兩齋，曰正心堂、曰誠意堂，左右爲名宦祠、鄉賢祠。臥碑一座在堂之東，有舊科目題名碑，教諭劉煥撰記；遷廟學碑，尚書魏驥撰記；重修儒學碑，大理卿夏時正撰記；重修儒學明倫堂碑，御史粘燦撰記；重建科目題名碑，進士張治撰記；學田碑，知縣劉洪謨撰記，俱在堂之西。又東北爲文昌祠，爲土地祠。倉庫在堂之東偏，饌堂、庖湢在廟西。西外爲儒學門，去學門六十步，立石坊額"仁和縣儒學"，又西百步亦立坊額如之。學門舊對西城雉堞，在廟之右，青烏家言不利士子科名。順治八年，提學僉事谷應泰檄教諭塞其門，改從廟左由郡學進路，自後每榜多獲雋者。

海寧縣 舊在縣治東南半里，後遷縣西。當宋南渡杭，被兵毀，撤其材作州署，而學以廢。紹興五年，令刁雍撤老氏葆真宮材，重建于縣治之東南故學基，晉陵吳珵爲記。淳熙四年，令魏伯恂拓而廣之，鑿泮池建橋，又即學東序闢堂肖像，列宋三君子祠而祀之。嘉泰四年，令沈紡重建廟學，學之堂取舊名明倫，揭之，鍾必萬爲記。淳祐中，令范慶重修。寶祐二年，令施濆建藏書屋。元元貞元年，升縣爲州，改州學。大德初知州高源，七年張珪、忽都賈鄂相繼改作之，訓導陳登爲記。至大二年，陳登建學倉四間。至正六年，知州何濛重修廟學，教授王景順構高明軒。十二年，教授朱鸞又修廟學。十九年，邑人賈用中捐私田百畝贍學，夏泰爲記。明洪武二年，改州爲縣，仍爲縣學。三年，知縣王忠闢射圃。七年，知縣朱洛大修廟學，建觀射亭。九年，知縣黃守政重建齋舍。永樂十五年，知縣盧質中修，時守禦千户湯玉、教諭顧迱、訓導舒申、宋珩實勸之。正統三年，知縣伍服重修。成化四年冬，訓導戴琰請于督學使者劉釪，度地量材，徙儀門爲外門，徙外門于殿西爲文昌祠，徙宰牲厨于西之隙地，徙興賢、毓秀二坊于東西，以廣其基，此因其舊也。以儀門鑿泮池，甃以石，跨以橋，護以欄，立坊于其前，曰"泮宮"。復鑿小池于饌堂之東，以泄池水，此創其新也，訓導達穎爲記。正德三年，教諭朱泰以泮池左逼民居，買東地拓而方廣之，四周甃以石。七年，郡守梁材按部，修學籍，曠役銀若干，命縣令易蓁、學諭蔡佑、司訓王鷟、王亨共成之，董其役者縣丞周必復，先西廡，次東廡，次欞星門，次碑亭，又以餘資爲三石，表于池之南，中曰"泮宮"、左曰"騰蛟"、右曰"起鳳"，既而新令曹珪調自桐廬至，用成厥功，益所未備。正德十二年，教諭侯泰請于提學副使劉瑞，建名宦、鄉賢二祠，太僕卿仁和邵銳爲名宦祠記，給事中邑人許相卿爲鄉賢祠記。嘉靖十年，知縣胡堯時建啟聖祠、尊經閣、饌堂。四十二年，知縣殷登瀛置學田四百九十畝，以贍士，邑人董鯤爲記。四十四年，知縣許天贈以歲久不葺，寖就傾圮，乃出官帑修建，凡殿堂、齋舍以及門廡，靡不次第改觀，亦鯤爲記。萬曆初，學宮圮，教諭張學易重建。二十七年，杭州通判張汝賢捐俸三百金，以次勸助，重新尊經閣，蘭江柳希點爲記。天啟六年，教諭趙維寰重建衙齋，盡撤其舊而新之。皇清順治十年，知縣秦嘉系、教諭陸熙運、訓導李芳穎重加修葺，增飾如新，督學僉事張安茂爲記。康熙八年，教諭金昌尹修尊經閣。康熙十五年，知縣許三禮、教諭謝三聘修啟聖祠。今學制，中爲先師廟，前戟門，外欞星門，啟聖祠在廟後，神器庫、神厨在戟門外之東，宰牲所在戟門外之西。學在廟東，前爲明倫堂，東西二齋曰尊德、曰樂道，庭鑿一泮池，跨以石梁。堂左爲名宦、鄉賢二祠，祠後爲土地神祠。堂右爲饌堂，庖湢、庚廩在饌堂東。堂後爲敬一亭，又爲尊經閣。教諭廨，在尊經閣左。

訓導廨，一在明倫堂東，一在啓聖祠後。閣三層，極高爽，最上層以望海觀濤，奇暢勢險，稍不修葺輒壞，遇狂風驟雨，水從閣上下注，今爲重檐複閣，罘罳欄楯，南面大海，龕赭諸山拱峙于前，一望蒼茫可數百里，三方村市在指顧間，邑中少樓閣，斯爲杰出。射圃，在惠康橋東北，舊在學南，明初徙，今廢。

富陽縣 在治東。唐武德七年建學，在今學東。景雲二年重修。廣明中，毀于兵。永泰元年，令崔仕元重建。宋景祐二年，令陳執禮始建廟，錢鏐爲記。紹興十五年，令徐端輔重新之，教授陶紡爲記。淳熙中，令廩師旦、沈梠相繼重修，自爲記。紹熙三年，令胡公整聖賢像，涿郡趙師烜爲記。嘉泰中，令范之柔拓其基。嘉定中，令程玭修大成殿，繪兩廡先賢像，廣講堂、稽古閣，鑿方池，築石橋，重甃學前達路一百二十八丈，直至縣治。十六年，知縣李彌高重修廟學。元至正末，毀于兵，址爲城之濠塹。明洪武元年，知縣楊敬重建今處。十年，知縣孟斌建兩廡、堂舍，闢射圃。三十年，知縣吳蒙開泮池，構廨宇，教諭蔡海作文卷庫。永樂三年，縣丞汪文立東西齋。四年，知縣孫觀建戟門。十一年，知縣陶觀修建大成殿、明倫堂、日新齋、東西廡、欞星門。宣德五年，教諭林時望建廨宇。十年，知縣吳堂重修大成殿，飾聖賢像，教諭陳興建學門，闢學路，修齋舍。景泰間，訓導韓鳳、張寬前後改建廨宇。弘治初，知縣鄧淮移廟學于西。嘉靖九年，杭州府推官劉望之、知縣方舟建議重修，諭德閩人龔用卿爲記。十三年，按察僉事焦煜建一鑒樓。十五年，建尊經閣。四十二年，知縣謝中立重修廟學，行人邑人周美爲記。隆慶六年，知縣劉汝昭建文明門，刑部郎中邑人章楷爲記。萬曆三年，知縣李啓重修廟學，亦周美爲記。十一年，知縣管九皋重修，吏部尚書仁和張瀚爲記。三十二年，知縣王橋重修廟學。崇禎四年，教諭方國儒重修右廡并欞星門。學制，先師廟三間，左右廡各六間，東西庫各一間，儀門三間，欞星門三間。明倫堂五間，在正堂後，左進德齋三間，右修業齋三間，左右樂育門各三間。啓聖祠三間，在廟東北。尊經閣三間，在廟東。敬一亭，在尊經閣後。射圃，在明倫堂東。振文公署，在明倫堂後。育英公署兩所，在振文署東。十三年，知縣何吾浚重修。明末毀于兵。皇清康熙二年，知縣朱永盛、教諭方兆日重修先師廟，建東西兩廡、名宦、鄉賢祠、啓聖祠。三年，知縣徐啓業、教諭虞士彥建明倫堂。九年，知縣牛奐再加修葺。二十年，知縣錢晉錫、教諭趙嗣萬、訓導楊思蟾重修大成殿，建明倫堂，錢晉錫自爲記。今學制，中爲先師廟，東西兩廡，前爲戟門、欞星門，內爲泮池，神廚、神器庫俱在戟門西。啓聖祠，在廟後。學在廟之左，前爲明倫堂，東西兩齋舊曰志道、依仁，今曰日新、時習，前爲儀門，又前爲外門。名宦、鄉賢二祠，在明倫堂右。堂之後爲敬一亭。射圃，在亭之東，有亭曰觀德。倉庫，在學東南。教諭廨宇，在學西。訓導廨宇，一在啓聖祠後，今廢；一在祠左。射圃，在學宮內偏，弦歌之外，所以觀德。

餘杭縣 宋初，但有廟在縣東擢秀坊內。景德三年，縣令章得一建學，自爲記。崇寧間重修。紹興五年，令范仲將以狹隘，徙建法喜院故基。淳熙六年，簿范某建門、設戟。元初毀。至元四年，達魯花赤也先帖睦邇重修，儒林郎徐一清爲記。明洪武三年，知縣胡也速迭兒建廟殿于縣治東故學基。四年，知縣魏本初建齋舍，闢射圃，創庖湢，縣丞韓修爵修明倫堂。九年，知縣梁初撤舊齋爲諸生號舍，別建東西兩齋、教官廨宇。十年，知縣王原良建廟學，未完代去。十六年，知縣史原遠繼建兩廡、戟門、欞星門及學之堂廡、庖庾，杭州府學教授天台徐一夔爲記。永樂五年，知縣林源重建。正統十二年，知縣吳鑒重建饌堂，教諭褚文量、訓導卞經、潘濂徙射圃于學之東。景泰五年，縣丞施善重建欞星門、大成殿、東西廡、戟門、泮池及堂齋、庖庾。天順三年，知縣朱倫重新學廟。成化十四年，僉事錢山闢學門并拓基址。十九年，縣令尹章建石坊于欞星門之前。弘治七年，知縣冉繼志改建明倫堂。正德五年，教諭林誠通以巽方缺陷，建青雲樓。六年，知縣彭辨之修號房五間，築周圍墻垣二百五十丈。十一年，縣令喻江修大成殿，并門廡、號舍、射圃，建碑亭二座于泮橋東西，石坊三座，其中匾曰"道德宗師"、東曰"興賢"、西曰"育才"。十三年，提學副使劉瑞重修廟學，巡按御史吳華重建尊經閣。嘉靖三十年，教諭李鵬舉精堪輿，欲復故址，謀于知縣周之寬，遷學于法喜寺基，捐己俸爲倡，呈郡守轉白諸司兩院，咸得請，遂改今學。萬曆三十三年，教諭王琪以廟學傾圮，增修。皇清順治三年，訓導汪之涵捐資修飾學宮，又請于督學僉事李際期廣邑泮額，戶部侍郎邑人嚴沆爲記。十四年，訓導孫楚如重建明倫堂。十八年，知縣宋士吉重建先師廟，修兩廡、戟門，又重建名宦祠。今學制，中爲先師廟，東西兩廡，前戟門、外欞星門，內爲泮池、啓聖祠，爲神廚、爲宰牲所。廟後爲明倫堂，東西兩齋，曰進德、曰修業。堂後爲饌堂，爲尊經閣。庖湢在學之東庚。廩在學之西。土地祠，在戟門之東。教諭廨宇，在學之西；訓導廨宇。射圃在學西，廣六十步，袤一百步。明成化間，徙儒學之東，後復徙于欞星門之西。正德十年，知縣喻江移于啓聖祠前。

臨安縣 宋咸平三年，建于縣治西，後徙縣城南。紹興十六年，令王傳重建，尚書孫覿爲記。寶祐二年，令王橚重修。景定三年，令家之巽建師善堂。元至正末，毀于兵。明洪武元年，知縣袁思謙建廟殿及兩廡齋。八年，知縣賈鵬程建戟門、欞星門、明倫堂及射圃。九年，知縣李宗本、縣丞聶源相繼重修，徐一夔爲記。洪熙元年，主簿張升重建廟殿，修兩廡、戟門。正統五年，縣丞程原慶重建明倫堂。景泰二年，知縣李素重建欞星門，易以石柱。天順間，知縣唐子昌修葺。弘治十二年，知縣王翔鳳重建大成殿。正德中，知縣王正宗修葺兩廡齋號，建綽楔二，曰"騰蛟"、曰"起鳳"。嘉靖間，知縣廣瑜闢學前路，建明宦、鄉賢二祠。明末圮。皇清順治間，知縣戴升祚重修文廟、啓聖祠、兩廡、鄉賢及名宦二祠、明倫堂、尊經閣，紳士刻像祀之。康熙九年，教諭孫振重修文昌閣，浚泮池。今學制，中爲先師廟，東西兩廡，前爲戟門，爲欞星門，啓聖祠在先師廟左，神器庫、神厨宰牲所俱在學東。鄉祠，在戟門左，名宦祠在戟門右。廟後爲明倫堂，齋二，曰進德、曰修業，後爲饌堂。庖湢在堂之左，倉庾、架閣庫在堂之右。教諭廨宇，在欞星門西。訓導廨宇，在欞星門外。射圃，在泮池南，計地二畝八分八厘零。

於潛縣 舊在縣南二里。宋崇寧間，遷縣北攀龍坊。紹興十六年，令何俖重修。嘉泰四年，令胡衛建藏書閣。寶慶初，令方熙重建廟學。咸淳五年，邑人禮部侍郎趙景緯捐資重建，令李仲熊贊成之。德祐間，令趙時祝重新之。元至正十二年，主簿李霖重建明倫堂，吳度爲記。二十九年，江浙行省參知政事董摶霄修葺。大德元年，毀于兵。明洪武二年，知縣梁誠重建于縣西叢桂坊。十年，縣丞趙義病其隘陋，遷于攀龍坊之右。弘治十六年，知縣稽鋼重建。嘉靖十五年，學宮壞，教諭陳鐸請于提學僉事徐階，復遷攀龍坊故址，訓導婺源汪心爲記。二十六年，署縣事衛經歷濮效建青雲樓，爲外門。二十七年，教諭夏汝礪徙樓于堂北，知縣汪石川更名曰尊經閣，自爲記。二十八年，按察司僉事謝體升移名宦、鄉賢二祠于廢學基，訓導黃珣爲記。萬曆四十一年，御史李邦華遷學于金鵝山綠筠軒下。天啓間，裁西齋。崇禎間，知縣金性和遷啓聖祠于西齋故址。皇清康熙二年，教諭屠壽徵建明倫堂。八年，署縣事餘杭縣丞林增高。九年，知縣趙之珩移學基于右，學訓王之皋爲記。今學制，中爲先師廟，左右兩廡，前戟門，又前爲欞星門。西爲宰牲所、爲啓聖祠。東爲明倫堂，兩齋曰日新、曰時習。堂後爲尊經閣。鄉賢、名宦二祠在戟門西，東爲教諭廨宇。康熙四年，裁諭留訓，訓居諭宅後，復設訓導廨宇于教諭廨宇之前。射圃，在舊學基。

新城縣 舊在治東南三十步。唐長壽中建。宋紹興十七年，令陸演重建，邑人孫清爲記。乾道中，令耿秉重修。紹熙五年，令劉景修重建，楚州教授錢厚爲記。慶元間，又修。六年，令唐大本增置學田，邑人幹柔爲記。端平間，主簿謝寑生又加繕治，自爲記。元至元間，尹張德逺重修。至正末，毀于兵。明洪武三年，知縣徐彌重建，知縣李可立繼成之。按《縣志》所書年月如此，而《成化志》以爲元年吳鼎遷學記以爲十年，今考徐彌以洪武二年始任爲，得元年有建學之事？況彌既建于三年，則所謂十年建學者又不知何據也。徐彌，《通志》一作徐夔，未詳。正統十一年，知縣張杲、教諭陳光重建明倫堂。景泰三年，杲重建廟廡、戟門、欞星門、泮池、石梁、神廚、宰牲所、三賢祠。弘治五年，知縣林著重建明倫堂。嘉靖二年，教諭陳希登倡邑民助，建欞星門、戟門、書庫、祭器庫、三賢祠，提學副使何塘爲記。五年，邑民助建東西廡、儒學門。十七年，訓導唐堯儒請于巡按御史周汝員，遷學于城北多福院基，兵部員外郎錢塘吳鼎爲記。四十四年，郡守毛綱、署縣事通判薛璠暨知縣虞詔增飭廟學，南京工部侍郎邑人方廉爲記，又詔自爲記。崇禎五年，知縣吳徵芳遷學于城北多福寺基黃山下，殿廡、堂齋、祠閣、戟門一遵舊制。皇清康熙八年，訓導盧懋蘊建繪雲亭。今學制，中爲先師廟三間，東西兩廡凡十四間，前爲戟門三間，又前爲欞星門，門內爲泮池。啓聖祠三間，在廟左。學在廟之後，前明倫堂三間，東西兩齋曰進德、曰修業，後爲講堂，又後爲尊經閣。戟門左爲名宦祠，右爲鄉賢祠，後爲文昌閣。敬一亭內有宋儒范氏心箴碑、程子視聽言動四箴碑。東南爲射圃。教諭廨宇，在明倫堂左。訓導廨宇，在欞星門右。石坊二，左"鵬搏雲路"，右"鷗化天池"。義路、禮門坊，在學西首。

昌化縣 建自唐。宋熙寧中，建先聖廟，在縣東一百步，而學尚未建。元祐中，廟遷于鼓樓外，又遷于尉廨西。紹興中，遷于南門內。乾道中，令卞圖復遷于熙寧舊基，稍拓大之。淳熙七年，令錢孜始改卜故饒氏球場園地建廟及學，陳居仁爲記。元至元二十七年，毀于兵，唯藏書閣存，後更藏書閣爲尊經閣，亦毀于兵。明洪武初，知縣李質、王剛中相繼重建。

十年，知縣李恒以殿宇卑陋，復拓地重建，併新門廡、齋舍。正德十六年知縣黃升，嘉靖十六年知縣方鋐前後重加修葺。三十三年，知縣涂勳重建。四十一年，署縣事臨安縣丞李朝陽、教諭王瑁徙建明倫堂于廟之後。隆慶五年，知縣周易重修，教諭王文科爲記。萬曆十七年，知縣周洛都重修，學訓陶懋欽爲記。三十八年，國子生陳灼捐資重建廟學，知縣吳之瑗爲記。皇清順治九年，知縣李之賁暨學官單繼周、傅應驥等議仍舊址。十一年，知縣周頌孫建騰蛟、起鳳二坊。今學制，中爲先師廟，左右兩廡，前戟門，門左爲省牲所，又前爲欞星門，前爲泮池，深丈許，廣二畝餘。左爲啓聖祠，東北爲敬一亭，亭北爲三賢祠。學在廟後，前爲明倫堂，堂東西兩廡，齋曰居仁、曰由義，東北爲尊經閣。閣前爲名宦、鄉賢二祠，左爲土地祠、文昌祠，後爲教諭廨宇，左爲訓導廨宇。周圍繚以垣墻，共三百八十堵。射圃，在儒學之右。順治五年，知縣李人龍築垣，書額于門。

嘉興府

《職方典》第九百六十卷
嘉興府部匯考四
嘉興府學校考（書院社學附）府志
本府（嘉興秀水二縣附郭）

嘉興府 在府治西北一里。唐開元二十七年，建于天星湖前。五代廢。宋太平興國二年，錢氏納土，知州安德裕即廟右立學。咸平四年，詔州縣開設學校，賜九經。祥符二年，詔修州縣學，知州耿肱以廟學逼窄，移于望雲門內之西。乾道二年，賜田五頃。崇寧元年，詔頒學制，知州錢遹如式改建，內有六經閣。建炎二年，金兵毀。紹興中，俱移于通越門內二百步，建殿堂、齋舍。淳熙四年，知州呂正己建御書閣、陸宣公祠。嘉定十一年，知軍府岳珂改建未就。十三年，知軍府鄭定成之，六齋、垣墉、廩廥畢具。紹定二年，知軍府莫叔益建觀頤堂。端平二年，知軍府趙與𥲅創御書閣。寶祐丁巳，郡守謝塋以廟學共門，出入非宜，乃另闢一門于廟之西，疏鑿泮池，增建講堂。元至元丙子，兵火，廟學僅存。丙戌，四明陳紹在、徐碩等請于省，改御書閣爲尊經閣。大德三年，總管府事辛仲寶重建廟學。十一年，教授孔演、學正趙由漳、學錄沈德華嗣葺。至順二年，達魯花赤八扎崇建大成殿并戟門、兩廡。至元五年，總管和元升重修尊經閣，廣學東地，飭官署。明正統二年，知府黃懋以學逼廟後，殿邃堂淺，復購東北慈恩寺址移建明倫堂。堂之東西爲四齋，曰進善、曰致道、曰日新、曰時敏，齋之後分列號房，東號之南爲饌堂，饌堂之東爲射圃。後郡守楊繼宗修尊經閣并廊舍，未果去任。成化初，郡守徐霖重葺，撤文昌祠于思樂堂左，建鄉賢祠，通判陳寶廣櫺星門外地，瀕河壘石，護以石闌。弘治初，郡守柳琰重建思樂堂。嘉靖中，建敬一亭、啓聖祠。二十七年，郡守趙瀛修。萬曆三十九年，郡守吳國仕修明倫堂。崇禎十二年，訓導吳祖稷捐修啓聖宮。皇清順治十三年，知府史載修大成殿并兩廡、櫺星、儀戟等門，新其像，飾以紗幭。康熙十六年，知府盧崇興、教授姜廷櫸重建明倫堂、啓聖宮、古養賢堂。

嘉興縣 在縣治東。按元《嘉禾志》，舊圖經，有學廟，在縣西北二百步，即宋初縣學也。後附于州，而學址更爲郡之社壇。至宋咸淳五年，縣令張汴以主學張夢吉狀，請于知軍文本心，即城西舊驛爲縣學，殿堂、齋序、門廡悉備。元至元二年，憲副楊某命總管撤其舊而新之。十一年，改建大成殿。明洪武六年，縣丞魏誠重修。宣德二年，巡撫胡概命郡守齊政、縣尹趙良大建禮殿、明倫堂、廊廡、齋舍。正統十一年，郡守黃懋廣其地。嘉靖乙未，縣令黃獻可請徙置治東興聖寺址，即宋孝宗流虹之所，創制悉逾舊式，又建敬一亭、啓聖祠于殿之西偏。三十三年，明倫堂毀，郡守劉慤更建。萬曆十四年，縣令陳儒新大成殿。泰昌元年，縣令蔣允儀復修。崇禎十一年，明倫堂又毀，縣令羅炌重建，并修大成殿、兩廡、儀門。十三年，訓導孫肇元起聯奎樓于巽隅，廣學前街道。皇清順治十三年，知縣張厥修東西兩廡並廟戟門。康熙六年，知縣金鏞改修明倫堂、儀門。康熙二十年，知縣何志重修明倫堂，又捐修大殿、兩廡，一時廟貌聿新云。

秀水縣 在治東一百五十步。明宣德五年，吏部員外郎李亨闢基于鍾架橋西。七年，教諭徐哲始領印莅其事，知府齊政選生徒入學。是年冬，户部侍郎成均命同知孟迪建明倫堂及齋廡。八年，建大成殿、櫺星、戟門。正統九年，縣丞高謨塑先師、四配十哲像。十年，知府黃懋修戟門、兩廡，置文昌祠、號房。景泰二年，知府舒敬建膳堂、庖湢。三年冬，僉事陳永葺大殿、櫺星門，置觀德亭。天順二年，知縣莊徹易櫺星門以石。

成化十九年，知府徐霖闢學之東垣，建鳴陽門，取道東出。嘉靖乙未，知縣林應亮建敬一亭、啓聖祠。戊申，知府趙瀛浚學前河，擴釋氏所侵地，屏以崇墉。萬曆二十四年，知縣李培增建尊經閣于巽方。皇清順治十四年，知縣賈曾重建大成殿、明倫堂。康熙四年，巡道上官鑒捐俸，建尊經閣，改建鳴陽門以迎巽峰。康熙十二年，知縣李見龍、教諭管文華修葺兩廡，浚學河四十丈，建啓聖祠，立射圃，創觀德亭，重修明倫堂，改造頭門、儀門。十七年，訓導袁日華葺復正誼齋，構軒曰"鐸隱"。

嘉善縣 在治西一里。明宣德五年，大理卿胡概定基，知府齊政募民陸垣捐資建大成殿、塑像，後知縣鄭時繕緝。正統六年，知縣李遜建後堂門廡、齋舍。天順間，知縣盧雲浚泮池，易櫺星門柱以石。成化初，知府楊繼宗檄知縣畢紳募富民建明倫堂并日新、時習兩齋，又建後堂。十九年，知縣汪貴新門廡、廚庫、饌堂、號房并兩廡、神庫、神廚、宰牲房。弘治丙辰，訓導王緒建聚樂堂。嘉靖中，建敬一亭、啓聖祠。萬曆十八年，知縣章士雅修。崇禎初，知縣蔡鵬霄葺。

海鹽縣 在縣治西南二百五十步。唐有夫子廟，在縣東，後圮。宋太平興國中，主簿石知一建。景德四年，令翁緯移建縣南。嘉祐八年，令褚珵又移縣東南。紹興中，令徐光實新之。乾道二年，令劉銓又移建縣南。明年，令魏汝功始蓋廊廡、庖湢，易講堂曰"傳道"。淳熙十五年，縣丞李直養新廊廡。紹熙元年，寺丞李某遷，令以俸錢修大成殿，置書籍、祭器。元貞元中，升縣爲州，設教授，後以舊址湫隘改建于此。明洪武三年，改州爲縣學，知縣王文重葺。永樂中，知縣上官廉修明倫堂，知縣秦恭修大成殿。正統十二年，知縣曾昌建神廚、宰牲房。景泰四年，教諭王恭改建門樓于大門外之東南。成化六年，御史劉珂按邑，命知府楊繼宗新講堂，立儀門，徙後堂爲二齋、庾舍、饌堂及宣公祠、文昌祠。弘治二年，巡道伍性募富民塑像。嘉靖中，建敬一亭、啓聖祠。隆慶元年，令李薦佳葺治。萬曆五年，知縣饒廷錫建會講堂，改建敬一亭于文廟後。八年，通判張繼芳改修門面，闢泮池。天啓初，知縣樊維成修葺。

石門縣 舊在縣南運河之西。宋元豐八年，令吳伯舉創成德堂，致道、據德二齋。宣和中，令黃揚徙建河東南。嘉定中，輔廣爲主學，經理之。元至正丁酉，毀，升爲州學，知州王雍又移于萬歲橋東，堂曰明倫，齋曰興化、曰集義，建四先生祠、魁星樓、采芹亭。明洪武十六年，知縣田慶原修。宣德間，巡撫胡概命有司重修。正統十一年，知縣焦寬更葺明倫堂、兩齋。天順八年，知縣郁倫修大成殿並兩廡、號房，易櫺星門以石。成化庚寅，知縣王興重建明倫堂，增築露臺。戊戌，知縣張超修兩廡，塑像併祭品。弘治辛亥，知縣吳浚建大成殿，移創號房于廟之左。嘉靖中，建敬一亭、啓聖祠。萬曆六年，知縣陳履建文峰三塔。皇清順治十二年，署縣事通判韓范、教諭周有亮及士民捐資重建。

平湖縣 在縣東二百五十步，瀕當湖。明宣德五年，吏部員外郎李亨相宅初構講堂。越四年，縣丞孫華建文廟，禮召義民陸珪并大姓沈氏共建大成殿，東西廡各五間。天順六年，知縣張寧重建明倫堂三間，在大成殿西。兩齋各三間，前爲儀門三間，又前稍東爲儒學門。成化十年，知縣郝文杰于大成殿前建戟門五間，前建櫺星門三間，內左爲鄉賢祠，右爲名宦祠。嘉靖十六年，知縣黎循典葺啓聖祠，併建敬一亭，奉勒御製石碑七座。三十二年，學門傾圯，教諭韋鑾即其址建魁星樓三間。三十九年，知縣陳一謙建義米倉廠二間，在儀門內左。

桐鄉縣 在縣治東北一里許。明宣德五年，巡撫胡概、太守齊政卜地，得徐進爲宋文思院徐公所居遺址，衆水匯合，形如半璧，乃檄知縣趙中始築外垣，建明倫堂。至知縣范宣、田玉、梁敬相繼增建，其制乃備。嘉靖中，建敬一亭、啓聖祠。四十二年，義民沈瓚捐金建尊經閣，知縣曾士彥建文昌祠、文奎閣。皇清康熙六年，教諭閔圻申重建明倫堂五間。十五年，知縣徐秉元同教諭馮勤募，修廟廡門前牆。

湖州府

《職方典》第九百七十卷
湖州府部匯考四
湖州府學校考（書院社學附）　府志
本府（烏程歸安二縣附郭）

湖州府 舊在府治西。唐武德間，徙廟霅溪之南。宋慶元二年建。元末兵毀。僞吳，以舊學僻隘，重新擴大之，即今之府學也。明洪武初，仍元舊制成之。十二年，闢射圃于明倫堂右，扁曰"繹志"。永樂十三年修。景泰二年重修，建石橋于泮池之上。天順三年復修。成化十一年大修之。弘治三年、嘉靖六年，相繼增修，並建尊經閣、浚泮池、移儀門、改闢射圃于尊經閣後。二十六年，拓地欞星門外，築垣。隆慶五年，再修。中爲大成殿，兩翼爲東西廡，前爲戟門，爲泮池，爲石橋，又前爲欞星門。啓聖祠在廟後，名宦祠在廟門左，鄉賢祠在廟門右。

烏程縣 宋附州學。元至正三年，即縣治東偏改建。元季毀于兵。明洪武初，創殿廡、齋舍，闢地爲射圃。宣德間，伐石爲欞星門。成化中，以學宮逼臨縣治，遷建。正德十年，增葺之。嘉靖四年，移學門，浚泮池。九年，開泮池之水前通于廟。十三年，建啓聖祠、尊經閣，創立名宦、鄉賢二祠，闢射圃。三十二年，復大修之。四十年，重修大殿及東西廡、廟門、泮池、欞星門。啓聖祠，在廟後。名宦祠，在尊經閣左。鄉賢祠，在尊經閣右。敬一亭，在尊經閣前。

歸安縣 宋附州學。元泰定中，改建于縣治東南月河之畔。至正中增修。明洪武三年，重修，並置射圃、欞星門、戟門，移學門于東。弘治四年，徙欞星門、學門于河之南。嘉靖中，建啓聖祠、明倫堂、尊經閣、名宦鄉賢二祠，並建石橋五，浚門內河，甃以石。後圮，皇清康熙八年，重建。

長興縣 舊在縣治東。宋寶元中建。建炎中，毀于兵。紹興年，建于太平橋南。元末兵毀。明洪武初，重建殿廡、堂齋。嘉靖十年，移建于縣西箬溪之北，廟學規制大備。隆慶、萬曆、崇禎中，相繼重修。皇清順治三年重建。

德清縣 在縣治東，舊在縣治西南。宋明道中，徙建阜安橋北。元季毀于兵。明正統間，遷于縣治清河橋北，即今所。弘治十年，增修，規制始備。皇清順治十二年修，又圮。十八年，重修。

武康縣 在縣東。舊在今學西，宋天聖間遷于縣治東南一里許。明洪武初重建。弘治九年，遷今所。

安吉州 在州治西。舊在城東百步許，名百家園。宋建炎中，沒于水。紹興初重建。元至正末，復毀于兵。明洪武二年，遷縣治西。正德二年，升安吉縣爲州，遂爲州學。嘉靖中重建。

孝豐縣 在縣治東二十步。明弘治二年，規制略備。嘉靖二年，規制大備。皇清，知縣田養民遷東門。康熙七年，仍遷今址。

寧波府

《職方典》第九百七十七卷
寧波府部彙考三
寧波府學校考（書院社學附）通志
本府（鄞縣附郭）

寧波府 在府治北鑒橋西。舊在四明山之句章地。唐開元始建明州，學隨州立。宋天禧中，徙今地。明正統二年重建。嘉靖八年，詔建敬一亭。十年，詔建啓聖祠，屬縣學並同建。皇清順治八年，巡海道王爾祿重修。康熙九年，知府崔維雅增修，史大成爲記。

鄞縣 在縣治西南。宋慶曆中，立學縣東北。嘉定中，徙今所。明弘治間，拓修。皇清順治四年知縣董大翮，康熙三年知縣張幼學各重修。

慈溪縣 在縣東南。宋雍熙間，建于縣治西北。慶曆八年，徙今址。明嘉靖中，毀于倭寇，同知侯國治、知縣劉子延重建。皇清康熙十年，知縣吳殿弼重修。

奉化縣 在縣東北。宋景祐間，始立學。治平初，徙今址。明嘉靖中，毀，知縣汪應岳重建。皇清康熙十一年，知府丘業、知縣鄭悰重修。

鎮海縣 志缺。

定海縣 在縣東北。舊在縣東，宋紹興間，改建今所。明崇禎間，巡海道蕭基、知縣龔彝重建。皇清初，學宮傾圮。順治十八年巡按楊旬鍈，康熙六年知縣王元士相繼重修。

象山縣 在縣東南。唐會昌六年建。明弘治間，毀，知縣淩傅拓地重建。

紹興府

《職方典》第九百八十九卷
紹興府部彙考七
紹興府學校考（書院社學附）府縣志合載
本府（山陰會稽二縣附郭）

紹興府 宋嘉祐六年建。明正統、成化中，重修葺之。弘治、萬曆中，相繼修建。中爲大成殿，前爲戟門，爲欞星門，爲泮池，爲廟門。明倫堂直大成殿后，旁列日新、時習、興賢、達道四齋，後爲稽古閣。其東爲啓聖祠，又爲膳堂。直稽古閣後北山巔上爲敬一亭。明倫堂之西爲教授宅。東西廡後爲號舍五十餘間。過戟門，東爲名宦祠，西爲鄉賢祠。訓導宅，在祠後。前爲綠鰲池，又前爲宰牲房。後圮。皇清康熙六年，重建。

山陰縣 宋天聖初立。明洪武二年重建。成化十一年，拓其制。弘治九年，重爲擴廣學基。正德、嘉靖中，相繼重修，並購民居以闢故址。隆慶、萬曆、天啓中，復重新之。皇清順治四年、康熙二年，相次重修。

會稽縣 宋崇寧中，建在縣南一里竹園坊。明天順八年重修。弘治、嘉靖中，相次增建。中爲大成殿，左右爲東西廡，前爲戟門，爲欞星門，爲學門。學門外牌坊五座，前曰"至聖"、東曰"青雲"、西曰"黃甲"、曰"騰蛟"、曰"起鳳"。

蕭山縣 在治西南文明門內。宋初，在雷壤東。紹興間，徙置今所。中爲正殿，左爲東廡，右爲西廡，南爲戟門。戟門之東爲名宦祠，西爲鄉賢祠。前爲泮池，池之上有橋三座。橋之南爲欞星門三座。

諸暨縣 在縣治西一百步。唐天寶中，遷于長山下。石晉天福中，移縣東一里。宋慶曆四年，增造。淳熙六年，遷建今址。元元貞間，重修。明洪武改元。永樂中繼修，尋圮。天順中重建。弘治中又建。嘉靖、萬曆間，重新廟堂、廊廡、啓聖、名宦、鄉賢諸祠及齋房、橡舍。

餘姚縣 宋初，在治西二百步，後移東南隅，去治一里五十步。建炎，兵火，獨廟學不毀。紹興五年、七年，增修。淳熙間重修。慶元、咸淳、德祐，相繼修葺。元至元中重修。明永樂十一年重建。中爲大殿，由殿甬路而南爲戟門，爲儀門。甬路左右爲兩廡，東爲神廚，西爲祭器庫。戟門右爲鄉賢、名宦二祠，戟門之前爲欞星門三座，臨于泮池，池南少左爲射圃。廟之北爲明倫堂，堂南之左右爲進德齋、爲修業齋。皇清順治九年重修。康熙九年再修。

上虞縣 在縣治東六十五步。宋慶曆中始創。紹興中重修。明末兵燹。皇清康熙八年，重加修葺，規模宏壯，稍復舊觀。

嵊縣 在繼錦坊惠安寺左。前後堂四，齋曰居仁、由義、達道、養蒙，東有秀异亭。明洪武初，制因故爲新，前文廟，廟前左右爲兩廡，甬路而南爲戟門，戟門南爲泮池，池外爲欞星門，門左爲儒學門。廟之北爲明倫堂，堂兩夾室，左神廚、右祭器庫，堂前東爲修德齋，西爲凝道齋，兩齋後爲號房。廟之東有碑亭，故文昌祠址，西有學倉。堂之東爲射圃。教諭廨在堂之後；兩訓導廨，一修德齋後，一堂之後。修德齋後爲宰牲房。皇清順治十六年、康熙二年，相次修建。

新昌縣 舊在縣之東，與縣廨連垣。宋紹興十四年，知縣林安宅遷縣東南一里，面書案山。明洪武、宣德、成化間，知縣周文祥、鍾虛、毛蟻先後增修。皇清康熙十年，知縣劉作梁新之。中爲正殿三間，知縣曹天憲、蕭敏道、田琯相繼修。兩廡各六間，知縣劉作梁重建。大成門五間，曹天憲建，劉作梁修。泮池有複道。欞星門三座，蕭敏道修。明倫堂三間，在大殿后，扁額朱文公書。尊經閣三間，知縣姜地建，劉作梁修。翼樓二座，知縣田琯建，今廢。敬一亭三座，曹天憲修建。啓聖祠三間，兩齋東扁曰博文、西扁曰約禮。

台州府

《職方典》第九百九十七卷
台州府部彙考三
台州府學校考（書院社學附） 通志縣志合載
本府（臨海縣附郭）

台州府 在府治東南。宋初，建于州治北。景祐二年，守范說徙東城。康定二年，守李防建學今所。淳熙七年，守唐仲友修。元至正間兵毀。明洪武初，知府范明敬建。正德三年，又毀，重建。嘉靖八年，詔建敬一亭，屬縣學同時建。十年，詔建啓聖祠，屬縣學亦同時建。

臨海縣 在縣治東一百步。宋時，在縣治西南二十步。景祐二年，趙師范建。崇寧中，徙附于州。乾道九年，火。淳熙二年，郡守趙汝愚重修。寶慶初，令劉棟以其地狹，移建今地，後遷元妙觀，續又徙原處。德祐二年，火于兵。元至元間學官梁志道，至大間達魯花赤馬必吉男、總管王居敬相繼建葺。至正末，復火。明洪武三年，令王貴、教諭胡繼善重建。十三年又火，令龐惟方重建。二十七年又火，令段凱重修。宣德時，令謝恂因火重建。正統二年，令劉剛、主簿卓宜購民地，增闢講堂。正統中令李文序，景泰中令孫振望及成化中縣令前後相繼修葺。弘治間，郡守馬岱、陳釗相繼拓治。正德三年，火。十五年，郡守顧璘徙元妙觀。嘉靖十八年，令胡子廉復還于故址。皇清順治甲午，令徐珏重修。康熙壬戌，令趙之奎再修。

黃巖縣 在縣南二百步。舊在東三里，宋治平間，即廟建學。元豐六年，徙今址。元元貞二年，升州學。明洪武時，復爲縣學。皇清康熙九年毁，知縣張某、教諭徐光旭重建。

天台縣 在縣治東南二百步，前臨大溪，溪流舊分爲三，讖云"三水合一流，此地出公侯"。宋紹興戊辰，大水衝突，溪流遂合，自此人文日振。舊基，在縣西南四十步，雜居市廛，凡三徙至今地，慶曆七年建。淳熙中令趙植，嘉泰二年令丁大榮，嘉定元年令詹阜民俱增修。元至元丙子，大成殿毁于寇，縣尹張伯達、劉慶相繼修復。至正十六年，復遇兵燹，邑人楊伯寧重建。明洪武初，敕天下所在立學，時知縣鄧林因舊址而新焉。三十三年，令張時習復新之。正統間再修。成化己亥，建大成殿。二十一年，學宫皆毁，惟大成殿獨存，令王凱重修之。嘉靖八年又毁。十一年令周振建。萬曆二十二年，推官劉啟元請于知府閻邦徙于城南門，與學宫相對，以溪流作泮水，顏曰"三台道脉"，建樓于城門上，顏曰"經笥文波"。至甲午冬，張弘代莅任，始落成焉。戊辰，民居火延燒，明倫堂、敬一亭、啟聖祠、兩齋俱屬煨燼，惟存廟、殿、兩廡而已，知縣張弘代重建。嗣後，殿廡日久圮壞。皇清順治十六年，知縣陳獻可請于上臺，復鼎新之，府學教授查繼佑、本學教諭吳輅及邑紳衿皆捐資俸有差，始于是年冬，落成于十八年秋，胡兆龍爲記。其名宦、鄉賢二祠，康熙丁巳，教諭鄒楷、訓導徐德恂增修。戟門及墙垣，教諭楊王治重葺。

仙居縣 在縣東五十八步。宋天聖三年，令陳戩之建，地尚湫隘。皇祐二年，令陳襄買地以廣之。宣和三年，學毁于寇，而廟存。紹興十四年，令梁筠建，歷時既久，漸覺傾圮。乾道四年，令留立賢修之，規制始備。淳熙間，廟壓于風雨。八年，令莫洸建。十一年，令徐楠又爲丹艧。後又漸圮，嘉泰元年，令林岳復加整葺。嘉定元年，令姚倨重修明倫堂、直舍、欞星門。寶慶二年，丞劉壆建中門、兩廡、四齋。學之東據城，西有射圃，有觀德亭，後有涌泉，瀦水爲沼，有浴沂亭，東廡立古靈晦庵祠堂，西廡立三老堂，土地祠在中門左，學廄在中門右，總庖湢僕舍四十餘楹，增田五頃，氣象大异。淳祐間毁。八年，令夏矗重建，以文公升列從祀，獨建古靈堂，又建藏書庫、祭器庫，亦列其左。景炎二年，廟毀于兵。元至元十八年，尹王徵重建。至正二十一年，明倫堂傾圮，丞杜繼良建，廉訪高伯元書榜，堂後舊有直舍、御書閣，已廢。又有池，作亭其上，題曰"沂咏"。後爲水圮，鄉士求磐重建。至正二年，尹袁整復加葺建，更建欞星門，立石六檻。元末學毀，而廟亦存。明洪武三年，知縣王從古重建明倫堂，構二齋，更名曰依仁、游藝。三十一年，教諭高侃重建沂咏亭。成化十四年，知縣劉志芳塞學後背水塘，建號房。嘉靖十年，更大成殿曰"先師廟"，立木主以易象。三十五年，倭毀縣治、民居，燎延學宮，惟廟獨存，同知毛德京修建，統爲一新，頗稱完美。萬曆十五年，知縣沈道光移建文明樓于學東十五步。二十一年，知縣王明嗸復加葺焉。二十三年，知縣闇邦嫌廟前欞星門逼階，捐俸，命移于廟門外池橋內。萬曆三十六年，知縣顧震宇復修明倫堂，推官黃景星爲之記。崇禎八年圮。九年，知縣蕭鳴盛重建。皇清初，學舍俱圮，惟廟與明倫堂尚存。康熙十八年夏，鄭知縣捐資重建，規模大備。

寧海縣 在治南二百步。舊在東一里，郭門外，即今東觀，廟學各奠一區。宋大中祥符四年，令李季始合于一。嘉祐四年，徙縣驛側。紹興四年，再徙治東南。六年，令錢埈徙今地，中建先聖廟，旁爲兩廡，廟後爲講堂，扁曰"四教"，旁爲齋舍，殿前爲戟門，又前爲欞星門，再前爲泮池，東偏立射圃。慶元三年，令趙笈夫建廟，又作麗澤、棠憩、咏歸三亭。紹興五年，令李知微于講堂前鑿新泉。元至元二十六年，毀于寇，路判張承直、知縣孫天錫、教諭應同孫重建，易四教堂曰"明善"，增置八齋，主簿胡長孺鑄銅爲鐘。延祐六年，尹朱哈剌改欞星門于泮池外。明廢八齋爲二齋，東曰進德、西曰修業，改明善堂曰"明倫"，立學倉。永樂九年，二齋廢，後重建。明倫堂，毀，宣德六年，教諭蕭順集義士新之。正統十三年，學諭朱紹宗浚泮池，跨石梁，建文昌祠。天順三年，令余亢建學門，買田鑿學塘。成化五年，督學劉洎、守阮勤出金，重作文廟，侍講杜寧記。府判孔彥綸開拓明倫堂基，重築露臺。十五年，令郭紳修建。十八年，令張弘宜繼修，廉使高鎂記。時有會膳堂、觀德亭，又造祭器，肅祭儀焉。先是，元主簿胡長孺于明善堂右立陳長官祠，郭令徙廟西改景行堂，張令改建先賢祠，又益鄉賢三人。正德元年，令張羽別立長官祠，而以此祠專祀鄉賢云。

太平縣 在縣治東五百步。明成化七年，知縣常完建，舊址在百千山下，以地漬故徙今處。先師殿三間，丹楹礱桷，窠拱攢頂，中盡盤螭，邊畫菱花，背門用青瑣。基高五尺許，前爲露臺，東西石級備陟降焉。東西廡在廟之前，左右對列，各聯七間。戟門在兩廡之前，名宦祠在戟門左，鄉賢祠在戟門右。泮池、泮橋在戟門之前。櫺星門在泮池南，石柱凡三座，高二丈。有啓聖祠在明倫堂西南，凡三間。明倫堂，宋名文會堂，繼名明倫，再改明教，明洪武復名明倫，在廟之後，凡五楹，中三間，分布師席，東北立臥碑一座，東西序用板碑刻歷朝科第歲貢名氏，後屏隸書大學聖經一章。

金華府

《職方典》第一千六卷
金華府部彙考四
金華府學校考 通志
本府（金華縣附郭）

金華府 距府治西四十步。宋初，在縣東，其後屢遷。大觀中，始改今址。明正統間，毀，副使王豫、參議武達、知府蔣勸重建。嘉靖八年，詔建敬一亭。十年，詔建啓聖祠，屬縣學並同建。皇清順治三年毀。五年，知府張安豫重建。康熙五年知府吳翀，十七年知府張薑相繼重修。

金華縣 在光孝觀址，舊在府治西北，唐宋皆附府學。元至正中，作廟學于醋坊嶺。其後又遷夏塘。明初，毀，同知潘廷堅、知縣王興宗重建。永樂中，復毀，知縣郭鍈建。萬曆二十五年，知縣汪可受卜遷今所。皇清順治十年知縣王世功，康熙十七年知縣王治國相繼重修。

蘭溪縣 在縣治東。宋崇寧中，即廟建學。元升爲州學，明復爲縣學。成化中重修。按《縣志》，明倫堂在文廟後，每歲行鄉飲酒，禮儀具禮儀類中。

東陽縣 在縣治東南。宋慶曆間，即廟建學。皇清順治六年知縣潘士璜、訓導金英，康熙十七年知縣胡啓甲，十九年知縣俞允撰相繼重修。

義烏縣 在縣治西南，舊在縣南，屢經遷徙。明正德八年，徙今所。皇清順治十六年，知縣范鼎鉉、教諭徐弘彰重建。

永康縣 按《縣志》，在縣治西三十七步，本唐故址。宋崇寧元年，詔凡縣皆即廟建學。越四年，有司始克如詔。政和四年重建。元延祐五年，達魯花赤沙班又大其規焉。明洪武二年，詔天下建學，時知縣魏處直、宋顯即元之故學而葺成之。文廟之後爲明倫堂，堂之東爲倉。廟之西爲祭器庫，從東齋之南折而東出爲進賢門，又折而南出爲儒學外門，以達于大街。啓聖公祠，在明倫堂後，即尊經閣故址。敬一亭，在明倫堂之北。

武義縣 舊在縣治南。宋崇寧中，建于縣西濱溪。後圮，紹興十四年，遷今所。明正統十四年，毀，布政司楊瓚重修。射圃，在廟南。

浦江縣 在縣東南一里，舊在縣治西南。宋時屢遷。明正德中，知縣鄒輗遷今所。按《縣志》，文廟五間，東廡、西廡各三間，戟門回廊共三間，櫺星門三間。敬一亭、尊經閣各三間，在明倫堂後。明倫堂三間，東壁立臥碑，西立儒學箴。博文齋五間，約禮齋五間，門廊、房屋八間，祭器庫二間，齋宿廳三間。戟門東宰牲所三間，戟門西廚房二間、書房二間。啓聖公祠三間，在文廟西。鄉賢祠啓聖祠東，名宦祠啓聖祠西。內泮池，圍三十丈，深一丈。外泮池，圍四百步，深二丈。內門、外門各一座。奎映樓一座，即外學門。門外爲騰蛟起鳳坊。

湯溪縣 在縣治西一百步。明成化中，知縣宋約建。皇清康熙三年，知縣柯彌重修。

衢州府

《職方典》第一千十三卷
衢州府部彙考三
衢州府學校考（書院社學附）府志
本府（西安縣附郭）

衢州府 在郡治西。宋景祐四年建。元至正中、明天順、成化、嘉靖中代加修葺。中爲太殿，南爲戟門、櫺星門，前爲泮池。廟北爲明倫堂，志道、據德、依仁、游藝四齋。東爲啓聖祠、鄉賢祠、名宦祠；西爲敬一亭、尊經閣。閣之兩翼爲舍，凡二十楹。萬曆三十四年，改南向。崇禎中，新建魁星閣、敬一亭，作西二齋，遷修啓聖、名宦、鄉賢祠。皇清順治十七年重建。康熙十一年，重加鼎新。

西安縣 在縣治西北。明洪武中，徙于城北廢斗室法院爲之。正德中，遷于宋貢院遺址。嘉靖中，改建于舊祥符寺址。萬曆、崇禎中，又相繼修建。皇清順治甲午，重浚泮池。康熙十三年，毀于兵。二十五年，依原址重建。三十七年，啓聖祠傾，邑令陳鵬年重修新建。

龍游縣 在治西一百步。宋政和二年立。宣和七年重建。紹興三年，建御書閣。十三年，改明倫堂曰"泮林"。淳熙中，建四齋，曰存誠、育德、敏行、克己。嘉定元年，易泮林爲登俊堂。後毀。元至元中重建。至順三年重修。至正末，復毀于兵。明洪武初重建。景泰中，重修大成殿、戟門、明倫堂、齋樓、門廡、房舍。嘉靖、萬曆中，相繼修葺。皇清康熙十九年，鼎新，規模弘敞，更勝于昔。

江山縣 在縣治東二十步，南向俯河。宋紹興十四年，丁昌朝鼎新，改門南向，且造浮梁，絕河以渡。淳熙中增修。元初毀于兵。至元二十三年，徙縣治之西，重修講堂、齋廡、欞星門並開文明池。明洪武初重建，並立文明坊，跨河爲橋，對欞星門。永樂初，闢東偏爲門。天順、成化、嘉靖、崇禎中，相繼修葺，凡殿廡、堂齋以及戟門、欞星門、啓聖、名宦、鄉賢諸祠，規制悉備。明末兵燹，圮毀。皇清順治九年，重修。康熙二十二年，重加鼎建。

常山縣 舊在縣治東南五十步。宋紹聖中建，後遷縣西。尋廢，紹興辛巳，復建于舊址。元元統重修。明洪武乙巳，增建泮水亭並教諭居室，闢射亭，建膳堂、東西兩齋、啓聖、名宦、鄉賢祠，規制大備。皇清順治戊子，明倫堂圮。丁酉，重建兩廡、欞星門。康熙二十一年，復修。

開化縣 舊在縣治西五十步。宋政和間，徙縣東。淳熙乙未，遷溪濱，面筆峰。元至元、大德、延祐、泰定、元統、至正間，節嘗修理。明洪武初重建。永樂、天順、成化中，復相繼修葺。嘉靖十八年，以洪水圮廢，改遷縣東南百步。萬曆中，復改遷于望極門外，錘山之麓，堂廡、齋舍悉加創建。崇禎中圮。皇清順治間重建。

嚴州府

《職方典》第一千十九卷
嚴州府部彙考三
嚴州府學校考（書院社學附）　通志

本府（建德縣附郭）

嚴州府 在府治三元橋之西，舊在府治東南隅。宋雍熙間，改遷西北隅。明洪武年間，始建今處。嘉靖八年，詔建敬一亭。十年，詔建啓聖祠。皇清康熙八年，知府梁浩然重修。二十一年，洪水沖頹，知府任厚風重修。

建德縣 在建安山麓，舊在縣側東南隅。宋遷治東。明隆慶間，知府周望改建今所。皇清康熙十一年，知縣項一經、教諭嵇爾勳修建。二十一年，洪水沖頹，知縣戚延裔重修。

淳安縣 在縣治東南。宋至道三年，始建廟學。明正德中巡按吳華，崇禎間教諭曹三仕、訓導杜朱佐、湯有望重修。

桐廬縣 在縣治東北。舊在西塢，宋至和中徙戴家橋。嘉祐中遷今所。明正德中，毀，分巡僉事楊惟康重修。皇清順治十七年知縣張如璇，康熙二年知縣楊可楫相繼重修。

遂安縣 在縣西，舊在縣南二十步。宋紹興中，移今所。

壽昌縣 在縣治東。舊在縣治西，明正德四年，督學趙寬徙今所。皇清康熙九年知縣杜桂，十一年知縣羅在位相繼重修。

分水縣 在縣東。舊廟在縣西。宋治平中，徙今所。明正德間，知縣顧英徙建縣西。嘉靖間，知縣林繼皋復遷舊址。皇清順治十六年知縣高弘緒，康熙二十年知縣李擎、教諭錢世瀧重修。

溫州府

《職方典》第一千二十四卷
溫州府部彙考二
溫州府學校考（書院社學附）府志
本府（永嘉縣附郭）

溫州府 東晉置。宋紹興十年重建。嘉定七年重修。元延祐元年火。三年重建。明洪武四年重建。皇清康熙十一年重修。

永嘉縣 在城東南華蓋山之麓。宋元祐三年建。紹定間改建。明洪武、正統、成化、弘治中繼修。皇清康熙二十三年，重修。

瑞安縣 在縣治東。宋崇寧間，南徙江濱。政和六年，復故址。乾道間圮。淳熙十二年，重更作之。元元貞初，改州學。至正末兵燹。明洪武二年建。嘉靖丙午重修。

樂清縣 在寶帶橋南。唐時，在望來橋東。宋崇寧三年，遷橋西。紹興五年，遷于臥龍坊，即今址也。明洪武元年重建。永樂十六年、嘉靖二十年、隆慶五年、萬曆間，皆相次修葺。

平陽縣 在縣治東南三里，鳳凰山下。宋建。元元貞元年，升為州學。明洪武三年，復為縣學。嘉靖間重修。

泰順縣 在鳳凰山縣治之左，舊創在縣西。明弘治乙酉，改遷三峰寺右。嘉靖十年，以舊軍營地易太平橋基遷學。三十三年，以學地為三峰寺，易寺為學宮。隆慶三年重修。

處州府

《職方典》第一千二十八卷
處州府部彙考二
處州府學校考（書院社學附）通志府縣志合載
本府（永嘉縣附郭）

處州府 在府治南一里許。中為大殿，翼以兩廡，前為廟門者三，門外及兩廡後列豎碑刻，左有土地祠，前為泮池，跨以石橋，又前為欞星門者三，南臨大池。明嘉靖二十六年，拓建，有思樂亭，東西豎成德、達材二坊。欞星門左為儒學門。門內稍北為道義之門，後為明倫堂，東西為齋者各二，東曰志道、依仁，西曰據德、游藝。堂北有尊經樓，後為啟聖祠，又堂外東南為敬一亭，亭後為杏壇。杏壇北為興賢堂，後為射圃，又兩廡後為教授、訓導宅。皇清順治七年，署府推官張元樞重修。康熙十六年知縣綫一信，十八年知府李率祖先後重建。

麗水縣 在縣治西南一里，居櫸山之巔，為齋者二，曰新、時習。戟門外東為名宦祠，西為鄉賢祠。初宋康定中建。宣和間經兵火。紹興十三年重建。元至元中重建。明成化、嘉靖皆重修。皇清康熙十八年重建。

青田縣 在縣東百步崇岡中。正殿、東西兩廡，前為欞星門者三，左為名宦祠，右為鄉賢祠，又前為戟門，左為儒學門，下為泮池，東西兩橋，西橋達街有興賢坊。廟後爲明倫堂，明萬曆四年重建，左右兩齋居仁、由義。堂後爲敬一亭，萬曆元年重修。左廚右庫，堂左稍下爲啓聖祠，祠前有門爲省牲所。皇清康熙二十年重建。

縉雲縣 在縣東隅。中爲正殿，前爲露臺，東西列兩廡，前爲廟門，門左爲名宦祠，右爲鄉賢祠。前爲泮池，跨以石橋。又前爲櫺星門，左爲青雲路，後爲明倫堂。萬曆四十二年重建。東西列兩齋進德、修業。堂右爲敬一亭，萬曆四十五年重建。東齋而下爲學倉、爲號房，西齋而下爲神廚、爲吏舍。廟左爲啓聖祠，崇禎六年，重修爲教諭、訓導宅。前外爲義路、禮門，又外爲儒學門。崇禎五年，被火後重建。皇清順治五年毀。六年重建。康熙十三年復毀。二十年重建。

松陽縣 在縣東南百步許，中爲正殿，東西兩廡，前爲戟門，爲泮池，跨石橋，又前爲櫺星門者三，左爲儒學門，門內青雲路，之東爲射圃，東北爲啓聖祠。嘉靖十三年，建祠之右爲鄉賢名宦祠。廟後爲明倫堂，左博文齋，俱嘉靖三十七年建；右約禮齋，隆慶四年建。堂後爲敬一亭，爲尊經閣，右下爲教諭、訓導宅者三。皇清康熙十八年重建。

遂昌縣 在縣東南隅，中爲正殿，前爲露臺，東西列兩廡，前爲廟門，又前爲泮池，跨以石橋，又前爲黌門，外臨半月池，引水其中，環以石欄。廟後爲明倫堂，東西列兩齋，博文、約禮。東齋而下爲號舍，外爲禮門。堂後爲敬一亭，隆慶元年，建亭豎碑石。爲鄉賢、名宦祠，二祠舊在黌門外，因圮，徙建爲教諭宅。宅前爲啓聖祠。禮門外爲訓導宅者二。皇清順治七年，重修。康熙五十年，重修。

龍泉縣 在縣金鰲之東。中爲正殿，前爲露臺，翼以兩廡，又前爲廟門者三，左爲名宦祠，右爲鄉賢祠，外爲櫺星門，前爲泮池。廟後爲明倫堂，東西列兩齋，進德、興賢，又東爲啓聖祠。堂後爲教諭宅，西爲崇迪堂，後爲訓導宅。

慶元縣 在縣治東。中爲廟，翼以兩廡，前爲大成門者三，左右列鄉賢、名宦二祠，門外無泮池，又前爲櫺星門者三。稍東爲儒學門，內爲道義門。北上直廟，後爲明倫堂，左爲啓聖祠，右爲教諭、訓導宅。皇清順治十二年、康熙二年，先後重修。

雲和縣 在縣治西三十步許。中爲正殿，左右爲祭器庫，翼以兩廡，前爲廟門者三，門外東爲教諭宅，西爲名宦、鄉賢二祠，爲宰牲所，又前櫺星門者三，門外東西有仰聖、興賢二坊。廟後爲明倫堂，左爲訓導宅，右爲厨庫房。堂後爲崇德祠。廟東側爲儀門，門外南向爲啓聖祠，直出爲儒學門。

宣平縣 在縣治東百步許。中爲正殿，東神厨庫，翼以兩廡。前爲廟門，門左爲名宦祠，右爲鄉賢祠，前爲泮池，跨以石橋，又前爲櫺星門，外竪騰蛟、起鳳二坊，中有月池，廣三畝許。櫺星門，左爲儒學門，門内東爲教諭宅，入數十步有門曰"文明"，又十步折而西爲義路、禮門。由門而入折而北，中爲明倫堂，東西爲齋者二，正心、誠意。堂西爲敬一亭，前爲訓導宅。宅之南爲啓聖祠。

景寧縣 在縣北。中爲正殿，東西列兩廡，前爲露臺，又前爲廟門，額曰"太和元氣"。廟門左爲聖域門，右爲賢關門。又前爲櫺星門，爲泮池。廟後爲明倫堂，東西兩齋，博文、約禮。東齋下爲號舍，爲禮門，後爲啓聖祠，爲名宦祠。兩齋下爲號舍，後爲訓導宅，爲鄉賢祠。堂後左爲敬一亭，爲教諭宅。禮門外爲文昌祠，祠後爲魁星樓，外爲儒學門。

福建總部

福州府

《職方典》第一千三十八卷
福州府部彙考六
福州府學校考　府志
本府

福州府 舊在布政司西北。唐大曆七年，移建城南興賢坊。乾寧元年，刺史王潮置四門義學。梁龍德初，王審知復置四門學。吳越時，作新宮。宋太平興國中，轉運使楊克讓始作孔子廟。景祐四年，立爲府學，有九經閣、三禮堂、黌舍、齋廬、兩序、庖次。熙寧三年，火，郡人韓昌國以狀言于府，請自創爲門、爲殿、爲公堂，環列十齋，堂後別爲室以藏書，又爲堂以講議，爲齋以處師友，合百有三十間。元祐八年，郡守王祖道復斥東西序之北增齋十。崇寧元年，增養士之額，益廣爲三百五十區，有御書、稽古閣二，養源、議道、篤說堂三，齋二十有八。紹熙四年，教授常浚建經史閣于御書閣之後。景定四年火。明年重建，立養源堂、奎文閣，堂之北立戟門、櫺星門，立學門于東，鑿池而橋。咸淳二年，帥守吳革重創經史閣于養源堂之東北，又有止善堂，其北創道立堂，祠濂溪以下諸賢皆附焉。元大德六年，教授劉直創尊道堂于經史閣之東。延祐四年，憲使趙宏偉拓禮殿，奉舊聖哲像于中，闢兩廡，塑從祀像，更立戟門、櫺星門。至十年，教授陳俊更尊道堂爲明倫堂，堂之南建育賢門。明洪武四年火。七年，知府楊士英重建大成殿，殿之東爲明倫堂，堂東西爲志道、依仁、據德、游藝四齋，堂之北爲尊經閣，爲饌堂，爲米廩，教官宅五所，列之東偏。成化十三年，知府唐珣大修廟學、禮殿，撤舊明倫堂，北却三丈許重建，爲間凡七，建常袞祠、名宦祠、鄉賢祠于廟門左右，齋舍凡二十有六，鑿泮池，爲橋其上，學門改正中南出。嘉靖十一年，建啓聖祠于廟北，敬一亭于明倫堂東南，勒御製敬一箴幷心箴、視聽言動四箴。嘉、萬間，各相繼修葺。射圃，在學東。宋淳熙四年，郡守陳俊卿創，仍構亭其中，後廢，明宣德間改建今所。正統十年，闢其地，建觀德亭。成化十四年，知府唐珣重建。

閩縣 在九仙山西麓。宋慶曆中創。甲辰重修。熙寧九年重建。崇寧三年修。元至元間毀。越五年，復建禮殿及門堂、齋廡。大德間，縣尹吳鼎創講堂。至正間，置齋二于講堂之南。明因之。洪武初，創明倫堂，以禮殿爲大成殿。十五年，建饌堂于進德齋之東，立米廩。二十三年，巡按陳仲述等撤而新之。正統十二年重建，廣其規制。天順間，市民地拓學前路。成化間，御史尹仁等市民居，闢法海寺地以益其址，更建大成殿、東西廡，東南爲學門，殿后爲明倫堂，左右列兩齋，徙舊崇文閣于堂後。十二年，知府唐珣繪殿堂，重創舞亭堰道門徑以至號舍，修建悉備。嘉、萬間，先後修葺。

候官縣 在官賢坊內，縣治東。宋慶曆中建。熙寧九年、崇寧三年，各修葺。景定癸亥，禮殿火。元至大二年復構，仍割縣東地，闢西廡，立從祀像。殿南立戟門，又南鑿池而橋，橋南爲欞星門，立射圃于殿之北，創尊道堂于講堂之北。延祐五年重修。明因之。洪武初，堂之西南建儀門，北爲中亭，以會諸生饌。亭之東西立博文、約禮二齋。宣德十年，拓其基，重建明倫堂，左右爲兩齋，東南膳厨，北爲尊經閣，閣下爲養賢堂。正統十一年，又創集英堂于尊經閣旁。成化十八年，重建兩廡齋舍。嘉、萬間，先後修葺。

古田縣 在縣西隅。宋景德二年，建學廟于邑東。嘉祐二年，建九經閣、尊道堂、左右序，爲齋八。紹興元年，毀于寇。二年，復創于縣之西郊。七年，諸生與其邑人袞金請遷于景德舊址，帥守張浚許之，歲終告成，殿堂、齋舍俱備。二十四年，移今所。元至元癸未，復毀于寇。元貞元年，縣尹王奐創味道堂、樂育堂、鄉賢祠及學官、廨舍。明因之。景泰元年，飾兩廡。成化十五年，重建兩廡、欞星門及會饌堂。弘治七年，又改建明倫堂于廟北。正德七年，明倫堂圮，即其基爲講堂，改建明倫堂于廟東。嘉靖間重修。隆慶二年火，獨儀門存。三年，知縣楊存禮建明倫堂及兩齋、號舍。萬曆十九年，鑿泮池于學門內。二十四年，重修。射圃，在學傍，正德九年建，有亭曰觀德，今廢。

閩清縣 在縣治東南。宋景德四年，建禮殿，立閣五，講堂一，談經樓三，祭器咸備。寶祐元年毀。四年，重創未備。元至元、泰定間，先後修建。明因之。洪武初，知縣趙起居建神厨、米廩于殿右。永樂十五年，以明倫堂傾攲，移建于殿北。正統元年，知縣葉宗修廟學、兩廡。天順三年，建儒林坊。成化四年，建尊經閣于殿南。萬曆三十六年，圮于水，知縣俞諮龍重加修建。射圃，在學東，永樂間建，成化四年增闢。

長樂縣 在縣治東。唐乾符四年建。宋知縣相繼繕治。元祐間，仍舊殿新之，北有堂，翼以兩序，爲齋十二。元至正十二年，重修禮殿、兩廡，北爲明倫堂，齋舍咸備。明因之。天順七年重修。成化十七年，闢明倫堂而新之，東西爲兩齋。弘治間，市民地建訓導公廨。正德十四年火，知縣龍琰更建。嘉靖初，創敬一亭。亭前爲名宦、鄉賢二祠。廟之西爲明倫堂，兩齋附堂左右，曰居仁、曰由義。射圃，在學西南南山塔下，洪武間建，隆慶三年重建。有觀德堂，堂前爲正志軒。

連江縣 在縣治東南。宋嘉定元年，始建于縣署之左，即今城隍廟基。政和初，增拓之。紹興七年，移建今所，建翻經閣、駕說堂，富文、能信、移孝、懷忠四齋。淳熙八年，邑人鄭鑒以文廟東向，非宜，遂改而南，增齋爲六。嘉定十五年，築尼山于學宮後，鑿泮池于學宮南。元皇慶二年重修。至正二十一年，平章燕赤不花等捐俸，葺大成殿，改進德堂爲明倫堂併尊道堂，鄉賢祠爲道統堂。明洪武初重建。正統十年，知縣歐陽翰修明倫堂、稽古閣。嘉靖三年，蔡潮見廟前爲民居所蔽，鬻地以易之。十四年，建敬一亭于廟之東南。二十八年，建名宦于左，鄉賢于右。四十五年，鑿鳳池于泮池之外。萬曆五年，堂廡圮壞，邑人吳文華言于有司，修葺一新。六年，文華復置學田百畝。射圃，在學西偏，成化十九年建，爲亭于中，曰觀德。

羅源縣 在縣治東南。宋慶曆八年建。元祐六年，移建今所。崇寧初，增至九十九區，有議道堂，齋九。建炎間，毀于寇。紹興間重修。嘉定九年，邑人黃序拓基改創之。元延祐五年，重建大成殿及兩廡于殿左右。殿后爲明倫堂，東西爲齋者四。至正間，復修侍班廳，建二祠，左祀鄉賢、右祀文昌，後廢。明洪武初重建。正統十二年重修。景泰六年，建明倫堂及兩齋、號房。成化十六年，以學門方向不利，改創于西北巷。弘治元年，復市民地以益之。十四年，立毓秀門，仍移儒學門于文昌祠前。十六年，訓導柴琬以欞星門太逼，拓泮池地重建之，再修戟門。正德間，重修欞星門。嘉靖間，重修廟殿、齋廡。射圃，在明倫堂後。正統十二年，建有亭，曰觀德。成化十八年重建。

永福縣 在縣東。宋崇寧初，始置廟學。建炎三年毀。紹興初重建。乾道中，廓而新之，後毀。淳熙間重建。紹定乙卯復毀，知縣侯至果重建講堂。端平五年，營繕始完。宋末，復毀于兵。元至元甲申，縣尹寶均造禮殿、講堂，邑人張居中捐金成之。後鄰境盜起，廟學俱廢。泰定五年，仍復舊規，建大成殿，殿前為兩廡，南為戟門，又南為欞星門。明倫堂在大成殿之東，前列兩齋，南為泮池。明因之。洪熙、景泰間，各加修葺。弘治間，修明倫堂，市民居地為大門，內為泮池。正德間，建戟門、欞星門。隆慶間，重建。

福清縣 在縣治東。宋元豐初，邑人游冠卿舍地為學。元祐六年，知縣方叔完廣而新之。淳熙元年，增立齋四。二年，改學門南向。元元貞二年，升為州學。大德三年，知州創堂二，曰"道立"、曰"帥正"。泰定四年，重修兩廡。至正九年，更正其制，左為明倫堂，右為大成殿，南為東西序。十二年，建戟門、欞星門，新兩廡。明洪武初，復為縣學，重建明倫堂。天順三年修。成化十七年，拓地建欞星門。嘉靖三十七年，毀于倭。越七年，重建，知縣督應元等相繼新之。萬曆間，知縣歐陽勁建兩齋，移啟聖祠于堂之左，祠前創敬一亭，官舍咸備。射圃，在明倫堂倉後，舊有亭曰觀德。年遠廢壞，正統十三年重建。

泉州府

《職方典》第一千四十九卷
泉州府部彙考五
泉州府學校考 通志府縣志合載
本府

泉州府 在城南育才坊。中為大成殿，殿前兩廡，南為戟門，又南為欞星門，門外橋曰"洙泗橋"，泉曰"夫子泉"。殿左為明倫堂，堂前後建號房四十餘間。堂後為儀門，門外有方池以通巽水。堂後為議道堂。神厨、庖廪之属，悉在戟门西，其东为尊经阁。阁之东为启圣祠，西为敬一亭。而名宦、乡贤二祠，与启圣祠前后相望。射圃，在其前。先是，五代时，学在崇阳门。宋太平兴国中，始迁此地。明嘉靖、万历间，知府俞谘伯、宝子偁次第修之。皇清康熙十二年、二十一年，先后增修。

晋江县 在行春门外，左庙右学，殿庑、斋堂悉备，殿前二坊，殿后为启圣祠，东为射圃。宋郑国公梁克家故宅为之。

南安县 在城东二里黄龙溪。左为大成殿及两庑，右明伦堂翼以两斋。门外有二坊，曰"义路""礼门"，又有应奎、毓秀坊、文昌阁。见龙亭，在泮池上。先是，学建县西。宋绍兴间，始移此。名宦祠在礼殿东，乡贤祠在礼殿西。

惠安县 在县治左。左学右庙，前有杏坛，旁列二斋。泮池在戟门外，堂北即尊经阁，后改为馔堂。名宦、乡贤两祠，在启圣祠左右。射圃，在朝天门外。先是，明伦堂在殿后，明成化十九年，知县张桓始易之。其后，知县虞坤皆有增易焉。

德化县 在县城西北大洋山之阳。中为大成殿，次仪门，次庙门，东为明伦堂，又东为启圣祠，次名宦祠，前教谕廨，西为尊经阁，阁下祀朱熹，前为射圃，又西为敬一亭，次乡贤祠，前训导廨。先是，学在县治东。自宋、元迄明，迁徙更易不一。至万历元年，知县秦沾始定今所，后知县吴一麟、周佑相继修。

安溪县 在县治东南。前为大成殿，西为明伦堂及两斋。堂之左为教官廨，启圣祠与名宦、乡贤祠皆备。先是，宋咸平间，学建于县治西南。宣和间，迁县治东。至绍兴十三年，始定今所。嘉靖间，佥事余爌以民地益之，其后皆有增建。皇清康熙二年，同知来承祉重修。十二年，又加葺焉。

同安县 在县治东南隅登龙坊。右为庙，启圣祠在庙北。左为明伦堂，附以两斋。堂后为尊经阁，立朱熹祠，西立射圃、名宦乡贤二祠。先是，学建于五代末。宋建隆间，他徙。绍兴十年，始定今所。明洪武初，知县吕复重建，其后佥事陈祚等屡阐之。皇清康熙辛酉，教谕黄允芳复加修葺焉。

永春县 在县治东隅。中为大成殿，前为东西两庑，为露台、仪门，左右名宦、乡贤二祠，中为泮池，扶以石栏。明伦堂、启圣祠、尊经阁，俱在大成殿左。先是，学在郭外东渡桥西。宋大观间，知县留熔迁于知政橋北。其後屢有更移。明嘉靖間，毀于倭，知縣謝裘建于縣治東，其後知縣陳九儀等屢加修建。至皇清，毀于寇，復重建焉。

建寧府

《職方典》第一千五十九卷
建寧府部彙考七
建寧府學校考　府志
本府

建寧府　在府治東北中和坊，黃華山之支隴三皇堂故址。按《舊志》，唐常袞爲福建觀察使，始教閩人以學，時未有學校之制。至宋寶元十一年，始詔建州立學，賜田五頃贍士。熙寧間，設教授一員，時學在郡治南趙氏坊，廟在建溪門內之東。元豐中，賜田至十頃。崇寧、大觀間，行舍法，生徒裒盛增至三百餘間。建炎，毀于兵。郡守劉子翼重建學舍。紹興十四年，學圮于水，禮殿獨存。十五年重建，前爲禮殿及兩廡，後爲明倫堂，列十二齋。堂之北構御書閣，倉庫、廚湢、廨舍咸備，又于堂之左右建胡文定公、游御史祠。淳熙十一年，守趙彥操重修廟學，闢射圃于西序隙地，又增闢小學。端平二年，復毀于兵，惟禮殿及數齋僅存，守姚瑤重建明倫堂。明年，建尊經閣，直北建紫芝堂，又建明倫堂。堂後構閣，列十齋。後歲久傾圮。元泰定三年，伯顏鐵木兒大中重新建創。後齋舍灾，守暗都剌重建，列三齋。至正二十年，參政阮德柔因舊重葺。明洪武六年，又加修治，爲四齋。十九年，立朱熹祠于尊經閣後。二十三年，欽降大成樂器。三十四年夏，學毀于火。永樂初，知府芮麟奏遷今所，前爲二坊，次爲學門，門內爲文昌祠，爲青雲樓，西爲鄉賢祠，中爲泮池，池上有橋，橋北爲儀門，門後屬以兩廡，中爲甬路以達明倫堂，堂之後爲藏書閣，閣下爲集賢堂，今爲教授衙，兩廡東西爲四齋，堂之西爲饌室，東爲號舍、廩庾及訓導廨舍。皇清順治五年，殿毀，惟戟門尚存。八年，學道閔度等各捐資重建。甲寅之變，殿宇毀塌。康熙二十年，督學楊鍾岳等捐俸重修。三十一年二月，大風，殿復壞，知府張琦捐倡重修，煥然一新。

建安縣　在縣治北，其地乃建陽衛故址。《舊志》，宋熙寧三年，遷建安縣治于甌寧縣，故址在寧遠門側，時學居縣治門外之東。建炎，毀于寇，以學基置丞廳，而附學于郡學。慶元三年，知縣俞南仲乃建學于寧遠門外，社稷壇之右。元至正間，毀于兵。明洪武初，因舊址重建。十一年，始遷于府治東南登俊坊，即屏山書院故址。永樂十四年秋七月，圮于水。十七年重建。成化二年，市學旁隙地以廣學基。弘治五年，建二坊于學前之左右。嘉靖元年，教諭許相以爲廟學地勢窪下，遷于今所，立廟于明倫堂之西，爲楹五，兩廡之楹各倍之，南爲戟門，又南爲欞星門，北建御製敬一亭。廟之左爲明倫堂，楹有五，東西爲序，楹亦各倍之，南爲門，門南爲泮池，梁以石橋，橋南樹之綽楔。堂北左右爲居仁、由義二齋，齋之左右爲舍十有二。堂之左爲廨舍三區。建二坊于學前左右，建啓聖祠及尊經閣于明倫堂之北。以學之右爲行都司，其勢高于左，建青雲樓以敵之，鑿一井以宣氣脉。萬曆庚戌，重修儀門、牌坊、青雲樓。辛亥，建名宦、鄉賢祠于欞星門內。皇清順治五年，毀。康熙三年，知縣余光魯重建。

甌寧縣 在府治南叢桂坊，故府學址。按《舊志》，宋治平間，始立縣治于寧遠門側，學在縣治之左。熙寧三年，學隨縣省。元祐間，復治于朝天門外，而學在縣之東。建炎初，毀于寇，學附于郡學。慶元三年，知縣劉唯然改創于縣西。元因之。至元間，復毀于兵。縣徙城內，而學遂廢。明洪武十二年，復建學于城西敬客坊。永樂十四年，圮于水。正統十二年，奏遷今所，建置粗備，而沙尤寇作，工遂輟。景泰二年，重建大成殿，前立戟門，創兩廡及欞星門，又建明倫堂于殿東，列明善、復初二齋，列會饌堂及齋舍、倉宇于明倫堂左，創學門，鑿泮池。天順八年，復學傍侵地，重建欞星門，葺明倫堂及齋舍。弘治五年重修，改建欞星門。八年，重修明倫堂，建二坊于學前左右，建科貢題名碑亭于泮池左右。正德十年，重造學門。嘉靖九年重修，建敬一亭于殿東。十五年，拓明倫堂之耳房，創廨房及號舍、射圃。萬曆三十七年，築四圍墻垣，重建兩齋。四十四年，明倫堂災，知縣鍾世芳偕諸生督建。崇禎五年毀，知縣詹兆恒偕黃同知督建。皇清順治五年，焚于兵，知縣江中楫建。康熙十年，欞門、墻垣圮于水，知縣章可程倡捐重修。二十五年，復圮于水，改遷舊左衛基地。

建陽縣 在同由里，負環峰，油溪繞其後，面雲谷之尖巒，柳堤右襟，大溪左流，來勢蜿蜒，精氣秘萃，爲邑大名勝焉。按《舊志》，原在交溪之滸，即今義學。宋建炎間，范汝爲煽亂，毀之，時朱文公議易同由護國寺，未幾，僞黨禁興。至嘉定乙亥，方得如議移建，徙護國寺于交溪學址，知縣王渥增學田。淳祐間，重新之。元至順乙亥，縣尹陳天錫重建明倫堂。明洪武二十八年，重建大成殿、東西廡。永樂十四年，圮于水，惟存大成殿、明倫堂。十七年，重建兩廡。洪熙元年，重建戟門。宣德四年，知縣張光啓市地以廣學基，重建大成殿。正統四年，以明倫堂逼近禮殿，改營焉。八年，具祭器。成化九年，以學隔大溪，艱于往來，擇縣治之西樓隱寺故址改建。十一年，增置官廨。十九年，置射圃于學前。正德八年，改復同由舊址，仍置學田。十五年，增田百畝。嘉靖三年，鑿泮池，建龍門。九年，申報廢寺租米二百二十一籮二斗建敬一亭。丁酉，將殿堂、閣宇移東北，而面南向。嘉靖壬戌，又徙交溪之護國寺，移護國寺于葉家巷中，爲大成殿，兩旁爲東西廡，前爲櫺星門，又前爲戟門，爲泮池，後爲第一樓。廟右爲明倫堂，堂後爲啓聖祠，前爲儀門，又前爲大門，門傍爲濯錦公署。萬曆己酉，水，廟堂、齋廡、墻垣盡廢，推官商之相重修。崇禎間，知縣沈鼎科、黃國琦相繼修葺。皇清康熙二十一年，重建櫺星門、坪門，修廟及兩廡。

崇安縣 舊在晝錦坊。《舊志》云，在營嶺之右。宋紹聖二年重建。崇寧間，增修大成殿、兩廡，殿后立教堂、學官署，東西有四齋，庫二，皆在兩廡之右，櫺星門之外爲興文祠、爲射圃亭。景定壬戌，復新焉。咸淳元年，重建大成殿、易立教爲明倫堂，東景行祠祀鄉賢。元至正乙卯重修。延祐丁巳，立二坊于街。至正壬辰重修。乙巳，毀于兵。明洪武四年新建。永樂十一年修葺。正統十一年，創兩廡。嘉靖乙未，遷立新學，併文定書院、西山蘭若二處爲之，制度如式。櫺星門西向，壬子易東向。隆慶二年，暴風頹折。萬曆壬子，復改立于營嶺通衢宋學舊址。崇禎壬申，遷于北門牛氏巷，建立甚麗，即今學也。兵燹之後，漸就傾圮。皇清康熙元年，議建未果。四年，復修明倫堂，次第落成。九年，重建啓聖祠，今煥然改觀矣。

浦城縣 學宮創始不可詳。按《舊志》云，去縣東南一里。元季毀于兵。明洪武元年，知縣張鵬舉建大成殿。十二年，建明倫堂，立科甲題名碑。正德十六年，以學宮湫隘，遷北隅皇華山之麓，即今天心寺故址。嘉靖十八年重修。歲久浸圮，後復建正殿、東西兩廡、前戟門，門西土地祠，中泮池，東祭器庫，又前櫺星門。萬曆三十五年，增飾并周垣于左。崇禎十六年，又闢學前基址，弘敞與學宮稱。皇清順治三年，移櫺星門，改浚頖池，甃石橋，建屏墙，規制如昔。中軍馬鑣各助資有差，規畫經營則典史曾士達也。

政和縣 舊在縣西。宋紹興二十年，縣令趙伯杲遷于東。明洪武七年，捐資重建明倫堂、兩齋。十七年，建光霽亭于明倫堂之後。二十四年，建庫厨、宰牲房。三十五年，謀拓舊址，重建齋堂。永樂元年，改光霽亭爲先賢祠。景泰四年，重建齋廡。天順二年，復建堂齋。七年，重建殿廡于明倫堂之南。成化七年，建尊經閣于明倫堂之北。十三年，建戟門、學門。弘治四年，重建大成殿及兩廡、學門。正德六年，建養賢堂于明倫堂後，殿廡、堂齋俱加修飾。嘉靖九年，以按察分司作明倫堂，其後殿廡移東北而拓新之。萬曆八年，改今所。九年，建文昌閣于明倫堂之後。二十七年，因櫺星門歲久木朽，復重新之。

松溪縣 宋開寶八年，始建儒學于縣之東。景祐二年，徙後山之陽。乾道九年，仍遷舊所。淳熙十年，增置講堂、齋廡。元至大三年，重改拓之。至正十二年，毀于兵。十四年，一新其舊。明永樂五年，復加營繕。宣德間，重建兩廡、學門。正統十一年，改建。景泰四年，重加整葺。正德三年，廣其地而新之。末年，復圮。嘉靖改元，以普載寺弘敞可以立學，遂改遷焉。十三年，奉制建敬一亭于明倫堂東。以儀門湫隘，十四年，置民基益之。二十四年，毀于火，參議柯喬廣故學址，復遷于舊，即宋開寶始建之遺基也。萬曆四年重修。三十二年，建啓聖祠。四十八年修葺。崇禎十七年，更制廟主，建魁星樓。皇清康熙三年，重新櫺星門。十六年，重葺廟宇及戟門、兩廡。

壽寧縣 舊制，廟在明倫堂左，知縣饒移建于明倫堂之舊址。明倫堂，在廟後。康熙二十六年，創建于廟左。啓聖祠，在訓導衙右。久廢，康熙二十六年，改祀于廟之後。名宦祠在廟門左，鄉賢祠在廟門右。敬一亭，在教諭廳左，今廢。饌堂，在教諭廳右，今廢。祭器庫，在明倫堂後。教諭廨，亦在明倫堂後，久廢。康熙二十六年，捐俸創建于明倫堂之左。訓導廨，在廟左。文昌閣，在明倫堂左。泮池，在櫺星門內。康熙二十二年，王錫卣捐俸開水道，借民吳若增家池浚溝，通入泮宮。射圃，舊在按察司後，今廢。

延平府

《職方典》第一千六十八卷
延平府部彙考四
延平府學校考　府志
本府

延平府　明天啓乙丑，郡守項公維聰等改建梅山寺舊址，在豐衍倉南。中建先師廟，右爲啓聖祠，露臺前左右翼以兩廡，廟南爲大成門，外爲戟門。門左爲名宦祠，右爲鄕賢祠。廟左爲明倫堂，翼以兩廊，廊左爲會講堂。崇禎間，始鑿泮池于大成門外，艱于引水，多歷年所抵爲涸墟，而堂廡、宮牆亦頹圮日甚。皇清順治十六年，敎授王若羲捐資鼎修，然廨署未備，其樂器、祭器與堂齋俱仍在普通寺址。舊學惟敎授廨，暫寓會講堂左云。

南平縣　在西郊虎頭山之麓，前朝九峰，環帶溪水，雙流瀠洄于其左。明洪武三年始建。弘治戊午、嘉靖戊子，兩經修拓，正殿、露臺、左右兩廡、櫺星門、戟門、神廚、齋宮、器房皆如制。啓聖祠，在廟右。明倫堂，在廟左，翼兩廊有居仁、由義齋舍。泮池，在儀門內。泮牆，在大門外。敎諭廨，在儀門左。訓導廨，一在大門左，一在大門右。先是，啓聖祠在廟後半山巓，左祀文昌，右祀魁星。崇禎三年，敎諭范方重建大閣于其址，規制特異。兵火毀民居，延及學宮，堂廡、齋舍、文昌閣、魁星閣皆燼。皇清庚寅年，知縣汪蘅欲爲重建，請于巡按，于是大殿、啓聖祠、兩廡、櫺星門、甓門、明倫堂、儀門規模已備，庫房、廡舍清理如初，周圍繚垣具見完密。大門內有雙檜，傳爲明海忠介手植，歲久虯古，參天可仰。諸如名宦、鄕賢祠，亦議嗣建。

將樂縣　宋建卜山之麓，明遷徙不一。近者，萬曆辛卯，知縣林熙春改建縣之東南。天啓丁卯，知縣王尙賢改遷于縣治前橫街。辛卯，弗戒于火。乙酉，徙建于縣左，與縣爲鄰，建石牌坊于戟門內。戊子，寇毀。皇清初，築櫺星門、牆垣，而廟址與堂基中分，前後關鍵不保。又久，始得徙廟址北進數十武，與縣治並，翼以兩廡，前爲大成門，左爲祭器庫，右爲典籍庫。其下爲泮池，池前爲櫺星門，門外爲舊石坊。坊外爲戟門。經始于丙申夏，落成于丁酉春。明倫堂、啓聖、鄉賢、名宦祠，文昌、魁星閣，敬一亭俱議嗣建。

大田縣 在縣治左，鳳凰山下。先師廟，在明倫堂之右。堂東爲進德齋，西爲修業齋，齋南北爲號舍。堂左爲教諭廨，右爲訓導廨，中爲尊經閣、爲膳堂。堂之東爲儀門，門左爲倉，右爲敬一亭。前爲泮池，又前爲學門，左右爲名宦、鄉賢祠，前爲欞星門，門外臨街爲屛。屛南建木坊，題曰"仰聖興賢"。

沙縣 在縣治東。舊在和仁坊，宋慶曆間，徙魁星里太平興國寺右。明洪武初建，復毀。景泰間，有司市民地擴其址。歷成化、弘治，始備其制。嘉靖間，知縣袁應文改建于福聖寺基，建尊經閣于堂後。萬曆乙巳，知縣方震孺復改建魁星里舊學原址，知縣康承祖竣其事。

尤溪縣 在縣東獅山之麓。宋學，在縣治西。慶曆間，改縣治東南隅。乾道九年重修。明因之。正德末，有司毁學前淫祠擴充之。嘉靖二十五年春，大雹壞廟宇、廨舍，有司復買民地遷其行路，而學址始廣。舊廟在學左，後更于明倫堂之前，規制始備。萬曆二十六年，知縣張陽春復改建西門璠山，左爲大成殿，右爲明倫堂。啓聖祠，在大成殿后。敬一亭，在明倫堂後左。建文昌閣、張公生祠。

順昌縣 舊在縣治西。宋皇祐間，改建縣東。明正德間，改舊址。嘉靖間，仍徙縣東。隆慶五年，徙西郊外。後爲明倫堂，廟左爲會講堂，東爲學官廨。正門之外迤東爲尊經閣。萬曆三十一年，改建于縣治之左。四十年，學督馮燧捐俸，始開泮池，署縣事同知李泰亨改建欞星門。天啓六年，知縣張陽純建天衢發軔磚坊于學路之前。

永安縣 在縣治東。明景泰五年建。正德四年毀。弘治癸亥，知縣劉燦重建。中爲大成殿，翼以兩廡，廡之背爲號房各二十四間，西爲神庫，東爲神厨。廡之南爲戟門，門之左爲四賢祠，右爲文昌祠。又南爲泮池，爲欞星門。敬一亭，在啓聖祠之左。祠可達殿，殿之後爲明倫堂，翼以居仁、由義兩齋。由左齋入，則教諭廨，廨左有學倉。由右齋入，則訓導廨。堂之後爲青雲樓，樓之右爲會饌堂，而學之通門則居欞星之左。嘉靖二十一年修。萬曆二十一年，又捐修廟廡，次移欞星門進五丈，爲泮池一丈，爲半璧之形，明倫堂、尊經閣以次修理，煥然改觀。嗣是，儒學門復壞。崇禎間重修。皇清順治丁亥冬，兵寇蹂躪，拆損明倫堂特甚，知縣陳廷樞等復修之，首事廟及明倫堂、兩廡，增浚泮池，新架三門，次第就新，而宮牆之美觀，至今始備矣。

汀州府

《職方典》第一千七十四卷
汀州府部彙考四
汀州府學校考 通志府縣志合載
本府

汀州府 在臥龍山麓。中爲聖殿，旁爲兩廡，前爲戟門，外爲泮池，上跨石橋，又前爲欞星門，後爲明倫堂，爲敬一亭，出儀門、甬道爲大門，門東折入爲土地祠，爲省牲所，前爲啓聖祠，祠內左右爲名宦、鄉賢祠。而尊經、文昌二閣，前後在望焉。啓聖祠後爲教授廨，側爲兩訓導廨。射圃，在廣儲門外，距學里許云。學倉三廒，在大門內東偏，弘治四年知府吳文度建，歲儲米五百餘石以膳師生，今廢。

長汀縣 按《府志》，在治東橫岡嶺左，舊在興賢門，即郡學舊基。紹興三年，郡學遷，惟留大成殿。開禧間，始建學宇。淳祐間，知縣陳顯伯修大成殿，復學地之僦于民者，爲麗澤堂，爲尚志、閱禮、修性三齋。元至正間，毀于寇，遂建于縣南五里許。明洪武六年，復建于舊所。正統十四年，又毀于寇。景泰七年，首創大成殿。天順二年，知府拓基創建廨宇，繪塑聖賢像。成化八年，河決近學堤岸，議遷郡城內，改移今所，巡道周謨、知府李桓等議遷郡城內，乃規官地，市易軍衛屋基，改移今所，首檄指揮楊鍈、王靖提督以建大成殿、兩廡、戟門、欞星門、明倫堂及兩齋，堂之後爲尊經閣，堂東爲號房，閣後爲教諭廨舍，殿西爲二訓導廨舍。外爲重門，周圍以垣。十五年，知府戴禧重修。十七年，知縣謝珪遷外門于東左，遂創儀門，提學周孟中復規買民地，增廣廨舍。十八年，提學任彥常以廟學弗稱，復檄紳士各捐助，修門堂、廨舍及塑先師、四配十哲像。弘治元年，知縣謝珪遷學門于廟門右，修葺戟門、兩廡。四年，知府吳文度重建兩齋及修號房。十年，又修殿堂、欞星門。正德十五年，以殿在明倫堂前，溝圳卑濕，令改創，將殿移于西稍前，明倫堂移于東稍後，堂前左爲號房九間，將學左開元寺修爲殿、東西兩廡，前戟門、欞星門。殿后爲訓導衙，將舊殿改爲宋文山先生祠，今廢。三十一年，知縣祝一鑒修。三十九年，知府楊世芳重修。萬曆三年大修。天啓甲子，梁柱頹圮，知縣蕭奕輔從新鼎建，兩廡、欞星門俱各修葺。崇禎三年，重修。皇清康熙二十一年，督學丁蕙等又修。

寧化縣 在縣治後。按《舊志》，宋建炎二年創于縣東正街。淳熙十年，遷于翠華山下。元毀。明洪武十二年，知縣張思誠重建。正統元年又建。成化間，改遷未就。正德十五年，始遷今所，創建兩廡、戟門、左右廂房、欞星門。嘉靖四年，提學邵銳按臨，以殿廡圮陋，委知縣馬淑將拆毀各庵木植磚瓦移造大成殿，餘建明倫堂，更戟門、欞星門方向，堂前左右建二齋，堂後爲饌堂，左右建號房二十六間。土地祠，在東廡。書器庫，在西廡。泮池東西闢二門，東曰"禮門"、西曰"義路"，號房各立一，總門東曰"道腴"，西曰"文會"。教官廨在殿西北，學門在殿東南，宰牲房俱備。又浚古井于居仁齋前，魚池于西廡牆後。嘉靖五年，縣丞鮑裕建屏牆一帶于欞星門外。十年，知縣莫大德建啓聖祠、敬一亭。隆慶四年，推官吳之儒重修。萬曆四十三年，重建大殿，增築舊基尺有二寸，重建尊經閣。四十七年，改啓聖祠于翰墨林，改明倫堂于教諭廨。天啓六年，學博劉養學又將啓聖祠、明倫堂互相更易。今中爲先師廟，後爲明倫堂，前兩翼爲東西兩廡，前爲戟門、爲泮池、爲欞星門，神廚、神庫、省牲所。學倉，址在舊學西。

上杭縣 在縣城北。按《舊志》，宋乾道三年，隨縣自鍾寮場遷今城隍廟地。嘉定十六年，遷治東一百步，建殿廡、明倫堂，崇德、廣業、居仁、游藝四齋。淳祐十一年，圮于水。寶祐五年，廟重建爲樓，更學門于堂左，以別廟學之制，又爲二先生祠于學右，祀朱文公。後圮。明洪武九年，知縣劉亨重建，省四齋爲二，曰尚德、樂育。正統元年，知縣張琳建大成殿，殿后爲明倫堂。景泰六年，殿壞于蟻，知縣黃希禮重建。天順二年，欞星門壞，諸生李良輩更造以石。成化八年，殿復壞于蟻，教諭胡匡白于督學游明、兵備周謨，勸邑人郭端輩佐費，命郡丞程熙督建之，而易以石柱，并建號房十一間，又從諸生孔經等請，以射圃餘地易民居，中爲石臺，拆迎恩亭架其上，植桂于旁，扁曰"桂香"。成化十年，改建明倫堂，比舊基稍進丈餘，遷兩齋于堂東西。十八年，知縣李日思重建。弘治九年，明倫堂蠹于蟻，僉事周鵬命知縣高以政重修，命主簿王俊將淫祠拆毀，取其木石，添用書院。隆慶五年，知縣周裔登鑿泮爲石橋，而移其前石表，巡道王喬桂記。萬曆二十一年重建。三十八年，知縣倪應眷開鑿泮池。四十五年修建。皇清順治十年重修。康熙十九年又修。學倉三廠，明成化八年建在教諭署後，嘉靖三十年改建學門前左，今圮。

武平縣 舊在縣東興賢坊。宋乾道間，唐廷堅初建養士院。紹熙間重修。端平尉翁甫又拆振武堂，改建會講堂，趙汝譾復建大成殿，繼創東廡。淳祐間，林震又創西廡并欞星門。元大德間，李實更新。明永樂十五年重建。天順己卯，袁旻修。成化丁亥，知縣劉哲重修。甲午，知縣徐端始改遷今地。萬曆戊午，同知熊茂松重建。皇清順治十三年，知縣楊宗昌改建。康熙三十年，邑令裴振唐增建護欄牌坊。三十八年，趙良生重修。中爲先師廟，兩翼爲東西兩廡，前爲戟門，爲泮池，知縣楊燦建橋，又前爲欞星門、神厨、神庫、宰牲所。

清流縣 在縣北，即皇華驛故址。舊在縣南，宋元符間建。崇寧間，遷縣東。建炎間，寧化尉顏熙遷今所。紹興間，毁于贛寇。十三年，縣令張秀穎創大成殿、欞星門。紹興間，又毁于寇。端平初，始建大成殿。二年，建明倫堂。嘉熙間，邑令林奕建四齋，曰據德、依仁、游藝、居敬。元至正六年，毁于連寇，惟大成門存。明洪武二年，知縣朱仲恭始建大成殿、兩廡、戟門、欞星門，殿后爲明倫堂，東西建養賢、育才二齋，宰牲房、饌堂、厨房、廨舍無不周備。三十二年，創學倉二廠。永樂十四年，又毁于沙寇，惟倉廠僅存。洪熙元年，知縣李庠重建。正統十三年，又爲沙寇所毁。景泰三年重建，時巡按高明以學西地窄，復拓基，增益號房。天順元年，改建殿堂、欞星門、兩廡、齋坊、饌堂、廠宇，僉事周謨建學門一座。成化間，作儀門石鼓。嘉靖十年，建敬一亭，立石碑四座。萬曆八年，知縣鄧邦氂重建。二十五年修。崇禎九年重修。今中爲先師廟，兩翼爲東西廡，前爲戟門，爲泮池，又前爲欞星門、神厨、神庫、宰牲所。學倉，在學内東北，明洪武中知縣宋忠移于學外東北城隍廟西。

連城縣 在縣治東北。宋紹興四年，縣令陳南創，後遷東南尉司舊址。淳熙間，始徙今所。明洪武、正統間，屢經修葺。正德八年，將鸞淫祠銀從新改造，欞星門外增置大牌坊一座，東西添修二小坊，額曰"興賢""育才"，外鑿池一區，扁曰"洙泗淵源"。殿後舊有明倫堂，中建門樓，額曰"進德""修業"，中爲桂香亭，亭後爲尊經閣，東爲鄉賢名宦祠，閣後爲聚奎樓，東西南建號舍三十六間。二十七年，仍遷尉司。萬曆三年，知縣郭鵬遷于山川壇。十二年，知縣朱九卿復遷舊址，填學後兩塘。二十九年，知縣徐大化重修。三十四年，浚池。崇禎九年重修。

歸化縣 在縣西明溪驛前。成化七年，置縣時定基于此，知縣郭潤建。十七年，復建後堂爲講習所。弘治六年，知縣姜鳳重建櫺星門。正德二年，建尊經閣。嘉靖四十年、萬曆十年，俱鼎新之。十九年，知縣許岸、署教諭陳振陽捐俸修櫺星門，左右豎兩坊，于泮池右構省牲所，扁曰"仁術"。三十九年重修。四十五年，改建于東門舊常平倉，倉徙舊學。天啓七年，巡道朱大典覆議改創于今學地，中爲先師廟，兩翼爲東西兩廡，前爲戟門，爲泮池，又前爲櫺星門，署教諭戴震雷捐資彩畫聖殿，兩廡改正賢儒牌位，朱油戟櫺二門，修葺泮橋、神廚、神庫、宰牲所。學倉，按《府志》，在明倫堂西北。

　　永定縣 自明成化十五年，副使劉城、參議陳渤等創于縣治南，今遷建于治西。中爲大成殿，東西兩廡各十間在廟前，戟門三間在丹墀前，泮池在戟門前，櫺星門一座，俱石，在泮池外。

興化府

　　《職方典》第一千八十一卷
　　興化府部彙考三
　　興化府學校考　府志

　　興化府 在郡治東。宋太平興國間，始置興化軍。咸平元年，有詔立學，諸生方儀、陳詡願入資助建本軍廟學，疏請得賜地于軍治東南隅。首構正殿，並建三禮堂、御書閣。三年，文廟成。六年，學成。紹興十九年，教授徐士龍請于部使者，得官錢一千三百萬，改作東廟。乾道七年，教授陳應言重修殿門、御書閣。淳熙四年，火毀學幾半，知軍翁作礪修葺，扁講堂曰"道化堂"。紹熙二年，知軍趙彥勵建忠恕堂及十齋，又建經史庫、祭器庫。嘉熙二年，知軍張友重修學舍，爲士增廩食，郡人正字王邁記。淳祐六年，教授俞來修忠恕堂，建尊經閣其上。元初，學校無考。元貞元年以後，教授宋眉年、學錄黃烈等相繼修葺廟與道化堂，增建尊德、尚賢二堂，以祀先賢及復學田。明洪武二年，詔天下立廟，知府蓋天麟奉制重修，定四配十哲位次，飾兩廡像，改道化堂曰明倫堂，省十齋爲志道、據德、依仁、游藝四齋，闢儀門，新設會饌堂，建神廚、祭器庫、宰牲所于櫺星門內之左，立米廩于櫺星門內之右。永樂四年，通判孫旹、教授傅顯立進士題名碑，參政楊景衡記。宣德十年，僉事陳祚奉詔命莆田縣知縣劉玭重修廟學，學士錢習禮記。景泰元年，知府張瀾飾廟像，即舊射圃地建養牲所，訓導蕭亨記。成化二年，知府岳正範銅爲祭器。八年，知府潘琴建大成門，副使劉琦命增築月臺于明倫堂前。十二年，同知孫蘭建尊經閣。十三年，御史尹仁命教授王鏞飾兩廡像。十五年，王鏞析建舉人、進士題名二碑，郡人提學黃仲昭記。嘉靖十年，詔改大成殿先師廟，大成門曰廟門，撤聖賢像立牌位，別建祠于廟東，祀啟聖公，建敬一亭于欞星門右。四十一年，倭寇陷城，廟學盡毀。四十三年，郡人御史林潤奏乞恩給帑銀，下知府易道談重建，規制仍舊。左爲先師廟，廟東啟聖祠，西齋沐所，廟後米廒，東西兩廡，前廟門。門內東祭器庫，西樂器庫。門外東名宦祠、合志祠，西鄉賢祠、林公祠。又外欞星門。其收支所在啟聖祠前。宰牲所在欞星門東。右爲明倫堂，堂之東尊經閣，前敬一亭，西會文樓，樓下饌堂，後分教二衙。明倫堂前爲露臺，泮池有橋，橋東志道、依仁二齋，西據德、游藝二齋，後分教、掌教三衙。前大門，門外東土地祠，明季，改爲文昌祠。西碑亭，明季改爲土神祠。路之南爲指南所，內立號房四十間，今廢，賃爲民居收租。路左聖域、高第二坊，右賢關、名卿二坊，郡人尚書林雲同記。隆慶五年，知府林有源重制文廟祭器。萬曆三十一年，重修據德、游藝二齋。三十九年，推官殷宗器以贖鍰重修殿廡、門牆。天啟二年，知府胡爾愷重修殿廡、戟門、明倫堂，志道、據德、依仁、游藝四齋。皇清順治七年，知府朱國藩重修。十七年，知府顧鏞修明倫堂，邑人庶子黃玘有記。康熙七年，知府慕天顏、教授張可仰重修正殿、兩廡，邑人給事中張松齡記。十三年，閩亂，遭寇蹂躪。二十一年，知府蘇昌臣重修兩廡、廟門、名宦、鄉賢、合志、林公諸祠，明倫堂、尊經閣、聖域賢關二坊，通判湯傳楷重修學門及會文樓。

莆田縣 在郡治南。唐時有夫子廟，張九齡書額。宋紹興十九年，教授徐士龍改作軍學，乃以縣學附大成殿東偏，有職事位及顯道、式穀二齋。元至順二年，徙建于薛公池上，即今所，東廟西學，如軍學制，講堂之前爲兩齋，以薛公池爲泮池。明洪武元年，知縣任益奉詔重修。十六年，知縣顧思敬建神厨、神庫及宰牲房于廟東。二十九年，知縣王文焯建學後堂，扁曰"進修"，復新會饌堂，豎欞星門，創米廒于學堂之西。正統八年，御史丁澄命主簿唐禮重建會饌堂，遷米廒于舊教諭廨舍，而以其址增建齋房。景泰元年，鎮守尚書薛希璉命知縣劉玭易民地，建教諭廨舍于米廩之東，知府張瀾又易民地建訓導廨舍于教諭廨舍之東。四年，知縣陳紞飾聖賢像。天順七年，副使錢璡命同知吳亮修大成殿，知縣王常又易民地三畝以廣齋舍。成化二十二年，教諭王鳳儀請新廟學，知府丁鏞捐俸為倡，于是遂重建大成殿及兩廡、戟門，而鳳儀主其事。弘治五年，知府王弼購民地，闢學前衢路，造泮橋于薛公池上，移舊池亭置諸西東，東曰"咏歸"、西曰"樂周"，又建齋舍，竪綽楔于衢路，扁曰"儒林"，邑人尚書林俊記。十五年，知府陳效建明倫堂、儀門，築月臺、甬道，修進德、修業二齋，建後堂、穿堂，又作號房。正德十五年，知府馮馴以咏歸、樂周二亭為颶風掀壞，乃復咏歸亭于薛公池中。嘉靖十一年，知府黃一道重修學廟門廡、堂舍，邑人參政王鳳靈記。三十二年，知縣許燫重飾廟學，建廣橋于泮池上，移敬一亭于明倫堂之西。三十三年，訓導朱應畿請徙建啓聖祠于聖廟後。四十一年，倭寇陷城，啓聖祠、敬一亭及諸廨舍、齋房俱毀，僅存廟學、堂門。四十五年，知府易道談、知縣徐執策給帑銀重建。中為大成殿、兩廡、前廟門、泮池，池東西二齋各五間，又前櫺星門。廟之右為明倫堂，為後堂，東西房五間，堂之西為會饌所，前蔬園，內齋舍十間。廟左原訓導西衙，今建啓聖祠之東，米廩三間，又東教諭衙及訓導東衙，南為敬一亭。萬曆三十三年，知縣蔡善繼改建大門于東南隅，長史胡秉文捐地拓基，復浚地下河壩，廣數十丈，以會巽水瀠洄而達于河。三十八年，知縣李時榮作廣橋于泮池。四十年，建櫺星門，復浚環溝。四十一年，推官殷宗器重修正殿。崇禎二年，知縣吳彥芳捐俸重修，邑人尚書曾楚卿記。皇清康熙二年，值寇警，墻垣柱石悉為守陴者竊運去，教諭黃裘孕重修，邑人給事中張松齡記。二十一年，通判署縣事湯傳楷重修明倫堂。二十四年，知縣莫家楨重修戟門、綽楔、環墻，浚城西水仍歸泮池，邑人吏部主事程甲化記。三十五年，大水入正殿。三十八年，颶風傾壞殿脊。三十九年，教諭劉世興、訓導陳文炳詳請知府徐希聖、知縣金皐謝重修正殿、兩廡，提督吳英捐俸金二百，重修櫺星門。射圃，在迎仙門內，即舊府學射圃也。

　　仙游縣　舊址，在縣西。宋咸平五年，縣尉段全遷建于縣南，有記。紹興九年，陳可大捐資倡眾重建，知縣謝天民助成之。乾道七年，知縣趙公綢重修。其規制：殿曰大成，講堂曰遵道，齋有六，曰忠告、明倫、篤志、懿文、宣哲、誠意，位有四，曰學長、直學、學諭、教諭，又有瑞英堂、六經閣及二庫。淳熙四年，陳景肅重修，即遵道堂設立題名扁。寶祐三年，知縣趙與泌建尊經閣、文會堂及堂廡，闢西溝之見侵于民者。元至正二十五年，山寇暴至，學宮焚毀殆盡，知縣任興即故址重建大成殿。明洪武元年，知縣周從善奉制，改尊道堂爲明倫堂，堂之左右爲兩齋，東西兩廊爲號房各五間，而大成殿則仍元舊，又重建兩廡，立從祀先賢位，爲泮池于戟門之外，爲泮橋于池上，建櫺星門于池之前。二十八年，于明倫堂後建文昌閣，又于堂之右作學官廨舍。宣德八年，重新殿廡、齋舍、神廚。十年，改文昌閣爲樂育堂，其兩翼東西爲祭器庫，復修戟門、泮橋。正統二年，重建明倫堂，增教諭、訓導齋舍，遷學門于櫺星門之東，復購民地以廣學基。正統十二年，知縣宋華建米廩于神廚之前。天順六年，撤號房改建爲兩齋，別建號房于兩齋之後。成化元年，重建櫺星門，易柱以石，遷訓導衙于西廡。十六年，增建靈臺于明倫堂前。弘治六年，颶風大作，明倫堂壞，知府王弼重建明倫堂，堂後爲退省軒，左右房各三間，翼以兩廊，西爲教諭衙；又以學東方虛，移建會饌堂；復立儀門、禮門、櫺星門、大成門。正德九年，重更新兩齋，扁曰居仁、由義。嘉靖十年，奉詔旨撤去神像，立神位，春秋二祭。二十四年，重修廟門、學門、敬一亭及聖域坊。萬曆十二年，重修廟學、啓聖祠及尊經閣。三十六年，拓泮池而砌以石。崇禎八年乙亥，唐大章倡義重建，規制偉麗，煌煌然非昔觀矣。皇清順治十年癸巳，教諭鄭煥捐資重修。康熙四年，擢漳州府教授復修飾乃行。

平海衞 原在平海城中。明正統八年，學始建，初禮部札付各衛所，選子弟俊秀者送附近儒學習讀武經七書，有習舉業者一體考校，聽其鄉試。平海衛指揮王茂，以本衛去郡縣儒學遠，依鎮海衛例奏請建學，從之。于是，設官鑄印，始有學額，學官權寓指揮陸璘廨舍。設四齋，後齋宇頹圮，遷寓晏公廟。天順八年，提學游明始命以舊指揮僉事姜銘安廨舍創建廟學，即本衛城南也，指揮同知王輔塑先聖、四配像。成化十二年，邑人寧陽、教諭宋叔昭以莆多才，兩庠不勝收，而平海衛武生治詩書者有限，每額浮于人，疏請近衛民生附平海衛學，從之。弘治八年，指揮王昊于正殿前增建兩廡，復葺明倫堂，建號房及儀門、外門。正德十四年，知府馮馴重修殿廡、堂齋，始作泮池及米廩、會饌堂，邑人尚書方良永記。萬曆二年，分守宋豫卿、行知府呂一靜、知縣孫謀發帑金二百有奇，重建衛學。先是，嘉靖四十一年，倭陷平海城，焚蕩之餘，僅存廟學，時以地遠力詘，未遑修舉。至是，始克成功。十二年，知府錢順德易殿廡椽棟，增四配十哲諸龕。三十一年，風雨爲灾，殿廡堂舍日圮，知府李茂功出帑金百緡重修，教授劉京修董其事。三十七年，始建啓聖祠。先是，教授馮渠與訓導蕭近蘭議捐俸倡建于廟東隅，後馮卒，蕭改建廟北，提學熊尚文批撥囊山寺租充辦祀品，衛學之規制始備。皇清順治十八年，遷沿海居民于內地，平海城廢，教職仍存，學署暫移府城。

邵武府

《職方典》第一千九十一卷
邵武府部彙考五
邵武府學校考　通志

邵武府　在府治南，樵溪五曲之上，中爲大成殿，左右爲兩廡，南爲戟門，門外爲泮池，跨以石橋，翼以石欄，九曲秀水出焉。前爲櫺星門，門外東爲名宦祠，爲鄉賢祠。殿之右爲明倫堂，兩廊齋房各十楹，南爲儀門，門外爲學門，又外爲半月池，環以宮墻，橫二十一丈。文昌閣、啓聖祠，在殿左。尊經閣，在明倫堂左，閣西爲敬一亭。原有教官宅三，二在啓聖祠東南，一在明倫堂西偏。先是，宋軍學在府治西北，知軍曹修睦建。宋咸重修。熙寧後，徙建于城外水北，即今社稷壇地。明洪武二年，通判章文旭、教授林必中請改樵溪書院爲今學，教授程禧、同知宋貴等歷有增拓，規制完備。萬曆二十九年，毁，僅戟門、儀門存，知府閣士選、推官趙賢意請于守巡兩道沈儆炌、劉毅、學道饒景輝重建，後知府嚴澄、知縣商周祚踵成之。皇清康熙十五年，悉毁于寇，知府張一魁、同知周元功、通判馬驤雲倡建大成殿、兩廡、戟門、櫺星門、宮墻及文昌樓、啓聖祠。二十二年，知府張一魁復建明倫堂、兩廊、儀門、大門。射圃，在城西南隅，今廢。

邵武縣　在縣治南二百步九隆觀故址。中爲大成殿，左右爲兩廡，戟門、櫺星門在其南，引樵嵐之水流入宮墻，注于泮池，池有石橋，石欄翼焉。明倫堂，在殿東，左右齋廊各八楹，堂之東爲啓聖祠、文昌樓，西爲敬一亭，前爲儀門，門外東土地祠，西名宦祠。先是，縣學在府治西北，即宋邵武軍學。紹興中，知縣葉邃請即其地爲縣學。咸淳中，知縣張湘重建講堂、瑞榴軒，明知府夏英、知縣姜桂復建尊經閣。嘉靖二十年，巡按徐宗魯移建今所，推官丁湛、知府邢址相繼成之。萬曆間，知府鄭宣化、知縣商周祚、宋良翰、吳甡各有增修。皇清康熙四年，戟門災，延及兩廡，知府汪麗日等重加修葺。二十一年，重修廟廡、明倫堂。其教官宅，今俱圮。

光澤縣 在縣治孝感坊杭川驛舊址。先師廟在右，殿前為兩廡，為戟門，為欞星門。明倫堂在左，堂後為尊經閣。啓聖祠在東廡後，學門外為聚奎坊。教官宅三，俱在廟右。名宦鄉賢祠，在城外舊學地。先是，縣學在城外東南。元至正初，縣尹朱萬初建廟。明洪武間，知府劉克明重建明倫堂、鄉賢祠，知縣曾咸烈、盛塤、徐晋、鍾華、教諭陳子良、陳源歷有增修。萬曆十二年，移建今所，知府羅希尹、汪正誼相繼成之。皇清順治五年寇毀，僅存訓導宅。康熙四年，知府汪麗日倡建明倫堂。九年，知縣劉祖向加創兩廡。十年，知縣王吉倡建大殿。十八年，知縣金鳴鳳復建學門、牌坊。二十年，建啓聖祠。射圃，在縣治東三皇殿右。

泰寧縣 在縣治西，即罏峰寺地。前為先師廟，廟前為兩廡，為廟門，為欞星門，為半月池。後為明倫堂，堂左啓聖祠，堂前甬道，左折出為儀門，又左折為學門。門內左名宦祠，右鄉賢祠。儀門之左為東西學署。先是，宋縣學在罏峰山之麓。慶元間，知縣趙時琯建。明知縣陳撝定、周英、戴昺、教諭李卓、何震、李文纘增修，至萬曆二十八年，學道沈儆炌、知府閣士選、知縣滕養志移建今所。皇清順治間，知縣王譽命重修。射圃，在舊儒學西，社稷壇後，今廢。學倉，在尊經閣之右，亦居存留之糧，以供師生之廩食，以備朔望之香燭。

建寧縣 在縣治南百步。正殿居右，東西為兩廡，前為戟門，為欞星門。明倫堂居左，尊經閣在明倫堂後。儀門外為土地祠，左為教諭宅，右為訓導宅。啓聖祠，在明倫堂東。名宦、鄉賢祠，在啓聖祠旁。學門前建文昌閣，倚城臨溪。先是，縣學，宋天聖中，知縣葛佑建于縣治西。嘉祐中，知縣李山甫徙建今所。元明，遞毀遞建。天啓五年，知縣王都始復舊基。皇清康熙九年，通判柳文標、知縣陳于逵、教諭林正升各有修葺。康熙二十一年，知縣檀光燧、教諭林鈺重建戟門、欞星門。射圃，舊在縣治北拱辰坊，後改在水南。學倉，在書籍庫西，舊在啓聖祠東。嘉靖二十四年乙巳，令何孟倫改建。

漳州府

《職方典》第一千九十九卷
漳州府部彙考五
漳州府學校考　府志

漳州府 在府治東南。宋為州學，慶曆四年建。崇寧中，行三舍法，改講堂為二齋，以學東偏貢院為講堂。大觀中，增廣生員，以迎恩驛為四齋。政和二年，移學于州左。紹興九年，復慶曆故址，前建櫺星門，次建儀門，中列戟門，東西出入，左右為兩廡，廡上為閣，東曰"御書"、西曰"經史"，中建大成殿，殿后鑿泮池，中建亭曰"瑞荷"，上接講堂榜曰"尊道"，分十齋，東曰自強、知新、戴仁、興賢、潛心，西曰近思、擇中、升俊、誠意、行義，學正、學錄位在講堂西，直學位在學門左右，經諭位在東西兩廡，小學在學東南隅，學官直舍在講堂後東北。十一年，學成。紹熙庚戌，朱文公守漳，創賓賢齋以延耆儒，受成齋以訓武士。後建置不一。嘉定辛未，趙守汝讜闢前街，浚故渠，返侵地，前揖名第山，南通溪流，氣象始軒豁焉。癸未，學宮灾，鄭守昉重建。淳祐己酉，章守大任，復浚丁水。初，傅守伯壽撥學田以廩生徒，傅守壅又置桂莊以助應試之士。紹定壬辰，李守勳又于鄭守昉所建文會堂西闢為小學，匾曰"育德齋"，撥三廢寺田以給之。元置路學，教授縣學，置教諭，又詔復舊學田，立小學並書院。時諸路縣多不能奉詔。延祐三年，總管張泉逸、教授高元子重修大成殿、兩廡及戟門、櫺星門，殿后為杏壇，又後為學廩，廩東為神廚，廚之東為宰牲房，廚前為神廚。殿西為明倫堂，左右為四齋。堂前為亭，亭外為書樓。樓下為大門，門外為泮池，池上為石梁。堂後為樂器庫，堂西為饌堂，東為教授廨，又東為訓導廨。天曆二年，達魯花赤納兒占伯重修。明始為府學。洪武十三年，重修大成殿及兩廡。二十八年，修明倫堂、四齋及饌堂、書樓。三十年，修大成殿。宣德八年，建後堂，匾曰"崇文"，移庫房于殿東。正統十年，重修廟學，建訓導廨于杏壇後。景泰七年，明倫堂灾。天順二年，重建，并修四齋，建教授廨于東，拓櫺星門外地，同知傅佐修經閣，易以石柱。成化十年，知府張璝即舊射圃地建齋舍二十餘間。十五年，洪潦，廟學傾壞。十八年修葺。二十二年夏，颶風大作，經閣及東西齋俱圮，知府劉瀚重建，匾經閣曰"奎明樓"，建號房二十六間于西齋後。正德六年，重浚丁水，作石渠四十丈。嘉靖十二年，增建號房凡三十有一間，匾其中曰"麗澤堂"。二十八年，歲入銀一百二十二兩有奇于學，乃威惠廟租也。三十一年，知府盧璧修麗澤堂及號房，廟東廡後有麗牲亭，久廢，同知劉志學修復之。嘉靖四十一年，重修明倫堂。隆慶四年，颶風壞屋瓦，知府羅青霄重修。六年，又新置天寶等處學田八段。萬曆三十五年，知府方學龍建二亭于本學大門外之東西盡處，後堪輿家以不利學宮，拆去。三十八年，知府閔夢得查復街南麗澤堂故址，闢爲泮池，疏浚砌石，由麗藻池以潛通海潮。四十一年，大水，啓聖祠塌，文廟兩廡傾圮，知府袁業泗捐俸重建。皇清順治甲申年，明倫堂火灾。康熙二十年，通判胡宮倡議，相與營謀經始，閱癸亥告成。二十五年，清復麗藻池。四十三年，知府劉芳發出罰贖銀四百五十兩，通學扣廩銀三十五兩，鄉紳生員各助資重修廟學、兩廡及過水亭，比舊制加備。四十四年，知府趙完璧捐俸修葺大成殿及二門。

龍溪縣 在縣治南。宋嘉祐辛丑，令許儀建。元祐七年令夏臻，淳熙九年縣丞楊讜，十六年令翁德廣，嘉定五年令陳士會相繼修之。嘉熙三年，令黃師雍闢大成殿庭，增廣兩廡及講堂。尋毀，惟殿獨存。縣丞趙時瑀偕僚佐移講堂于殿后。淳祐八年，令潘律復闢隙地爲齋館。元大德間，毀于兵，縣尹趙塔納重建，因陋就簡。尋復壞。明洪武十年，知縣劉憲、教諭林原重修，中爲大成殿，塑先聖四配十哲像，東西爲兩廡，前爲戟門，又前爲泮池，外爲欞星門，殿西爲明倫堂，堂西爲饌堂，堂後爲厨房，北爲學倉，殿東爲教官廨。宣德五年，知縣沈庸重修大成殿。正統十年，僉事陳祚修建一新，但地勢卑下，潦至輒壞。天順七年，知縣周琳增高其址，重建明倫堂及大門，改創兩齋于明倫堂東西，南向；購西偏軍營地，建饌堂及厨房、齋舍。成化元年，同知章俊重修尊經閣。十年，知府張瓆以閣逼近民居，買地廣之，教諭黃深又買地益焉。二十一年，知縣李榮重新廟學于明倫堂之南，鑿泮池，跨以石橋，堂之右闢樓凡二十八間，爲諸生肄業之所。學之外門，舊從東出，至是，驚民居通道南出，復爲門，架樓其上，扁曰"大魁"。後科第不興，人以爲移易方位之咎。弘治間，知府汪鳳始復門路。正德四年，知府羅列復明倫堂故址。七年，知府陳洪謨建綽楔儀門，外榜曰"騰蛟起鳳"，知縣史立誠增學官廨。十三年，知府鍾湘改鑿泮池于坊內。舊泮池通尼姑池，接潮水，爲民占塞。嘉靖十三年，知縣劉天授復之。二十八年，知縣林松浚泮池于文廟前，建石橋于其上，改騰蛟起鳳坊爲泮池坊，移魁星樓于泮池之東南，修訓導廨，改教諭廨于廟之東，改建號房于明倫堂西，一十有四間，泮池南二十有三間，購騰龍山東畔民居以闢新路，購山下魚池以入于學，又歲入威惠廟租銀一百兩以供學之公用，有王慎中記。隆慶三年，正堂及儀門俱倒塌，教諭王憲春呈修，邑人謝彬有記，載藝文。是年，知府葛綸復修頖溝。皇清以來，兩遭寇亂，衙齋拆毀無存，僅餘大成殿，勢將傾圮。康熙二十一年，總督姚啓聖捐資倡官吏重修，教諭劉士鐸、訓導詹旭董其役。二十六年，知縣綾應彩捐資建明倫堂，由是文廟、魁星樓、啓聖公祠，煥然一新，惟衙齋尚有待焉。

漳浦縣 在縣治西北隅。宋天聖三年，縣令陳坦然遷于印山。慶曆三年，以虎患，遷于縣北。熙寧三年，從進士鄭郊等請，移于南官塘。紹興二十二年八月丁祭，苦雨潦，遷于城岡。乾道五年，以場屋不利，復遷于官塘舊址。嘉定甲戌秋，學宮灾，縣令趙師縉即故地，辨方正位，易坎爲亥。嗣是，科第相續。元不改。明洪武初，知縣張理開擴之，建大成殿，塑先聖、四配十哲像，通判王褘爲記。殿之東西爲兩廡，前爲戟門，門外鑿泮池，架橋其上，又前爲欞星門，西廡下爲祭器庫，宮庭外爲神厨。殿之左爲明倫堂，東西爲兩齋，前爲道義門，門左爲膳堂，殿后爲教諭廨舍，其東爲訓導廨舍。十五年，知縣李賢建學廪于戟門西。永樂八年，縣丞黃禮又增建學廪于射圃東。宣德九年，府通判關諒以廟學門路褊狹，勸民徐士畊割地廣之。正統十年，僉事陳祚勸邑士助資，命教諭程孟于修建一新。成化六年，知縣劉璧徙建明倫堂、兩齋、道義門，修舊明倫堂爲教諭廨舍，增建訓導廨舍于道義門外之左。十五年，知縣金泓修兩廊、號房，移舊學門自西而南，門內鑿池而梁之。十八年，知縣汪瑾遷膳堂于教諭廨之右，置神厨，于欞星門以石。正德四年，知縣胥文相建學倉，刻宋文丞相魁字于明倫堂，自爲序贊。七年，教諭林瓚率諸生勸壽官歐愚捐學前西南地并復諸所侵地，以廣其路，亘繚以垣。嘉靖五年，推官黃直重修明倫堂，易朽以堅，規制完美。前路舊弗治，縣丞潘鈺砌以石若干丈。四十二年，知縣龍雨重修文廟、兩廡。隆慶四年，教諭陳經復修號舍并廟宇。萬曆三年，知縣房寰率廪生蔡宗禹等拓泮池東西各丈餘，增石梁一。次年丙子，發解科薦者十人。三十二年，墻壁傾頹，柱桷朽壞，兩廡門堂幾不蔽風雨，知縣王猷捐俸修之，鄉紳博士弟子各捐金助役，費視創建三之一，而廟制龕案皆一新焉，邑人尚書朱天球記。崇禎間，知縣余日新復修葺之。皇清康熙七年，知縣喬甲觀清復澄心亭，并浚傅公河。十八年，廟學因兵燹頹敝，鄉紳黃性震捐金六百兩，修治殿堂，益以閭庠優免銀爲工費，而廟學更新矣。二十三年，構文昌宮于道義門左，復建敬一亭，刻聖諭十六條于上。三十二年，修澄心亭、梁山鍾秀坊，鄉紳黃性震助金三百兩，倡諸生助成之。三十八年，戟門壞，知縣陳汝咸率紳衿修葺，功竣，更謀修大成殿，先捐俸爲倡，紳衿各出資助役，益以通庠優免銀計一千五百餘緡，費猶未給，生監等分道勸捐，更得三百餘緡，乃告成焉，董其事者廩生蔡衍鋘，朝夕食宿于殿之旁，鳩工庀材，其力尤多。

　　龍巖縣 在縣治西。宋皇祐間，建于縣治之東，後以地喧而隘，遷于縣南景雲橋之東。大觀間，縣令石復以其地卑濕，仍遷于縣東。建炎二年，縣令方世功以學地右實左虛，因東徙于東門外寬平之地。紹興以來，寖以傾圮。淳熙間，縣丞李永、曾秘相繼營建，朱文公爲記。開禧二年，邑士葉琇卿又以地勢逼險，請于縣令張汝勉改建今所。淳祐六年重建。元至元十六年，毀于兵。二十四年重建。大德三年，縣令李瑀以規模狹小，始拓而大之，旁立文公祠。至正十七年，縣令趙昱重建。中爲大成殿，東西爲兩廡，前爲戟門、欞星門；後爲明倫堂，東西爲兩齋，堂之右爲廚庫、宰牲房。洪武二十九年，知縣吳子升重建。正統十年，僉事陳祚修建一新。成化十年，知縣韋濟徙建明倫堂及教諭廨舍于大成殿右，建學廩于道義門右。十六年，知縣陶博重建大成殿、東西兩廡及兩齋、號房。弘治甲子，知縣黃廷珪建應奎樓于東垣，憲伯胡重器給贖金改建明倫堂。正德六年，知縣余成重建戟門，修華表，徙建明倫堂于殿后。嘉靖十一年，知縣陳瀛建號房十一間。十三年，陳瀛竪泮宮坊于欞星門外，闢空地直前爲甬道。二十四年，知縣胡景華增石坊于兩旁。三十四年，知縣湯相重修。皇清順治十年，知縣王有容捐俸重建。康熙二十年，知縣左峴、教諭陳正朔改建儀門，知縣左峴自爲記。二十五年，知縣江藻修。四十五年，知縣王如岳重修。康熙四十六年，雷震，學宮殿廡梁柱傾圮，知縣王如岳、教諭蔡時升、訓導陳啓祖捐俸，倡庠士題助，重新鼎建殿宇并兩廡、戟門、欞星門，新塑聖像、四配十哲像，遷造奎星閣于欞星門左，訓導游濂接任，隨同捐助，以成盛舉。復舊儒學門于學宮之左，旋南向，宮墻煥然改觀矣。

　　長泰縣 在縣治東。宋紹興三年，主簿張牧始建學。淳熙間，改縣西南。嘉定間，改縣東南。紹定六年，縣丞葉惟寅白于縣令陳淳，作新學于今所，建大成殿及尊道堂，堂東西爲四齋，經籍、祭器各有庫，鑿泮池瀦水，駕石爲橋。淳祐間，縣令趙與坦爲記。明洪武二十九年，建大成樓于殿南。正統十年，僉事陳祚修建一新。成化十六年，知府姜諒因知縣劉鐸之請，規措財用，修葺明倫堂、東西齋、膳堂、大成樓，建興文祠及祭器庫于大成樓之東，建教官廨二所于明倫堂之東西，又買民地，增建號房一十間，修泮池、石橋，重建櫺星門，易以石柱，闢學門及路。嘉靖四年，推官黃直毀淫祠，建大成殿于左，前爲兩廡、爲戟門、爲櫺星門，建明倫堂于右，前爲兩齋、爲儀門、爲泮池、爲大門，庫房在兩廡之上，省牲所在戟門之東，儀門西南爲教諭廨，大門外之南爲訓導廨，東豎碑亭。十二年，知縣陳塘于殿后建啓聖祠、敬一亭。二十八年，知縣王用文修兩齋及垣庭，增置器具。三十一年，知縣張杰夫廢省牲所爲名宦祠，即明倫堂西立鄉賢祠。三十七年，令蕭廷宣更置名宦、鄉賢祠于啓聖祠左右。萬曆間，文廟圮壞，令張應丁、方應時相繼修葺。十七年庚寅，颶風飄，殿寢、衙齋傾圮。二十八年，令管橘申請院道捐俸，倡紳矜輸助，計直四百餘緡，修建殿廡、堂門，壯麗如昔。崇禎癸未，灾，俱成灰燼。皇清順治己丑，知縣柴允欽與紳衿各斂資興建，費逾千金，而堂構僅完，丹艧未施，明倫堂尚留有待焉。康熙癸亥，教諭何龍文自捐全俸，知縣員養純、邑紳葉先登暨孝廉諸生各題捐有差，總督姚啓聖發銀五十兩助役，工未半而龍文遷去，員令挂吏，議遂中輟。是秋，知縣王玨接任，發縣倉餘米三百石爲修學費。甲子春，教諭張鴻逵至，力任其事。是年，明倫堂告成。泰至是而廟學始全焉。

　　南靖縣 原在舊治東。元至正十六年建。明洪武三十三年，知縣楊通重建大成殿。永樂十三年，教諭易誠重建明倫堂。正統三年毀。景泰後屢修。嘉靖四十年，饒賊陷城，毀。四十五年，知縣林挺春移新縣，更建大成殿一座，儀門三間，左右旁爲名宦、鄉賢祠。啓聖祠一座，在大成殿左。明倫堂一座，在大成殿后，左右廊爲兩齋。教諭廨，在大成殿東，啓聖祠後。隆慶五年，知縣曾球復建文廟、兩廡并櫺星門、大門，及建名宦鄉賢祠于廟之左，教諭、訓導廨各在明倫堂之西。萬曆二十二年，知縣陳宗愈遷復舊城，乃即古漳南道故地建立學宮，後倚壇山，前面天馬。學之制，西爲廟、爲兩廡，南爲戟門，又南爲櫺星門，門外周圍欄以石楯；東爲明倫堂，堂左創立臥碑，堂兩翼爲居仁、由義齋，次爲東西號舍，由堂而南下爲露臺、爲甬道、爲儀門、爲大門，門之外爲泮池，池之東爲敬一亭，亭北爲堂。堂東教諭、訓導廨，堂北號房。地縱四丈，衡七丈八尺。初復城時，議營縣治于此。後堪輿家云，"此地榜山前列，王氣居多，當有异材應期而出"，知縣陳宗愈遂建學其上落成之，庶吉士蔣孟育爲之記。皇清康熙二十年，知縣張倬同進士張雄捐資暨闔邑紳衿重修。二十五年，教諭林芝重修明倫堂、二門。三十八年，林芝重建大門。

漳平縣 在縣治右。成化七年，同知蔣浚、知縣陳栗建。中爲大成殿，東西爲兩廡，前爲戟門，又前爲欞星門。殿后爲明倫堂，東西爲兩齋。堂左右爲夾室、神厨、神庫。堂後爲教諭、訓導廨。欞星門之內爲泮池及文昌祠，右爲宰牲房，左爲學門。十六年，知縣李斌鑿石，砌築泮池。正德五年，知縣汪淳重建明倫堂及左右夾室，莆人尚書林俊爲記。七年，重建大成殿。嘉靖元年，署印照磨傅修欞星門，易以石柱。二年，署印經歷沈松、主簿周全相繼修。二十六年，東齋、兩廡及各舍壞，署縣主簿朱召修。隆慶五年，知縣章述重修。萬曆三十六年，知縣傅文勳重修。萬曆四十六年，知縣彭圾修。崇禎十一年，教諭何九雲建祭器庫于廟右，藏聖賢像于廟左。皇清康熙十一年，知縣趙震陽改泮池于欞星門內。改後，登科者二，擢第者一人。二十二年，知縣查繼純、督學丁蕙各捐俸重建，查尋改任。二十三年，知縣楊于蕃捐俸續成之。

平和縣 在縣治南門內。正德十四年設縣時，南靖知縣施祥建明倫堂在大成殿之後，左右列齋舍，殿前爲兩廡，戟門南爲泮池，有祭器庫、宰牲所。嘉靖二十三年，廟宇傾頹，知縣趙進、邑博廖瑚重建。二十七年，知縣謝明德修。萬曆二十一年，教諭黎憲臣修明倫堂，增高三尺，更闢左右二門，附以厢房，門內二齋，東曰崇正學，西曰育賢才，堂北爲尊經閣堂，東爲教諭齋，後因設訓導，乃建二齋于殿之西北。三十八年，知縣黃應明移建于殿之西南。四十五年，知縣陳復初、訓導章崇正重修。崇禎六年，明倫堂傾圮，知縣王立準、教諭陳奎輝重新。皇清順治十八年，署縣王孫樞重修。康熙二十年，知縣金鏞、教諭艾日華重修。三十一年，教諭劉運升倡率紳衿重修。

詔安縣 在縣治前。明嘉靖十年，通判陳賢建。前爲文廟，後爲饌堂，堂之東西爲教官廨，明倫堂之兩廊爲齋及號房十有八間，外爲大門，門之內石衢若干丈，知縣吳桂砌築。廟之東西爲兩廡，廡盡處爲戟門，外爲欞星門，又外爲泮池，池上有橋，橋之外舊無垣，教諭徐商始合廟與學而圍之。二十二年，知縣廖暹重修。二十七年，垣壞，同知龍遂更築之，又合灰與土築，明倫堂置几榻若干件，廟學改觀。隆慶五年，知縣陳素蘊復拓泮池，垣而大之，浚池加深，環以石闌，立三坊，中曰"文明"、左曰"崇正學"、右曰"育賢才"。萬曆間，知縣黃元立重修，改泮池，又改崇正學、育賢才二坊爲騰蛟、起鳳坊。崇禎間，又建石坊于學宮之東，扁曰"儒林"。皇清順治十一年，被寇毀，正殿、啓聖祠僅蔽風雨。十六年，知縣歐陽明憲捐俸力倡，至康熙七、八年，殿廡諸工始有次第。十七年，知縣趙國楨繼修。四十三年，大殿棟梁歲久蠹朽，幾不可支，教諭黃金榜、訓導周邦憲大集諸生，白之縣令，乃議興建，約費五百餘金，皆紳衿所捐助者，廟貌煥然一新。

　　海澄縣　在九都城中。隆慶元年，知府唐九德建明倫堂一座，東西二齋、中月臺、甬道、兩廊號舍五間，儀門三間，省牲所一間在二門外，西大門一間，泮池一所在大門前，教諭廨二座，訓導廨二座，俱在儒學左。廟在儒學右，東西廡各五間，櫺星門三間。萬曆三十一年八月五日，海漲，宮墻圮壞。次年，知縣姚芝蘭重修。天啓二年，易土以石。崇禎五年，知縣梁兆陽重建殿廡。皇清順治四年兵毀。康熙十年，教諭李岱率諸生請于知縣王緯，鳩工構造，殿堂始就。而甲寅變作後，張、許二學博繼成之。三十年，邑人總兵柯彩、提督許貞各捐資重建啓聖祠、明倫堂及名宦鄉賢祠，邑庠士陳偉寅、亮宏都各捐資，助築泮池，其教諭、訓導廨俱未遑起蓋。

　　寧洋縣　明隆慶三年正月，知縣董良佐、教諭利灌、訓導鞏立中共謀建于縣署之右，中爲廟，左右爲兩廡，前爲戟門，門外左爲名宦祠，右爲鄉賢祠，中爲敬一亭，前爲泮池，上有橋，橋外爲櫺星門。廟右爲啓聖祠，祠右爲明倫堂，堂前爲儀門、爲大門，旁翼爲號舍十二間，教諭、訓導廨俱聯于明倫堂之右。萬曆二年，知縣鄧于蕃詳請改建。皇清康熙五十二年春，久雨，宮墻圮塌，知縣王登賢捐俸重建，改櫺星門，紅墻增高三尺，泮池鑿深三尺，又修明倫堂及東西兩齋。

福寧州

《職方典》第一千一百七卷

福寧州部彙考一

福寧州學校考　州縣志合載

福寧州　在州治東。初宋長溪縣學在州治東、保明寺左。慶曆三年，縣令杜樞徙城東南菱湖地。元祐二年，縣令馬康侯又徙東郊。五年，復建于菱湖。泰定三年，縣令姚迥重修明倫堂。九年縣令江潤祖，淳熙七年縣令許鑄，咸淳五年縣令趙時橫，七年縣令李季可竝修葺。元至元十五年毀，惟存禮殿，知州樊忠構明倫堂。元貞元年，知州陳翼、同知孫璧共新廟學，有記。大德十一年，造祭器，置書籍，建稽古閣。延祐四年，建學門、兩廊及教授廳。至治二年，稽古閣壞。三年，知州潘瑞即其址建會文堂、明倫堂并兩齋，煥然一新。學舊有田，久廢。泰定四年，知州張伯顏仍置。至順元年，達魯花赤宣武那懷增置田，俱有記。至正二年，大成殿、會講堂、廡祠俱圮。九年冬十月，州尹王伯顏造大成殿，易以石柱，殿后立明倫堂、門廡、兩齋、學舍次第營之。明年落成。明洪武二年，改爲縣學。九年，知縣趙仲明修。二十七年，典史程鑒重建兩齋，俱用石柱。正統五年，瑞蓮生泮池。六年，堂齋壞，知縣項智重修明倫堂、兩齋，俱用石柱。成化七年，按察副使潘禎、知府周純復修。十四年，知州劉象伐石，修砌四圍垣墉。弘治初，副使楊澤修葺。正統十一年，巡按御史李如圭准通學具呈以御史臺爲儒學，檄知州萬廷彩對徙今所。

福安縣　在縣南金山下，布政分司署也。初在縣西龜湖山上，宋元祐五年，縣令鄭黼創講堂。八年，縣令林子勳成之。元皇慶元年，邑簿胡璉建龜湖寺，移學于縣中。明洪武二十八年，知縣葉禮重修。永樂初，知縣李思明建會饌堂、厨房、學倉。正統六年，知縣沈鑄建御書閣，後圮。天順八年，提學僉事游明命署縣候官丞周琬新之。正統二年，提學副使杭濟檄縣重修。十三年水。十五年，知縣于震復徙于龜湖山。嘉靖十二年，颶風毀，巡按御史白賁、分巡僉事王廷議徙今所，益以民地，本州判官朱楷、知縣李模建。中爲明倫堂，前左右爲居仁、由義齋，學門在堂前。祭器庫在堂後。教諭宅，在堂東。訓導宅二，一堂東，一廟西。嘉靖三十八年，毀于倭。三十九年，知縣盧仲佃重建，闢民地益之。嘉靖四十三年，知州夏汝礪復拓學前地鑿泮池。四十四年，知縣李有朋繚垣砌階。

寧德縣　學背有山，來自白鶴峰，平地突起，靈秀鍾焉。自宋嘉祐三年，始建講堂。歷崇寧、乾道、嘉泰、嘉定、紹定及元至元各年間，俱有修之、建之者。明洪武五年，知縣王溥修。三十三年火，知縣關可成重建。永樂三年，知縣賈得善拓之。宣德四年，御史張鐸、知縣張初重建明倫堂。正統十四年僉事陳烈，景泰四年副使顧睢，天順四年御史顧儼、同知古永昌，弘治三年知縣俞黼，正德元年提學杭濟、主簿江瑢俱重修建。正德三年火。六年，知縣熊翀重建明倫堂及居仁、由義二齋。十一年，知縣龔穎建教諭宅樓。嘉靖四年，縣丞李詔徙建尊經閣于養賢堂後。六年，知縣周詵重建學門。十一年，巡按御史蘇信稍復東北失地。十六年，邑人御史陳褒、教諭蔣濂、訓導閔文振、潘鶉改學門于泮池外。四十年，倭毀。四十五年，知縣林時芳重建明倫堂，即今所也。堂下分兩齋，南為儀門，前為泮池，外為學門，教諭、訓導宅俱在廟右。萬曆七年，教諭黃約塞門內泮池，改鑿大池于學路南。十七年，知縣舒應元重修。射圃，原在今分司之地。成化十年，知縣江偉徙分司于城內之射圃。嘉靖四十年，倭毀。今址，在城壕外山川壇後。

臺灣府

《職方典》第一千一百九卷
臺灣府部彙考一
臺灣府學校考　府志
本府（臺灣縣附郭）

　　臺灣府　在寧南坊，仍鄭氏舊築之基。康熙二十三年，臺廈道周昌、知府蔣毓英修，後改為啟聖祠。
　　臺灣縣　在東安坊。康熙二十三年，知縣沈朝聘建。二十九年，知縣王兆升捐俸重修，砌櫺星門，偉然壯觀，後為啟聖祠，並為教官廨舍。
　　鳳山縣　在縣治興隆莊。康熙二十三年，知縣楊芳聲建，後為啟聖祠，學前有天然泮池，荷花芬馥，香聞數里，鳳山拱峙，屏山插耳，龜山、蛇山旋繞擁護，形家以為人文勝地。
　　諸羅縣　在縣治善化里西保，茅茨數椽，規制未備。

湖廣總部

武昌府

《職方典》第一千一百十九卷
武昌府部彙考五
武昌府學校考　府縣志合載

武昌府 在府治南黃鵠山下，左長街，右府城隍廟。宋康定元年建。慶曆中，大增學舍。紹興中，都帥田師中奪爲營壘，允學官朱栻請，撤營修學。宋末兵燹。元延祐中重建。元末，兵燹。明洪武三年重建。嘉靖二十七年，按察使萬虞凱以學門不宜由西，改開于東偏。萬曆戊午年，提學葛寅亮改建，乃稍遷大成殿等于舊址西，規制始闊，巡撫白圭、謝維章以及全省官僚皆先後捐資重修。皇清初傾毀，總督羅綉錦及通省官僚又復先後捐資重修，而以教授王欽命、羅人龍、訓導石永年先後董其事。

江夏縣 在縣治西，越貢院數十步，與貢院同坐鳳凰山右，即舊撫院址，南向蓮池。宋初，以附郭縣就州學，另立一齋曰務本。紹興以後迄元，皆因之。明洪武初，始另創于黃鵠山北，尋遷于楚藩廣阜倉邊，後遷于平湖門內歸厚坊。弘治戊午，巡按王恩以規制狹隘，遷建今所，巡撫閻仲宇、岷山李公、巡按吳伯朋、分守參議吳世忠、分巡僉事趙岳、駱問禮、提學張天馥、顏鯨、知府冒政、王儼、同知張仕可、通判李發、王國臣、推官李獻可、知縣王鉉、顏文選、教諭王廷椿、訓導鄒昌言、趙元禎皆先後捐資董事重修。皇清初，頹圮殊甚，閫邑臺憲以及有司官員，又復先後捐資修葺，而加意倡率者則巡按張朝珍、布政徐惺，極力捐助必期有成者則提學蔣永修、教諭杜士英、張希良、訓導魯錄，先後董其事。按先師廟昔爲大成殿，至明世宗易之曰"先師廟"，旁分東西爲四配，又旁東西爲十哲，兩廊分東西，崇祀先賢。戟門在丹墀前，即大成門。按文廟立戟，始自宋太祖。明嘉靖九年，改大成門爲廟門。左有名宦祠，右有鄉賢祠。前有泮池，池上有橋，又前爲櫺星門，謂櫺如星以通神明之氣也。門外有屏墻。啓聖祠，在明倫堂後。明倫堂，在廟後，宋朱文公熹有銘刻于石，其堂東則有存誠齋，西則有至善齋。至敬一亭，則建于明嘉靖五年。尊經閣，則建于萬曆辛卯年。學舍，舊制三所，在尊經閣前。江夏縣額派學租餘銀一十四兩內，每新官到任，動支七兩修葺。學基，前至蓮池堤，後至城牆前，東角雲露坊前，西角順治坊後，東角鳳凰山麓後，西角雄楚樓界。

武昌縣 舊在縣之西隅。宋崇寧中，于縣治南一里許建講道堂二，進學、好問、興藝、武士、就傅齋五，凡二百二十七間。淳熙中，縣令周復遷于縣東南，即今址也，創殿廡、講堂、齋四，此南湖學宮之始。嘉定間，升壽昌軍學，尋爲壽昌郡學。元至元間，改壽昌郡爲府學。大德間，析爲武昌縣學。毀于兵，止存大成殿，此武昌縣學之始。大德八年，縣令馬天敏重修。至正元年，縣令趙從仕增學租。五年乙酉，縣令王文賁重修殿廡，建櫺星門。明洪武三年，知縣孟吉建大成殿、明倫堂、兩廡、東西舍。永樂九年，知縣重修，創射圃于學東，有觀德亭三間，今廢。正統四年，知縣許誠建大成門五楹，東西廡十楹。十四年，知縣牛逵、教諭杜巽重修明倫堂。天順四年，僉事劉敷建後堂三間。成化十六年，知縣謝廷舉重修殿堂、門廡、齋號、廩室。十八年，通判王曼、知縣劉吳鐙修建櫺星門三座。弘治七年，知縣聶賢申理，按重慶府學式建尊經閣，知縣商清、朱欽先後落成之。嘉靖十六年，推官沈汝璋重修殿廡。二十一年，教諭朱瓚築學堤，建文星塔、東皋書院。二十二年，知縣湛謙建鳳臺書院于東皋，即汪公祠。萬曆元年，知縣李有朋重修大殿、兩廡、兩祠及尊經閣，訓導譚思于明倫堂前建禮門、義路。十二年，知縣高凌奎重修。二十三年，邑進士劉學周、孟習孔建鳳起石牌坊一座于學東，今廢。二十四年，知縣何以讓重修。皇清順治十一年，知縣張春枝建大成門、殿及明倫堂、尊經閣、啓聖祠。康熙五年，知縣熊登建東西兩齋。七年，建文星塔于東皋祠左，高十丈。十二年，建東西兩廡于明倫堂前，重築學堤一帶。至名宦祠，則在大成門左，今廢。鄉賢祠，則在大成門右。

嘉魚縣 在縣治東北。舊在縣南，廟學兩址湫隘殊甚。宋淳熙中，縣尹姜偃遷文廟于龍潭山之陽，學更于縣治之東。明洪武中，以廟學隔越失宜，乃即廟左闢山麓爲學。嘉靖戊子，學遷于北門之內。己亥，復遷于三忠祠之基，仍分兩址，即今所也。崇禎癸酉，擴闢基址，詳定位置，改創重新，規制稍備。宋縣令姜偃、元縣尹成文煒、蘇靖、主簿狄忠、明知縣吳起文、莫震、程可登、邑紳熊開元先後捐資改置重修。皇清，知縣李元振、教諭郭更名，又重修。啓聖祠一座，大門一座，大成殿一座，戟門一座，欞星門一座，明倫堂五間。名宦祠在戟門東，鄉賢祠在戟門西。仰聖亭一座，在大成殿后。東西兩廡各五間。神厨、神庫、宰牲房各三間，今廢。東西兩齋二座，各三間，學前石牌坊一座。明崇禎壬午年，造饌堂、學倉，今廢。斯文在茲坊一座，宮墻一座，東偏仰聖門一座，雲路橋一座，俱縣令李元震倡建。

蒲圻縣 在縣治之南。宋紹聖初，縣令朱壽肇創。淳熙十五年縣令汪泳，端平三年縣令薛儀老，元至元五年縣令王斌復加營構。十九年，縣令韓世輔以舍後高爽建敬德堂。至正元年，縣令譚添孫建肅容亭。元末毀于兵燹。明洪武元年，縣令柯日新建殿廡、門垣，縣丞戴城建攬秀樓。二十四年，縣丞王岡建觀瀾亭于庠東及觀德亭于射圃。宣德二年，知縣吳俊植松于東坡，號曰"一坡松"。天順四年，僉事劉敷檄典史陳綱建明倫堂及左右齋房，毀敬德堂爲神厨、牧房。成化十二年，知縣葛鳳儀增建兩廡及戟門，欞星門前有學門，講堂東有膳堂，堂後有號房、倉廩。正德元年，知縣徐淮、縣丞焦貴初建儒學及名宦、鄉賢二祠。嘉靖十一年，知縣吳本固刻御製敬一箴及宋儒五箴于石，有亭。二十五年，知縣李桂增葺廟廡，廖道南有記。萬曆二十九年，廟災，知縣王之杰鼎建，江夏張文光有記。崇禎三年，知縣林增志署教諭黃衷赤重修文廟，廊廡、臺砌盡爲整飭，縣丞金夢麟督理，知縣林增志有記。皇清順治六年，知縣張蘇捐資補葺。康熙元年，知縣任溯昉、本學訓導李僎協力修飭。其明倫堂，係順治丙申春，知縣戴成名鼎建。今亦傾圮。康熙十一年，知縣張圻隆重建，邑人余開熙撰修學碑。文廟前有柏一株，古幹蒼翠，上似龍頭，呼爲龍頭柏，其陰蔽大殿五楹，真先代古物。至教諭宅，原在講堂左。廖史學碑載，本學基地南至黃城埠大河，北至縣前屏墻東，前至大河，後至察院墻。察院今改建文昌閣。東齋學官宅，舊在登瀛坊，後遷學前，西至官路，北抵曾舉人大啓墻。嘉靖二十二年，僉事戴鯨贖入李正英侵地。西齋地，在書院前。十九年，巡撫顧璘贖入袁永嘉侵地。後二齋，遷入學內左右齋舍。今訓導奉裁，基存，以東齋地爲敬一亭及名宦鄉賢祠，後遷二祠于戟門左右以便祭祀，學役賃住西齋廢地。萬曆十七年，提學僉事蔡文范批允鄉官何珍價置南城外臨街地抵換，案存縣學。天啓二年，知縣吳炳復改遷名宦、鄉賢二祠于敬一亭舊址之左右。明末悉毀于兵。射圃，在學宮之西叠秀峰之陰。洪武二十四年，縣丞王岡建觀德亭于其上，今亦廢。

咸寧縣 在縣治東高峰之下。宋慶曆四年，詔郡邑立學。咸寧立學，自此始。元因之。元末兵燹。明洪武三年，即舊址草創。天啓中重修建，後知縣馮昶等增修。皇清，知縣周文華等復修大成殿、東西兩廡及戟門、欞星門、神廚三間、宰牲房三間、泮水池石橋一座、啓聖宮三間、鄉賢祠三間、名宦祠三間，又知縣何廷韜修飭明倫堂三間，左右厢房三間，東齋三間，西齋三間，東號房三間，西號房三間，饌房三間，厨房三間，臥碑一座，學房一間。

崇陽縣 舊在西門外。元末兵廢。明洪武初，訓導龔善謀、知縣顧華徙北城內梵庵故址。天順五年，同知萬璋、知縣焦玘建明倫堂、兩齋、膳堂。成化二年，同知馮璋構折桂亭。九年，教諭俞繪修兩廡、戟門。崇禎中，知縣徐應問重建明倫堂。明末兵變盡玘，僅存正殿將頹。皇清順治十二年，知縣賈漢誼、署教諭馬世盛重建。先師廟，成化丙午，趙弼建。嘉靖乙丑年，訓導羅繼元飭以磚。萬曆九年，王學曾重飭。十七年，陳洪烈修東西兩廡各八間，胡秉性修廷，尉汪文盛書扁。明倫堂，在正殿後，博文、約禮二齋在明倫堂左右。折桂亭在明倫堂後，嘉靖十年，改名敬一亭，以上今俱廢。欞星門三間，萬曆十五年，知縣李樹聲改建，今存戟門九間，門立吳楚材、陳忠、王應斗三碑石。泮池在欞星門內，成化庚子，劉信石砌月橋，植松柏于其上，今存。儒學門，舊在欞星門右。成化壬辰，參議劉規改建于左。外泮池，副使薛綱買民地爲之。宋興祖改建屏垣于池東，今俱存。號房東西各十間，在兩廡後，成化十年，知府秦夔、通判王蔓建，今廢。啓聖祠，舊在敬一亭上，萬曆九年，王學曾改殿左，後復如舊，更修建名宦、鄉賢二祠于戟門左右。

通城縣 在縣治東。明洪武五年建，始于知縣馬極，守道趙欽湯、巡道馮應京、嘉魚教諭署縣事楊文繪、教諭黃鶴鳴、徐應斗、訓導馮介、羅繼先、典史楊九成先後捐資董事，增置重修。明倫堂三間，進德齋五間，修業齋五間，號房東西各三間，饌厨三間，臥碑一座，號房二十間，學倉三間，廣居堂一間，敬一亭一座。石碑四座，在明倫堂後。禮門三間，儒學門在欞星門左。大成殿，洪武五年，知縣馬極建。嘉靖元年，訓導馮介以石甃座臺，高五尺，造聖龕一座，未竟。至萬曆二十年，分守參政趙欽湯臨縣，捐助贖鍰五十餘金，檄署縣教諭黃鶴鳴更置，知縣岑學曾修完。舊有聖像，萬曆二十五年，兵巡馮應京臨縣，廢像立主。崇禎七年，雷擊殿東井柱，知縣趙三台重修。東西廡各五間，戟門三間，欞星門一座。泮池舊在欞星門內，知縣楊浩修改門外。宰牲亭一所。

興國州 宋立學于州西北隅。學宮後爲宏覽堂。熙寧中，徙于州南。天佑壬申，知軍事胡師文徙于舊址之岡西，附而東向。乾道庚寅，知軍事葉模改築于西岡北，附而南向，即今學宮後岡。嘉定甲戌，知軍事虞忼孫改建門堤，增宏規制。甲戌，知軍事李壽朋廣大成殿。元升軍爲路，立路學。至元六年庚辰，總管申克溫葺堂居，建公廨，創大成雅樂，新從祀像。至正六年丙戌，總管石抹帖木爾不花創兩廡，建應門，列棨戟，作東西齋，欞星門。八年戊子，文學掾陳松年請建公廨，修理殿廊、講堂，葺齋舍，補祭器，創學倉。十二年壬辰，兵燹，城郭丘墟，惟殿獨存。明洪武三年庚戌，通判鄭琭署事，卜地增廓，重造兩廡、戟門，建明倫堂、東西齋。六年癸丑，同知翟珪改造明倫堂于孔殿後，復改舊明倫堂曰集義堂，設東西二齋，築堤于泮池左，以通學者往來，建泮水、咏歸二亭于泮池之中。三十年丁丑，知州李文聲修二舊亭，造學正、訓導宅。成化間，知州葉普重建明倫堂于舊堂之左，闢射圃于虎山之麓。弘治十四年辛酉，知州胡瀛以學不宜居後岡之巔，徙明倫堂于今址，南向，大殿、兩廡、戟門居其前。舊泮池十餘畝，約而小之，作橋其上。徙官廳四所于龍山下。正德間，知州李東修之。嘉靖十年辛卯，撤像而易以木主。十六年，知州劉綸建啓聖祠。十九年，知州吳希賢改建于文廟右。二十九年，知州周鵬修牆垣，俱砌以磚。皇清順治八年，巡憲李呈祥重修大成殿、兩廡、戟門。十七年，大成殿、明倫堂、兩廡、戟門又圮，郡侯楊霖重修，後郡侯楊遵、學正程一棐、訓導羅光映同捐修，前左右爲兩廡，又前爲戟門，又前爲泮池、爲橋，又前爲欞星門。啓聖祠，在廟左。名宦、鄉賢二祠，在戟門左右。

大冶縣 自宋元時，在縣西半里，興廢不一。至正元年，縣尹周鎧修建，翰林學士虞集記。明洪武初仍舊。八年，災。十二年，知縣王伯時重建禮殿、戟門、東西廡、明倫堂、東西齋舍。十五年，創倉廠、廚庫、牲房于西廡之西。二十七年，教諭李悌率學戶江司計等塑先師四配像。三十二年，知縣于賢復建號舍于明倫堂之左，架閣庫于堂之西北，教諭、訓導宅于學之左右。永樂五年，知縣綦禎闢學圃于學之東北，建亭于中。九年，仍徙倉于學之西南隙地，徙庫厨、牲房于倉之舊基，又修櫺星門。十二年，重修明倫堂，增修禮殿。歲久，齋舍頹壞。十三年，典史韓升新之，縣丞王銘繚垣覆瓦甓，皆前廟後學，向大箕山。弘治初，巡撫韓公檄署官學正蔣昂、州判姜綰相繼成之。是時，則左廟右學。至十二年，知縣劉瓏重修，制復如舊，改向五龍山。嘉靖十四年，知縣趙鼐修櫺星門，以民居一二家逼門右，乃以他處隙地易之。四十年，通學義助，止修禮殿并兩齋廡、學門，其餘圮廢殆甚。萬曆十二年，知縣吳仁大修，建禮殿、東西廡各五楹，前為戟門，為櫺星門，左為儒學門各三楹，又前新鑿泮池，樹屏于前，樹兩綽楔于旁。殿后為明倫堂，舊三楹，今改拓五楹，與禮殿合。而建啟聖祠于堂右，御製亭于堂左。闢博文、約禮二齋于堂兩翼，各五楹。教諭、訓導宅二所，其他墻垣、階級悉皆整飭。興國州知州張仕可捐資，吳國倫為之記。十三年，知縣吳仁移名宦、鄉賢二祠于大成門之左右。二十年，知縣楊令名修啟聖祠、龍門、雲路坊。先是，櫺星門乃木柵，屢修屢壞。三十年，知縣程九萬改建石坊三座。四十二年，知縣楊世華撤去民居之屏蔽學前者，以清風水。然大成殿、明倫堂、啟聖祠以及齋衙等，明末俱經寇毀。皇清順治六年，知縣劉源湛鼎建，訓導官撫邦議建聖殿于明倫堂基，肇豎梁柱，一夕雷電震毀，復于前殿建屋五間，書制先聖木主。康熙三年，知縣張元枋建豎明倫堂，工未畢。五年，知縣陳飛鳴、訓導陳夢暘落成之，凡五楹，其兩廡、龍門、繚垣俱屬夢暘捐俸次第修繕。八年，知縣石邦柱創啟聖祠，改置于聖殿西偏，浚砌泮池，重造聖域、賢關二坊。學倉，舊在約禮齋後，以嘉靖四十一年改徵折色，亦廢。

通山縣 在縣治東羅阜山麓。宋慶曆，詔都邑立學，通山立學自此始。宋元以前，修者無考。洪武庚戌，詔天下府州縣各立學，通稱為儒學，知縣任昂始即舊址創焉。永樂間，縣令以講堂抗迫縣治，移建于文廟左。景泰元年，知縣吳萊、教諭陳銓改仍舊處，從而新之。成化、弘治間，知縣戴諰、秦初相繼修焉。後廟廡久壞，堂齋就頹，官師至借居民舍。嘉靖癸卯，朱少卿廷立圖新之，于是倡邑之有餘者，各相助理，鳩材飭工，悉撤其舊，闢後山空地為明倫堂，若廟門，若齋，若廡堂、教諭宅，皆鼎新之。會召入都，工未克竟。丁未，知縣林金復繼修焉。首建廟，次櫺星門，次學門。建啟聖祠于廟右，建訓導宅于堂右，垣繚以磚，煥然弘敞。

中爲大成殿，東西爲廡，前爲儀門，門隅爲神厨，爲宰牲房，俱知縣任鍾麟重加修葺。門前爲泮池，池前爲欞星門，舊門卑狹，知縣張書紳建石門三座。門前爲屏，屏前爲鯤化天池坊，今廢，址存。廟後爲明倫堂，久廢，址存，今議修。東爲崇德齋，西爲廣業齋，左爲教諭宅，右爲訓導宅二，宅後爲倉，俱廢。宅前爲名宦祠，爲鄕賢祠。堂後爲尊經閣，爲敬一亭，今俱廢。堂東爲龍門，明萬曆，知縣譙田龍建。門右爲叢桂坊，今廢。坊前爲大門，扁"儒學"。學宮右側挨市。訓導衙一所，後止山，前止街，東止泮宮，墻西止縣基衙，今廢址存，因學宮正基重地，向來不敢賃住。四桂在明倫堂前，左右各二叢。古植兩槐，在舊欞星門內，左右並茂。

漢陽府

《職方典》第一千一百二十八卷
漢陽府部匯考二
漢陽府學校考　府志

漢陽府　在鳳棲山麓，漢陽縣治西。創自宋慶曆間。明洪武初鼎建。成化戊戌，知府何淡修。弘治初，知府張銳等復修。嘉靖、萬曆間，本府亦皆相繼修理，並升大殿、大成門、欞星門。舊有龍門、射圃，兵燹之後悉遭焚毀。皇清順治六年，知府傅應星重建正殿、東西廡、戟門、泮池、欞星門、名宦鄕賢二祠、明倫堂、啓聖祠。敬一亭與啓聖祠並在明倫堂後鳳棲山上。仙官祠，在敬一亭東南，規制如舊。教授、訓導二衙，俱在學宮內。

漢陽縣　在南紀門內。永樂初建。正統癸亥，裁革，以其地爲千戶所。萬曆初復興。乙酉，知府王學古、知縣喻應台等重建。丁酉，大整葺之。戊申，水圮，知府舒體震重修。壬子，郡守馬御丙建欞星門。崇禎末，遞遭兵燹，一切圮壞。皇清順治十四年，太守丘慨然鼎新，建先師廟、東西廡、戟門、泮池、屏墻、名宦鄕賢二祠、欞星門、明倫堂、龍門坊，頓復舊觀。教諭廳，在學內。訓導廳，在學後。學基，兵火後兵馬占住，今爲小教場。

漢川縣　在縣治東北。元至元二十六年，縣治自劉家隔改建今地，儒學與縣同遷于此。明洪武初，知縣張敬建。正統七年修。歲久頹圮。嘉靖元年重修。二十五年，知府賈應春奉院改遷于伏龍山開天觀之址。四十三年，因科目不利，復遷舊址，頗恢其制。萬曆十九年重修。二十五年，知縣沈立敬創屛墻，東西各建一坊。歲久敗壞。三十八年，知府舒體震等鼎建。其射圃、社學、興賢街、文水溝，俱督學竇于偁等清復。兵火後，廟寢漸圮。皇清順治九年，知縣冀應熊捐資重修，改泮池，易櫺星門午向。十七年，教諭鄒山重修啓聖祠。康熙元年，又重修門屛、頖池暨先師廟、東西廡、戟門、名宦鄉賢二祠、明倫堂、敬一亭。教諭宅，在學內。訓導宅，在學宮側。學基，坐落在城五鋪。社圃，東至街口，南至顧宦界，西至王宅墻界，南至城隍廟，北至阮宅界，又北至文水溝。

安陸府

《職方典》第一千一百三十九卷
安陸府部彙考五
安陸府學校考　府縣志合載

安陸府　宋郢州學，在城東南二里石龜頭。其後漢水沖嚙，乃徙而北，距舊址三百步。元安陸學因之。明洪武八年，改府爲州，即鎮遠樓爲安陸州學。十五年，始還故址。大成殿，在明倫堂之右，齋曰志道、曰正誼、曰達材。明年，廟學火。二十三年，曹公李文忠新創之。景泰中知州顧震，天順初知州趙熙相繼修。成化中，知州俞蓋復辟廣盈倉址爲射圃。成化末，提學副使薛綱、僉事高綉臨其規，復增修之。弘治五年，學正林啓又作後堂、講堂。弘治八年，興獻王詣廟行釋奠禮，見殿宇傾圮，重加修葺，易櫺星門以綠琉璃瓦。正德十二年，知州王槐又作名宦、鄉賢二祠。十三年，廟廡俱圮，興獻王給銀四百兩修理。嘉靖十年，升爲府學，廣盈倉改爲鍾祥縣治，射圃亦廢入縣基。十二年，以鍾祥縣附承天府學。二十二年，知府吳悾又作號房六十間，廚房五間于櫺星門左。三十年，巡撫屠大山、巡按胡宗憲奏請重修，凡廟殿、門廡悉加崇飾。萬曆二十六年，知府常裕重修。二十九年，知府孫文龍闢修雲路，門內東偏爲宰牲亭，西偏爲致齋所，中爲泮池，宋玉井在焉。戟門左爲名宦祠，右爲鄉賢祠，敬一亭在名宦祠之左。後殿御製碑亭，旁夾室爲藏書、祭器二庫，碑亭後及左右爲學宮公署。東爲明倫堂，後爲講堂，前設坊一座，中扁"義路""禮門"，左右石刻"忠孝""節義"四大字，爲紫陽朱先生書。東西兩厢，爲諸生號舍。又前爲學門，知府孫文龍加屏墙于外。萬曆四十四年，分守道高第、知府李養蒙建魁星樓于儀門外左，建尊經閣于正殿後。崇禎十六年，流賊據郢，文廟、東廡、戟門俱毀。皇清順治四年，知府李文芳捐修。十二年，知府李起元復修。十八年，知府馬逢皋等皆修，舊有題名坊，久圮。康熙四年，知府張尊德、史廷揚等重修。大成殿五間，東廡西廡各十五間，戟門三間，泮池在戟門前，上有石橋，櫺星門三座，祭器庫三間，神厨五間，尊經閣三間，敬一亭三間。殿后建啓聖祠三間，名宦祠三間，鄉賢祠三間，省牲亭三間，更衣亭三間，宋玉井亭一座，石牌坊一座，木牌坊一座。教諭宅一所，在明倫堂後。訓導宅二所，一在正殿西，一在啓聖祠後。射圃，舊在學宮東，久廢。

　　鍾祥縣 鍾邑學宮，明洪武八年，爲安陸州學。嘉靖，改州爲府，即以安陸州學改爲府學，而鍾祥附之，未另立學，縣亦未另設官役，蓋以外六邑各有學，而府縣止總設一學，府學即縣學也。

　　京山縣 在縣治西。宋崇寧中，知縣劉乾建于角陵驛遺址。元至正間，縣尹賈泰亨以兩廡從祀未備，于荆門州學得從祀畫像，乃改塑之，而廡隘不可盡容。至元六年，縣尹泰伯顏不花與教諭周德孫議增廡四楹，又增塑左丘明以下三十二人像。後毀于兵。明洪武五年，知縣劉桓改于縣治之西，今學宮是也。中爲大成殿，十四年，知縣李文秉建。景泰六年，參政曾蒙簡嫌其狹小，屬知縣張蓋撤而宏之。天順六年，知州趙熙、教諭陳洪始訖其事。正德中，稍爲居民所侵，學生謝詔等復之。嘉靖十二年，御史胡東皋行縣，睹諸像戴笠風日中，屬知縣費頤、教諭蕭浚重建。三十八年縣丞俞松，三十九年知縣張鉉相繼修。自此凡百餘年，殿宇傾頹已久，神主露立。崇禎十年，邑人太僕寺卿劉蘭率士重修先師廟，東西爲兩廡十八間，爲神庫、神厨各二，前爲戟門，門之外爲泮池，周回百步，有石橋，正統十四年，提學韓楊造。又前爲櫺星門，舊以木，知縣費頤易以石。前有屏，廣四丈，高二丈，有坊曰"聚奎"，崇禎十三年修，易以聖域、賢關。左爲儒學門，舊在左偏，萬曆三十八年，改右偏。皇清順治十五年，仍改左。門內有文昌閣，崇禎七年，邑人劉蘭建。明倫堂，洪武五年知縣劉桓建。東西爲齋，曰博文、曰約禮，今廢。後爲莊敬堂，今廢。殿之左爲敬一亭，知縣費頤建，今廢。後爲啓聖祠，今廢。左右爲名宦、鄉賢二祠，今並廢。教諭宅，在殿后。訓導宅，在殿左右，俱廢。順治十四年，教諭閔言重修。學基，順治十四年，清丈學地，南橫八十弓，北橫八十九弓，中置一百一十弓，積九千三百七十九弓，該基三十九畝八厘零。

潛江縣 在縣治東。元世祖時，隨縣遷建。延祐間，知縣完伯顏建立殿廡、堂階，教諭李惟中有記。明洪武元年，知縣史純一創立學門、廨宇。景泰三年荊門府推官符節，天順八年知縣呂文修。弘治十三年，知縣史華重修。嘉靖初，詔改大成殿爲先師殿，增敬一亭、啓聖祠，知縣夏泗移置稍前。然東瀕潛水，水溢，堂舍俱圮。六年，知縣蕭廷達築堤以障，令民廬其上，徵稅爲諸生燈膏之需。萬曆七年，知縣朱熙洽重修。十一年，水圮，知縣王建中、曹珩相繼修，東西爲廡各七，知縣胡璘建廡北各爲神廚、神庫，南各爲庫房，前中爲戟門，爲內泮池，知縣朱熙洽加石甃，池東爲致齋所，知縣潘之祥修。外爲欞星門，嘉靖間，教授周宸易以石柱。門外爲屏，屏外爲大泮池，知縣曹珩重修，石欄周回百丈。明倫堂舊爲三間，隆慶六年，知縣梁棟左右各增一間。東西爲齋，東曰存心、西曰養性，嘉靖間，改曰崇正道、迪正學。西南爲會饌堂，後改爲祠。東爲名宦祠，萬曆元年，李之修建。東齋南爲道義門，門外有魁字牆，萬曆七年，知縣朱熙洽立。又南爲學門，東西夾欞星門。門內東西號房各五間，今廢。堂後爲敬一亭，又後爲啓聖祠，又後爲尊經閣。教諭宅一所，在學宮後。訓導宅二所，在學東西兩側。射圃，在東舍前。

沔陽州 舊係沔陽府，在城西南。元季毀于兵，遂遷東北。明洪武九年，改爲州學。明年，知州金德增修。宣德以來，知州李震等相繼修。成化九年，知州呂文復修。其後，知州孫衍、彭萬里皆修。至正德十年，知州徐咸以其敝隘，撤而新之。十一年知州李濂，嘉靖間按察副使劉士元等俱修。萬曆十年，知州史自上等重修。崇禎十四年，知州章曠重修。皇清康熙年間，知州佟成年等又修葺戟門、泮池、官道，並建下馬坊。先師廟兩翼爲東廡、西廡，爲神廚，在東廡旁。神庫、宰牲房，在東廡，地今廢。前爲戟門，門之前爲泮池，池東有芹香亭，今廢，爲橋；又前爲欞星門。啓聖祠，在敬一亭後。順治十二年，學正黃爾鼎修敬一亭，在明倫堂後。知州儲奉詔建戟門，左爲名宦祠，右爲鄉賢祠。明倫堂東爲興詩齋，舊曰率性；西曰立禮齋，舊曰修道；爲成樂齋，舊曰立教，崇禎二年，裁一。東爲饌堂，今廢。堂後爲茂林門，學正王鎣建，築堤其後，植柳數百株，今蔚然成林。爲瑞蓮池，即易炳文故居。爲齋宿所，知州儲建，東西各一，舊在西廡下。東廡後爲徑，坊曰"義路""禮門"，東爲書舍，凡三十楹。爲魁星樓，在學門東。前爲儀門，又前爲學門。學正宅，在學內。訓導宅二，一在學正宅後；一在明倫堂西。崇禎己卯，因頹圮，改于學正前。射圃、射亭，俱知州萬里建，舊在儀門東，今爲書舍地。崇禎辛巳，又改擴于西廡後。

景陵縣 舊在城內西南隅。宋治平中，創置學宮。元至治、泰定間，次第修。順帝至元四年戊寅，沔陽郡守安寧伯監縣忽都不花、教諭傅珪重建。後毀于兵。明洪武三年重建。正統十年，知縣顧行、教諭翁善復建。成化十六年，知縣姜綰撤而新之。弘治十二年，知縣周瑞重修。正德十三年知縣李東，嘉靖七年州官任佃，十年同知歐賢、署事京山縣丞金文默俱修新儒學，在城外正北方。明嘉靖二十年，僉事柯喬徙置北門外清河橋北。皇清順治十八年，侍御史顧豹文等重建。先是，六年十月初七日，大成殿忽轟然有聲，如雷隱隱，紅光燭天。至初九日，火起東南殿角，烈焰彌空，同時兩廡、戟門、神庫、牲庫、齋所、宦祠俱就焚，署縣經歷崔鹿鳴、訓導周文旭抱木主而出，置明倫堂，春秋祭祀俱在于此。至順治十七年十一月朔，合官員、士民倡義輸助，廟乃告成。東廡、西廡在大成殿前，明倫堂在大殿后，博文齋，舊名率性，在明倫堂東；約禮齋，舊名存誠，在明倫堂西。東廂、西廂，在齋外。崇聖育英門，在堂前。禮門、義路，在齋東西。大魁亭，在禮門東。神庫，在禮門內。啓聖祠，舊在西廡，今在廂東。遺像亭，舊在敬一亭後，因大成殿毀，移置明倫堂，今復還原位。敬一亭，在明倫堂後。名宦、鄉賢二祠，舊在啓聖祠前，今移置戟門東西。尊經閣，在敬一亭後。風雩亭，在堂後西北隙地。號房，在風雩亭左右。戟門，在大成殿前。櫺星門，在戟門前，舊植以木，今更樹以石。育賢、拔俊二坊，在戟門東西。泮池，舊有泮橋，跨池中，東西爲兩橋。嘉靖二十年，水決，兩橋崩。三十七年，推官袁履素省中橋，築東西橋爲坦道。天啓辛酉，知縣程維楧以泮水不宜外泄，塞東西橋，更樹石欄。是年二月春，泮池水涌，躍數丈許，有聲如雷，有物如龍，蜿蜒行水上，逾時不滅，觀者如堵。次年春榜，劉必達舉禮闈第一。石屏，在泮池前。石欄干，在泮池周圍。學署，在文廟東。嘉靖辛丑年，移建。射圃，舊圃在城內學南，成化壬寅知縣姜綰立，今徙置新學東，而圃亭就廢。學基，儒學新基在清河橋北，嘉靖辛丑僉憲柯喬易民地並廢縣義倉地而衷置焉。按學西地基舊被豪強侵占，天啓間知縣程維楧、任贊化始正經界。

荆門州學 平秦門內。洪武二年，知州戴昌因元故址建之。成化初，知州俞誥易欞星門以石。成化中，知州陰子淑作泮池石橋，知州楊琇立泮池坊。萬曆十六年，推官鄧美政創建南門外新塘數仞，又建閣于前爲文昌門。崇禎十六年，齋廡、祠亭俱毀于賊，惟正廟僅存。欞星門，皇清順治三年，知州薛繼巖修。啓聖祠，教官田一纘、邑人賀運清同修。康熙二年，火。名宦、鄉賢二祠，今廢。學正宅，在學內。

當陽縣 在縣治西。舊在玉陽山。宋以前無考。元《儒學記》云，知縣張彥文創建。至元中，知縣王元賓、趙珪修。元末兵燹。明洪武初，知縣祁守道改遷方城。洪武中，知縣魏忠復還故址。嘉靖二十五年，知縣侯加祥遷九子山下，與學署分隔一水。萬曆八年，知縣胡朝因隔阻水不便，改遷縣治西門外。三十五年，知縣李啓元、教諭余蛟以廟北向，非制，始徙入城，而廟制如舊。東西列兩廡，前爲戟門，爲欞星門。門之外爲泮池二，舊在欞星門內，知縣胡如川以其逼，徙之于外。又爲門屏。廟後爲明倫堂，堂前爲東西齋，東曰進德、西曰修業。後爲啓聖祠。戟門東爲名宦祠，西爲鄉賢祠。廟之左爲大魁閣。學齋左爲碑亭，爲尊經閣。皇清順治乙酉，城陷，正殿、兩廡、啓聖、名宦、鄉賢諸祠俱燼，止存明倫堂、欞星門。順治十三年，知縣唐彥襄修復。十六年，知縣許毓仁修啓聖祠。康熙元年，大兵進山，貯糧學宮，兩廡、齋房、名宦、鄉賢祠俱圮。尊經閣、敬一亭俱闕未修。射圃，今廢。學正宅，在明倫堂西，學正黃聖年重修。

襄陽府

《職方典》第一千一百五十三卷
襄陽府部彙考三
襄陽府學校考　府志

襄陽府 在郡治東南。明洪武初，知府張善建。中大成殿，東西兩廡，前戟門，殿東名宦祠，西鄉賢祠，前泮池，欞星門東聖域坊、西賢關坊，祭器庫、宰牲房、神廚。殿后爲明倫堂，旁列四齋，曰志道、據德、依仁、游藝，饌堂、號房、射圃。教官宅五，東三西二，總之以學門。成化五年，知府何源增修。嘉靖初，改大成殿爲先師廟，戟門爲廟門，撤塑像而易以木主，建啓聖祠、敬一亭。三十六年，撫治都御史章煥創尊經閣、左右厢樓，改泮池于欞星門外，加以石欄。隆慶五年，撫治都御史汪道昆改學門于文廟左，立青雲得路坊，內兩側列號房，改啓聖祠于殿東，敬一亭于堂西，名宦、鄉賢祠于欞星門內。明崇禎壬午，賊毀。癸未，修復。皇清順治己丑，副使蘇宗貴重建啓聖、名宦二祠。戊子，知府陸登甲重修明倫堂。魁星樓，在文昌祠前，知府杜養性重建，下有二坊，曰"文明"、曰"魁元"。

　　襄陽縣　在縣治南。明洪武初建。嘉靖間，副使王佩重修。隆慶間，同知范愛衆重修。中大成殿，旁兩廡，前廟門，東名宦祠，西鄉賢祠，又前欞星門、泮池。廟後明倫堂，左啓聖祠，旁列兩齋，曰博文、約禮，敬一亭、號房、饌堂、學倉、教官宅。學東有興賢坊。明倫堂後有尊經閣。萬曆間，知縣尹廷俊改敬一亭于西齋前，立騰蛟起鳳小坊于堂下，如石欄于泮池，自興賢坊直抵學門，路悉治之使平。崇禎辛巳，賊毀。皇清順治，撫治趙兆麟、副使蘇宗貴等重建。康熙癸丑，知縣余配元增修，大加丹艧，以起宮牆之色，揚甲第之聲焉。

　　宜城縣　在縣治東毓秀山下。宋建，元明因之。中大成殿，宣德間知縣張泰建。旁兩廡，前戟門，又前欞星門、泮池，俱弘治間知縣林典建。有神厨、宰牲房。堂後教諭宅，廟後訓導宅。萬曆二年，本府通判馬昌、知縣雷嘉祥同改欞星門以石柱，題曰"聖人之門"。

　　南漳縣　在縣治東。明宣德間，知縣莊敬因宋舊址建。正德間，知縣蕭浩修。中大成殿，旁列兩廡，前廟門，又前欞星門、泮池、大成坊、啓聖祠、名宦祠、鄉賢祠、神厨。廟後明倫堂，堂後蜚英臺，堂左右兩齋，曰進德、復禮。有號房、講堂，則隆慶間知縣王可賓建。射圃內有亭，有教官宅。

　　棗陽縣　在縣治東南。明洪武間，知縣吳子俊建。中大成殿，旁兩廡，前戟門，左名宦祠，右鄉賢祠，又前欞星門，殿后明倫堂，東西齋，神厨、倉庫、饌堂，教官宅置于堂之西北。天順間，知縣黃金以石易欞星門，內鑿泮池，跨石橋。成化間，知縣楊鏌立射圃。正德間，知縣安邦重修。嘉靖十年，知縣胡貴立敬一亭于明倫堂後，撤像題主，建大成殿，改戟門爲廟門，立啓聖祠。二十二年，知縣李一龍建文昌祠、宰牲所，題兩齋爲日新、時習，義路、禮門。三十一年，知縣王充遷泮池于欞星門外。萬曆元年，知縣王應辰建宣文閣于明倫堂後，中置敬一碑，遷文昌祠于崇文樓左；移水陸殿材改建明倫堂，以敬一亭址附益之，則奉知府萬振孫檄也；移教官宅于閣東西，改兩齋爲進德、修業，周圍繚以垣，泮池中又開一渠道，以泄濁流于城外。學宮之東爲儒學門。門左右爲登龍、起鳳二坊，列科第姓氏。皇清順治間，知縣柯聳重修文昌祠與南樓相對，爲文學羽翼。啓聖祠傾圮，署縣事同知冀應熊協同教諭周九華重修明倫堂。

　　穀城縣　在縣治東南。宋知縣狄栗始建文宣王廟，爲學舍于旁，藏九經書，歐陽修記之，此穀城學所由興也。明因之。中大成殿，旁兩廡，前廟門，又前櫺星門、泮池，名宦祠、鄉賢、啓聖祠。廟後明倫堂、講堂，旁進德、修業齋。射圃中有亭，有教官宅。崇禎間，毀于賊。皇清順治間，知縣劉楷始修復焉。

　　光化縣　宋元前在古酇城內。明洪武間，知縣陳聰即舊址重建。宣德間，知縣左高重修。萬曆元年，通判馬昌、知縣陳其范遷今新城內聚奎街北。中大成殿，東西廡，前廟門，又前櫺星門、泮池，啓聖、名宦、鄉賢祠、神厨、宰牲所、明倫堂、進德、修業齋、號房、饌堂、教官宅、左儒學倉、右祭器庫、廟門、右射圃，總以儒學門。今皇清順治間，知縣扈申忠重修明倫堂。

　　均州　在州治東。創于宋咸平，改于元。明洪武初，因廢址修建。正統間，修山郎中邵正重修。正德、嘉靖間，都御史沈輝、知州張聰、葉尚文相繼重修。中大成殿，旁兩廡，前廟門，左名宦祠、右鄉賢祠，又前泮池，櫺星門，西祭器庫，東啓聖祠，祠後敬一亭。廟後明倫堂，旁列兩齋，曰時習、日新，有號房、饌堂，合之以儒學門。自闖逆破城之後，被鄖賊燒毀無存。至皇清順治七年，知州陳修建，止完大殿工程。至十年，知州趙捐修明倫堂。不意郝賊入城，復毀。至康熙八、九年間，知州佟國玉修文廟五間，工程將完，升任赴部。十年，知州党居易續爲補葺，又捐資重修二門三間，至明倫堂、泮池等件焉。

鄖陽府

　　《職方典》第一千一百六十卷
　　鄖陽府部彙考二
　　鄖陽府學校考　府志

鄖陽府 舊爲鄖縣學，在府治東南。洪武間，知縣馬伯庸創建。成化二年，知縣戴琰重修。十二年置府，升縣學爲府學。弘治十四年，都御史王鑒之以卑隘弗稱，鼎新之，並設樂器、祭器。嘉靖甲申，都御史胡東皋移建于府治之北，後知府黎堯勳又改于府治之西。丙辰年，都御史章煥更遷于東門外，仍展城基環繞之，增一門曰"時雨"，即府學朝門也。中爲大成殿，傾圮。皇清順治十六年，御史張尚委推官駱士倩重修戟門、明倫堂、啓聖祠、四齋、尊經閣、杏檀亭、博士宅、洙泗亭、時雨堂，而欞星門及兩廡則後知府張文星所修也。名宦祠，原祀張士遜、戴珊、徐蕃、王憲、張極、王鑒之、沈輝、鍾蕃、吳遠，今久廢。鄉賢祠，原祀尹吉甫、伯奇、黃香、寇偉、溫如玉、赫奕、周之冕，今亦廢。射圃、社學、學田，今俱廢。

鄖縣 舊在縣東。成化十三年，設府，升爲府學。嘉靖十七年，知府許詞奏建于縣治之西南。中爲大成殿，東西爲兩廡，爲戟門，爲欞星門，外以屏墻橫之。啓聖有祠，宰牲有所。右爲明倫堂，東西爲兩齋，曰進德、修業。後爲教諭宅、爲訓導宅。左右爲號舍，規制宏備。後俱毀。皇清順治十八年，知府李燦然重修戟門、欞星門，通判仇昌祚重修屏墻。二坊毀于火，後知縣侯世忠復修之。至于啓聖、名宦、鄉賢諸祠以及尊經閣、兩廡、東西齋舍、左右號房，則至今廢墜，終未修整焉。

房縣 舊爲州學，在城內東北。洪武八年，改州爲縣，學亦因之，後改遷城東門外。成化七年，復遷城內。嘉靖十八年，又遷東門外，即今所也。中爲大成殿，旁列兩廡，前戟門、欞星門，門外泮池，東西號房，屏墻、射圃；明倫堂，居仁、由義兩齋，左藏書所，右祭器庫，後啓聖祠，名宦、鄉賢二祠、東西博士宅，後盡廢。至皇清康熙六年，本府通判仇始創大成殿三間，東西廡各一楹；知縣雷化龍建明倫堂、茆舍三間，而戟門、欞星門、門屏以及名宦、鄉賢祠、博士宅則仍未修焉。射圃、學田、學倉，今俱廢。

竹山縣 舊在縣東。洪武三年，知縣郭士賢重修，久傾。宣德、正統間，重修。成化十一年，以地污下，遷于北蓮花池，即今所也。中爲大成殿，久廢。至皇清康熙三年，知縣蕭功一始建茅屋以安木主，又廢。二十年，知縣賈待聘捐資重修三間，其餘堂殿、齋廡、名宦、鄉賢祠俱廢未修。射圃、學田、學店、社學，今俱廢。

竹溪縣 在縣治東，與縣連界。成化十二年，都御史原杰檄楊琚等創建，知縣曹熙修之。弘治七年，縣令伍夔以卑隘弗稱，盡撤其舊而新之，又創文昌、鄉賢二祠。十年，知縣曹瑾造龕案、祭器，立臥碑。十三年，知縣傅亨昌又以號房卑隘且傾壞，遂拓東遼巷地修焉。嘉靖二十三年，署印同知溫汝璋重修。中為大成殿，旁列兩廡，前為戟門，又前為泮池，為欞星門；殿之後為明倫堂，旁列兩齋，曰進德、修業。堂之後為敬一亭，右為啟聖祠。殿之後為饌堂。戟門左為名宦祠，右為鄉賢祠，又左為聚奎樓，門內為號房。而教諭宅則在明倫堂之右，訓導宅則在饌堂之前，後俱廢。皇清康熙三年，知縣曹席珍建茅殿三間，以棲神主。十三年，賊焚。二十年，知縣徐京陞捐資重修大殿三間、東西兩廡，教諭謝加恩修明倫堂一座，其餘門舍、庭廡俱廢未修。射圃、社學、學田、學倉，今俱廢。

保康縣 在縣治右。弘治十一年，知縣蘇惠和建。久廢。皇清康熙六年，知縣李粹白建茅殿三間，賊又廢之。二十年，知縣金國明重修。射圃、學田、社學，俱久廢。

鄖西縣 在治西南。成化十三年，都御史原杰創建。中為大成殿，旁列兩廡，前戟門，又前為欞星門。後為明倫堂，旁列進德、修業兩齋，博士兩宅。弘治八年，知縣劉理重修，又創置泮池于戟門外。十四年，知縣王才于欞星門甃石臺，創號房于東廡後，未就，主簿張誼成之。嘉靖九年，知縣邵晹建啟聖祠于學門內，又建敬一亭于啟聖祠前，今俱廢，僅存舊址。皇清順治六年，知縣賀繩烈于舊址蓋茅屋三間。康熙二年，李昱重為蓋之。七年，祝應晉增修正門、角門，餘俱廢，尚未修。博士兩宅，今權寓僧寺。學倉，在儒學東，今廢。

德安府

《職方典》第一千一百六十六卷
德安府部彙考四
德安府學校考 府志

德安府 在府治東。淳熙初，建于三皇臺前。元因之。明洪武三年，通判安桓、教授胡璉、訓導何信徙建治東北隅。七年，同知羅子理復徙舊址。十六年，知府張寬、教授李文重修，中為大成殿，東西為廡，戟門、泮池如制。正統十年，知府范理增飭大成殿，楊溥記。景泰五年，知府周鐸益飭之，兩廡各增爲十五楹，每楹爲一壇，東爲文昌祠，西爲碑亭，爲神厨，謂明倫堂隘，仍闢左徙焉，爲教職廨五，齋舍、門垣悉加于舊，尚書王直記。成化十五年，知府王璽繼修之，改文昌祠爲名宦祠，碑亭爲鄉賢祠。弘治三年，建藩邸，欲割學地，知府和鸞力爭之，廟得不毀而學地割者半，鸞乃徙學宮于廟後，同知沈綸繼成之，堂齋如制。正德七年，知府馬龠易櫺星門以石，門外陶瓴爲屏，同知陶龍記。嘉靖十四年，知府湯紹恩徙泮池于櫺星門外。二十一年，僉事柯喬、知府陳謨度學宮舊址復之，堂齋、學舍、重門悉如制。二十六年，知府李逢徙屏近櫺星，而復泮池于門內。三十一年，改建藩邸益以學地，知府徐貢元乃徙建今所，廟廡、學宮如制，弘麗加于舊。隆慶六年，知府馬丈煒重修。崇禎初，知府胡繼先于櫺星門外東偏建奎星閣。辛巳，巡道趙振業、知府樊邦正再加丹堊，以奎星閣太逼，改建于南郊龍角寺之巔。癸未，毀于寇。皇清順治辛卯，知府李慎修復補葺。十八年辛丑，知府高翺、知縣宋爾祁、教授樊維域各捐資爲教職廨者三，于明倫堂後東建啓聖祠，西葺敬一亭，殿廡、堂舍、櫺星、戟門一新。康熙二十一年壬戌，督學蔣永修捐修，有記。二十四年乙丑，知府傅鶴祥復修，教授郭更名記。

安陸縣 在縣治東，與府學並列。明洪武十三年，知縣杜益、訓導王德俊建于城中鼓樓清風街。天順間知縣陳顯、朱敏，成化間知縣林璲相繼修之，殿廡、門池悉如舊制。嘉靖十年，改會講堂爲敬一亭、爲啓聖祠。二十二年，同知謝袞、知縣郭嵩撤而新之，亭祠廟齋如制，置教諭、訓導二廨于西齋之西。三十一年，知府徐貢元以藩封益地，徙于今所，規模悉如舊。崇禎初，知府胡繼先更新之，于櫺星門外即舊存射圃地，再闢泮宮，中爲橋，周遭欄以石，坊峙其前，曰"龍門"。己巳，知府陳策建樓三楹于衢口。辛巳，知縣濮有宏于戟門外另闢一門東南向，曰"巽門"；于東廡後中建坊，曰"雲路"，與府學之西廡接；復于雲路北地東齋房之後建祠三楹，以祀文昌。迄癸未之變，賊穴城中，蹂躪無虛日，幾成瓦礫。皇清順治八年辛卯，巡道馬鳴鸞、知縣趙琪捐資補建。越壬辰，廟貌粗成。十八年辛丑，知縣宋爾祁于明倫堂後舊址創爲教職廨。康熙五年丙午，知縣高聯捷捐俸重修大成殿、明倫堂，榮戟門並兩廡悉如舊制，自爲記。二十一年壬戌，督學蔣永修復修。二十三年甲子，督學姚淳燾、知府傅鶴祥、知縣劉世英、教諭汪紹遠、訓導王家官各捐資建啓聖祠、敬一亭、文星樓、明倫堂，規制較昔有加，教諭汪紹遠記。

雲夢縣 在縣治東。明洪武間，建于縣北，知縣汪淮遷今所，殿廡、堂齋、亭祠、門池各如制。歷知縣施紀、賈升、陳謹、趙文杰、黃鞏、孫復修。

應城縣 在縣治東，建于宋謝顯道。元毀于兵。明洪武二年，知縣賈嚴即舊址創立。九年，縣併雲夢，學隨之。十三年，縣復，知縣韓子中、訓導陳居敬重建。尋圮。景泰七年，知縣夏璣修殿廡、門池如制。天順五年，知府周鐸增飭之，殿后為明倫堂。八年，推官章顯即堂前闢日新、時習二齋，後為講堂，為神厨庫、為饌堂、為教諭廨、學舍，堂左為大門，門左為文昌祠，東西為訓導廨二，堂東北為射圃，有亭。未幾，災。成化七年，知縣汪清重建，殿廡、門池悉完麗焉。十年，知府計昌改文昌祠為鄉賢祠，徙置學舍北。正德元年，提學陳鳳梧又徙置戟門。七年，教諭曹儀重建興賢門于日新齋南。十五年，知縣周沖始建名宦祠于戟門左，移鄉賢祠于右。嘉靖四年，殿堂圮，知縣馮宗龍重修。十三年，知縣李調元建敬一亭、啓聖祠于堂東。二十六年，知縣張叔宗繼修。萬曆十一年，廟將圮，知府齊一經、推官錢士完、知縣陳揚產各捐金復修。

孝感縣 在縣治南，舊在縣治東。宋端平乙未，燬于兵。元至元癸未，縣尹趙資仁闢故址，粗建殿廡，歷縣尹喬成、劉諒等相繼興創，制度始備。元季復燬于兵。明洪武五年，知縣朱思勝修建。九年，以縣省入德安州，學亦隨廢。十三年，復置縣，知縣宋顯明即宋元廢學址創學焉，殿廡、堂齋、門池如制，歷教諭梁炯、知縣史摺等相繼增修。隆慶二年，知縣劉昆廢會貞觀，改建今所。中為大成殿，東西為兩廡、為省牲、省器所，前為戟門，門之東西為名宦、鄉賢祠，又前為欞星門，殿之北為尊經閣，閣下為啓聖祠，祠東為訓導廨二，祠西為教諭廨、為明倫堂，堂後為敬一亭，亭左右有號舍，堂兩翼為進德、修業二齋。崇禎十六年，學房舍悉火于賊，僅存正殿。皇清順治十三年，郡人屠奏疏捐資重建東西兩廡、名宦、鄉賢祠并欞星戟門。

隨州 在州城內東。明洪武十四年，知縣陳萃因宋元舊址建州城東。歷知州仲端、尤忠等相繼修。萬曆初，知府馬文煒、知州林梓改遷今所。崇禎辛巳，俱焚毀于賊。皇清順治戊戌，知州陳秉化修建殿廡、堂祠、齋舍、門池、亭廨，悉如舊制，學正王岱復修。

應山縣 在縣治北。明洪武三年，主簿白欽祖因元故址創建。十年，兵燹并廢縣。十三年復設，知縣魏朴重建。成化六年，知縣李春重修。嘉靖九年夏，大雨，廟復圮，知縣王尚用、王朝璘相繼修復，顏木記。四十三年甲子，知縣樂頌復增修，移址稍南下數丈。越一年乙丑，告成，規模乃備，劉化記。崇禎末，戎馬驛騷，鞠爲茂草，所存僅大成殿、兩廡、戟門、明倫堂。皇清康熙七年，知縣周祜修葺，略如舊制。

黃州府

《職方典》第一千一百七十七卷
黃州府學校考 府縣志合載

黃州府 去府治東數百武，即宋河東書院，乃寶祐中郡守銑建，以祀二程先生者也。元毀。明洪武初，郡守李仁就其址改建爲學。正統後，知府事者錢敏、俞浩等相繼增修。逮嘉靖間，劉友仁益拓其基，應明德再葺其宇。中爲大成殿五楹，兩廡翼楹各十三，大成門、泮水橋、櫺星門在其前，左爲儒學門，由門入而右爲兩訓導宅、省牲所、啓聖祠、鄉賢祠，又爲訓導宅，折而西曰成賢門，入北爲明倫堂，前碑亭一載學田、祭射器數，齋四，育德、克己、明善、養正，東西各六楹。堂北敬一亭，亭北尊經閣，內有藏書，東爲祭器庫。弘治戊午，知府盧浚增置祭器。歷久而壞。嘉靖辛卯，知府吳淮毀淫祠鐘鼎、佛像，再增置，祭器、樂器備焉。庫東爲教授宅，又爲訓導宅，堂西爲射器庫、名宦祠。祠南即射圃，圃有亭。後堂三，川堂一，講堂三，號房東西各九。饌堂三，在明倫堂右。萬曆間，知府潘允哲買民居數丈，學前之地益拓焉。崇禎癸未，賊獻忠焚毀。甲申，知府周大啓建廟五楹，明倫堂亦五楹，餘悉荒蕪侵沒。皇清康熙壬戌，知府蘇良嗣剪荊棘、查隱占，葺堂繕廟，建大成門，建東西兩廡各十三楹，鄉賢祠、名宦祠悉興創壯麗。按學宮，右爲白虎，不宜高聳。康熙丙午，通判宋犖建將母樓于右，本學士子鄉試屢不中式，犖自拆去。學倉，舊在學東，今廢。

黃岡縣 宋建南城外。元末毀。明洪武初，知縣萬士安移建于城隍廟之西南，址甚隘。堂宇久漸傾圮。正德中，知縣胡潔乃遷于清淮門內軍器局東廢地，或曰即東坡故居也，惟兌隅尚屬弁業，倍其直而廣之。始建大成殿，外戟門、櫺星門、集賢門各三楹，左右兩廡各五楹。後明倫堂，兩齋各五楹，齋東西列，更後稽古閣五楹，左右號房各十楹，西爲膳堂。戟門之前爲泮池，西號房外隙地即射圃。其基直工費，潔悉出諸公帑之餘，不以勞民，未逾年而工竣。嘉靖後，知縣孫棠、羅應鶴、茅瑞徵先後修葺。崇禎癸未，賊張獻忠毀。皇清順治戊子，知縣高自訓始建廟。己亥，知縣楊鍾秀建大成門。辛丑，知縣徐蓿建啓聖祠。康熙壬子，知縣董元俊易廟而更新之。丙辰，知縣李經政建櫺星等門。壬戌，學道蔣永修，捐資不足，合學士子捐優免銀，建明倫堂及兩廡，知縣汪灝董其役。西以古井、火巷，直至大街，北抵曹士皋原賣地，東抵北察院，南抵大街。城外有岡橫亙，正對學宮，形家稱爲一字文星，故城門以一字名。城上東樓角久圮，形家稱爲縣學巽峰，又爲郡縣華表。

黃安縣 設邑後始建學。明隆慶三年，知縣李講于縣治西南建大成殿，左右廡各七楹，戟門左名宦祠，右鄉賢祠，各三楹。櫺星門前爲泮池。明倫堂居廟後。萬曆二年，知縣應存初建尊經閣、號房。教諭、訓導宅，在堂左右。

蘄水縣 在縣治東。即宋元舊址。元末兵毀。明洪武甲寅，知縣趙季光始創。正統己未、天啓甲子，知縣胡奎、孔榮宗相繼修。崇禎癸未，毀于賊。皇清順治庚寅，知縣倪篙元重建。尋灾，甲午，知縣李蓀再建。中爲大成殿，東西兩廡各五間，前戟門、櫺星門；後明倫堂，左齋進德、右齋修業，號房各五間，後爲訓導宅，土地祠、五經樓、啓聖祠、射圃、教諭宅各依位置。名宦祠左，鄉賢祠右。昔所稱興文閣、采芹閣，空存其名焉。

羅田縣 元以前，在縣東歸厚巷。明洪武乙卯，知縣石璞遷于縣南官渡河濱。弘治辛卯，水圮，知縣羅勳仍移舊址。嘉靖辛卯知縣勞樟，庚子知縣祝珝前後更新焉。崇禎癸酉，知縣楊見龍徇衆議，又改遷于縣治西數百武。工垂成，毀于賊。丁丑，知縣白乃忠又徇衆謀遷，乃以舊學宮易元妙觀爲之。皇清順治甲午，知縣李雨霑復移建鳳山之旁，今仍改歸舊處。大成殿、明倫堂少存榱桷，舊廡祠、齋圃、門亭、池庫悉廢。

麻城縣 在縣治，宋舊址也。毀于元季。明洪武初，知縣張谷維、趙乾相繼建。正統後，知縣楊順、翁選等次第葺。成化甲午，知縣胡文德易明倫堂而新之。崇禎末，客兵來往，拆供爨薪。皇清順治乙未，知縣王潞補葺殘缺。康熙庚戌，知縣屈振奇復加修焉。中爲文廟，廡東西向，明倫堂居後。又尊經閣、東西齋、號舍，射圃居其東，敬一亭居其北。儒學、櫺星各有門。啓聖祠廟之左，名宦、鄉賢祠分戟門左右，神厨、神庫、文昌閣各依其方。頖池，久淤爲平地，康熙甲子，知縣祁嘉謨浚，圍以石欄。

黃陂縣 宋元舊址，原在縣治東南。明洪武十五年，知縣吳旻依舊址建學。正德丁卯，教諭楊梁捐百金，購民居以拓其基，殿廡、堂齋門以次就理。尋圮。嘉靖壬午，副使陳昌督縣令周音修葺，再購民居以廣規制，遷戟門于池所，增名宦、鄉賢二祠，又特建祠合祀宋故令開府程公迥、原尉太中公珦。明倫堂三楹，再建于崇禎己卯知縣周元泰任內。至大成殿、兩廡、東西名宦祠、鄉賢祠、欞星門、戟門、學門、明倫堂、頖池各依制。皇清順治初知縣張尚忠，康熙丙午知縣楊廷蘊相繼葺。敬一亭、坐春齋、立雪齋、膳堂，久廢。教諭宅，在堂後。訓導宅，今改奉啓聖木主。射圃，在其旁。

蘄州 在麒麟山之陽，乃宋乾道八年，教授李宗思、州守王益共建者也。元末毀。明洪武二年，左安善爲知府，于舊址建府學。是時，州方爲府。九年，改爲州，始號州學，知州事相繼修葺者，天順則趙應隆，成化則莊轍，明倫、樂育二堂建焉。弘治五年，楊淮知府事，購學旁民地，毀二郎廟爲大成殿、欞星門，東西廡各九楹，戟門三楹，采芹亭一，廚庫各一，東西齋各六，麗澤堂一，觀德亭一，號房二十有四，射圃、鐘樓、官廨及禮樂器皆備焉。崇禎癸未，賊張獻忠毀。皇清順治間，副使范鳴珂始建廟五楹。迨後，堂廡、齋祠相繼修補，未復舊制。學基長二十五丈，闊一十七丈。

廣濟縣 舊在縣治東北。元末兵毀。明洪武初，知縣胡升依舊址建學。後知縣陳景昌移建東南一里許。正德壬戌，知縣陳奎以學宮僻處河東，又徙于縣治之左，以按察行臺暨府公館舊地爲之。中大成殿，東西兩廡，前戟門，東名宦祠、西鄉賢祠，前欞星門，外泮池，神廚、神庫各一。後爲明倫堂，左齋進德、右齋修業，饌堂居官廨左，敬一亭居啓聖祠左，左號舍名"登瀛"，右號舍名"聚奎"。崇禎末，賊毀。皇清順治丁酉，知縣閻國士始建廟焉。康熙丁未，知縣黃玉鉉浚池建門，外貌可觀矣。射圃，在舊學基側，近沒于民。

黃梅縣 縣有學校，始于魏獻武帝。歷代因之。元秦爲尹創今學基，居縣治左。至正六年，知縣喬思忠建兩廡，戟門即今中門，講堂即今明倫堂，制禮器，清學田。明洪武三年，縣令唐輔建學宮，改尊道堂爲明倫堂，下置兩齋，東曰進德、西曰修業。景泰六年，知縣王端建文昌祠，後廢。成化元年，知縣黃武建學倉一所，饌堂一所，後廢。六年，知縣戴中重建學宮，而啓聖祠、教諭兩齋、衙舍一時並建。嘉靖十六年，知縣梁廉建敬一亭于明倫堂後，又于明倫堂左右建禮門、義路。隆慶三年，知縣姜忻鑒泮池，跨以月橋，改置名宦、鄉賢祠于戟門左右，創站棚一所于明倫堂前。萬曆十年，署縣事曾維倫又重建之，乃于欞星門外砌石街數丈，竪天衢坊以爲外護。四十八年，大殿復圮，生員王敬臣募修重建。崇禎十五年冬，爲獻賊全毀。皇清順治六年，縣令陳觀天等諭諸生捐優免，買民房建今大殿，而門欄、格扇俱闕未修。十六年，教諭蕭蘊樞捐己俸以佐其費，始將殿前裝修一新，然兩廡及啓聖祠、明倫堂仍廢未修。射圃，舊在河南之畔，相傳鮑參軍視射故地，廣圍一百五十步，有亭曰觀德。明成化五年，知縣徐澤清河南故圃，仍建觀德亭如故。

荆州府

《職方典》第一千一百九十一卷
荆州府部彙考五
荆州府學校考 府縣志合載
本府（江陵縣附郭）

荆州府 在府治西南。明洪武三年，知府周政因元故址鼎建。嗣後相繼增修。成化間，知府范英等造祭器庫。嘉靖間，知府李復初等修尊經閣于明倫堂後。萬曆間，守道李同芳等修明倫堂于正殿後。明末盡毀。皇清順治間，知府梁召孟等重修戟門、圜橋。康熙七年，提督胡茂禎等修大成殿一座。乙丑，巡道祖澤深等捐修東西兩廡。十五年，總督蔡修欞星門、東西石坊、泮池，學道蔣永修等葺圍墻一帶。十八年，知府胥遇重修啓聖祠于正殿東。二十三年，教授朱珍等修文公祠。二十四年，巡道祖鼎建明倫堂。二十五年，修文昌祠于啓聖宮南，其餘神厨、齋殿、尊經閣、敬一亭以及名宦、鄉賢二祠，俱廢未修。教授廨、訓導廨，俱在縣內。射圃，在明倫堂西。

江陵縣 在城東，舊在沙市。洪武初，遷入子城，後遷今縣治北。正統間，知府劉永等繼修。萬曆間，副使張振先增廣之。中爲文廟，爲東西廡各六楹、爲戟門，神厨、祭器庫俱備。啓聖祠，在廟西。敬一亭，在廟北。知縣孔貞一修戟門，門之前爲泮池，爲橋，爲櫺星門，而名宦、鄉賢二祠亦左右置焉。廟左爲明倫堂，前爲二齋，復爲儀門，規制大備。嗣後，或存或廢。至皇清康熙十九年，學道蔣復修東西兩廡，教諭張本忠等修明倫堂于殿左，啓聖祠于殿西，名宦、鄉賢二祠于學內，陳適等修櫺星門、儀門、泮池，至尊經閣則至今仍廢。教諭廨、訓導廨，兩廨則于儀門之東西列焉。射圃，在學東，舊隸學宮，後廢爲元妙觀。副使楊守禮改爲荆南行署，尋廢爲觀。知府李復初改爲荆南書院。萬曆，知縣朱正色仍改爲射圃。

公安縣 明季以前，在舊縣城內。大成殿、明倫堂、啓聖祠俱巍峨高聳，有古柏數十株，左右有號房十四間，尊經閣、敬一亭、櫺星門、兩學衙舍及泮池前甬壁一牌，坊二，鐘鼓祭器俱備。自兵火後，廢缺無存。又因舊縣城池盡圮，遂遷學于新縣。皇清順治九年，初建大成殿、明倫堂，然成于草創，不堪大觀，本學訓導孫錫蕃方議捐助鼎建，適公邑困于水灾，資斧維艱，興復之舉，又不能無待焉。

石首縣 原在調弦，去東山二十里，蓋舊縣故址也。宋元祐中，遷楚望山麓，今學之公廨即其地。元薩德彌實病其湫隘，乃改縣治于楚望山北，而以其地遷學宮于上。元末，廨宇悉毀。明洪武二年，詔天下重修學校，因建大成殿，殿左右爲兩廡各十楹，前爲戟門。天順、正統間，縣令相繼修葺。成化間，重葺之。門外爲甬道，中爲泮池、月橋。橋外爲櫺星門一座。戊戌，知縣黃本于殿之後建明倫堂五間，左右爲齋各三間，曰志道、曰依仁，堂後爲尊經閣，閣左爲敬一亭，殿左右爲祭器庫、爲神廚。依仁齋之後爲觀德亭。志道齋之傍爲公廨三所。嘉靖戊戌，知縣牛愷又建啓聖祠于尊經閣左，建名宦、鄉賢二祠于戟門之左右，而縣令徐汝圭亦建文昌祠于啓聖宮右，規制遂稱大備焉。明末兵燹，殿宇盡毀。皇清順治十年，知縣王大年復修廟前廳三間，名宦、鄉賢、啓聖祠三所及圍墙柵欄門三處，復勸諭通庠助修大殿。十二年，更欲捐建兩廡，未竣。至康熙元年，廟殿灾，訓導王貽貞重建，略如舊制。嗣值西山大役，歷年未竣之工，與已成者復不免風雨漂搖矣。七年，知縣衛應嘉目擊學宮荒缺，乃捐建明倫堂三間，重新廟貌及十哲，神厨、兩廡、戟門煥然改觀。教諭廨，在殿右。訓導廨，原在大成殿左圍墙外，今廨舍俱廢，僅存基址。射圃，在明倫堂右，圍墙外。

監利縣 在縣署東北。洪武丙子，知縣張貴建。正統甲申，知縣王英重建明倫堂，縣丞陳穎等分建兩齋。甲子，毀于火。明年，知縣鄭崇重建。萬曆庚子，教諭靳朝相修兩廡，建櫺星門，立東西二坊，復建文昌閣于學東街。甲戌，知縣李純樸遷建明倫堂于廟西、尊經閣于明倫堂後、敬一亭于廟後。而講堂一所，則成化間縣令廖鉉所建也。後皆毀于兵火。皇清順治七年，知縣藺完瑆捐修廟，建立兩廡、啓聖祠、名宦、鄉賢祠、明倫堂，而學宮煥然一新矣。教諭廨、訓導廨，俱在廟東。射圃，在學東，教諭楊述建。學倉，在泮池南，今廢。

　　松滋縣　在縣東，宋建。明洪武初，知縣許彥聖因舊再建，甬牆外有泮水，由甬牆而入，過黌門即月橋，橋下爲泮池，池底石甃丈許，上圍石檻，鏤刻極工，再進爲二門，廣三間，高丈八餘，闢三門，東西兩廡各廣五楹，各高二丈餘。中爲大成殿，殿三楹，高三丈九尺餘。禮門，在殿左。名宦、鄉賢二祠，各三楹。從禮門而入，由義路轉甬門，適明倫堂。堂廣五楹，高三丈三尺餘。由明倫堂側門而入，則爲尊經閣，石甃，高臺之上置閣，閣廣三楹，高三丈餘，後倚城。東西二齋各廣三楹，高丈餘。明時，相繼修葺。至皇清康熙二十三年，知縣高起鳳等復捐修之。教諭廨，在學內。

　　枝江縣　明初，建東城沙沱市。成化十七年，遷城內小西門。弘治壬戌，知縣蔡文買基移建。萬曆間，知縣周仲士遷于縣治之西。至崇禎庚辰，知縣胡鳴岡會同巡道王永祚等，復遷城內福傅山。皇清康熙三年，知縣周廷桂以學宮重地，鞠爲茂草，卜吉鳩工，次第修建正殿、明倫堂。二十四年，巡道祖澤深臨視本邑，特捐資，修兩廡、戟門、名宦鄉賢二祠以及兩齋、啓聖宮、櫺星門、儀門、文昌祠，皆令其煥然一新焉。

　　彝陵州　在州治東北。宋故址，在南門外。明洪武初，遷建今所，舊制，中爲櫺星門，門外東西竪下馬牌，學居廟之後。中爲明倫堂，翼以兩齋，堂後爲尊經閣。崇禎末寇毀。皇清順治九年，知州朱長蔭創建。十四年，知州孔斯和建明倫堂。康熙四年，知州鮑考節次修葺。至九年，復修建儀門，次明倫堂，次兩廡，煥然一新，紳士立碑刻頌紀之。二十三年，知州田恩遠捐俸重修。二十四年，巡道祖奉查土司楠木臨視，復捐修之。學正署，在廟後。

　　長陽縣　在縣治東。明洪武間建。成化時，知縣李福、劉奎相繼修。正德二年，教諭劉永祥遷明倫堂于後山下。萬曆己亥，復遷于山岡。舊制，中爲大成殿，左右兩廡。啓聖祠在廟後，名宦、鄉賢二祠在櫺星門左右。明倫堂，在殿東，旁爲東西兩齋。秀杰樓，在明倫堂後。進賢樓，在秀杰樓後。兵燹盡毀。皇清順治間，知縣樊維翰復遷建于來龍山下，將次第修之。射圃，在學宮西門之左。

宜都縣 在縣治東。宋乾道中建。元毀。明洪武五年復建。舊制，前有儀門，有欞星門，東西爲兩廡，左右爲名宦、鄉賢二祠，中有御製亭、敬一亭，亭前爲大成坊、大泮池。後有明倫堂、尊經閣，右啓聖祠、青雲館、感德祠，左有道義門。門前有大魁閣、文昌閣。自弘治辛酉至萬曆丙辰，蒞茲邑者，皆相繼修葺。明末寇毀。皇清康熙乙巳年，知縣葉代生、教諭李上苑重修。乙丑，巡道祖澤深臨視本邑，捐俸增修。

遠安縣 在縣治北，舊在亭子山下。明成化十七年，遷東莊坪。皇清順治初，知縣周會隆卜築于新城東門外。丁酉年，知縣安可願修，年久復圮。知縣陳其舜將殿廡、堂祠捐俸重修，又創建尊經閣。

歸州 原在州後山麓之右。萬曆戊申，復遷州後山麓之左，舊建大成殿三間，東西廡各三間。自兵火後，片瓦寸椽久已無存。皇清康熙乙丑夏，巡道祖奉查土司楠木，歸視，特先捐建大成殿三間、明倫堂三間、兩廡各三間，前設甬墻、柵欄，周圍土墻，至各齋廚、祠堂俱徐圖創復。

興山縣 在縣治東。明弘治間，建于東關外。未幾，復建于舊址。正德間，推官陸鰲重建。櫺門一座，泮池一方，二門一座，左右廡各五間，正殿五間，明倫堂五間，東西兩齋各三間，尊經閣五間；啓聖祠在廟左門，樓一座，正殿三間；名宦鄉賢二祠俱在廟右。兵燹後，鞠爲茂草。皇清康熙五年，知縣胥遇捐俸重建大成殿一座，幷兩廡、戟門、泮池、欞星門左右二坊，復建啓聖祠、土地祠于大成殿左，建名宦、鄉賢二祠于大成殿右。教諭署，在明倫堂左；訓導署，在明倫堂右，俱知縣胥遇重建。

巴東縣 在縣治左。依巴山脉北向，前對飛鳳紗帽山。明洪武初建。正統、天順間葺之。成化中，縣令鮑宣安重建。隆慶間火，遷建于壽寧寺基。又不利，萬曆十五年，改復今址。中爲大成殿，前爲露臺、爲東西兩廡、爲戟門，門外左右爲名宦、鄉賢二祠，前爲欞星門，爲泮宮坊、啓聖祠，兩廡後爲祭器庫。東廡左有溝，溝有青雲橋，由橋而入爲明倫堂。堂之下爲博文、約禮二齋，前爲門屏、爲儒學門。舊有敬一亭、神廚、號舍，更有講書樓。明道樓，在儒學前。崇禎末，兵燹無存。皇清康熙二十二年，知縣齊祖望增修。二十四年，巡道祖奉查土司楠木回，捐修大成殿、兩廡、戟門、泮池、欞星門、泮宮坊、青雲橋及啓聖、名宦、鄉賢三祠。至博文、約禮二齋，成德、達材二坊，明道、講書二樓則仍廢未修。教諭廨，在明倫堂後。訓導廨，在啓聖祠後。射圃，在巴山驛後。

　　施州衛　舊在南門內。明洪武十八年，徙遷南門外，即今文昌閣基址。弘治年間，參議林瑱、僉事鄭岳復遷今所。舊制，大成殿、明倫堂、東西兩廡、啓聖祠，志道、據德、依仁、游藝四齋，尊經閣、敬一亭以及儀門、欞星、戟門、泮池、左右二坊，無不悉備。今俱圮毀，惟大成殿巍然獨存，然亦敗漏矣。皇清康熙二十四年，巡道祖捐修之。教諭廨、訓導廨，俱廢未修。

長沙府

《職方典》第一千二百七卷
長沙府部匯考七
長沙府學校考　府縣志合載

　　長沙府　正南門之右。元至元十三年，平章阿里海牙鎮潭州始創禮殿。至正庚午，復修之。元末兵毀。明洪武六年，指揮丘廣始創明倫堂。七年，知府劉清備建廟廡、齋舍。三十年，教授王褒立射圃于明倫堂左。天順六年，知府錢澍復修之，建尊經閣、明倫堂。後正德辛未，同知盛應期立號舍于大成殿左，凡二十楹。嘉靖戊子，知府孫存復修欞星門。庚寅，知府潘鎰奉制建敬一亭于明倫堂北。辛卯，修大成殿，齋四，曰志道、據德、依仁、游藝。丙午，知府樊景麟鑿泮池欞星門內。隆慶壬申，知府周標修欞星門，易木以石。萬曆辛卯，知府吳道行見學宮頹甚，大加修葺，增司祭、更衣二館，改泮池欞星門外。丙申，知府羅繩復修。天啓癸亥，推官林正亨鼎新正殿、廡門，建尊經堂以培龍氣。崇禎丁丑，同知朱士景新建啓聖祠。癸甲之間，祠堂、齋廡毀于兵火，僅存大殿。乙酉，督學屠引錫、太守周二南捐資修建，方蓋造明倫堂，工未竣。皇清順治丁亥，太守張弘猷修廟及堂，重建啓聖祠、敬一亭並東西兩廡，築垣樹柏，復其舊規。乙未冬，經略洪承疇重修明倫堂、敬一亭。康熙四年，知府錢奇嗣捐資增修。十九年，知府任紹煐等協力捐俸，重修啓聖祠于學宮後，名宦、鄉賢二祠于學宮之左右。

　　長沙縣　舊在瀏陽門內定王臺。元至元三年，平章阿里海牙移建府學之右。明洪武十三年，知縣王銓復移縣治東。十八年乙丑，知縣王銓移北門城外縣治左。正統十年，知縣張擴重修之。嘉靖甲申，知縣李時加修焉。庚寅，奉制建敬一亭，齋二，東曰居仁、西曰由義，立啓聖祠。隆慶庚午，知縣袁本善重修。萬曆乙酉，知縣劉應期重修。壬辰，知縣鄧雲龍加修焉。甲辰，諸生捐資詳請鼎新大殿。辛亥，知縣林向陽建文昌祠于明倫堂右，以培形勝。天啓七年，教諭程門徒令諸庠士合修之。中大殿，旁兩廡，後明倫堂，前二門，櫺星門外泮池，二門內左名宦祠，右鄉賢祠。明倫堂左啓聖祠。崇禎癸未，毀于兵。皇清順治戊戌，知縣朱明魁遷建于驛步門內，凡五楹，工未竣。至乙巳，巡撫周召南捐資，屬知縣胡壯生增建之。廣文宅，在其左。康熙二十二年，巡撫韓世琦等重修。二十三年，巡撫丁思孔等續修。三十四年，教諭胡之太等始建啓聖祠，修大殿，建明倫堂、名宦、鄉賢祠、櫺星門，而制始備。

善化縣 舊在郡南興仁坊。元末毀于兵。明洪武四年，知縣孟吉始建于府學左。十五年，知縣張居仁創建于仰山寺舊址，即今便民倉。十六年，知縣莫如輔備厥制。成化十三年，知縣盛時遷縣治城內，遷學宮縣西，齋二，東博文、西約禮。弘治十三年，增修未備。嘉靖庚寅，奉制建敬一亭。至癸亥年，堪輿謂風水不便，改遷縣治旁，西面岳麓。萬曆癸酉，知縣陸南陽議遷仰山寺舊址，不果。丁丑，知縣馮應鰲鼎新殿廡，後建明倫堂，堂後建敬一亭，東西齋廊，廊左啓聖祠，殿堂北前爲正堂，宅後爲西齋，宅殿南爲東齋，宅鄉賢、名宦二祠，價買民居三間，于學前橫通一路，曰"金帶街"，外有渠曰"玉溝水"。教諭曹思忠開拓泮池，造祭器。甲辰，殿堂盡頹，鄉紳黃洽中等及吉藩督學竇子偁率諸生修葺。壬子，知縣唐源橫開一渠，環聚堂氣。天啓丙寅，知縣彭埧新創啓聖祠于西齋。崇禎戊寅，知縣馮挺衡合殿堂而重新之。癸未，毀于兵火。皇清順治戊戌，知縣孫國泰于舊址重建文廟并兩廡與鄉賢、名宦二祠及明倫堂、尊經閣，移取城東廢藩石坊改建于戟門，以甓周其類，訓道宅則司訓蕭成韵自爲竹屋，形家以石規模狹小，更易以木。康熙九年，學正嚴斑捐俸重建。十三年，吳逆踞城，學宮頹敗。二十一年，知縣滕天御重加修葺，惟兩廡未建。二十四年，知縣孫謙議建。

湘潭縣 宋元在縣治東郭。元末毀于兵。明洪武二年，知縣莫玉即舊址創焉，今周氏之宅是也。洪武十六年，知縣羅仲常及盧簡相繼加修，制乃大備。正德丙子，僉憲謝廷桂、教諭田定始遷縣西廣慧寺故址，即今地。前爲殿廡、門池，後爲堂亭，閣左右爲啓聖祠、四先生祠，名宦、鄉賢祠，齋舍、庖湢之屬皆備。嘉靖辛卯，奉制建敬一亭。萬曆丙戌，頹甚，知府吳道行檄縣查明，大期修葺。戊子，蕭奇杰相繼葺之。癸丑，知縣包鴻逵復大修焉。皇清，知縣劉見龍捐資重修大成殿、東西廡、戟門、泮池，知縣劉鏞建敬一亭于明倫堂後，餘制多不備。康熙癸卯年，知縣鄭有成因萬樓故址建文昌閣于上，又建欞星門一座，明倫堂三間，拔俊齋三間、興賢齋三間，東西號房十二間。教諭舍三間，在明倫堂，今廢。訓導舍二所，一在明倫堂東，一在明倫堂西，二所俱廢。

湘陰縣 創始于宋慶曆四年。元祐六年，知縣王定民建于縣南三百步笙竹書院舊址。崇寧間，以濱江遷于縣治東義勝坊，即今學也。淳熙五年，知縣徐夢莘出公錢三十萬修之。元末毀于兵。明洪武二年，知縣黃思讓再遷于縣東，殿廡、門舍畢備，建齋曰進德、修業。宣德四年，知縣宋綸修之。正統五年，知縣田賦重修。成化三年，主簿朱敏創文昌祠，尋廢，府守錢澍創鄉賢祠于文昌之西。二十一年，知縣周蕃修文廟。嘉靖辛卯，建敬一亭。甲午，諸生自修明倫堂。己亥，縣令蔡金撤前門，立屏牆，平泮池，山水之秀盡在目中。二十五年，知縣黃震昌重修之，建塔于文廟東南爲文筆峰，尋廢。嗣是，知縣張燈等續修。萬曆十六年，知縣祖守節大修之。皇清康熙三年，知縣唐懋淳重修饌堂于大成殿后，倉庫于明倫堂西，啓聖祠于仰高亭後，名宦、鄉賢二祠于學宮左右。射圃，在敬一亭後。嘉靖中，知縣黃震昌創，今廢。

寧鄉縣 舊在縣治南門外，毀于黃巢之變。同光二年，知縣梁貴賓遷縣治東。元末復毀。明洪武二年，知縣薛德昭即舊址創之。正統間知縣梁俊，成化間知縣黃甄、鄭楠加修焉。弘治十二年，知縣張翔盡撤而新之。學基前至化龍溪，後至山頂，歲久稍侵于民。十三年，知縣鄧萬斛重建興賢、廣德二齋。正德初，主簿張英鼎建儒學門一座，東西號房二十間在兩廡後。西號，訓導張文入居拆毀，東號尋亦廢。九年，教諭張昱白諸當路而復之，立界石于山之巔。嘉靖元年，知縣胡明善增大之，齋曰興賢、廣業。十年，奉制建敬一亭。泮池，舊在儒學觀德橋之西。池之東，萬曆九年知縣陳以忠廓之。三十年，知縣沈震龍創石壩于下砥，其流爲附近居民所忌，私毀之。戊午，知縣王綱、教諭王堯天力主修復。迄崇禎間，以池水濁，另甃石爲沼，庠生胡懋選等董其事，周伯子堪賁爲石欄周其上。天啓乙丑，知縣周瑞豹重修，鼎建大成殿。皇清初，多圮頹，知縣袁天秩增修欞星門。丙午年，知縣蔣應泰復建明倫堂，改建鄉賢、名宦二祠于文廟左右，而以舊二祠祀文昌及文星、土地之神，知縣彭琦葺之，加丹腹焉。歲丁未，知縣權持世捐俸，重修大成殿，建兩廡，飾啓聖祠。戊申，謀建義學于南軒祠之舊址。射圃，在儒學觀德橋之南，今廢。

瀏陽縣 宋元俱在縣治東。元末，毀于兵火。明洪武元年，知縣史希賢即舊址建之，制未備。二年，署縣府通判斯繼之，始終厥事。成化丙戌，知縣袁相復修之。弘治十八年，以風水不利，移創縣治之右。中爲大殿，旁爲兩廡，前爲戟門，爲泮池，爲欞星門，爲屏墻。殿后爲明倫堂凡三楹，兩旁爲東西齋，曰進德、曰修業。堂右爲祭器庫，庫之右爲分教衙。殿之西爲龜山祠。殿之右爲儒學門。嘉靖辛卯，知縣陳鯨奉制于明倫堂後建敬一亭。十二年，知縣蘇志皋因殿廡摧折，重修之。于明倫堂左建啓聖祠，于龜山祠兩旁建號舍三十楹，以便生儒肄業。二十一年，知縣鄭汝清見殿廡朽壞，命邑人引禮官周文郁董其事，廟廡門池，煥然一新。又于明倫堂後修建教諭衙一所，龜山祠左設分教衙一棟。三十九年，知縣蕭敷以欞星門朽壞，重修之。正衙後有塘一口，隙地數畝爲學蔬地。隆慶二年，知縣蔣科重修葺焉。萬曆十一年，知縣李朝佐見兩廡傾圮，戟門將頹，捐資理之。四十二年，知縣萬建元見明倫堂圮壞，大加修飾。崇禎八年，知縣馮祖望以科第疏闊，將學改遷癸丁向，而文廟樆楠直射縣堂，有司悉大不利，改革之際，殿廡鞠爲茂草，祠舍全沒荆榛。皇清順治乙未，知縣徐維塎及全邑師生、鄉耆，各捐資重修大殿、兩廡、欞星門、戟門、泮池，兩翼曰天衢、曰雲路，周圍磚牆百堵，不半載而煥然聿新，惜徐侯去任，而名宦、龜山祠宇、文昌、魁星樓閣及進德、修業二齋并文會堂、掌教、分教衙所，願次第就理者皆未集。明倫堂則仍萬令所修之舊，堂後新建啓聖祠，則徐侯修也。近訓導張吉宿大加丹腹。

醴陵縣 舊在縣治東半里。宋知縣過建有奎星樓。元大德十年，知州張思敬修。元統二年，呂介重修。至正，毀于兵火。明洪武二年，知縣黃彥正即舊址建之。弘治中，知縣龍章奉制建敬一亭，改魁星樓爲明倫堂。嘉靖壬子，知縣舒文舉鼎修，以形家言，輒易舊向。萬曆癸未，知縣游于北念科第式微，欲復舊向，不果，顧文升復之。中爲大成殿，兩廡、亭門俱備。辛卯，知縣晏朝寅重修，以門濱江，水沖就圮，砌以石岸、石欄。明末，僅存文廟一區，樓木主于荒臺之上。皇清丁酉，知縣張法孔建大成殿、兩廡、啓聖祠、明倫堂，煥然一新。康熙四年，知縣張尊賢重修，復建義學。泮池即淥水池，舊在廢廟之東，今改欞星門外。欞星門原在戟門之前，今正殿既改，應遷移以合正向。朱子亭，舊在儒學後，有石碑鐫像，贊係文公手澤。六年，知縣張作亭以覆之。啓聖祠，在廟左。名宦、鄉賢二祠，在明倫堂左右。射圃，在學廨右，明隆慶間重修。崇文倉，舊貯師生俸糧，今奉文折銀，倉廢。義倉，在儒學門左，知縣晏置，今廢。

益陽縣 歷宋元，俱縣治西。元末毀于兵。明洪武三年，知縣田俊即舊址建之。十七年知縣楊哲，景泰間知縣汪維繼修焉。隆慶辛未，知縣朱錄撤而新之。嘉靖辛卯，建敬一亭，齋二曰進修、明德。十六年，知縣鄭思孟重修。皇清屢修未備。康熙二十年，知縣汪闓始大修葺之。啓聖祠，建在明倫堂西。名宦、鄉賢二祠，建于明倫堂左右。

湘鄉縣 舊在縣治東江。宋胡安國提舉湖南學事，徙今地。元皇慶癸丑，州士周炎修文廟。泰定丙寅，僉事李嗣宗覆命炎修之。至元戊寅州同章國有，至正州守王文彪相繼加葺且置樂器而奠焉。元末，毀于兵。明初，創建縣西隙地。洪武中，知縣賀時敏復舊治。成化徐溥相繼修焉。弘治，知縣蘇復初徙縣南門去。正德，又徙舊鄉賢祠。嘉靖十年，建敬一亭。甲午，郡守李日章至縣，議遷復，不果。越歲，知縣龐欽明銳意遷復，廟廡、門祠、齋舍厥制備矣。萬曆己丑，知縣揭士奇重修。至崇禎間，文廟傾頹，更議遷改，徒以因循不振，廟竟壞，祀先師于明倫堂，庠士劉象賢捐資重建。壬午春，廟成。未幾，遇變，堂門、衙齋皆毀，惟象賢所建之廟存。皇清順治十七年，知縣南起鳳捐資，修建文廟。康熙乙巳年，知縣陳拱照始鼎建聖廟五楹，東西廡各五楹，戟門五楹，欞星門三楹；明倫堂五楹，左居仁齋五楹，右由義齋五楹，爲生員肄業之所。儀門三楹，大門三楹，敬一亭一座于堂後，及教諭衙舍，并修砌學前路，倉庫、神厨、屏墻俱備。射圃一所，亭一楹，在啓聖祠旁。

攸縣 在縣治東南。宋寶祐三年開基。元至正毀于兵。明洪武初，主簿王范修復。十九年，復毀于兵。二十六年，典史鄭浩修。正統八年，知縣吳貴建堂廡、門舍，更修欞星門，左右建登瀛、毓秀二坊，後廢。天順知縣杜序，弘治知縣江昌、副使黃肅、僉事蔣顒檄訓導龔淳修之。嘉靖十年，建敬一亭。四十年，僉事羅文蔚檄邑光祿丞陳惟順新之。隆慶間，知縣楊璧建尊經閣，縣丞陸元兆建育才坊，在明倫堂前。萬曆十年，知縣董志毅重修，後復漸次頹毀，知縣范文志重建欞星門。崇禎癸酉，貢生譚宗元、劉伯相重修。皇清順治十四年，知縣朱英幟、教諭古通今等重修東西兩廡、戟門、明倫堂、東西齋、東西號舍、敬一亭。文昌祠即尊經閣舊址，今移北，舊祠重建于明倫堂後。啓聖祠在文廟後，名宦祠在戟門左，鄉賢祠在名宦祠左，并建教諭、訓導二衙于文廟之旁。

安化縣 創始于宋熙寧。至建炎火于兵。紹興甲子，知縣郭允升創于縣治東。寶祐間，圮于水，知縣彭道耕徙建縣治西。元至元丁丑，火于兵。己丑，知縣耶律復武重修。元末復火于兵。明洪武，知縣梅源善復建。天順五年，廖質重修。弘治間，謬信風水，閉塞聖道。正德辛巳，本府同知唐璿易地開復。嘉靖辛卯，增建敬一亭。萬曆己丑，知縣謝朝佑言東方明堂空闊，改卯向西。萬曆丙辰，知縣陳揚明復改乾巽向縣治，對案筆架山，不利。崇禎戊辰，知縣蔣允亨上下山原，見學基從西來脫卸，而南與江水相見，面有連珠貴人，而卯西氣散不聚，乾巽強就無情，乃仿國初舊址改子午兼壬丙，捐俸百金，繕修殿堂、廡泮、齋舍、門坊。皇清丙午，知縣王丕振鼎建大殿一座，東西兩廡各五楹，欞星門三楹，東西角門各一座，教諭方弼明立神祠一座，建文昌閣于宮墻，東時習齋、日新齋，今俱廢。教諭廳、教諭衙舍、訓導廳、訓導衙舍，以教諭奉裁，故廳衙亦廢。惟啓聖祠，尚在大殿后。名宦祠，在鄉賢祠後，鄉賢祠在宮墻東首。閔子廟，乃知縣閔變建，舊有閔子像在大殿內，今就文昌閣基址立廟，迎像而祀之。

茶陵州 宋寶祐中，在紫薇門外。元至正丁丑，知州吳思義修之。元末毀于兵。明興，洪武五年，知縣成麟因舊址創之。永樂四年知縣王貫，正統元年知縣徐亨繼修焉。成化間，知縣俞蓋遷建于城內州治之西。弘治乙卯，知州李永珍復徙之城外舊址。丁巳，知州董預復徙之州西二里，曰"獅子口"，拓隘夷荒，飾壞振毀。中為大成殿，前為戟門，又前為泮池，池左右為神廚、為牲房，池之前為欞星門。殿后為明倫堂，堂之東為齋二，曰崇德、曰成性，西為齋一，曰廣業，齋之下為饌堂一。沿堂而街，街之前為泮宮，門街之東為師儒廨舍凡四。廣業齋之後鑿為池，凡三池，久為民所占，知州趙以敬乃以向舊倉地易之，增之以價，池乃復。正德丁卯，知州施佐因遺構新之，易欞星門柱以石。嘉靖辛卯，奉制建敬一亭于明倫堂北，又增置啓聖宮于亭之後，知州黃成樂重修。萬曆戊子，知州陳情復修之。皇清順治庚子，知州周士先偕學正楊金聲重修之，前建名宦、鄉賢祠，後建啓聖宮及牌位，規模粗具，舊所存明倫堂署舍則知州楊嘉肇捐俸補修。康熙四年，知州馬崇詔見廟廡復圮，捐俸修葺，建文昌閣置龕于殿。十年，署州事葉筠徙入城南。十七年，知州熊應昌重修。射圃，明正德中，學正黃泗即明倫堂後山地闢而創焉。

岳州府

《職方典》第一千二百二十二卷
岳州府部彙考四
岳州府學校考　府縣志合載
本府（巴陵縣附郭）

　　岳州府　在府東南。宋治平中，知岳州軍事趙尚之創立。明洪武末，始新明倫堂。正統中，知府易善更創四齋及號舍。成化中，知府吳節重新之，西齋後爲博士廨，東西廚南爲射圃、觀德亭、神廚。嘉靖中，知府李鏡捐學後洗牲池，易衛使楊璽地，益之爲臺墀、路級、門亭並造樂器庫，創建學倉，規制始備。明末寇毀，僅存正殿、戟門、明倫堂。皇清康熙十九年，督學蔣永修、姚淳燾、糧道趙廷標、知府李遇時相繼修葺。
　　巴陵縣　在縣署西南。明洪武初，知縣郎子文創。九年，降府爲州，縣與學並省。又五年，復改府，仍建學故址。宣德間，知縣狄成創。成化中，知府吳節、戴浚。嘉靖中，知縣江滿相繼創建廟殿、射圃、明倫堂。明末寇毀。皇清康熙十九年，御史韓世琦、學政蔣永修捐俸修葺。
　　臨湘縣　在縣西南。明洪武十九年，知縣馬杰始因故址創立廟學。天順二年知縣齊和，成化十一年知府吳節、知縣鄧榮，二十一年知府李鏡、知縣李殷相繼更新殿廡，拓修泮池。嘉靖中，知縣鄒岡、張瑤、尹仲義重建敬一亭，移建殿于講堂之址，而以廟址爲兩廡，遷明倫堂于廟之左，爲外泮池、爲戟門、爲欞星門，左右爲兩廡、爲刑牲所。萬曆中，知縣張明儒鑿內泮池，池上爲亭、爲臺榭，重建明倫堂，修興起斯文坊。明末，兵火，殿廡傾頹。皇清康熙二十二年，知縣陳澄度倡衆捐修。二十四年，知縣楊敬儒詳請督學姚淳燾捐俸倡修，規制始備。
　　華容縣　在縣治南。宋嘉定間創。明洪武初，教諭楊貫道遷于舊靈順廟地。正統中，知縣楊燧重創。成化間知縣許杰，弘治中知府張舉、知縣王乾，嘉靖中知縣張真、教諭王伯麒、副使孫宏軾、知縣曾禮、教諭楊岳並署巴陵縣丞周霄相繼增飾門舍，重創廟庭及建造明倫堂、祭器庫、敬一亭。戟門左有義路，門右有神厨、宰牲房及洗牲池，欞星門、射圃、尊經閣、號舍，更創二齋並修廟廡，規制宏備。嗣後，日久毀壞。隆慶二年，教諭劉元相移儒學門于後十五武，甃磚，夾廟學爲二坊。五年，知府孫夢豸、知縣李奇重議修葺。萬曆四年，知縣田大年大加修飭。三十一年知縣王緒，三十八年知縣李雲階相繼新之。

平江縣 在治東百步。宋縣令晁達吉建。元末，毀于兵。明洪武初，知縣劉順重建。弘治中教諭姜元澤，嘉靖中御史顧璘、僉事鮑象賢相繼重建明倫堂、兩廊、敬一亭、戟門、欞星門。後悉毀于兵，知縣許國璠倡衆捐資，正議修建。

澧州 在州城南一里。創于宋。元至元間，火毀。明洪武初，知府史希賢復建廟後明倫堂，左右兩廡，并翼以三齋，舊名存誠、育才、進德，及欞星門、戟門，漸次修葺。嘉靖中，劉廷誥改爲興詩、立禮、成樂，并建尊經閣于明倫堂後。明末寇毀。皇清康熙二十二年，學正孟安齊、訓導胡時敏捐資，倡衆鼎新殿廡、門牆，規制始備。

石門縣 在縣署東。明洪武四年，縣丞劉澄修。弘治間，知縣周邦改創長溪之北，即社稷壇址。嘉靖間，遷縣西南故朝真觀，學門臨大江江埂，創樓曰"文明"。廟後爲明倫堂，左右兩齋，東南二門。敬一亭，在明倫堂後。明末寇毀。皇清順治八年，知縣魏紹方擇地創建正殿、戟門、兩廡以及明倫堂、欞星門。

慈利縣 在縣右四十步。元至正兵燹。明洪武初，從永泰街徙十三都。丙辰，知縣奏還縣治，並移學署。壬申知縣吳伯達、宣德間知縣孟舟、林鍾，正統間知縣張韶，成化間知縣楊威、縣丞張本厚相繼重修。嘉靖中，分巡副使周繹、給事中錢薇、知縣賀梧改建江北澧陽山之麓。壬寅，知縣譙崇伯復建舊址。癸丑，知縣吳世堅改建縣東寺坪。隆慶中，知縣梁可大改縣署官塔坪，學亦從徙焉。萬曆中，知縣李先登改遷城外龍頭坪。崇禎中，署縣學訓葉占榮仍移舊址，建明倫堂，戟門外爲陶屏及敬一亭。後毀于兵，皇清順治中，知縣張超載倡率士民捐資修建。

安鄉縣 唐大觀間，開創于縣治東郭。宋慶元中，知縣劉愚改創今地。元末毀于兵。明洪武中知縣吳申，正統中知縣錢進，成化間知縣柯熏相繼創建明倫堂，前列兩廡，東曰博文、西曰約禮，兩翼爲號舍，東西各四，前爲戟門，又前爲欞星門，神厨、祭器庫、省牲所，今已頹廢。

永定衛 明正統八年，遵制同西北諸衛設學，以教武胄暨兵庶秀，制同縣學。原創衛署右，天順中改于衛署左。嘉靖中守備楊元，隆慶中守備王夢弼相繼修建。原制，中爲正殿，左右爲東西廡，前爲戟門，又前爲櫺星門，進德、修業二齋以及明倫堂、會饌堂、廚庫。明末拆毀無存。皇清康熙二十年，督學蔣永修捐俸修建。

九溪衛 舊在衛署左。明正統中建。成化中，以地隘遷今址，在城西北隅，中爲殿，左右列兩廡，前爲戟門，又前爲櫺星門、泮池、庫房，癢坎西爲明倫堂，興賢、育才二齋以及生徒號房。萬曆中，相繼修建。明末寇毀。皇清康熙二十三年，守備袁鷫重建于衛城舊址。

大庸所 原未設學，附永定衛庠。

澧州所 原未設學，其生童應試，俱附澧庠。

餘各所俱未載無考

寶慶府

《職方典》第一千二百三十卷
　　寶慶府部匯考四
　　寶慶府學校考　府志

寶慶府 在府治西望仙山陰公館舊址。宋慶曆四年，始詔天下立學。初邵州建學于治左，掩于牙門，左圄右庚，隘陋弗堪。治平四年，周惇頤來攝州事，遷于郭外，邵水之東，爲今縣學。紹興乙亥，徙入城神霄故宮，見魏了翁《周元公祠堂記》。乾道元年，知州胡華復舊處，南軒張栻記之。慶元丙辰，知州黃沃重修。嘉定十三年，知州劉保以風氣宣泄，且距城隔水，禮謁或愆，卜遷今學。元因宋舊，爲路學。至元五年，總官本牙失里重修。元末兵毀。明初洪武元年，同知程斗南重建。正統元年姜啓隆，景泰六年知府周天民，成化己丑知府謝省相繼拓基重加鼎建，修撰羅倫爲記。弘治己未知府李德仁，正德間知府石鳳，嘉靖間知府周思忠、劉啓東嗣修，侍講廖道南爲記。嘉靖九年，始創敬一箴碑亭于後。亭左尊經閣，右魁星樓，前爲明倫堂，兩序志道、據德、依仁、游藝四齋，東爲啓聖祠、教官廨，又東爲名宦祠、鄉賢祠。時正殿基址後逼啓聖祠，至萬曆庚寅，守道馮露、知府李懋德、推官楊廷蘭遷建于明倫堂之前，左右爲兩廡，前爲儀門、櫺星門、泮池、屏壁，明倫堂右豎文獻亭，前文明坊，左禮門，門外立太和元氣碑。正街左右爲崇聖、興賢坊。舊殿址爲文昌閣，閣左射圃，閣南四教官衙，義路東南隅爲省牲所，正南爲儒學門，門外官廳三楹。戊申，徙泮池欞星門內，架石梁。逾年，知府冀光祚復舊制。崇禎間，推官李夢日修明倫堂、啓聖祠，改文獻亭爲護學神祠。十一年，守道張天麟、知府陶珙、通判馮兆麟、推官李夢日視殿基原坐浮土，采形家言升進數丈，兩廡拱翼而上，儀門仍舊，欞星門稍加高，遷文明坊于巽方，爲科甲題名坊，知府陶珙碑記。崇禎末兵毁，止存正殿、門廡、明倫堂。皇清順治八年，知府馮桓、同知王琦補葺正殿。十四年，知府張維養重修門廡。十七年，知府傅鷺祥查復學宮故地，建啓聖祠、文昌、魁星、敬一、尊經等樓閣，周列以垣，塗茨丹艧，一時煥然丕新。康熙十年，知府李益陽補修欞星、戟門。十九年，督學蔣允修捐金修砌泮池。二十二年，知府梁碧海以十八年兵燹，毁拆居多，捐金數百兩修補文昌、啓聖、敬一亭閣，重葺廟殿，諸所闕略委教授杜士英、訓道鄧士元殫力建修，知縣張起鷗認建鄉賢、名宦二祠，未就，府廳各捐有差。學基，南抵府前大街，北抵縣前大街，東抵大打綫巷，西抵馬家巷。學廛，府學左側鋪地三十六間，每間每歲納地租銀六錢。計地南自關帝廟起，北至德政亭止，共七十二弓；一啓聖祠、敬一亭後鋪地二十七間，西自馬家巷口起，東至德政亭止；一北門內錦衣坊對面坡左鋪地二間，坡右鋪地二間；一東關外鋪地六間半。

　　邵陽縣 邵爲附郭。先時，學統于郡。元大德間，知縣溫淵即周敦頤遷州學故址創建。至元丁卯，伯顔不花復修。元末毁。明洪武十三年，知縣薛德中重建。宣德二年，知縣何永芳重修，薛文清瑄記之。正德丙子，水圮，知府石鳳遷城內府倉場宋州學舊地。嘉靖乙卯，參議陳鎏、知府郭學書遷復原所。庚申，大水又圮，知縣鄭守矩重修，皆南向。隆慶戊辰，僉事張子仁采紳士西向之議，檄署縣令通判鄭嘉猷出儲羨，區畫廟廡、堂齋一轉而西，惟民居前堵，江流尚隔。萬曆乙酉，知府胡槻知縣趙維紳出俸，買民居數十武，并拆江樓，竪石坊，額曰"洙泗源流"，一時弘敞盡制。崇禎末兵毁。皇清順治十二年，推官朱應升改向重修，中爲大成殿，前爲戟門，左右兩廡。逾年落成。又明年，同知蕭嘉熙繼建欞星門。康熙元年，知府傅鷺祥建樹屏壁。二年，知縣顔堯揆建明倫堂。七年，知府傅鷺祥、知縣蔣其昌復允諸生請，采形家議，仍遷廟及戟門、兩廡還西，作甲庚兼寅申向。十九年，知縣張起鷗捐俸續修，又捐拆舊衛堂廳三棟歸學，重建明倫堂及啓聖祠。二十二年，知府梁碧海捐俸二百兩，通判余起騰、知縣張起鷗前後合捐材匠銀兩，方議大行鼎建欞星門、魁星樓及所未備。學廛二間，在城內倉場。

城步縣 舊在縣治左。明正德丙子，開設。辛巳知縣藺澤，嘉靖壬午知縣吳琠繼成。庚戌，知縣胡自化增修。隆慶壬申，知縣李之達重修。萬曆癸巳，廟圮廢，知縣元宗孔鼎新修葺。甲辰知縣胡夢珍，己酉知縣竹密相繼重修。甲寅，知縣汪察相度城西南隅地，在漢爲諸葛城，元爲儒林書院，申請遷建，廟廡、門壁、堂亭俱備。皇清康熙十七年，爲逆盤踞，學宮悉毀。二十年，知府梁碧海捐資一百兩，通判余起騰捐資三十兩，知縣王謙陸續捐銀四百兩，訓導尹湯簡捐俸十兩，重建廟一座、文昌宮一座、啓聖宮一座、兩廡六間，尊經閣、名宦、鄉賢、欞星戟門各一座，規模大備，遐方文教一新。

新化縣 在縣治東。肇自宋熙寧五年，章惇開復梅山，始建學于邑之西南隅。紹聖初，遷治于白沙之白石坪，學亦隨徙，尋復舊。元因之。至正末毀。明洪武三年，開復學校，知縣張元善即治西濂溪書院遺址創建。景泰改元復毀。景泰五年，仍建于西南隅舊址。成化七年辛卯，知府謝省視學僻陋，請諸巡撫都御史吳琛，以治東城隍廟遷建。蓋四處五遷，而後爲今學焉，侍講楊守陳記。成化庚子，同知劉錡重修，始創銅錫祭器。乙巳，知縣雷沖爲立石記焉，復加廣拓。歷嘉靖、萬曆間，知縣梁建辰、利賓、余杰、姚九功次第增修。後以歲久傾圮。皇清順治十八年，知縣于省龍、教諭周澤長重建。基地南抵大街，北抵城垣，東中抵居民李茂地，東南抵安朝綸地，西抵縣墻，西南抵李政地，南北長八十二尺東，中闊三十三丈五尺，臨街東西闊一十三丈九尺；內東一段，南抵安朝綸、張宗界，北抵城，長三十三丈。周繚以垣，中爲廟三間，兩廡各五間，戟門五間，欞星門三間，前泮池，右儒學門，後明倫堂，東進德齋、西修業齋，東西號舍七間，左育才門、右拔秀門。堂後教官衙，左右分教衙。康熙十二年，知縣寧誥見學宮湫隘，欲倡衆修建，因亂而罷。二十二年，知府梁碧海捐資二百兩，行縣修補。射圃，在縣後東北隅，嘉靖間知縣羅柏立觀德亭三間，空地百餘步。

武岡州 在州城南，後倚鰲山，前俯溪水，左鑰重關，右聯奇石，即宋軍學基址。初，崇寧丙戌，置武岡軍，建學宮于宣恩門外。紹興戊午，遷今所，知軍何季羽增修，轉運鄧均記。嘉定間知軍史彌寧、王可大，景定間知軍趙希邁先後重修。咸淳二年，知軍楊巽于明倫堂後建奎文閣，提刑文天祥記。元爲路學。至正末兵毀。明洪武初，仍舊址。景泰丁丑知州伍芳，成化中知州李復初重修。弘治庚寅知州劉選，嘉靖己丑知州劉錦，癸巳知州袁煥，戊午知州黃炯，萬曆甲戌知州宋純仁，丁未知州汪源達或增或修，相繼增葺。中爲大成殿，旁爲兩廡，前爲戟門、欞星門、泮池，廟後啓聖祠，左右名宦、鄉賢二祠翼焉，爲號舍二十四楹，尋二祠廢，萬曆二年知州宋純仁重建于兩廡之側。明倫堂，初在溪北。洪武丁未，千户所陶文因建譙樓，奏改溪南。弘治庚戌，復遷于廟後左址，尋遷右，尋又遷舊址，知州侯世延重建。皇清順治庚子，知州吳從謙重建，郡人潘應斗記。康熙二十二年，諸生請于撫院韓世琦，改遷文廟于城内，撫院韓捐資五十兩，知府梁碧海捐資二百兩，通判余啓騰捐資百兩，知州羅守疆損資百兩，協力鼎建，門廡、堂齋、亭閣、號舍次第興舉。學廛，在學左空地及欞星門外，左至四牌樓，右至儒學舊門，及儒學街外一帶俱有鋪屋，四季納租入官，今俱毀，地存。

　　新寧縣　在舊治東北一里。始自宋紹興元年，即金城村爲治，而學建焉。元因之。延祐二年，達魯花赤童帖木兒重修，教授張圖南記。至正兵毀。明初，于舊址重建。正統己巳，猺變廢圮。景泰辛未，從今治，隨建學宫于治東。成化癸巳，僉事蕭祺拓基增建。正德丙子，知縣李華改遷于郭門東上坊橋左。嘉靖戊午，知縣孔弘化復遷縣右崇教宫。萬曆甲申，知縣彭商英遷金城村。戊戌，知縣章應韶遷城陂上，形勢弗利。天啓癸亥，知縣馮福謙采諸生議，復明初舊址，形勢煥然改觀。中大成殿，旁兩廡，前戟門、欞星門。廟左明倫堂，兩序居仁、由義齋，前爲儒學門，後啓聖祠，右敬一亭，左右爲名宦、鄉賢祠。學左建文星樓，并遷寶安寺于龍砂，以培風氣。明末俱圮。皇清順治十八年，知縣崔琦、署印訓導李上苑重建。康熙二十二年，知府梁碧海捐銀五十兩，通判署縣事捐銀五十兩，行學修補。

衡州府

　　《職方典》第一千二百四十五卷
　　　衡州府部彙考五
　　　衡州府學校考　府志

衡州府 學故在石鼓山。宋開慶間，毀于兵，改築城之金鰲山。山在城內西南。後雍藩建府于此，彝其山，郡守趙某以官廨易興化寺廢塔基亦金鰲山地爲大成殿，益市民居地增築之。元至正間，寺僧訟于朝，竟爲所奪。時宋李忠節公芾故宅在崇賢坊，即今府學地，在金鰲山之前，李殉節潭州，地歸于官，有司輸其值三千緡，度其地創建今學，國諭吳剛中記之。元末復毀于兵。明洪武三年，太守高從訓同訓導杜文德重建。中爲大成殿，東西兩廡各爲間若干，前爲廟門，門外爲泮池，跨以石橋，前爲櫺星門，門外迤十餘步臨前衢爲坊，繞以木柵，額坊曰"萬代宗師"。後爲啟聖祠，爲鄉賢、名宦祠，爲敬一亭，規制悉備。又于廟後建明倫堂及進德、正心、誠意、明善四齋，久且壞。成化九年，太守徐孚始建明倫堂于廟左，易櫺星門柱以石，工未竟，以疾去。成化十六年，太守何珣與教授劉慶輩踵成之，徙其門向回雁峰，廟後建尊經閣，前衢建綽楔四，左曰"文遠"、右曰"文廟"，其外曰"賓賢"、曰"毓秀"，大學士李東陽記。正德三年，提學僉事陳鳳梧建射圃于明倫堂東。學宮歲久多圮。嘉靖四十三年，知府金立愛重修，郡人御史朱炳如記。隆慶四年，知府周浩增飭之，鄱人副使劉穩記。萬曆八年，知府熊煒復修。十六年，知府許倓重加完葺，推官黃齊賢記。二十一年，知府陸志孝改名宦、鄉賢二祠于廟門左右，以翼大殿，移樂器、祭器二庫于東西兩廡，傍建宰牲房、神廚，于櫺星門內增修明倫堂，後爲教授宅，東西列齋凡四，志道、據德、依仁、游藝，號舍若干楹，前爲儀門，又前爲儒學門，門內東爲訓導宅凡四。三十四年，知府鄧以誥復修，郡人參政伍讓記。四十二年，知府劉春增修。崇禎七年，推官師教隆又重飭之，郡人副使陳聖典爲之記。十六年，逆寇張獻忠犯衡，堂廡盡毀，惟前廟門及後敬一亭僅存，廣文博士皆僦民居。皇清順治九年，巡按御史李敬與兵巡道張兆羆、知府陳起潛重建大成殿凡五間，東西廡各九間，增修廟門，一時煥然更始焉。十四年，偏撫袁廓宇復踵成之，又仍廟左舊址建明倫堂五間，白門余天溥書大學聖經一篇于堂壁，左右爲廊舍各三間，儀門、儒學門次第修復。十六年，知府李光座建啟聖祠于廟後，然規制粗備，而視舊爲略，如名宦、鄉賢祠，東西齋庖、號舍及教授廨皆闕焉。康熙七年，張奇勳乃復加修葺，凡堂齋、門廡施以朱采，延諸生課讀其間，時議修復舊制，然費鉅工繁，不能無待焉矣。

衡陽縣 學在縣西城外，即宋龍圖閣學士鄭向故宅。宋開禧三年，縣令唐曄始建大成殿五間，左右列兩廡各五間，前爲廟門，又前爲欞星門，門之外爲泮池，即西湖塘。廟後爲明倫堂，左右爲二齋博文、約禮，堂之後爲亭，亭後爲尊經閣，閣之左爲教諭宅，左前爲訓導宅，又前爲啓聖公祠。儒學門，在欞星門左。元至正七年，僉憲周驤因泮池沒于寺僧，力復之，劉簡有記。元末毀于兵。明洪武初，知縣周岳即舊址重建。正統中，知縣林靖重修。成化六年，知府徐孚重建，謝省記。萬曆庚辰，學宮盡圮。壬辰，同知沈鐵、推官朱梯議以理刑署餘宅若干楹移置學宮爲尊經閣，又爲敬一亭。癸巳，知府陸志孝鼎新之，一如其舊。崇禎十六年秋，逆寇張獻忠陷衡，聖廟曁兩廡、齋舍悉焚炧無餘。至皇清順治十二年，諸生蔡國球、王之燮等請于偏撫袁廓宇，發諸荒冡，遷瘞之，各捐資不等，甫設棟建楹，尋爲風所折。十八年，教官古通今等復先後請于兵巡胡允，各捐助有差。自康熙元年七月經始，越明年夏，賴知府劉進禮乃告成。中建大成殿凡五間，東西廡各三間，前設廟門，後建啓聖公祠三間，至于尊經閣、明倫堂、左右齋舍及欞星門、儒學門等，尚待修復焉。

衡山縣 自唐天寶間，縣宰陸公始建，時兵戈擾攘，陸獨加意文事，杜子美爲之感激，賦詩謂足以恢大義而壓戎馬之氣。宋大觀元年，學士鄭居中奏乞御筆八行，刻石學宮以明倫化俗爲務，碑至今存。元末，廟毀于兵。明洪武三年，知縣陸伯良即舊基建之。宣德五年，知縣彭戩重修。正統間，知縣龔俯、縣丞方紳以廟學湫隘弗稱，購地廣之。成化十五年，知縣游昂重修大成殿、明倫堂及兩齋。嘉靖五年，知縣彭簪增修學舍二十三間，中爲文會堂，與諸生講業其中。隆慶二年，遷于南門外預備倉之舊址。萬曆十一年，形家以爲未善，復遷于城內縣治之左、開雲樓之右。十六年，巡按御史柯挺巡歷至縣，視學宮形勝，乃遷明倫堂于巾紫峰之麓。中爲先師廟三間，東西廡各五間，前爲廟門，又前爲欞星門。門外爲文峰塔，今廢。右爲明倫堂，今廢。又右爲啓聖祠。廟左爲名宦、鄉賢祠。教諭宅，在啓聖祠右。訓導宅，在明倫堂右。兩宅，悉毀于兵。學塘，大小二口，俱在學前。學店，儒學左街，萬曆十二年修學餘銀置起店十四間，內將三間與楊典寶易地一片，起塔見存，十一間收租支費。

耒陽縣 在縣南。先師廟，凡三間。東西兩廡各十二間，前爲廟門，門左爲文昌祠，右爲土地祠，俱廢。門之外爲泮池，又前爲欞星門，又啓聖祠、名宦鄉賢祠、敬一亭、宰牲房、神厨各三間。廟左爲明倫堂五間。後爲尊經閣，今廢。東西列成德、達材二齋，又西爲教諭廨、訓導廨。廨前爲儀門，又前爲儒學門，門內號舍二十間。射圃、饌堂三間，今廢。學故在縣治東，漢侯置始創。宋元符二年，江滋重建。元末毀于兵。明洪武二年，知縣徐煜移置縣治北。天順中，御史龔謙捐金，命推官余敬重修。成化五年，知府徐孚、主簿韋鑌重建。正德六年，知縣王睿議建城垣，遂障學宮風水，科名稍衰。嘉靖四十五年，知縣蘇偉決意遷改，尋以丁艱去任，貽金四百餘兩貯待。至隆慶己巳，知縣劉太和始遷建學宮于南城外山川壇，科名復振。萬曆己亥年，知縣曾惟愨改移文廟于明倫堂之前。至丁酉、庚子、癸卯、丙午，四科聯發，尋議于左邊空曠地造塔一座，取文峰秀映之意。本學欞星門外舊有泮池，萬曆四十一年，知縣朱學忠捐俸鑿之，四圍磚砌，加石檻于其上。今歲久漸圮，舉而修之尚有待焉。

常寧縣 在縣南門外。大成殿三間，東西兩廡各五間，前爲廟門，又前爲欞星門，庫房、宰牲、神厨各三間。廟後爲啓聖祠，鄉賢、名宦祠俱在集賢書院後。廟左爲明倫堂，東西列高明、廣大二齋，號舍一十五間。前爲儀門，又前爲儒學門，右爲教諭、司訓廨，左爲訓導廨，後爲魁星亭、卓爾亭、高明亭。宋始建爲州學。元末毀于兵。明洪武三年，降州爲縣，學亦因之。八年，縣丞金彥利重創。歲久頹敝。成化十九年，知縣謝廷舉重修，因創觀德亭于學之南。正德己巳，推官馬萱復修。嘉靖己未，知縣趙泮復修明倫堂。魁星亭，建自宋開禧間，明景泰間訓導張戀復修。高明亭，即二賢祠，以祀程朱，建自元大德間，明萬曆二年，知縣陶敬圖重修，四十三年，知縣劉自省復建。大殿、兩廡、兩齋，崇禎九年，知縣徐兆奎重修，更新建欞星門，周圍增甃以石。皇清順治十七年，知縣張芳捐俸改建，棟桷榱楹，煥然一新，甫興工，尋去任。康熙七年，知縣張問明復捐俸鼎新之。

安仁縣 在縣東南隅。中爲先師廟，凡三間。東西廡各十間。前爲廟門，門之左右爲名宦、鄉賢祠、省牲所、忠節祠、文昌祠。門之外爲泮池，又前爲欞星門。廟左爲明倫堂，東西列進德、修業二齋，號舍各十間。堂右爲啓聖祠，左爲魁星亭。堂後爲饌堂，東爲教諭廨，西爲訓導廨。廨前爲儀門，門之東爲敬一亭、浴沂亭，又前爲儒學門，門內東爲桂香樓，又前爲啓秀門。學故在縣西，宋紹興中，徙于西南。嘉定五年，王槐遷今所。明洪武三年，知縣韋衡建。景泰四年，知縣李恕、施善相繼重修。弘治七年，僉憲吳淑以學基狹隘，購民地拓廣之。弘治十五年知縣陳善，正德九年知縣韓宗堯重修。嘉靖十年，知縣張宥建敬一亭。萬曆七年，教諭經仁恒闢啓秀門，列名宦、鄉賢二祠。九年，知縣賴霖改啓聖祠于明倫堂右，以明倫堂在廟後，文峰障塞，改建今所，郡人伍讓記。萬曆二十八年，知縣謝之藩改建先師廟于西城內，城隍祠之右，遷啓聖祠于新學大成殿之左，建名宦、鄉賢二祠于新學，戟門左右開鑿泮池，中竪小坊二座。萬曆三十一年，知縣謝之藩建魁星亭于南湫書院，塑像于其上，春秋祭祀。皇清悉仍其舊。

酃縣 在縣東。中爲先師廟凡三間，東西兩廡各五間，前爲廟門，又前爲欞星門。廟左爲啓聖祠，名宦、鄉賢祠，庫房、宰牲、神廚、射圃各三間。明倫堂三間，東西列進德、修業二齋，號舍十間，堂右爲敬一亭，饌堂三間，教諭、訓導廨附焉。學故在縣西。宋嘉定中建。元至正中徙今所。明洪武三年，知縣朱璣、訓導尹廷實仍舊址鼎建。天順七年，知縣韓暄重修。弘治四年，知縣蘇源復大新之。嘉靖十六年，知縣高祉建敬一亭。二十三年，知縣胡子信建啓聖祠。歲久漸圮，僅存廟及明倫堂數椽。皇清順治十八年，知縣李朝事同教官李光綸、田弘恕修葺大成殿，凡啓聖祠、文昌祠、戟門、兩廡咸鼎新之。欞星門，則康熙八年始建焉。

桂陽州 在州治東。中爲先師廟凡三間，東西廡各八間，前爲廟門。門左爲名宦祠，右爲鄉賢祠，又前爲欞星門，宰牲、神廚俱廢，庫房一間。廟左爲啓聖祠，祠左爲學正訓導廨，廟後爲魁星亭。廟右爲明倫堂，東西兩齋、號房各八間，堂後爲敬一亭，會饌堂一間，前爲儀門，又前爲儒學門。學故爲郡，五代時創。天聖五年火。紹興十二年，知桂陽監張修遷學于城南，胡致堂有記。宋乾道元年，毀于寇。四年，復建于舊地，張南軒有記。泰定八年，郡守以其地隸圃者撥歸軍，學有東漢守令七賢祠、濂溪周子祠。明洪武三年，知府李福因舊基置府學于治東。洪武八年，改府學爲州學，廢平陽縣學爲射圃。弘治壬子，判官姜綰以地利請遷城南，即平陽縣舊址，州判桑悅記。嘉靖十七年，巡撫顧璘、分巡姜儀屬千户陳本督工，復遷舊址，今之學宮是也。萬曆十三年，知州羅大奎重修。皇清順治八年，文廟災，兩廡悉毀。十四年，知州劉見龍重建。康熙九年，知州吳宗紀、學正易廷望復修。

嘉禾縣 始于崇禎十二年，甫設棟，即有靈鵲來巢，時同知張恂額曰"鵲巢黌棟"。不數年，尋毀于兵，僅存明倫堂一區。皇清康熙八年，知縣湯學尹捐俸鳩工，復鼎新之。

臨武縣 在縣東北。中爲先師廟凡五間，東西廡各七間，前爲廟門，門之左右爲宰牲、神厨房。門之外爲泮橋，又前爲欞星門。明倫堂凡三間，左右列進德、修業二齋，號舍各八間，堂後爲教諭廨，右爲訓導宅，堂之左爲啓聖祠，左爲名宦祠，右爲鄉賢祠，射圃一所。堂之馳道爲敬一亭，前爲儀門，又前爲儒學門。學故在東南。宋乾道元年，改建今所。紹定間，重修。元延祐丙辰，縣尹皮元重建，桂陽路儒學教授歐陽南有記。元末毀于兵。明洪武三年，知縣賈元凱建。正統九年，知縣秦庸重建，翰林學士陳循記。弘治十六年，教諭陳顯祖奏徙復舊址。十七年，知縣劉熙載甃石爲欞星門。三十年，知縣費懋文創建啓聖祠及名宦、鄉賢二祠。萬曆四十八年，知縣楊學孔修。崇禎七年，知縣徐開禧重修，有記。明末，悉頹廢。皇清康熙四年，知縣李振麟重建先師廟及明倫堂。九年，訓導李蕃捐造聖賢神主五座。

　　藍山縣　在縣東。中爲文廟三間，左右列兩廡各五間，前爲廟門，門之外爲泮池，池之前爲欞星門。廟後爲明倫堂，左右列時習、日新二齋，號舍各五間，啓聖祠、敬一亭、會饌堂俱在學左。廟門左爲鄉賢祠，右爲名宦祠。堂後爲教諭廨，右爲訓導廨。學建自宋慶曆四年，舊在舜水之厓，知縣沈光龍改築于縣南。工未竟而去。寶曆丙戌，桂陽守高不倚檄知縣史元舉修之，成于紹定改元之夏。越三年，知縣趙汝淡增飭之。至元丁亥，縣尹李勉之復加完葺。泰定五年，劉季哲改卜于邑東之劇參，長沙李珠記。明洪武中，即其地重建。成化元年，知縣蕭被修之。弘治五年，知縣汪英重修。正德乙亥，知縣劉文華撤而新之。歲久圮。萬曆乙亥，教諭張朝臣重修，而雲路坊、聚奎門則朝臣所創建。皇清康熙九年，知縣鄭夢坤重修。

常德府

　　《職方典》第一千二百五十七卷
　　常德府部彙考三
　　常德府學校考　　府志

　　常德府　在府西南半里，前瞰大江，創建歲月無考。宋咸淳八年，郡守湖北常平使龔日升鼎建，堂齋規模略備。元延祐六年，常德路達魯花赤哈咂改建文廟五間，築基以石，環以石欄，前築露臺，下爲神路、爲丹埒，東西爲兩廡各十三間，前爲戟門，左右爲碑亭，前爲櫺星門，門濱大江，築石櫃，建咏歸亭于上，左爲頖宮門，翼以觀瀾、朝宗二亭。廟後建尊經閣，下爲明倫堂。明洪武七年，學前石櫃并咏歸亭洪水沖決，常德衛指揮孫德因修浚城池，乃于石櫃上創樓一座以補其缺。永樂十五年，知府履應平因舊繕葺。景泰三年，知府朱緇于明倫堂左右建四齋，東曰志道、依仁，西曰據德、游藝，號舍三十六間，饌堂、厨房各三間，同知趙琰、通判崔謙、徐璟相繼修飾。成化五年，知府楊宣大加修治，及建立學門三間。八年，同知李泰因尊經閣圮，乃撤去，增修明倫堂并建井亭一所。是年秋，泰承祀，井泉忽出，人以爲异，構亭覆之，通判鄧察、教授周鑒修櫺星門，及繪飾十哲兩廡賢像，知府王績增置樂器。弘治二年，知府卜釗等重修殿宇。嘉靖六年，知府方任復修，又闢地爲射圃，立觀德亭。七年，復建敬一亭及增置啓聖祠于廟東。九年，知府趙永淳奉制撤去肖像，易以木主，改大成殿爲先師廟，斥不應祀者二十人，增祀五人。嘉靖十六年，明倫堂圮，知府陸埘重修。萬曆三十八年，知府劉一全令于櫺星門外瀦水，西注之池。四十一年，知府胡大年、同知錢夢松等重修。天啓五年，江南草坪山崩石磬一塊，四角暨中五聲各別，分巡副使杜詩、知府李備取納明倫堂內。崇禎五年，署府事推官陳之龍捐俸重修廟并明倫堂。十三年，知府潘士彥重修廟井、兩廡、櫺星門。嗣後兵燹叠經，學宮茂草，廟盡塌。皇清順治十六年，知府王來慶鼎建廟井、兩廡、戟門、名宦、鄉賢、啓聖祠，重修明倫堂、碑亭等處。康熙六年，知府胡向華鼎建櫺星門，凡前工所未竟者盡落成焉。七年，復捐資創建義學三間、左右厢房三間于文廟東，署教授事張之杜亦捐俸以襄其成云。教授廨，在泮池之畔。訓導廨，一在學東北，一在啓聖祠右，一在滌牲池北，俱明萬曆三十五年，知府張定徵建，今廢。學倉，明成化間知府楊宣建于各學，捐米六百石，府學二百，縣各一百，逐年生息，月支五斗，以贍增廣生，後廢。

武陵縣 在縣西北隅。宋紹熙二年，知縣林夢英創建。嘉定十三年，知縣戴重熙繼修，并置祭器。元至正四年，縣丞忽都海牙再修。丙辰，兵燹，惟正殿獨存。明洪武元年，知縣張子源修建。三十一年，知縣張九疇建明倫堂三間、講堂三間。景泰初，知府蔡壽以舊規狹陋，改建文廟三間，重修明倫堂，知府張海建東西廡十八間。成化初，通判徐璟建學門三間。九年，知縣徐必效建兩齋，東曰日新、西曰時習，各三間，號舍二十四間，饌堂三間，又同縣丞徐源政重建櫺星門、戟門各三間。弘治十八年，知縣應能以歲久傾圮，大聿新之。至十三年，因建府第白于工部郎中陳珂，存東偏之地以廣學舍，開西向之地以瀦泮水，增建學舍，遷修饌堂。正德十一年，因泮池爲勢家侵塞，諸生具呈都御史金，委官丈量，歸于學。十三年，吳都御史廷舉浚修。嘉靖九年，知縣馬負圖建敬一亭一座。十二年，教諭宋尚恩再浚泮池，繚以土垣。十四年，知縣鍾鑾以講堂圮壞，改建啟聖宮。十六年，知府陸埐重修廟廡并明倫堂。萬曆三十八年，署縣事同知張世卿重修射圃于學西。四十二年，知府胡大年、同知錢夢松等盡加重修。萬曆四十七年，主簿林喬椿精于堪輿，以玉帶河水過濁不可入泮池，乃于泮池外回環玉帶水，繞學宮左纏始出秀水斗門，而科第隆盛。崇禎三年，知縣宋學顯又復重修。十二年，知縣甘大綏又行修葺。嗣後，尊經閣民居轇集，宮室、臺閣至後益實，遂有泮水擁祥，鼓鳴七日之瑞。兵燹迭經，焚塌殆盡，枳棘叢生，玉帶水塞，泮池泥淤。皇清康熙五年，教諭閔才獨力建啟聖、靈聰二祠。八年，知縣黎上材鼎建大殿，廣袤如舊址，高較昔加二尺，知府胡向華捐資佐修，教諭吳瑾亦捐己俸鼎建衙舍。八年，知縣黎上材復行鼎建欞星門三間，諸生陸鶴鳴、陳慶泰等各捐助修浚玉帶河水，如林主簿舊道焉。射圃，在學右。學倉，在射圃旁，今廢。

桃源縣 在縣南一百步。宋慶曆間建。元祐六年，權學事常德路儒學學錄張燾、達魯花赤禿等重修，因臨大江，建置石櫃，高二丈餘，上建川上亭。元末兵燹廢。明洪武六年，知縣徐天驥修。永樂二十二年毀。宣德三年，署縣事縣丞徐祥建文廟三間，後知縣嵇郁修葺及建明倫堂。正統十三年，知縣丘繼建饌堂及修欞星門。天順五年，分巡副使沈慶以明倫堂地狹隘，乃市民間地而擴充之。成化三年，通判徐璟重修兩廡、欞星門。五年，知府楊宣甃石爲基，分守副使應欽改建兩齋，東曰博文、西曰約禮。弘治六年，知縣朱穀重修。十四年，水沖前岸，巡撫閻仲宇遷淥蘿水驛于東門外，闢其地以廣學宮，知縣李文顯繕治完備，移兩齋于堂右，前爲儀門，門外兩旁爲號舍，前爲大門，後爲牲房。正德十一年知縣高昂，嘉靖七年知縣黃鳳翔俱修。八年，知縣汪洋奉制建敬一亭、四箴亭于戟門外。九年，奉制去號，改制俱同府學。是年冬，訓導傅溥改欞星門。十三年，教諭彭參申請重修。二十五年，知縣吳琰、教諭蔣尚恩重建川上亭。三十二年，知府黃日敬、知縣陳坦重修。四十四年，知府葉應春、知縣鄭延年申請院道，以學洲地變價易民基數十間，填明月池，移置文廟，遷明倫堂于廟後。堂後爲啓聖祠，兩旁教諭宅一、訓導宅二，戟門外爲磚屏。萬曆四年，知縣鄭天佐撤去磚屏爲木屏。二十五年，教諭劉引考創建風教、持衡、新門及啓聖祠、明倫堂，修祭器及文昌閣、魁星樓于廟門左，以培下關。逮及明末，俱遭焚毀。皇清順治六年，紳衿捐資重修，未獲竟事。康熙三年，知縣陳洪范重修，又建兩廡、欞星門，餘未及修者，康熙九年知縣孟金鈜次第落成焉。教諭廨，在明倫堂左。訓導廨，在明倫堂右。學倉，在學內。

龍陽縣學 在縣東半里。宋元祐間，建大成殿。元至正間，耆儒吳叔高增建。元末兵燹。明洪武二年，知州段旻重建，毀于火。正統八年，知縣李昂改建。文廟五間，東西廡各十間，戟門、欞星門各三間，宰牲房、神厨各二間，明倫堂各五間及學門、饌堂。天順六年，知縣李泰重修，及改建兩齋六間、號房二十間。弘治十三年，掌縣事推官吳潯修葺一新。正德十二年，通判楊燾、知縣陳叙繼修。嘉靖八年，黃豫建敬一碑亭、啓聖祠，俱如制。嘉靖三十九年，訓導歐陽超移置欞星門與正殿合向，又按方壘土爲文星者三，自是科第迭興。萬曆十六年，欞星門傾廢，建竪與原向相左，兼以學左單弱，逼迫猶甚。二十三年，教諭范蘭捐俸鳩工，闢城三百餘武，環衛學宮，改正水潛，新建文昌閣。三十一年，教諭徐可行捐金助修文峰。三十七年，知縣吳良堅見其廟廡傾圮，極力重修。三十八年，闔邑士大夫復請建峰一座，堪輿家謂須再建一峰，以成三台之象。崇禎十年，知縣吳孩存因歲久傾壞，時加修葺。嗣後，兵燹多年，荒圮難堪。皇清康熙七年，知府胡向華多方修建，鄉紳彭之鳳捐金以助。凡廟殿、明倫堂、戟門、啓聖宮、兩廡次第竪蓋，尚未竣工。七年秋七月，訓導田夢、張銳志督成。是年十月，知縣張允捐修啓聖宮、周圍墻壁、門樓，新立學門、儀門，裝修兩廡、名宦、鄉賢及欞星門各處所，俱于康熙八年落成。教諭廨，原在明倫堂左，久廢，今賃民房居之。訓導廨，在明倫堂右，久廢。

沅江縣 在縣治東維摩寺故基。舊在縣西，創建無考。明洪武二年，知縣錢文英重建。文廟三間，東西廡各九間，戟門、欞星門各三間，神厨、神庫、宰牲房俱備，又建明倫堂三間，東西齋各三間。知縣王懋重修。景泰間毀，知縣范玨重修建，後復相繼修葺。嘉靖九年，知縣劉祚建敬一亭、啓聖祠。三十二年，知縣雍禮遷縣後舊址，西向。萬曆三十八年，知縣霍梓鼎遷南向。四十五年，推官阮良選將文廟改爲明倫堂，而建廟于前。皇清，知縣成明瑞重修。十八年，逆氛蹂躪，廟貌傾圮，教官高學古、鄒世美募修，知縣顧智捐工，今煥然一新。教諭廨，在明倫堂後。訓導廨，在明倫堂右。

辰州府

《職方典》第一千二百六十五卷
辰州府部彙考三
辰州府學校考　府縣志合載

辰州府　在府治東南。洪武初改建。景泰中知府王矩，成化中知府易貴俱重修。嘉靖丁巳，文廟災，改遷于右址明倫堂前。隆慶辛未，仍改于舊址，鄉官向淇董其事，廟廡、戟門、櫺星皆如制。甲寅，馬協重修，建啓聖祠于廟後，建志道、據德、依仁、游藝四齋于明倫堂兩旁，置敬一亭于明倫堂東，改建名宦、鄉賢二祠于戟門東西。至文昌閣，原名觀瀾樓，後知縣毛允讓等改建爲閣焉。

沅陵縣　在縣治東。洪武初，縣丞王守約重建。成化中，知縣丁繼宗重修。嘉靖二十五年，知府吳思忠恢廓之。隆慶五年，水徙。萬曆元年，知縣王京建。四十一年，水泛，知縣梅一都重修文廟于明倫堂左，啓聖祠于儀門右，博文、約禮二齋于明倫堂兩旁，尊經閣于堂後，敬一亭于閣下，至名宦祠則在廟東南，鄉賢祠則在廟西南，射圃則在學宮後。明末兵毀。康熙八年重建。十二年，復毀于兵。二十二年，知縣傅以新捐俸重修兩廡、戟門、櫺星門、啓聖祠、明倫堂，煥然一新。

瀘溪縣　在縣治東。元至正中，達魯花赤蓋忙古歹創建。至大初，縣尹王柔克增修之。中爲大成殿，殿左右爲兩廡，前爲戟門，又其前爲櫺星門，啓聖祠在儀門右。明倫堂在文廟右，東西直下爲博文、約禮二齋，神庫在齋上，神厨在齋下，而于櫺星門外增置欄檻，益加清肅云。射圃，在學宮後。明隆慶五年，水，徙。學倉，舊在縣治北山麓。隆慶五年，水，徙。萬曆九年，復加整。

辰溪縣　在縣東南。宋寶祐初，主簿景化鵬建。正統中，毀于寇。景泰中，知縣杭宗道重建大成殿、明倫堂、敬一亭、名宦、鄉賢二祠。甲寅，遭兵頹毀。皇清康熙二十二年，知縣朱兆梓捐金重建。

漵浦縣 在縣東桃花山麓。洪武初，知縣丁允中重建。嘉靖三十三年，改遷今址。萬曆三十三年，知縣苗霖重修，恢廊文廟于明倫堂前，明德、日新二齋于堂傍，而名宦、鄉賢二祠悉如制。

沅州 宋大觀二年，遷城東南。嘉靖丁亥，遷州南。戊寅，又遷州左。萬曆戊申，知州于瑞臨遷城外沅水驛。癸丑，署州事推官侯加地仍改遷州左。明末，僞逆拆毀。皇清康熙二年，偏院周召南重建正殿，翼以兩廡，前爲櫺星門，後爲啟聖祠。十二年冬，吳逆倡亂，盤踞數載，將廟盡行拆毀。至十九年，恢復，沅城同知張哲始盡力修葺，復奉分巡道王舜年捐資共襄厥事，而一時宮墻乃得煥然備焉。

黔陽縣 建于宋元豐中。歲久而圮。淳熙間，徙于普明寺東。以地偏隘，嘉泰中，錢令衢遷于縣城外西隅。寶慶初，復加完飾。元至正間，監縣朵兒赤雲甫更新之。兵燹後，百無一存。明洪武初，郭令原重建。正統間，毀于苗。天順辛未，以水患，重遷城內縣治之北。成化辛卯重修。嘉靖丙午，遷于縣治東龍標山，蓋城中突出之奇也，其向西。萬曆丙子，縣令牟衡重修文廟、啟聖祠、明倫堂，廟東建名宦、鄉賢二祠。崇禎七年，縣令龐承引移向南。後頹于兵燹。皇清康熙三年，增修殿廡、啟聖各祠。以櫺星門外規制逼隘，四年，知縣張命工拓，前面築土甃石與龍標古刹坊並移至櫺星門上，其規制益弘敞矣。五年，張復修建名宦、鄉賢二祠，而學之制乃大備。學倉，在學西齋。

麻陽縣 舊在城西南隅。宋慶元間，縣令張大鼎建。元遷于城西。洪武初因之。宣德間重修。成化間重建後，復相繼修葺。萬曆十年，縣令余夢呂移建城南。十一年，縣令蔡心一繼修。崇禎癸酉灾，學宮灰燼，止存石表二。甲戌，馮志京重修如舊。庚寅，又遭兵燹，僅存正殿一重。乙未，遷同天寺傍，北向。皇清康熙三年，縣令陳五典捐俸鼎建于南門內舊基，大殿在明倫堂前，啟聖祠在明倫堂左，敬一亭在明倫堂右，名宦祠在門東，鄉賢祠在門西。射圃，在城南上洲，一百畝，每年每畝納銀二分五厘。

永州府

《職方典》第一千二百七十五卷
永州府部彙考五

永州府學校考　府縣志合載

永州府　唐韋宙因紅葉亭爲夫子廟，後遷愚溪。宋慶曆中，詔天下立學，柳拱辰移建郡東山麓。嘉定，郡守趙善諡徙下之，創講堂于左，上爲御書閣，郡守王佐請于朝，乞監書藏之，講堂前列四齋，別立一齋于東，以待宗子，西南爲射圃，郡守趙希楙復增廣之，教授皮龍榮增刻文籍于閣，廟門有石如雙鳳，皮龍榮建亭于臺下，張栻有記。永嘉，木天駿來分教，立先賢祠。開慶間，兵火，書籍焚失。景定間，教授吳之道增置，總管毛伯帖木兒、教授徐思敬始置樂器，殿前創亭臺。至正間，殿堂頹圮，同知野先海涯、教授黃雷孫繪塑聖賢像。未幾，兵荒。丁未平，章阿思蘭從教授胡鑒之撤而新之。明初，詔天下皆建學。辛亥，知府劉泰重修禮殿、齋舍。戊午，僉憲曹衡闢天梯臺故基，創堂屋三間爲教授宅，左右翼以齋舍。壬戌，撥入膳學田糧一千石，復興春秋丁祀，新置祭器，創米廩、祭器庫及公廚、宰牲房。成化間，明倫堂火，僉憲張輗復建。弘治癸丑，殿堂就圮，知府姚昺重修。次年，復修。嘉靖戊午，又重修焉。右爲大成殿，左爲明倫堂，下爲東西廡、爲戟門、爲泮池而橋焉，東爲名宦祠，西爲鄉賢祠，前爲欞星門，堂下爲四齋，曰志道、據德、依仁、游藝，前爲儒學門。正殿左爲教授廨，爲儀門，右爲訓導廨。殿后爲啓聖祠，爲敬一亭，爲射圃，爲杏壇。後復就圮。萬曆乙未冬，知府林士標再遷今址。右爲大成殿，下爲東西廡，前爲戟門，爲欞星門，爲泮池，左爲明倫堂，下爲齋，前爲儒學門，而儀門居左焉。殿東爲鄉賢、名宦祠、爲啓聖祠、爲敬一亭、爲土地祠、爲訓導廨。堂西爲教授廨，爲太極亭，爲訓導廨。射圃，則在廟後，然皆殘缺不整。至皇清康熙二十五年，知府柯弼重修，極其美富，勒石記之。

零陵縣　在城東南。宋嘉定初，在黃葉渡愚溪橋，後移置城東，其地嘗産玉芝。元至正庚子，毀于兵。洪武三年，知縣馬裕改創城南。弘治庚戌，避水徙之城北。嘉靖乙巳，巡撫姜侑溪相度城東百戶康莊宅易置創建，前爲左右東西廡，又前爲戟門，下爲泮池，爲欞星門；廟左爲明倫堂，下爲二齋，曰興賢、曰育才，爲儀門，門外有青雲橋，又前爲儒學門；殿右爲名宦祠，爲鄉賢祠，殿后爲啓聖祠，爲敬一堂，左爲教諭廨，右爲訓導廨。明末毀于兵。皇清順治十四年丁酉，知縣劉方至重建。康熙己酉冬，重修。

祁陽縣 宋建于縣治東五里，即今小東江。元徙近城東一里許，尋毀。明洪武三年，始創大成殿、堂廡及齋號、射圃，主簿王孝廉建。歲久傾圮。正統十年，知縣王公敬重修。又圮。弘治五年，同知徐璉、通判汪浩等移建于舊基之北。成化八年，僉事秦和、蕭禎重修。皇清順治十四年，守憲黃中通念祁士科名不盛，因改建于縣署之左，知縣孫斌力成之。康熙十三年，吳逆盤踞，學宮毀廢。庚申，縣令王鬻捐資修葺，改明倫堂于大成殿左，建儒學門于堂前，置啓聖祠于堂舊址，豎敬一、尊經等亭于堂後，堂左爲蒙養、明道二齋，堂右爲明德、修德二齋，名宦祠建于戟門左，鄉賢祠建于戟門右，東則有青雲橋，西有蟾步橋，射圃在啓聖祠右，庫、廩、厨、宰牲房一一備具。教諭宅，在櫺星門外。訓導宅，在教諭宅右。自修葺之後，人文蔚起，科名亦較盛于前矣。

東安縣 明倫堂三間，耳房二間，大門三間，二門一間，在南門外折東二百餘步。宋時始建。元至正間，毀于峒寇。明洪武三年，知縣吉岳建，初撥學田、置祭器。景泰改元，知縣卞同奏遷入城。正德癸酉，教諭余珵因累科乏才，復建城外，然僅成一堂及大成殿。明年，教諭楊鰲復募建東西廡及戟門，本府同知馮濟捐俸，助建櫺星門及儒學門，知縣李信周繚以垣，教諭程奎光刻文文山所書"忠孝廉節"四大字石碑于堂之左右。射圃，在城外學後，直二十丈，橫九丈四尺，東南至田及水圳，西至唐家墙，北至學塘。

道州 在州西郭外，營川門西。唐刺史薛伯高遷建，柳子厚爲之記。規製備于宋。元至正間，判官吳芇復新之。明洪武初，僉事曹衡于狀元山之麓建狀元樓，下爲會饌堂，又置祭器倉庫。後學舍火，有司修葺，歲久復頹。正統間，知州盛祥重修。成化間，僉事張軏再修明倫堂，蕭禎改建尊經閣，知州方璟改櫺星門，黃琸建儒學門，僉事馮鎬建希賢閣、號房。嘉靖間，復撤而新之，學正曹宏督其事。乙卯，錢兌又大修，瞿景淳記。萬曆間，知州韓子祁鼎建聚奎堂、東壁樓、博文齋、約禮齋、志學齋、社學，呂繼梗重修之。崇禎末年，焚于兵，一切皆廢，無有存者。皇清順治八年，本府同知馮洪英因舊址建先師廟，訓導程之龍督其成，時地方初定，材木匠斫俱艱，庫隘弗稱，僅蔽風雨而已。十三年，知州高攀龍復因舊址建東西兩廡，爲戟門，縮其左爲名宦祠，右爲鄉賢祠，刻先聖、先賢木主并四配十哲，各載以龕，規模初備，釋奠舍菜始有其所。十八年，知州王希聖始因舊址建明倫堂，重修啓聖祠，改儒學門。先門西南向，自是改爲東南，班于廟而稍遜焉，訓導王世俊等各輸俸助之。康熙三年，仍舊制，于櫺星門外建崇正坊，西建育英坊，中建泮宮坊，其先師廟三楹，向南，自南爲兩廡，廡各五楹，再南爲戟門，門左爲名宦祠，右爲鄉賢祠，再南爲櫺星門，而瀫水繞其外爲泮水，由學門入，爲明倫堂三楹，堂西北爲啓聖祠，堂後爲學正宅。康熙五年，署學正舉人余增逵建宅，舊爲敬一亭基，明世宗刻敬一箴并視聽言動心爲六箴刻石，今在宅內。

寧遠縣 創自唐，在漢冷道舊縣治東五十里。宋乾德間，改縣寧遠，遷于今所，建學于西南，巽水環繞其前。明洪武二年，知縣朱慶復鼎建于舊址，賜贍學田糧六百石。永樂戊戌，毀于火。洪熙初，知縣劉童重建。成化十一年，知縣唐惟善撤而新之。弘治六年，梁元振重修櫺星門。嘉靖十五年，徙于郭之東，清流環合，如泮宮形，與邑士合謀遷學，殿堂、齋廡、廚庫、門戟、衙號皆合其制度。至二十六年，知縣劉孔愚因士類反異，仍復遷于城內舊址，羅洪先作復學記。中爲大成殿，前爲東西廡，爲戟門，左爲名宦祠，右爲鄉賢祠，前爲櫺星門，門外爲泮池，左爲登聖坊，右爲步賢坊。殿左爲明倫堂，爲兩齋曰進德、修業，爲儀門，爲儒學門，門外三坊，曰"青雲"、曰"丹桂"、曰"成德"。殿后爲啓聖祠，爲尊經閣，爲敬一亭。堂後爲學倉，右爲教諭廨，左爲訓導廨。櫺星門舊以木楯，隆慶六年，易以石。後萬曆十三年，副使孫佩重建。崇禎末，毀于兵燹，而學宮遂鞠爲茂草矣。至皇清康熙七年，遣宗人府高珩祭九疑舜陵，經其地，捐銀二十四兩，發縣議建。十八年，知縣徐經董理，未竣卸事。于二十年，知縣沈仁敷捐資，協同教諭吳大本、訓導陳鐸重建。射圃，舊有射圃，因遷學價賣，自後遂以習射爲虛文矣，今止存其名。

永明縣 在縣治西。洪武三年，縣丞彭德謙建，規模狹隘。七年，知縣梅叔度重建大成殿、兩廡、櫺星門、戟門、泮池，周圍磚墻百堵。丁卯落成。成化九年，僉事蕭禎增修。弘治四年重修。嘉靖十年，知縣楊秀輔又修。嘉靖十九年知縣楊時舉，三十九年知縣何朝佩皆相繼增修。萬曆四十三年，知縣季忠重建。明季兵毀。皇清順治十年，知縣尹足法、教諭張鵬率諸生唐欽明、陳學恭等捐助，重建廟殿、兩廡、櫺星門、戟門、啓聖、名宦、鄉賢祠，不半載而煥然重新焉。至明倫堂，則仍季令所建之舊，因而重葺之，然近亦大加丹臒矣。

江華縣《舊志》，唐神龍元年創在縣東。宋崇寧元年，遷于縣北。建炎三年，復移縣治之東。紹定元年丁亥，縣令許洞重修。元末廢圮。洪武三年，知縣楊守禮仍創舊基，中建大成殿，東西列以兩廡、戟門，門外爲欞星門。殿后爲明倫堂，東西二齋，曰崇德、曰廣業。洪武十五年，撥賜學糧六百石。永樂十四年，知縣姚林重修，置祭器。正統間，知縣胡璉復加修葺。天順遷縣，建學于縣治之前，率皆草創。成化六年，巡撫吳澄命分巡僉事張計劃更新，知縣唐惟善繼成之，廟學始備。歲久復圮。嘉靖四十四年，知縣陶鑾將積餘糧銀四百兩申請修理俱全。隆慶二年，知縣蔡光又重新之。萬曆年間，知縣俞頤吉、李英材等先後復加修葺。崇禎五年，知縣彭彌薇移于縣治之西，建立大成殿、東廡、西廡、戟門、欞星門、泮池、泮宮、名宦祠、鄉賢祠、敬一亭、文昌閣、明倫堂、崇德齋、廣業齋、大門、儀門、教諭宅、訓導宅、啓聖祠、學倉、土地堂、碑牌鐘鼓，一一完備。射圃，在縣治東，橫十一丈，直二十一丈，東至倉前，西至縣衙，南至養濟院，北至城壕。

新田縣 初，張恂擇于東門內，肇建大成殿一座，上起層樓，啓聖祠、明倫堂及儒學、衙舍各三楹。明末及皇清初，盡爲賊毀，止餘大成殿一座。至順治戊戌，縣令沈維垣率諸生定議于舊基之下，遷今地而建焉，制悉如舊。射圃，在南郊利涉橋外，知縣鍾運泰捐俸建置，顏其額曰觀德。

靖州

《職方典》第一千二百八十六卷
靖州部匯考二
靖州學校考　州志

靖州 在州治大南門外，原係舊學基址。明嘉靖甲子年，遷建于州治北鶴山之麓。皇清順治十七年，郡守高攀龍遷今所。康熙九年，知州董安國改州治之左。十一年，知州周振圖復建今所。正殿五楹、東西廡各七楹，前戟門，額曰"聖人之門"，泮池在欞星門外，左明倫堂，後尊經閣，前大門。啓聖祠，在正殿後。名宦祠在東廡下。鄉賢祠在西廡下。學正署，在廟旁。訓導署，在治後元廟觀左，康熙二十二年即鶴山書院舊址改建。

天柱縣 在縣治東，原係化苗書院，兵火焚毀。皇清順治十八年，知縣黃開運捐俸重修。二十三年，知縣王復宗遷于城北，捐俸修建，規模一新。

　　會同縣　在縣治東北。明洪武三年建。成化八年，縣令劉永改葺。嘉靖十四年火，知縣蕭標重建，改向面南。天啓甲子年，知縣陳一蔡改于城之西隅。皇清順治十八年復火。康熙二年，知縣何林復建今所。中爲正殿，左右爲兩廡，前爲戟門，又前爲泮池，爲櫺星門戟門左，爲明倫堂，啓聖祠以及名宦、鄉賢二祠俱在戟門左，規制更新，視昔煥然改觀矣。

　　通道縣　在縣治左。明萬曆二年，知縣陳士光建，兵火焚毀。皇清康熙二十年，知縣殷道正捐修如舊。

　　綏寧縣　在縣治南。先時，遷改無常。康熙四年，知縣楊九鼎始擇建今所。中爲正殿，前爲戟門，又前爲櫺星門以及明倫堂頭門，規制粗具。

郴州

　　《職方典》第一千二百九十一卷
　　郴州部彙考三
　　郴州學校考　州志

　　郴州　舊在郡城東隅。宋乾道四年，知州薛彥博遷于城西義帝祠前南軒，張栻記。咸淳七年，知軍劉坦修。元至正甲辰，御史疇野監察郴郡重修。元末兵毀。明洪武二年，詔建學，知府王恪即故址創建。明初，爲府。洪武九年，改稱州。成化乙巳，知州周鑒修。嘉靖十年，知州樊臣奉詔建敬一亭于廟左，立世宗御製敬一箴碑，又東西二亭立御製五箴碑，各縣同。後州同莊壬春、知州方用、曾一經、林恕相繼修葺。自萬曆丙子後，故籍無存，修葺莫考。皇清康熙二十二年，知州陳邦器、訓導李嗣泌因舊學傾圮，兼風水有礙，捐資鼎建先師廟于州治之西，建明倫堂于正殿後，兩廡于東西旁，置戟門。二十四年，復建櫺星門並啓聖祠。名宦祠在戟門左，鄉賢祠在戟門右，立二齋曰興詩、立禮。學官公廳二所，在學宮左右。射圃，在舊學右。舊學基，直五十五丈，橫十四丈。新學基，直五十七丈，橫二十七丈，康熙二十四年捐築墻垣。

　　永興縣　舊在縣治東，後遷于中街化龍橋。宋紹定戊子，知縣趙汝柄徙于城西北隅，即今學宮。明成化辛卯，邑令馬綸修。弘治甲寅，兵備僉事吳淑重葺。萬曆三年，知州胡漢、知縣范嘉桂復修。皇清順治丙申，邑令閻之麟重新，尋圮。至康熙九年，縣令王典捐建啟聖祠、明倫堂並名宦、鄉賢二祠。二十年，教諭王源復捐建先師廟、東西兩廡、戟門、欞星門以及泮池，池上跨以橋，至原舊書樓五間，東西號舍各八間，養賢、育才二齋，則至今仍廢未修焉。學官公廳二所，在戟門左右，今亦廢。射圃，在養賢、育才二齋中門外。學倉，在東號舍後，今廢。

宜章縣 舊在縣治東九十步。宋淳熙八年，知縣雷澤徙于治東六十步。十二年，知縣吳鎰重修，象山陸九淵記，見"藝文志"。端平己未，知縣趙希逾徙于城東景星觀之右。明正統中，知縣馬經遷于縣治西。正德間，知縣莫汝器以學逼近城垣，徙東五步。嘉靖四年，知縣陳傅堯遷于舊基之北。隆慶五年，知縣陳憲復遷于縣治東捕衙之左。萬曆己卯，知縣劉珍復遷于縣治西。崇禎三年，知縣甄尚曾移東五步。皇清順治十二年，知縣張思正復遷于縣治東，爲今學宮，中爲先師廟、東西爲兩廡，前爲戟門，爲欞星門，兵燹圮壞。康熙二十一年，知縣鹿廷鍈重建。二十三年，教諭錢奇才等復捐資建名宦祠于戟門之左，建鄉賢祠于戟門之右，浚泮池，建橋三拱。二十四年，建啟聖祠于殿右，建明倫堂于殿后。射圃，在舊學書院右。教諭公廳，在舊學左。訓導公廳，在舊學右，今廢。學店，在東關外一十四間。舊學基，在縣治西，直三十五丈，前橫一十丈，後橫一十五丈。新學基，在縣治東。

興寧縣 在縣城西。宋嘉定甲辰，知縣趙崇尹建，郡守陳勳發錢五百貫市田養士，延宜陽朱彬爲師，知縣王旦、郭夢升相繼修葺。元至正六年，知縣黃可道重修。元末兵毀。明洪武二年，知縣杜堅即故址復建。嘉靖壬寅，署縣事史載澤重修。隆慶六年，民居火延毀，知縣黃志尹、州判黃文科並萬曆二年知縣喻思化先後修建。十九年，知縣方澄徹因舊制狹小，復移殿于明倫堂。崇禎庚辰，知縣馬士達修，尋壞。皇清順治十二年，知縣高熏復修東西兩廡。十五年，知縣徐騰建戟門、欞星門並泮池。十六年，教諭程達建啟聖祠、名宦鄉賢二祠。康熙二年，教諭龔逢聖建明倫堂于廟後。八年，縣令耿念劬修文昌閣于明倫堂後。至二十三年，知縣馮時奉等大修先師廟，使煥然更新焉。射圃，在縣城北濠上。教諭廨，舊廢，教諭胡期孝捐修。訓導廨，在廟東。學倉，在明倫堂東北，今廢。學店，祠前四間，學東六間。

桂陽縣 舊在城東。宋慶曆、皇祐，兩遭兵火。嘉定中，知縣周思誠建。端平間，知縣彭九萬遷于縣南錦塘。淳熙丙午，攝令周應隆仍徙城東。元末兵毀。明洪武初，知縣李原創建于新城內。宣德間，教諭凌樂捐俸買地，拓而廣之。成化初，知縣唐京、金輅、江洪、桂顯相繼修葺。隆慶壬申，知縣段雲鴻重建。皇清順治八年，毀于寇。康熙七年，知縣徐之凱建大成殿。三年、九年至二十一年，知縣盛民譽、沈玘復先後募建。先師廟一座，東西兩廡各八楹，前爲戟門，又前爲欞星門，泮池在門外，啟聖祠在殿后，名宦、鄉賢二祠在戟門左右，建齋二，曰居仁、由義。射圃，今立朱恭簡祠。

桂東縣 在縣城東。明洪武初，知縣胡視遠創建。正統間，知縣范忠修。嘉靖五年，知縣周鳳鳴重修。隆慶五年，知縣王敬賓重建。皇清初，毀于寇，知縣張希召建文廟一，土磚瓦蓋；廡二，土磚茅蓋。至康熙二十一年，知縣李世仁另建，教諭謝夢弼督修。先師廟五楹，東西廡各十楹，前爲戟門、爲欞星門，浚泮池于門外，上跨以橋，于廟後建啟聖祠，東廡下建名宦祠，西廡下建鄉賢祠，于旁建高明、廣大二齋，于後建五星樓、會撰堂，皆一一整飭焉。射圃，在學門外。教諭廨，舊廢，教諭謝夢弼捐建。訓導廨，在明倫堂右，今廢。

廣東總部

廣州府

《職方典》第一千三百六卷
廣州府部彙考八
廣州府學校考　府志

廣州府 在郡東南門內，初西城番市通衢舊有廟。宋皇祐二年，經略使田瑜徙于郡東南隅。熙寧元年，經略使張田展東城，復徙于國慶寺東，程師孟、蔣之奇相繼成之。後又徙于城東南隅番山下，即今學也。熙寧四年，程師孟再任經略使，始置學田以贍學。乾道三年，經略使龔茂良建御書閣。淳熙四年，轉運使趙溍增創亭齋、泮池。嘉定五年，教授許巨川建觀德亭于番山下。淳祐四年，經略使方大琮改建飛閣，中塑聖賢燕居像位，旁列文行、忠信四齋，爲番山書院。是年，復建本源堂于閣北，又植蓮于番山側之小池，今俱廢。元至元十六年，毀于兵，惟大成殿猶存。後宣慰使完顏正叔、副使呂恕乃新廡祠，副使佘璉重建大成殿、明倫堂。三十一年，提學王獻等建養賢、養蒙堂及倉廩、祭器庫。元貞元年，宣慰使嗒喇海厭殿廡舊制卑陋，圖爲鼎建。延祐五年，監司脫兒赤、憲副卜天璋改創廟學及東西齋。泰定元年，憲使密蘭等復建雲章閣于堂北。元季復廢。明洪武初，征南將軍廖永忠命中書掾高希賢仍故址重修廟學，建先賢祠，闢射圃，額設教授一人，訓導四人。宣德元年，巡按御史金濂等修建殿廡。正統三年，提學僉事彭琉闢鹽倉餘地，創建廊宇、神廚、庫房及省牲所、會饌堂。六年，巡按御史宋良遷復辟射圃，仍建觀德亭。景泰五年，巡按御史楊進復辟鹽倉地，以廣學基。天順二年，知府李恕重建殿廡。三年，巡撫都御史馬昂創杏壇、燕居及碑亭于番山北。七年，提學僉事胡榮重修廟學。成化三年，參政張瓚復辟前街，徙射圃于學西，仍建觀德亭。四年，知府吳中創欞星門，暨左右廟垣皆易以石。八年，巡撫都御史韓雍大加修飾，露臺、甬道亦以石欄護之。今學制，中為明倫堂，堂兩翼為四齋，東曰志道、依仁齋，西曰據德、游藝齋，後改崇德、廣業、居仁、由義；堂南為大成殿，殿東西為兩廡，前為戟門，門外為泮池，有泮宮坊，為欞星門。堂北為尊經閣，即舊雲章閣，為番山亭，亭後為碑亭一，杏壇一，學制圖碑，又為燕居，有聖像碑，前為齋宿所，其神廚、省牲所皆在教授宅左，射圃在鄉賢祠後，官吏廨宇、生員號舍分列于東西隅，而規制大備。嘉靖十九年重修，徙敬一亭于番山。萬曆二十八年，教授董應舉請于督學副使袁茂英修之，其殿廡、亭閣及啟聖、名宦、鄉賢諸祠，咸煥然一新，復學侵地，建學舍為正門，額曰"文明"，南枕河，環繞如帶。皇清順治十三年，總督李率泰等捐資重修。康熙十年，巡撫劉秉權等再修。

南海縣 在郡西南隅，始附于郡學西廡。宋嘉定二年，知縣宋鈞徙建于縣東六十步，經略使陳峴增買學田四十餘頃。淳祐四年，經略使方大琮復撥緡錢，改建廟學。宋季毀于火。元至元三十年，復徙建城西高桂坊菊坡祠故址。明洪武三年，詔興學校，乃增飾之。二十二年，訓導張立以廟學湫隘，請于御史王驥，闢東北民房以廣之，始創饌堂。二十六年，改門南向。永樂七年，重新之。正統八年，重建大成殿，復拓學後地，創尊經閣及建東西號舍十四間。景泰三年，副使韓雍以鹽倉街隙地易學東民房增創。天順元年，鑿泮池跨以石梁，仍護以石欄。成化五年，易欞星門柱以石。八年，韓雍重修。正德元年，知縣楊純重建。嘉靖六年，建聚奎亭于左，創屏墻于前，建號舍于屏墻之後，而廟貌益尊。今學制，首欞星門，次戟門，左聚奎樓，中為大成殿，夾以兩廡；殿後為明倫堂，堂東曰成德齋，少南為教諭宅，西為達材齋，少南為訓導宅，堂左為倉廠，右為吏舍，後為尊經閣。號舍建置于學之內外者五所，一在尊經閣之東西，一在西廡後，一在欞星門之南，一在興賢坊北。又于清獻祠後建名宦、鄉賢二祠，啟聖宮前建敬一亭，尊經閣前建會膳堂。學左原有青雲路，久為居民侵沒。崇禎七年，修復舊址，并修飾興賢、育才二坊。皇清一仍舊制。

番禺縣儒學 舊附郡庠西廡。宋淳祐元年，知縣諸葛玨相地于縣東南五里創建，前俯大江，山清水秀。後提舉李鑒攝帥事，撥贍軍田四百畝有奇以助養士，經略使方大琮又臨流築亭，扁曰"浴沂"，爲士子游息之所。後毀。元至元三十年，暫附南海學，分析其半，以東爲南海，西爲番禺。明洪武三年，知縣吳忠、訓導李昕度地于郡東城建焉。十三年，展東城，學遂在內，即今學也。二十五年，增修之，闢射圃于學右，建先賢祠于戟門左。永樂二十年，重建明倫堂。正統十二年，重建尊經閣曁諸號舍。成化四年，易欞星門以石。八年，重修廟學及光風、霽月亭。弘治六年，復爲修飾。十五年，乃撤故制而新之，極北爲聚奎亭，中爲明倫堂，堂之東爲日新齋，西爲時習齋。堂之前爲大成殿，輔以兩廡，前爲戟門，門外鑿泮池，跨以石橋，橋南爲欞星門。其射圃，在聚奎亭南。教諭宅，在堂東。訓導宅有二，一在射圃亭東北，一在時習堂西南。號舍列于明倫堂後。萬曆二十四年，知縣楊言、蔣之秀等相繼捐俸增修。皇清順治十六年，知縣蔣如松修葺。

順德縣 在縣治東南宣化街。明景泰三年創，其廟廡、堂齋、公廨、號舍咸以茅覆。迄六年，始易以瓦。天順四年，改建兩齋及饌堂，其厨庫、倉廩以次建置。成化元年，知縣錢溥甃泮池，創麗澤亭，建奎文閣，後知縣吳世騰建號房八十餘間。弘治間，知縣吳廷舉重修戟門、兩齋。正德間，知縣曾憲修欞星門，易以石柱，改建號房一百二十間。中爲文廟，左爲啓聖宮，前爲戟門，爲泮池，又前爲欞星門；殿后爲明倫堂，堂東爲進德齋，西爲修業齋，堂北爲觀頤堂，即舊饌堂，極北爲麗澤亭，爲奎文閣，閣南爲敬一箴亭，西爲教諭宅。其訓導宅，一在進德齋東北，一在儀門東南。射圃，在梯雲山麓。嘉靖二年，訓導羅溥以兩廡圮甚，毀淫祠重修。十二年，建啓聖祠。四十三年，繼修廟廡、齋堂。隆慶六年，鑿泮池，蓄水深廣倍昔，中跨以石橋，周圍石欄繞之。萬曆十一年，修欞星門及殿廡、階楯與奎文閣、麗澤亭之朽腐者，閣之左爲鄉賢祠，又左爲名宦祠。學官廨舍凡三所，教諭廨在奎文閣右；訓導廨，一在進德齋左，一在啓聖宮之前。從明倫堂左出，爲儀門，直出爲儒學門。門之東爲射圃，舊爲府館地，嘉靖五年，署縣事林應聰自奎文閣東移建于此，中爲堂，左爲射器庫，右爲梯雲社學。皇清因之。康熙十一年，知縣王尹以堂廡摧朽，與教諭徐鼎藩重修大殿、兩廡、啓聖宮及鄉賢、名宦二祠，進德、修業兩齋，賢關、聖域二坊曁明倫堂，邑人徐雲祚記。

東莞縣 在東城外。舊在縣東南二里許。宋淳熙間，縣令王中行遷于東郭，即今學也。開禧二年，知縣劉棠移大成殿于學右。嘉定十四年，改建學以從廟向。嘉熙三年，知縣許巨川建經史閣。淳祐辛丑，重建大成殿。宋季毀于兵燹。元至元二十八年，重建經史閣。大德五年重修。明洪武三年，詔興學校。五年，撤廟廡、堂舍而重建之。十四年廟學災。三十年復建。洪熙元年，重加修葺。正統四年，重建講堂。六年，修飾殿廡，闢射圃地，修觀德亭、講書樓舍，浚泮池，建攀桂亭，今改爲致遠亭，規制弘敞，遂與廟學等。天順七年重修。成化二年又修。正德十三年，重建明倫堂、仰高亭。十三年，建東西齋。十五年，建儀門及倉庫。嘉靖四年，創射圃亭于明倫堂東北。二十五年，修廟，建敬一箴亭。四十年，倡建尊經閣。四十一年，修啓聖祠、東西廡及泮橋、學門。萬曆二十八年，築垣于廟學之南，以民居沖射，形家所忌。崇禎八年，重修殿廡、門堂及亭閣、諸祠，重建教諭廨，新創土地祠于戟門之東，知州溫可貞捐修鄉賢祠，教諭錢夢蘭重建觀德亭、三益亭。其學制，首爲學門，門內爲泮池，跨以石橋，直北爲儀門，左右爲吏房，又北爲明倫堂，堂之前爲兩齋，東曰進德、西曰修業，堂後爲尊經閣，爲麗澤堂，左右爲號舍，爲庖所，爲庫房，少西爲敬一箴亭，前爲露臺，翼以石欄，夾以兩廡，南爲戟門，門之東爲名宦祠，西爲鄉賢祠，又南爲欞星門，垣柱皆石。廟北爲啓聖祠、爲文昌祠、爲三益亭、爲射圃亭。東北爲觀德亭。教諭宅，在明倫堂東。訓導宅，一在儀門之東，一在鄉賢祠之東。北爲聖域坊，西爲賢關坊。前有塘，環以牆。

從化縣 在縣治左。明弘治七年創。十三年，知縣宋晏建兩廡。十六年，建明倫堂。正德九年，建欞星門。嘉靖元年，建堂齋、尊經閣。二年，修廟學、創號舍、省牲所。三十年，建戟門。三十四年，改建廟廡。三十六年落成，廟左爲土地祠、右爲庫。三十四年，又創建啓聖祠，廢尊經閣爲之，其左爲名宦祠，右爲鄉賢祠。四十三年重修。萬曆二十四年，又修大門。三十五年，重修廟廡、戟門、號舍，復建敬一亭及鄉賢祠。十五年，重修泮池，掘下數尺，土皆五色，有暖氣如霧沖起，工人皆駭，于是石欄一夕盡崩折，乃甃磚其下，琢石新之。歲久，祠廟堂廡所在傾塌，池復崩圮。崇禎五年，知縣王至章捐俸重修。皇清因之。

龍門縣 在縣治西。明弘治九年始建，中爲明倫堂，堂左右列以兩齋，東曰居仁、西曰由義；堂南爲大成殿，東西翼以兩廡，前爲戟門，又前爲欞星門。其教官公廨，一在儀門左，一在其後。嘉靖中，知縣吳宗元建敬一箴亭、啓聖祠。皇清鼎興，學宮宛然，舊制如故，但堂廟、門廡已屬頹圮。康熙五、六年，知縣楊燀始捐資修復。

新寧縣 在縣治東。明弘治十一年建。中建文廟，兩廡、戟門、欞星門、明倫堂、東西齋，號房列于明倫堂後，左右爲厨房之屬，猶多未備。近知縣王臣始修敬一亭，建啓聖祠及射圃，堂下兩旁設進德、修業二齋，各翼以號房五間，堂之後左教諭廨、訓導廨，堂之東爲育英門，後改爲進賢門，東有入聖門。其學地長四十九丈八尺。皇清因之。

增城縣 在縣治北鶴子峰下。宋開禧間，建于城西北登高峰下。舊建西齋，開禧間，併爲二。嘉定二年，復改爲四，後毁于兵燹。元至元五年，邑人李肖龍刻木主，祠于鄭總老家，鄭遂以宅爲學。至順三年，遷于城西沖霄門外，面鳳凰臺創建。明洪武三年，仍建于舊址，後縣治破殘，學亦傾圮。永樂以來，相繼修復。宣德三年重建。正統二年重修。成化三年，建堂殿齋，塑立聖賢像位，跨池以橋，甃池以石，而規制漸備。嘉靖間重修。十七年，建啓聖祠，增號舍于學左。萬曆三年重建。歲久，祠廟堂廡傾塌。四十七年，即故址而重建焉。前露臺，環以石欄，下爲廣墀，以展祀事。東西廡，深視廟三之一。前爲戟門，兩旁爲庫房，又前爲欞星門，廟東數十武爲啓聖祠。天啓四年，乃建魁樓于學之左。崇禎十年，改明倫堂于廟後，左爲教諭廨，西爲訓導廨，規制大備。皇清因之。順治十二年，屏墻傾圮，訓導王德新捐資建復。康熙二年，以所向非宜，知縣徐鳳來乃卜吉而大修之。

香山縣 在城東隅。宋紹興二十六年，始建于縣東一里蓮峰山下。淳祐四年，徙建于縣西南，濱于城壕。元至元二十二年，修明倫堂。泰定三年，改徙蓮峰舊址。元季毁于兵燹。明洪武三年，仍舊修復。正統元年重建。後漸頹毁。正德十六年，始就城中別置講堂。嘉靖元年，建公廨于講堂之北，環列號舍。其規制，正殿五間，東西翼以兩廡各五間，戟門三間；明倫堂三間，左齋曰博文、右齋曰約禮，各三間。其後有倉，有饌堂各三間，有神厨三間。其後爲啓聖祠，左爲御箴亭、敬一亭。教諭廨舍在明倫堂左；訓導廨舍二所，其一在明倫堂右，其一在饌堂左。東西有號舍二十間。嘉靖二十六年修葺。萬曆三十三年，遷復蓮峰舊址，工未告峻。知縣羅繼宗捐俸克成之。

新會縣 在縣治東北宣化坊。宋慶曆中始建。元因之，後毁于兵燹，惟存欞星門石柱六。明洪武三年，仍建于故址。十八年，開拓城垣，乃徙于前百餘步，抵舊址稍南。宣德八年，復新之。弘治甲子，創道源亭。十二年、十六年，相繼修之。嘉靖八年，颶風折欞星門及牌坊，僉事莫相樹之。十一年，建敬一箴亭，創啓聖祠。十二年，修號舍、講堂。十九年，創尊經閣、泮池、浴沂二橋并泮宮坊，爲仰聖門，立宮墻萬仞坊于前。二十一年，仰聖門圮。三十二年，修泮池，深四十五丈，廣三十三丈。今制，中爲文廟，東西爲兩廡，前爲戟門，又前爲欞星門，外爲牌坊曰"儒林"、曰"泮宮"，今廢。廟後爲明倫堂，輔以兩齋，東曰進德、西曰修業。堂後爲尊經閣，東爲啓聖祠。三十三年，學宮、敬一亭、啓聖祠、仰聖門、東西墻垣并學西號舍，俱爲颶風所折。三十四年，重修啓聖祠，創泮水中橋。隆慶六年，建天朝文獻坊于學前街，建大觀亭于學宮左馬山之上。萬曆十年，修號舍。十二年，建文昌閣于學左。二十五年，修大成殿、明倫堂及兩齋。二十七年，修欞星門及左右橋。三十六年，移左右橋于東角上，曰"化龍橋"。崇禎十五年，按院柳寅東捐俸重修。皇清順治九年，重建啓聖宮。十三年，重修學宮。康熙二年，重修欞星門。十年，募修文廟。

　　三水縣　在縣治東。明嘉靖六年創建。八年，增修，規制未備。三十二年，重修。中爲文廟，旁爲兩廡，前爲戟門，又前爲欞星門；殿后爲明倫堂，堂東西翼以兩齋。萬曆二十四年重修。四十年再修。天啓四年，改泮池于欞星門內，累砌以磚，欄以石橋，又于欞星門外高築照墻。崇禎三年，修戟門。九年，又于泮池左開一門，曰"龍門"。十一年，修射圃及號房。皇清，學制一仍舊規。歲久傾圮。順治十六年，知府黎民貴捐修戟門。康熙九年，重修殿廡，設復神位，欞星門外故有聖域、賢關二坊，昔經兵毀，今皆修復。

　　清遠縣　宋淳祐四年，縣令楊觀建于縣治東南。元季毀。明洪武三年，即故址創建。三十一年，新之。宣德六年，毀于西寇。次年，重建殿堂、齋廡及門。正統六年，闢學基，增號舍。十二年，徙射圃于城西南。景泰三年，改建明倫堂。成化十六年重修。嘉靖三年，遷建于北門城外瑞峰寺故址。四年，重修。十八年，創崇文書院及號房。二十三年，遷入城內舊基，即今學也。中爲文廟，東西兩廡，前爲欞星門、泮池，各祠、堂齋、廨舍皆備。二十四年，又遷瑞峰寺。隆慶五年，知縣鄧文學移廟向巽峰。萬曆二十四年，建啓聖祠。二十五年，修欞星門。皇清順治甲午以後，明倫堂、祠舍相次傾圮。康熙四年，卜舊衛故址，鳩工興造。中爲文廟，明倫堂、戟門、欞星門，左爲啓聖宮，傍爲兩廡、鄉賢、名宦祠，左右爲文昌、尊經閣。五年十一月，學宮告竣。

新安縣 舊在城東門外。明萬曆元年鼎建。二十三年，改建于城南。嗣後，知縣季汝祥相繼成之。中爲文廟，傍列兩廡，前爲戟門、爲泮池，又前爲欞星門，門前爲屏墻。殿后爲明倫堂，旁立進德、修業兩齋，後爲敬一亭，東爲啓聖祠，又東爲文昌尊經閣，前爲教諭、訓導署。署東爲鄉賢、名宦兩祠。禮門，在進德齋南。儀門，在從祀廡東。前爲大門，與欞星門並，門外兩坊。崇禎十五年，知縣周希曜以科目辰星，復建于東門之外，正殿、兩廡、儀門、欞星門一如舊制。皇清因之，至康熙十年八月二十一日，颶風大作，遽爾傾塌，知縣李可成修復。

花縣 在縣治東。皇清康熙二十五年，知縣王永名創建殿廡、戟門、泮池、欞星門、照墻及啓聖祠、名宦鄉賢兩祠，規模詳備，方在草創，尚未落成。

連州 宋咸平六年，始建書堂于城內東南隅。崇寧間，遷于聯壁坊。政和四年，知州歐陽震復遷東園。乾道八年，兵燹，仍遷東南隅書堂故址。端平元年，復遷建于列秀亭右。元因之，又毀于兵。明洪武二年，遷于中峰山下。是年，州廢，學亦隨焉。四年，復州，學亦復建于四角塘，即陽山儒學舊基。二十一年，同知劉本和請復徙于列秀故址。正統二年，創號舍，歸民侵地以廣學基，出稅二畝科米五斗一升三合六勺。景泰五年，建大成殿。弘治五年，重加修飾。正德三年，撤廟學而新之。其制，中爲大成殿，兩翼爲東西廡，前爲戟門、欞星門，外爲泮池，舊有橋、有亭，又前爲泮宮亭。廟東北爲啓聖祠，又東北爲文昌閣。廟後爲明倫堂，兩翼爲齋，後爲敬一亭，最後爲尊經閣。儒學門，在啓聖祠南，其東射圃。堂西爲學正廨，又西爲訓導廨，後廢俱。萬曆甲申，知府時一新修。皇清鼎興，學仍舊址。康熙十年，欞星門爲風雨所圮，泮池、橋亭爲土寇所毀，知府李賁以次修復。

陽山縣 宋崇寧間，始建于縣治之東岡。元至元二年，徙于連州四角塘。元季毀于兵燹。明洪武二年，縣併連山，學亦因之。四年，學以縣復，仍建于四角塘。十四年，遷縣于陽巖山之右，學亦隨遷。是年，仍于東岡創建。永樂間，重修殿廡、講堂，猶覆以茅。宣德五年，重修廟學，始覆以瓦。成化十年重修。明年繼修。正德五年，鼎建堂齋。十一年重修。十四年，建欞星門。嘉靖九年，建大成殿，浚泮池。十九年，建明倫堂、兩衙、東西齋、號舍、垣墻。二十二年，創啓聖祠。二十七年，創射圖。二十九年，創學舍于西。萬曆間，先後修葺，二門易以磚瓦。十九年，鑿泮池瀦水，築以灰砂。崇禎元年重修。中為文廟，設木主，兩翼為東西齋，前為戟門，為泮池，深一丈，廣三丈，中為橋一栱，又前為櫺星門石柱三間，門外有屏，左為儒學門，又左為啟聖祠。戟門左為名宦祠，右為鄉賢祠。殿后為明倫堂，兩翼建兩齋，左為居仁、右為由義。為號舍十八間，今廢。前為聚奎門，後為敬一亭，堂之內左有臥碑，右有忠孝碑，有射圃觀德亭，學官廨、庫房二間，倉房三間。皇清順治九年，西寇焚毀殆盡。十一年，郭升重建。十五年，建兩廡、啟聖祠、名宦、鄉賢二祠，暨儒學儀門，規模漸備。

連山縣 在縣治之東。宋淳熙八年，縣令區興建。咸淳二年，毀于兵。元至治三年，知縣何再興仍故址創建。元季，藍山人陳淵僭據縣治，學因圮毀。明洪武三年，仍即舊基重建。四年，歸併陽山縣學。十四年，始設。永樂十八年，徙于縣治右。正統元年，重修。景泰末，毀于西賊。天順六年，寇平，遷縣治于雞籠關內，學亦隨之。時西賊初平，制度簡略，皆覆以茅。弘治七年，修廟學未完。十二年，始落成之。中為文廟，東西有廡，前戟門，後明倫堂。正德中，屢災，至今廟學皆茅茨而已。

韶州府

《職方典》第一千三百十六卷
韶州府部匯考二
韶州府學校考　府志

韶州府 在府治大街東。宋至和二年，知府胡牧建。熙寧七年，知府王知才重修。紹興十年，連州通判廖蘧修，曲江縣尉卓慶記。嘉定五年，知府張思忠重修，倉使袁燮記。明洪武二十年知府王世安，永樂二十三年知府王琰重修，翰林侍讀周述記。成化三年，知府陳爵廣學前民地。五年，都御史韓棟發銀五百兩，知府蘇韡增修。弘治庚申，知府曾煥再修，編修劉存業記。嘉靖元年，知府周叙以南華寺僧修佛殿入官羨餘銀四百兩重修。萬曆三十八年，火災，南韶道張德明捐俸重建。皇清康熙九年，知府劉世豸重修兩廡各十一間。戟門三間，知府周叙重建。泮池，紹定五年開。康熙十年，知府馬元浚深數尺。櫺星門，知府詹雨重建，易木以石。

弘治間，同知韓銑以學門逼近民居，貿地廣之，都御史李嗣記。龍門亭在右，有育真才坊；雲路亭在左，有崇正學坊，今圮。敬一亭，在明倫堂西，今廢。

曲江縣 宋紹興初，建于大鑒寺左。元延祐間，廉訪僉事張均重修，尋毀。政和元年，重建。明天順七年，參議王英重修，黃諫記。弘治十三年，郡守蔣欽遷于府治，舉人唐鳳記。隆慶己巳，復遷于帽峰麓。萬曆庚辰，遷歸城內，知府周嘉謨記。皇清順治十六年，知縣凌作聖重建。射圃，明崇禎八年，知縣潘復敏重建，在敬一亭前。

樂昌縣 舊在西門外，臨河。宋淳熙十五年，知縣曾造遷建于東城外拱秀坊。元末兵毀。明洪武三年，縣丞李鳳重建。永樂十四年知縣史彬，正統七年知縣曹德懋、典史鄭麟相繼修。正德十三年，兵憲王公大用、知縣李增遷入北門城內。嘉靖間，知府陳大綸、同知胡瑞遷復城外東北。萬曆庚辰年，知縣張祖炳與鄉紳鄧周、生員駱價等協議，呈遷南灣，會本府推官郭宗磐公務至昌，郭善堪輿，亦欣然稱吉。于是，申允當道，動支官帑，仍捐俸以倡，士民義助落成。是區也，武水前紆，神峰後聳，龜峰踞其左，塔岡拱其右，扶輿清淑，此其獨鍾矣，參政陳萬言有記。大殿一座五間，兩廡各五間，戟門三間，扁曰"仰聖門"，泮池、欞星門。教諭衙，在東廡路東。訓導衙二，一在縣治後，一在縣治東。射圃，在舊教場。義倉，康熙十年知縣李成棟建。

仁化縣 在縣治西。宋嘉定三年創。後毀于寇，改建于縣治東。淳祐元年，縣丞鄭軫復建于舊所。元末兵毀。明洪武三年，知縣何初建。永樂四年，知縣宋忠重建。嘉靖六年，知縣于祥重建，湯露記、范輅記。萬曆十二年，知縣翁大賓重建，劉泰然記。明末，毀于寇。皇清康熙八年，知縣熊惟祺捐俸倡建，通判池鳳翼助俸成之。教諭衙，今圮。訓導衙，在堂左，今圮。射圃，在學之西，明洪武初知縣何初立，嘉靖六年知縣于祥重建，今遷城北，已廢。

乳源縣 宋乾道丁亥年，建縣，始立學于虞塘古縣城西。淳熙丁未，寇毀，知縣曾造復建。元至正年又毀。明洪武初，知縣張安仁、教諭劉蘭苑、訓導鄧一源始遷今學。永樂十二年教諭廖彤，天順元年知縣李鑒重葺。成化元年知縣陳綬，正德元年知縣李溥，七年知縣楊英重建，廣州府知府周夔有記。嘉靖十一年知縣何澄，隆慶三年知縣洪淇繼修。萬曆間，眾議遷創，歲久未決。皇清順治十八年，知縣裘秉鈁同教諭龐瑋遷于登雲坊，上首儀門三間，儒學門外店屋十二間。教諭廨，在明倫堂西。訓導廨二，在明倫堂西，今裁。射圃，明成化間存，後廢。皇清順治十八年，知縣裘秉鈁復創置。

翁源縣 舊在縣北高嶺下二里。創始無考。宋併縣，與學俱廢。明洪武元年，復開縣，知縣田知裕復于舊址建學。十四年，廢于賊。二十五年，知縣夏應誠遷于縣治東。正統元年，始建文廟與兩廡。天順五年，知縣程振始建明倫堂。八年，知縣陶鼎始建大成殿門，開泮池。成化以後，屢壞屢修，殊多苟簡。皇清康熙十年，知縣翟延祺修建兩廡各六間，戟門三間。教諭廨，在明倫堂北。訓導廨二，一在明倫堂東，一在東齋左，今裁。學倉，在儀門外，扁曰"養賢"，今圮。

英德縣 宋慶曆間，郡守王仲達于大慶山建學。元末兵毀。明洪武七年縣丞王義、訓導楊復春，永樂四年知縣熊友信重建。天順三年，火于流賊，師生避居城內。成化五年，署縣事翁源、教諭林永齡奉巡撫陳濂命，以城西門外嶺南道改建。十八年，知縣胡旭因地卑污，增培三尺。二十三年，通判伍惠修，知縣丘策又建尊經閣。弘治六年，兵備道袁慶祥復遷于大慶山。嘉靖三年，因大慶山荒僻，謀以布政分司、湞陽驛地改遷，教諭蘇術往來申請。至五年春，提學歐陽鐸始決遷之。嘉靖癸丑知縣諶廷詔，萬曆辛丑知縣蘇大用皆重修。後知縣嚴遵試復遷于大慶山。以數科不發，甲寅，知縣丁仕明新遷于會英書院。教諭廨，在啓聖祠前。訓導廨二，一在敬一亭左，一在明倫堂右，廢。學倉，舊址低下，時有水患。明嘉靖十七年，教諭鄭泮以本衛空房捐俸改建。射圃，舊在大慶山。

南雄府

《職方典》第一千三百二十二卷
南雄府部彙考二
南雄府學校考　府志

南雄府 在府治東。宋慶曆間創。治平乙巳，知州陳侁奉詔建。大觀戊子，知州范處厚修。嘉定間，知州劉篆修。元泰定丁卯，達魯花赤教化的增而廣之。至至順壬申，總管張搏霄塑從祀先賢像。至元乙卯，總管楊益置學田若干畝。至正丁亥，通判孫三寶修崇文閣、兩廡齋舍。壬辰，達魯花赤密吏奢創樂育亭于泮池南。未幾兵毀。辛丑，總管錢旭修。明洪武戊申，知府李廷貴修。乙丑，知府左孟誠創明倫堂、四齋。丁丑，知府凌守誠徙射圃于西北。己卯，知府文德遠創大成殿。乙未，知府陳賜、同知李汝舟、通判程規、推官王遂、教授彭勖各捐俸修。正統辛酉，提學僉事彭琉按復侵地，創號房、公廨。壬戌，知府鄭述修。天順壬午，知府姜約置樂器。成化丙申，知府江璞合兩學爲一。弘治甲子知府鄭照，正德丁卯知府吳珍修。壬申，知府張巔復兩學于舊址。工未訖，癸酉，知府李吉繼成之。中爲大成殿，東西爲廡，前爲戟門，爲泮池，爲橋，又前爲欞星門。萬曆癸酉，同知宋堯武修浚泮池。神厨、神庫、宰牲房俱在西廡後，久廢。啓聖公祠，在廟北。嘉靖辛卯，知府張徹建。名宦祠在啓聖公祠左，鄉賢祠在啓聖公祠右，俱嘉靖丙戌知府伍冥創。萬曆丙戌冬，知府周保重建明倫堂于文廟後，東爲居仁齋，西爲由義齋，東西爲道義門。北爲尊經閣，今廢，皇清康熙辛亥，教授袁必得重修。閣北爲觀頤堂，閣後爲敬一亭，爲奎星閣，閣左爲書房二十間，東爲號房，西北爲射圃，西南爲學倉，前爲訓導廨一，又前爲景德祠。

保昌縣 在府學西南。宋淳祐辛丑，知縣汪應午自光孝寺東改遷。壬子，知縣趙崇徊修。元至元丁丑教諭譚瑩，至正乙未達魯花赤阿都剌林修。元季兵毀，惟文廟獨存。明洪武庚戌，知縣方仲容創兩廡、戟門、欞星門、明倫堂、兩齋。永樂癸巳知府宋玒，丁酉通判程規，辛丑知縣徐子善修。正統辛酉，提學僉事彭琉按復侵地，建號房、饌堂。丙寅，知府鄭述創明倫堂、兩齋。成化丙申，知府江璞遷府學右。正德壬申，知府張巔遷故地。中爲大成殿，東西爲廡，前爲戟門，爲泮池，爲欞星門。甲午知縣劉嶅，甲辰知府李而進，乙巳知府周南修。壬子，提學副使張希舉、知府王宏重修。壬戌，知縣楊士中遷泮池于欞星門外。皇清康熙戊申，訓導鄭遂闢地築面墻，建坊，東曰"崇正學"、西曰"育真才"。啓聖公祠，康熙庚戌，知縣馬文綉、訓導鄭遂鼎建。敬一亭、明倫堂，康熙己酉年重修。文昌宮，在殿東，亦訓導鄭遂鼎建。

始興縣 隨縣治遷徙不常。《嘉定志》，在縣東。《元志》，在郭頭。毀于兵。天曆間，主簿鄭康斗遷縣西，即今地。元統間，縣尹楊奮堅創堂廡、儀門。元季兵毀。明洪武辛未，知縣顏孝先、教諭汪士博重建。正統丙辰，知縣翟林修。壬戌，知縣韋義增創號房。景泰癸酉，知縣歐林修堂齋。天順己卯，知縣苗實修殿廡。成化甲辰知府江璞，弘治丁巳知縣夏舜修。嘉靖丙戌，知縣高輔重修。乙未，知縣汪慶舟修。中爲殿，東西爲廡，前爲泮池，爲櫺星門、神庫、神厨、宰牲房。啓聖祠在廟門西。敬一亭，在明倫堂西。名宦祠，在廟門左。鄉賢祠，在廟門右。明倫堂，在廟後，東爲至道齋，西爲據德齋，東西爲號房。東齋南爲饌堂，左爲教諭廨，前爲訓導廨、爲儀門、爲學門。西爲學倉，爲射圃。

惠州府

《職方典》第一千三百二十八卷
惠州府部匯考四
惠州府學校考　府志

惠州府 在府治之東南。宋淳熙乙未，州守張孝賁始建學。寶慶丁亥，文學掾王冑建學門于東南隅，爲亭其上，曰"麗澤"。淳祐壬寅，毀于火。元至元戊子重建。壬辰，廉訪僉事張處恭修之。泰定乙丑，教習劉惟清修大成殿及明倫堂。天曆中，教授張廷實修戟門，教授石巖立進士題名記。明洪武乙卯，知府楊伯顏不花重建。永樂庚寅，知府龍淵修之，教授古龔賓復徙門于左。正統丁巳，提學彭琉始復學西故基，又購地以益之。射圃地，久爲軍衛倉，至是復。袤一十六丈五尺，闊一十餘丈，又市千户孟質、民人黃异地，廣一丈五尺，袤十丈。辛酉，知府鄭安復修之，始爲尊經閣。景泰辛未，知府滕康修櫺星門、泮池。天順甲申，毀于火，郡守李叔玉重建。弘治丁巳，僉事王相、知府塗疇修兩廡及戟門。正德丙寅，知府呂大川重建尊經閣，修饌堂、號房，作射圃，立觀德亭。壬申，知府梅吉易櫺星門以石。乙亥，知府陳祥闢故地于東南隅爲門。嘉靖癸未，御史塗敬檄知府蘇輔新之。丙戌，知府顧遂、推官周楫始告成事。庚寅，始奉制，易大成殿曰"先師廟"，始建啓聖祠。壬辰，知府蔣淦建敬一亭，并重修學宮。丙辰，知府姚良弼、通判吳晋大修廟學。丁丑，吳晋具祭器。萬曆乙亥，知府李幾嗣修飭廟廡、堂舍一新。甲午，知府林國相重建學門。丙申，重建啓聖宮、明倫堂、尊經閣、名宦鄉賢二祠，修飭殿宇、兩廡、戟門、櫺星門。今制，前爲廟、後爲學五間，從以兩廡各十間，南爲戟門五間，爲泮池，又南爲櫺星門。池之東爲庫房，爲土地祠，西爲神厨，爲宰牲所。明倫堂在廟之後，堂之南爲志道、據德、依仁、游藝四齋。堂北爲敬一亭，中立敬一箴，東西立御注五箴、聖諭碑亭。北爲尊經閣，又北爲啓聖祠，左右爲名宦祠、爲鄉賢祠。閣之東西列爲號房四十間，今爲衙宇。西爲射圃，有亭，曰"觀德伸威"。東南爲教授宅，後爲訓導宅，今圮，建爲學宮。堂東南爲學門通衢，舊設屏牆，後廢，以木爲之，屏墙顏曰"宮墻數仞"。崇禎八年，知府周世盛修。十一年，知府梁招孟修。十四年，又修。

  歸善縣 在白鶴峰東南。元泰定甲子，始建學，後郡博士黃光祖徙建今所。元季遭兵燹。明洪武三年，知縣木寅建殿廡、堂齋，後圮。十七年重建。宣德己酉修。正統己巳，知縣徐琦建尊經閣及門。景泰丙子，知府段鑒等復修。成化五年，參議王英等修殿廡，知府吳繹思改學門，修戟門及廨舍，甃垣而飭之。正德庚午，建瑞徵亭。丁丑，撤戟門新之。己卯，撤瑞徵亭，培學東池爲地。嘉靖丙戌，知府顧遂等重建今學，易櫺星門以石。壬辰，建敬一亭。戊戌，提學吳鵬再新之。辛丑，具祭器。丙午，知府吳至等重修，張岳記。丙辰，知府姚良弼等修殿廡、堂齋，重建敬一亭、號舍二十間。嘉、隆之際，兩遭兵燹，教官徙寓府學，堂序傾圮。萬曆丁丑，守道李盛春等重修明倫堂，建教諭、訓導宅，始復居焉。甲午，同知丘一鵬等建尊經閣于明倫堂後，徙教諭宅于閣之西隅。今制，中爲文廟，從以兩廡，前爲戟門，又前爲櫺星門。明倫堂，在廟後，有齋二，東曰時敏、西曰日新。堂之北爲尊經閣，閣之西爲教諭宅，閣之東爲訓導宅。宅前爲啓聖祠，東齋之南有號房，東南隅爲學門，環以周垣，門外地數武是爲東湖，中有印山。

  博羅縣 在浮碇岡之麓。宋端平中始建學。淳祐中修之，建瑞光樓。咸淳中，令洪伯清闢地而新之。元初，僅存戟門。至元三十一年，廉訪張處恭、令劉亨重建。元末廢。明洪武四年重建。永樂二年，始立學門，修大成殿。正統二年，復修之，李時勉記，知縣趙澧增葺廨舍。天順中，修櫺星門，甃垣及學前之衢，重繕殿廡、堂齋，始建尊經閣，修戟門，建會膳堂。弘治戊申，移置瑞光樓。己酉，修櫺星門。辛酉，修戟門。正德辛未，重修瑞光樓。庚辰，建仰高祠，合祀名宦、鄉賢。嘉靖癸未，建東號房、射圃亭。乙未，重建明倫堂，奉制建敬一亭。癸卯，復修學。今制，學之前爲文廟五間，爲東西廡各三間，爲戟門、櫺星門各三間，爲神庫、神厨、宰牲所各三間。廟東北爲訓導宅，後爲明倫堂五間，堂之後爲尊經閣，後爲教諭宅。堂之東爲崇德齋三間，西爲育才齋三間，東南爲瑞光樓。樓之左，爲敬一亭。啓聖祠右爲仰高祠，合祀名宦鄉賢。南爲東西號房各八間，而射圃在學之後焉。

長寧縣 明萬曆元年，建在東城之內。六年，知縣陳茂蕙改遷文廟于縣治之東，爲東西廡，爲廟門，爲欞星門，改建明倫堂于廟後，東西爲號房，後依君子嶂，前對貴人峰，三奇六秀，無不相迎。第儒學門墻并學官廨舍，尚在舊址，諸坑所聚，久曠不居，今悉頹壞。

永安縣 初議縣東，未建。明萬曆十一年，遷于紫金山下，建文廟及兩廡。明倫堂，在廟北，前爲兩齋，東爲教諭舍，南爲儒學門、戟門，建夾門，祀名宦、鄉賢，作欞星門，內爲泮池，引城東流注之，祀啓聖于明倫堂後，東爲尊經閣，又東爲文昌閣，北爲敬一亭，又東爲道義門，東爲訓導衙，規制乃備。門左爲省牲亭，知縣陳榮祖建。

海豐縣 在縣治東南隅，舊居邑西偏。宋康定二年，始徙建今所，余靖記。淳祐辛亥，修之，元季兵毀。明洪武十三年重建。二十七年、正統六年、十二年，咸修之。天順六年，修欞星門。成化己亥重修。嘉靖壬午，改建文廟于東，徙明倫堂于西，鑿泮池，建禮門。庚寅，奉制建敬一亭。甲寅，修明倫堂，闢禮門，易柱以石，重建東齋。萬曆壬寅，建尊經閣于廟後，改啓聖祠于廟東。乙卯，改敬一亭于明倫堂之東北。嗣後，修葺不一。今制，學東爲文廟五間，東西廡五間，戟門五間，欞星門三間。廟後爲尊經閣，閣上祀文昌閣，下爲教諭宅，閣東爲訓導宅。廟東爲啓聖祠，西爲明倫堂，東進德齋、西修業齋，東爲名宦祠、西爲鄉賢祠，東北爲敬一亭，前爲宰牲所。堂下爲泮池，次爲禮門。射圃，原在明倫堂西，崇禎十一年設于西門城下。

龍川縣 在縣城之東，學故在城北嶅山之麓，爲宋崇寧故州，徽宗賜辟雍詔碑存焉。淳熙、嘉泰、端平、嘉熙間嘗葺之。元至元辛巳，毀于兵。厥後，即城東李守舊宅權爲廟學。延祐戊午，知州徐震仍建學于城北。至正間，又毀于兵，時嶅湖亦已湮矣。明洪武初，因城東遺址修建縣學。成化十三年，復建于城北。弘治元年，又修城東學。嘉靖二年，復堤嶅湖，建今學。十一年，奉制建敬一亭、啓聖祠。二十一年，因學宮圮壞，復建于城東，爲今學，知縣歐陽深建尊經閣于明倫堂後，規制一新。萬曆二十二年，置祭器。今制，前爲文廟三間，爲東西廡各五間，爲戟門五間，中爲泮池，左爲名宦祠，右爲鄉賢祠，爲欞星門五間。廟後爲明倫堂三間，堂後爲敬一亭、啓聖祠各三間。堂左爲杏壇，今廢爲神厨。右爲教諭、訓導宅,爲日新、時習二齋各三間,東西號房各十間。

長樂縣 在縣東紫金山之下。宋紹定中,始建于七都之龍岡,時龍岡爲縣治。淳祐初,縣令林朝孫修之。元至元庚寅,徙縣于今治,乃建學于治西。至順初,成之。元季兵毀。明洪武三年重建。十八年復改作之。成化元年,知縣黃瑜視其地庳隘,始徙建今所。十一年,改建欞星門以石。弘治間,修膳堂、鑿泮池。正德中,修殿及戟門,增修垣墻,始徙山巔旗纛廟。嘉靖元年,引水入于泮池。明年,建尊經閣,即旗纛祠地,後廢,增號舍。十年,築地增修學宇,建明倫堂大之。十一年,奉制建敬一亭,即尊經閣舊址。十四年,增建。十五年,改儒學向,甃泮池,建青雲橋。十九年,立科貢題名。二十七年,重建。三十三年,重建鄉賢、名宦祠。明年,修進德、修業二齋及學門,增建禮門、義路坊,修東西號房。萬曆二十年,增置祭器。今制,前爲文廟五間,爲東西廡,爲戟門五間。門之東爲名宦祠,西爲鄉賢祠。泮池,在其南,爲欞星門,爲神廚,爲宰牲房。學後爲明倫堂五間,東爲進德齋、西爲修業齋。齋後爲訓導宅。堂之北爲膳堂,爲啓聖祠三間。祠右爲射圃,有亭,北少東爲敬一亭,西爲教諭宅,東西列爲號房。

興寧縣 在縣治之東南。宋嘉定中,始建于縣東百步。咸淳戊辰,飭之。元末兵毀。明洪武辛亥,創建在城東南。乙卯,改作之。正統中,填後池廣之,重構堂宇,建尊經閣。天順己卯,修廟宇、戟門、欞星門。辛巳,寇焚廩及號舍,頒書、祭器咸毀,知府吳繹思等重建。甲午,建庫房、號舍。丁酉,改門東面雞靈山,遷射圃于學東,立觀德亭。壬寅,御史徐瑁以諸生請,始即舊嶺東道徙建今學。弘治乙卯,建尊經閣、兩齋號舍,易民地及池以拓之,氣象閎閫矣。是歲,建舍。壬戌,修兩廡、戟門、欞星門以石。正德戊辰,修號舍。丙子,增訓導宅于右偏。嘉靖庚寅,奉制建敬一亭。乙未,修明倫堂。丁酉,修廟,建啓聖、名宦鄉賢祠。辛亥,復建啓聖祠。乙卯,建宰牲亭。今制,前爲文廟五間,爲東西廡各五間,廟南爲戟門,爲欞星門。廟後爲明倫堂三間,左右室爲神庫,堂北爲訓導宅,堂東爲進德齋、西爲修業齋各三間,東齋之南爲道義門。門南爲儒學門,門東爲敬一亭,西爲啓聖祠。亭北爲教諭宅,又北爲訓導宅。門南爲泮池。啓聖祠之東爲名宦祠,西爲鄉賢祠。群英會館,在城北隅,明萬曆己丑署縣本府推官王棟建。

連平州 在州治左。明崇禎六年建。中爲文廟,兩廡翼焉。南爲戟門,內開泮池，引北門源泉注之，又南爲欞星門。明倫堂在廟北，前爲兩齋，東爲學正舍，西爲訓導舍。啓聖宮，在明倫堂左。敬一亭，在明倫堂後。

河源縣 明洪武二年，建于舊城東南隅。《舊志》，舊城濱河，屢遭水患。學宮、廟廡、門堂悉圮。萬曆壬午，復古城，而遷縣治，號曰新城。乙酉，遷學于新城西北隅，東向，建廟于中，左右爲兩廡，前爲戟門，又前爲欞星門。廟右爲明倫堂，左右兩齋曰進德、曰修業。前爲儀門，又前爲儒學門，堂之西北隅爲啓聖祠，皆撤舊宇木石，稍增補飾新之。萬曆壬辰，建名宦、鄉賢二祠于戟門左，建敬一亭于廟後，規制始備。然學宮之前，猶未有水以增其勝，知府林國相浚源築堤，水匯勝完矣。

和平縣 在縣治之西。明正德十六年，立縣治，乃建學。嘉靖二年，知縣劉琰增置官廨、號房、宰牲房，甃露臺，立名宦、鄉賢二祠，規制略視諸學焉。歲久且壞。嘉靖二十六年，僉事范惟一督縣修葺之。至三十五年，始成今制。前爲文廟三間，爲東西廡各五間，附兩廡，東爲名宦祠，西爲鄉賢祠，各三間，爲戟門、爲欞星門各三間，廟右爲啓聖祠三間，後爲明倫堂三間，東爲進修齋三間，爲號房四間，堂後爲教諭宅，左爲訓導宅，前爲儀門，爲學門，學之西爲敬一亭。

潮州府

《職方典》第一千三百三十六卷
　　潮州府部彙考四
　　潮州府學校考　府志

潮州府 舊在西郊。宋咸平間，徙城南。慶曆間，立于東岡之湄。元祐四年，遷湖山之麓。七年，又徙州之東南隅。建炎二年，即神霄宮爲學。紹興八年兵毀。十一年，知州徐璋卜州治東北，凡五遷，至是始定。二十一年，建前中門，上爲御書閣及講堂。淳熙十六年，創六齋。慶元四年，增置二齋。景炎三年毀。元至元二十一年，建講堂、齋舍。至順三年，甃石爲泮池，易欞星門以石。明因之，額設教授一人，訓導四人。正統三年，重修大成殿、兩廡及新雅樂。天順七年，重修明倫堂，作儀門及東西四齋。弘治六年，置學前地，建舍八十間。嘉靖九年，建敬一亭，闢欞星門前民地而廣之。十五年，重建明倫堂、四齋。二十六年修葺。三十二年，颶風毀，知府陳叙重竪戟門。三十四年，重竪臥碑。三十六年，知府陸佑修飭學舍頹壞，重拓射圃于學之陽。萬曆十三年，知府郭子章重建明倫堂并兩廡。十五年，廢明倫堂後觀頤堂，建尊經閣。二十一年，改修明倫棟梁。二十六年，復建觀頤堂爲養賢堂，移尊經閣建于殿右，并重建大殿，臥碑在明倫堂左，制語凡十四條。啓聖祠在殿后。名宦祠在明倫堂左。鄉賢祠在明倫堂右。射圃，在府學前，向明倫堂後，連察院外垣，内圍號舍八十間。嘉靖二十一年重修。萬曆間，射堂傾頹，兵道張堯平截池入院建樓，改射堂西向，仍置號舍。年久漸圮，未修，因建大殿，議復舊焉。神器庫三間，在廟右。宰牲所一間，在廟右。教授廨一所，在廟右。訓導廨二所，一在明倫堂左，一在廟右。天啓間，知府樊王家修葺。崇禎間，知府劉柱國重建儀門。皇清順治初，知府黃廷獻、吳穎相繼重修。十八年，饒鎮吳六奇捐資重建明倫堂及門廡，并名宦、鄉賢祠。康熙十八年，知府林杭學捐俸重修廟學，并鼎建啓聖祠，其文昌祠久廢，暫奉像祀于敬一亭，嗣議重建，撥定留隍田地租銀一十二兩，關外河乾地租銀一兩，共爲香燈之資，并撥學旁地租銀六兩專司香燈。射圃，在府學前。

海陽縣 舊在府治西偏，附郡學右。宋紹興中，知縣陳垣遷于制錦坊，即今地。紹定間，增修。景炎三年毀。元不復建，附生徒于郡齋。明額設教諭一人，訓導二人。洪武二年，通判張杰始建學。永樂間，重建大成殿、兩廡。宣德八年，御史丁寧重修兩廡、戟門、欞星門。正統元年，知府王源以官地易民居廣之，徙欞星門外臨于街，内鑿泮池，甃以石。明年，建明倫堂、興賢、育才二齋。天順八年，重建大成殿及饌堂，易欞星門柱以石。成化九年，即饌堂舊址建後堂，買學西民地改建饌堂、號舍。弘治九年，以學西舊驛地增建號舍，俱廢。嘉靖間，重修，又立啓聖祠于大成殿前，復以學後卑窪，買民池實土，議建尊經閣，未就。二十四年，始闢閣垣而一之。二十五年繕修。二十七年，建敬一亭于尊經閣。二十六年，復徙于明倫堂前。二十九年、四十二年、萬曆二年，俱相繼修葺。九年，大成殿復壞，知府張敷潛重修建。十五年，明倫堂圮甚，知府勞遜志新之，復增起教諭學舍一座。明年，復徙啓聖祠于訓導齋地，仍以祠地爲訓導齋。天啓間，副使周維京重建殿廡、儀門。崇禎間，重建啓聖祠。皇清順治間，重修殿廡及欞星門。康熙二十年，重修文廟，并重建文昌祠，撥定學中洲租銀二兩，竹木門巷首鋪租銀二兩，登雲都井頭鄉田租銀一兩一錢六分，共爲香燈之費。又撥學宮外地租銀六兩專司廟祠香燈，存文昌祠。前鋪地租銀四兩爲本祠香燈之費，仍批縣巷溝乾鋪存二十間，年帶租銀四兩爲文昌聖誕慶祝之費。康熙二十三年，同知滕天綬捐俸重建啟聖祠。射圃，缺。

潮陽縣 在縣治東南。宋紹定三年建。景炎中毀。元縣尹崔思誠建大成殿。至正九年，建明倫堂及兩齋。明洪武二十八年，重修兩齋，曰進德、修業。正統五年，建號舍十間。十年，創膳堂。景泰四年，重建明倫堂。天順七年，易櫺星門柱以石，砌泮池，造祭器。成化二年，增建號舍十一間。弘治八年，購民地建拓教諭廨及號舍十間。正德十二年，建海濱鄒魯二坊及修明倫堂。嘉靖九年，奉制撤像。十二年，修號舍。十三年，鑄祭器。十六年，建啟聖祠，重修文廟祭器。十七年，修明倫堂、饌堂。十八年，颶風，殿堂、祠宇、門齋、住廨坍散。是年，知縣胡景華修復。三十七年，重修明倫堂。隆慶中，復大修廟學。三年，始成。其制，外爲櫺星門，門之內爲泮池，其中爲戟門，上爲露臺，臺上爲大成殿。殿後爲明倫堂，堂後爲尊經閣，殿東爲敬一亭，前爲名宦祠，西爲啟聖祠，祠前爲鄉賢祠。皇清康熙十年，知縣徐而泰、教諭吳廷縉同紳衿捐修。射圃，在水門外。

揭陽縣 在縣治東。宋紹興十年置縣，即建學。淳祐六年，重修。景炎三年，毀。元重建，明因之。永樂二十年，重修。天順七年，知縣陳爵買民地以廣學基，建學舍、進德、修業二齋。弘治八年，修明倫堂。十三年，建尊經閣及射圃。嘉靖五年，修明倫堂、饌堂、齋舍，敬一亭在學門左，學倉在儀門左，教諭宅在東齋，訓導宅在啟聖祠左及西齋後，名宦、鄉賢二祠在戟門左右。三十九年，重建先師廟、東西廡。四十一年，又重建敬一亭，浚櫺星門前一水通于馬山窖。四十五年，署縣推官鄭良璧建尊經閣。萬曆十六年，兵道王民順修建廟署，增高明倫堂三尺，教諭陳民極捐俸建文昌祠及齋宿房、會饌所。皇清順治十七年，重修。康熙十七年正月二十二夜，毀于火，知縣廖鳴鳳重修。射圃，在明倫堂北。

程鄉縣 在縣治南。宋梅州學也，初建于大市，後徙之東南隅。乾道九年，知州黃德俊復遷于城之西北天慶觀，州守游庚創而未備。淳熙十二年，建梯雲橋于學前。慶元六年，增建學宮，新十哲像，葺齋舍，教授張如圭、林若谷相繼建大成殿。紹定三年，毀，學正鄭奇遷于貢院故址，本路使趙師楷、知州葉敷榮共建大成殿、兩廡、戟門，扁講堂曰"明道"。嘉熙三年，再毀。淳祐元年，遷于今所。元至元十七年，復毀。元貞二年，重建，未竣。大德元年，僉事忽剌出成之。至順元年重建，增其舊址。至正十三年，毀于寇。二十六年，重建。二十七年，落成，復毀于寇。明洪武二年，省州。三年，改爲縣學，主簿房秉正修大成殿、明倫堂、戟門、兩廡、欞星門、兩齋。十七年，堂齋毀。二十四年，改造。正統九年，建大成殿、兩廡。成化元年，易欞星門以石。弘治三年，創明倫堂。正德八年，重建大成殿、兩廡、欞星門、泮池、祭器庫、饌堂。九年，增號舍。十六年，知縣唐繼仁重建大成門。嘉靖四年，撤饌堂，建尊經閣。八年，立敬一亭。十年，建啓聖祠。二十五年，建會饌堂。今學制，中爲先師廟，左右爲兩廡、庫房，前爲廟門、泮池、欞星門；後爲明倫堂、兩齋，西爲敬一亭、啓聖祠、號舍、宰牲所、學倉。明倫堂後爲教諭廨，左爲訓導廨。皇清康熙十二年，知縣王仕雲捐俸暨廣文吳晋等捐資置田，共租一十六石一斗五升八合一勺爲香燈之資，貢生李升送田租四石六斗五升爲文昌祠燈油慶祝之資。射圃，在東南城外。

饒平縣 創于明成化十四年，與縣城竝建，同知邵有良經始。明年，知縣楊昱董成之，其地在縣之左。正德三年，聖殿圮壞，知縣毛棠鼎建未就。九年，知縣楊淮至，始克成之。成化十三年，參議張簡復其地之侵于民者。嘉靖丙申秋，壞于颶風，教諭王魯新之，知縣柴喬、李十達重修學。舊無泮池，二十三年始鑿池。四十年，廣號舍十餘間。萬曆十九年，又增置號舍二十六間。皇清順治間，饒鎮吳六奇重建，視昔加偉，鑄洪鐘懸殿上，并修明倫堂、名宦、鄉賢祠。射圃，在學東。

惠來縣 在縣治北。明嘉靖四年建。十九年，以颶風壞，改建于縣治東，即府館舊址也。二十二年，颶風復毀，知縣官德章重修，又建博文、約禮二齋，建號舍、會饌堂于明倫堂之右，建廨于堂東西，敬一亭在明倫堂後。三十年，重修，又建大成殿、兩廡、戟門、欞星門、泮池、明倫堂、神厨、祭器。三十二年，創學塘、觀海亭、學門、儀門、宰牲所。萬曆年間，知縣游之光重修。皇清康熙十九年，騰蛟、起鳳二亭，年久傾圮，知縣張秉政捐俸修葺。射圃，在明倫堂西，今廢。

大埔縣 在縣治左。明嘉靖六年建。二十二年，建講堂、增號舍。二十四年，建學閣，修明倫堂、齋舍、號房。二十七年，改建大門。三十四年，修廨。三十九年，修號舍、講堂。敬一亭在儒學左。萬曆二十一年，重建講堂，修號舍。皇清順治間，饒鎮吳六奇、知縣趙觀光同修。

澄海縣 在縣治左。明萬曆五年建。文廟在中，儒學門南向，儀門東向；明倫堂在殿后，儀門外左畔小亭覆臥碑，明倫堂北建敬一亭，又內號舍在啓聖祠左右，各三間，外號舍在明倫堂左右，各三間，號舍之東西置教諭、訓導廨。崇禎間，知縣梁高登、教諭胡日乾重修。皇清康熙五年，遷斥，儒學俱廢。七年，展復，尚未重建。

　　普寧縣　在縣治西南，即厚嶼之前山。明嘉靖四十二年創。萬曆三年，始建明倫堂、兩學舍。十三年，知縣趙獻建文廟、兩廡、大成門、櫺星門、名宦鄉賢祠、儒學門。二十五年，建啓聖祠，其明倫堂、號房爲颶風毀敗者亦重新焉。二十三年，知縣沈如霖捐倡大修，擇明倫堂後隙地建敬一亭。三十六年重修。皇清順治五年，土寇陷邑，拆毀。八年重建。十二年，海寇陳豹破縣、摧城，并拆學宫。康熙九年，重建大成門、啓聖祠。二十一年，重建教諭廨。二十二年，知縣汪溶日等捐俸倡建明倫堂，並修櫺星門，立騰蛟起鳳坊。

　　平遠縣　在縣治東。明嘉靖四十三年建，時屬草創。萬曆六年，拓地遷建文廟及明倫堂。其制，廟五間，前爲戟門三間，後爲明倫堂。堂後爲啓聖祠。教諭廨，在廟西南。訓導廨，在明倫堂右。崇禎間，知縣胡有英、教諭詹露重修。皇清順治間，知縣葛篤彝重修。射圃，缺。

　　鎮平縣　在縣治西。明崇禎六年，撫按批委平遠知縣沈惟耀督建，其地基係貢生徐徽、生員徐惟礎義捐。十七年，知縣羅明夔重修。皇清順治十三年，知縣薛世望修。康熙二年，重修。十一年，知縣程夢簡捐倡鼎新。射圃，在尊經閣左，有君子堂，知縣程夢簡建。

肇慶府

《職方典》第一千三百四十八卷
肇慶府部匯考六
肇慶府學校考　府志

　　肇慶府　在城東一里，舊在舊縣治東七十步。宋崇寧初，遷今所。郡守毛衍經始，歷林景章、張漸兩守成之。紹興間，郡守李麟、鄭起沃增創。元季修葺，後毀于兵。明洪武二年，知府步從信鼎建。宣德間，知府王罃撤而新之。天順初，西賊流劫，兩據學宫，知府黃瑜奏遷于城中東倉地。成化間，知府李璲改學門、甃泮橋。弘治間，知府黃琥重修，通判李敏立射圃。正德元年，知府黃顒修大成殿及厨庫。十二年，通判呂泮修明倫堂及書樓。嘉靖六年，總制兩廣新建伯王守仁飭堂齋之不稱者。十年，始奉制，易大成殿爲文廟，建啓聖祠，又建敬一亭。十一年，巡按御史吳麟、知府錢鐸復遷今所，市民地以廣之，殿廡、堂舍具備。嘉靖十二年，都御史吳桂芳乃于廟後建尊經閣。隆慶三年，同知郭文通闢廟左地爲明倫堂。萬曆九年，知府王泮買民居，開學門臨大江，護以石欄，接東西街，樹坊四，一"崧山起鳳"、一"端水騰蛟"、一"崇儒"、一"貞教"，有參政陳萬言記。萬曆十四年，廟學圮于洪水，知府鄭一麟重修。左學右廟，廟前兩廡，爲戟門，列神厨、神庫，泮池橋在戟門外，爲欞星門，南樹黌宮坊。三十一年，知府陳濂復買民地，闢圍墻，遷起鳳、騰蛟二坊于街外。石欄頹泐，督府周嘉謨鳩工重修。廟左爲明倫堂，爲四齋，東曰居仁、曰立禮，西曰由義、曰廣智，前儀門列號房，又前爲儒學門，堂後爲講堂，即教授署，東西爲訓導署。甲寅年，改建尊經閣于明倫堂後，而以廟後舊址爲啓聖祠，東名宦，西鄉賢，敬一亭在後山頂，中立敬一箴，東西立五箴，甃以石，周以垣，督府張鳴岡、知府戴熺建，知府陳謨修。崇禎五年，知府陸鰲與通判史延旭重修。明末毁于兵。皇清順治十五年，知府楊萬春倡率紳士修復明倫堂、尊經閣、啓聖祠，仍附鄉賢、名宦祠于左右。次年，重建大魁樓。康熙六年，推官吳百朋、教授姚士裘重修殿廡以及文昌宮、土地祠、戟門、泮池。八年，颶風大作，大殿、大魁樓、尊經閣、欞星門俱被飄毁。十一年，總督兩廣部院金光祖、廣肇南韶道任埈、知府史樹駿、同知韓世琳、通判董敬捐俸修葺。

　　高要縣　舊在舊縣治東七十步府學遺址。宋政和甲午，郡守毛衍即其地以爲縣學。歷元，興廢莫考。明洪武初創建，廟東學西。十年，知府胡本道增修，置射圃。永樂十年，知縣常庸徙堂齋于殿后，以舊堂齋爲學倉廨宇。宣德七年，知府王罃重修。正統間，提學僉事彭琉偕知府王罃復學後侵地，築書樓，新大成殿，鑿泮池、亭、射圃，增築號舍，又復學前侵地爲廨宇。景泰七年，同知饒秉鑒奏以官倉空地易軍營，軍營在書樓後，撤書樓爲兩齋。天順七年，知府黃瑜、知縣朱茂建儀門及齋南號舍。成化三年，知縣劉欽重建明倫堂、欞星門。七年，知縣孫珍重建戟門、廨宇。弘治間，知縣左浚改儀門于大成殿左。正德二年，知縣錢世用重修。十二年，知縣秦行健建杏壇于書樓北。嘉靖十一年，巡按御史吳麟、知府錢鐸建議遷學于今府學廟右，與府學合廟。萬曆九年，知府王泮買民居闢學門。二十年，督府蕭彥乃令復遷于城内原學舊址，府治之東、衛署之西，督府陳渠後先繼之。三十二年，知府陳濂填築後塘，建尊經閣。四十四年，推官李春熙、通判許學賢改學前路，從左繞、右循南復摺左而西。天啓二年，知縣江漸磐重修廟廡。先是，廟後地陷，堂齋傾圮，教官僦居民舍，知府陸鏊、知縣張明熙先後葺修。文廟、兩廡，戟門左爲鄉賢祠，右爲土地祠，中爲泮池。橋右爲名宦祠，前爲欞星門，照壁曰"宮牆萬仞"，左旁爲雲路坊，進爲儒學門，直循而上爲巽門，入明倫堂又直循而上爲尊經閣，閣在明倫堂後，即啓聖祠。教諭舍，在堂屏内。訓導舍，在堂東西。

四會縣　在縣治東南。舊在金岡山下，創建無所考。宋咸淳己丑，知縣趙汝音遷于今地，建大成殿、戟門。景炎間，知縣陳隆建堂齋、號舍。元末摧圮。明洪武初，重建。永樂十一年，知縣顏寶重修。景泰四年，知縣楊渙建書樓。成化六年，知府黄瑜復侵地，改建明倫堂，以堂舊基建大成殿、兩廡、門庫、齋舍、書樓、饌堂。正德十四年，知縣蕭樟作泮橋。嘉靖七年，知縣張璽重修堂齋。十六年，知縣羅愈請歲以寺租修學。《舊志》云，愈定學田租銀，而《縣志》則言愈請督學以寺田額計定其租，除供稅外，每年取二十兩修學。今區村莊租，即其數也。二十五年，知縣莊深建敬一亭、尊經閣。三十年，知縣陳自然建儒林門、欞星門。萬曆三十三年，知縣彭名世復建尊經閣，乃移啓聖祠、敬一亭于閣左右。四十六年，知縣謝子詔、教諭邢裔昌重修殿廡、齋房。四十八年，知縣陳祖訓改建文昌閣于儒學之前，左爲名宦祠，右爲鄉賢祠。射圃，在學東，内有觀德亭。

新興縣　在縣治東南。舊爲新州學。宋天禧間始建。天聖間，徙于夏院寺之西。紹興十二年，郡守張夔重修。淳熙四年，郡守趙師孟復遷于舊址。嘉定六年，郡守楊承祖重建大成殿，郡守陳士龍建講堂。咸淳十年，郡守何坤葺之。元大德中，知州高芝重建殿齋。泰定四年，同知李漢杰復修。元統三年，達魯花赤薛里吉思填左右地爲兩廡。明洪武三年，改新州爲新興縣，州學爲縣學，縣丞孫守正鼎建廟學。宣德五年，教諭盧潤建尊經閣。舊時，學基至明倫堂止，議建尊經閣，苦無地，邑進士張聰將近明倫堂地一畝二分建閣。正統三年，知縣雷晏重建講堂、號舍、饌堂、厨庫、學倉、射圃。天順七年，毁于寇，知府黄瑜新之。成化乙未，通判李敏增建。正德十一年，知縣王琮復射圃侵地。嘉靖十年，詔建啓聖祠，未果。十六年，知縣胡堯時始建于尊經閣後，闢泮池右爲敬一亭。二十七年，知府胡純行縣，修欞星門。三十五年，縣丞羅寧重修。萬曆十三年，知縣趙德懋請以學塘租銀修廟廡、啓聖祠、明倫堂、尊經閣、兩齋號舍。二十四年，知縣姚舜牧重修學前二坊，新其扁曰"賢關"、曰"聖域"，建木欄爲鍵輿馬之直過者，又從學前塘基闢路出南城，曰"見龍衢"，今廢。三十年，知縣楊成喬捐俸重修學宮。今制，文廟居中，翼以兩廡，南爲戟門，左爲名宦祠，右爲鄉賢祠，分庭左爲烹造所，右爲宰牲所。中空鑿泮池通橋，橋南爲欞星門。門左爲儒學門，右爲敬一亭。廟後爲明倫堂，東爲祭器庫，西爲陳設庫。前分列爲經義、治事齋，齋後爲尊經閣，閣後爲啓聖祠，東南爲教諭舍，兩齋後爲訓導舍。射圃，在南城外，距學二里許。

陽春縣 在縣治西。宋慶曆四年，原建于南城外一里梅花村。元季圮壞。明洪武二年，知縣莫景明遷建于今地。永樂七年，縣丞吳子育重建，殿廡、戟門、欞星門、明倫堂、兩齋、廚倉、射圃悉備。正統三年，知縣宋啓重修。成化五年，毀于寇。七年，知府黃瑜新之。正德十年，知縣黃寬重修殿廡、堂齋。嘉靖十年，知縣楊和建啓聖祠、敬一亭。三十二年，知縣謝復生重建文廟，並飭兩廡、堂齋、號舍。隆慶間，同知郭文通鑿泮池于欞星門內，知縣熊烈建尊經閣。萬曆四年，同知蔡懋昭買民地，闢學前路樹以坊，知縣毛汝起重修廟廡、戟門、欞星門、學門，改建敬一亭，鑿泮池于欞星門外。十一年，知縣黃憲清建接雲樓。十五年，颶風飄毀，知縣張文誥修之，移敬一亭于尊經閣後。明倫堂在廟之後，堂後爲尊經閣，閣後爲接雲樓。啓聖祠，在明倫堂左。敬一亭，在尊經閣後。戟門左右爲名宦、鄉賢祠。泮池在欞星門外，前爲雲路坊。教諭舍改于東齋，訓導舍如故。饌堂、號舍俱備。崇禎十六年，知縣陳軾倡率諸生梁應標等修葺。皇清康熙九年，知縣張含瑾重修。射圃，在南門外，今廢。

陽江縣 在縣治西，舊南恩州學。宋慶曆四年，始創于城南二里。紹聖中，知州丁璉徙城內東南隅。紹興辛未，知州傅雱刻孔子小影于御書閣。淳熙中，知州梁球建大成殿。嘉定中，知州陳岳、鄭浦重修殿廡、堂齋。元末圮于兵燹。明洪武中，省州入縣，遂改州學爲縣學，廢縣舊學爲民地，知縣張翼始更造之。自後，知縣梁潛、林星、李寧修建漸備。天順七年，賊毀，僅存禮殿。成化二年，僉事張祚重建廟學，又市民地建藏書閣。二十一年，僉事陶魯以學湫隘，遷今地。正德九年，主簿林景和重修兩廡、戟門。嘉靖七年，主簿楊任修建齋堂、號舍、尊經閣、學門。嘉靖十四年，知縣莫斌廢尊經閣，建啓聖祠、敬一亭。萬曆七年，同知蔡懋昭復建尊經閣。十三年，兵備副使王泮、同知方應時大修廟學，以及東西兩廡、神廚，庫房在兩廡南，前戟門，又前石櫺星門及泮池。廟後明倫堂、二齋，齋東南儒學門，堂後爲敬一亭、爲啓聖祠，後爲尊經閣。堂右爲教諭舍，左爲訓導舍。鄉賢祠、名宦祠，俱戟門右。土地祠、淡庵祠，俱戟門左。文昌祠與土地祠並。有西園新業五間，在尊經閣左。有東西號房二所。射圃，在東門外。儒洞，在白石都儒洞村，明嘉靖三十年提學張希舉立。

高明縣 在縣治東。明成化十二年，始置縣設學，知府李璲創建大成殿、兩廡、戟門、櫺星門、明倫堂、兩齋、號舍、廚庫。弘治間，署縣事典史黃觀建講堂及泮池橋、亭于門外。正德十五年，通判潘鷗重修。嘉靖五年，知縣陳坡重建殿廡、堂齋、戟門、儒門、廚庫、號舍，樹櫺星門以石，又創聚奎樓。二十八年，知縣陳富春重建講堂、號舍。三十四年，教諭湯浚建登賢亭。三十五年，廟學爲颶風摧毀，知縣徐純次第修葺，又築杏壇于泮池上，移敬一亭于儒門內，遷名宦、鄉賢二祠于戟門左右。萬曆十三年，知縣曾宗烈重修廟廡、堂齋，啓聖、名宦、鄉賢祠及敬一亭。萬曆二十三年，知縣韓國藩于學門左創建尊經閣，又重建左右二坊，改題"玉山起鳳""珠海騰蛟"。四十八年，知縣陳京璧重修殿廡。崇禎五年，知縣蕭時勉、訓導譚復行修葺。明末毀于兵。皇清康熙八年，知縣魯杰重修。射圃，明成化中知縣唐簡闢，嘉靖中知縣陳富春重建，今圮。

恩平縣 在縣治西。明成化十六年，始置縣設學，都御史朱英、按察使陶魯創建大成殿、兩廡、戟門、櫺星門、明倫堂、兩齋，繼建尊經閣、儀門、號舍。正德二年，修建櫺星門。嘉靖初，教諭費頤修建儒學門。未幾，廟學爲颶風所毀。二十五年，知縣阮琳重建。萬曆十五年，教諭車學年建尊經閣于殿之東北。十七年，會學圮，重修，知縣蔡標、教諭龐一德徙泮池于櫺星門外，環以垣牆，門左曰"崇正學"、門右曰"育英才"，戟門東爲名宦祠、西爲鄉賢祠。廟後爲啓聖祠，東北爲尊經閣。祠西爲號舍，東爲敬一亭，後爲教諭舍。射圃，在學右，今廢。

廣寧縣 在縣治東。明嘉靖三十九年，始置縣，知縣韋弁創建廟學。萬曆十一年，兵備副使徐時可檄知縣黃南金修之。文廟、兩廡、戟門、櫺星門、啓聖祠、明倫堂、兩齋、官廨、學門咸備。明倫堂，在廟後，東西兩齋。東南爲儒學門，門北爲啓聖祠，名宦祠、鄉賢祠在西齋之西，教諭舍在明倫堂東北，訓導舍在明倫堂西北。皇清順治十五年教諭黃金勝，康熙三十三年知縣寧堯采等先後重修。

開平縣 設于明季，崇禎末兵燹頻仍，學宮未建，衹修小廳一所，因陋就簡，尚未鼎造。故《舊志》皆弗載，第學校爲育才重地，詎宜缺略。皇清康熙十年，訓導蕭正傳捐修。

德慶州 在州治東一百七十步，舊德慶府學，創建于城東紫極宮故基。宋元豐四年，遷于府治東六十步。慶元初，郡守趙師瑾置書買田。紹定、淳祐間，郡守陳宿、馮光益之。至元末，教授林舜諮作大成殿、尊經閣，同知王罃祖樹明倫堂，總管孫輔臣增修之。明洪武九年，定爲州學。正統中，提學彭琉命判官朱智修建殿廡、重門及雲章閣，知州謝必賢繼起堂齋。成化間，知州李鍈、周儉、管淳增修。弘治三年，知州王淮重建尊經閣、號舍、戟門、廚庫。十五年，知州楊榮重修殿廡。嘉靖十五年，知州陸舜臣重修。二十一年，知州吳汝新重建殿廡，改甃泮池，增修學門、號舍。三十六年，知州涂鋐增修殿廡。四十三年，知州楊徵移徙于東城隍廟。萬曆二十八年，知州沈有嚴遷復于州治左之舊廟。崇禎五年，通判王之肱修葺，文廟前爲兩廡、爲戟門、爲名宦、鄉賢二祠，戟門前爲泮池，池前爲欞星門，門外爲屏墙，其左右爲育才、興賢二坊。殿后爲明倫堂，堂之上架尊經閣，閣後爲啓聖祠，堂左爲進德齋、爲禮門，右爲修業齋、爲土地祠，又左爲敬一亭，右爲學正與二訓導舍。臨大街爲儒學門。皇清順治間，知州饒崇秩以眾議，欲改遷于舊廣備倉之左，捐俸一百五十兩送學收貯，後議遷未果。康熙五年，學正梁宗典重修。射圃，明正統六年，知州周冕建廣惠門外西城下。久圮，萬曆三十年，知州沈有嚴復建學左。

封川縣 在城東北八十步，即封州儒學。舊在縣東山一里。宋康定元年，創建。皇祐間，毀于寇，遂遷今地。嘉祐三年，州守田開以其狹隘，遷于城西小丫嶺，屢被水患。熙寧二年，州守俞瑊復遷于東山故址。紹興七年，州廢學毀。十一年，州復，知州黃琮闢故址，建學宮，置學田。時士以涉水不便，十五年，郡守楊王休徙于今地。咸淳七年，教授張祀重修。元至正三年，達魯花赤月魯帖木兒重修。明洪武二年，改州爲縣，因改州學爲縣學。永樂八年，縣丞歐必森新之。十二年，縣丞楊隆重建廟學。天順四年，寇毀，僅存殿廡、堂齋。成化五年，知縣萬顯移明倫堂及兩齋于後地之爽塏者。弘治十八年，知縣張琇重建廟廡、欞星門。正德四年，知縣黃瓊建學門。六年，訓導郭纓建尊經閣，闢泮池。嘉靖初，知縣潘海周英重修。三十二年，知縣郭處賢改建敬一亭。四十三年，洪水沖壞廟學，知縣唐時雨大加修葺。隆慶六年，欞星門壞，知縣陳起耕修之。萬曆九年，知縣周日暹重修。十九年，知縣黃懋中遷復東山故址。萬曆三十五年，嶺西兵巡道陳濂命知縣唐民拱徙建于城中今處。明倫堂，在文廟左，露臺、甬路，翼以兩廊，門外南立綽楔。堂西爲尊經閣，東爲神厨、神庫。後爲敬一亭。廟東西爲兩廡，前爲戟門，左名宦、右鄉賢，又前爲欞星門，外爲泮池。啓聖宮，在學宮右。教官廨，一在城隍廟前，一在府館後。射圃，在學宮右。

開建縣 在縣東半里。舊在縣東三里。元末毀于兵。明洪武三年，主簿郝暹鼎建。八年，知縣龔行徙于縣北一里五顯廟之左，其時登科第者多。後圮于洪水，宣德八年，署縣事典史張嘉惠又徙于縣東南百步。成化九年，教諭陳瑚請于巡撫都御史朱英，遷于城內東隅。二十一年，知縣廖賓重建，殿廡、戟門、欞星門、明倫堂、饌堂、兩齋、號舍、庫房咸備。嘉靖十年，署縣事典史黃世鐸建啓聖祠。十五年，知縣呂賓增置號舍二十間。三十九年，御史潘季馴遷建今所，通縣父老諸生義助，不動公帑。萬曆四年，知縣胡希寅建正業堂、名宦、鄉賢祠、號舍、廨舍。文廟兩廡前爲戟門，門左右爲神厨，又前爲欞星門。明倫堂在廟後，前二齋博文、約禮，後爲居業堂，左右列爲號舍。其後爲敬一亭，名宦、鄉賢祠在明倫堂左右。啓聖祠，在明倫堂後。學門，在欞星門左。教官廨，在城中舊泮池。皇清順治十四年，教諭鄭茂惠重修。康熙九年，知縣張沖斗復修，設廟祝侍香，每月按其人口捐給米鹽。射圃，在明倫堂後，今改建啓聖祠。

高州府

《職方典》第一千三百五十六卷
高州府部匯考二
高州府學校考 通志

高州府 在府治東隅。明洪武初，知府沈奇建，同知岳福重修。景泰間，知府何盛復葺之。成化元年，學廢于賊。七年，副使孔鏞平賊，重修廟堂、齋舍。正德四年知府陳腆，八年知府陳嘉表，嘉靖元年知府莊科，二十二年知府歐陽烈重修。中爲文廟，爲兩廡，爲儀門，欞星門，外有泮池，池外有海表文明坊。廟後爲明倫堂，旁爲東西齋。泮路之東，前爲啓聖祠，祠後爲名宦祠。儀門西爲土地祠，又西爲鄉賢祠，祠後爲四箴亭。崇禎十年，知府姚繼舜捐修。皇清順治十一年，按院趙之麒、守道劉繼昌、知府蕭嘉熙等捐俸鼎建重新。康熙六年知府熊啓引，七年知府蔣應泰、教授黃夢資繼修。

茂名縣 明洪武十四年，始設學于城內西北。後設千戶所，地甚狹隘，教諭劉源議遷于城外東山寺故址。天順八年，兵燹。成化五年，知府孔鏞併學于府。正德五年，監生楊節奏復。六年，知縣林渠復建于舊址，立明倫堂、兩齋、學門、儒林坊。嘉靖七年，巡按御史周模楷置磚甃學路百五十丈，修築周圍垣墻。十四年，知府鄭綱、知縣易本仁復建廟廡、戟門、欞星門、學門、牌坊。二十七年，知府歐陽烈遷學門，新二坊，啓聖祠、名宦、鄉賢祠俱附府學。二十八年，知縣韋允重修廟廡及明倫堂。崇禎間，知府姚繼舜、知縣張復普、尹奇逢相繼重修。

電白縣 舊在寶山下。元季兵毀。明洪武初，知縣劉源隆遷于縣治東南。成化四年，僉事陶魯遷于神電衛。五年，知府孔鏞大新之。嘉靖十年，知縣董琳建敬一亭。十七年，知縣俞岳建啓聖祠。二十七年，知縣譚堯道、知府歐陽烈重修，後盡傾圮。萬曆六年，知縣張希皋經始創建，知縣林夢琦增修。首建文廟，次兩廡，次戟門，欞星門，明倫堂，東西齋，又建啓聖祠于東偏，名宦、鄉賢于戟門之左右，又于明倫堂東建教諭廨，西建訓導廨，明倫堂之下建號舍焉，建敬一亭于明倫堂後土山之上。欞星門外文路東西兩端建崇儒、造士二坊。崇禎七年，知府姚繼舜、知縣周日旦、教諭李世球重新之，建射圃于學右。

信宜縣 在城東。元至正十四年，知縣陳卜顏察兒建立。明因之。永樂四年，知縣盛得中重建。十三年知縣姚原立，正統四年知縣陶兗修葺堂齋。天順年間，知縣顏玉階重建大成殿。成化四年，知縣李時敏復修大成殿、兩廡，遷于城東南。七年，建欞星門、禮門。正德八年，知縣虞玘重修。嘉靖十四年，典史前編修程文德遷于縣左，建明倫堂、齋房，知縣謝彬復建正殿、敬一亭、學門。十九年，知縣白譜建欞星門。二十五年，知縣何文俸復建戟門、啓聖祠。二十七年，知縣許述修葺。皇清順治十三年，知縣徐鳴佩大修。康熙五年，知縣羅士毅遷于舊址。

化州 舊在州治南。宋嘉定二年，郡守范良輔遷于城外。咸淳六年，教授趙蜚英遷于城南。後毀于兵。海北海南僉事呂沆重建。明洪武初，郡守曹錫修之。宣德八年知州呂明，正統八年知州茅自得築州城，圍學在城內。天順七年知州吳春，成化七年知府孔鏞、同知曹慶各重修之。十一年，知州黃萬碩仍遷于城外舊址。正德八年知府陳嘉表，嘉靖間知州鄭雍、傅昂相繼修理。萬曆丁酉，堪輿以城牆後壓文筆卑瑣，衆白于學道，復遷于寶山舊址，郡守沈水捐俸勸助，竪建大成殿、啓聖祠及鄉賢名宦二祠。皇清順治十三年，嶺西道李皓、學正馮雖捐倡修葺。十八年，颶風傾圮。康熙六年，知州丘宗文、學正梁殿桂、朱廷誼捐倡重修。

吳川縣 在縣治東。元至正九年，主簿唐必達、教諭吳仲元修建。明因之。洪武十四年，縣丞汪季清重修大成殿、兩廡、戟門、櫺星門、堂齋、禮門。正統二年，知縣鄧宣重修。號房倒塌，為軍所侵。嘉靖間，御史熊蘭拆侵屋以復舊址。二十七年，知府歐陽烈重修。崇禎九年，邑紳吳鼎泰捐資重葺。

石城縣 舊在江頭鋪南。元皇慶間，隨縣遷于新和驛左，即今學。元季兵毀。明洪武三年，縣丞倪望重建殿堂、齋廡、戟門、學門。九年，知縣翟惟中增修。成化間，知縣陳綱重修，遷于西關外回龍嶺。嘉靖十三年，署縣印吏目丁琮增修。二十一年，署縣事經歷丘正改建于縣治西。萬曆癸未，復建于北街舊址，前為文廟，東西為兩廡，左啓聖祠，後明倫堂。萬曆癸巳，知縣謝浚移明倫堂于廟左，即以此地建啓聖祠。天啓七年，改建文廟于啓聖祠，移啓聖祠于明倫堂後。

廉州府

《職方典》第一千三百六十二卷
廉州府部彙考二
廉州府學校考　府志
本府（合浦縣附郭）

　　廉州府 在城東門內，後移出南門外。元總管程逖移還舊址。元末毀于火。明洪武二年，重建。成化八年，僉事林錦重修。十年，知府劉烜始造樂器。嘉靖十七年，知府張岳以舊學後迫城隅，因廟漸敝，改建于南門內元妙觀。制，中為文廟，為東西廡，為戟門，為櫺星門，又前為泮池，造樂器，延樂師，擇子弟俊秀者教之。十八年，知府陳健于學左隙地，復建號舍二十間。二十年，署府事廣東市舶提舉王宗浚建牌坊于欞星門右，扁曰"聖門"。二十六年，知府胡鰲造兩廡、神龕，修殿廡門。三十三年，知府何御修樂器，置書籍，復建祭器、書籍庫于明倫堂後。萬曆三十三年，提學朱燮元按臨，議改，知府涂魏買基開道東南，于其前建坊，扁曰"斯文在茲"，道旁植以樹，有碑、有亭。啟聖祠，在儒學門內東，中立敬一箴碑，東西立五箴碑。名宦祠，在敬一亭東。鄉賢祠，在敬一亭右。廟後爲明倫堂，東西爲齋，堂後爲教授廨，訓導廨一在堂右，一在學門外右。東齋之南爲門，出循東廡之後爲南道，爲儒學門。

合浦縣 昔未建學。明洪武八年，合浦裁革。十四年，復設，知縣盧文會乃于新城東興文坊立學，以附府學之左。正統、成化、弘治、正德，前後繼修。嘉靖十五年，知府張岳改遷于城外南屯，拓地方數十丈，中爲文廟，左右爲兩廡，前爲戟門，外爲欞星門。殿後爲明倫堂，堂後爲教諭廨。堂左右爲兩齋，左齋北爲訓導廨，南爲門，門左爲三賢祠，出爲儀門，門左爲敬一亭，爲儒學門。前爲泮池，又開渠水培朝峰，後築土山。十八年，知府陳健復增建號舍二十間。二十六年，知府胡鰲重建欞星門及東西二樓閣，修廟殿、兩廡及儀門、明倫堂、兩齋、敬一亭、三賢祠。三十四年，知縣胡濟世復加修葺。啟聖祠，萬曆二十三年鼎建。明倫堂，舊在廟後，萬曆十五年，知府黃兆隆改遷于廟之左，即射圃亭廢址。敬一亭，在儀門左。嘉靖三十四年，知縣胡濟世重建。興學、育材二坊，在縣學前，前知府胡鰲建。文昌、元會二閣，久廢，萬曆十五年重建。

欽州 在城內州治之左。宋崇寧三年，建三舍，以其狹隘，徙于州南。紹康五年，知州黃旦改建于州署東南，即今學地。元至正中，毀于寇。明洪武七年重建。宣德三年，守備都指揮程瑒重建。天順中，復毀于寇。成化五年，僉事林錦讓分司爲明倫堂，堂左貸民居爲廟。弘治八年，知州袁莒復遷南門外故址。正德五年知州徐珪，十四年知州李純前後修建，增名宦、鄉賢二祠。歲久傾圮。嘉靖十五年，知州林希元復改城中故址。中爲文廟，爲東西兩廡，爲戟門，爲欞星門。三十四年，知州鄧以和捐俸重修。廟後爲明倫堂，堂後爲學正廨，爲訓導廨，爲東西齋，東齋南爲儀門。欞星門左爲儒學門。宰牲所在鄉賢祠右，啟聖公祠并鄉賢名宦二祠俱重修。萬曆十三年，知州周邦爵遷建城外。二十四年，知州王世守復遷建城中。

靈山縣 舊在石六場東南，去縣治二里。宋治平二年，遷縣治之東。寶祐四年，攝尹趙崇商復遷石六場故址。元末毀于寇。明洪武四年重建。三十四年，知縣李善初復遷于縣治東。正統五年，靈山築城。景泰元年，知縣羅宣改還城中千户所之東。歲久而圮。成化六年，僉事林錦重修。嘉靖十四年，僉事王崇復遷于石六場。其制，中爲文廟，東西爲兩廡，前爲儀門，爲櫺星門，廟後爲明倫堂，其啓聖、名宦、鄉賢三祠，及教諭、訓導廨仍在故址。皇清康熙四年，知縣多弘安擇于西門外闢地起建，中爲廟，爲東西兩廡，前爲儀門，左列名宦、右列鄉賢，外爲櫺星門。康熙六年，邑人勞炫建啓聖宮于殿後，訓導王啓輔董成，知縣林長存重加增飾。

雷州府

《職方典》第一千三百六十八卷
雷州府部彙考二
雷州府學校考　府志

雷州府 宋慶曆四年，始建于城外西湖之東。自南漢據有嶺南，至是，詔天下府州縣俱立學，雷學始此。靖康元年，郡守李域遷于天寧寺西。紹興十年，郡守胡宗道復徙于寺西北。乾道六年，郡守戴之邵遷于府治西，張栻有記。淳熙四年，郡守李茆建明倫堂，東西四齋，扁曰尊聞、曰誠身、曰博學、曰志道，設長諭分教。嘉泰四年，郡守李晈修大成殿、塑像。郡守徐應龍、鄭温繼之，建雲章閣，藏前代御書經史。嘉定四年，郡守鄭公明、教授鄭煬修學舍，兼建小學科，設生員教俊秀。尋廢，寶慶二年，郡守陳大紀、郡丞曾宏父修殿堂、書閣。淳祐庚戌，郡守儲擢、教授郭夢龍復建小學。元至元三十一年，學隸廉訪司。延祐六年，廉訪使卜達世禮、李元仲建殿廡，塑像，新明倫堂，移尊經閣于堂後，即雲章閣，宋守鄭温建于廟門外，是年移之。至正七年，廉訪使梁充中、經歷樊益峻復拓而廣之。明改路爲府，學屬府。洪武三年，同知余麒孫仍舊修葺。三十三年，通判李彥誠、訓導黃希寅大加營繕，廟堂、兩廡、儀門、泮池，池南起櫺星門，重建明倫堂，四齋扁曰博學、曰篤志、曰切問、曰近思，建射圃亭于白沙坡。正統間，提學僉憲彭琉重修殿廡、齋廊，殿西建號舍凡四十間。成化二年，建戟門及櫺星門，皆柱以石。二十年，重建雲章閣，改扁曰"聚奎堂",重修殿廡。九年,修明倫堂及四齋,增造祭器。正德十年,知府王秉良增左右坊,創騰蛟、起鳳二坊于學前,左右建號舍二列,其四間上建膳堂二間,戟門右建鄉賢祠及庖厨、庫、射圃亭。嘉靖二年,知府黃行可重建明倫堂、啓聖祠、敬一箴亭,遷射圃亭于察院南地。十六年,建兩廡、戟門、四齋,闢學前路,學前舊爲民居所蔽,至是將三官堂、惠民藥局二地益以膳銀十七兩零易民地以闢前路,闊三丈,南至通街,規制改觀。崇禎九年,郡守朱敬衡重建明倫堂,修文廟、東西兩廡,前竪牌坊一座。皇清康熙四年,知府陳允忠重修學宮大殿、明倫堂、兩廡廊舍。

海康縣 宋以前未建學宮,生徒就遂溪之文明書院爲學,儒籍則附諸府。元至順三年,教諭淩光謙始遷建于迎恩坊。至正六年,廉訪使呂玖、僉事觀音奴重修。明洪武三年,知縣陳本大加營建,修大成殿、兩廡、欞星門、戟門,設明倫堂于殿西,設兩齋曰進德、曰修業,庖厨、廩庫咸備。三十年,同知張伯玉、訓導黃自守、趙孔進,永樂元年教諭林仲余相繼重修,建射圃于南城外文昌坊東,扁曰"觀德亭"。正統九年,知縣胡文亮拓其地,重建之。成化十四年,憲副陶魯遷于郡學西。其年,毀于猺,學併入府學。弘治九年,復歸于舊地。十七年,遷學于郡治東,今學即海北道舊址。正德八年,御史周謨修明倫堂、兩齋、號舍暨學宮廨宇凡六十餘間。十年,郡守王秉良建二坊于門外,東扁"毓秀"、西扁"掄才"。十六年,遷于珠池公館。嘉靖三年,復于舊地拓而建之,建大殿、兩廡、儀門、欞星門、敬一亭,飭明倫堂、師宅、號舍俱備,復鑿泮池,闢學前路,建三坊,中曰"大成"、東曰"育才"、西曰"華國"于毓秀、掄才舊址。二十四年,改學西路于其東。三十三年重修。萬曆五年,學圮壞,支官帑修聖殿、兩廡、明倫堂、二齋,建啓聖祠暨門樓,增設廨舍,教諭林詔復自建穿堂二間,後屋五間。萬曆二十一年,建文昌閣于儀門樓前。二十四年,齋舍圮,教諭徐肯播修。三十二年,颶風,廟廡、明倫堂俱壞,同知張儒象、教諭鄒瑗重修,建內堂,改文昌閣于大門。三十六年,徙于衛中所。三十七年,齋堂壞,訓導丘民建。三十九年,建魁星亭于啓聖祠前,又置題名二扁于明倫堂側。天啓二年毀。皇清康熙四年,重建學宮、大殿、明倫堂、兩廡、廊舍,推官何芳騰有記。

遂溪縣 自宋始建,在縣西郭,地卑而濕。乾道四年,遷于縣傍,制仍狹隘。寶慶元年,再遷縣西登俊坊。元因之。皇慶元年,教諭周孔孫重修。明洪武三年，仍其舊而創新之，前戟門、欞星門，後明倫堂，設兩齋于堂之左右，扁其左曰日新、右曰時習，厨廩、廨舍悉備。七年，以堂齋逼殿，卑陋弗稱，遂遷于縣西北。二十年，重修，改東西二齋，扁曰尊德性、曰道問學，設射圃亭于明倫堂後，規制始備。歲久圮壞，成化間重修。弘治間，又從而拓之，仍建兩廡、兩齋、欞星門、戟門、籩豆、簠簋、罍爵之屬咸備。正德八年，重建儀門。十年，重建大成殿暨兩戟門、欞星門，尋又建明倫堂及兩齋房、儀門、諸舍。繼而復壞。嘉靖四年，移建明倫堂于殿后，暨兩齋耳門、儀門。十六年，知縣鄧恕重建會膳堂、號舍諸屋，未幾復壞。二十年重修。隆慶五年，建戟門，工未就而去。萬曆元年，始畢前工。十一年，改鄉賢、名宦二祠于殿西。十七年，修大殿，東隅建儀門併啓聖祠。三十二年，重建殿廡，暨新聖賢神像。崇禎九年，重修學宮。十二年，毀于颶風，知縣慎思永重建大殿、明倫堂、東西廡及啓聖、鄉賢祠。皇清順治十七年，知縣馬光遠重修大殿、兩廡及儀門。其明倫堂、啓聖、鄉賢、名宦祠，今俱傾圮。

徐聞縣 自宋始建在舊縣討綱村。元至正間，隨縣遷于李氏家塾。明天順六年，避寇附建于海安所。弘治間，遷復舊址。正德五年，知府王秉良等共請建廟五楹，東西列兩廡各六楹，前爲戟門，又前爲欞星，門前中爲泮池，橋行其上，南爲照墻，外建射圃亭。廟後建明倫堂五楹，暨左右庫房。嘉靖二年，縣丞林應驄修欞星門、戟門、齋廡，復建名宦、鄉賢二祠于戟門側。十三年，推官徐達改建射圃。萬曆十二年，修建名宦、鄉賢二祠。三十九年，重修，東西建二齋、兩門，西南建啓聖祠，後堂建敬一亭，折而西爲教諭、訓導諸衙，東齋之左建魁星亭，復建諸生號舍于啓聖祠西，而學之規制始備。

瓊州府

《職方典》第一千三百七十七卷
　瓊州府部彙考五
　瓊州府學校考　府志
　本府（瓊山縣附郭）

瓊州府 宋慶曆四年，立郡城東南，殿堂、御書閣、兩廡、戟門俱備，郡守宋守之建尊儒亭，躬親講授。紹興末，始置校官。淳熙九年，帥守韓璧重修明倫堂，朱文公書扁。慶元間，通守劉漢修崇廟像、祭器、庖厨，增益學費。嘉定二年，帥守趙厦加修。咸淳二年，教授蔣科移建御書閣于講堂北。元至大己酉，副都元帥陳謙亨重建大成殿，增崇舊觀。皇慶壬子，教授陳舜佐範銅造諸祭器，以學錢售買樂器，延樂師，教習諸生。至正間，教授金新德繪塑兩廡像。辛卯，學正符元裔補買經史諸書。己亥，陳子瑚等寇城，焚掠學宮，祭器、經籍盡毀。明洪武三年，知府宋希顏重建大成殿、兩廡、櫺星門、戟門、明倫堂、四齋，闢射圃于學之右，扁齋曰守中、興仁、恒德、育才。七年，指揮桑昭以東西營地入學，神厨、祭器、庫舍、饌堂以次舉造。十五年，奉制立臥碑。甲戌，造祭器，學官張伯福、高震監造，陳敬忠製銅爵，節推郭西製藤籩，浙儒陳升製木豆。庚辰，知府王伯貞修造講堂。宣德初，通判吳伯禎等修講堂。丙寅，同知楊啓增置號房。天順壬午，副使鄺彥譽復修。成化初，副使唐彬增置號房。五年，知府蔡浩建書樓于明倫堂後，改建櫺星門。七年，副使涂斐闢造射圃亭。八年，範銅祭器。癸巳，以明倫堂前逼文廟，退立于書樓基上，前置大方碑，隸刻朱子感興詩，而亭覆之，又立饌堂、房厨、倉庫。八年，學士丘浚于堂後置藏書石室。十三年，知縣蔣琪重建大成殿、兩廡、尊經閣，復遷號房于明倫堂左。二十二年，僉事陳英于學後開劍池，用土築峰奠其後。弘治初，英復以副使來按，重建兩廡、戟門，增號舍數十間。九年，太守張桓重修，延樂師吳應禎教習樂舞。正德初，方守向以學西隙地增號房四十二間。十六年三月，汪克章修建殿廡、齋衙，補祭器。嘉靖十年，改大成殿爲文廟，建敬一亭，石刻箴文七通，創啓聖祠于仰止祠北。二十四年，知府張子弘重修。己卯，知府唐可封以櫺星門逼近城，乃展城，築石門，外砌照墻，以雙龍首守之。門內開鑿泮池，理石爲橋，改建大門于左，建尊經閣于明倫堂後，又移三元峰碑于雁塔峰上。三十三年，地震，廟堂、齋閣、門廡半傾。三十四年，推官高惟岳重建明倫堂，創文會館于廟右。三十六年，知府倪湅重修廟廡及門垣。三十九年，知府翁如遇去泮池中橋，砌廟左右道。四十二年，推官危純中重建尊經閣，知府謝繼科踵而成之。皇清康熙六年，分巡學道馬逢皐捐俸重修殿廡、齋衙等處，煥然一新。十年，颶風折毀，分巡海南學道王廷伊等捐修，甫幸垂成。至十一年七月二十三日，颶風，盡行倒塌，教授朱子虛詳道府議，建復郡學。啓聖祠原在廟右，名宦、鄉賢祠原在廟左，相沿已久。二十五年，雷瓊道副使程憲、太守佟湘年捐建新祠，遷啓聖祠于明倫堂後，遷鄉賢祠于右。

瓊山縣 宋置，在海口浦。元至正中，元帥寶德資海牙重修。明洪武四年，知縣李思迪遷于郡東北東坡書院。九年，知縣陳概遷于南郊，教諭趙謙重修，于巷口立石坊，扁曰"道義之衢"，學西築考古臺。永樂二年，知縣歐陽旭復大修之。宣德八年，繼修廊廡。正統十二年，同知楊啓加修，市軍民田地，築堤以廣其路。成化初，副使唐彬興修堂齋，未就。七年，副使涂棐繼修完，更創饌堂、號舍。弘治十一年，副使陸淵遷于府學之西，門池、官舍畢備。正德初，增立號房二十間。嘉靖三十四年，太守張子弘、推官徐涂佐以知縣吳時昭請，創文廟于明倫堂西，儀門、兩廡、櫺星門、啓聖祠俱備，又以教諭陳湯敬之請，建敬一箴亭于明倫堂及號舍二十間。隆慶庚午，副使陳復升開建東西儀門。萬曆元年，知縣文以進鑿泮池于櫺星門內。癸巳，教諭梁尚通、程士章、何其明以殿堂錯居，非制，請分巡道胡桂芳遷殿于明倫堂舊址，改建明倫堂于殿后，泮池、櫺星門一時更新。乙巳，地震，積歲颶風，廟堂盡圮，署縣通判吳捐俸修建。四十三年，巡按王以寧允訓導陳汝言請，建啓聖、名宦、鄉賢、考古四祠，修門池垣齋。皇清康熙六年，學道馬逢皋捐俸重建。十一年閏七月二十三日，颶風傾壞，本年知縣劉源清、教諭余谷會集諸生設法捐修。十四年，知縣茹鉉、教諭余谷請于巡瓊道僉事范養民同修。至十七、十八年，連遭颶風，又復傾圮。二十三年，雷瓊道副使程憲、郡守佟湘年等捐資重修。

澄邁縣 宋立在縣之東。咸淳乙丑，將領李才卿重修。元皇慶間，知縣牛某恢基重建。明洪武三年，知縣劉時敏創建殿廡、櫺星、戟門、明倫堂、東西齋。永樂間，知縣孫秉彝重建饌堂、神庫、厨房，訓導謝秉初築垣。正統八年，知縣黎獻重建文廟。景泰元年，縣丞魏春重建明倫堂、兩齋。天順間，知縣余常重建兩廡、櫺星、戟門，主簿伍細佐重建饌堂、號房。成化十一年，副使涂棐以學址太高，酌取官銀三百餘兩命縣丞陸祐改建。未幾，知縣周泰至，創建殿廡、明倫堂、戟門、射圃，以石建櫺星門，增修祭器。弘治癸丑，副使陳英以新址不利科目，措銀一百五十兩，令知縣吳濟復遷舊址，未就。至辛酉，遷今址，改置堂殿、齋廡。正德二年，知縣盧輝重建號房等。嘉靖三年，知縣潘仕卿、教諭張汝秀等改置文廟、兩廡、戟門。丙午，知縣秦志道易民居購地廣闢殿堂。嘉靖三十二年，市學東地，移建學門。隆慶戊辰，改建明倫堂于殿后。萬曆十年，知縣俞效龍以學門狹隘，開建三間，重修殿廡齋祠。十七年己丑，竪石欄干于照壁之兩旁。辛丑，修建兩廡、戟門，石砌泮池左右街。乙巳，地震，傾圮殆盡。四十年，知縣曾拱璧重修。皇清順治十年，颶風大作，廟傾塌，知縣王學典等捐募重修大殿、明倫堂。十四年，繼修廟廡、門祠，未完。康熙十年，知縣丁斗柄捐修，甫就。十一年，颶風摧拆明倫堂爲平地，尚俟議復修茸。

定安縣 元始立，附縣，在南資都南堅峒。天曆二年，隨縣遷瓊牙鄉，改南建州學，附于州之東南一里許。明洪武二年，復隨州降，改爲縣學，知縣吳志善創建，茅覆粗備。永樂三年，知縣吳定實重建殿廡、欞星、戟門、明倫、會饌二堂、兩齋、廚庫、泮池。宣德三年，知縣白尚忠重修。六年，始塑十哲像。正統八年，知縣蕭應韶建明倫堂，縣丞鍾政建號房。天順間，知縣張寬重修。成化八年，知縣勾永升以副使塗棐命，增大殿堂諸制。十六年，知縣傅霖重修廟學、射圃。萬曆十六年，知縣黎可耘重修明倫堂。皇清康熙七年，知縣楊天授重建聖殿，又同訓導楊天培捐俸重建啓聖祠及明倫堂。名宦祠，舊在學前啓聖祠左，日久圮壞。康熙二年，知縣王昌嗣建戟門右。二十五年，知縣張文豹補茸鄉賢祠，舊建、改遷與名宦同。康熙二十五年，補茸。

文昌縣 宋立，附縣治，在何恭都之潭步地。元至順壬申，隨縣遷北山都，建于縣右。明洪武三年建。八年，徙于縣左，殿廡、齋堂、欞星、戟門、大門、射圃、廚庫俱備。十五年，增建神廚庫。宣德二年，增廣殿廡。十年，僉事龔璲重建明倫堂。正統七年，提學僉事彭琉增建號房。成化八年，副使塗棐命知縣宋經遷于廟之右，而以舊堂爲饌堂，兩齋爲號舍。十年，教諭王琳補造祭器，訓導嚴猷立欞星石門。十六年，知縣翁輝新祭器。十九年，通判丘瑞于泮池建亭，知縣鄭宏易廊廡以石柱。弘治初重修。嘉靖九年再修。三十三年，教諭施模請修殿廡、齋舍、門屏，建號房三十間。四十年，修欞星、泮池，築整門内道路。萬曆六年，修東廡、兩齋。七年，知縣羅鸚重修。十年，重建戟門。十八年，重修東廡、欞星門。十九年，改修泮池、垣門、甬道，未就。次年，教諭李遇春踵而成之。三十三年，地震盡圮。三十四年，重建廡堂、齋舍。四十五年，知縣葉可行、教諭馮文爌捐修。皇清順治十六年，颶風盡毀學垣，訓導梁宸棟募修未就，吳廷縉捐俸鳩工，未竣。康熙七年，知縣沈彰捐俸督修，補祭器、肅祭儀、酌祭品，廟祀一新。

會同縣 元至元二十八年，附縣治，立于平定鄉。皇慶元年，隨縣遷端趙郡。明洪武三年，署縣縣丞李霖始立于縣東。二十七年，知縣熊彥信鼎建殿堂、兩齋。永樂元年，典史徐廷玉重建堂齋、廚庫、外門。正統七年，提學彭琉以狹隘，徙建舊址之西。十一年，典史饒世高鑿泮池，添立會饌堂。成化二年，知縣李秉綖重修。八年，知縣陳釗以副使塗棐命，改建明倫堂于齋東，立射圃。二十年，教諭丘定請造祭器。二十二年，僉事陳英命署縣主簿曹冕改向，建正殿、兩廡、戟門，遷明倫堂于殿后少西，建兩齋、儀門、外門。弘治元年，典史曾暹置石柱為櫺星門，鑿泮池于門外。十二年，知縣陳策重修。十七年，署縣丞王錫、訓導王爵加葺。嘉靖七年，知縣劉源遷明倫堂、兩齋于舊址之西，建啓聖祠、敬一亭。二十二年，知縣曾廷梅重修。三十年，知縣陳儒建講堂。萬曆七年，颶風毀壞。十五年，知縣徐應麟以巡道易可久命，遷于分司，市地易基，創廟廡、堂齋。十八年，提學孫秉陽命知縣王密建。

樂會縣 宋附縣治于會同縣之泗村都。元至元二十四年，邑治徙于太平都之調懶。三十一年，徙萬泉渡北，再遷渡南，學治無稽。延祐三年，海北廉訪司照磨范樗始建廟學于邑治之東。天曆元年，教諭蔡慶存請于縣尹郭德賢重葺。至正四年主簿莊益考，九年知縣白璧屢嘗新之。明洪武三年，知縣王思恭重建。永樂六年，知縣諸葛平重建殿廡、堂齋、戟門、櫺星門、廚庫、射圃。正統四年，知縣莫卿改建明倫堂于大成殿東，齋門、饌堂、號房諸制一新，遷射圃于萬泉河沙洲，建尊經閣。成化八年，知縣何耕以副使塗棐命，增擴之。弘治初，改建殿廡、堂齋。嘉靖五年，知縣韋邦相修兩廡、堂齋。二十六年，署知縣事徐琢改建啓聖祠于學大門東。四十年，知縣鄭雲鵬重修明倫堂。萬曆三年，署縣通判重修。三十三年，知縣沈孚重建敬一亭于明倫堂東。皇清康熙六年，知縣林子蘭同訓導邵岑集紳衿捐建明倫堂及儀門、後衙。十一年八月，颶風傾壞廟廡各祠及明倫堂，訓導曾士珍補葺。

臨高縣 宋立，隨縣遷。元因之，火于寇。明洪武三年，知縣王續于舊址創建殿廡、櫺星、戟門、明倫堂、兩齋、饌堂、大門、神廚、庫房、射圃。永樂三年，知縣朱原律重修。十二年，知縣陳蒙、教諭郭邦寧重修，殿前砌石為臺，障以石欄。宣德間，主簿陳觀易櫺星門以石柱，曾洪重修兩廡。天順二年，颶風壞兩齋、損堂殿，知縣楊護重修，訓導林敦募建兩齋、號房十二間。成化二年，知縣梁儉以學東射圃通街，遷于太平橋東，建觀德亭。八年，知縣甘素以副使塗棐委重修。正德四年，知縣梁高新明倫堂及衙宇一所。嘉靖八年，教諭楊際時重建文廟、兩廡、戟門、兩齋。二十四年，知縣陸湯臣改建欞星門于泮池內，遷儒學門于欞星門右。三十二年，知縣陳址修兩廡、殿宇，重修庫房于廟右，遷敬一亭于明倫堂後。四十五年，署縣通判楊表增于泮池上立騰蛟坊。萬曆十二年，知縣陳節遷欞星門于泮池外。十三年，署縣訓導林立遷儒學門于欞星門左，建儀門于廟東。乙巳，地震，廟堂、齋舍盡圮。三十二年，訓導芮獻可會同諸生捐資，開泮池、葺墻垣。四十二年，紳衿募建廟殿、啟聖祠，訓導汪梗捐資改建廟殿及廊廡、齋舍，創問業公署，鄉紳劉珍捐資修明倫堂。崇禎八年，重修兩廡及欞星門。九年，重建儒學門于戟門左，砌石至儀門。十一年，署縣林大志、教諭蕭俊文重修泮池，砌石橋。皇清順治十三年，教諭陳天錫修明倫堂并圍墻。十八年，知縣蔡嘉禎、教諭黃銑、訓導何嶠重建啟聖祠于明倫堂後，及黌門、兩廡，并建萬仞宮墻石牌坊。康熙六年，重修廟殿、兩廡及啟聖祠、欞星門、黌門、儒學門、儀門及內外墻垣，創建齋衙，捐買學前鋪地，拆建照壁，立禮門、義路坊，改街道于照壁外。十一年閏七月，颶風大作，廟及兩廡、黌門、學門、儀門、禮門、義路坊、齋衙等處垣墻板扇半壞，知縣陳垂、訓導陸高古捐俸倡募，見在鳩工重修。四賢祠，順治十八年知縣蔡嘉禎建于學右，遷胡宗瑜石亭，安奉胡銓，以陳址、柯重光、宗瑜陪祀。康熙七年，知縣陳垂、訓導陸高古集諸生會議，于春祭仍以胡宗瑜同祀，故名四賢祠。

儋州學 宋立在城之東。紹興二十一年，知軍陳適徙于城東南隅。紹熙二年，知縣葉元璘徙于城之南。元大德九年，遷于城東舊址。至大己酉，軍判任大忠重建明倫堂。明洪武三年，知州田章建殿堂、齋廡、欞星、戟門、饌堂、廚庫、泮池、射圃。十四年，學正王麟、彭邇繼新大成殿。永樂十一年，知州陳敏、學正鄭濟又重修之。正統十年，知州周鐸、州同陳應重修明倫堂。成化九年，知州羅杰以副使塗棐命，修殿宇、神廚、饌堂，增號房十五間、銅爵三十二事。弘治二年，知州鍾英遷于城西外廢宜倫縣舊址。正德七年，知州陳袞遷于城內東南隅，創殿堂未完，推官蔣縷繼修，始大備。嘉靖九年，知州蔣弘魯建啟聖祠，修號房十六間。三十三年，知州潘時宜重修堂廡、廚齋。萬曆三十七年，訓導葉若琬建斗拱、泮池。四十三年，知州曾邦泰遷建于舊宜倫學址，殿堂、齋廡、欞星、戟門、泮池、啓聖諸祠。

昌化縣 宋立于舊縣治之東。元至元二十一年，署縣呂舉遷廟于故基之東。元貞元年，知縣夏隽、教諭張天翼等興立學門，定祭器。大德元年，創明倫堂。至元九年，知縣黃半山遷于縣治西南。明洪武三年，知縣董俊仍建。十九年，知縣范朗重建大成殿。二十年，知縣沈源建明倫堂，立二齋。正統十年，知縣周振以憲副賀泰奏請，遷縣于城南。成化十四年，典史周斌遷建于縣東。正德七年，知州陳衮建大成殿，知縣殷鐸重修明倫堂。十二年，知縣藍敏、訓導馮鉞重建戟門、兩廡、櫺星、大門、齋房。嘉靖十年，知縣王臣建敬一箴亭。二十九年，憲副朱道瀾重建殿廡、門齋，訓導黃鵬造祭器、神位，起蓋卷篷。萬曆二十三年，知縣伍心臣以教諭張大光請，改建明倫堂于廟西，以舊堂爲後衙。天啓三年，知縣王可宗重修廟殿及兩廡、戟門。崇禎十一年，知縣林大志、教諭陳學鏘捐修。皇清順治十五年，修葺兩廡及啓聖祠。康熙六年，知縣嚴于屏捐修學殿及櫺星門，並建明倫堂、儒學門于殿右，蓋復廟門。

萬州 宋在舊城治西，以寇毀，遷城外東北。元大德丁酉，同知徐應重建，殿堂、門垣俱備。延祐三年，同知董毅鑄銅祭器，繪兩廡從祀像，築登雲橋，引溪水爲泮池。泰定元年，知軍楊漢杰建樓，貯經史。至順三年，寇火群書。至元三年，判官張光大重修，知軍孫實重建大成殿。至正七年修。十二年，土寇犯城，圖書、祭器被掠。二十六年，鄧酋縱民拆廟學，遂殘毀。明洪武三年，判官陸萬寧等捐建殿廡、堂齋。六年同知劉以敬，七年知州戴彥則又次第新之，創饌堂、學門、神廚、庫房，闢圃于學之北。成化八年，副使涂棐以湫隘，遷于廢萬寧學基。弘治五年，知州李恭重修。正德元年，復葺置祭器。九年，知州余忠重修，建儒林坊于學門外。隆慶六年，海寇侵，颶風傾圮。萬曆二年，州守王一岳遷城內州治之左，建廟堂、門廡諸制。三十三年，知州茅一桂重遷州西，建廟廡、堂齋、祠閣。崇禎二年，署印司理朱繼芳議遷城外舊學址，知州顧斌、訓導高任重建廟廡、堂齋。皇清順治十一年，創建文廟。康熙六年，學正屈驥倡捐創建兩廡、戟門。八年，創建啓聖祠、明倫堂，周圍垣墻俱備。

陵水縣 宋立，附縣治。元縣屢遷，學亦隨之。明洪武三年，署縣丞湯良弼于港門創建，正殿、堂齋、門垣俱備。景泰五年，知州王鐸重建。正統五年，知府程瑩疏請，隨縣遷于南山千戶所城東。成化八年，副使涂棐建殿廡、欞星、戟門、內齋、饌堂、號房、外門諸制。弘治八年，毀于黎寇。嘉靖三十七年，知縣安欽遷于桃油，建殿廡、欞星門、堂齋、啓聖祠諸制。萬曆三年，知縣譚汝讓以副使陳復升命，遷于城中鎮撫司之舊址。

崖州 宋立在城外東南，郡倅慕容居中移城北，後郡守莫豫復故。淳熙十四年，郡守周鄜重修。淳祐五年，郡守毛奎移于郡城西南。元大德間，學正齊孟堅鑄銅爵。泰定三年，學正陳世卿，郡倅王起復移于城東。至正五年，同知羅伯顏移于城西，後復徙于城外西南隅。明洪武三年，判官金德仍舊址開設。九年，知州劉斌重建射圃。二十六年，同知顧言建明倫堂。永樂九年，學正王禮募建三齋。宣德五年，知州侯禮、學正賈魯重修。正統十一年，知州歐進、學正鍾瓊遷學門于東，建號房。天順五年，知州王鐸、學正許端惠復建學門于西南。成化七年，副使涂棐命知州徐琦重修殿廡、堂齋、欞星、戟門、藏書及祭器二庫并射圃。弘治二年，副使陳英命知州林鐸遷州治東。正德十年，知州徐潭重建欞星門。嘉靖間，知州葉應時改建文廟、明倫堂向。萬曆七年，知州張永昌移退黌門，建進賢門、敬一亭、啓聖祠。四十一年，巡道姚履素允通學諸生請，遷縣西潮源驛地。皇清，崖州學原在東關外，兵燹以後，無存尺寸。康熙五年二月二十四日，學正朱子虛從闔州貢生陳師奭等、生員吳煥伯等聯呈，移牒知州李應謙，申詳道府允行，遷今學于南門外西南隅宋元舊址，創建文廟，東西兩廡、戟門、泮池、黌門、啓聖祠、名宦鄉賢二祠，學遷于南門外西南隅。

感恩縣 宋立于縣治之左。元因之。明洪武三年，知縣黃忠信仍舊址建。十八年，縣丞楊乾以地狹，移于縣治東北，建殿堂、兩齋。永樂間，知縣郭緒重修。景泰元年，訓導王川等募修。成化五年，知縣莫宣修兩廡、欞星、大門。九年，復建明倫堂、兩齋、射圃。弘治十四年，黎賊燒毀，徙于縣南城外，修葺未備。萬曆二十五年，知縣宋景和遷建文廟于縣東。三十八年，知縣陳誼建啓聖祠于明倫堂後。

羅定州

《職方典》第一千三百八十六卷

羅定州部彙考二

羅定州學校考　州志

羅定州　舊在開陽鄉。元大德八年，縣令陳澤徙今治南三里。明洪武二年知縣晋善，正統六年縣丞魏瑤俱修。十二年，猺亂，學署廢，惟文廟存。景泰二年，知縣周剛徙城內西南，茅茨土階。五年，府佐饒秉鑒新之。成化十九年，知縣林昆建戟門。正德二年，知縣翟觀徙于縣署右。嘉靖十六年，知縣鄭復易民居爲師生舍。四十一年，知縣秦紹益復移建城外舊址，以近市湫隘，而師生舍猶未遷。無何，賊益淩城，日就頹廢。萬曆五年，賊平，改羅定州學。十三年，遷于城南坊。天啓四年，兵備道蔡善繼又遷于河東。皇清順治四年，兵備李士璉又遷于城內今所。甫興創，士璉報遷，乃寢未修，暫以舊瀧水所爲文廟，兩廡、戟門、泮池、欞星、屏墻俱缺。十五年，知州胡獻珍捐俸三百兩，更換正梁，增設門屏，修造兩廡、戟門，浚泮池，建欞星門及屏墻。十八年，學正梁宸棟甫莅任，見規模卑隘不合體制，兼以原向未善，具詳兵道張清，議遂先捐俸爲紳衿倡，得銀五百餘兩，鳩材募工，改子午爲癸丁，鼎建聖殿一座、東西廡各五間，戟門三間，左爲名宦祠，右爲鄉賢祠，前爲泮池，外爲欞星門，門外爲照墻，今之煥然具舉者悉皆宸棟實心督理之功。啓聖祠、敬一亭、名宦祠，俱在戟門左。鄉賢祠，在戟門右。儒學衙，亦在戟門右，兩座，各三間，前爲門樓一座三間。康熙元年內，通州紳衿捐資置買民房修葺。

東安縣　在縣治東，東西兩廡各七間，戟門三間，欞星門三間，儒學門一座。泮池，明萬曆三十三年，知縣卿廷聘鑿砌，有記。明倫堂三間，在廟後，東西齋各十間。啓聖祠三間，在教諭衙右。敬一亭一座，在啓聖祠前。教諭衙舍前後廳各三間，在明倫堂右。訓導衙舍前後廳各三間，在明倫堂左。東西號房各十間。名宦祠三間在啓聖祠之左，鄉賢祠三間在啓聖祠之右。青雲路向從右，皇清康熙四年，知縣呂焘、教諭高綬之重修學宮，改從左。

西寧縣　在縣治右，中爲正殿，左右爲兩廡，前爲戟門，又前爲欞星門，照壁外爲雲路，官民從此往來，左爲名宦祠，右爲鄉賢祠。順治十六年，兩廡、兩門壞爛，知縣李翼鵬、教諭譚圓策修復，其雲路久廢，近議修復。啓聖祠，原在廟右，康熙元年知縣李翼鵬、教諭譚圓策改造于廟左，原祠改爲省牲所。明倫堂在廟後，東西廊齋房共十間，後有敬一亭。

順治十六年圮，知縣趙震陽同訓導鍾光斗申詳修復。教諭衙，在明倫堂左。訓導衙，在堂右。萬曆十九年設，今圮。欞星門，康熙十年訓導陳起元、典史陸天佑、生員何其遇、陳觀光、高明著、岑廷璋、張廷獣、黎韓、黃位坤、賴九經、陸邦彥、何其選等同捐資修復。

廣西總部

桂林府

《職方典》第一千四百一卷
桂林府部匯考三
桂林府學校考　府志

桂林府　舊在獨秀山下。唐大曆中，觀察使李昌巙因顏延之讀書室爲之。宋熙寧中，遷城東南隅。崇寧四年，經略王祖道廣于城西慈壽寺，乃故始安郡治也。紹興二十七年毀，議遷于此，未果。乾道二年冬，復毀，教授江文叔請于經略使張維，遷于始安郡之墟。淳熙中，知靜江府張栻始擴大之，朱熹、張栻有記。嘉熙十年，提刑吳純臣刻釋奠、牲幣、器服圖，有記。大德初，魯師道復刻釋奠圖，墨本鋟石，樹于明倫堂右，臧夢解有記。至大三年，憲副余璉置大成樂器。四年，總管梁國棟闢殿之東地爲節和堂以習樂。天曆元年，教授辛龍應于堂之前復葺肅容堂，爲更衣所。延祐七年，廉使何德嚴、薛元、直千思建奎文閣，以藏書籍。至元四年，副憲伯篤魯丁、總管馮夢弼等議新殿宇之圮壞者，廉使脫因等相繼來任，遂建禮殿、戟門、兩廡，更聖賢像、補祭器、益禮服，王庭弼記。明年，復建東西齋，梁遺有記。至正元年春，廉使朵兒只班、副使趙天綱、都帥章伯顏撤而新之。至正十三年冬十一月，憲副也兒吉尼重修殿廡、堂宇、閣舍，茶陵劉三吾記。舊有七先生祠在戟門西，初扁曰"三先生祠"，祀濂溪、明道、伊川。大德三年，憲副臧夢解重修，增祀晦庵、橫渠、南軒、東萊，因易其額，併列鄉賢于左右。洪武三十一年春，重修東西廡。先是，二十六年冬，頒雅樂加六佾之舞。弘治十三年，巡按御史袁佐重建明倫堂。正德十二年，巡按御史謝天錫重修大成殿。按《通志》，洪武初，始創東西四齋。十五年，布政使李延重修禮殿、兩廡。二十四年，監察御史李默與藩臬僉議重建明倫堂，增置膳堂、號房，教授陳璉有記。先是，二十六年冬，頒雅樂加六佾之舞，陳璉作大成樂賦。三十一年春，重修東西廡。宣德中，漸頹，知府孫鼎修葺。正統九年，知府吳惠重修，譚壽海有記。十二年，御史曾蒙簡建立本省登科題名碑記。弘治十三年，巡按御史袁佐重建明倫堂，彭甫有記。正德十二年，巡按御史謝天錫重建。嘉靖十年奉制，始易大成殿曰"先師廟"，易神像爲木主，建啓聖祠，陳伯獻有記，建敬一亭于明倫堂前，安御製敬一箴及視聽言動心箴凡七碑，郡邑諸學無不如制，又立名宦、鄉賢二祠列學左右。萬曆九年，督學袁昌祚重修，甬道、丹墀、拜臺俱砌以石。皇清康熙十一年，巡撫都御史馬雄鎮移建迤西，廟宇、祠閣、堂廡、泮池咸鼎新之，實兼縣學地基而爲一也，郡人李棠記。孫逆叛，學宮爲兵舍，殿廡頹圮。康熙二十一年，教授高熊徵詳請巡撫都御史郝浴、布政使顏敏、按察史黃元驥、提學道王如辰、右江道簡上、知府徐鳳鳴捐資重修。

　　武學，按《通志》在桂林府西城内，嘉靖九年提學僉事黃佐因舊武學廢址卑隘，遷建于此，蔣冕有記，見"藝文"，今廢。

　　臨桂縣　元皇慶間，縣令劉鼎建于郡城南隅。至元癸未，縣令曾天騏勸率儒户，重修大成殿，建欞星門、戟門、兩廡。明洪武二十八年，遷府學之右宋宣成書院故址。正統十年，巡按御史周紀重修。正統戊辰，巡按御史曾蒙簡命有司重建東西廡，御史尹鉉覆命修建兩齋，有記。正德元年，提學僉事姚鏌重建大成殿及堂齋，郡人包裕記。按《通志》，萬曆二十四年，巡撫戴耀、巡按黃紀賢、提學楊道會議移于舊軍門東，即古田學舊址。明末圮廢，仍附府學合祀。皇清康熙十一年，巡撫馬雄鎮移建府學于西偏，合舊縣學基址爲一，然修廢舉墜，以廣文教，不能無望于後云。

　　興安縣　舊在舊縣北門右。宋嘉泰間，遷于縣北朝天門。歲久屋敝，景定五年，縣令蒲應龍因舊葺之，增學田，置貢士莊，李應春有記。元至元間，遷于縣治東門外。至正間，縣令劉俟得陡江空地置學，稼新莊、唐光有記。明成化間，巡撫都御史韓雍遷于城内，方升有記。弘治四年，知縣鄭普重修。按《通志》，萬曆九年守道彭富，二十二年知縣吳彰俱重修。皇清康熙二十一年，知縣柏嵩琪、訓導蕭露灝重修。

　　靈川縣　在縣東。宋建炎間始建，舊學基址在縣西一里，與呂仙山相對。後圮。元至元二十一年，知縣羅嬴遷于縣東南大象山西，尋毀于兵。二十九年，廉訪副使趙天綱命知縣岳璋徙于今地。明洪武三年，知縣劉延重修。按《通志》，明洪武十五年，知縣呂資增置東西齋及堂膳、廚庫，造祭器、塑聖賢像。永樂乙酉，知縣劉正言復修。宣德癸酉，知縣陳繼廣其基，重建講堂。正統甲子，知縣包至道重建大成殿、兩廡，修祭器。成化元年，知縣曾鐸擴地為門。十八年仲秋，知縣沈溥重修。嘉靖三年，知縣秦有重建。十二年，教諭陳璇請改建廟學，巡按御史曾守約行司給銀，命通判董其役。十九年，知縣成世遠加修殿廡、門舍。皇清康熙二十一年，知縣黃士坒、訓導毛文粲重修。

陽朔縣 舊在縣南。宋淳熙十四年，遷于縣東。元祐乙未，邑宰嚴敬修葺廟宇、廊廡、齋舍，學左創立文會堂。明洪武十三年，訓導龍騰建大成殿、戟門、堂廡、齋舍，又構讀書樓。正統四年，教諭蕭文郁建鄉貢題名碑。正統十年，知縣萬霽重修觀德亭、會饌堂、號房，吳惠有記。按《通志》，天順甲申，水圮。成化十五年，知縣楊綱重建明倫堂、讀書樓，創鄉賢、名宦祠。弘治十七年，巡撫御史顏頤壽、提學僉事姚鏌、知縣黃佑重修。嘉靖二十一年，知縣王時中修葺殿廡、門堂。三十六年，同知張冕以審戶口至朔，命縣令蒙熨重修。四十三年，知縣吳國用修廟廡、堂祠，又于讀書樓改建五雲樓。萬曆九年，本府推官李道先署縣事，修造殿廡、戟門及進德、修業齋。二十三年，知縣李栻造明倫堂。崇禎十三年，知縣朱奉鑲重修殿廡、戟門、櫺星門及明倫堂、敬一亭，立臥碑、鄉貢題名碑。皇清康熙九年，知縣陳洪疇重修正殿、戟門、兩廡、明倫堂、啟聖公祠。舊有教諭署一座，朱奉鑲建。訓導宅地一區。會饌堂，儒學倉，今俱廢。學租碑尚存。

永寧州 在州治北，創建無考。宋紹興間，州令高登闢而新之。明洪武間重建。按《通志》，舊古田學址在州南。成化初，縣治沒于猺獞，諸生從司牧建講堂于會城，後改為臨桂縣學。隆慶四年，巡撫御史王茂奉詔大徵恢復，古田縣尋改為州，學增廩增各十人，以待本地入學者。五年，唐執中始建廟于城東南隅。萬曆五年，知州鄭應齡議建堂廡、齋舍。八年，知州尹廷俊上其議于院司府，相吉于城西北，新擴基址，規制始備，陳一洙有記。二十五年，漸圮，知州徐來聘復請新之，有記。三十一年，知州林裕陽重修。天啟元年，知州萬建元造祭器，重加修葺，羅之鼎有記。明末頹圮。皇清康熙二年，知州白意上狀院司，捐俸修建，郡人李棠記。十一年，城内外火，延毀啓聖祠。是年冬，知州朱王造重建，復繚垣墻。二十二年，知州郭大琦重修，督學王如辰有記。

永福縣 舊在縣前儀鳳鋪。宋淳熙六年，遷于縣東北鳳巢山下，即狀元王世則故宅。明洪武二年，縣丞康孝良重修。永樂十四年，知縣鄭曦復修。景泰四年，知縣黃瓊、教諭葉轍重建大成殿，葉轍有記。按《通志》，成化十六年，知縣夏忠復修。嘉靖二十一年，知縣林天榮重建殿廡、戟門、欞星門，東名宦、西鄉賢祠，後明倫堂，又建敬一亭、東西時習齋、興賢、儒學二門，教諭、訓導廨舍及臥碑一、六箴皆備焉。萬曆十五年，知縣吳立東重修，增建啓聖公祠。今俱圮，未修。

義寧縣 先在縣南。宋經略使張栻大書門扁，刻于石。咸淳庚午，以地僻，遷于香林寺東。元貞元年，邑令臧仲璧遷于縣西。明洪武四年，縣丞丁勝重修。天順中毀。越五年，知縣鄭勝重修。正德辛巳，知縣梁順重修。按《通志》，萬曆二十四年，知府洪澄源檄縣重修，兵燹後，祠廡、堂閣、齋舍俱毀。今止有正殿。

全州 始于宋慶曆四年。舊基，在州城東北隅。紹興十三年，郡守高楫創建于鳳凰山之陽，即今地，劉岑記，見"藝文"。嘉定間，教授黃學行建登科題名碑，有記。元至正八年，毀于獠。十年，郡守石亨祖重建，揭傒斯記，見"藝文"。明洪武四年，郡守章復以舊明倫堂狹隘，徙創于大成殿后，堂齋、射圃一新。宣德九年，知州健復修之，又創尊經閣以貯書籍，改鑿泮池于戟門前，作步雲橋于學之南，吳伯章有瑞芝記。按《通志》，正德間按察副使劉君節建名宦、鄉賢祠于學之西南，蔣冕記，見"藝文"。正德癸酉，知州顧璘重修，又因全寧樓故址建翔鳳樓，蔣冕有記。嘉靖九年，奉詔建啓聖祠于學西，又建敬一箴亭于學北。明萬曆以迄啓、禎，屢圮屢修。皇清順治十六年，巡按御史李秀重修，尋圮。康熙二十年，署知州徐泌倡紳士捐修，巡撫都御史郝浴入境謁廟，捐資助焉。

灌陽縣 在縣治西華山門。隋大業十二年建。按《通志》，宋泰定十六年，郡守楊若、邑令洪若水重修。元至治間，縣令董侯復修，趙文蔚有記。後毀。至正間重修，孔惠垣有記。明洪武初，知縣王友裕重修。嘉靖二年，副使楊必進行部謁廟，以學在城外，荒僻卑隘，委知縣周應祿遷入縣治東，創建聖殿、兩廡、戟門、欞星門、泮池橋，規制始備，蔣冕記。皇清康熙二十一年，署訓導朱雲倡修正殿，東西廡、戟門、欞星門、泮池橋皆重新焉，督學王如辰有記。

柳州府

《職方典》第一千四百九卷
柳州府部彙考三
柳州府學校考 通志

柳州府 創自唐初元和間，刺史柳宗元重修。明洪武六年，同知莫玉以地湫隘弗稱，徙府治西北隅。永樂五年，推官陸楷等重修，未就，知府馬應坤續成之。宣德四年，推官鄭士庶改禮殿及講堂，門廡、齋舍、廨宇、庖湢皆備，有記。天順元年，知府龔遂增建後堂及東西齋，陳邦琳有記。弘治間，知府周欽作石橋于泮池上，闢射圃于學東。嘉靖間，知府鄧鋐、王三接相繼重建，規制始備。今俱毀，方議倡修，尚未建復。

馬平縣 前代止有路學。至明洪武四年，縣丞唐叔達始建于城外羅池街東。弘治七年，知府李文安重建。嘉靖六年，知府胥文相修殿廡、戟門、堂齋。十六年，知府鄧鋐建敬一亭。皇清康熙七年，知縣閻興邦修建。十九年六月，毀于火，僅存啓聖、名宦、鄉賢三祠。

雒容縣 舊在城北，繼遷城東南。宋季毀。元至元間重建。元末復毀。明洪武六年，知縣李仁遷于縣治西。成化間重建。正德十五年毀。萬曆八年，遷縣，重建，知縣樊于震、鄧林春先後經營。十三年，推官李遠成之。明末復毀。皇清重建。康熙十五年，盡毀于寇，今未建復。

羅城縣 舊在縣東鳳凰山前。明洪武三年，知縣杜原建。四年，縣丞于志祖續成之。明末，遷城內東北隅，尋燼于兵。皇清順治十五年，署縣事苗爾蔭覆茅舊址。康熙元年，議重建，紳衿咸願復于東門之郊，知縣于成龍重建正殿。按《府志》，兩廡、名宦、鄉賢、門壁、泮池未備，尚爲缺典。

柳城縣 原在龍江舊城。明洪武三年，縣丞陳祖政遷于縣治西南。十八年知縣張志諒，永樂七年知縣聶盟皆重修。成化間，遷城內北隅。十四年，督學吳玉命遷縣治東。正德六年，知縣許珊重建堂廡、戟門。嘉靖三年，推官馮來駿以其地湫隘弗稱，遷縣治西，通判蕭鼎相繼署縣完之。皇清康熙二十年，知縣駱斯才重修。按《縣志》，殿堂、東西廡，新創戟門、泮池、櫺星門、東西角門、豆庫。省牲所三間，在廟西。更衣亭、啓聖祠、名宦、鄉賢祠、儒林坊、聖域坊、賢關坊，俱久廢待修。

懷遠縣 在縣南。明洪武二年，縣丞李志丹建。十年，併入融州學。十四年復。十九年，知縣李文斌以基隘，遷于舊分司。弘治間，毀于猺。萬曆十七年，知縣蘇朝陽重建于縣治東。按《懷遠縣志》云，廟在縣治東，前爲欞星門，門之內爲泮池，越池而上爲戟門，門之內爲廣庭，庭分兩階，由階而上爲露臺，臺之上爲廟，兩階傍爲東西廡，廟之東爲儒學門，門內爲中甬道，上爲月臺，臺上爲明倫堂，堂下兩廊，爲東西齋，堂之後爲啓聖公祠，祠東爲訓導廨，廟之西爲名宦祠。

融縣 創自宋初。乾道三年，郡守劉襄重修。淳熙間，郡守張適修禮殿。嘉熙丙子，郡守韓休卿重新廟制，蔡安國有記。元至正間，毀于兵。明洪武十年，改州爲縣，學宮仍舊。正統十一年，知縣嚴霜遷于城西。正德元年知縣吳清，十五年知縣曾俊、唐傳相繼重修，工乃完。皇清康熙二十年，知縣熊飛渭重建，督學王如辰有記。

來賓縣 在縣南。宋開寶中建。元季毀于兵。明洪武三年，縣丞孫仕安、訓導權明孫重修。嘉靖十四年，知縣王璣重建堂齋，今毀未復。

象州 在城內東南隅。明洪武二年，知州彭應雷重建。八年，知州朱弼重修。正統、景泰間，知州何敬、何浚先後重建。萬曆十三年，分巡道郭準屬知州李惟岳重修，又置射圃于明倫堂後。今俱毀未復。

武宣縣 原在縣南。明洪武，主簿王大賚遷于縣東，建大成殿、明倫堂、東西齋。崇禎五年，署縣事孫光啓重建，今毀未復。

賓州 在州南。宋皇祐中，判官陳應建。淳祐間，建進士題名碑。元泰定乙丑，知州王渥置祭器，王廷秀有記。至正末毀。明洪武二年，知州馮榮、周樂相繼修建。正德八年，兵備副使陳錫、分巡僉事徐海重修。隆慶、萬曆間，兵備副使鄭一龍、郭棐先後重建。明末毀。皇清康熙四年，知州呂承亮重建，尋圮。二十一年，知州余忠震重新之，提學道王如辰有記。

遷江縣 在縣西。明洪武三年建。二十三年火，知縣梁護重修。永樂十五年復火，知縣梁蠡復修，規制略備，今圮未修。

上林縣 在縣西南，古澄州門外。明洪武三年，縣丞周偉重建。弘治間，知縣向龍重修。嘉靖九年，知縣方田拓地增建。萬曆元年，知縣王一岳重修。按《縣志》，舊皆南向。嘉靖間，因術者言右山白虎太高，不宜表向，遂易其方位，與縣治並東向。其大成殿，啓聖公祠、東西兩廡、明倫堂、名宦鄉賢兩祠、戟門、欞星門、禮門、義路向俱瓦蓋齊備。歲久傾圮。皇清康熙三十年間，知縣俞寅重修。至四十三年，知縣張邵振與闔邑紳士鳩資重建。

慶遠府

《職方典》第一千四百十四卷
慶遠府部彙考二
慶遠府學校考 府志

慶遠府 在城內開國坊。舊在城南。宋慶曆三年始建。崇寧三年，立石鐫辟雍詔于廡下。十年，知州李讓奉詔以三分錢并稅契錢贍學養士。淳熙四年，知州韓璧遷于今所，張栻有記。慶元二年，知州陳表臣置學田，以助養士。六年，知州耿明撤而新之，又建閣于堂後，陳涇有記。元至元後，毀于兵。明洪武初內附，學署仍舊，通判王毅重修堂齋。正統十二年，知府楊禧重建，始鑿泮池。天順八年，知府周一清重建，乃廣其制，立題名及建學碑，陳文記。成化二十一年知府馬駟，弘治三年知府汪溥相繼修葺。十二年，知府姜琯修殿堂、齋廡，重建號房、廨宇。明末毀于火。皇清康熙三年，知府趙開雍重建，舉人鮑杰倡首，生員江元載捐屋以成之。

宜山縣 在府學西。宋淳熙十年，知州趙與榮嘗撥官監以修之。元末，因猺賊爲亂，廢于兵火。明洪武三年，縣丞張淑廉重建。景泰間，知府周一清撤而新之。寖圮，弘治六年，僉事陳珪命知縣任球重修。十二年，知府姜琯、知縣李謐續修。正德元年知縣徐志道、縣丞胡通，七年知縣金麟永相繼修葺堂齋，立科貢題名碑。明末毀廢。至今春秋二祭，皆附府學。

天河縣 原在縣西。元末廢于寇。洪武五年，縣丞王居禮創建。七年，訓導喻遷善徙東禪寺側。正統七年，署縣事照磨何政復徙城北，即今地，重建殿廡、門堂、齋舍。景泰三年，毀于賊。成化二十二年，知縣楊榮修葺正殿，重建堂廡、齋舍，規制復新。弘治間知縣史玹，正德八年知縣魏朝陽，十五年知縣尚汝弼俱重修。崇禎六年，知縣楊文煥捐資修葺，一時煥然。日久傾頹，瞻拜無地。皇清順治十五年，開闢，官斯土者相繼建修，俱屬草舍。近遭僞逆蹂躪，盡行毀壞。大兵恢復以來，僅存茅棚一架，供列木主，風雨不蔽，荒草連山。今于康熙二十一年冬，重建聖殿、東西兩廡、啓聖祠、明倫堂等屋。文昌、尊經二閣，俱在廟後。名宦祠在學宮右，鄉賢祠在學宮左。三元祠，在廟左，祀宋馮簡公。

河池州 在州治左。初爲縣無學。弘治十七年，改爲州，始設置焉。次年，知州何昱、學政張翰創建，殿廡、戟門、櫺星門、堂齋僅覆以茅。嘉靖四年，知州周錢改移州治，重建聖殿、明倫堂于今州左。萬曆九年，知州梁紹震重修。明末久圮。至皇清康熙六年，知州王玉麟重建，遷之山半，易瓦殿三間，今復圮。

思恩縣 按《縣志》，本邑係苗蠻地。唐宋元以來，文教不及。自明萬曆三十六年，始建學宮，置博士弟子員，廩膳五名，增廣五名，附如例。崇禎十七年，兵火，廟毀廢。皇清康熙二年，知縣翁世庸因地處荒僻，工匠不備，聊循舊制，蓋瓦殿五間。康熙八年，知縣謝銓復建明倫堂三間、啓聖祠三間、戟門五間、東西兩廡各二間。至偽逆變亂，土宄攻劫，明倫堂、啓聖祠止餘數瓦，聊蔽風雨。戟門、櫺星門、兩廡，俱傾圮無存。署縣事劉元泓重修。

荔波縣 按《縣志》，本邑爲六苗生聚之地，不識詩書。原未設有學校，知縣劉菜覽風俗之殊異，懼人性之悍頑，爰建義館教訓蒙童。至皇清康熙二十一年，具文詳明，捐資鼎建學宮于南。

思恩府

《職方典》第一千四百二十卷
思恩府部匯考二
思恩府學校考　府志

思恩府 自明季文成公繕疏，遷治于荒田驛。原議建造于東門外朝天鳳嶺，時因方向未利，急欲圖成，遂卜築于南郊外，去城一里，荒僻簡陋，兼之溪河泛漲，朔望行香，病于朝涉。至萬曆元年，知府侯國治捐金，遷學于城內府治之東，即今所也。中建大成殿三楹，殿之前列兩廡各六楹，殿之後爲啓聖祠三楹，祠東爲明倫堂三楹，外爲戟門三楹，戟門之南爲櫺星門。其名宦、鄉賢二祠，從未啓建，每遇春秋祭祀，設位于戟門之東，拜跪于瓦礫之地。皇清康熙十一年，本府知府金夢麟捐捧鼎建。儒學，原在府治南。明正統十二年，土官岑鍈請建。嘉靖八年，徙建荒田新府。

武緣縣 自唐武德始。宋天聖九年始備。明洪武二年，建于城南壽寧寺右。宣德九年，知縣黃宗廣建明倫堂。正統八年，縣丞封純建。景泰三年，縣丞梁晚昌、教諭譚經建兩廡、戟門。弘治十七年毀。正德二年，御史顏頤壽遷城內南街。十五年，知縣姚明誠重修。嘉靖十三年，知縣馬汝熙復遷于南門外，徹壽寧寺爲之。二十五年，知縣鄧體靜復遷于寺右舊址。四十一年，南寧府知府方瑜委署經歷徐恩、教諭鄭豫夫修葺。隆慶元年，巡按御史朱炳如行縣，通學呈，復令知縣楊大韶復新之。萬曆十二年，知縣鄭學醇重修。大成殿三楹，東西兩廡各七楹，戟門三楹，櫺星門三楹。明倫堂三楹，在大成殿后，東西各有齋，各有楹。啓聖祠三楹，在大成殿后，祠後有敬一亭。名宦祠在啓聖祠左，鄉賢祠在啓聖祠右。

西隆州 改流未久，儒學未設，知州王譽命草創茅屋于州西南山麓以祀，宮墻、殿廡一無所建。

西林縣 改流未久，儒學未設。白山等九土司學校無考。

平樂府

《職方典》第一千四百二十五卷
平樂府部匯考三
平樂府學校考　府志

平樂府 宋時舊址，在城東二里考盤澗之西。宣和間，知州嚴以諷徙城內。淳熙中，太守王光祖復遷舊址。元初，毀于兵。至元己卯，知州孫武德經營創始。十五年，武德之子夢得再知州事，乃繼成之。後圮。至正十二年，拓拔元善重建。明洪武二十七年，知府張信增建廚庫。宣德十年，知府唐復鼎建殿堂。正德十年，知府張重修。嘉靖四年，知府李彥徙城內鳳凰山麓。萬曆七年，參政陳應春建敬一亭，鑿泮池，樹棹楔。十九年，知府黃文炳重修大殿、兩廡，前爲戟門、櫺星門，後爲明倫堂，兩翼爲齋，最後爲尊經閣。啓聖祠在明倫堂西，名宦祠附東廡前，鄉賢祠附西廡前。崇禎末，盡燼于兵。皇清順治十六年，知府王延襃始建明倫堂。十八年，建大成殿，悉出草創。康熙九年，知府楊榮引、知縣陳光龍捐俸同邑紳重修，并新建左右兩廡，欞星門外建儀門五間，磚墻二面，廟貌庶幾復古焉。甲寅後，兵燹荒圮。二十年，署知府婁仿舜修建明倫堂、啓聖宮，并殿廡、門垣葺而新之。

平樂縣 舊在城北龍興觀。明洪武四年建，知縣高忠創立。永樂二年，知縣陳應文重修。二十年，推官鄒寧復修，楊懋有記。正統元年，知府唐復重修。弘治間，被水沖沒，知府謝湖改附府學。正德間，詔裁革冗員，生徒亦隸郡庠。萬曆三十四年，知縣陳御墀詳請將南門內明賢書院改建，唐世堯有記。崇禎末年廢，今仍附府學，合祀。

恭城縣 舊在縣治東南鳳凰山。明永樂八年建。成化十三年，遷縣時，知縣夏瑋建于縣西，學後有澤，知府楊魁鑿池一區，引水入焉，名曰"洗硯池"。正德九年，參政蔚春見殿堂圮壞，發贖鍰修理，知縣陳猷捐俸區畫，以助不逮，闢基重建。正德十三年，兵備副使張佑建騰蛟、起鳳二坊于欞星門左右。因風水不利，嘉靖庚申歲，知縣楊鈞遷縣西隅，凡三遷始定。殿堂、齋廡，歲久圮壞。萬曆二十年，知縣任思申請修建。廟學之制，外爲欞星門，以石爲柱，外有泮池，門之內爲戟門，東側爲宰牲所、祭器寄貯庫，戟門內爲拜階，中爲露臺，上爲先師廟。廟右爲啓聖祠二座，前座知縣任思建，後署縣事教諭朱較建，廟之左爲明倫堂，知縣任思修，堂之左右建進德、修業兩齋，久廢。堂之前爲月臺，臺之前爲甬道，外爲進賢門，匾曰"騰蛟起鳳"，外爲儒學門，題曰"修道崇德"。儒學門之左爲教諭齋，又左爲訓導齋，各三座。知縣任思修，後縣令陳朝策重修，周圍磚砌。惟二齋崩圮，竟成荒莽，賃民房以居。天啓五年，署縣事同知莊日宣、知縣張汝醇繼修廟堂、門廡，周圍繚以重垣，欞星石柱下增新柵，復支學租銀二十四兩，買學前民居一所爲教諭齋，匾曰"清齋公署"。皇清定鼎，先經寇變。康熙九年，知縣曹林韵申詳請建，捐助未敷，先將聖殿、兩廡、啓聖祠重修，餘俟再建。

富川縣 在縣治西南隅一里。明洪武二十九年建，久毀。成化四年，知縣韋忠重建，有記。弘治二年，知縣劉時雍復修，周孟中有記。正德元年，督學姚鏌徙建城北隅迎恩坊，命知縣張冕董其事。嘉靖間，通判鄧輅易欞星門以石，內爲泮池。十七年，教諭徐一翰命工鑿之，上爲泮橋，邑人張惠有記。二十二年，知縣陳東重修。萬曆九年，知縣周篤棐重建，直上爲戟門，凡三門，東側爲宰牲所，西側爲祭器庫，左爲東廡、右爲西廡、中爲露臺，上爲先師廟，右爲儒學門，內爲賢路，直上爲禮門，門左爲進德齋，右爲修業齋，上爲明倫堂，堂後爲尊經閣，敬一亭箴在其中，上爲啓聖祠，左爲名宦祠，右爲鄉賢祠。教諭廨，在修業齋，汪若水有記。三十五年，知縣張文耀、教諭張翊捐置學田、學鋪。明末，屢經兵燹，燒毀無存。皇清順治十四年，知縣雍恭建。康熙四年，知縣張鵬翼重修。十年，知縣劉欽鄰、教諭顏以莊重建。啓聖祠外明倫堂、尊經閣、名宦鄉賢二祠、教諭廨，俱存基址，見今修建。

賀縣 殿一座，東西廡各一間，兵燹後頹壞。皇清康熙二年修復，左右庫房各一間。泮池橋，嘉靖二十六年，教諭毛純造。櫺星門三間，舊用木柱，嘉靖三十六年，縣丞石汝礪更以石，會裁革，送部調用，未畢工，經歷石渠成之。啓聖祠一間，先以玉虛觀地爲之，觀毀，建于明倫堂後。敬一亭一間，知縣王聰置石碑七通于舊學，後移置于新學中。明倫堂三間。萬曆五年，本府通判程世采署縣，廓而新之，建鳴陽書院一所，內講堂三間，號房十間，大門一間，照壁一座，今作訓導廨。年久傾頹。康熙五年，本府通判白鰲宸、推官吳礦等重建成德齋一間，達材齋一間。教諭宅二座，在儒學門右。嘉靖二十三年，教諭李文貴建，改作訓導廨。年久傾圮，康熙九年知縣何標、教諭劉懋沛捐俸建，復仍爲教諭衙署。名宦祠，新修鄉賢祠一間。新修書院一座，內官廳一，門樓一，兩旁厢房各一，名曰昂霄書院，堂曰奎光，萬曆癸卯鄉紳毛翊建，今毀。按《縣志》，舊學在城東，宋郡守鄧闢所建。元至正初，郡守劉晉重建。十六年毀，知府孫逢宸再創殿廡、門堂，餘皆未備。明洪武十年，因其舊而增飾之。永樂十三年，主簿傅岳重修。成化三年，知縣蔣智重修一新，本府知府袁衷有記。嘉靖十三年，知縣王聰重修，遷大成殿稍前，易故增新。二十三年，參政曾存仁、副使朱良、本府知府姜梁至縣，見舊學不利，因遷于南門內玉虛觀地，教諭李文貴議賣舊學地償其費，巡按御史陳宗夔以擅遷題參，并貢生董玉爵等俱被誣，時論惜之。萬曆甲午，翁知縣大修，殿堂等處俱培上，高二三尺。後年久，廟宇傾頹，教諭衙舍僅遺荒基，署印本府推官周伯遜詳允動支銀兩修復，今仍之。

修仁縣 在縣東關外。成化間，築城，遷縣東，後再遷城南門外。明末，朱晉明遷于城南郭外，不數年而圮。皇清順治十二年，署縣事高際運，睹學宮頹敝，仍遷城內舊址，而修葺之。康熙八年，知縣李子實捐造啓聖宮，築土墻、鑿泮池，但明倫堂、櫺星門、名宦祠、儀門、齋舍各處尚未建。十一年，知縣陳錫疇募理。十三年，毀于兵。十九年，署縣事王用諏署，訓導莫顯璋倡率修葺，建復啓聖祠、儀門。明額廩增生員各六名。

荔浦縣 舊在縣東，宋徙縣西。元至正己丑，主簿石天岳重修，有記。明洪武初，知縣馬宥重建。景泰元年，知縣伍繪改遷城邑，移建于今縣城之西。萬曆十二年，知縣呂文峰重建殿祠、堂齋。兵燹後頹，明倫堂尚存。先師殿、啓聖宮皆覆以茅，兩廡、兩祠、儀門、櫺星門，俱未設。皇清康熙四年，知縣錢周肅始重建聖廟一座，廟後爲明倫堂，堂之東爲學倉，西爲祭器庫，左右廡下爲進德、修業兩齋。堂之東，後爲啓聖祠，前爲名宦、鄉賢二祠，又後爲教諭廨。儒學門，在櫺星門左。

昭平縣 明萬曆間，知縣冷茂松修建。越十年，知縣柯壽愷復修。皇清康熙元年，知縣陳定國重建文廟一座，啓聖宮、宮墻、明倫堂、大門、儀門、泮池。八年，金人鼐重修。

永安州儒學 原在城內州治西。成化間，都御史朱英委參議謝綬創立，陳獻章記。嘉靖間火，知州楊鈞重建，後遷南門外。皇清康熙五年，知州鄧林尹重建。聖殿一座，東西廡各一座，櫺星門一座，啓聖祠一座。十一年，知州何呈秀建立文昌閣一座，明倫堂一座。十九年，知州丁亮重修，督學王如辰有記。

梧州府

《職方典》第一千四百三十二卷
梧州府部彙考四
梧州府學校考　府志

梧州府 在府治南門外東。宋元祐中，知州張唐輔建于冰井泉北。建炎三年，文彥明遷于放生池南。紹興二十二年，知州任詔以神霄宮廢址改創，洪邁有記。元至元二十四年，總管馬鱗重建。明成化十一年，都御史韓雍營創，中爲文廟，東爲啓聖祠，前爲兩廡，又爲戟門，外爲泮池，跨以石梁，左爲神廚，右爲神庫，東西各有碑亭，又前爲櫺星門。舊府縣學各有廟，乃併而一之。左府學，爲明倫堂，下爲四齋，東進德、日新，右修業、時習，前爲儀門，外東爲教授署，西爲諭訓二署，前爲儒學門。右縣學，爲明倫堂，下爲二齋，東致知、西力行，前爲儀門，外爲諭訓二署，前爲儒學門，丘浚記，見"藝文"。弘治十五年，都御史鄧廷瓚以門地卑潦，輦土高六尺許，石甃其外，又易櫺星門以石柱，廟宇、堂齋悉因舊制益修之，李東陽、陳獻章有記。正德十年，建名宦、鄉賢、名卿祠。嘉靖十二年，都御史陶諧復新之。二十年，都御史蔡經以交南功成振旅，獻馘學宮，制度宜極壯麗，始建尊經閣，購書籍貯于其上，與敬一箴並藏，毛伯溫有記。萬曆八年知府陸萬垓，十五年知府林喬楠重修。四十七年，知府陳鑒復修。皇清順治四年，總兵李成棟自粵東發兵收梧，廟宇、祭器悉毁于兵。十三年，知府張繼曾率紳衿創建。十五年，推官閻玖建戟門。康熙二年，知府黃龍建兩廡，修櫺星門。十一年，知府楊彥溶重修大殿，撤舊柱，易以杉材，建尊經閣于殿后舊址。甲寅兵毁。十九年，知府藺佳蔭捐資重修，命教授黃裳吉董其役，鼎建明倫堂、啓聖宮，增置廊舍，闢土繚垣，撤櫺星門，毁石建設神主龕座，殿閣、門堂丹艧一新。二十一年冬，署知府事何炯、署教授黃裳吉續工捐修，其敬一亭工猶未竣，知府彭騰翧、知縣尹維旆覆議捐修，督學王如辰記，見"藝文"。鄉賢祠，在冰井上，正德十二年改建學内。名宦祠，亦在冰井上，正德十二年改建府學西。射圃，在府學左，廣袤四畝，舊有觀德亭，今廢。

蒼梧縣 在文廟之右，饌堂三間，明倫堂五間，東西兩齋，前有儀門，爲儒學門。

藤縣 在縣南城外學嶺。創自宋至順三年，知州文魁建。元因之。明洪武七年，州同知金文仲重建。十二年，知縣馮哲修。天順六年，知縣謝鉉建。弘治十年，知縣廖佐重修聖廟五間，東西廡各十間，左右耳房各一間，櫺星門三間。十七年，提學僉事姚鏌委官增修堂宇、齋舍，殿之東設總門，後爲啓聖祠，中爲鄉賢、名宦二祠，殿之西爲宰牲亭。嘉靖五年，典史孫懋重修，歐陽鐸有記。二十三年，知縣顏參重修明倫堂，有記。萬曆二十八年，知縣劉炅改建于學西之右嶺，自藤人士惑于堪輿家言，誤遷學宮，天荒者七科。四十三年，知縣李廷幹從諸生請，遷復舊址，始科不乏人。天啓五年，知縣曾鳳彩率人士建文昌閣于學宮東，樓二層，高三百餘尺，方可七八十丈。崇禎三年，署縣衛經歷葉大紳發贖鍰六十金，修學宮及戟門。八年，知縣梁昌重修明倫堂。十年，續修文昌閣于學東，有記。今學宮俱圮，尚未修復，鄉賢祠祀訓導徐容，名宦祠祀隋平縣丞裴敬業。學前泮池一口，歲徵租銀六兩。

容縣 肇自唐貞觀元年，建于駱駝橋西。宋自紹興後，遷徙無常，或遷于通貨坊，或遷于城西南。嘉熙間，學正梁汝翼修葺，有記。至元，屢遭寇毀，知州劉哲復遷于駱駝橋故址，後乃遷于城內。明洪武二年，同知王清因其舊址創建。景泰五年，知縣黃佐重修殿廡、戟門、厨庫、泮池。成化六年，知縣林廷輝建欞星門、饌堂、明倫堂及東西二齋。嘉靖十年，知縣蔡雨改建，遷明倫堂于殿左，敬一亭居其中，兩廡、戟門、欞星門次第翼然，自爲記。又知縣秦行賓、嚴春化相繼修建名宦、鄉賢、啓聖各祠。萬曆四年，知縣萬一龍于學建坊。七年，知縣伍可受重修，督學鍾繼英記。四十五年，知縣侯應遴重修坊牌，易其額曰"容山起鳳""綉水騰蛟"。四十八年，知縣區龍禎捐資修葺，首爲泮池，次欞星門，次戟門，中爲先師殿，列以兩廡，左爲敬一亭，又左爲明倫堂，東曰進德齋，西曰修業齋。前爲教諭廨，在泮池之右，與名宦鄉、賢祠相比。欞星門左，舊爲思賢堂，祀元次山五賢之所，後啓聖公祠，今五賢祀于名宦。萬曆四十五年，知縣侯應遴更爲南山書院，又前而架雉堞之上者爲文昌閣。萬曆二十二年，分守道葉明元、分巡道蘇浚各捐金修築，獨尊經閣、射圃闕焉。鄉賢祠，祀元知州封履、縣巡檢封盛甫、明知縣王惟道、僉事陳汝器、員外王惟興、參議楊寧遠，名宦祠祀唐容管經略使元結、韋丹、戴叔倫、杜佑、王翃、宋刺史王慶增、蔣南金、明知州王清。

岑溪縣 原在舊縣治東。唐武德五年建。宋元因之。明洪武十二年，教諭何進重建。弘治三年，知縣勞雍遷建今縣治東北隅，教諭蔣聰續成之，周孟中有記。正德十六年，訓導劉材、典史雷謙申請遷于西子城內。嘉靖十七年，遷于內城。中爲文廟，前爲兩廡，爲戟門、泮池，又前爲欞星門。嘉靖四十年火，知縣張子翼修復。萬曆二十八年，知縣曾莘重修。三十三年，以地震圮，知縣吳繼禧修復。天啓元年，知縣詹子忠復自外而徙內城縣治後，營建殿廡、堂祠、亭池、門舍，規制如初。明末毀，舉人廖標修置。皇清順治十五年，知縣劉廣國復修，建明倫堂。康熙八年，知縣劉昌言重修，有記。鄉賢祠祀評事周鼎、知府梁潔、通判廖仕能、推官興尚忠、州同羅寧、知縣謝崇恩、教諭梁文；名宦祠祀知縣劉鎮、謝有立、余敦善、張拱樞、石韋介、主簿趙探夫、教諭徐謹、蔣聰、陳夔、李時典、史區昌。

懷集縣 在縣治東，肇自宋時。元至正二十六年，毀于兵。明洪武三年，重建，後圮。弘治七年，知縣區昌重修，彭甫、張翊有記。嘉靖四十一年，署縣事通判李鵬舉建啓聖祠。萬曆三十九年，知縣越應捷復修，魏浚有記。四十六年，知縣謝君惠重修。崇禎十六年，知縣李盤重修。兵燹復毀。皇清康熙二十一年，教諭唐忠弼重修。大成殿五間、東西兩廡各五間，前為文峰，為頖池，為欞星門。尊經閣，在正殿後。明倫堂，舊在聖殿后。萬曆三十九年，知縣越應捷遷于聖殿之左，移頖池于欞星門之內。啓聖祠，在文昌閣，東育英齋、西養正齋，後為敬一亭。名宦鄉賢祠，在儀門之東。教諭、訓導廳，在儀門之西。書籍庫，在明倫堂左。祭器庫，在明倫堂右。鄉賢祠祀知州蘇恣、同知莫彥樸、訓導歐守忠，名宦祠祀知縣謝有立、李浚、李洪、主簿楊蘊。射圃，在城東門外，有亭，曰觀德亭，今廢，遺址尚存。

郁林州 在州治西南成賢坊。舊在州治南一里，宋至道二年建。元至正三年，知州張按攤不花遷建今地，伯篤魯丁有記。明洪武二年，州同黃斌重修。正統七年，知州柴衡建明倫堂，立題名碑，曾才魯有記。十四年，知州廖震建殿廡、堂齋。成化四年，知州向珍鼎新學制。弘治十二年，知州李永珍重建。中為文廟，前為兩廡，為戟門，西為神厨、神庫，前為欞星門，彭甫記。正德十一年，州人梁璉易欞星門以石，後為明倫堂，又後為敬一亭，東西為兩齋，左為啓聖祠、鄉賢祠、名宦祠，左為學正廨、右為訓導廨，前為儒學門。嘉靖十六年，兩廡傾圮，知州張詔修建。隆慶二年，同知闞繼禹重修。萬曆十三年，知州江龍重修。十九年，副使蘇浚修啓聖諸祠，堂後築方塘低窪，前拓地為泮池，浚西北之泉入焉。皇清因舊址修建正殿、兩廡、戟門、啓聖祠，餘未建復。射圃，在學宮東五十步。

博白縣 唐貞觀初，建于城南一里。宋開寶五年，遷城東一里。紹興後圮。慶元戊午，知縣李大章重建。明洪武三年，縣丞孔時鬱建。正統元年，縣丞朱勛、主簿張本忠重修。九年，知縣程節遷縣治南。成化四年，寇毀，副使范鐸遷于平政門外，尋毀。嘉靖六年，教諭柯挺之申請遷于城東舊址。四十三年，署縣事藤縣縣丞王宗予遷建城內縣治西。中為文廟，東西為兩廡，前為戟門、泮池、欞星門；左為明倫堂，東西為兩齋，前為儒學門。明倫堂後為啓聖祠。戟門左為名宦祠，右為鄉賢祠。右隅為敬一亭。萬曆十五年，知縣謝國光重修。三十七年，知縣譚岳重修。四十八年，建尊經閣，知縣張茂芹、署縣同知張熙韶成之。鄉賢祠在戟門右，名宦祠在戟門左。射圃，在城東舊學基左，今廢。

北流縣 唐貞觀三年，建于登龍橋西。宋因之。元大德二年，知縣侯仁遷寶圭驛東。延祐四年，遷于驛西。至正二十六年，毀于火，遷縣治西南一里。明永樂十一年，知縣陳宗文仍舊址重建。天順四年，寇毀。成化十七年，都御史韓雍改築城池，以學基建縣治，而遷學于縣治東北隅。弘治五年，知縣羅嵩遷城東一里。十年，知縣唐源重修，周孟中記。嘉靖十三年，知縣彭黻復遷于城內縣治東北。二十一年，署印永淳縣典史任惟均以其地卑隘，遷于縣治東北舊學址。三十三年，知縣楊穗遷建縣治東。中爲文廟，東西爲兩廡，前爲戟門、爲泮池、櫺星門。後爲明倫堂，東西爲齋。左爲啓聖祠，鄉賢名宦祠，敬一亭前爲儒學門。崇禎四年，知縣劉修己仍遷城內舊趾。皇清康熙元年，署縣事安九埏重建，遷于舊址明倫堂右。鄉賢祠三間，在戟門西。名宦祠三間，在戟門東。射圃，在縣治東南一里，即舊學基。

陸川縣 宋淳化五年，建于城東南一里。明洪武三年，縣丞王麟仍舊址重建。永樂十年，知縣吳景重修。天順六年，知縣李宣遷于南門內縣治東。弘治四年，提學僉事周孟中委官遷建于縣中街西。正德七年，賊毀，知府曹琚重修。嘉靖二十三年，知縣李紳遷于縣南一里。四十三年，知縣張子翼遷城北，鼎新廟制。萬曆十四年，知縣林鳳朝重修。皇清康熙四年，知縣方鼎重建明倫堂三間。鄉賢祠在啓聖祠右，名宦祠左。射圃，在縣城東南隅，舊有觀德亭，今廢。

興業縣 宋慶曆中，建于縣西北一里。元仍宋址。至正三年，知縣秦仁濟建。明洪武三年，縣丞鄔馬兒重建。永樂十四年知縣余顯宗，正統、天順丁芹、向珍相繼修葺，建奎文閣，人文蔚起。後以寇毀。成化十八年，訓導陳士章申請督撫發帑，命知縣鍾轅遷城內縣治東。弘治、正德間，知縣王昌、陳溁重修。嘉靖十六年，知縣方詔復修，李義壯有記。二十五年，邑紳譚堯道重建櫺星門。萬曆十年，知縣馮文照修大成殿。十二年，知縣曾節續成之。崇禎十五年，管縣事通判鄧來麟倡修殿廡、堂齋，邑紳譚汝賢重建敬一箴亭。鄉賢祠在名宦祠前。射圃，在蒼梧道後，內有觀德亭，今廢。

潯州府

《職方典》第一千四百三十八卷
潯州府部彙考二

潯州府學校考　通志

潯州府 創自宋初，慶曆元年，州守杜應之病其卑隘，徙遷于州治東，余靖記。元爲路學。明洪武初，改爲府學，建于郡城小南門外。正統間，徙城西隅，南向。未幾，藤峽寇毀。成化二年，知府孫暲因舊基重修，東向，錢溥記。弘治間，提學副使周孟中以廟學逼隘，命有司撤去土牆，盡衢而止，學制乃備。嘉靖二十一年重修。崇禎六年，提學僉事程策攝府事，鄧紹倡修，尋毀于兵。皇清順治十五年，重建正殿。康熙二年，建明倫堂，餘未復。

桂平縣 址在府城南。洪武四年毀，後併入府學，遂廢。又云，縣學原在城外，地名官園。天啓元年，遷于東城外一里。崇禎二年，復遷官園。明末毀。皇清康熙六年，知縣孫以敬建于郡城小南門內，提學僉事盧易有記。

平南縣 在縣治東。明洪武初，知縣齊遜建殿廡、門堂、兩齋、射圃、公廨。永樂間，知縣汪俊塑像。正統、天順間，知縣胡濟、同知李應相繼修建。弘治十七年，提學僉事姚鏌委推官樊士奇、知縣岳琬重建。明末兵燹，漸至頹圮無存。皇清康熙初年，通判劉禎倡修文廟一座，知縣程應辰續工葺之，餘未建復。

貴縣 在城東門外。肇自宋慶曆間。紹興十一年，太守趙善煥遷于城西。淳熙十二年，太守林次齡修葺，給廩以贍師生。紹興十五年，太守沈雲舉增置館舍，引試士子。慶元、嘉定間，再遷于下郭、中郭。延祐己未，州守脫脫木兒重修禮殿，莫廷有記。明初，仍元舊。洪武三十一年，教諭鄧觀善重建。成化十七年，都御史朱英命遷于城內，張燦記。明末毀于兵。皇清定鼎，巡按御史李秀捐資倡修，漸復舊制。今又頹圮。

南寧府

《職方典》第一千四百四十三卷
南寧府部彙考三
南寧府學校考　府志

南寧府 在府治北。舊在城外沙市西北隅，再徙城中南隅，基址凡五易。宋遷城西。寶慶丙午，安撫使謝守明遷于城中五花嶺第一峰，即今學。淳祐戊申，督學使梁應龍重修，鄧容有記。元趙修已嘗新廟制。明洪武三年，署府事焦源、教授謝成伯重修。正統間，知府陳肅恢舊貫，增新制，修殿廡、講堂、齋舍，塑聖賢像，造樂器。弘治間，郡守蕭蕙、劉芳、李津相繼修飾。中爲大殿，兩翼爲東西廡，前爲戟門，又前爲欞星門，有宰牲房、神厨、明倫堂。堂之後爲敬一亭，御製碑在焉。後敬一亭改爲尊經閣。左右爲四齋，曰志道、據德、依仁、游藝。門外有半月池，護以石欄，障以屏墻。有箴亭、射圃、公廨。嘉靖十六年知府郭楠，二十二年知府朱黼，二十九年知府王貞吉先後重修，規制悉備。又于戟門左建文昌祠。兵燹後僅存欞星、戟門、正殿、文昌祠，餘俱圮。皇清康熙四年，知府虞宗岱、同知劉光榮、訓導劉上杰倡修明倫堂。

宣化縣 明洪武三年，建于城之西北。正統二年，御史唐慎改遷城内。正統十一年，知縣盧彰重建廟學。正德十六年，知縣盛瀧重建堂齋、門舍。嘉靖八年，遷附府學之右，廟總于府學。十年，更定如府學制。二十九年，知府王貞吉重修。有明倫堂，堂後建啓聖祠，祠左爲名宦祠，祠右爲鄉賢祠。明倫堂左右有齋，東曰進德、西曰修業，有儀門、大門、箴亭，植松亭，陳大綸有記。今俱圮廢。

新寧州 舊爲宣化四峒地，向無學校。明隆慶六年，左江道霍與瑕開建州治，詳請建立學宮，卜地于城内東隅。正殿一座五楹，殿前東西廡各五楹，殿后建明倫堂，殿左建啓聖祠，兩廡前建戟門五楹，戟門外爲泮池，池外欞星門，門外築照墻。戟門左爲名宦祠，右爲鄉賢祠。東西齋、敬箴亭在明倫堂前。學正衙，在學右。年久傾圮，先後相繼修葺。至崇禎十三年，知州王文林重修，煥然聿新。兵燹後，又皆頹壞，尚未修復。

隆安縣 明嘉靖七年，縣治始立。嘉靖十六年，知縣章珪建學在城內東南隅，規制狹隘。三十九年，知縣姚居易遷于城東郊，規模始宏，有記。四十二年，知府方瑜捐資重加修葺，制度始備。萬曆十四年，灾燎圮壞，知縣袁璧重修。文廟一座五間，東西翼以兩廡各五間，戟門三間，前有泮池，池上有橋，欞星門三間，前有月池，池外有照墻。啓聖祠一座三間，在廟後。明倫堂一座三間，在廟左，兩齋各五間，前儀門一座三間，外大門一間。明季兵燹，俱各傾圮。皇清，縣令查繼甲再興工修建。

橫州 舊在寧浦郡學，建置始末無可考。宋紹興乙亥，知州何先覺置夫子二石像于學中。元至元二十二年冬，達魯花赤朵兒赤重建升禮殿于明倫堂，遷堂于教授廳，俱在州城外，改寺爲之，後遷城外西隅，廟在儒學前，啓聖公祠在儒學右，文昌祠在儒學左，敬一亭今茸。按《州志》，舊儒學在城外西隅。明洪武三年，知州薛明理因舊址重建。三十二年，學正徐浩修。宣德間，知州郭友儀、學正孔定建齋舍、講堂。正統間，知州侯康遠修茸殿廡、戟門、明倫堂。景泰間，知州曾文玉、學正盧瑞建戟門、櫺星門、兩廡。成化甲午，知州何堯中視舊基隘陋，鼎建殿堂，門廡俱增高大，又填築明倫堂基址，闊二丈餘，建東西齋、饌堂、號房二十間。弘治間，少參任谷白于分巡道蔡公相暨後道蔡公煉擴學右元妙觀地改建明倫堂，後知州蕭岑復請置辦工價，構完兩齋。正德十六年，知州黎磐復新移禮殿、戟門、兩廡，益增宏敞，聖賢繪像一新。時有術士爲迎水之說，欲向于西南。嘉靖六年，攝印永安知州陳堯恩以士子紛言新堂弗便，復移明倫堂于殿后。九年，學正石尚寶復櫺星舊向，略對寶華，殿廡未及改。二十二年，南寧府推官黃冕、學正陳上達復移明倫堂于殿右，而改殿后堂爲啓聖公祠。二十六年，又有新堂非舊址，弗利于科目之說，知州王時中乃復遷于殿后。迨四十四年，南寧節推何綖、判官鄭鳳、學正鍾欽咸董其事，復遷明倫堂于殿右，易朽重丹。中爲殿，兩翼爲廡，前爲戟門，左右爲名宦、鄉賢祠，又前櫺星門。學署在廟右，中爲明倫堂，兩翼爲時習、日新齋，學門在櫺星門右外，兩坊東曰"崇正學"，西曰"育真才"。萬曆乙酉，知州林守萬重修正殿，又仍移明倫堂于殿后，移啓聖祠于殿右。及庚寅、辛卯年，知州鍾大成填學後爲三台山。至丁巳年，知州劉子誠遷學于北郭，改寺爲之，中建正殿，殿之兩翼爲廡，各五間，廡盡爲門，中戟門三間，旁楹各爲耳門，聯耳門而屋者東名宦祠、西鄉賢祠，各三間。前鑿泮水爲池，池上跨以橋，橋上有欄干，有龍頭二石吞吐，水道俱堅石甃之，楹道而出爲石櫺星門，泮池左右分儒學門兩路升堂。殿后建明倫堂，有月臺，側立兩齋各三間，齋盡各竪坊，扁其左曰"池龍競躍"、右曰"鉢鳳齊飛"。殿左爲啓聖祠，祠後諭亭三間，後有小碑亭。殿之右爲書院，其後爲崇報堂。前爲講書堂，翼以廊房。又明倫堂兩畔隙地，東構神厨三間，西構宰牲房三間，以備膳餼。後則因丘臺，有尊經閣，其扁額曰"聚奎樓"。自櫺星門以達尊經閣，地步四十餘丈，其等級自卑而漸高，其圍垣前方後正。崇禎二年冬，知州王寵捐給丁夫填方塘，築青雲堤一道，道中加屏墻焉，學正朱弘、訓導蔣萬齡成之。

　　永淳縣 在縣西，其先遷徙不常。明洪武三十二年，知縣孫道源遷今址。永樂元年，教諭羅琇、典史羅遑建廊廡、講堂。正統十六年，知縣蕭琪、典史方讓建殿堂、齋舍。嘉靖十四年，知縣方鵬、訓導周文重建櫺星門，開鑿泮池。中爲大成殿，東西爲廡，前爲戟門、爲泮池，有宰牲房、神廚、神庫，知縣潘文明置祭器。啓聖祠，在敬一亭前。敬一亭，在廟左。中爲明倫堂，東西分兩齋，廟制重新。

上思州 古無學校。肇于明弘治末，改流，始隸邕郡。正德五年，知州羅環請于督學，始選秀士肄業南寧。十一年，署州事通判陳璵請建學校，次年頒儒學印記。十三年，始建廟于郭外之東。嘉靖十三年，知州陳世瞻遷城內東隅。二十三年，知州周璞益恢前址。三十一年，半毀于兵。三十七年，知州李時芳重修廟殿五楹、兩廡五楹、戟門七楹，櫺星門、明倫堂、東西齋、學門各三楹。學宮坊、泮池在學前。學池塘三，在東門外。啓聖祠、敬一亭各三楹，公廨二座，各三楹，知州周璞匾曰"模範"，南寧府知府郭應聘有記。歷年既久，聖殿半缺，啓聖祠、兩廡丘墟。明倫堂、學齋，荒廢。崇禎十六年，署印知州詳請學租修理殿庭並各廡祠。皇清順治十六年，知州高科、署州事照磨葉汝懋相繼修葺，建明倫堂三間，文昌祠三間。

太平府

《職方典》第一千四百四十七卷
太平府部匯考一
太平府學校考 通志

太平府 在府城北。明洪武三十年建。正統十二年重建。成化丙申，知府何楚英重修，丘浚記，見"藝文"。弘治十三年，知府謝湖遷學東向，修櫺星門。正德七年，知府徐球乃復舊地，南向。萬曆十七年，知府張步雲重修。皇清初，江州賊毀。順治十八年，知府馬正午建正殿、啓聖祠。尋圮，康熙六年，知府高不矜倡率重修。

養利州 在城內西隅。明萬曆三年，知州王之緒建，今知州楊家鼎重修完固。

左州 本縣自明成化間改土設流之後，即建有學宮。嘉靖八年，知州周奎重建。萬曆三年，知州萬本重修。崇禎十四年，學正梁方圖移于城東，屢遭兵燹，今止存大殿三間。

永康州 在城內，欞星門、泮池、兩廡、明倫堂、啓聖祠，俱自萬曆三十年創建。

崇善縣 本縣原未設學，士子俱附入府庠，設有黌宮一座，在于東關外，因變亂焚毀。府縣紳衿捐修聖殿一座，啓聖祠、東西兩廡、鄉賢、名宦兩祠，文昌祠、欞星門、泮池、牌坊、墻垣煥然一新。明倫堂久經荒廢，知縣鄭希瑜詳請府憲，各捐資鳩工重修。

太平州 學校無考

安平州 學校無考

茗盈州 學校無考

結安州 學校無考

全茗州 學校無考

佶倫州 學校無考

龍英州 學校無考

都結州 學校無考

羅陽縣 學校無考

萬承州 學校無考

思明府

《職方典》第一千四百四十九卷
　　思明府部匯考
　　思明府學校考　府志

思明府 明嘉靖間，黃承祖倡議建學，隆重斯文，教民習讀，未幾遷升，有同知蘇日登單車到任，撫恤逃亡，披閱承祖，建學文案，欣然上請，甫百日而移簡就繁之文至矣，隨遷桂林，同知起程之日，捐銀三百爲建學之費。丁未年，同知朱鳴時見建學已有成緒，因詳院批允，又蒙南寧兵巡道劉廷蕙支南寧府庫銀三百兩，湊同前銀鳩工鼎建。然則思明之有學也，黃承祖、蘇日登首倡之，而劉廷蕙、朱鳴時董成之耳。

忠州 學校無考

下石西州 學校無考

思明州 學校無考

憑祥州 學校無考

鎮安府

《職方典》第一千四百五十卷
　鎮安府部彙考
　鎮安府學校考　府志

鎮安府 在府治東。皇清康熙七年，通判彭權捐建，但改流未久，教職未設。

奉議州 學校無考

泗城府

《職方典》第一千四百五十一卷
　泗城府部彙考一
　泗城府學校考　府志

泗城府 原未建立學宮。至皇清康熙十年，始稍稍創置。

果化州 學校無考

恩城州 學校無考

田州 學校無考

歸順州 明弘治年間，在舊州，因天啟七年，被蠻攻劫，毀頹無存。今移新州，尚未建立。

向武州 學校無考

都康州 學校無考

龍州 學校無考

江州 學校無考

雲南總部

雲南府

《職方典》第一千四百五十九卷
雲南府部彙考三
雲南府學校考 通志

雲南府 按漢章帝元和二年，雲南始建。唐天寶間廢。元至元間，總管張立道復建于五華山右，置學舍。後平章政事賽典赤益拓大之。明洪武初，西平侯沐英因其舊，建爲雲南府學。景泰間，巡撫僉都御史鄭顒樹成德、達材二坊。天順五年，都督沐璘以次興修。弘治十五年，巡按御史何琛建講堂、聚奎樓，增置號舍。嘉靖十年，建啓聖祠、敬一箴亭及注釋視聽言動心五箴碑。萬曆元年，巡按御史鄒應龍鑿泮池，周六丈有奇。十八年，知府易以巽重修。四十年，巡按御史鄧渼、提學參政黃琮合府縣二學爲一。四十三年，巡撫都御史周嘉謨、提學僉事張閶遷府縣二學明倫堂于廟門之左右。崇禎元年，知府王紹旦重修，增置文廟、魁星二閣，齋舍、坊表加飾焉。丁亥，流寇拆毀，遷府縣學于長春觀。皇清，平滇，總督侍郎趙廷臣、十三元、巡撫都御史袁懋功、布政使李本晟、雲南知府張應徵、推官張一鵠捐修。康熙二十三年，總督尚書蔡毓榮疏請以吳三桂僞宅改爲昆明縣學，而府學仍舊。康熙二十九年，總督侍郎范承勳以規制未協，會巡撫都御史王繼文請改遷府縣文廟于五華山右，以復古制焉，范承勳有遷建碑記。

昆明縣 舊在府學西北菜海子。弘治十六年，巡撫都御史林元甫、巡按御史陳天祥建。嘉靖十七年，巡撫都御史汪文盛因地勢卑濕，遷于府學東南半里。萬曆間，兵備副使高薦、黃文炳重修。四十年，合府縣爲一學，後建置詳府學。

富民縣 在縣治內，舊無學，諸生附于羅次。明萬曆四十八年，知縣韓位輔請專設學校。天啓二年，巡撫都御史楊春茂題建移府學訓導一員董之。崇禎中，設官，建廟學在郭外。因兵火，僅存其址。皇清順治十八年，知縣李展翮見宮墻廢缺，鼎建無力，暫設先師位于萬慶書院，爲春秋丁祭之所。康熙二十一年，諸生楊繩祖等呈請詳遷于察院之舊署，修理正殿、兩廡、門坊諸處一新，殿后爲啓聖祠，祠後爲儒學公署，署左爲明倫堂，堂之左文昌宮，墻垣周匝，規模備具，復于文昌宮前構屋三間，立爲義學，置田延師，課邑之貧子弟。康熙二十八年，署縣事和曲州知州趙世錫、知縣隋振業相繼修葺，煥然可觀。

宜良縣 在府治西四里。明弘治間奏設。正德四年建。八年，遷今地。嘉靖二十四年，提學僉事徐養正重修。天啓四年，知縣楊述明遷于縣治正南雉山。皇清康熙六年，知縣趙映斗、教諭馬任大重修，旋遭兵燹，頹圮過半。康熙三十八年，知縣高士朗、教諭王佐才增修。先師殿五間，東西兩廡各五間，齋房左右各三間，大成門五間，啓聖祠三間，魁星樓三間，一時建葺重新。

嵩明州 在州治西。元至正八年建。明洪武間重修。嘉靖中，知州狄應期遷于黃龍山右。萬曆丁未，知州余化龍遷于宗鏡寺前。明末，兵燹傾圮。皇清康熙九年，學正李攀龍改建于黃龍山左。

晉寧州 在州治北。明洪武十六年建。正統七年遷治南。弘治十七年，知州喻敬鑿泮池。丁亥，兵燹焚毀，雲南府通判署州錢象坤、知州謝禎同通學重建。皇清康熙六年，知州王業厚、學正馮德禎修。

呈貢縣 在縣治東北。明弘治七年建。嘉靖二十二年，知縣何溫遷舊學左。萬曆間，知縣黃宇、廖東晞重修。丁亥，流寇之變，僅存大殿五間。皇清康熙二年，知縣趙申禧遷舊學基。十二年，署印經歷何清、訓導楊應先修。二十三年，知縣沈瑢增建兩廡。二十七年，訓導楊涓捐修大成門、臺階、甬道。二十八年，府通判徐斌攝縣事復修。二十九年，知縣魯國華置備神龕，丹堊楹棟，次第修飾，舊制稍復。

安寧州 在州治北。元大德中建。明洪武十六年重建。宣德中，土知州董福海重修。崇禎癸酉，知州鍾萬璋復修。丁亥，兵燹廢壞。皇清康熙八年，知州張在澤、學正張經世同紳士捐修。康熙二十二年，知州朱承命重修。

羅次縣 在縣治東，舊爲羅陽書院。明萬曆二十一年，巡撫陳用賓始請設官，即其地建學。皇清康熙四年，知縣李澒、訓導陳起鯤修。九年，知縣馬光、訓導王勉修。

祿豐縣 在縣治東。明嘉靖二十一年建。隆慶元年，遷縣治北。萬曆間，巡按崔廷試仍遷舊址。皇清康熙十一年，知縣郭迪階、訓導楊芳魁復遷建西山舊址，鼎建殿五間，啓聖祠三間，東西兩廡各五間，大成門五間，齋舍三間。康熙二十三年，知縣宋之偉、訓導董天工率邑之紳士增其舊制。四十五年，復設教諭，而訓署仍闕。四十八年，訓導高朗建大堂、厢房、大門、儀門，規模大備。

昆陽州 在州治北。明永樂元年建。弘治十五年灾。正德二年，即慈照寺改爲之。萬曆元年，遷寶山門外。萬曆十三年，復遷州治北。天啓六年，知州陶學修，改建鳳儀山左麓。崇禎七年，巡按御史姜思睿建造新城，署州事本府通判王允中移建州治後。丁亥年，流寇焚毁。皇清康熙元年，知州童復哇遷建州治後。十一年，知州張行、學正馬翰重修。二十二年，知州唐之柏以大殿舊木將朽，易以新材，鼎建啓聖祠三間，廣拓大成門，增建名宦、鄉賢祠各三間，外建文星門。三十年，知州蔣廷銓、學正盧先列捐資重修。

易門縣 在縣治東。明萬曆二十五年，巡撫陳用賓建，復以地勢卑狹，改遷城南。萬曆三十三年，仍移于舊址。明季兵燹，傾圮殆半。皇清，定滇後，知縣李元祿、訓導吳紹玉修。

大理府

《職方典》第一千四百六十八卷
大理府部彙考二
大理府學校考 通志

大理府 在府治南。漢章帝元和二年建。元至元乙酉，雲南行省參政郝天挺新之。明正統間，知府買銓重修。景泰間，知府干璠作科第坊及學舍。成化間，知府蔣雲漢置樂器。弘治間，知府吳晟鑄祭器。正德癸酉，地震傾圮，知府梁珠修葺，更闢尊經閣，知府汪標鑄宣聖像。嘉靖中，知府楊仲瓊等重修兩廡、橋門，提學副使蔡雲程等置學田，同知高鏞鑿泮池及建名宦、鄉賢祠。隆慶中，知府毛德禎修齋舍，巡道陳應春修大殿、明倫堂，其經籍、祭器兵燹後無存。皇清康熙二十二年重修。二十五年，知府王興禹等製木主，捐修大殿、門廡、扁額、石欄。

太和縣 在縣治東。明洪武二十七年建。景泰六年，知府于璠修。正德二年，巡按御史陳天祥、知府吳晟以規制淺隘，易民居拓之，作後堂、號舍。嘉靖元年，副使姜起龍作尊經閣。隆慶六年，僉事陳應春、知府史翊復修，并鑿泮池。皇清順治十六年，知縣穆惟深修理。康熙二十七年，通判趙之藺捐修門廡、泮池。

趙州 在州治南。明洪武十八年建。宣德十年，知州王諫修。正德十年，知州王宗器增修。皇清康熙十一年，知州王秉坤改建于城西鳳山之麓。康熙二十八年，知州陳光稷、學正李北有修飾，新建文昌宮、魁星閣于左。

雲南縣 在縣治南。明洪武十八年建。弘治間，僉事周鳴岐遷洱海衛左。萬曆中，知縣劉延齡重修。皇清康熙十一年，知縣塗芳升同紳士重建魁星閣。

鄧川州 在州治右。明洪武十七年建。成化二十二年，巡按御史郭紳遷于州治後。崇禎初，知州徐保泰遷于頂聖山，距城五里，荒僻傾圮。皇清康熙二十六年，知州何琛捐俸同儒學周道治、段綖新建于州治南門內。

浪穹縣 明洪武十八年，知縣金文舉建。弘治間，分守參政毛科遷于治西南。歲久傾圮。皇清康熙元年，知縣羅時升捐修。二十一年，知縣吳一鷺重修。二十八年，知縣趙珙、教諭張端亮、訓導劉發祥捐俸重葺。

賓川州 在州治前。明洪武七年建。嘉靖二十年，知州吳仲善重修。皇清康熙十二年，學正繆琰重建啓聖宮。

雲龍州 明萬曆四十二年，巡撫周嘉謨題設。天啓四年，知州周憲章建。皇清康熙二十四年，知州張瀲復遷于州治之北。二十八年，知州丁亮工重修。

北勝州 明洪武十七年建。弘治、正德間，兵備吳球、焦韶、晁必登繼修。萬曆十八年，知州劉九思遷城西。二十八年，知州羅好仁、學正王朝臣鑿泮池建坊。萬曆間，知州孫台遷于城之東南，殿廡、門堂、齋舍、坊表一新。天啓間，知州劉上觀重修，鑿泮池。後因兵變傾圮。皇清康熙初年，改于城內開化寺，廟貌卑隘。二十二年，知州申奇猷將舊鎮撫衙門改爲學宮。

臨安府

《職方典》第一千四百七十三卷
臨安府部彙考三
臨安府學校考　通志

臨安府　在府治西，元平章王惟勤創建。明洪武十六年，設儒學因之。二十二年，通判許莘重修，規制始大。宣德間，知府賴英建尊經閣。正統八年知府徐文振，十四年通判彭善道，天順五年同知劉文，成化十五年副使何純、知府薛昌相繼修飾。弘治九年，副使李孟晊、知府陳盛重修尊經閣，置樂器。十二年，副使王一言、知府王資良鑿泮池，廣二十畝。嘉靖十年，副使戴書建啓聖祠。嘉靖三十年，副使蔣宗魯建鄉賢、名宦祠。萬曆三年，知府昌應時建雲路坊于泮池南，表曰"滇南鄒魯"。九年，知府甘一驥重修。二十七年，知府張守綱修兩廡。萬曆三十四年，地震傾圮，巡按御史周懋相會巡撫都御史陳用賓、分巡參議康夢相重修，增敬一亭五楹，兵備僉事龔雲政新兩綽楔，題曰"盛世人文""熙朝道化"，郡人包見捷撰碑記，見"藝文"。崇禎十六年，知府丁序琨、知州劉僖重修。丁亥年，流寇蹂躪，其經籍、祭器、雅樂昔經郡人徐瀾釐正，兵燹後散失無存。皇清康熙十二年，知府陳應熊修尊經閣，收貯經書，修學海觀水亭，知州李溵修文星閣，學正李大儒修景賢祠。康熙二十二年，奉旨郡縣重修，知府黃明修飾正殿、兩廡、坊碑、齋舍、欞星、大成門及周圍墻垣、名宦鄉賢祠，又東廡瓦礫中見石摹聖像，遂移于尊經閣。二十八年，教授熊兆鎰修飾尊經閣。二十九年，升川東道知府黃明署府事，姚安府知府丁煒、知府朱翰春同捐俸，鑄祭器全備。

建水州　在府學左。明萬曆四十三年，知州趙士龍請于巡按御史吳應琦題建，裁臨安府學訓導一員爲建水州學正，與府同一學宮。按《建水州志》，創建與府學同。康熙三十二年，知府王永羲重修。五十一年，知州陳肇基修葺神庫。五十三年，復大加修葺，內外煥然。

石屛州　在州治東。元至正間創，後毀于兵。明洪武二十二年重建。正統五年，學正王驥重修。萬曆間，知州蕭廷對建尊經閣。天啓五年，署州事顧慶恩、學正李之麟重修。皇清康熙八年，知州劉維世、學正羅天柱加修。按《石屏州志》，廟在州治東，建于元，盛于明，重新于康熙二十三年。知州王光鼎、訓導富弘祖督修，大殿重加丹堊。二十五年，學正朱籥、訓導富弘祖鋪砌戟門磚石，戶飾金釘，內外環植檜柏、槐柳，菁蔥可愛，更浚泮池，蓮有並蒂之瑞，東西兩廡各九間，戟門三間。名宦鄉賢祠，舊廢，今議置明倫堂東。欞星門，明正統十年，知州顧震、學正王驥修。天啓六年，署州通判顧慶恩重修。歷久盡頹。康熙六年，知州劉維世、學正羅天柱捐俸重建，增高舊基二尺，堅致輝煌，大勝于昔。啓聖祠三間，在明倫堂後。敬一亭三間，在啓聖祠東。尊經閣，萬曆戊戌，知州蕭廷對建，高三丈八尺，闊六丈四尺。明倫堂，在大成殿后，左右居仁、由義齋，房各三間。正統五年，署州通判彭善道、學正王驥重修。天啓七年，署州通判顧慶恩重修。年久荒廢。康熙二十九年，知州徐印祖捐無礙官錢，偕學正朱籥、訓導楊寅東重建。學正衙，在東廡旁，大門三間，住房三間，廂房四間，俱舊建。後堂三間，崇禎八年，學正張彬建。前堂三間，知州曹得爵、學正蔡汪如建。訓導衙，在明倫堂西，堂三間，住房三間，左右廂房各三間，昔為往來官客寓所，墻壁朽壞，訓導楊寅東捐資修葺，建大門于明倫堂右側，官署始有定處。

  阿迷州 先在州治東門外。明洪武間建。正統十六年，知州徐文正、通判彭善道、知州張安繼修。嘉靖間，署州同知鄺民望遷于城北守備司署左。萬曆二十一年，署印州同石榛修。按《阿迷州志》，創建與《通志》同，及李定國焚毀殿廡後，迄壬辰為順治九年重建，漸次修復。正殿五間，知州方逢時重建；兩廡各三間，學正王愛民重建；儀門三間，知州錢弘業重建；欞星門三間，知州錢弘業重建；泮池，學正王愛民重建；文昌宮三間，知州錢弘業、學正王愛民重建。

  寧州 在州治東。明洪武二十六年建。萬曆六年，署印同知楊浚重修。正殿五間，東西廡各十三間，大成門三間，左名宦祠、右鄉賢祠，欞星門左騰蛟坊、右起鳳坊、雲路坊，文星閣三層，泮池。明倫堂三間，東存心齋，房三間，西養性齋，房三間，儀門三間、大門三間。學署，大堂三間，後宅三間，耳房各三間，正訓同制，俱在明倫堂右。

  通海縣 在縣治南城外。明洪武二十五年，知縣任暹即廢寺創建。弘治十七年，知縣余人俊重修。萬曆四十八年，改廟門西向，歲久漸圮。皇清康熙二十九年，知縣魏藎臣重修，改學門面北。按《通海縣志》，通海學宮，建于秀山之麓，地勢方敞而敦崇，較縣城基約高五丈許。明洪武二十五年，知縣任遑創立。弘治十七年，知縣余人俊擴地興工，重建大成殿、東西兩廡，戟門左名宦祠、右鄉賢祠。欞星門次第而進，歷階百級，丹墀、月臺、石欄工麗。以舊堂爲祠，祀啓聖。其神廚、神庫、宰牲房廨不畢葺。東爲明倫堂，堂後尊經閣，棟桷拂雲。中之講堂，軒楹七丈，翼以齋廊，望之整如也。由大門入二門，重扉洞啓，繚垣周廣數百丈，仰挹清虛，俯瞰雙湖，前澗後岡，左環右抱。敬一亭，踞高巘，重檐阿閣，氣象恢弘，御史毛鳳詔建，刻嘉靖敬一箴及注釋視聽言動心五箴碑。宮堂中外，古柏蒼松，森森成行。自祿酉廢縣城，宮堂盡毀，僅存欞星門三間。今漸次修復，大成殿三間，夾室各二間，東西廡各九間，戟門五間，欞星門三間，名宦祠三間，鄉賢祠三間，啓聖宮五間，明倫堂五間，二門三間，大門三間，東西齋房各三間。學署，在縣城南門內，正署建于聖域門，訓署建于賢關門。自明洪武十九年至弘治十五年，數遷其地，而學制始定。以知縣余人俊修擴學宮，相度氣脉分注之處，創兩學署。正堂各三間，住房各三間，廂房二間，大門、二門，規模清肅。自祿酉毀縣城後，至今諭訓仍寄寓民居，公署蕭然。射圃，在儒學內，今廢。

　　河西縣　在縣治東。元泰定間建。明洪武二十九年重建。嘉靖十二年，知縣吳紹祖改遷。三十一年，兵備蔣宗魯重修。歲久傾頹。皇清康熙二十四年，知縣楊汝楫、訓導嚴以恭奉旨重創，建正殿三間，兩廡各五間，大成門三間，名宦祠三間，鄉賢祠三間，欞星門三間，泮池全。右爲明倫堂五間，左爲啓聖樓三間。學署、教諭署在廟左桂杏樓後，大堂三間，草廳三間。訓導署在廟右，大門三間，儀門一座。明倫堂五間。餘宅零星不等。

　　嶍峨縣　在縣治東。明洪武十五年建。嘉靖三十四年，知縣邵元善修。天啓七年，知縣蔣恒益移出縣城之北，創建泮池一，欞星門一座，大成門三間，先師殿五間，兩廡各七間，啓聖祠，大門三間，明倫堂三間，啓聖殿三間，名宦祠一間，鄉賢祠一間。學署在城內舊廟旁，左爲教諭署，右爲訓導署，各有大門、廳堂、樓房、廚室。兵燹後，俱毀。

　　蒙自縣　在縣治東。明洪武二十七年建。成化十九年，訓導趙子禧修。嘉靖元年，本府推官江魚改修。萬曆四十七年，郡人尹廷俊建先儒祠。天啓元年，縣師生建文星閣，歲久傾頹。皇清康熙二十年，知縣孫居湜修建大成殿三間。二十一年重修。五十一年，教諭侯以璋重修，規模更加壯麗，兩廡各三間，左神庫、右神廚。康熙九年，知縣羅鉅璘、教諭董永能增置數間。二十一年,知縣孫居湜重修及先賢、先儒、名宦、鄉賢神位。四十年,教諭侯以璋重修。戟門三間,康熙三十三年,知縣陳志友、教諭張純一、訓導朱葵修,即今大成門。櫺星門,嘉靖元年推官江魚建。二十五年,都司石邦憲、知縣龍恩修。萬曆十一年,縣丞束輅又修。康熙二十三年,知縣孫居湜又修。五十一年,教諭侯以璋重修。泮池在廟南,邑人稱為學海。隆慶時,知府錢邦稱浚為池,即其土壘為三山,勢若筆架,形家言印浮水面,煥乎其有文章。是歲,舉于鄉者二人,登進士第者一人。萬曆十年,縣丞車輅重浚。啟聖祠,舊在廟後,萬曆十年知縣陳汴移至尊經閣前,後廢。康熙二十二年,訓導黃應泰重建。四十九年,教諭侯以璋改建,比前高闊。五賢祠三間,居殿左。康熙四十八年,教諭侯以璋建,分教職行禮。尊經閣,萬曆時教諭朱良用建,今廢。敬一亭,在尊經閣下,中置臥碑。明倫堂三間,久廢。康熙二十二年,訓導黃應泰重修。博文齋三間,嘉靖二十五年都司石邦憲、知縣龍恩改建德,今廢。約禮齋三間,嘉靖二十五年都司石邦憲、知縣龍恩改修業,今廢。學門三間,原東向。成化時,縣丞陳溥移向南,久廢。康熙二十二年,訓導黃應泰重建。大魁閣,在廟前,面拱學海,杰然特出。文昌宮,在明倫堂右。名宦祠,在戟門左,知縣李時用建。鄉賢祠,在戟門右,知縣李時用建。育賢館,在殿右,康熙四十七年教諭侯以璋建。

新平縣 明萬曆二十一年,知縣李先芬建廟廡,議設學,不果。諸生仍寄元江府學。今始建先師殿五間,兩廡各三間,大成門三間,櫺星門一座,騰蛟坊、起鳳坊、泮池一,啟聖祠,大門三間,明倫堂三間,啟聖殿三間,名宦、鄉賢祠各一間。學署,教諭在明倫堂後,有門廳、堂厨、內室、馬房。訓導,在西門城內,門廳堂厨同。

楚雄府

《職方典》第一千四百八十卷
楚雄府部彙考二
楚雄府學校考 通志

楚雄府 在府治東。明洪武十九年建。成化六年,御史郭瑞、參政顧學遷于城東隅。弘治十六年,知府朱繼祖建號舍,同知曾顯建會講亭。嘉靖六年，知府祝弘舒遷于府治東。十六年，知府李邦表建聚奎樓。萬曆九年知府張廷臣，十五年知府黃大年相繼重修。十八年，兵巡道楊寅秋拓大其制。二十三年，知府楊秉越重修，其經籍、祭器、雅樂兵燹無存。皇清康熙六年，知府史光鑒修葺。十九年，地震崩倒。康熙二十二年重修，知府牛奐倡捐鼎建。按《府志》，大成殿五間，兩廡各十六間，櫺星門三間，名宦、鄉賢祠各三間。康熙四十六年，知府盧詢捐修文明坊一座在櫺星門外，泮池、石橋三座。五十四年，知府張嘉穎等捐資，築圍牆，建橋門三座于泮池兩岸，培植桃李。文昌祠，在泮池左。魁星閣，在泮池右。啟聖祠，在大殿后。尊經閣，在啟聖祠後。萬世宗師坊、德配天地坊、道貫古今坊，俱五十年知府梁文煊一概捐修。明倫堂五間，在學宮右。四十八年，教授李鏡捐修道義門三間，大門三間。東齋房十間，今為府訓導署。西齋房十間，今為府教授署。西齋房，于二十四年教授段繹祖捐建，至四十八年教授李鏡到任，因舊署無存，將西齋房一概重修，又捐建內廊房三間，外書房二間，另開一門，築牆垣，培花木，暫為教授署云。

楚雄縣 舊在府學左。明弘治十七年，知縣范璋建。隆慶中重修。泰昌中，知縣曾應龍復遷西門外鳳山之麓。明末，沙賊焚毀。皇清定鼎以來，不另立廟，同府廟祭祀。康熙二十六年，教諭李載膺捐修聚奎樓。按《府志》，明倫堂在學宮左，儀門三間，大門三間。聚奎樓三間，在明倫堂後，今為教諭署。康熙五十年，教諭孫其茂重修。三十年，復設訓導，知府曾大升新建大堂三間，二堂三間，左右廂房各二間，為訓導署，俱在明倫堂左。

定遠縣 在縣治東南。明嘉靖二十六年，知縣沈和詳請督學胡堯時建，知縣謝表繼成之。皇清康熙十年，知縣黃朝彥、田元愷、教諭徐煒麒修。康熙二十二年，知縣曹振邦修飾，又以廟地淺狹，市地建尊經閣。按《縣志》，大殿五間，兩廡各七間，戟門、櫺星門各三間，明倫堂三間。敬一亭三間，廢。進德、修業兩齋，各七間，廢。道義門，廢。儒學門三間，啟聖祠三間。後二十四年，知縣曹振邦重新大殿、兩廡、名宦、鄉賢、戟門，櫺星門外建德配天地、道貫古今二坊，前置照壁一座。四十一年，知縣張彥紳重修，疏鑿泮池，有未備者悉增補之。

廣通縣 在縣治東。明嘉靖二十五年，知縣吳習建，知縣李第繼修。萬曆中，署縣事順州知州吳思溫開泮池，推官鄧林復置石橋。後經流寇焚毀。皇清康熙元年，知縣楊象乾草創。三年，知縣張京鏵增修。十一年，知縣耿弘啓繼修。二十二年，知縣胡項重葺。按《縣志》，大成殿五間，兩廡四間，戟門、欞星門、文明坊、泮池、青雲橋、崇聖坊、育賢坊、敬一亭、聚奎樓；啓聖祠東名宦祠，西鄉賢祠；明倫堂、東西齋房、省牲所、尊經閣，俱全。康熙二十四年，訓導全五倫同通學復建文昌閣，後知縣楊振藻改修文昌閣爲龍吟閣。五十四年，知縣劉淑以正殿規模狹隘，並門坊、祠廡日就傾圮，乃同教諭樊于升、訓導黃廷寫、典史關弘道及紳士捐資，一概重修。射圃，按《縣志》，在學宮右，傾圮日久，僅存其址。

定邊縣 舊未設。明成化八年，知縣馮源廣建社學于縣治左。嘉靖三十七年，知縣胡廷珍重修。丁亥年，亂兵焚毀，知縣周希聖重建。壬辰，地震傾圮。皇清康熙十年，知縣呂崇簡建正殿五間于舊治，春秋祭祀，繼署事按察司經歷汪牧建啓聖祠、戟門，知縣何錫爵建兩廡、欞星門。三十四年，知縣崔靖建明倫堂，署縣事本府通判周蔚鑄俎豆、祭器。五十年，知縣楊書重修，復置月臺、神道，開泮池，建名宦、鄉賢祠，規模乃備。創建自康熙十年始，三十二年始悉遵典禮。

南安州 在州治東。明洪武二十七年建。成化間，知州蹇蕙增修。弘治間，知州譚仕榮再修。萬曆間，知州尹理鑿泮池，知州李翹建尊經閣，知州林繼志、雷鎬繼修。崇禎末，知州王學廉復修，後爲兵毀。皇清康熙二年，分巡僉事張道祥率紳士重修。八年，知州朱璋、學正李納加修。十九年，地震傾壞。二十一年，知州唐之柏新建尊經閣、啓聖祠、門垣、墙壁。二十二年，知州周爱訪修葺。二十七年，署事通判周蔚捐金鑄造祭器。按《州志》，四十七年，知州張倫至，捐俸重修文明坊。五十一年，學正王孫淡、訓導杜睆、吏目傅開世率紳士公捐，重修啓聖祠、大成門、名宦祠，新建魁星閣。

鎮南州 在州治南。明永樂七年建。嘉靖四十四年，知州溫元區改遷城東。隆慶二年，知州黃袍修葺。萬曆二十八年，知州周國庠遷建城南舊地。三十九年，署印楚雄府通判何居谷修。後經兵亂傾壞。皇清康熙二年，知州彭程漢重建。七年，知州卞廷松、學正夏允中修。十九年，地震傾圮。康熙二十二年，知州岑鶴重修，新建鄉賢、名宦二祠。按《府志》，三十六年，本府通判謝震署州事，捐俸製銅錫祭器。四十二年，知州陳元重修，設兩廡先賢、先儒神主。

黑井提舉司儒學，在司治內。天啓末年，署事同知吳思溫詳照各省鹽司事例建。崇禎十三年，署事通判曾日琥重修。今廟貌恢弘，俎豆如故。

按《府志》，在司治北錦綉坊。明萬曆四十五年，永寧府署井事韋憲文卜建。天啓二年，署井事馬良德請照各省鹽司事例，詳定考案，建學設官，巡撫都御史閔洪學入告，設學正二員，例照州制。吳思溫、曾日琥相繼重修。日久傾圮。皇清康熙三十八年，井司沈懋價捐俸重建，南向，各項殿廡規模俱備，悉遵典禮。己亥年，儒學奉裁，其儒童，撥入楚屬各學。

澂江府

《職方典》第一千四百八十六卷
澂江府部匯考二
澂江府學校考　通志

澂江府 舊在金蓮山麓。元大德間，總管魁納建。明洪武十六年重修。正德丁丑，知府童璽遷建。隆慶四年，知府徐可久遷于舞鳳山麓。萬曆十四年，知府劉光裕重修。三十一年，巡按宋興祖復遷金蓮山麓。崇禎九年，知府李以袞重修。明末兵燹拆毀，經籍、祭器、雅樂無存。皇清康熙三年，知府章爾佩修葺。六年，通判婁出類建明倫堂。九年，知府馮蘇置《四書五經》《性理綱鑒》等書共十一部。康熙三十年，知府張聖猷捐俸重修。

河陽縣 在府治西北。明隆慶四年，知府徐可久遷城時建，未設官，諸生歸併府教授約束。天啓六年，御史朱泰禎疏題建學，知府李若金、知縣賴子崇卜建于城之西北隅。按《縣志》，建正殿三間，兩廡各四間，大成門三間，櫺星門三間，啓聖祠三間，明倫堂三間，照壁、泮池俱備。康熙三十年，知府張聖猷、通判張友宓、知縣沈晋初以縣學明倫堂在殿後，不合體制，移建于學宮之左。三十四年，新設縣學，訓導朱潤遠暨合學生員共建尊經閣于後。四十一年，知府黃元治莅任方新，首以學校爲重，目擊府學山水散漫，縣學形勢湫隘，集兩學諸生公議，詳請上憲，諮題准遷，合建于府署之東，即玉笋書院舊址，建正殿五間，兩翼各三間，兩廡各九間，東盥洗所、西祭器所各三間。正殿後啓聖祠三間，大成門三間，匾額一座，翰林院庶吉士郡人李應綬製懸，左右名宦、鄉賢二祠，櫺星門三間，泮池、照壁俱備，規模弘敞，鬱鬱大觀，知府黃元治率通判王鳳鳴、知縣翟枚吉、教授李斯德、教諭歐陽峻、訓導徐揚、朱潤遠各捐俸金，紳士樂輸，力肩厥事，勞心董成。四十四年，知府黃以予致去，四十五年，知府劉驪接建明倫堂三間于殿右，並儀門三間及牆垣、德配天地、道貫古今二坊。五十一年，山東按察使郡人李發甲建築。舊無書籍，康熙九年，知府馮蘇捐俸，置書學中。

江川縣 在縣治東。明嘉靖四十五年，巡按御史劉思問奏建。萬曆十五年知縣馬有慶，十八年知縣劉懇先後重修。丁亥，兵燹傾廢。皇清康熙三年，知縣王文衡遷于城北隅。

新興州 在州治西。明隆慶元年設。萬曆二十八年，知州楊顯卜遷州治東南，尋遷于城西北隅。四十五年，又遷于東北。按《州志》，啓聖宮三間，大成殿五間，兩廡東西各七間，大成門三間，敬一亭、神器庫各三間，名宦、鄉賢祠各三間，省牲、更衣亭各三間，櫺星門五間，泮池、圜橋甃之以石，德配天地坊一座，道貫古今坊一座，左書室三間、明倫堂三間、魁星閣三間、大門三間，右文昌宮、桂香殿五間，後寢殿三間，大門三間，環之以垣，廣十二畝六分九厘。

路南州 在州治東關外。明嘉靖三十五年，署州事同知周耿建于社學右。萬曆二十六年，巡撫都御史陳用賓奏設，知州鍾應麟鼎建明倫堂、啓聖祠、鄉賢名宦祠、文昌宮。三十五年，知州劉四教建尊經閣于明倫堂。天啓元年，知州馬鳴陽遷啓聖祠于尊經閣右，鑿泮池于櫺星門內。按《州志》，皇清順治十七年，知州張皋謨、訓導周爰謀同紳士捐修。康熙五十年，知州金廷獻捐俸，率儒學李汝相同紳士重修。

廣西府

《職方典》第一千四百九十一卷
廣西府部匯考一
廣西府學校考　通志

廣西府 舊在府城東北，鍾秀山麓。明成化間，設流知府，賀勳請建。萬曆間，知府陳忠遷建東門外，距城三里。後知府蕭以裕復遷建于奇鶴三台山下。兵燹就圮。皇清康熙五年，知府萬裕祚遷建于鍾秀山舊址，櫺星門、坊表、大成門、正殿、兩廡、啓聖祠、明倫堂、魁星閣、名宦鄉賢二祠、祭器庫、神廚，規制具備。康熙二十二年，奉旨郡邑重修。二十三年，知府高起龍倡捐修飾。按《府志》，後因雨水淋漓，學廟多致倒塌。康熙三十一年，知府劉治中捐資建，修尊經閣五間，右建魁星閣，燦然一新，大有觀矣。

師宗州 舊止有社學，在城東北。明萬曆己未年，知州伍揆文始建大殿、兩廡，亦未設學官。崇禎三年，知州亦聞昌詳允撫院，題建儒學。皇清順治十六年，裁附府學。康熙二十三年，知州王鯨遷建南門外。按《府志》，州學初建東門外，後建西華山麓。因兵燹，未成。後知州陳憻經始報知府萬裕祚捐金，委知州韓維一、吏目張繼茂修建正殿、左右兩廡，前戟門三間，右鄉賢祠、左名宦祠各一間，前爲欞星門三間，東廡之後爲啓聖祠三間，後爲文昌祠三間，殿後爲明倫堂，堂左三間爲儒學公館。

彌勒州 舊在州東城外。明嘉靖間，知州王業創建，知州陶標繼修。萬曆間，知州李接雲落成。萬曆四十一年，知州蕭以裕詳請。天啓三年，始題建學設官，知州沈仰遷建南關外。崇禎年間，土酋普名聲燒毀，知州魏起龍重修。皇清康熙二年，知州王希聖遷建北門外。按《府志》，康熙二十七年，知州朱點復建于南門外，正殿三楹，啓聖祠三楹，兩廡十四間，大成門五間，欞星門三間，鄉賢名宦各三間，左右二坊，齋房六間，桂香殿三間。

順寧府

《職方典》第一千四百九十三卷
順寧府部匯考一
順寧府學校考 通志

順寧府 在府治西南。明萬曆三十四年，巡撫都御史陳用賓奏建，知府余懋學創修。代更傾圮，人謂地脉稍薄，人文未暢。皇清康熙八年，知府許弘勳卜支龍之麓，而遷之，鼎建大成、欞星二門，名宦、鄉賢二祠，鑿泮池，規制具備。知府胡朝賓修葺。康熙二十二年，奉旨郡邑重修，知府劉芳聲修葺。

雲州 在州治右。明萬曆三十四年，巡撫陳用賓奏建。明末賊焚。皇清定鼎以來，署州事經歷董永茂因儒生楊朝栻等呈請，遷學于守備舊署。

十一年，知州舒暢督率生儒捐資修葺，堂垣、門道一切俱備。學未設官，歸順寧教授約束。

曲靖府

《職方典》第一千四百九十五卷
曲靖府部彙考一
曲靖府學校考 通志
本府（南寧縣附郭）

曲靖府 在府治東水閘口。明洪武十七年建。永樂元年重修。景泰五年，巡撫都御史鄭顒重修。成化三年，巡按御史朱瑄、知府張純重修。弘治七年，巡按御史何琛、章忱增修。嘉靖二十九年，巡按御史趙炳然、副使熊榳遷啓聖祠于廟東北，建名宦、鄉賢祠。萬曆七年，巡按御史劉維建進賢樓。十三年，巡按御史李廷彥加修。萬曆二十九年，南寧縣知縣李藻增修。崇禎十三年，兵備道王敬錫重修。土寇沙定洲焚毀殆盡。郡人士議遷于城之中白馬廟。丁亥三月，流寇屠城，復成灰燼。皇清順治十七年，教授楊克猷、教諭李維鉉申請知府李率祖，議以舊衛址建學，詳允。于康熙六年，倡率同知張皋謨、通判劉孔學、南寧知縣程盉、教授陳蒙俞捐俸，置經籍大全及性理、通鑒諸書，今復散失。康熙二十二年，奉旨郡邑重修廟學，因其地湫隘，將議遷焉。

霑益州 在州治南。明嘉靖二十八年，巡撫都御史顧應祥、巡按御史林應箕奏建。萬曆六年，知州秦文緒改建于城北驛址。天啟七年，移建交水，毀于兵。皇清康熙六年，知州王作楫、學正黃世春重修。十一年，知州高璘增修。

陸凉州 在舊衛左。明嘉靖二十一年奏建。二十五年，始銓官頒印，學宮、齋舍規制具備。歲久傾圮。皇清康熙八年，署衛印守備張名弼、教授柳志沉詳請遷建于舊衛址。十一年，知州汪維祥、學正張昌英修。

羅平州 在州治北舊軍營址。明萬曆十五年，府同知黃宇建，後毀于兵。皇清康熙七年，知州王鴻勳、學正尹嗣陟重建。十一年，知州張英重修，增置祭器。按《州志》，明萬曆年，建于城北太液湖之上，山明水秀，兩科三舉。迨兵燹後，遷于白鑞寺之旁，又遭兵毀。皇清康熙三年，知州王鴻勳修正殿三楹。八年，知州張英重修戟門、兩廡。二十三年，知州康孟侯改修正殿五間，兩廡十間，大成門五間，啓聖宮及明倫堂俱缺。三十一年，知州孫士禎遷于城東南角，大殿五間、兩廡十四間、大成門五間。三十七年，知州張含章修啓聖宮三間、明倫堂三間，置木祭器，遷義學白鑞寺旁。

馬龍州 在州治南。明嘉靖二十一年建，知州張棟董其成。歲久傾圮。皇清康熙六年，知府李率祖勸僚屬紳士捐金，檄學正李湜、趙英相繼修葺。

尋甸州 在州治西北。舊爲府學，明正德九年，知府戴鰲奏建。嘉靖六年，爲賊毀。十一年，遷于州治南。隆慶二年，復遷于州治東北。萬曆間，知府林及祖、金待先後重修。皇清康熙七年，知府李朝柱、教授張人龍重修。今改爲州學。按《州志》，三十二年，知州黃肇新重修。至四十年，因科第乏人，紳士請遷于州治西玉屛山麓。

平彝縣 康熙四十二年，知縣任中宜建草房三間、瓦房三間。

姚安府

《職方典》第一千四百九十七卷
姚安府部匯考一
姚安府學校考 通志

姚安府 在府治南。明永樂元年建。嘉靖中，知府王鼎、吳嘉祥、楊日贊相繼建堂齋、門舍，鑿泮池。二十八年，知府趙澍建啓聖祠。萬曆十七年，知府周希尹建尊經閣。二十九年，知府楊應霈重修。四十七年，分守道李忠臣移明倫堂于尊經閣前，移文廟于明倫堂前，其經籍、祭器皆備。兵燹後無存。皇清康熙五年，知府林本元、教授王肅修。二十二年，奉旨郡邑重修，知府任道立、知州王治國葺廟廡，立坊表。二十九年，知府丁煒倡、同知胥琇捐俸修建，廟制聿新。按《州志》，康熙五十年，坊表傾頹，宮牆倒塌，知府王廷琦、知州管掄修葺，宮牆崇煥，丹堊可觀。至明倫堂，原知州王治國建，因規制狹隘，康熙四十四年，訓導張士弘署教授事同諸生改建，規模可觀，教授尹樂善贊修，竝建儒學大門、中門兩層，諸生朔望講誦有地矣。而魁星閣，原建于廟前，後傾廢，土同知高映厚創建于廟之左。因歷年文風不振，署州事張彥紳于康熙四十五年復移于廟之前，文星拱映，古制聿新。

姚州 舊無設，附府學。

大姚縣 在縣治東北。明嘉靖二十五年，知縣王佩建。歲久漸傾，皇清康熙三十年，知縣孔貞瑄重修。

白井提舉司 在司治正北，原設社學，竃籍諸生俱寄入府縣學。明崇禎間，提舉楊燦輝詳請建學設官。皇清順治己亥，奉裁，儒童仍歸府縣考試。殿廡漸傾。康熙五年，提舉趙大生建葺。九年，提舉嚴一詔修啓聖祠。二十二年，提舉夏宗堯增修。春秋丁祭。

鶴慶府

《職方典》第一千四百九十九卷
鶴慶府部匯考一
鶴慶府學校考 通志

鶴慶府 舊在府治東南二里。元時建。明洪武十五年，毀于兵。十七年，教授馬莊甫草創未備。二十九年，土同知高仲遷于府治南。正統十二年，知府林遒節拓而營之。正德二年，知府劉珏作尊經閣。十年五月，地震傾圮。十一年，副使朱袞改元化寺爲廟學，知府吳堂次第修理。隆慶戊辰，知府周集徙學門南向，鑿泮池，修飾恢廓。萬曆間，參政姜忻、知府桑荊初、程道淵、祁汝東屢有繕葺。天啓間，巡按御史羅汝元鑄廟鼎。崇禎辛未冬，廟灾。明年，巡撫都御史蔡侃、督學邵名世、知府陳開泰、麗江土官木增重建。後漸圮，經籍、祭器、雅樂散失無存。皇清康熙三年，署印通判汪宗周修理。二十二年，奉旨，郡邑重修。二十三年，知府李作楫、訓導馬之駰增修。二十五年，教授謝儼、訓導董馧寧修葺文昌、奎星閣。二十八年，知府盧崇義新設樂舞生竝樂器，廟廡概加修建。按《府志》，廟制有殿，有東廡、西廡，大成門左右有翼室，櫺星門、泮池、禮義門。啓聖宮，在正殿後。明倫堂，在啓聖祠後。省牲所，在東廡後。講堂，在啓聖祠左。饌堂，在啓聖祠右。射圃亭，在西廡後。名宦祠，在戟門左。鄉賢祠，在戟門右。文昌閣在魁星樓後，魁星閣在明倫堂後。

劍川州 在州治南。明洪武二十三年，州判趙彥良建。弘治時，地震傾圮，署印晉寧州同胡尚安重建。正德十年，地震又圮。嘉靖元年，通判彭蘭、知州胡朝順、李必昂、方起念、趙民牧相繼修葺。皇清康熙二十七年五月，地震盡傾，儒學董天工重修。按《府志》，康熙二十八年，總督范行文始設立樂舞生竝樂器。三十六年，知州陳芳猷重修。四十三年，麗江通判孔興詢署州事，補設禮器。四十七年，知州彭銘及郡庠生改造，先賢、先儒牌位易以金字，立東西配哲位、朱子哲位，東廡先賢三十一位，先儒十八位；西廡先賢三十一位，先儒十七位。啟聖祠，在正殿後，東西先賢先儒配位四，配父四氏父三獻，分獻禮及品物與正殿同，無雅樂，用鼓吹。

武定府

《職方典》第一千五百一卷
武定府部彙考一
武定府學校考　通志
本府（和曲州附郭）

武定府　在府治東北。明隆慶三年己巳，土酋鳳繼祖叛既平，巡撫都御史陳大賓題設流官，始建學，兩州弟子員總附焉。四年，知府劉宗寅遷于獅山麓。萬曆二十七年，知府劉懋武建躍龍亭于學左，臨泮池。天啟四年，署印同知簡而可建魁星閣，和曲州、祿勸州、元謀縣弟子員皆附府學，其經籍、祭器、雅樂兵燹無存。皇清康熙五年，知府張鳳翔、推官林起旦增修。二十二年，奉旨郡邑重修。二十五年，知府王清賢率屬重修宮牆、泮池、坊表。二十八年，重建正殿。按《府志》，大殿五間，兩廡各九間，欞星門三間，名宦祠三間，鄉賢祠三間，啟聖祠三間，文昌宮正殿三間，享殿三間，左右配房各三間，大門、魁樓、尊經閣，明倫堂五間。儒學署，在明倫堂後，今圮。

元謀縣　在縣治前。舊無學，明天啟三年，知縣齊以政建廟廡、啟聖祠。崇禎庚午，知縣范齊歐始申詳建學置官，今裁教官，諸生統于府學。按《縣志》，文明坊一座，大成門三間，正殿五間。兩廡各四間，三間祀神主，一間為庫房。啟聖宮大門一座，啟聖殿三間，名宦祠三間，鄉賢祠三間，明倫堂大門一座，俱知縣莫舜鼐建。

祿勸州 在州治。舊無學，明崇禎庚午間，知州陳所養始建廟，聚諸生訓迪之，諸生統于府學。按《府志》，正殿三間，兩廡各三間，名宦祠一間，鄉賢祠一間，大成門三間，泮池、櫺星門、尊經閣、文明坊、文昌宮俱備。

元江府

《職方典》第一千五百六卷
元江府部匯考
元江府學校考　通志

元江府 皇清順治十六年，改土設流，學署遷于府城內。歲久多毀。康熙九年，知府潘士秀建大成門。二十六年，副將毛來鳳、知府紀振乾、通判陳大受、教授丁熾南相繼重修兩廡、名宦鄉賢祠、明倫堂、啓聖宮。二十九年，知府單世、教授李發甲修圍墻及殿前月臺，開鑿泮池。三十四年，知府段自熙、教授徐自昌重修櫺星門，增廣殿前月臺。三十九年，知府姚諧重修大成門，鑿廣泮池，復修墻垣一百丈。四十一年，知府李育德、教授蒲易藩、經歷劉俊捐俸，修尊經閣。四十三年，知府羅鋐、教授楊廷杰、訓導楊復元、經歷倪正禮捐俸重修啓聖祠。五十年，知府章履成因日久傾圮，重修大殿五楹，東西兩廡十四楹。五十二年，教授張鳳鳴、訓導陳同伯捐俸修志道、據德、依仁、游藝四齋，居仁、由義二坊。

蒙化府

《職方典》第一千五百七卷
蒙化府部匯考一
蒙化府學校考　通志

蒙化府 在府治東南。明洪武中建。舊爲州學，景泰間改爲府。舊制卑隘。天順間，教授吳憲、土知府左琳、土舍左晏並武職等官，市地增建。成化間，土府左鍈、訓導賀游、楊遇興重修。十六年，通判姜永賜、經歷何孟浚建堂鑿池，土舍左輗、義官張聰建閣易門、置田、鑄器。弘治間侍御金獻民，嘉靖間兵備姜龍相繼增修。正德間，土知府左禎更加修葺，增所未備。萬曆間，通判薛希周鑿泮池。二十八年，兵備道楊秉越、同知朱夢麟重修。萬曆四十七年，廟災，同知許尚請于巡按御史潘浚，即舊址重建。歲久傾頹，經籍、祭器、雅樂無存。皇清順治十六年，教授李啓華重建啓聖宮。康熙二十二年，奉旨，郡邑重修，同知金標捐修殿廡，建鄉賢、名宦二祠，土知府左世瑞建成賢、養士坊。

永昌府

《職方典》第一千五百十卷
永昌府部彙考二
永昌府學校考　通志

永昌府　在府治西。元建于都元帥府之西。明洪武十五年建學，因之。十六年，兵燹。二十三年，省府遂廢。二十七年，上命翰林秀才余子禧爲武職軍民子弟師，以鎮南門所署爲館舍。永樂十七年，子禧倡建文廟于中正坊之西。正統九年，刑部侍郎楊寧征籠川，駐此，始于城內西北隅建金齒司學。成化四年，巡按御史朱瞪建饌堂、號舍、大門。弘治十七年，兵備副使王槐建興賢、育秀二坊。正德八年，訓導黃臨建坊表。十年，兵備副使汪標鑿泮池，券石爲橋。嘉靖三年，改金齒司爲永昌軍民府，因改爲府學。二十六年，改建于東北。二十八年，兵備副使郭春震重修明倫堂。萬曆十三年，知府陳嚴之建石坊于泮池南。九年，知府華存理改修欞星門。二十三年，通判李紹芳、推官童述先修敬一亭。其經籍、祭器皆備，兵燹後散失無存。皇清康熙六年，知府王家相、教授劉禎同紳士修葺。康熙二十二年，奉旨重修。按《府志》，嘉靖三年，改金齒司學爲永昌府學，撤像易主，殿之前爲兩廡，爲欞星門，門前爲泮池；廟之傍爲明倫堂。堂左爲書籍庫，今廢。右爲文卷房。左右爲四齋，曰志道、曰據德、曰依仁、曰游藝，後爲講堂，今俱廢。前爲儀門、大門。學基共廣二百四十丈。皇清康熙二十二年，知府張承賜重修。三十八年，總兵周化鳳、知府羅綸重修。

保山縣　在府學南。明嘉靖十一年，巡撫都御史顧應祥奏設。十二年，巡撫都御史胡訓、知府鄭啤建。二十九年，知縣馬冕鑿泮池，構石橋。隆慶三年，兵備鄒公祚改修。萬曆二十七年，知府王承欽重修。後漸傾圮。皇清康熙九年，知縣鍾祥吳士鯨、郡紳王伯升同修。按《府志》，在府學南，後倚太保山，東向。明巡撫都御史胡訓檄知府鄭啤，以觀音寺遺址建廟焉。廟前爲兩廡，爲塞門。二十九年，教諭蔣永吉爲石坊于塞門前，鑿泮池，券石爲橋，又前爲屏。皇清康熙九年，知縣吳士鯨等重修，教諭李昌蘭捐建廟前禮門、義路二坊。廟右爲明倫堂，堂前爲儀門，門前爲坊。康熙三十八年，知府羅綸建書院于堂前。

永平縣 在舊禦署西。明洪武二十六年，命臨川葉學則爲社學師。正德十一年，兵備副使吳潛增修齋舍。嘉靖三年，知府嚴時泰疏請建學。十二年，巡按御史熊榮、兵備副使潘潤撤廢寺地改建。萬曆二十五年，知縣蔡俊重修。三十年，提學趙維垣增修。四十年，遷西山土主廟之下。四十八年，復遷于舊址，止有大殿、兩廡。皇清康熙八年，知縣楊繼震建明倫堂，凡祠閣、齋署、門舍、坊表，皆所未備。今訓導陳我睿偕紳士詳請議修。

騰越州 在州治南。明成化十六年，御史樊瑩、參將沐誠創建騰沖司學。正德六年，參將沐崧重修。嘉靖三年，改州學。皇清康熙七年，知州王律、學正萬青選修。按《府志》，初爲騰沖司學。明嘉靖三年，復州治，學同更焉。廟前爲兩廡，爲櫺星門。右爲明倫堂，前爲儀門，再前轉東向爲庠門，門前有秀峰山，左爲騰蛟坊，右爲起鳳坊。皇清康熙二十六年，知州楊端憲又重修。後于三十三年，以生員胡詮之議，改于衛署，識者非之，今將議復舊治焉。

貴州總部

貴陽府

《職方典》第一千五百二十四卷
貴陽府部彙考二
貴陽府學校考 通志

貴陽府 在郡治北。明成化間，建于舊程番府。隆慶二年，遷府入省，與宣慰司共之。萬曆二十一年，巡撫林喬相、巡按薛繼茂、布政王來賢、提學徐秉正、知府劉之龍捐資，以北城外貴州驛地鼎建。中為殿，旁列兩廡，後為明倫堂，東祭器庫、饌堂，西牲房、神廚。殿前為戟門，右敬一亭，左射圃碑亭，一總之以欞星門。門旁竪石為坊，坊外左右為騰蛟、起鳳坊，中為青雲得路坊，外甃石，引薛井為泮池，池外列屏牆一。天啓壬戌，安賊毀。崇禎四年重建。後復毀。皇清順治十八年，總督趙廷臣、巡撫卞三元重建。中為殿七間，明倫堂五間，兩廡各七間，戟門五間，屏牆一，欞星門仍舊。康熙元年，提學副使衛紹芳捐資增修。三十年，貴西道參議張奇抱、提學道僉事華章志議建尊經閣于明倫堂右。三十一年，巡撫衛既齊率布政司董安國、按察使丹達禮、糧驛貴東道參政陸祚蕃、提學道僉事華章志、貴陽府知府時騰蛟捐資重修正殿、明倫堂，增尊洗所三楹于殿左，望瘞所三楹于殿右，新闢宮左甬道，築四圍垣牆，復浚泮池于宮牆外，知府時騰蛟親督修理，閎敞壯麗，規模一新，並新造兩廡先賢、先儒各神主。教授署，在戟門左。訓導署，在戟門右。

貴築縣 附府學。

龍里縣 舊為龍里衛學。明宣德八年，副使李睿建于衛治西。嘉靖三十二年，巡撫董威、副使趙之屏遷于治左。萬曆八年，復遷于治南。明末，兩經賊毀。皇清康熙十年，以行臺改創。十三年，裁衛設縣，改爲縣學。

貴定縣 舊爲新添衛學。明宣德八年，副使李睿建于城西。成化十八年，指揮陳琳、訓導周鳳改建城北。嘉靖三十一年，副使趙之屏重修。後兵毀。皇清順治十七年，推官張俊重建。後圮。康熙八年，教授胡密建明倫堂。十二年，守備邊之鉁、教授王祚蕃建正殿、戟門。二十六年，總督范承勳、巡撫慕天顏徙縣于衛，以衛學爲縣學。

修文縣 在治北。舊爲敷勇衛學，明崇禎二年建。後賊毀。皇清康熙五年重修。二十六年，改衛爲縣，因爲縣學。

開州 附修文縣學。

定番州 在城中。舊爲程番府學，明成化十一年，知府鄧廷瓚建。弘治初，知府汪藻遷于城西南隅。嘉靖十五年，知府林春澤改建于中峰書院故址。後移府治入省，改爲州學。明末，賊毀。皇清康熙九年，知州李益陽、學正黃文焯重修。後經兵毀。三十一年，署學正劉湯聘倡修，知州薛戴德、守備招國璘共建東西兩廡、明倫堂。

廣順州儒學，附定番州學。

思南府

《職方典》第一千五百二十八卷
思南府部彙考一
思南府學校考　通志

思南府 在府治東北，宣慰田氏廢宅也。明永樂十三年，自河東宣慰學遷建。成化間，知府王南建。正德二年，知府寧閱修。嘉靖間，知府李文敏、張鏢先後修葺。十五年知府洪價，隆慶六年知府田稔更葺之。萬曆二十二年知府趙恒，崇禎十二年知府蔡應申重修。中爲正殿，左右列兩廡，前爲戟門，又前爲櫺星門，右甃育賢井，引爲泮池。外豎屏牆，左右列騰蛟、起鳳坊。殿後爲明倫堂，饌房、神厨以及敬一亭。啓聖祠，在殿后。名宦祠、鄉賢祠，俱在殿前左。學廨，在殿后。明末毀。皇清康熙十年，知府陳龍巖重建。

安化縣 附府學。

婺川縣 明嘉靖間，郡人御史敖宗慶具疏設學，在縣治南。萬曆五年，知縣洪朝璋遷于縣左。九年，知縣侯卿皋重建。

印江縣 明萬曆中，邑紳蕭重望疏請開設，建于治南。後毀。皇清順治十七年，知縣劉學瀚鼎建文廟、兩廡、戟門，其啟聖祠、名宦祠、鄉賢祠，俱康熙十一年建。

鎮遠府

《職方典》第一千五百三十卷
鎮遠府部彙考一
鎮遠府學校考　通志

鎮遠府 在府治東。明宣德元年，知府顏澤創建。成化十年，鎮陽江溢，漂沒，知府沈熊遷于治西。後以科第乏人，知府任佐于嘉靖二十三年，仍徙故址，置正殿、兩廡、戟門、櫺星門、明倫堂，又鑿泮池、齋祠、亭坊並教官署。明季苗毀。皇清順治十六年，知府宋應星建明倫堂，教授朱之光建櫺星門並前後墻垣。康熙三年，知府張維堅重建正殿、兩廡及啟聖、名宦、鄉賢諸祠。二十七年，水災漂沒。三十一年，巡撫衛既齊捐資重建。

鎮遠縣 附府學。

施秉縣 舊未設學。皇清康熙二十六年，省偏橋衛入縣，因改衛學為縣學。至啟聖、名宦、鄉賢諸祠及學署，俱未創設。

石阡府

《職方典》第一千五百三十二卷
石阡府部彙考
石阡府學校考　通志

石阡府 在府治南。明永樂十二年建。正統末，毀于寇。成化十六年，知府余志重修。久圮，萬曆十八年，知府陸鄴捐修。萬曆二十四年，知府郭原賓建敬一亭于尊經閣後，旁列五箴。皇清康熙三年，知府劉起復、推官陳龍巖、郡紳高遴選捐資重修。啓聖祠、名宦祠、鄉賢祠，俱在廟後。

龍泉縣 附府學。

銅仁府

《職方典》第一千五百三十三卷
銅仁府部匯考
銅仁府學校考　通志

銅仁府 在府治東。明永樂十三年，知府周驥建。宣德七年毀。正統八年，知府蕭和鼎、洪鈞相繼修建。十四年毀。天順二年，知府張隆重建。萬曆四十三年，知府陳以耀增修。明末盡毀。皇清康熙二年，重建正殿、明倫堂、東西兩廡、戟門以及啓聖祠、名宦、鄉賢二祠。學廨，教授羅之琬增修。

銅仁縣 附府學。

黎平府

《職方典》第一千五百三十四卷
黎平府部匯考
黎平府學校考　通志

黎平府 在府治東毓賢街。明永樂十一年，改征蠻將軍周驥宅建。久圮。天順七年，知府楊緯重建。前爲文廟五楹，東西兩廡各三楹。後爲明倫堂，東西齋房，東饌堂、號舍。弘治間，知府張綱拓而新之。嘉靖十二年，知府夏玉麟建敬一亭于堂東南，勒敬一箴及宋程范視聽言動箴、心箴爲碑六。萬曆初，敬一亭圮。十八年，知府袁表復捐建並櫺星、戟門。崇禎十年，知府于元葉建尊經閣。明季毀于兵。皇清順治十八年，知府張思房、推官王文紳、教授李如鼎詳請巡撫下三元捐資重修。啓聖祠，在廟左。名宦祠、鄉賢祠，在廟東西。學署在明倫堂北。

永從縣 附府學。

安順府

《職方典》第一千五百三十六卷
安順府部匯考二
安順府學校考 通志

安順府 明洪武間，創建于城東。天啓二年，毀于寇。四年，知府孫森重修。復毀。皇清康熙七年，重修正殿、東西兩廡、戟門以及欞星門、明倫堂、啓聖祠、名宦祠、鄉賢祠、學廨，規制略備。
普定縣 附府學。
普安州 明永樂十五年，建于州城北關。正統八年副使李睿，萬曆十六年巡按趙士登重修。後毀于兵。皇清康熙七年，重修。
普安縣 附普安州。
鎮寧州 舊爲安莊衛學，在城內州治東。明正統八年建，後毀于兵。皇清康熙六年，知州卞廷槐重建殿廡、戟門，規制稍具。
永寧州 附安南縣。
清鎮縣 在縣城西。舊爲威清衛學。明洪武間建。後毀于寇，僅存正殿。皇清康熙二十六年，改衛爲縣，因爲縣學。
安平縣 舊爲平壩衛學。明洪武間建。萬曆間，遷東郊。後毀于兵，僅存大殿三楹。皇清康熙二十六年，改衛爲縣，因爲縣學。
安南縣 舊爲衛學。明宣德八年建。嘉靖十八年，遷建城內之西。後毀于兵。皇清康熙八年，守備戴威遠、教授周廷尚捐建。二十六年，改衛爲縣，因爲縣學。永寧州附。

都勻府

《職方典》第一千五百三十九卷
都勻府部匯考一
都勻府學校考 通志
本府（都勻縣附郭）

都勻府 明宣德八年，副使李睿、都指揮陳原建衛學于城東。成化六年，副使吳立修。弘治六年，改爲府學，知府淩文獻相度形勢，更廣正殿，列兩廡，後爲明倫堂、尊經閣、敬一亭，前立戟門、欞星門、泮池、萬世宗師坊、繼往開來坊、左騰蛟坊、右起鳳坊，規模宏麗，體制大備。十年，副使陰子淑重修。嘉靖間，副使劉望之、項廷吉、知府林敦復相繼增修。明末毀。皇清康熙六年，知府黎際嶧、教授陳俞修。

　　清平縣 舊爲衛學。明正統八年，指揮石宣建。正德十三年，參議蔡潮拓地改建。萬曆七年，提學副使淩瑁增修。皇清康熙十一年，改縣學。後盡毀。二十六年，知縣許國乾、訓導歐陽琛重建。

　　麻哈州、獨山州 學校未載，無考。

平越府

《職方典》第一千五百四十一卷
平越府部匯考一
平越府學校考　通志

　　平越府 明宣德癸丑年，參議李睿創建衛學于平越衛之西南。成化二年，遷建察院左。萬曆二十九年，設府，改衛學爲府學。三十一年，改建于府之南。四十五年，更遷于府之東。崇禎十五年，知府陳紹英遷于府之西南，去舊學基不遠。明末，兵燹，學宮半圮。皇清順治十七年，守道徐弘業、知府喻全昱復改遷西南舊址，正殿五楹、東西廡各五楹、戟門三楹，前欞星門，左騰蛟坊、右起鳳坊，明倫堂、敬一亭。後殿圮坊毀。康熙二十二年，知府裴天錫重修建。學署，在啟聖祠右。

　　平越縣 附府學。

　　甕安縣 甕安、餘慶二縣，舊附黃平州。皇清康熙二十六年，總督范承勳題設甕安縣學。

　　餘慶縣 附甕安縣學。

　　湄潭縣 明萬曆二十九年，設縣，附黃平州學。四十八年，始設湄潭縣儒學。

　　黃平州 舊爲興隆衛學。皇清康熙二十六年，徙州治于衛，以衛學爲州學。

威寧府

《職方典》第一千五百四十三卷
威寧府部彙考一
威寧府學校考　通志

威寧府　舊爲烏撒衛學。明正統八年，建于城東南。萬曆十年遷。十八年，復舊址。天啓二年，烏酋毀。崇禎二年，改建于正南。皇清康熙三年，平定水西，設府，即衛學爲府學。七年，重建正殿、兩廡、明倫堂、戟門、欞星門以及啓聖祠、名宦祠、鄉賢祠俱煥然一新。

平遠州　在治北。皇清康熙三年，設平遠府。四年，建正殿、兩廡、戟門、欞星門、明倫堂。二十三年，改府爲州，因爲州學。

黔西州　在治東。皇清康熙三年，設府。四年，建正殿、兩廡。二十三年，改府爲州，因爲州學。

大定州　在治南。皇清康熙三年，設府。六年，建正殿、明倫堂、兩廡、戟門、泮池、志道、據德、依仁、游藝四齋。二十六年，改府爲州，因爲州學。

永寧縣　在縣治西南。舊爲衛學，明正統八年建，後賊盡毀。皇清康熙二十五年，守備劉國相、教授江人龍請于巡撫，布按、提學各捐資，建正殿、大成門。二十六年，改衛爲縣，知縣韓稷、訓導鄒延聖捐資建東西廡、祭器庫、更衣廳以及明倫堂、欞星門、啓聖祠、名宦祠、鄉賢祠俱備。

畢節縣　舊爲衛學。明正德三年，指揮唐諫建。隆慶六年，兵備沈開遷于東門外。萬曆十八年，兵備陳性遷于南門外虎踞山。皇清康熙二十六年，改衛爲縣，因爲縣學。三十一年，知縣方瑞合捐資重修。